1992년 기독교대한감리회
종교재판 백서 II

1992년 기독교대한감리회 종교재판 백서 II
— 전3권

2023년 8월 15일 처음 찍음

기 획 | 변선환아키브
엮은이 | 역사와종교아카데미 기초자료연구팀
펴낸이 | 김영호
펴낸곳 | 도서출판 동연
등 록 | 제1-1383호(1992년 6월 12일)
주 소 | 서울시 마포구 월드컵로 163-3
전 화 | (02) 335-2630
팩 스 | (02) 335-2640
이메일 | yh4321@gmail.com
S N S | https://www.instagram.com/dongyeon_press

ISBN 978-89-6447-942-1 94060
ISBN 978-89-6447-940-7 (종교재판 백서)

종교재판 백서

1992년 기독교대한감리회
종교재판 백서 II

변선환아키브 기획
역사와종교아카데미 기초자료연구팀 엮음

동연

머리말

종교재판 30년 백서를 출간하며

아직도 30년 전 종교재판(1992년)에 대한 기억이 선명하다. 교리수호라는 이름으로 종교적 광기를 교계와 세상에 힘껏 표출한 사건이었다. 격식 갖춘 신학토론회 한번 없이 종교다원주의, 포스트모더니즘 등의 신학 사조를 가르쳤던 동료이자 스승이었던 교수를 여론몰이 희생자로 만들었다. 근대 이후 서구 기독교 문화권에서조차 없었던 사건이 한국 땅 감리교단에서 발생했으니 기상천외한 일이 되고 말았다. 서구 기독교 신학자들 수십 명이 종교재판의 부당함을 알리는 서한을 보냈던 것도 이런 연유에서였을 것이다.

1

주지하듯 모든 신학은 시대와 호흡하며 시대정신을 반영하는 법이다. 시대가 달라지면 신학도 달라질 수 있다는 것을 2천 년 서구 기독교 역사가 여실히 보여주었다. 중세 가톨릭 신학과 근대 개신교 신학의 차이를 가늠해 봐도 좋겠다. 서구 신학이 서로 다른 5~6개의 패러다임(세계관) 속에서 전개되었음을 밝힌 학자(H. Kueng)도 있었다. 새로운 패러다임으로 등장한 이들 현대 신학 사조는 논쟁과 토론 거리가 될지언정 정죄될 사안은 결코 아니었다. 그리스도 복음이 진리라면 신학은 도전받을수록 사실 적합한 체계로 발전될 수 있다. 감리교 창시자 웨슬리 역시 당대를 지배하던 '예정론' 신학에 이의를 제기했고 자유의지의 소중함을 가르치지 않았던가? 이로써 누구든 예수 그리스도를 사랑하는 사람이라면 교리로 정죄할 수 없다는 것이 감리교신학의 정체성이 되었다. 교리가 화석화되면 신명기 사관으로 욥의 고통을 정죄한 친구들처럼 그렇게 사람을 죽일 수 있는 무기가 됨을 알았던 까닭이다.

2

그렇다면 도대체 왜 당시 부흥사 집단과 일부 종교 권력이 합세하여 역사에 부끄러운 종교재판을 강행했을까? 더구나 공개적이며 정당한 신학 토론 한번 없이 평신도를 동원한 여론몰이

방식으로 말이다. 물론 감리교단 전체 분위기가 그러했던 것은 아니다. 목사님들 중에서 자기 신분을 드러내고 종교재판을 공식적으로 반대하는 분들도 상당수 계셨다. 이분들을 중심으로 대책위가 꾸려졌고 그 힘으로 '교리수호대책위'(회장 김홍도 목사)를 비롯한 교단 여론에 맞설 수 있었다. 신분을 감춘 채로 대책위 활동을 물질적, 정신적으로 후원했던 현직 감독님들을 비롯한 성직자들, 평신도들 숫자도 적지 않았음을 이제서야 밝힌다. 그럼에도 "불교에도 구원이 있다", "부활은 없다"는 등 자극적 언어로 평신도를 선동한 '교리수호 대책위'는 우리의 스승들을 서울연회에 고발했고 급기야 금란교회에서 열린 종교재판을 통해 두 분 교수를 출교했다. 당시 서울연회 나원용 감독이 최종 역할을 했다. 학창 시절 故 변선환 학장과 한 기숙사에서 호형호제하던 사이였지만 감리교를 지키는 마음에서 그리했다는 문서를 남겼다. 금란교회 단상에 좌정했던 종교재판관들 역시도 같은 이유로 판결했겠으나 그것이 전리(全理)일 수 없다. 기독교 역사 속에서 교리 문제는 예외 없이 정치적 사안과 결부되었던 탓이다.

3

감리교 역사상 치욕적인 종교재판이 있은 지도 벌써 30년이 지났다. 이제는 당시를 회고하며 그 시절 그 사건을 신학적 판단을 담은 객관적 시각에서 재조명할 때가 되었다고 생각한다. 변선환 학장 사후 유족들과 제자들의 힘으로 변선환 아키브가 만들어졌고 이곳에서 의미 있는 신학적 활동이 지속되었다. 그 내용을 간략하게 소개하면 다음과 같다. 海天 윤성범 학장님 전집(전 6권)과 一雅 변선환 학장의 전집(전 7권)을 출간했으며 『인생은 살만한가?』라는 변선환 설교집을 비롯하여 그의 신학 사상을 조명하는 연구서 몇 권을 세상에 내놓았다. 그중 한 권 『올꾼이 선생님』은 문광부 우수학술 도서로 선정되었다. 미국 UMC 감독인 정희수 목사는 미국 드류(*Drew*) 대학에서 종교 간 대화를 주제로 변선환 학장의 사상을 토론할 수 있는 국제적 場을 만들어 주었고 변선환 아키브에서는 감사 뜻으로 장학금을 전달했다. 종교재판 30년을 기억하는 심포지엄이 2022년 10월 말 종교개혁 날에 <프레스센터>에서 성황리에 개최되었다. 당시 발표된 자료를 토대로 2023년 5월 『그때도, 지금도 그가 옳다』는 제목으로 종교재판 30년 역사를 회고, 분석하는 책자가 출판되었다. 감리교는 물론 기독교 안팎에서 활동하는 학자들, 목회자들 40여 분의 글이 실렸다. 그의 탄생 100주년(2027)을 염두에 두고 다소 긴 일정으로 변선환 평전을 준비 중이다. 최근 몇 년은 예외지만 선생님 사후 제자들은 해를 거르지 않고 기일(8월 8일)을 맞아 유족들과 용인 묘소를 찾았다. 올해도 그리할 것이다. 특별히 이번에는 새롭게 편집된 종교재판 30년 백서를 선생님 묘소에 바치고자 한다. 종교재판 이후 그분이 당했던 수모와 절망 그리고 끝까지 간직했던 기독교(감리교)에 대한 애정을 기억하면서 말이다. 이하 글에서는 「백서」가 탄생한 일련의 과정을 언급하며 수고한 이들에게 감사하고 「백서」에 대한 소견과 함께 변선환아키브의 입장을 서술할 생각이다.

4

종교재판 30년 행사를 1년 앞두고 제자들이 수차 모였다. 여러 계획 중에서 종교재판 '백서' 출판을 무게 있게 논의했다. 사방에 걸쳐 흩어진 자료들을 모았고 당시를 기억하는 분들을 찾았다. 윤병상 목사님께서 많은 자료를 보관하고 있었고 이정배 교수 역시 변선환 학장으로부터 받아 간직했던 핵심 자료를 제출했다. 그 와중에 감리 교단 차원에서 종교재판 20주년에 맞춰 보고서를 자료집 형태로 낸 사실을 알게 되었다. 다행스럽게 여겨 자료를 살핀 결과 발표 시점이 많이 늦은 것도 문제였으나 자료의 불충분함은 물론 담긴 내용의 편향성에 경악하지 않을 수 없었다. 당시 '교리수호 대책위'의 입장에 맞춰 의도된 결론을 도출한 듯 보였다. 몇몇 감리교 역사학자들도 이런 우리의 판단에 동의했고 새로운 「백서」가 출간되길 함께 소망했다. 이렇듯 의견의 일치 하에서 아키브 소속 제자들은 「백서」 출간을 2022년 5월 감리교 역사학자로 활동 중인 하희정 교수와 그 연구팀에게 부탁했다. 이후 1년 남짓한 시간에 걸쳐 교단 측 보고서에 없는 뭇 자료를 발굴했고 복사했으며 색인을 만들어 900쪽에 이르는 엄청난 양의 「백서」를 만들어 냈다. 발로 뛰고 손으로 작업하며 「백서」 출판을 위해 긴 시간 노력해 준 하희정 교수 연구팀에게 갚을 수 없는 빚을 졌다. 후일 이 자료를 갖고 종교재판 역사를 공부하는 연구자들마다 이들의 공헌을 거듭 느끼며 감사할 것이다. 이 자료를 통해 감리교의 지난 역사가 옳게 평가될 수 있기를 바랄 뿐이다.

5

처음 이야기를 시작할 때는 「백서」를 출간하기로 했으나 최종 전달된 자료집에는 <보고서>라 쓰여있었다. 「백서」가 「보고서」로 바뀐 타당한 이유가 없지 않았으나 최종단계에 이르는 과정에서 충분한 대화가 부족한 탓이 컸다. 「백서」에 대한 상호 이해와 기대치가 달라서였겠으나 감리교단에 소속된 현직 학자, 목회자들인 까닭에 평가하는 일 자체가 쉽지 않을 수도 있었을 법하다. 30년 세월이 지났음에도 교단 분위기는 아직도, 여전히 혹은 더욱더 보수화되고 있기에 자료 모으고 평가하는 일에 어려움이 있었을 것이다. 보고서 앞쪽에 10여 페이지에 걸쳐 '감리교 교리적 선언'의 생성 및 변화 역사를 서술했던바, 그로써 감리교의 정체성을 적시했고 종교재판에 대한 신학적 판단을 우회적으로 들어냈다고 본다. 이런 연유로 아키브에서는 자료집으로 제출된 것을 「백서」로 고쳐 부르기로 했다. 하여 몇몇 중요한 자료를 찾아 첨가했고 당시 종교재판이 무리하게 이뤄진 배경에 대해서 보충하는 글을 써야만 했다. 아키브 소속 교수들 대다수가 당시 종교재판을 경험했기에 자료를 뛰어넘어 직접 듣고 봤던 경험상의 지식을 덧붙이기로 한 것이다. 이하 글에서 종교재판이 여론몰이 식 광풍에 휩싸여 진행된 이유를 아키브 측 관점에서 밝히고자 한다. 당시 교계 및 학내에 회자 되던 이야기에 근거한 것으로서 객관적 사실로 입증된 것이 다수겠지만 합리적 의심 차원에서 서술하는 것도 있는 만큼 논쟁 여지가 있을 수 있겠다.

6

'백서' 팀도 밝혔듯이 종교재판은 광의의 차원에서 보면 신학과 목회, 두 영역 간의 갈등에서 비롯했다. 본디 '목회적으로 아무리 정당해도 신학적으로 오류가 있을 수 있고 신학적으로 정당해도 목회적으로 당장 수용키 어려운' 부분이 있다. 상호 간의 차이점을 성급하게 무화(無化), 폐지 시키는 과정에서 갈등이 불거질 수 있다. 상대 영역을 존중하며 점차적 수렴과정을 겪을 때 신학도, 교회도 건강할 수 있는 법이다. 하지만 30년 전 종교재판(1992년)에 앞서 윤성범, 유동식 등 선배 토착화 신학자들이 목회자들에 의해 '종교 혼합 주의자'로 매도된 적이 누차 있었다. 교회 모임에 불려가 자신의 신학을 변호하는 일도 반복되었다. 최초 신학자이자 정동교회 목회자인 최병헌이 유교와 기독교의 연속성을 강조했음에도 말이다. 그래도 당시는 교회가 신학의 권위를 존중하던 때였다. 하지만 70년대 이후 교회 성장으로 부흥사들이 실세가 된 현실에서 신학대학은 일개 교회보다 적은 예산을 지닌 '작은 곳'이 되고 말았다. 신학대학 역시 교회에 손 벌리는 일을 버릇처럼 해오다가 급기야 교회 권력의 하부구조로 전락하는 수모를 겪었다. 부흥사들이 신학대학 학장이 되려고 넘보는 일도 생겨났다. 교수들 역시도 교회 권력의 눈치를 보는 일에 능숙해졌다. 초대형교회들이 경쟁하듯 생겼고 급기야 그들 입김이 신학 교육을 좌지우지하는 일이 발생했다. 그들은 신학, 특히 이론 신학 영역을 무용지물로 여겼다. 종교다원주의, 포스트모더니즘 그리고 페미니즘 등을 교회 성장에 있어서 백해무익하다 본 것이다. 광의(廣義)로 볼 때 당시 종교재판은 이런 분위기 속에서 강행되었다. 물론 교회 성장을 이룬 부흥사들의 권력 요구도 이에 덧붙여졌다. 교회를 키운 이들이 신학교마저 자신들 권력 구조 속에 편입시키고자 한 것이다. 당시 적지 않은 부흥사들, 그리고 대형교회 목사들이 몇몇 보수 신학대학에서 박사학위를 받은 일이 비일비재했다. 예정론을 주제로 논문을 썼던 이들도 상당수였던 것으로 안다. 대형교회 목사들이 취득한 박사학위, 그 내용이 신학 정체성을 달리한 것이었기에 모교 감리교신학대학을 흔드는 변수가 되었을 것으로 추정한다. 대형교회

목사들의 박사학위까지 얻었으니 자신의 입지를 신학 대학교 안에서도 굳히고 싶었을 것이다.

7

여기에 감리교 내의 정치적 파벌도 크게 한 역할 했다. 당시까지 감리교신학대학은 이북에서 내려온 성화(聖化)파 소속 학자들로 주 교수진이 구성되었다. 이들은 미국 십자군 장학금을 받고 대물려 유학을 다녀와서 교수로 재직했다. 당시로선 의도된 것은 결코 아니었다. 북쪽에서 신학을 접했던 우수 인재들이 대거 남으로 내려왔던 결과였다. 상당 기간 이런 경향성이 농후했으나 강화된 분단체제로 인해 북의 인맥이 감소, 마침내 끊겼고 대신 경기, 충청도 지역의 기독교인들이 양산되었다. 상대적으로 성화파 세력이 약화 되었고 세를 얻은 소위 호헌(護憲)파로 불리는 정치집단이 교단을 지배하게 되었다. 부흥사들 또한 이 지역을 연고로 대거 배출되었던바 신학 문제를 쟁점화시켜 신학대학 이사진을 물갈이하여 학교 경영을 책임지려 했던 것으로 생각한다. 따라서 교단의 현실 정치, 곧 교회 권력이 주인 없는 무주공산 상태의 신학대학에 영향력을 행사하여 대학구조 자체를 바꾸려 했던 점도 종교재판의 한 이유가 되었다. 물론 이 역시 일리(一理)일 뿐 전리(全理)일 수는 없을 것이다. 이런 상황에서 평소 보수 성직자들 눈 밖에 났던 진보적 성향의 변선환 학장과 홍정수 교수가 유동식, 윤성범 선생에 이어 결정적인 희생타가 된 것이다. 이들 두 분 외에 몇몇 교수들 이름이 퇴출 리스트에 더 있었던 것도 사실이다.

8

또 다른 변수도 있었다. 조심스럽게 말할 대목이지만 당시 종교재판 찬반 논의 과정에서 공개적으로 회자 되던 내용이다. 교회가 대형화되고 부흥 목사들에게 힘이 집중되는 현실에서, 이곳저곳에서 교회 재정 비리를 비롯한 목회자들 일탈 소식이 연이어 생겨났다. '절대권력은 절대 타락한다'는 말이 있듯이 교회에 돈과 힘이 집중되자 성직자들의 윤리의식은 흐릿해졌고 그로써 기독(감리)교 몰락의 길을 자초했다. 당시 최소한 몇몇 부흥사들에게 교회 안에서 제기된 이런 비판을 무마할 구실이 필요했을 것이다. 교회 성장의 주역이었으나 정작 그 반대급부로 인한 비난에 직면하자 이들은 자신들을 향한 윤리적 성찰 대신 밖의 적(?)을 만들었고 이들을 희생양 삼아 자신들 정당성을 입증코자 했다. 자신들에 대한 교계의 관심을 신학비판 및 신학자 출교로 돌린 경우라 할 것이다. 가진 돈으로 세를 불렸고 여러 인맥을 동원하여 여론몰이를 시도했다. 종교다원주의, 포스트 모던 사조를 정죄하며 종교재판을 통해 감리 교단과 신학교를 구한다는 명분을 앞세웠다. 하지만 세계 곳곳에서 이런 신학 사조들의 논의, 연구되는 상황에서 이렇듯 광기 어린 종교재판은 상식 밖의 일이었다. 거듭 토론하며 이해를 구하는 지난한 과정이 요청되었음에도 이들은 신학을 의도적으로 곡해했고 과장하여 교우들을 자극했다. 이들 재력을 지닌 소수의 부흥 목사들에게 있어 답은 이미 정해졌던 탓이다. 물론 신학을 모르는 순수한 평신도들의 경우 걱정과 염려가 적지 않았을 것이다. 이들이 전한 말만 듣고 판단했기에 안타까운 일이었다. 평신도들에게도 신학 공부가 필요함을 여실히 깨닫게 한 계기가 되었다.

9

종교재판이 있은 지 30년 세월이 지났다. 이제는 누군가가 당시 상황을 정직하게 고백할 시점이 되었다. '교리수호 대책위'를 이끌었던 분들, 당시 법정(금란교회)에서 재판석에 섰던 분들 거의 모두가 세상을 떠났다. 그래도 당시를 기억하는 분들의 입에서 진실이 말해질 때가 올 것이다. 하느님이 숨겨놓은 남은 자가 있을 것인바, 그날, 그 사람의 증언을 기대한다. 이 글 속에서 사실을 말하고자 했으나 일정부분 들었던 이야기에 근거한 추측도 담겼다. 어느 순간 추정이 벗겨지고 온전히 사실이 밝혀져야만 비로소 회개가 가능할 것이며 미래를 기대할 수 있을 것이다. 종교재판을 통해 이단(?) 신학 타도하면 교단과 대학이 더 부흥할 것처럼 선전했으나 현실은 그 반대가 되었다. 성직자들의 윤리적 타락이 기독교를 망가트리는 이단의 괴수임이 드러난 것이다. 돈의 욕망에 굴복한 성직자들, 거룩하게 포장된 성직매매(세습) 등으로 기독교에 대한 세인의 호감도가 일제 강점기 이후 자신을 '학문'으로 규정한 '유교'보다도 못한 상태가 되었다. 이렇듯 변선환 학장 종교재판 이후 감리교신학대학의 학문성은 날로 쇠퇴했고 마치 목사 양성 기술학교처럼 변하고 있다. 신학이 죽으면 교회도 같은 운명을 겪는 법이다. 신학은 교회를 달리 만들 책임이 있다. 신학자들 역시 더 큰 책임을 느끼며 수행자의 삶을 살아야 할 것이다.

10

종교재판 당시를 회억하며 그때 변선환 학장님과 나눴고 봤던 이야기를 끄집어내 본다. 그 시절 변선환 학장을 아끼던 동료 목회자들이 무수히 그분을 찾았다. 그를 종교재판의 법정에 세우지 않고자 타협안을 제시한 분도 있었다. 혹자는 변선환, 홍정수 두 분을 별개의 경우로 다루자는 의견도 냈다. 교계의 불순한 의도를 간파한 소장 목사들 몇몇은 세상 법정에 호소할 것을 간곡히 요청했다. 하지만 변선환 학장은 타협도 분리도 거부했고 세상 법정에도 서지 않았다. 기억 방식이 다를 수도 있겠으나 여하튼 변선환 학장은 키에르케고어를 생각하며 자신을 순교자로서 역사 앞에 내맡겼다. 그의 제자 중 한 사람이었던 이현주 목사의 말 '선생님 그냥 죽으시라'는 말에 힘을 얻었다는 설(說)도 있다. 여하튼 변선환 사후 그의 제자들은 교계에서 큰 멍에를 지고 살아야 했다. 하지만 누구도 그것을 짐이라 여기지 않았고 명예라 생각했다. 그렇기에 우리는 스승이 걸었던 길을 피하지 않고 30년 세월을 애써 살았다. 이제라도 감리교단은 초심(初心)을 회복하여 정도(正道)를 걸어야 한다. 과거의 오류를 정직하게 인정하고 웨슬리 정신을 따라 누구도 교리로 정죄하는 일을 그쳐야 미래를 얻을 수 있다. 하지만 지금도 여전히 종교재판의 망령을 벗지 못한 채 젊은 목회자를 힘겹게 하는바 걱정이 크다. 누가 누구를 정죄하려는가? 종교의 이름으로 행했던 지난 과오(차별)에 용서를 구해도 부족할 터인데 말이다.

의논 끝에 본 '백서'를 전자책으로 만들자고 했다. 누구든지 자유롭게 값없이 연구할 수 있도록 도울 목적에서였다. 동시에 20권 정도를 자료집 형태로 제작하기로 했다. 국회 도서관, 감리교단, 서울연회, 감리교신학대학 등 주요 신학대학교 도서관에 비치하기 위해서이다. 이 자료를 갖고서 종교 간 대화의 선구자, 종교해방 신학을 말했고 누구보다 존 웨슬리를 잘 해석했던 신학자, 변선환을 더 많이 연구했으면 좋겠다. 종교 권력과 금력이 결탁한 종교재판의 광기가 더 이상 한국 기독교 내에 재현되지 않기를 바라는 소망도 담겼다. 다시 한번 「백서」를 편집해준 하희정 교수팀에게 감사하며 전자책 출판에 선뜻 동의한 동연출판사 김영호 장로에게도 고마움을 전한다. 무엇보다 30여 년 세월 동안 '스승 없이 스승과 함께' 살아왔던 아키브 소속 동료 교수들 노고에 깊이 머리 숙인다. 종교재판의 희생양 되신 스승을 기렸던 노력을 알기 때문이다. 현직을 떠났음에도 함께 「백서」를 구상했고 발문까지 더불어 썼으니 감사할 뿐이다. 조만간 『변선환 평전』이 출판되면 그의 제자 된 우리 역할도 마무리될 것이다.

2023년 8월 첫날에

김정숙, 송순재, 이은선, 이정배, 장왕식, 한인철 함께 씀

차 례

종교재판 백서 I, III권 차례

I권 차례

III권 차례

해 제

'1992년 기독교대한감리회 종교재판'의 역사적 의미와 과제

:『1992년 기독교대한감리회 종교재판 사료집』 발간에 즈음하여

1. 여는 글

1992년은 한국 감리교회에서 중세 교회의 화석화된 언어쯤으로 치부해 왔던 '종교재판'이라는 이름의 광기가 재현된 비상하고도 역사적인 해였다. 세계교회사의 흐름 속에서도 '92년'은 남다른 쓰린 기억과 의미가 깃든 해이다.

500년 전인 1492년에는 스페인의 종교재판에서 유대인을 비롯한 이교도들을 잡아들여 종교재판을 시행했으며, 개종하지 않는 이들을 거주지로부터 추방하는 일들이 자행되었다. 공교롭게도 같은 해 콜럼버스는 신대륙을 발견해 기독교 이외의 문화와 종교 전통에 대해 악마시하고 배타적 개종 선교를 전개하는 제국주의 시대의 물꼬를 텄다.

종교개혁과 대항해 시대를 맞아 세계선교를 단행한 예수회 선교사들은 극동의 일본에까지 가톨릭을 전교했으며, 이들이 일본에 전한 것은 그리스도교뿐 아니라 제국주의 강권과 폭력의 상징인 총이었다. 그러한 선교의 결과는 400년 전인 1592년 임진왜란으로 이어져, 조총으로 무장한 왜군은 수많은 조선인을 학살했으며, 이러한 전란 와중에 예수회 신부 세스페데스가 조선에 상륙함으로써, 조선과 가톨릭의 첫 만남은 타자에 대한 혐오와 배타의 태도로 점철된 임진왜란의 비극 속에서 이루어졌다.

1992년으로부터 300년 전인 1692년에는 영국의 북미 식민지 뉴잉글랜드 세일럼(Salem Village)에서 광기의 종교재판이 거행되었다. 연초부터 시작된 마녀재판은 연중 지속되었으며, 반지성적 집단광기와 공포 속에서 결국 여자 13명, 남자 6명이 교수형에 처했고, 남자 한 명은 압살 되는 비극으로 끝났다. 이러한 역사적 참사의 원인으로 "서로 다름에 대한 불관용, 신앙 공동체 이상과 현실과의 갈등, 집단과 집단 간의 갈등, 여성에 대한 편견에서 비롯된 마녀 미신"[1]이 복합적으로 작용했으며, 300년 전의 집단광기와 공포, 혐오에 기반한 마녀사냥은 현대 냉전과 전쟁의 역사 속에서도 비슷한 양상을 띠며 수많은 비극을 양산해 왔다. 이러한

1 양정호, "1692년 세일럼 마녀재판을 통해서 본 17세기 뉴잉글랜드의 종교문화", 「젠더와 문화」, 제8권 제2호, 2015, 27-28.

17세기 세일럼 사건의 20세기 말 재현 중 하나가 바로 한국 감리교회에서 1992년 벌어지고 말았던 것이다.

1992년에 벌어진 기독교대한감리회 종교재판은 이후의 한국교회와 신학계에 지대한 영향을 미쳤다. 지난 30여 년 동안 한국의 신학계는 신학 주제에 대한 다양성과 연구의 자율성을 스스로 제한하고 감리교의 개방적이고 관용적인 신앙 전통을 무색케 했다. 경직된 신학과 교회와의 관계는 장기간의 침체기를 열었다고 평가받는다.[2]

이 사료집은 30여 년 전 촉발된 감리회의 비극적 종교재판 사건에 대한 보다 객관적이고 엄정한 학술적 연구와 분석을 모색하기 위해, 그 당시의 종교재판 전개 과정과 상황, 관련 인물의 면면과 주요 반응과 대응 등에 대해 보다 실재적으로 접근하기 위한 사료 수집과 사료집 제작을 시도했다. 그 결과물이 바로 이 사료집이다.

2. 1992년의 시대적 상황과 감리회 종교재판의 배경

1992년은 기성세대의 권위주의와 보수적, 냉전적 사고에 저항하는 새로운 도전이 사회의 다방면에서 펼쳐진 해였다. 1991년 소련이 붕괴되며 냉전 시대의 종식을 고했으며, 남북한이 UN에 동시 가입했다. 1992년에는 '서태지와 아이들'이 등장해 이른바 X세대의 등장을 알리며 기성세대에 대한 저항과 자유를 추구하는 사회적 욕구가 분출하던 때였다. 뉴에이지 운동으로 대변되는 새로운 대중문화의 출현에 대해서 한국의 개신교회는 강한 거부감과 경계[3]를 드러내며 「낮은울타리」와 같은 근본주의적 문화선교 언론단체가 출현(1990년 창간)했으며, 같은 해 사단법인 인가를 받은 한국창조과학회 같은 단체들의 보다 적극적이고 공격적인 활동이 전개되며 근본주의에 입각한 보수기독교의 적극적 결집과 목소리가 부상하던 때였다. 아울러 기독교계 신흥종교들의 활동도 활발한 가운데, 이장림이 이끄는 다미선교회가 1992년 10월 28일에 예수 재림과 휴거가 일어날 것으로 예언하는 시한부종말론[4]이 한국사회와 교회에 큰 내홍과 소란을 일으켰다.

1990년대 초부터 이주 노동자들의 급증에 따른 희년선교회 등 많은 선교단체의 활동이 전개되었으며, NCCK에서는 '한국교회외국인노동자선교위원회'를 1992년 설립했다. 이 조직은

---

2 이러한 평가는 이후에 소개하는 주요 한국교회사 통사서에서 일반적으로 나타나는 분석이다.

3 「낮은울타리」 대표 신상언의 책 표지에는 서태지와 아이들이 장식되어 있었다. 새로운 대중문화는 교회의 선교와 존립을 위협하는 사탄의 음모로 해석되었다. 신상언, 『사탄은 마침내 대중문화를 선택했습니다』, 낮은울타리, 1992; 최광신, 『(대중음악에 나타난) 사탄의 영』, 두돌비, 1992.

4 이장림, 『다가올 미래를 대비하라 : 우리 시대를 위한 충격적인 하늘의 메시지』, 다미선교회출판부, 1988.

이후 '한국교회외국인노동자선교협의회'로 확대(1993)되어 기독교 단체와 교회들이 이주노동자 문제에 대처하는 데 영향을 미쳤다.[5] 아울러 1990년대에 이르러 가속화된 농촌인구의 급감[6]으로 농촌교회의 존립이 위기에 처했으며, 우루과이라운드 농업협상은 이러한 농촌교회의 어려움에 더 큰 충격이 아닐 수 없었다. 1993년 12월 9일, 기독교 대한감리회를 비롯한 11개 교단[7]이 공동으로 대책위원회(쌀 및 기초농산물 수입개방 문제 해결 기독교대책 추진위원회)를 구성하여 "쌀 및 기초농산물 수입 개방 반대 대책 예배"[8]를 드렸고, 기독교대한감리회는 1993년 12월에 우루과이라운드 협상이 대한민국 농업과 농촌에 끼칠 치명적인 위기에 대해 우려와 비판의 내용을 담은 성명을 발표하기도 했다.[9]

1988년 "민족의 통일과 평화에 대한 한국기독교회 선언"(88선언)이 NCCK 총회에서 만장일치로 채택되고, 같은 해 11월에는 제2차 글리온회의로 남북기독교 대표자들이 만났으며, 이들은 1995년을 희년으로 선포하고 평화적 통일에 앞장설 것을 결의했다.[10] 또 1989년 3월에는 문익환 목사가 방북하여 김일성과 남북의 통일방안에 대해 의견을 나눴다. 이러한 과정을 통해 마침내 1992년 1월에 NCCK 권호경 총무와 남한교회 대표들이 조선기독교도련맹의 초청으로 방북하여 김일성을 면담[11]하고, 1993년에는 NCCK 주최로 "8.15남북인간띠잇기대회"를 개최하기도 했다.[12] 남북민간교류도 활성화 되어 사랑의 쌀 나누기 운동(1990)과 사랑의 의약품 보내기 운동(1991)이 전개되었으며, 1993년 4월에는 '평화와 통일을 위한 남북나눔운동'이 정동제일교회에서 창립 대회를 갖고, 교계가 북한돕기운동에 적극 나섰다.[13] 이렇게 1990년대 초반의 활발한 남북 교회의 민간교류와 통일논의는 남북대화의 새로운 전기를 마련하고 정신적 토대를 제공하는 전환기적 사건이 아닐 수 없었다.

---

5 한국기독교역사학회, 『한국기독교의 역사 III: 해방이후 20세기 말까지』, 한국기독교역사연구소, 2009, 255.

6 농촌사회의 고령화로 인한 공동화 현상을 통해 농촌교회의 선교 현실은 점점 열악해져 갔다. 미래목회포럼에서 주요 교파의 농어촌교회를 분석한 2012년 자료에 의하면 전국 8,162개 교회 중 36.6%인 2,988개 교회가 농촌교회이고 그중 966개가 미자립교회로 나타났다. 또 목회자의 상당수가 5년 이내에 교회가 자립할 가능성이 없다는 부정적 인식을 지니고 있었으며, 농촌교회의 54%는 교역자의 최저 생계비에 못 미치는 처우에 머물고 있었다. 김동훈, 「21세기 농촌교회 활성화 방안과 선교 : 영주지역교회를 중심으로」, 총신대학교 선교대학원, 2014, 14.

7 예장통합, 기장, 구세군, 성공회, 복음교회, 대신, 고신, 개혁, 합동, 성결교, 침례교

8 "쌀 및 기초농산물 수입개방 반대 대책 예배", 「기독교세계」, 1994년 1월호.

9 "성명서 – 쌀 및 기초농산물 수입개방 확정에 대한 우리의 입장", 「기독교세계」, 1994년 1월호.

10 이유나, "1980년대 방북자들과 기독교 남북대화", 「기독교사상」, 2020년 7월호, 26.

11 한국기독교역사학회, 『한국기독교의 역사 III』, 253.

12 이 행사는 서울 독립문에서 임진각으로 이어지는 통일로에서 22개 교파, 890개 교회와 55개 사회단체에서 6만 5천여 명의 시민인 참여한 가운데, 실시되었으며, 평화통일에 대한 대중의 열망을 보여주는 행사이자 민중을 통일의 주체로 내세운 기독교 통일운동의 상징적 행사였다. 한국기독교역사학회, 『한국기독교의 역사 III』, 253; 정병준, "한국기독교와 민주화운동", 김홍수·서정민 편, 『한국기독교사탐구』, 대한기독교서회, 2011, 272-273.

13 한국기독교역사학회, 『한국기독교의 역사 III: 해방이후 20세기 말까지』, 256.

하지만 이러한 90년대에 접어들어 가속화된 다종교적 상황과 더욱 심화하는 다문화 사회, 신자유주의 국제질서와 경제체제로의 전환, 남북교류와 탈냉전적 한반도 정세 속에서, 그동안 반공이데올로기와 배타적 선교신학을 내재화해 온 한국의 극단적 보수기독교 일각에서는 이러한 시대 분위기에 대한 공포와 경계, 부정적 반응이 구체적으로 나타나기에 이르렀다. NCCK의 "88선언" 이후 반공주의와 보수신학 노선의 성향을 띤 교단과 교회 지도자들이 중심이 되어 1989년 한경직 목사를 준비위원장으로 한 '한국기독교총연합회(한기총)'가 설립되었다. 한기총은 "그동안 한국교회가 한편으로는 '지나치리만큼' 정치에 참여하고, 또 한편으로는 '부패한 정권과 야합'하는 등 '교회 본연의 궤도에서 좌우로 이탈하였던 것'을 자성"해야 한다는 창립취지문을 채택했으며,[14] 이리하여 1990년대에 접어들면서 한국교회는 기존의 전통적 연합기구인 '한국기독교교회협의회(NCCK)' 외에 새롭게 결집한 '한국기독교총연합회(한기총)'으로 양분되었다.[15] 이 즈음, 기독교대한감리회는 1989년 총회에서 결의된 "7천교회2백만신도운동"[16]의 지속적인 전개와 1990년 "기독교대한감리회 자치 60주년"[17]을 통해 감리교회의 교세 확장과 정체성 강화에 대한 정책적 노력과 의지가 정점에 이른 때이기도 했다.

이러한 교회연합운동 기구의 분열, 감리교회의 양적 팽창에 대한 제도적, 정책적 지원은 그동안 감리회 내에서 반공주의와 근본주의적 보수신학으로 무장하여 양적, 물적 성장을 이루며 교단 내 하나의 세력으로 부상하게 된 감리회 부흥단이 존재감과 힘을 과시할 수 있는 결집의 기회가 되었다. 당시 신학대에서 논의되고 있던 대안적 신학 작업과 새로운 담론이야말로 교회 성장과 전도 사업의 가장 큰 걸림돌이 된다고 규정하고, 강력한 행동과 대응을 하기에 이르렀다. 그 결과, 감신대의 두 학자 변선환과 홍정수가 학문적으로 천착하고 있던 '종교다원주의 신학'과 '포스트모던신학'이 공격의 대상이 되었고, 결국 종교재판으로 이어지게 된 것이다.

3. '1992년 기독교대한감리회 종교재판'에 대한 역사적 서술과 평가들

1992년 이후 한국교회사 혹은 역사신학 문헌에서 기독교대한감리회 종교재판에 대해 어떻게 서술하고 평가해왔는지 살펴보는 것은 향후 1992년 종교재판에 대한 역사적인 연구를 수행함에 있어 기초작업이 될 것이다. 따라서 이 사료집의 해제를 겸하여 그동안 1992년 종교재판에

14 당시 NCCK 회원교단 가운데 한기총 창립총회에 참석한 교단은 예장통합 측뿐이었다.

15 한국기독교역사학회, 『한국기독교의 역사 III: 해방이후 20세기 말까지』, 174.

16 「7천교회2백만신도운동사업계획안」, 기독교대한감리회 본부선교국, 1991, 17-22.

17 「자치60주년 기념대회 및 성회」, 기독교대한감리회 자치60주년기념사업위원회, 1990년 10월 29일, 4-7.

대한 역사적 평가가 어떻게 이루어졌는지 개관해 보고자 한다.

1) 유동식의 『한국감리교회의 역사 II: 1884-1992』(1994)

한국교회사 역사서 혹은 교회사 논문 중에서 1992년 종교재판 사건에 대해 처음으로 목차에 다룬 책은 유동식의 『한국감리교회의 역사 II: 1884-1992』(1994)였다. 유동식은 한국감리교회의 역사를 두 권의 통사로 저술하면서, 1992년의 종교재판 사건을 책의 가장 마지막 순서에 배치했다. 2권 "Ⅲ. 감리교회의 과제와 전망"에서 제1장으로 "1. 이단시비와 감리교 신학 정립의 과제"를 배치해 종교재판 사건을 한국감리교회사의 주요 사건으로 서술했다. 하지만 전체적인 내용이 종교재판의 전개 과정에 대한 사실들을 시간순으로 나열하며 중간중간에 관련된 주요 판결문과 성명서 등의 원자료들만을 배치하고 있으며, 사건에 대한 저자 개인의 개인적 분석이나 역사적 평가는 구체적으로 드러내지 않았다.[18] 다만 책 후미의 "IV. 각종 문서 자료"에서 종교재판과 관련한 주요 문서 5건을 소개함으로써, 후대에 이 사건에 대한 평가와 판단을 맡기는 형식을 띠고 있다. 이는 감리회에서 공식적으로 간행하는 역사서인 만큼 어느 한 편에 치우치지 않은 역사 서술과 편집 방향을 설정했던 것으로 미루어 짐작된다.

2) 감신대 제10대 양대학원학생회의 『감리교회와 감리교신학대학의 어제와 오늘』(1995)

이러한 교단 본부에서의 공식적인 역사서와 대비되는 역사 정리 작업이 1995년 감리교신학대학교 대학원학생회를 통해 착수되었다. 임용웅, 황기수, 하희정, 윤상호, 강종식(이상 5인)이 공동 집필한 『감리교회와 감리교신학대학의 어제와 오늘: 감리교회와 감신정체성 회복을 위하여』(1995)는 감신대에서 최근 수년간 겪은 교권 세력과 신학교 간의 갈등과 충돌과정 속에서 훼손된 감리교회와 감신대의 신앙 전통과 신학 유산을 새롭게 돌아봄으로써 역사적 정체성을 새롭게 세워나가고자 하는 동기에서 작성되었다.

> 계속되는 감신 사태를 겪으면서 비로소 우리는 우리를 낳아 준 감리교회와 감신의 학문성에 구체적인 관심을 가지게 되었다. 오늘날 우리들이 공통적으로 느끼는 위기는 다름 아닌 감리교회와 감리교신학대학의 정체성의 위기다. … 우리는 역사와 신학을 찾아가는 작업을 통해 우리가 안고 있는 문제에 보다 근본적으로 접근하고자 한다.[19]

---

18 유동식, 『한국감리교회사 II: 1884-1992』, 기독교대한감리회, 1994, 995-1010.

19 임용웅 · 황기수 · 하희정 · 윤상호 · 강종식, 『감리교회와 감리교신학대학의 어제와 오늘 : 감리교회와 감신정체성 회복을 위하여』, 감리교신학대학교제10대양대학원학생회, 1995, 8.

이 책은 1부에서는 '감신의 역사와 신학'을 여섯 시기로 나누어 서술하고, 2부에서는 '교단정치와 학교'라는 주제로 여섯 시기로 구분해 서술하고 있다. 1부에서는 "3) 감리교의 이단시비"와 "4) 변홍교수 사건"이라는 두 챕터가 배치되어 있으며, 2부에서는 "2. 교단의 움직임 — 1) 부흥사들의 정치적 부상"에서 92년 종교재판의 주요한 동인이 되었던 부흥단 세력에 대해 서술하고 있다. 이 책에서는 1992년 종교재판 사건을 두 가지의 성격으로 정의했다. 첫째 이 사건은 교회의 양적 성장만을 추구해온 부흥사들의 신학적 한계를 드러내 준 사건이며, 둘째 한국감리교회의 신학을 이끌어 온 감리교신학대학의 신학이 교회와 유리되어 발전했다는 점을 여실히 보여준 사건이라는 것이다.[20]

제2부에서는 감리회 교단 정치의 흐름을 소개하면서 1990년대 교회의 성장과 부흥운동의 영향으로 성장한 부흥사들이 중심이 되어 교리사수운동을 전개하게 된 과정을 서술하며, 다음과 같이 결론을 내리고 있다.

> 냉천동과 이 땅 한반도에 뿌리고 일구어진 우리 선배들의 이야기 속에는 너무도 좋은 씨와 열매들이 가득 차 있다. 그곳에는 특히 "개방과 포용, 화해와 일치"라는 정신이 때로는 씨앗으로 때로는 열매로 일구어지고 있었다. 이 정신은 속 좁은 어린아이의 정신이 아니라 한 세기가 넘는 성숙한 전통이었다. 그러나 애석하게도 이 작업을 통해서 우리는 현재 감리교단과 감신의 모습이 이러한 성숙한 정신에서 상당히 멀어지고 있음을 볼 수 있었다. 더불어 지금 겪고 있는 감신의 아픔이 결코 우연이 아닌 역사의 산물임도 알게 되었다.[21]

이 책은 비매품으로 제작되었으나 배포되지 못했다.[22] 공식 출판에 이르지는 못했지만, 대학원생들의 입장에서 현재의 난맥상을 역사적으로 더듬어 보고자 한 열정과 순수함이 깃든 소중한 역사 정리 작업이 아닐 수 없다. 이 책도 후미에 감신대와 감리교회에 대한 주요 자료들을 27건 수록하고 있는데, 1992년 종교재판 자료를 비롯해 1995년까지 전개된 학교의 각종 사태 관련 기록들이 수록되어 사료적 가치도 지닌다.

3) 이덕주의 『한국 토착교회 형성사 연구』(2001, 수정판)

이덕주가 자신의 감신대 박사학위 논문을 정리해 발간한 단행본 『한국 토착교회 형성사

---

20 『감리교회와 감리교신학대학의 어제와 오늘』, 1995, 38.

21 『감리교회와 감리교신학대학의 어제와 오늘』, 1995, 87.

22 감리교신학대학교 당국의 방해로 배포가 무산되었으며, 전량 폐기되었다. 다행히 그중 일부가 헌책방으로 유입되었고, 개인이 소장한 몇 권을 '역사와종교아카데미'에서 입수하였다.

연구: '한국적 기독교'의 뿌리를 찾아서』(2001, 수정판)는 감리교신학대학의 신학 전통인 '토착화 신학'을 한국교회사 연구에 접목한 본격적인 시도의 결과였다. 그는 이 책에서 그동안 '선교사관', '민족교회사관', '민중교회사관' 등에 의해 서술된 한국교회사 서술의 한계를 극복하고, 한국교회사는 서구교회가 한국이라는 선교 현장에서 토착화하는 과정이라는 인식하에 '토착교회사관'을 주창하며, 이 사관에 입각한 한국교회사 서술의 가능성을 모색하고자 했다.

그는 자신이 이 책을 쓰게 된 결정적인 이유에 대해 "뒤늦게 학위 공부를 하도록 동기를 부여해" 준 사건이 1992년 감리회 종교재판이었음을 고백하며, "(변선환) 선생은 교회로부터 거듭 노선 변경을, 노선 변경이 안되면 침묵을, 침묵이 안 되면 언어 순화라도 하도록 요구받았으나, 어느 누구도 그분의 고집스런 외침을 막을 수 없었다. 어쩌면 선생은 스스로 종교재판이란 문을 통해 '교회 밖으로' 나가는 길을 택하셨는지도 모른다. … 요즘 감리교회 일각에서 선생의 복권과 명예 회복을 위한 서명 움직임이 있으나 나는 큰 의미가 없다고 본다. '쫓겨난 것'으로 그분은 한국 감리교회에 큰 공을 세웠기 때문이다. 기독교 역사에 교회 밖으로 쫓겨난 선각자가 어디 하나 둘인가?"라고 말했다.[23]

이덕주는 자신의 연구가 "1980년대 중반 이후부터 변선환 교수가 주창한 '종교해방론'과 '타종교의 신학'을 한국교회사에 접목을 시도한 것"이라고 말한다.[24] 이는 자칫 사변적 담론으로 전개될 수 있는 종교신학과 토착화신학의 학문적 접근을 보다 실재적인 역사적 콘텐츠와 콘텍스트에 투영하고 탐색함으로써 그 학문적 한계를 극복하고, 역사적 전거들을 통해 변선환 교수의 학문작업에 설득력을 부여하려 했던 것으로 보인다.

4) 김효성의 『현대교회문제 자료집』 (2004)

계약신학대학원 교수이자 합정동교회 목사인 김효성은 『자유주의 신학의 이단성』(2008), 『에큐메니칼운동 비평』(2012), 『천주교회비평』(2019)과 같은 근본주의적 관점에서의 책들을 꾸준히 간행해 오고 있다. 1992년 감리회 종교재판을 다루고 있는 『현대교회문제 자료집』의 간행목적도 머리말에 다음과 같이 나타나고 있다.

> 기독교의 바른길은 자유주의신학과 에큐메니칼 운동, 즉 교회연합운동과 윤리적 부패와 은사운동, 신복음주의를 배격하고, 성경 말씀 곧 하나님의 말씀의 순수한 교훈을 그대로 믿고 지키고 경건하고 거룩하고 의롭고 선한 삶을 실천하는 것이다. 하나님의 신실한 종들과 성도들은 바른 생각을 가지고

23 이덕주, 『한국 토착교회 형성사 연구』, 한국기독교역사연구소, 2001(수정판), 406-407.
24 이덕주, 『한국 토착교회 형성사 연구』, 406.

일어나 이 시대의 잘못된 풍조들을 분별하고 배격하고 좌우로 치우침 없이 신앙의 바르고 선한 옛 길을 추구해야 한다.[25]

그는 "홍정수 교수의 이단사상들"에서 그의 부활 신학을 간단히 소개한 후 "이것은 성경이 증거하는 예수님에 대한 기본적 사실을 부정하는 명백한 이단"이라고 규정하고 있으며,[26] "변선환 학장의 종교다원주의"에서는 "[변선환의] 사상은 비평할 가치조차 없는 명백한 이단"[27]이라는 더욱 강도 높은 비판을 가하며 학문적인 대화와 논쟁을 포기하고 있다.

5) 서울연회 재판위원회의 『교리사건 재판자료: 정리·서술집』 (2005)

1992년 종교재판이 종료된 지 6년 후인 1998년에 최홍석이 정리한 『교리사건 재판자료 정리·서술집 : 변선환·홍정수의 교리사건』이라는 제목의 자료집이 서울연회 재판위원회 명의로 발행되었다.[28] 이 책을 다시 월간 「온세상 위하여」에서 재편집하여 CD와 함께 2005년 재발간[29]함으로써 보다 널리 배포될 수 있었다.

이 책은 하나의 역사서라기보다는 1992년 종교재판의 전개 과정을 당시 재판을 주관했던 서울연회 재판위원회의 관점에서 사료를 재구성, 재배열, 정리함으로써 이 역사적 사건에 대한 당위성과 명분을 획득하고, 후대에 교훈으로 삼고자 하는 주관적 의도가 반영된 측면이 강했다. 당시 서울연회 고재영 재판장은 편찬사에서 본인이 2001년 심장질환으로 수술을 받게 되었을 때 마취상태에서 천국을 경험하게 되었으며, 그곳에서 "여기에는 포스트모던 신학이나 다원주의 신학이나 세상 어떤 신학 사상이나 어떤 교리적 선언을 가지고는 여기에 올 수 없다. 오직 여기 올 수 있는 사람은 하나님의 자녀들로 예수 그리스도를 믿고 구원받은 사람만이 여기 오는 것이다"라는 음성을 들었고, 은퇴를 앞두고 "이 사명 때문에 주님이 나를 보내셨구나 깨달음을 얻었"으며, "(종교재판 이후) 13년이 지난 요즘 출교된 그들을 영웅시하고 기념하며 복권운동을 전개하려 한다는 풍문이 돌고 있어", "이때에 13년 전 교리신학 논쟁과 교리재판 전 과정의 찬반 여론을 모두 모아서 정리하여 책으로 펴냄으로써 교리 문제에 대해 좋은 자료가 될 것으로 기대"한다는 입장을 게재했다.[30]

---

25 김효성, 『현대교회문제 자료집』, 옛신앙, 2004, 3.

26 김효성, 『현대교회문제 자료집』, 옛신앙, 2004, 67.

27 김효성, 『현대교회문제 자료집』, 옛신앙, 2004, 85.

28 최홍석, 『교리사건 재판자료 정리·서술집 : 변선환·홍정수의 교리사건』, 서울연회재판위원회, 1998.

29 기독교대한감리회 서울연회 재판위원회, 『교리사건 재판자료 정리·서술집 : 변선환·홍정수의 교리사건』, 月刊온세상위하여, 2005.

당시 기독교교리수호대책위원회 회장 김홍도 목사도 "출교된 저들의 신학 사상을 추종하는 사람들이 작금에 이르기까지 수그러들지 않고 오히려 기승한다는 소식을 접하여 당혹하던 차에 교리재판 자료 서술집을 펴내게 되어 다행"이라면서, "이 사명을 믿는 자라면 누구나 정신을 차려서 지켜야 하고 바르게 가르치려는 신학자, 특히 바른 목회자라면 이단사상을 부단히 경계하며 사명의 본분을 충심으로 수행해야"한다며, 자료집 간행의 목적과 의미를 밝혔다.[31]

본 자료집은 1992년 종교재판 이후, 이 사건에 대해 재판위원회가 수집하고 보관하던 주요 자료들을 공식적으로 재구성, 편집하여 종교재판에 대한 찬성과 반대 양측의 입장을 비교적 균등하게 배치, 구성하였다. 이 책은 1992년 종교재판을 "교리사건"이라고 명명함으로써 기독교의 정통교리를 수호하기 위한 역사적 소명과 당위를 사건의 명명과 책 제목에서부터 부각하고자 한 의도가 엿보인다.

"제1장 교리사건 발단의 경위"에서는 협성대 이동주 교수의 변선환 비판논문에서부터 변선환, 박아론, 김행식, 홍정수 등의 주요 논쟁 글을 '종교다원주의'와 '포스트모더니즘' 두 절로 나누어 배치했다. "제2장 총회와 연회의 결의"에서는 이 사건에 대한 기독교대한감리회 총회와 연회의 관련 기록과 성명서, 결의문 등을 배치했다. "제3장 소송사건으로 비화"에서는 서울연회에서의 전개된 소송과 심의, 기소 등의 과정과 문서들을 소개하고 있다. "제4장 각계의 찬반여론"에서는 이 사건에 대한 "자유주의 진영과 복음주의 진영"의 주요 찬반 글과 여러 단체들의 성명서들을 소개했다. 또 사건과 관련해 출간된 소책자들(6권)과 신문 기사들(45건)도 소개했다. "제5장 재판위원회의 공판"에서는 실제적인 재판과정에서의 주요 쟁점과 논쟁글, 선고공판 기록과 증거자료, 판결문 등이 수록되었다. "제6장 출교 선고 이후 동향"에서는 판결이후의 행정절차들, 판결에 대한 비판적 반응들(기고, 성명, 칼럼 등), 이에 대한 해명과 답변 등이 수록되었다.

이 자료집은 재판을 수행한 재판위원회가 원활한 재판의 진행을 위해 수집하고 정리한 자료들을 수년이 지난 후에 백서의 형태로 작성한 것이다. 비교적 시간 순서대로 사건의 흐름을 따라가며 추이를 살펴볼 수 있도록 체계적으로 정리되어 있어 사료적 가치가 높다. 다만, 애초의 편집과 간행 목적이 재판위원회의 결정과 정당성을 변증하고자 하는 의도를 반영하여 작성된 것이므로 편집 과정 속에서 의도적인 편집이나 누락 되거나 배제된 자료들은 없는지, 교차검증과 사료 비평이 함께 수반되어야 할 것이다. 더불어 제한된 시간과 인력으로 인해 누락된 자료들의 추가적인 수집과 비평이 후속 과제로 남았음도 주지의 사실이다.

---

30 고재영, "편찬사", 『교리사건 재판자료 정리·서술집 : 변선환·홍정수의 교리사건』, 2005, 2.

31 김홍도, "교리수호의 사명을 위하여", 『교리사건 재판자료 정리·서술집 : 변선환·홍정수의 교리사건』, 2005, 4.

6) 민경배의 『한국기독교회사: 한국 민족교회 형성 과정사』 (2007)

대한예수교장로회 통합 측의 대표적인 원로 교회사학자 민경배 교수는 그의 대표 저작인 『한국기독교회사: 한국 민족교회 형성 과정사』(2007)에서 한국현대교회사 부분을 보강하면서 "23.3. 한국적 신학형성의 모색"을 서술했다. 그는 이 챕터에서 1960년대 이후 한국 현대신학사를 개관하면서도 1992년 감리회 종교재판에 대한 언급은 누락함으로써, 본 사건에 대한 평가와 서술을 회피[32]했다. 다만 그는 2002년에 「기독공보」에 "변선환 교수의 종교다원주의"라는 글을 기고함으로써 1992년 종교재판에 대한 개인적 입장을 다음과 같이 표명했다.

> 1991년 10월 감리교 특별총회에서 두 교수에 대한 심사를 시작하고, 그것이 6개월 계속되다가 마침내 1992년 5월, 이들의 출교와 목사직 면직을 판결한다. 그리고 그 판결이 서울연회에 하달된 것이다. 하지만 두 교수는 그 기소 이유를 강력하게 부인하였다. 이 재판 과정에서 감리교 신학대학생들의 격렬한 항의가 있었다. 그것이 중세 종교재판을 방불하게 한다는 주장이었다. 또 안병무 박사를 비롯한 전국의 신학대학 교수들 45명이 그 판결의 철회를 요구하는 공개 질의서를 냈다. 학문의 자유가 유린된다는 것이었다.
>
> 그[변선환]는 1990년 3월에 감리교신학대학 학장직에 이르고 있었다. 하지만 이 판결 후 곧 1992년에 그 자리를 떠난다. 그리고 2년 반 후, 1995년 8월에 타계(他界)한다. 그 어간의 심신의 아픔이 컸기 때문이었을 것이다. 변선환 교수가 종합대의 종교학 교수였다면 문제가 전혀 없었을 것이다. 하지만 교단 목사 양성의 신학대학 학장이었다는 데에 문제가 있었을 것이다.
>
> 그는 부드럽고 이해심이 깊은 조직신학자였다. 그는 가톨릭과 동방정교회의 화해, 그리고 이슬람과 기독교와의 화해, 이런 역사적 과제의 시대가 다가오고 있는 것을 알고 있었다. 여러 종교의 전통을 가지고 있는 한국사회 안에서의 교회의 역할은 더욱 그러하리라는 것을 절감(切感)하고 있었다. 하지만 공존의 논리에 그리스도의 구원론이 병행 못할 이유는 없었다.[33]

변선환과 홍정수 교수가 모색한 신학적 도전과 시도에 대해 당시 교회가 "가톨릭과 동방정교회의 화해", "이슬람과 기독교와의 화해"라는 역사적 과제의 시대 앞에서 "여러 종교의 전통을 갖고 있는 한국교회 사회에 안에서… [그러한] 공존의 논리에 그리스도의 구원론이 병행 못할 이유는 없었다"라는 진술이 눈에 띈다. 이는 훗날 1992년 종교재판 사건이 역사적으로 재평가

---

32 민경배, 『한국기독교회사 : 한국 민족교회 형성 과정사』, 연세대학교출판부, 2007, 595-605.

33 민경배, "변선환 교수의 종교다원주의", 「기독공보」, 2002년 1월 5일. ; 민경배, "이야기교회사(85) 변선환 교수의 종교다원주의" http://pckworld.com/article.php?aid=12569858

될 수 있는 여지가 있음을 보여주는 전향적인 서술이기에 주목된다.

7) 김주덕의 "한국교회 분쟁의 요인 분석 : 1992년 감리교회의 '종교재판'을 중심으로" (2007)

1992년 종교재판 이후 15년 만에, 이 사건에 대한 공개적인 학술행사에서 연구주제가 처음으로 발표되었다. 목원대학교에서 교회사 강사로 활동하는 김주덕은 2006년 9월 2일 제246회 한국기독교역사학회 학술발표회에서 "한국교회의 분쟁 : 1992년 감리교회의 종교재판을 중심으로"라는 제목으로 연구논문을 발표했다.[34] 그의 발표는 1992년 종교재판에 대한 역사학계에서의 첫 연구발표이자 1992년 종교재판이 비로소 역사적 연구와 평가대상으로 상정되는 공식적인 자리이기도 했다. 그는 학회 발표논문을 1년 후인 2007년에 한국기독교역사연구소에서 간행하는 학술지 「한국기독교와 역사」(제27호)에 게재했다.[35]

김주덕의 연구는 역사적인 방법과 신학적인 방법을 병행하여 사건에 대한 분석과 평가를 시도했다고 주장한다. 그러나 소논문에서 두 방법을 구사하여 이 큰 규모의 사건을 종합적으로 분석, 평가한다는 것은 다소 무리한 시도처럼 보이기도 했다. 하지만 리스크가 큰 주제를 천착하여 한 편의 연구논문을 작성한 것은 그 시도만으로도 역사적 의미가 있다.

본 연구에서 가장 먼저 주목되는 지점은 이 사건의 성격 규정에 있어 "분쟁"이라는 용어를 사용했다는 점이다. 김주덕은 이 사건을 두 세력 간의 갈등과 분쟁으로 접근했다. 즉 "신학교와 교회 현장", "진보세력과 보수세력", "자유주의 신학과 복음주의 신학" 등 상호 대립적인 구도를 설정하고 "양자 간의 분쟁"이라는 개념으로 서술하는 경향을 보인다. 이는 사건의 성격과 윤곽을 선명하게 파악하는 데 도움이 될 수 있다. 하지만, 다른 한편으로는 일방적 강권과 힘의 논리로 전개된 사건의 본질을 왜곡하거나 오도하는 우를 범하고, 역사적 사실과 괴리되는 결과를 낳는다.

김주덕은 1992년 이후 축적된 여러 자료들을 인용하며 "사건의 발생과 개요"를 정리했다. 특히 그는 종교재판 사건의 원인을 1980년 감신대에서 발생했던 양창식, 이규철 사건에서부터 찾으며, 통일교와의 관련설에 대해 초점을 맞춰 사건의 발단을 풀어나간다.[36] 1992년 종교재판 사건에서 논란과 시비의 여지가 많은 "통일교 학생 비호설"을 통해 이 사건의 이야기를 풀어내는

---

34 김주덕, "한국교회의 분쟁: 1992년 감리교회의 종교재판을 중심으로" 「한국기독교역사연구소소식」, 제76호, (2006. 10.)

35 김주덕, "한국교회 분쟁의 요인 분석: 1992년 감리교회의 '종교재판'을 중심으로", 「한국기독교와 역사」, 제27호, 2007.

36 김주덕, "한국교회 분쟁의 요인 분석", 「한국기독교와 역사」, 제27호, 2007, 226.

것은, 사건 전체에 대한 이해가 부족하거나 특정 이슈에 대한 개인적 관심이 강하게 반영된 것으로 보인다. 아울러 본 개요의 말미에서 1992년 종교재판이 한국교회와 신학계에 미친 영향력과 결과를 분석하고 있다.

> 이로써 보수적인 신앙 형태의 교회가 자유주의 신학을 정죄하는 형국이 다시 한번 재현되게 되었다. 이 재판은 감리교회뿐만이 아니라 한국 교계 및 신학자들에게 이루 말할 수 없는 큰 충격으로 다가왔으며, 이로 인하여 종교다원주의와 포스트모던 신학을 하기 위한 학문적 연구는 이제 더 이상 한국 개신교에서 공개적으로 연구하기를 꺼리게 되는 결과를 낳게 되었다.[37]

이 논문에서 특별히 아쉬운 지점은 "3. 분석과 평가"에서 이 사건의 성격을 "보수주의적 신앙과 자유주의 신학의 대립"이라고 규정한 것이다. 사실 '보수'의 대립적 용어는 '진보'이다. 그리고 '보수'와 '진보'라는 용어는 시대와 역사적 상황에 따라 그 성격이 "보수에서 진보로" 또는 "진보에서 보수로" 변이하는 유동적 용어이다. 그러므로 '보수주의적 신앙'이라는 실체가 명확하지 않은 표현보다는 보다 구체적인 집합이나 조직(예를 들어 '부흥단', '기독교교리수호대책위원회' 등) 혹은 특정 신학사조(근본주의, 복음주의 등)로 개념 규정하는 것이 적절해 보인다.

아울러 이 사건의 피고 측 신학 정체성을 '자유주의 신학'이라고 규정한 점도 논란의 여지가 많다. 변선환과 홍정수의 신학을 '자유주의 신학'이라고 규정하는 것은 지극히 몰역사적이고 반역사적이다. 19세기에 발흥했으며, 한국교회에서는 제대로 수용된 바 없는 유럽의 자유주의 신학이 20세기말 한국의 신학 강단에서 횡행했다는 주장을 하기 위해서는, 변선환과 홍정수의 신학이 '자유주의 신학'과 어떠한 역사적 연결고리와 실체적 정체성을 지니는지에 대한 논증이 수반되었어야 한다. 1930년대 이후 한국의 반지성적 장로교 교권주의자들은 당대 신정통주의적 신신학의 시도와 모색을 모두 자유주의 신학으로 매도하는 촌극을 벌인 바 있다. 한국교회는 아직까지도 이러한 1930년대 교권주의자들의 신학적 맹신과 반지성적 태도에 안주하고 있으며, 이 논문에서 그러한 몰역사적 관점을 그대로 투영하여 1992년 종교재판 사건을 바라보는 프레임으로 활용하고 있다는 점은 크게 아쉬운 지점이 아닐 수 없다.

그는 결론에서 "신학자들은 연구의 취지와 목적에 더 신중하여야 하고, 일선 선교 현장에 겪는 문제들을 해결하기 위한 진지한 노력"이 요청된다고 말하며, "교회 현장도 당장의 교회의 수적 성장과 부흥에만 천착하지 말고, 신학자들의 신학 연구의 자유를 최대한 보장해 주어야 할 것"이라는 신학교와 교회 현장 양자의 바람직한 역할론을 제시한다. 그리고 "이처럼 교회와

37 김주덕, "한국교회 분쟁의 요인 분석", 2007, 231.

신학이 모두 상호 인정되고 신뢰하며 협력하게 될 때 한국교회는 건강한 교회와 한국적 신학을 세울 수 있을 것"[38]이라는 결론에 도달한다. 저자는 최대한 균형감 있게 객관적 태도를 견지하며 본 연구를 수행하고자 노력한 흔적이 엿보인다. 다만 이러한 결론에 도달하기 전에 사건의 실체적 진실과 상황에 대한 보다 충실한 사료 수집과 객관적 분석이 수반되어야 한다. 김주덕의 연구는, 이후에 보다 객관적이고 치밀한 사료 구사와 비평, 엄정한 역사적 검토와 성찰이 필요함을 보여준다.

8) 한국기독교역사학회의 『한국기독교의 역사 III: 해방 이후 20세기 말까지』(2009)

한국기독교역사학회에서 간행한 통사 시리즈의 마지막 권인 『한국기독교의 역사 III: 해방이후 20세기 말까지』(2009)에서는 "제16장 새로운 신학의 모색"에서 토착화신학을 소개하면서 "변선환은 종교 간 대화를 강조하는 과정에서 타종교의 구원 가능성을 인정함으로써 보수적인 교단 지도부에 의해 희생되는 아픔을 겪었다. 그는 1992년 종교다원주의를 용납했다는 이유로 교수직과 목사직을 동시에 박탈당했다. 이후 한국 신학계에서 종교다원주의를 정죄하는 분위기가 지배하게 되면서 토착화신학을 위한 기반은 더욱 협소하게 되었다"고 평가했다.[39] 비교적 간명하고 객관적으로 1992년 종교재판에 대해 서술하고 있다. 하지만, 이 사건을 통해 변선환 학장만이 출교당한 것으로 서술된 점은 이후 보완할 지점이다.

9) 이덕주·서영석·김흥수의 『한국 감리교회 역사』(2017)

2017년 이덕주, 서영석, 김흥수 교수가 공동 집필한 『한국 감리교회 역사』(2017)에서는 해방이후 현대사 부분은 김흥수가 집필했으며, 제3부 14장의 "2. 신학의 갈등"에서 1980년 이후부터 촉발된 감리회 내부의 주요 신학적 갈등과 이단시비 문제에 대해 서술하고 있다.

이 챕터에서는 1992년 종교재판에 대해 5쪽에 걸쳐 할애하고 있는데, 비교적 사실 관계에 입각해 전체적인 흐름을 시간순으로 서술하며 후미에서 간단한 결론을 도출하고 있다. 눈에 띄는 대목은 1992년 종교재판의 두 교수 출교 처분 이후 4년째 되는 해에 "이들의 출교를 주도했던 금란교회 김홍도 목사를 감독회장으로 선출함으로써 감리교 총회의 면직 권고안과 서울연회 재판위원회의 출교 판결을 인정하는 모습을 보여주었다"고 평가함으로써 이 사안의 정치적 해석 가능성을 열어 보여주었다.[40] 아울러 "한 세기 동안 이어져 온 감리교회의 종교신학적

---

38 김주덕, "한국교회 분쟁의 요인 분석", 2007, 245.

39 한국기독교역사학회, 『한국기독교의 역사 III: 해방이후 20세기 말까지』, 한국기독교역사연구소, 2009, 204.

진술과 토착화신학이 감리회 내에서 첫 종교재판의 대상이 된 점"의 역사적 의미를 주목하면서, "이 재판이, 비판자들의 눈에는 한국 감리교회 내 근본주의 성향을 가진 교역자들의 신학적 다양성의 파괴행위로 보였지만, 지지자들은 감리교회의 교리 수호로 이해하였다"고 분석하고 있다. 이는 현재까지 진행 중인 감리회 내의 진보와 보수의 평행적 입장을 반영한 것이라고 볼 수 있다.

10) 박용규의 『한국기독교회사 III: 1960-2010』(2018)

총신대에서 한국교회사를 가르치는 박용규는 2018년에 『한국기독교회사 III: 1960-2010』을 출간하면서 "제21장 한국교회의 신학사상 논쟁"에서 "3. 종교다원주의와 포스트모더니즘 논쟁" 절을 10쪽에 걸쳐 서술하면서 주요한 관심을 보이고 있다. 그는 "변선환 교수와 홍정수 교수가 출교당한 후 감리회는 물론 여타 다른 개신교 교파 안에서도 종교다원주의와 포스트모더니즘 신학을 공개적으로 옹호하는 분위기가 현격하게 줄어들었다. 유동식도 한층 더 조심스런 행동을 보였고, 감리교 안에는 종교다원주의를 노골적으로 지지하는 학자들은 없었다. 그런 사상을 가진 이들이 없어진 것이 아니라 조심하기 시작했다는 표현이 정확할 것"이라고 분석했다.[41] 박용규의 연구에서도 1992년 종교재판 사건은 이후 30년 동안의 한국기독교 신학계의 아젠더 설정과 연구의 자율성에 심대한 영향을 미쳤다고 평가하고 있음을 알 수 있다.

11) 1992년 종교재판 이후 변선환 교수 관련 주요 연구와 출판물

1992년 출교 직후, 변선환 학장은 같은 해 10월 15일 감리교신학대학에서 은퇴식을 가졌다. 그로부터 1995년 별세 전까지 꾸준한 학문적 활동과 기고를 통해 자신의 사상적 노력을 기울였다. 그의 출교 이후의 집필 경향을 살펴보면, 종교다원주의에 대한 지속적인 관심 이외에 탁사 최병헌 목사, 지구윤리, 어머니, 불교적 그리스도론, 과학기술과 기독교윤리, 유교와 기독교 등의 주제에 대해 관심을 경주한 것으로 보인다.

---

40 이덕주·서영석·김홍수, 『한국 감리교회 역사』, kmc, 2017, 399-400.

41 박용규, 『한국기독교회사 Ⅲ : 1960-2010』, 한국기독교사연구소, 2018, 958.

[표-1] 출교 이후 변선환의 기고문 목록

분류	기고문(논문) 제목과 저널명
잡지	"신학적 다원주의의 여명," 「기독교사상」, 1992년 4월호. "종교다원주의와 한국적 신학," 「기독교사상」, 1993년 1월호. "탁사 최병헌 목사의 토착화 사상," 「기독교사상」, 1993년 6월호. "탁사 최병헌 목사의 토착화 사상(2)," 「기독교사상」, 1993년 7월호. "만국 종교 대회와 지구 윤리," 「기독교사상」, 1993년 11월호. "[우리 어머니] 평범하고 고귀한 진리 일깨워 주신 분," 「새가정」, 1993년 12월호.
학술지	변선환, 길희성, 정병조, 김승혜. "예수, 보살, 자비의 하느님: 불교적 관점에서 본 그리스도론," 「종교 · 신학 연구」, 제6호, 1993년 12월. "민중해방을 지향하는 민중불교와 민중신학: 미륵신앙을 중심하여서," 「한국사상사학회」, 제6권, 1994. "한일 양국의 근대화와 종교," 「한국종교」, 제12호, 1995. "과학기술과 기독교윤리," 「과학사상」, 1995년 12월호. 변선환, 줄리아 칭, "유교와 기독교," 「세계의 신학」, 제29호, 1995년 12월.

1995년 별세 이후에는 변선환 학장과 관련한 책과 연구가 다수 출판, 발표되었다. 그 현황을 보면 다음과 같다.

([표-2] 출교 이후 변선환 학장 관련 연구서와 출판물)

분류	서적
추모 및 논문집	변선환학장은퇴기념논문집출판위원회 편, 『종교다원주의와 한국적 신학』, 한국신학연구소, 1992. 고일아변선환학장20주기추모학술문화제준비위원회, 『선생님, 그리운 변선환 선생님』, 신앙과지성사, 2015.
전집	변선환, 『변선환 전집 1: 종교간 대화와 아시아 신학』, 한국신학연구소, 1997. 변선환, 『변선환 전집 2: 불교와 기독교의 만남』, 한국신학연구소, 1997. 변선환, 『변선환 전집 3: 한국적 신학의 모색』, 한국신학연구소, 1997. 변선환, 『변선환 전집 4: 요한 웨슬리 신학과 선교』, 한국신학연구소, 1998. 변선환, 『변선환 전집 5: 그리스도론과 신론』, 한국신학연구소, 1998. 변선환, 『변선환 전집 6: 현대 신학과 문학』, 한국신학연구소, 1999. 변선환, 『변선환 전집 7: 현대 문명과 기독교 신앙』, 한국신학연구소, 1999.
번역서	변선환 역, 줄리아 칭 저, 『유교와 기독교』, 분도출판사, 1994. 변선환 역, 아베 마사오 저, 『선과 현대철학』, 대원정사, 1996. 변선환 역, 아베 마사오 저, 『선과 종교신학』, 대원정사, 1996. 변선환 역, 아베 마사오 저, 『선과 종교철학』, 대원정사, 1996.
개인저작	변선환, 『종교간 대화와 아시아신학』, 한국신학연구소, 1996. 변선환, 『인생은 살만한가: 변선환 박사 설교 모음집』, 한들출판사, 2002.
변선환 연구서	변선환아키브, 『변선환 종교신학』, 한국신학연구소, 1996. 변선환아키브, 동서신학연구소 편, 『변선환 신학 새로보기』, 대한기독교서회, 2005. 박성용 · 신익상 · 최대광 · 박일준, 『(올꾼이 선생님) 변선환: 그의 삶과 신학을 중심하여』, 신앙과지성사, 2010. 신익상, 『변선환 신학 연구: 불이적 종교해방신학을 향하여』, 모시는사람들, 2012.

변선환 교수의 사후에 나름의 학문적 성과는 위 표에 열거된바 다수의 출판물이 확인된다. 다만 변선환의 신학과 사상에 대한 연구가 주를 이루며, 인간 변선환의 생애와 1992년 종교재판에

대한 역사적 검토와 접근은 상대적으로 취약하다. 향후 인물 연구로서의 변선환에 대한 조명과 사료 수집이 주요 과제로 상정될 필요가 있겠다.

아울러 변선환 교수 별세 이후 추모글과 그의 신학에 대한 주요 기고와 연구논문들도 다음과 같이 확인된다.

[표-3] 별세 이후 변선환 학장에 대한 추모글과 연구논문

분류	제목
추모 글	안병무, "아음 변선환 박사," 「기독교사상」」, 1995년 9월호. 유동식, "앞서간 변선환 목사를 그리며," 「기독교사상」, 1995년 9월호.
각종 기고	이지수, "[이 책을 말한다] 변선환의 『불교와 기독교의 만남』," 「오늘의 동양사상」, 제1호(창간호), 1998년 11월. 정희수, "변선환 선생님의 목양적 삶과 신학적 열정: 우주적 치유와 해방을 위한 종교간의 대화(1)," 「기독교사상」, 2005년 11월호. 정희수, "변선환 선생님의 목양적 삶과 신학적 열정: 우주적 치유와 해방을 위한 종교간의 대화(2)," 「기독교사상」, 2005년 12월호.
연구논문	최준규, 「변선환 토착화신학의 해석학적 고찰」, 가톨릭대 석사논문, 1993. 정동욱, 「변선환 신학사상에 대한 비판적 연구」, 장신대 석사논문, 1997. 박도현, 「변선환의 대화 신학 연구: '종교간의 대화'를 중심으로」, 서강대 석사논문, 1997. 박용남, 「변선환 종교신학의 형성과 다원적 기독론 이해」, 감신대 석사논문, 1999. 김종일, 「변선환의 종교신학에 대한 비평적 고찰」, 아세아연합신대 석사논문, 1999. 이기백, 「변선환의 종교신학에 대한 비판적 고찰」, 한신대 석사논문, 2000. 한숭홍, "변선환의 신학사상," 「장신논단」, 제19호, 2003. 전현식, "조화와 모색 1: 생태신학과 여성신학 ; 변선환의 종교 신학 안에 나타난 생태여성학적 영성 및 비전," 「한국조직신학논총」, 제13호, 2005년 9월. 심광섭, "일아 변선환 신학사상의 체계," 「한국문화신학회 논문집」, 제4호, 2006. 김훈, 「변선화 신학을 통해서 본 선교」, 호남신대 석사논문, 2006. 이한영, "토착화 신학의 흐름과 재고: 윤성범, 변선환, 이정배를 중심으로," 「신학사상」, 제12호, 2009. 전종배, 「한국적 기독론 모색: 일아 변선환을 중심으로」, 감신대 대학원 석사논문, 2009. 김진희, "제3세대의 토착화 신학에 있어서의 종교간 대화의 과제와 전망: 변선환의 종교간 대화를 중심으로," 「신학사상」, 제150호, 2010. 최태관, "변선환의 신중심적 비규범적 그리스도론 연구," 「한국조직신학논총」, 제12호, 2010. 신익상, 「실존론적 사유와 대승불교의 불이적(advaya) 사유를 통한 변선환 신학 연구」, 감신대 박사논문, 2012. 박일준, "Liberation Theology of Religion as a gesture of resistance —Rereading of Byun, Sun-Hwan's Theology in the Age of Global Market-Based Capitalism," 「한국기독교신학논총」, 제89호, 2013년 9월. 안수강, "변선환의 '타종교와 신학' 소고," 「신학과 복음」, 제2호, 2016. 김광현, "변선환 신학의 세 가지 특징과 그 의의: 그의 '신론'을 중심으로," 「신학과 학문」, 제4호, 2018.

12) 1992년 종교재판 이후 홍정수 교수 관련 주요 연구와 출판물

홍정수 교수는 1992년 당시 40대 중반의 소장학자였다. 1992년 종교재판과 출교사건은 그가 제자와 후학을 충분히 양성할 수 있는 기회를 박탈했다. 이에 그는 학문연구와 신학교육의 길을 개인적 차원에서 모색해야 했다. 1994년 도미한 그는 한인교회에서의 목회와 갈릴리신학원의 설립과 운영을 통해 꾸준한 학문적 활동과 기고를 이어갔다.

[표-4] 출교 이후 홍정수 교수의 기고문 목록

분류	기고문(논문) 제목 및 저널명
「세계의 신학」	"감리교 신학의 바른 이해", 제14호, 1992년 3월. "포스트 통일 신학: 6.25와 오순절을 기억하며", 제15호, 1992년 6월. "근본주의 복음주의 신학은 무엇을 '수호'하는가", 제16호, 1992년 9월. "'부활'은 무엇에 답하는가", 제18호, 1993년 3월. "문자주의란 문자적으로 무엇을 뜻하는가", 제19호, 1993년 6월. "'영적 해석'이란 이름의 폭력?", 제20호, 1993년 9월. "'복' 받아도 좋을까요", 제21호, 1993년 12월. "한글 '사도신경'(1)", 제22호, 1994년 3월. "한글 '사도신경' 제2강좌", 제23호, 1994년 6월. "한글 '사도신경'", 제24호, 1994년 9월. "처음 교회의 신앙 이야기", 제27호, 1995년 6월. "하느님 나라의 계절 설교(2)", 제28호, 1995년 9월. "하느님 나라의 계절 설교(2)", 제29호, 1995년 12월. "예수 찾기 제3운동 속의 '부활'", 제30호, 1996년 3월. "하느님의 위로와 신앙의 힘", 제30호, 1996년 3월. "인생의 고난과 신앙의 길", 제31호, 1996년 6월. "예수와 우리 시대의 신학과 목회", 제31호, 1996년 6월. "영성을 위한 작은 모임 대회 보고", 제32호, 1996년 9월. "2중예정론의 허와 실", 제32호, 1996년 9월. "안병무 선생님을 추모하면서", 제33호, 1996년 12월. "소그룹을 통한 교회 활성화 방안(1)", 제34호, 1997년 2월. "하느님이 계시냐고요", 제34호, 1997년 2월. "부활 신앙의 비밀(1)", 제35호, 1997년 5월. "부활 신앙의 비밀(2)", 제36호, 1997년 8월. "98년 목회 구상: 삶의 탄력, 존엄성, 공신력", 제37호, 1997년 11월. "기도하게 하소서",, 제38호, 1998년 3월. "너희가 청하는 게 무엇인지나 아느냐?", 제39호, 1998년 6월. "왜 선을 행하려 애쓰는가", 제40호, 1998년 12월. "옥에 갇힌 자의 감사",, 제41호, 1998년 12월. "다음 세기 기독교 신학의 한 실천적 과제: '하나님'의 무게와 예수", 제43호, 1999년 6월. "'온 믿음'의 시대를 연다: 다시 생각해 보는 나의 유민 목회 5년", 제44호, 1999년 9월.
기타 저널	홍정수, "다종교 상황에서의 예수의 유일성," 「종교신학연구」, 제5호, 1992. 윤영해, 길희성, 김승혜, 김탁, 정양모, 홍정수, 차옥숭, 심종혁, "「한국 신종교에서 보는 그리스도교」에 대하여," 「종교신학연구」, 제6호, 1993. 홍정수 "포스트모던 신학과 한국 기독교," 「기독교사상」, 1994년 7월호.

그의 출교 이후 기고와 집필활동을 살펴보면 종교재판 직후에는 자신의 신학적 입장을 변증하고 학문적 관심을 심화하는 경향을 보였으며, 도미 이후 목회 활동을 병행하는 과정에서 목회적 성격의 글들도 다수 작성하고 있음을 알 수 있다. 1992년 이후 홍정수 교수가 추가로 저술한 서적의 출판 현황을 보면 다음과 같다.

[표-5] 출교 이후 홍정수 교수의 저술 목록

분류	제목
신학 저술	홍정수, 『포스트모던 예수: 감리교회 종교재판의 진상』, 조명문화사, 1992. 홍정수, 『읽을거리: 포스트모던 신학』, 조명문화사, 1993. 홍정수, 『다원종교 시대와 예수』, 조명문화사, 1994. 홍정수, 『베짜는 하느님: 풀어쓴 기독교 신학』, 한국기독교연구소, 2002. 홍정수, 『개벽과 부활』, 한국기독교연구소, 2013.
설 교 집	홍정수, 『사도신경 살아내기』, 한국기독교연구소, 2009.

홍정수의 경우, 변선환 교수가 1995년에 별세한 것과 달리 현재까지 생존해 있으며, 국내에서의 활동이나 추가적인 학술적 연구성과가 제한적이기에 홍정수 개인에 대한 기념논문집을 비롯한 그의 신학사상을 정리한 홍정수에 대한 관련 학계에서의 후속 연구작업은 크게 눈에 띄지 않는다. 다만 종교재판 직후 자신의 종교재판에 대한 변증서인 『포스트모던 예수』(1992)와 『읽을거리: 포스트모던 신학』(1993), 『다원종교 시대와 예수』(1994)를 간행한 바 있으며, 종교재판 10년을 맞아 1992년 당시 논란이 되었던 저작 『베짜는 하나님』(1991)[42]의 개정판 『베짜는 하느님』(2002)을 재출간했다.[43] 그로부터 10여 년 후에 자신의 부활신학을 새롭게 정리한 『개벽과 부활』(2013)도 간행했다. 아울러 2009년에는 그동안 목회를 하며 집필한 설교문들을 모아 『사도신경 살아내기』라는 제목의 설교집을 간행하기도 했다. 이 모든 저술활동은 1992년 종교재판에 대한 응답 차원의 성격이 적지 않아 보인다.

홍정수 교수는 저술 활동보다는 각종 세미나와 강연회에서 국내의 목회자, 신자들과 소통하고 있으며, 2004년부터는 한국기독교연구소에서 주관하는 <예수목회세미나>를 매년 개최해서 강연자로 참여하고 있다. 지난 2023년 2월 13-15일까지 제17회 예수목회세미나가 마리스타교육수사회 교육관에서 "대전환시대 함께 여는 예수목회"라는 주제로 개최된 바 있다.[44]

42 홍정수, 『(이단자를 위한 한국신학) 베짜는 하나님』, 조명문화사, 1991.

43 홍정수, 『베짜는 하느님 : 풀어쓴 기독교 신학』, 한국기독교연구소, 2002.

44 "예수목회세미나 '대전환시대 함께 여는 예수목회' 주제로 열려: 발제와 토론 방식으로 심도 있게 한국교회의 미래적 대안 논의", 「당당뉴스」, 2023년 2월 18일. http://www.dangdangnews.com/news/articleView.html?idxno=38998

4. 본 사건의 '명명'(命名)에 대해

1992년 기독교대한감리회에서 일어난 종교재판사건은 아직 역사학계에서 구체적인 명명 작업이 이루어지지 못했다. 따라서 "1992년 변·홍 교수사건", "1992년 감리교 교리사건", "1992년 감리교 종교재판" 등 다양한 용어로 불리고 있다.

"1992년 변·홍 교수사건"은 이 사건이 단순히 변선환과 홍정수라는 두 신학자의 신학적, 학문적 일탈 사건으로 보는 측면이 강하며, "1992년 교리사건"은 원고(原告) 측의 관점이 강하게 반영된 측면이 있어 보인다. 아마도 "정통교리를 수호"하고자 했던 자신들의 활동과 정체성을 부각시키고자 한 의도가 엿보이는 명칭이다. "1992년 감리교 종교재판"은 특정 인물이나 관점에 국한되지 않고 비교적 중립적, 객관적인 입장에서 널리 쓰이는 표현이다. 따라서 본 자료집에서는 『1992년 기독교대한감리회 종교재판 사료집』이라는 제목을 사용하기로 한다. 본 사건이 일어난 시기인 "1992년"을 맨 앞에 두고, 사건의 무대이자 공간이 된 "기독교대한감리회"를, 사건의 성격을 명확히 규정하는 "종교재판"이라는 명칭을 조합해 "1992년 기독교대한감리회 종교재판"으로 부르도록 하겠다.

5. 한국감리교회사 진보·보수 갈등의 정점
:「교리」를 둘러싼 역사의 퇴행인가, 본질의 회복인가?

본 연구팀은 1992년 종교재판을 일회적 사건으로만이 아니라 감리교회의 역사와 정체성 형성 과정 속에서 겪은 유기적이고 복합적인 통사적(通史的) 관점으로 바라보며 사료에 접근하고 검토하고자 했다.

한국감리교회는 1930년 기독교조선감리회의 출범 단계에서부터 개방적이고 관용적인 신학 전통을 수립하고, 「교리적 선언」과 「사회신경」에 이러한 정체성과 신앙 전통을 담아냈다.[45]

그러나 이러한 초기의 감리회 전통에 대한 감리교회 내 보수적 이견 또한 존재했으며, 특히 1930년대 중반을 거치면서 감리회의 신학 전통에 대한 장로교회의 부정적 입장은 노골화(여권논쟁, 모세의 창세기저작 부인논쟁[1934][46], 아빙돈단권성경주석사건[1935]) 되었다. 문제는

---

45 1930년 출범한 '기독교조선감리회'의 캐치프레이즈는 "진정한 기독교회, 진정한 감리교회, 진정한 조선적교회"였다. 이는 한국감리교회가 지향해야 할 목표이자 방향이었으며, 「교리적 선언」의 근본 토대였다. 이덕주는 초기 한국감리교회의 정체성을 '사회구원의 복음', '진보적 에큐메니즘', '토착화신학과 교회'라고 보았다. 이덕주, "한국 감리교회 신앙과 신학 원리에 대하여", 「신학과 세계」, 제44집, 2002년 6월, 111.

46 1934년 조선예수교장로회 총회에서 논란이 된 여권논쟁의 당사자인 김춘배 목사와 남대문교회 김영주 목사는 두 사람

이러한 장로교회의 감리교회에 대한 몰이해와 비판적 관점이 적잖은 기간 동안 감리회 내 일부 보수적 목회자와 신학자들에게도 수용, 내재화되었고, 감리교회 신앙 전통에 대한 오해와 몰이해로 인해 감리회 신앙 전통에 대한 의심과 부정으로까지 나아가게 된 것으로 보인다.

이러한 감리회 내의 「교리적 선언」에 대한 비판적(혹은 부정적) 입장은 1930년 12월 기독교조선감리회 총회 둘째 날인 12월 3일부터 다음 날까지 격렬한 토론이 전개되었던 사실[47]에서부터 기인했다. 이러한 내홍을 관통해 선포된 한국 감리교회의 「교리적 선언」은 이후 한국 감리교회의 진보적이고 실천적인 선교의 신앙적 근간이자 명분을 제공해 주었다. 아울러 미국감리교회에서도 반향을 일으켜, 미국교회 예식서나 찬송가 뒤에도 부록으로 실려 예배에서 사용되었으며, 뉴욕시 인근의 뉴로셸감리교회에서는 예배당의 스테인드글라스에 한국감리교의 「교리적 선언」을 창 하나에 한 조항씩 새겨 넣어 영구토록 기념[48]하고자 했다.

그러나 「교리적 선언」에 대한 부정적 견해와 시비는 1950년대 감리회 내에서도 존재했다. 1954년 제5회 중부·동부연합연회에서 「교리적 선언」에 대한 시비가 청취되자, 유형기 감독은 "감독의 보고와 제의"에서 다음과 같이 「교리적 선언」의 가치를 변증했다.

> 미국 모교회들의 합동은 1939년 곧 우리보다 9년이 늦게 실현되었습니다. 그리고 우리보다 22년을 뒤져 지난 1952년 총회에서 비로소 "우리 감리교인들은 무엇을 믿는가"라는 감리교회의 신조를 감독회의 "메시지" 중에 발표했습니다.
>
> "선지자가 제 고향과 집 밖에서는 존경을 받지 아님이 없느니라" 하신 주님의 말씀대로 우리 대한감리회의 <교리적선언>을 미국 모교회에서는 <한국교회의신경>이라 하여 <사도신경>, <니케아신경>과 함께 『예배서』에 편입시켰으며, 그것을 읽는 교회도 많습니다.
>
> 그런데 우리나라에서는 그 교리가 선언되는 때부터 일부 신도들 특히 타교파의 사람들이 이것을 "인본주의적"이니 "현세적"이니 하며 비난하여 왔습니다.
>
> 그러나 1952년에 선언한 (미국) 모교회의 교리신경도 우리 것과 흡사한데, 여러분이 놀라실 것입니다. 그 전문을 소개할 수는 없으나 그 대지(大旨)는 다음 열두 조목입니다.

모두 장로교 목사이나, 일본의 남감리교 계통 미션스쿨인 관서학원 신학부에서 신학 과정을 이수한 학력을 가지고 있었다. 1935년 촉발된 아빙돈단권성경주석 사건도 감리교의 유형기 목사가 장로교의 김재준, 채필근, 한경직 등을 공동 역자로 위촉하여 장로교 내에서 신학적 시비가 된 것이다. 이러한 일련의 과정을 거치면서 장로교 내에서는 감리교 신학에 대한 비판적 기조가 지배적으로 형성되었다.

47 신홍식 목사는 「교리적 선언」에 "(그리스도의) 성신(聖神)의 잉태와 십자가의 유혈속죄(流血贖罪)와 부활 승천(昇天)과 최후심판이라"는 내용으로 1조를 더 첨가하자 제안하고, 이후 다음날까지 찬반 토론이 격렬히 진행되었다. 墨峯, "기독교조선감리회 창립총회 참관기", 「종교교육」, 2권 4호, 1931년 1월, 37.

48 홍현설, "기독교대한감리회의 교리적 선언과 한국교회", 「기독교사상」, 1981년 1월, 20.

1. 우리는 하나님을 믿는다. / 2. 우리는 예수 그리스도를 믿는다. / 3. 우리는 성신을 믿는다. / 4. 우리는 성경을 믿는다. / 5. 우리는 사람을 믿는다. / 6. 우리는 죄에서 구원함을 믿는다. / 7. 우리는 그리스도인의 경험을 믿는다. / 8. 우리는 그리스도인의 완성을 믿는다. / 9. 우리는 교회를 믿는다. / 10. 우리는 하나님의 나라를 믿는다. / 11. 우리는 하나님의 심판을 믿는다. / 12. 우리는 영생을 믿는다.

위의 제10은 우리 교회의 제7 곧 "우리는 하나님의 뜻이 실현된 인류사회가 천국임을 믿으며"에 해당한 것입니다. 우리 교리 여덟 가지 가운데 이 조문이 제일 비평을 많이 받는 듯합니다. 우리 제7과 비교해 보시기 위해 미국 감리교회의 제10을 초역합니다.

"10. 우리는 천국을 믿는다. 이것은 인간 사회의 모든 부문을 하나님께서 다스리시는 것이니, 모든 개인, 국가, 단체가 신적 가치 표준에 준하는 것이다. 기독적 완성이 개인 생활의 목적인 것 같이 인간사회의 목적은 천국인 것이다. 이 천국의 창조는 하나님과 사람의 협력을 요한다. 구원 얻은 사회의 구감(構瞰)은 하나님의 생각(thought)이다. 천국의 성취는 하나님의 신이 인간의 마음속에 넣어 주신 정신적 협력으로 될 것이다. 그 최후의 완성은 새로운 신적 질서를 창조하여 그 뜻이 하늘에서 이룬 것같이 땅에서도 이루어지기 위한 하나님과 인간의 밀접한 공동노력으로 서서히 실현될 것이다."

우리 <교리적선언>을 예배당마다 한 달에 한 번 이상 읽자고 제2차 총회에서 결의했습니다.[49]

이후로도 「교리적 선언」에 대한 우호적, 긍정적 입장들은 감리회의 여러 공식 문헌에서 확인되고 있다.[50] 그러나 1982년 즈음부터는 「교리적 선언」에 대한 재검토 논의가 다시 불거지기 시작했다.[51] 1986년부터는 「교리적 선언」을 비롯한 감리회 교리교육에 대한 강화 정책이 모색되었다.[52] 1988년 제18회 총회에서는 "각종 이단 종파에 대한 규제 조치 건의안"이 올라오기에 이르는데, 이때에 김기동의 베뢰아 귀신론, 통일교 등 사이비 종파들에 대한 언급과 더불어 신학교의 신학교육이 함께 도마에 오르고 있다.

"특히 이를 묵과하는 신학교, 이는 감리교 신학교육의 부재와 소산인 것으로 막대한 선교에 지장을

49 "감독의 보고와 제의", 『기독교대한감리회 제5회 중부·동부연합연회 회록』, 1954, 118-119.

50 "기독교대한감리회 선교에 대한 우리의 천명서", 『기독교대한감리회 제13회 총회록』, 별지, 1978.

51 『기독교대한감리회 제15회 총회록』, 1982, 90.

52 "교리적 선언 교육 강화", 『기독교대한감리회 제17회 총회록』, 1986, 123. ; "여름성경학교 교재를 교리적 선언과 감리교 교리를 주제로", 『기독교대한감리회 제18회 총회록』, 1988, 195.

주고 있는 실정입니다. 감독회장님! 우리 교단의 앞날이 심히 염려됩니다. 우리교단의 바른 신학, 교리 정립이 되어야 되겠습니다. 우선 각 신학교마다 철저 조사하고, 차제에 이단사이비 종교 종파에 대한 교단적인 차원의 대책을 강구해 줄 것을 건의합니다."[53]

위 건의안의 내용에서 1988년 즈음부터 당시 신학대학의 신학교육과 그 내용에 대한 경계와 시비가 시작되고 있었음을 알 수 있다. 1990년에는 "교리적 선언 연구위원회"가 조직(위원장 김우영, 서기 김익수) 되어 연구에 착수했다. 그 결과로 「교리적 선언」 제5항 "하나님의 말씀이 신앙과 실행의 충분한 표준이 됨"이라는 대목에서 "'충분한'이라는 단어가 석연치 않다"는 의견이 제출되었다. 이는 성서의 무오류나 축자영감설에 보다 무게중심을 싣는 근본주의 신학에 입각한 수정주의적 인식이었다.[54] 이때까지 근본주의 신학은 한국 장로교의 주류신학으로 받아들여지고 있었다. 따라서 "교리적 선언 연구위원회"의 보고서는 감리교회가 한국장로교회의 근본주의적 분위기에 적극적으로 편승한 결과였다. 이와 더불어 1990년 19회 총회에서서는 "『교리와 장정』에 나오는 서문의 역사 편과 교리적 선언 및 사회신경을 오늘의 현실에 맞는 것으로 새로 제정하는 모임을 몇 차례 개최하여, 금년 총회에 상정되도록 연구 검토 작업을 하였"다는 선교국의 보고도 있었다.[55]

결국 이러한 분위기 속에서 1992년 김홍도 목사를 필두로 "기독교교리수호대책위원회가"가 "교리의 수호"를 전면에 내걸고 감리교회의 종교재판을 촉발시켰으며, 이들의 영향력 하에 기독교대한감리회 본부(곽전태 감독회장)와 서울연회(나원용 감독)가 제휴하여 초유의 종교재판 사건이 전개될 수 있었다. 이러한 맥락에서 살펴보았을 때, 1992년 종교재판은 단순히 감리교신학대학교의 두 교수를 출교시키는 것에만 초점이 맞춰진 사건이 아니었다.

1992년 종교재판 직후 기감웨슬리복음주의협회에서 개최한 제12회 신학강좌에서 연사로 나선 김문희 목사(대신교회)는 "웨슬리 전통이 자유주의 신학으로 변질되어 그것이 마치 감리교 신학인 것처럼 대변되는 것은 큰 오류"라며, "비웨슬리적인 내용으로 가득찬 감리교 교리를 개정, 복음주의로 되돌아 갈 것"을 주장했다.[56] 이들 '기감웨슬리복음주의협회' 멤버들은 그해 10월에 "21세기를 향한 기독교대한감리회의 명백한 교리적 표명을 건의함"이라는 제목의 건의안을 총회에 제출했다.[57] 그리고 1993년 기독교대한감리회 특별총회에서 보수적인 관점이 적극

53 당시 건의안을 올린 건의자는 강병진, 박원찬, 박진원, 이내강, 배선극, 김영웅 6명이었다. "<건의안 제12호 : 각종 이단 종파에 대한 규제조치 건의안", 『기독교대한감리회 제18회 총회록』, 1988, 338.

54 "제1분과 헌법과 본 교회와 관계되는 문제 연구위원 보고", 『기독교대한감리회 제19회 총회록』, 1990, 513.

55 "국내선교부 사업보고", 『기독교대한감리회 제19회 총회록』, 1990, 296.

56 "복음주의식 교리개정 움직임: 기감웨슬리복음주의협 제12회 신학강좌", 「복음신문」, 1992년 9월 6일.

57 "건의안 제10호 — 21세기를 향한 기독교대한감리회의 명백한 교리적 표명을 건의함(1992. 10. 28.)", 『기독교대한감리회

반영된 「교리적 선언」의 개정안이 상정되었다.

“교리적 선언과 사회신경은 지금까지 감리교의 신앙노선을 표명한 것이서 이것의 개정을 놓고 파란이 예상된다. 교리적 선언 개정 초안은 총 6항으로 기존 교리적 선언 제1항 하나님을 한 하나님으로 바꾸었으며, 제2항 예수 그리스도에 대해서는 기존의 스승과 모범의 어구를 빼고 부활을 강조했다. 또한 개정 초안은 기존의 성신을 성령으로 변침했으며, 성서, 교회, 하나님 나라와 영생을 강조했다. 특히 개정 초안은 기존의 교리적 선언 제8항 중 ‘의의 최후 승리’를 삭제했으며, 제7항 중 ‘하나님의 뜻이 실현된 인류사회가 천국임을 믿으며’를 ‘하나님 나라의 도래’로 개정함으로써 상당히 보수적인 측면을 띠었다. 이번 초안은 목원대 박봉배 학장이 작성한 것으로 알려졌다.[58]

이러한 「교리적 선언」의 개정작업은 1992년 종교재판의 최종적 목적지이며, 하나의 패키지로서 연동된 측면이 있다. 1997년 제22회 기독교대한감리회 입법총회는 그동안 논의된 보수적 입장이 충실하게 반영된 「감리회 신앙고백」을 공식적으로 채택, 가결하였다.[59] 이때 감독회장은 김홍도 목사였으며, 그는 1992년 종교재판 당시 ‘기독교교리수호대책위원회’ 공동회장이었다.

이를 통해 1992년의 종교재판은 1997년에 그 대단원의 막을 내렸다고 역사적으로 평가할 수 있을 것이다. 이러한 공식적이고 입법적인 결론은 한국 감리교회가 신학적으로는 보다 경직되고 교회의 교권과 선교 현장의 보수화를 촉진하는 결과를 낳았다.[60]

감리교신학대학교에서는 더 이상 토착화신학이나 종교신학 등 새로운 신학적 담론이 논구되거나 토론되는 것이 쉽지 않아졌으며, 1907년 평양대부흥 100주년을 맞아 그동안의 감신 신학교육을 반성하고 복음으로 회귀하자는 운동이 전개되기도 했다.[61]

영성회복을 강조한 김외식 총장의 일성은 수십 년간 이어온 감신대의 자유주의적 학풍을 성경중심의 복음주의로 바꾸는 신호탄이었다. 2007년 1월 첫 주 수요일 아침, 감신대 교수들의 기도모임이 시작됐고, 지금도 10명 이상의 교수들이 동참하고 있다.[62]

제20회 총회록』, 1992.

58 “감리교 교리선언 보수회귀? : 오는 10월 25일 특별총회에서 최종 결정”, 「복음신문」, 1993년 8월 15일; “교단 특별총회, 「새 교리적 선언」 제정심의 예정: 자유주의적 신학사조 수정한 복음주의적 교리 강좌” 「감신대학보」, 1993년 10월 14일.

59 『기독교대한감리회 제22회 입법총회 회록』, 1997년 10월 27일.

60 앞서 소개한 1992년 이후 간행된 다수의 한국교회사 통사서와 연구서에서 1992년 종교재판의 교회사적 영향과 역사적 평가에서 이러한 언급은 일반적으로 드러난다.

61 “신학을 ‘성경중심’으로 재정향하자: 성경을 통한 재정향 대회 진행”, 「목회와 신학」, 2008년 5월 29일.

62 “감신대 대변화 : 자유·진보 전당에서 복음주의로 회귀중”, 「국민일보」, 2008년 6월 13일.

6. 사료집 간행의 취지와 의미

지난 2022년은 "1992년 기독교대한감리회 종교재판"의 30년을 맞는 역사적인 시기였다. 한 세대가 지나는 동안 한국의 신학계는 경직되어 급변하는 시대의 다양한 이슈와 아젠다에 충분히 응답하거나 신학적 대응을 하지 못한 측면이 있다. 이는 지난 1992년의 교권세력에 의한 신학교에 대한 철퇴와 폭력이 낳은 역사적 퇴행이자 비극이 아닐수 없다. 이제 한 세대가 지난 시점이지만, 1992년 종교재판에 대한 객관적이고 냉정한 역사적, 학문적 평가를 시도하기 위해서라도, 사건과 관련한 체계적인 사료수집과 연구환경을 조성하는 것이 필요한 시점이다.

이에 <변선환아키브>에서는 2022년 <역사와종교아카데미>에 종교재판 자료의 수집과 사료집 간행에 대한 일체의 작업을 요청하였으며, <역사와종교아카데미>에서는 "1992년 기독교대한감리회 종교재판 사료집 편찬"을 위한 기초자료연구팀을 구성했다. 연구팀은 1992년 종교재판 당시 관련된 원로목회자들과 현직 목회자, 신학자 등을 접촉하여 종교재판 관련 문서와 자료들의 기증을 요청했다. 이에 한국기독교연구소와 변선환아키브에서 소장하고 있는 종교재판 관련 자료들에 더하여 강종식, 김영명, 윤병상, 윤형순, 조이제, 한인철 목사가 소장하고 있던 개인자료들이 <역사와종교아카데미> 연구소에 답지하였다. 아울러 종교재판과 관련된 생존 관련자 중에서 홍정수 교수, 이면주, 정영구 목사, 곽노흥 장로 네 명에 대한 인터뷰를 2022년 11월부터 2023년 2월까지 진행했다.

연구팀은 감리회의 주요 정기간행물(「기독교세계」, 「감리회 총회록」, 「감리회 연회록」, 「감리회 지방회록」, 「장로연감」, 교계 신문과 잡지들)에서 종교재판 관련 보도와 주요 기록들을 리서치하였으며, 종교재판 당시의 주요 자료들을 문서, 서적, 사진, 영상, 음원, 유품 등의 자료들을 중심으로 광범위한 조사에 착수했다. 아울러 기증된 문서철과 파일들을 엑셀 파일로 분류하여 약 1,300여 건의 문서목록으로 정리하여 데이터 베이스화를 완료했다.[63]

본 사료 수집과 리서치 과정을 통해 확인된 몇 가지 차별성과 특징은 다음과 같다.

첫째, 본 사료 수집을 통해 기독교대한감리회의 교리와 신앙 정체성의 특징을 통시적, 거시적 관점에서 재조명하고자 했다. 그리고 이러한 관점을 통해 1992년 종교재판 사건이 단순한 일회적 해프닝이나 이벤트가 아니라 한국 감리교회의 유구한 역사와 신앙 전통 속에서 복잡다단하게 전개된 갈등과 분쟁의 요소가 1992년에 폭발한 것임을 확인할 수 있었다. 또한 이후로도 1992년의 후속적인 역사적 노정이 전개되었음을 확인할 수 있다.

둘째, 종교재판의 촉발 시점부터 관여했던 다양한 인물들의 면면을 조사하여 그들의 인적

63 수증 자료들은 각 기증자별 파일을 별도로 목록화하고, 자료의 유형에 따라 파일 번호를 설정했으며, 전체 파일을 종합적으로 검색할 수 있도록 엑셀에 입력하는 과정을 거쳤다.

사항을 정리했다. 이들의 출신과 경력, 신앙 배경 등을 구체적으로 살펴봄으로써, 종교재판을 기획하고 수행한 이들에 대한 보다 구체적인 역사적 분석과 평가가 가능할 수 있게 되었다.

셋째, 종교재판과 관련해 방만하게 흩어져 있던 자료들을 한곳에 모아 자료의 성격별로 재배열, 데이터베이스화했다. 이러한 아카이빙(archiving) 작업을 통해 향후 본 주제와 관련된 연구의 접근성과 효율성, 수월성 등을 담보하고 후학들이 다양한 방식과 관점으로 본 주제에 대해 역사적, 신학적으로 탐구할 수 있는 토대를 구축했다.

넷째, 종교재판과 관련한 당사자나 관련자들을 직접 찾아 인터뷰를 수행했으며, 귀중한 녹취파일을 확보했다. 문서 자료뿐 아니라 증언과 구술자료의 확보를 통해 향후 연구에 있어 미시사적 접근도 시도할 수 있게 되었다.

다섯째, 본 사료집 제작을 통해 종교재판에 대한 다양한 관점과 입장들에 접근할 수 있고 종교재판 주역들의 동기와 목적에 대해 보다 구체적으로 파악할 수 있는 근거들이 마련됐다.

7. 사료집의 목차와 구성

본 사료집은 총 3권의 분량으로 편집되었으며, 그 목차와 구성은 다음과 같다.

제1권 목차

분류	내용
1. 1992년 종교재판 판결문	본 사건의 피고인 변선환과 홍정수의 최종 판결문
2. 종교재판의 전개 과정과 일지	그동안 수집된 자료들을 토대로 1992년 종교재판의 전개과정을 일지의 형식으로 정리. 종교재판 사건의 흐름을 한눈에 파악할 수 있다.
3. 감리회 교리 관련 문서들	감리회의 교리 형성과 신앙 정체성을 살펴볼 수 있도록 선교 초기부터의 교리관련 문헌들을 선별해 정리했다.
4. 1992년 종교재판 이전 주요 논쟁들	1970년대부터 촉발되어 1990년대 초반까지 전개되었던 종교다원주의와 포스트모던신학 관련 지상논쟁 글들을 시간대별로 정리해 수록했다.
5. 1992년 종교재판 관련 주요 인물들	종교재판에 관련된 인물들의 약력과 인적사항을 정리했다. 출교판정을 받은 변선환과 홍정수 외에 서울연회 재판위원 15명, 교리수호대책위원회 관련자 13명, 최초의 문제제기를 송파지방의 4인, 변-홍 교수의 신학에 논쟁을 주도한 이동주 교수, 변-홍 교수의 신학을 비판한 감독 7인이 수록되었다.
6. 1992년 종교재판 관련 주요 사건 및 공판 심사 자료	종교재판 과정에서 제출되거나 생산된 공판 관련 문서들

제1권은 1992년 종교재판이 전개되는 과정을 전체적으로 조망할 수 있도록 판결문과 일지, 한국 감리교회의 교리사, 재판 이전의 논쟁들, 재판관련자들, 공판자료 등을 정리하였다.

제2권 목차

분류	내용
1992년 종교재판 관련 언론 보도 및 성명서 모음 (1990-1993)	종교재판의 전개 과정 속에서 관련된 내용으로 발표된 주요 언론보도와 찬성과 반대 양측의 주요 관련 단체들의 성명서들을 시간 순서 대로 정리 배열하였다.

제2권은 1992년 종교재판이 전개되는 과정에서 논란이 야기된 1990년경부터 사건이 외형상 종료되는 1993년까지의 언론 보도들을 시간순으로 정리했다. 다만 수집된 모든 언론보도를 모두 수록할 경우 사료집의 분량이 크게 비대해질 수밖에 없어 연구팀의 검토를 거쳐 주로 사건 당사자나 관련자들의 입장이나 주장이 반영된 보도를 중심으로 선별해 배열했다. 언론보도의 배열과 더불어 찬반 양측의 주요 단체들이 사건의 전개 과정 속에서 대응하며 발표한 주요 성명서들도 함께 배치했다.

본 자료를 통해 종교재판이 전개되는 과정 속에서 교계와 일반 언론에서 이 사건을 어떻게 주목하고 평가했으며, 주요 관련자들은 언론을 통해 어떠한 입장들을 개진하고 이후 사건의 양상이 어떻게 전개되어 갔는지 시간순으로 파악할 수 있게 편집했다.

제3권 목차

분류	내용
"감리교를 염려하는 모임" 등 각 단체 주요 대응	1992년 종교재판이 전개되는 과정 속에서 조직된 "감리교를 염려하는 모임"을 비롯한 주요 단체들의 성격을 파악할 수 있도록 종교재판에 대한 각 단체가 생산한 문서와 관련 자료들을 정리했다.
2. 변선환 학장	종교재판 당시와 그 이후의 변선환 학장 관련된 문서와 자료들. 종교재판이 변선환 학장에게 미친 영향과 후속 조치 등에 대해 파악할 수 있는 자료들이다.
3. 홍정수 교수	종교재판 당시와 그 이후의 홍성수 교수 관련한 문서와 자료들. 종교재판이 홍정수 교수에게 미친 영향과 후속 조치 등에 대해 파악할 수 있는 자료들이다.
4. 새로운 감리회 신앙고백의 채택	1992년 종교재판 전후 기독교대한감리회 내에서의 교리 문제에 대한 정책적 대응과 흐름을 엿 볼 수 있는 자료들이다. 「교리적 선언」을 비롯한 「사회신경」과 『교리와 장정』에 대한 개정작업

	과정을 알수 있으며, 1997년 감리회 신앙고백의 채택까지 흐름을 파악할 수 있다.
5. 사료 목록	1992년 종교재판 관련 수집 사료들의 데이터 리스트

제3권에서는 1992년 종교재판의 과정 중에 조직되거나 발생한 주요 단체들("감리교를 염려하는 모임" 등)의 대응 차원에서 생산된 문서들과 자료들을 정리 소개했다. 본 자료들을 통해 당시 종교재판을 둘러싼 찬반 양측의 주요 입장과 조직의 성격 등을 파악하는 데 도움이 될 것이다. 아울러 종교재판 과정과 출교 이후에 변선환과 홍정수 두 개인과 관련한 주요 후속 조치와 활동 관련 문서들을 개별적으로 정리해 배치했다. 이는 종교재판 노정 속에서의 개인 변선환과 개인 홍정수의 입장과 이후 행보를 파악하는 데 도움이 되는 정보들이다.

끝으로 1992년 종교재판 이후 가속화된 「교리적 선언」의 개정작업과 그 과정을 엿볼 수 있는 자료들을 정리했다. 1992년 이후 신학적 시비의 대상이 되었던 「교리적 선언」이 보수화 관점이 반영된 「감리회 신앙고백」(1997)으로 채택되는 과정을 살펴볼 수 있다.

이외에 사료집에는 수록하지 못했지만 그동안 자료수집 작업과 동시에 병행한 주요 인사들의 인터뷰 녹취파일을 보유하고 있으며, 언젠가는 녹취파일을 정리한 추가 사료집 발간도 구상해 볼 수 있을 것으로 기대된다.

[표-6] 1992년 종교재판 관련 녹음파일과 인터뷰 목록

녹음 일시	내용
1992년 2월 24일	변선환 재판 녹음자료 / 홍정수 재판 녹음자료
1992년 4월 29일	판결문(변선환) / 판결문(홍정수)
1992년 10월 22일	제3차 공동설명회 대학원 보고서: 통일교 관련설에 대해서 (양창식에 대한 방석종, 이기춘 증언)
1992년 10월 25일	홍정수 교수 징계 철회에 대한 비대위와 총학생회의 입장
2022년 11월 23일	이면주 목사 인터뷰
2022년 12월 1일	정영구 목사 인터뷰
2023년 2월 12일	홍정수 교수 인터뷰
2023년 2월 20일	곽노흥 장로 인터뷰

8. 닫는 글

4세기 교부 락탄티우스(Lactantius)는 다음과 같이 말했다.

> 종교 안에서만은 자유는 참다운 진리를 갖는다. 우리는 그리스도교를 지키지 않으면 안 된다. 타인을 죽임으로써가 아닌, 우리 자신이 죽음으로써. 만약 당신들이 피와 고문과 못된 짓으로 그리스도교를 지키고 있다고 생각한다면 그것은 이미 그리스도교를 지키는 것이 아니라 그것을 더럽히고 해치는 것이다.[64]

한국 감리교회는 "진정한 기독교회, 진정한 감리교회, 진정한 조선적교회"라는 모토 아래, 기독교의 균형감 있고 건강한 신앙 정체성의 기반 위에 사회적 실천을 통한 성화와 한국과 아시의 선교 현장에서의 토착화를 통한 유연하고 개방적인 선교신학을 창출해온 전통이 있다. 그러나 분단과 냉전, 교회의 성장과 교권의 논리에 함몰되어 이전의 생동감과 다양성, 유연성과 개방성의 에큐메니컬 정신은 점점 침체되어 온 것 또한 사실이다. 이러한 한국감리교회의 전통과 정체성이 훼손되고 비극적 결말을 맞이한 정점의 사건에 1992년 종교재판이 있다.

우리는 오늘 교회의 위기를 맞고 있다. 두 신학자를 종교재판이라는 중세적 도구를 활용해 공개적으로 제거했으나, 한국교회의 사회적 신뢰는 더욱 꾸준히 추락하고 있다. 감리교회의 신자 수는 급감하고 있으며, 신학교는 더 이상 변화하는 시대 앞에 충실한 응답과 대안을 제시하지 못하고 있다. 이러한 위기를 극복하기 위해서는 우선 어디서부터 잘못된 것인지를 복기하고 굴절되고 왜곡된 길을 바로잡는 일부터 시작해야 한다.

우리가 1992년 종교재판 30년을 맞아 그동안 흩어져 있던 자료들을 모아 과거의 비극적 역사를 다시 꺼내 보는 이유가 바로 여기에 있다. 어디서부터 잘못된 것인지 이제는 냉정하고 엄정한 시선으로 역사의 평가를 모색해 보아야 할 때이다. 그러한 열린 마음과 겸손히 배우고 성찰하려는 태도야말로 늘 생동감 있게 변화하는 시대에 대응하는 에큐메니컬 정신을 강조한 존 웨슬리의 유산을 계승하는 길이 될 것이다.

> "나는 이른바 감리교인라는 사람들이 사라지는 것을 염려하지 않는다. 오히려 그들이 아무런 능력이 없는 종교의 형식 곧 죽은 분파로 존재하지 않을까 염려한다.

---

64 모리시바 쓰네오, 『마녀사냥: 중세 유럽을 강타한 인류 사회의 치욕의 문화사』, 현민시스템, 2000, 24; 森島恒雄(1970), 魔女狩り , 東京: 岩波書店.

그들이 처음에 가졌던 정신과 훈련을 지키지 않는다면 감리교는 틀림없이 죽은 종교로 전락할 것이다."[65]

2023년 5월 25일
역사와종교아카데미 나무와숲
기초자료연구팀

65 Luke Tyerman, *The Life and Time of the Reverend John Wesly III* (New York: Harper and Brothers, 1870), 519.

I.
1992년 종교재판 관련 언론 보도 및 성명서 모음 (1990-1993)

제 6 절　신문 기사들

1. 포스트모던신학 한국에서 첫선 보여

◆출처: 크리스챤신문, 1990. 11. 17. 토

【4】　1990년11월17일(토)　　크 리 스 찬 신 문

「포스트모던신학」 한국에서 첫선 보여

감신대 홍정수교수 「포스트모던신학과 한국신학의 가능성」 발표

미국 신학계에서 활발히 논의되고 있는 「포스트모던신학」이 드디어 한국 신학계에도 소개돼 이에 대한 한국 신학자들의 높은 관심이 예상된다. 감신대 홍정수교수(조직신학)는 11월 13일 감신대에서 열린 세계신학연구원 창립 2주년 기념 학술토론잔치에서 「포스트모던신학과 한국신학의 가능성」을 발표, 포스트모던신학을 국내에 처음 소개했다.

이에 앞서 홍교수는 번햄, 밀러, 알렌, 린드벡, 슈나이더스, 벨라, 윌리엄스 등의 글을 한 데 묶은 (포스트모던신학)을 번역, 출간함으로써 국내에 포스트모던신학의 출발을 가져왔다.

본보는 이날 열린 홍교수의 강연내용을 중심으로 포스트모던신학을 소개한다.

(편집자 주)

세계신학연구원을 통해 한국신학을 모색해 온 홍정수교수는 (포스트모던신학)을 번역, 출간하고 이에 대한 한국신학의 가능성을 발표함으로써 포스트모던 신학을 국내에 처음 소개했다.

"과학의 지배서 벗어나 종교언어의 독자성 회복운동
'부활' 의 한국적 번역은 '후천개벽'이 가장 적합"
처녀탄생·재림을 과학언어로 번역해 사실로 믿으면 곤란

◇포스트모더니즘이란?

예술과 문화에서 주로 사용되는 포스트모더니즘(근대후기주의·postmodernism)이란 용어는 60년대 후반 미국사회가 후기산업사회로 진입하면서 등장하기 시작했다. 이는 모더니즘(근대주의)에 대한 반동으로써, 모더니즘이 20세기초 자유와 평등사상을 바탕으로 기성도덕이나 전통적 권위에 반항하여 기계문명과 도시생활의 감각을 중시한 반면 포스트모더니즘은 모더니즘의 결과적인 폐해들을 벗어나 예술과 문화의 순수성을 지키려는 운동이다. 즉 후기산업사회의 저항이고 문화적인 운동이다.

이러한 서구의 포스트모더니즘은 70년대 후반 무용과 건축분야에서 먼저 국내에 소개됐고 80년대 중반 이후부터는 문학과 미술계에도 도입됐다. 특히 포스트모더니즘은 80년대 후반과 90년 한 해 동안 그 개념과 정체에 대한 논란으로 최근까지 국내를 떠들썩하게 만들었다.

◇포스트모던신학의 시작

포스트모더니즘이 신학과 접맥된 「포스트모던신학」은 미국 예일대의 린드벡교수(역사신학)가 1984년 (교리의 본성)이란 획기적 저서를 발간하면서 시작됐다. 포스트모던신학이란 용어 자체는 70년대 말과 80년대 초에도 간혹 사용되었지만 린드벡교수의 사상을 수용하고 발전시킨 일련의 사회학자와 신학자들이 87년 심포지엄을 열고, 1989년 그 결과를 (포스트모던신학)이란 책으로 펴냄으로써 포스트모던신학은 비로소 정착됐다. 따라서 이 신학은 국내의 예술과 문화계에서 일고있는 포스트모더니즘과 맥을 같이하고 있지만 신학으로서의 포스트모더니즘은 극히 최근의 일인 셈이다.

포스트모던신학이 태동된 배경에 대해 홍정수교수는 "교회가 18, 19세기부터 자연과학을 흉내내며 성서를 과학적으로 접근한 신학은 잘못됐고, 그 결과 오늘의 교회가 이 땅에서 제구실을 못하게 된 것을 서구 신학자들과 교회 지도자들은 반성하고 있다"고 전제하며 "이같은 교회와 신학의 무기력에 대한 심각한 반성 가운데 하나가 지금 포스트모던신학이라는 운동으로 등장하고 있다"고 설명했다.

그러나 이 반성이 자칫 근본주의자들에게는 복고주의로, 실천에 관심갖는 기독교인들에게는 보수반동으로 오해될 소지가 있지만 이 신학은 근본주의는 물론 보수신학과 진보신학의 비판에서 출발했다고 홍교수는 덧붙였다.

◇포스트모던신학의 특징

홍교수는 포스모던신학을 "과학의 지배에서 벗어나 '종교언어' 로서의 독자성을 회복하려는 일단의 신학운동"이라고 정의했다.

홍교수는 "오늘의 신학자와 기독교인들은 종교의 언어(교리)를 객관적 사실을 진술하는 명제로 생각하나 좀더 근대화되고 세련된 신학자들은 종교언어의 핵심은 인간의 체험(주관적 경험)을 기술해 주는 데 있다고 믿는다"는 린드벡교수의 주장을 인용하면서 "종교언어의 올바른 이해는 그것을 종교언어 그 자체로 보는 것이며 종교언어의 독특성은 세계(실재)를 해석하는 전통의 하나라는 점에 있다"고 설명했다.

결국 포스트모던신학은 성서의 언어를 과학적 또는 객관적 언어로 이해하지 않고 종교적이며 주관적인 체험의 언어로 이해한다는 것이다.

또 홍교수는 해방신학이 이데올로기로부터의 신학의 해방을 요청했다면, 포스트모던신학은 과학이라는 문화적, 언어적 헤게모니로부터 종교와 신앙의 해방을 역설하고 있다"고 설명했다. 따라서 린드벡교수는 종교의 언어를 자연과학, 심리학, 사회과학의 언어로 환원시켰던 근대주의자들과 자유주의자들을 신랄하게 비판했다고 홍교수는 아울러 설명했다.

◇한국신학의 가능성과 과제

홍교수는 린드벡교수의 통합력과 하버드대 카프만교수의 인간화 원리를 원용, 한국신학의 새로운 가능성과 과제를 제시했다.

우선 홍교수는 "1950년대 제1세대 한국신학은 성서나 서구의 신학개념을 한국의 개념으로 하나하나 번역하려는 '단어 중심적' 방법을 채택해왔다"면서 따라서 '삼위일체'와 '성육신'이 '단군신화'나 '성(誠)'으로 번역됐다"고 지적했다. 그러나 홍교수는 포스트모던신학의 통찰을 받아들인다면 종교언어는 그 문화와 언어의 틀 안에서 이해되어야 하며 그 언어가 다른 언어로 번역될 경우에는 단어중심이 아니라 그 언어의 구문론(syntax·구문규칙)을 충분히 검토한 후 인간화의 원칙에 의해서 시행되어야 한다는 것이다.

그 예로써 홍교수는 "한국교인들은 예수의 처녀탄생, 부활, 재림 등을 자연과학의 언어로 이해, "사실"이라고 믿는다"면서 "이것은 성서언어의 문법을 18세기 과학의 언어규칙으로 번역한 결과에서 비롯된 오류"라고 주장했다.

요컨대 부활을 포스트모던적' 이나 '한국적' 으로 읽는다면 "부활은 하나님의 정의의 심판의시작"을 의미한다는것이다. 더욱이 홍교수는 「하나님의 정의」에 대한 한국인의 언어가 마땅치 않기 때문에 성서의 「부활」을 우리말로 옮기기는 여간 어렵지 않다면서 "역사의 심판, 구원, 새세상의 열림 등의 뜻이 담겨져 있는 「후천개벽」이 성서의 부활을 한국적으로 옮기기에는 가장 적합한 단어라고 주장했다.

홍교수는 이날 강연을 마치면서 "포스트모던신학이 과학의 헤게모니에서 시달리던 우리의 신학을 해방시키고 마침내 포스트모던적이고 한국적인 그러나 진정으로 성서적인 새로운 삶의 형식을 가져올 것"이라고 기대했다.

(최문섭 기자)

19901117_포스트모던 신학 한국에서 첫선 보여
(감신대 홍정수 교수 포스트모던 신학과 한국신학의 가능성 발표)_크리스찬신문_5번

새누리 논단

'망월동 사도신경'

홍 정 수
〈감신대 세계신학연구원〉

어떤 전도사님이 진지하게 물어왔다. "신화적 언어로 가득차 있는 사도신경이 아직도 타당한가요?" 나는 곧바로 "물론 아직도 타당하며, 지금이야 말로 더욱 타당하다"며 대답했다. "예수의 수난과 이땅의 민중들이 고난을 함께 기억하는 그런 시기에는 더욱 절실하다"는 말을 덧붙였다. 왜냐하면, 사도신경은 바로 우리시대와 같은 박해와 압제의 신앙고백이기 때문이다. 그 신앙고백 속에 나오는 "본디오 빌라도에 의해서 처형되시고…"라는 귀절을 한번 음미해 보면 그말이 무엇을 뜻하는지 분명해 진다. 이 신앙고백이 빌라도 총독이 역사의 무대저편으로 사라진지 1백년도 더 지난 때에 나왔다는 것을 생각해 보면, 그리고 빌라도를 기억조차하지 못하는 사람들이 계속하여 '빌라도'의 이름을 들어가며, 신앙고백을 해왔다는 역사적 사실을 생각해 보면 더욱 분명해진다.

남미에서 가난한 자들을 해방시키다가 죽어가는 무수한 가톨릭 신자들도 "빌라도에 의해서 처형되시고…"를 암송하면서 죽어갔다고 한다. 따라서 우리가 고백하는 사도신경 속의 역사적 인물 '빌라도'는 그 시대의 독재자, 그 나라의 압제자를 가리킨다. 만일, 한국의 오늘 이 예수를 공개처형한 빌라도 시대, 지하묘소에 숨어 있던 기독자들을 찾아내어 사자 밥으로 삼으며 즐기던 도미티안, 네로 황제 시대, 그리고 사대주의의 압잡이가 된 남미의 군부 독재 여러 나라들의 형편과 다르다면, 사도신경은 의미를 상실한 것이다. 그러나 오늘 한국에서도 온갖 형태의 압제와 고문이 난무하고 있다면, 이 거룩한 고난 주일 아침이야말로 "본디오 빌라도 의해서 처형되시고…"를 뜻깊게 고백할 수 있는 시간이다.

"죽은 자는 말이 없다"고 그 누가 말했던가! 독재가들은 자기를 고발하는 양심의 눈동자들을 망월동에 묻어 놓은 뒤, "죽은 자는 말이 없다"고 뇌까리면서 자위할 것이다. 그러나 억울하게 죽은 사람들, 그들은 '눈감지 못하는 죽음'을 죽은 자들, '잠들지 못하는 자들'이 되어 유령처럼 역사를 배회하게 된다. 하늘에서 들리는 거룩한 음성이 아니라, 권력 가진 자들이 자기들의 더러움을 은폐시키기 위하여 땅속에 또는 물속에 매장해 버린 자들의 피묻은 음성을 오늘의 그리스도인들, 민중들은 계속하여 듣고 있다.

죽은 자가 진정으로 말하지 못한다면 역사는 억울한 원기들의 행렬, 망월동으로 가는 긴긴 행렬에 불과할 것이다.

신도시를 개발한다고 마구 파헤친 조상님의 무덤을 보고 너무나 억울해 죽을 수 밖에 없었던 할아버지들도 '말없는' 것이 아니다. 죽었기 때문에 오히려 말하고 있다. 자기가 키우던 황소를 때려 잡고, 자기가 가꾸어 놓은 무·배추를 불도저로 갈아엎은 농민들의 한숨도 여전히 우리를 향해 말하고 있다. 대학생들을 고문하여 죽인 경관들은 풀려 났으나, 아직도 그 원한을 풀지 못하고 있는 죽은 자들과 차가운 콘크리트 벽 속에 갇힌 자들, 그들은 지금 말하고 있다.

기독교의 고난주일은 바로 그것을 본 그대로 세상에 알리는 날이다. 병들고 죄많은 자들의 친구로서 살다가, 강하고 외로운 자들의 손에 의해서 무참하게 살해된 예수, 그의 무덤 하나가 아직도 망월동에 있다. '돈'으로 보상되어서는 안될 그들의 민족사적 죽음을 어찌 무덤이라는 장식물이 은폐시킬 수 있으랴! 백담사로 도망치고 해외로 은신한다고, 어찌 '망월동'의 원귀들이 좇아가지 못하리요?

빌라도를 보라. 그는 죽었어도 여전히 고발당하고 있지 않는가?

반면에, 이웃 나라의 주은래는 어떠한가? 그는 무대에서 사라진지 이미 15년, 그러나 10억의 중국인들의 가슴속에 여전히 살아 있지 않은가? '청렴과 겸손의 정치 지도자'로서 하나님의 정의를 짓밟으면서도 두려움을 모르는 빌라도의 후예들이여, 이 땅의 민중들이 자기들의 '사도신경'을 계속하여 고백하는 한, 당신들은 죽어도 평안하지 못할 것이다. 결코. 그러므로 우리 힘없는 자들은 죽더라도 눈 크게 뜨고 입벌려 역사의 증인들이 되어야 한다. 망월동의 합창처럼. 그러다 보면, 야훼의 날, 구원의 날도 오리라. 이 땅에.

19910323_새누리 논단 망월동 사도신경_홍정수교수_5번

감신대 학보사
93.7보존용.

Y-4-092
Y-5-092

감리교회의 신학적 전통은 결코 정치적 이용물이 될 수 없습니다 !

감리교 신학과 교회에 불길한 징조가 시작되었다. 그것은 지난 3월 19일에 임마누엘 교회에서 있었던 서울 남연회 본 회의에서 비롯되어 현재 큰 폭발음을 예고하고 있다.

이미 음모적으로 짜여진 각본에 따라 진행된 감리교신학과 변 선환학장에 대해 드 높았던 비난의 목소리는 성토대회를 연상케 했다. 중견 부흥사들이 대부분이었던 이들은 ' 감리교신학을 심의해야 한다'는 발상에서부터 변 학장에 대한 인신공격과 "학장자리에서 쫓아내야 한다" "고단에서 파문시켜야 한다"고 흥분했다. 또한 교수가 그러니 학생들은 오죽하겠냐면서 예민한 '출신의 문제'를 들어 매도 했으며 감신대를 고단직할로 두어일일히 간섭해야 한다는 엄청난 발언을 일삼았다.

결국 서울 남 연회는 교리심사위원회를 두어 변학장의 논문과 발언을 심사키로 결정하고 고단 실행위원회로 일임시켰다. 평소 감리교 신학의 역사적 전통과 변학장의 학문하는 성실성에 애정과 존경을 갖고있던 우리는 이 일에 큰 수치와 함께 충격을 금할 수 없다. 먼저, 신앙적 한계가뚜렷한 특정인 몇몇의 기호와 성향에 맞는 교리를 통해 감리교신학을 악의적으로 재단, 훼손하여 감리교회의 신학적 전통과 장점을 공개적으로 매도했다는 것은 그들의 무지를 탓하기 전에 매우 심각한 감리교회의 비극이기 때문이다. 또한 정치적 배경과 불순한 음모에 의해 학문의 자유가 침탈당하고 교회 안팎에서 학문성을 인정받는 신학자의 학문적 견해가 종교재판의 대상이 된다는 것은 감리교회의 수치이며, 한국교회의 부끄러움이다.

사실을 조사한 결과 문제가 된 변학장의 발언은 1990년 12월 8일자 크리스찬신문의 변학장의 강연 요약에 근거를 둔 것이었다. 카톨릭문화원 주최의 '기독교, 불교, 천주교의 대화모임'에서 변학장은 한국기독교학회장의 자격으로 '불타와 그리스도'를 강연한 바 있다. 변학장은 강연에서 새로운 창조성과 해석이 없는 한국교회의 정체성이 그리스도의 존재를 사회적으로 단절시킬 것을 우려하면서 그동안 어두운 악의 세력으로 규정한 타종교와의 협력을 강조했다.

문제가 되는 종교 다원주의의문제는 1972년 부터 미국감리교회 (U.M.C)에서 선교의 원리가 되고 있으며 한국감리교회 역시 자치 60년을 맞아 기독교세계에 발표된 변학장의 논문을 통해 감리교선교의 포괄주의, 다원주의를 주장한 바 있다. 또한 변학장은 '오직 예수 이름으로만 '(폴.니터)이란 책을 내면서 그의 신학의 정통성을 분명히 한 바 있다.

요한 웨슬리는 배타주의자가 아니며, 종교 다원주의는 어제 오늘 진행된 신학적 논의가 아닌 실천의 과제임이 분명한데 이와같은 파문이 일어난 까닭은 무엇인가?

결론은 유독 서울 남연회에서 제기된 '감리교 신학'과 변학장에 대한 종교재판은 신학적 의미를 떠나 정치적 이해를 담고 있다는 것이다.

우리는 이러한 현실을 깊이 우려하며 다음과 같이 우리의 견해를 밝힌다.

1. 먼저 감리교 신학에 대한 평가는 공개적인 학술토론을 통해 진지하게 논의 되어야 한다.
   서울 남연회에서와 같이 일방적인 매도와 음모에 의한 감리교신학의 단절행위는 즉각 중지해야 한다.
2. 학문과 연구, 발표의 자유는 어떠한 상황에서도 보장되어야 한다. 더우기 감리교신학의 전통에 선 학자가 부재한 상황에서 변선환 학장에 대한 매장행위를 중단하라.
3. 변선환 학장에 대한 중세기적인 종교재판을 우리는 결코 묵과하지 않을 것이다. 또한 오는 12일에 열릴 실행위원회의 결정에 주목하여 강력히 대응 할 것이다.
4. 또한 한국신학을 선도해온 감리교신학의 전통성과 학문의 자유를 지키고 변학장에 대한 음모와 누명을 벗기기위해 모든 선한 이들과 연대하여 문제해결을 위해 노력할 것이다.

1991년 4월 8일

감리교 신학대학 81학번 동기회

19910408_감리교회 신학적 전통은 결코 정치석 이용물이 될수 없습니다.
_감신 81동기회_5번_페이지_1

서명자 명단 (121명)

(서울연회)

천세기 최성겸

(서울 남연회)

정찬석 김주연 최덕용 이철윤

(중부연회)

김광석 김태성 김선일 김 혁 곽노윤 박창수 부경환 송병구 이상철 이시복 이종덕 이환재 원명희

장성배 조성민 최광철 최범선 방재석 장철순

(경기연회)

김광중 김영준 곽민구 박형복 손웅석 우종익 이광섭 이영구 정무동 정연수 정일남 최선순 최승호

김진규 문인찬 신영경 유대식 유은상

(동부연회)

김문환 김정만 남 익 박선호 박성용 이성원 이용호 이재익 이헌식 정승호 주기중 진광수 최남순

최인철 최형근 황영익 황용태 신언석 정대령

(남부연회)

이진희

(삼남연회)

석동기 임성수 홍성주 백동현 이민효

(군목)

김영민 김진국 민창근 주인백 최인하 태동화 허윤재 지희수

(교목)및 교사)

최한영 엽호엽 장윤석 정기염 조혜정

(교육전도사) 및 심방전도사)

김정호 박태진 백방용 양봉국 유호정 이기호 이병령 이현택 최영수 최춘일 김도민 김혜덕 신성훈

신현미 이민경 이민선 이용순 장이준 전수복

(기관)

김혜경 신동원 유성윤 이신철 김덕임 윤미숙

(기타)

양귀환 유원식 이상범 최영철 고인자 기영옥 김순화 김지숙 김혜란 맹선숙 박경애 성희연 유인희

최현숙 황현숙

19910408_감리교회 신학적 전통은 결코 정치석 이용물이 될수 없습니다. _
감신 81동기회_5번_페이지_2

(6) 감신대학보 1991년 4월 10일 (수요일) 제 120호

변학장「불타와…」논문, 연회에서 문제시돼

일부 목회자, 종교다원주의 인정 등 6개항 문제삼아

변학장, "감신의 학문적유산, 정치적요구로 무너뜨릴 수 없어"

일부 목회자, 교리수호 차원에서 문제삼아

이학연 동기회, "공개학술토론 통해 논의"돼야 주장

19910410_변학장 불타와 논문 연회에서 문제시돼_감신대학보

사설

누가 심판할 것인가?

만일 어떤 신학자의 사상이 정말로 이단적이며, 그래서 그것의 비진리성을 만천하에 폭로해야 할 필요성이 생겼다면, 어떻게 할 것인가? 기독교의 진리 수호에 무관심한 상대주의를 취할 것인가? 그럴수는 없을 것이다. 그렇다면 신앙인으로서의 우리는 자가당착에 빠지고 만다.

기독교는 선교하는 종교요, 남들에게 가서 우리의 믿는 바를 전해야 하기 때문이다. 그래서 때로 우리는 어쩔 수 없이 종교재판을 하게 된다. 그렇다면 그 종교재판의 대심판관은 누가 될 것이가? 우리는 지금 이 질문에 답해야 한다. 여러 가지 형태의 교단 권력자들이 성경이나 하느님이나 정통 또는 진리라는 이름으로 자기들의 생각을 기준삼아 다른 사람들을 종교재판해도 좋을까? 신화적 권위에 얽매여 있던 인류의 어린아이 시절 곧 중세 시대에는 이것이 가능했다. 그 시대에는 성직자 특히 교황의 권위에 승복하는 것이 곧 신앙이라고 여겨져왔다. 일반 신도들이 도저히 이해할 수 없는 말로 성경이 씌어져 있었으며, 성직자단이 구원에 대한 정보를 독점하고 있었기 때문이다.

그래서 성경을 알기쉬운 말로 번역하려던 틴데일 같은 학자가 화형에 처해지기도 했다. 교회의 신도들은 아무 권한이 없었다. 지금은 어떠한가? 기독교인이 아닌 사람들까지도 성경을 읽을 수 있으며, 성직자의 인사권은 대부분의 경우 개교회에게 주어져 있다.

이것은 중세 시대의 교회 상황에 비하여 엄청난 변화이다.

더 나아가 지금은 '제3교회' 시대이다. 즉 교인들이 특정 교회에 나가기는 하지만 자기 교회가 속해 있는 '교단' 이 아니라 그저 '기독교' 에 속해 있는 경우가 많다. 따라서 교인들은 적당한 이유만 있으면 큰 어려움 없이 교파를 바꾼다. 지금은 개신교와 기톨릭 사이에 있던 경계마저 붕괴된 제3교회 시대에 우리가 돌입했다.

이런 시대의 종교재판이 중세의 그것과 같을 수 있을까? 적어도 한 가지는 분명하다. 중세 시대를 모방하여 권력을 가진 오늘의 누군가에 의하여 종교재판이 집행된다고 할지도 그 실효성은 재판의 선고 결과와는 상관 없다고 하는 점이다. 교회의 어떤 권력자 집단이 충분한 설득력이 없는 논리로써, 감정적인 인신공격이나 정치적인 목적을 가지고 누군가를 이단으로 규정하여 파문시켰다고 하자. 그러면 그 이단 사상이 교회 안에서 자동적으로 사라지고 마는가? 지금은 결코 그렇게 되지 않는다. 아무리 교회의 권력자들이 이단이라고 규정했을지라도, 신도들 개개인과 개교회들이 그것을 받아들이지 않으면 아무 소용이 없다. 거짓 재판은 그 재판의 대심판관과 교회의 명예를 안팎으로 실추시킬 뿐이다.

칼을 휘두르는 것이 능사가 아니라 그렇게 할 수밖에 없는 충분한 이유가 성인이 된 일반 신도들에게 설득되어야 한다. 오늘 우리가 이 사실을 모른다면, 그것은 우리가 우리의 주제 파악을 잘못하고 있음을 뜻한다.

우리는 최근 정현경교수의 캔버라 총회 주제강연에 대한 인신공격적인 주장이나 신학자의 학문적 소신을 문제삼아 변선환교수를 일방적으로 종교재판했던 감리교 서울 남연회 교권주의자들의 태도는 옳지 않았다고 본다. 건전한 학문적 논쟁은 귀한것이다. 그러나 인신공격적인 교권의 칼을 휘두르는 것은 지양되어야 할 것이다.

19910413_누가 심판할 것인가_새누리신문_5번

5. 다원주의신학은 반기독교적

◈출처: 기독교연합신문 1991. 4. 28. (일)

6 기독교연합신문 1991년 4월 28일(일)

화제

다원주의신학은 반기독교적

종교다원주의와 종교신학 수립에 관한 고찰

이동주교수 (협성신대 선교학)

타종교와의 대화, 신비주의 혼합초래
범신론도입으로 예수유일성 사라져

한국의 다원주의 신학과 종교 혼합주의

종교다원주의가 선교에 미친 영향

19910428_다원주의신학은 반기독교적_이동주교수_기독교연합신문_교리사건 재판자료_5번

'교회위한 신학' 새과제로

민중신학 대중화 모색… 토착화신학 재평가 작업 활발

87년 6월 항쟁의 전야같은 긴장감이 감돌고 있는 가운데 교회의 현실인식에 대한 신학적 정립의 요구가 최근 강력하게 대두되고 있어 관심을 모으고 있다.

이같은 움직임의 배경은 그동안 신학계가 급격한 시대 상황변화에 능동적으로 대처하지 못했다는 자체 반성에서 비롯된 것으로 풀이되고 있다.

더구나 이러한 움직임속에는 그간의 신학이 적극적인 실천의 장으로서의 교회에 대해 지나치게 소홀했으며 개별적인 영역속에서 각자의 길을 걸어왔다는 문제의식을 함께 하고 있다. 최근 신학계는 시대상황에 대해 매우 피상적 접근에 그치거나 논의의 본질에도 접근하지도 못한채 감정싸움으로 마무리 되기도 했다.

지난 걸프전 당시에 종말론 시비가 나오긴 했으나 걸프전쟁이 종전됨과 거의 동시에 사라졌고, 얼마전 변선환 교수의 '기독교의 배타성을 극복하자' 는 종교신학적 발언이 목회자들의 비상한 염려속에서 불씨를 남긴채 꺼져버렸다. 또 지난 캔버라 총회에서의 정현경 교수의 주제강연이 인신공격적인 차원의 공박으로 물의를 일으키기도 했다.

이같은 일련의 상황속에서 소장 신학자들을 비롯한 신학계에서는 공개강좌나 출판물 등을 통해 사회상황전반에 대한 신학적 정립이 매우 시급하다고 판단하고 민중신학의 대중화, 토착화신학의 재평가 등을 통해 그 활로를 모색하고 있다. 민중신학의 대중화를 위한 시도들이 한국신학연구소의 '신학서당' , 기사연의 '기사연무크' 3호, 최근 결성된 '민중신학회' 등에서 이뤄지고 있고, '기독교사상' 6월호와 홍정수, 박종천 교수가 발표한 '베짜는 하느님 이단자를 위한 한국신학' 과 '상생의 신학' 이 토착화신학을 새롭게 해석하고 있다. 물론 이처럼 시대상황에 대한 신학적 정립시도들이 새로운 것은 아니다.

60년대에 등장한 토착화 신학이나 70년대에 등장한 민중신학은 신학의 '현장화' 라는 세계신학의 일반적 추세속에서 정립됐다는 게 학계의 공통된 의견이다.

교회에 관심갖고, 교회가 사회에 참여하도록 돕는 신학이 절실히 요구되고 있다. 사진은 생명수로 새힘을 얻어 사회속에서 갱신을 촉구하는 것을 상징하는 의식.

이에 대해 일찍이 고 김재준 목사는 "1960년은 신학적으로 중요한 해였다. 한 젊은이의 죽음으로 비화된 독재정권의 말로를 교회들이 보았고, 그 독재자가 기독교인이며 장로였다하여 그가 엮어가는 한국사회의 각종 억압에 맹목적으로 지지했던 지난날을 회개하면서 교회가 각성하기 시작했다"며 "교회가 병든 사회를 지나치고 만 '제사장과 레위인' 이었음을 자각하게 되었다"고 첨언한바 있다.

그후 5·16 군사독재정권에 대하여 교회들은 비교적 활발한 저항의 몸짓을 보였다. 이러한 신학적 각성이 기독인의 정치적 자각이라면, 이와 함께 다원종교 사회의 종교적 자각이 토착화신학이란 형태로 나타났다. 이 작업은 60년대 초반 윤성범, 유동식 교수 등을 중심으로 전개되었으며, 교계의 비상한 관심을 불러일으켰다.

70년대에 들어서면서 한국의 사회양상은 더욱 심각해졌고 그에 대한 응답이 73년을 기점으로 태동한 민중신학이다. 이에 대해서 "토착화신학이 한국의 문화전통을 통해서 신학적 주체성을 확립하려했던 것은 옳았지만 교회갱신 혹은 교회의 신학으로는 미흡했다"는 게 토착화 신학 2세대들의 자평이다.

또한 전태일씨의 죽음을 계기로 한국신학계는 더욱 깊은 반성을 하게 되었다. 이 반성은 이땅의 고통받는 민중그리스도인이라는 자각에 기초하고 있다. 이 반성의 토대위에서 사회의 민주화운동과 발맞추며 20년간의 한국신학계를 대표하는 신학으로 민중신학이 자리잡게 되었다. 토착화신학은 해외유학을 마치고 돌아온 토착화신학 2세대들이 '세계신학연구원' 을 발족하면서 박차가 가해지고 있다.

이 신학운동이 사회적 혼란 극복의 과제와 교회갱신이라는 교회적 요구에 응답하지 못함으로써 교회와 사회에서 동시에 외면당했던 운명을 반복하지 않을 수 있을지에 대해서는 아직 미지수이다.

이에 대해 박종천 교수는 "토착화신학의 새로운 시도는 정치적 상황에 응답하려는 민중신학과 맥을 같이 하면서도 종교, 이데올로기, 문화의 다원화에 동시에 응답해야 할 과제를 안고 있다"고 조심스럽게 전망하면서 "최근 변선한 교수의 발언 파문도 이같은 맥락에서 이해되어야 한다"고 논평했다.

그간 두 한국신학이 젊은이의 죽음의 상황에서 출발했다면 이제 새로운 죽음에 대해서는 어떻게 응답해야 할 것인가? 이에대해 잇다른 분신자살에 대한 신학적 입장정리도 '현상에 대한 전통적 해석' 의 차원을 넘어서야 한다는 주장도 일고있고 최근 성공회에서는 천세용군을 '관면' 했다. 최근 대학생 타살과 잇단 분신에 대해서 한국신학은 어떻게 응답해야 할 것인가 하는 것이다.

이 새로운 도전에 대해서 오늘 교회들은 '사회' 를 외면함과 동에 '신학' 까지 외면하고 있다는 실적 문제점을 어떻게 극복해야 것인가 하는 문제가 토착화신학 민중신학의 새로운 과제로 떠오고 있는 것이다. 그러나 신학계 절박한 시도와는 별개로 대부분 '교회' 는 여전히 보수성을 견지고 있으며 전통적 서구 신학의 틀 조금이라도 벗어나는 경우 교권 대한 도전으로 규정하고 감정적 대응마저 서슴치 않고 있는 실정 다.

그러나 한편 한국신학계에 정적, 감정적 비난을 퍼붓는 목소리는 달리 "한국의 신학자들이 신학 실천적 장으로서 교회에 대한 중성을 부여하지 못했다"는 인반목자들의 비판도 있어 그 정당성 여에 관계없이 민중신학과 토착화 학자들이 주목해야 할 것이란 지도 나오고있다.

〈정찬성 부장〉

시대상황에 부응하는 '신학' 정립 시급
'신학의 대중화·교회와의 결합' 강조돼

19910518_교회 위한 신학 새 과제로_새누리신문_5번

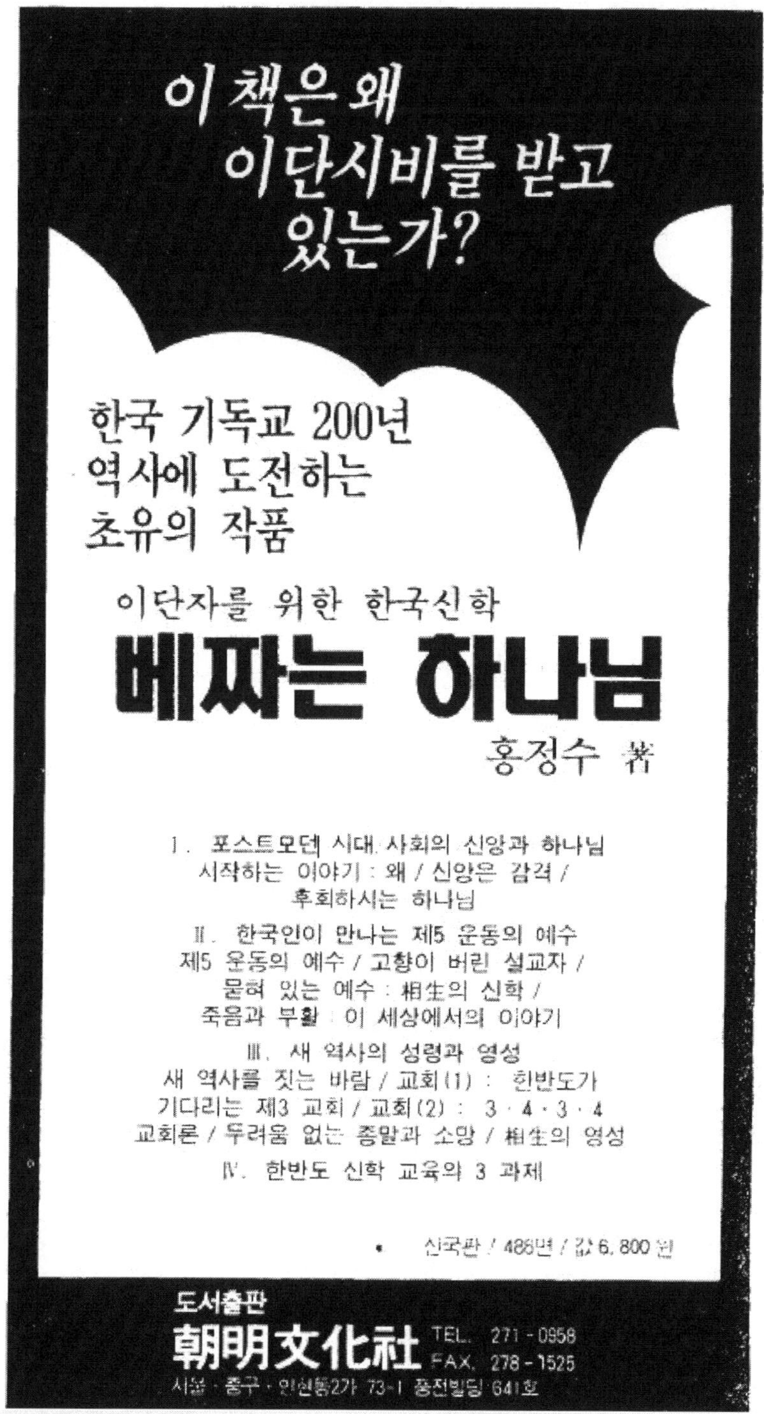

19910519-이책은왜이단시비를받고있는가-기독교신문_5번

함께 생각해 봅시다

"제자리로 돌아가라"?

홍 정 수

민주항쟁을 계승하겠다고 나서는 사람들을 향해 "모두 제자리로 돌아가라"고 노 대통령은 호통(?)쳤다. 그의 자리는 대통령, 청와대이겠지. 그리고 그 자리는 지키고 싶은 자리이겠지. 그러나 어디로 가야하나, 5월의 망령들은?

나라를 바로잡아 보겠다고 시위에 참여했다가, 친구들의 쇠파이프에 맞아죽은 경대의 영혼은 어디로 가야하나? 옛부터 전해내려 오는 우리네 사람들의 신앙에 의하면, 사람이 죽으면 그 영은 적당한 세월이 지나 '종점'인 저승에 가도록 운명지워져 있다. 그러나 역적으로 몰려 죽은 억울한 경대의 영은 죽어서도 이 세상을 떠나지 못하고 후대들을 "지켜보는 망령"이 되었다. 이런 망령들을 우리네는 '역신'(역적으로 몰려 죽은 귀신)이라고 불렀다. 그렇다면 한국의 5월은 역신들이 무수히 탄생하는 계절이라고 할 수 있을 것이다.

청와대라는 높은 자리에 있는 분이야 이런 역신들이 어서 속히 저승으로 돌아가 주었으면 좋겠지…. 그러나 아무리 높은 세도를 가진 사람들이라도 귀신과 싸워서 이길 수는 없는 노릇. 그들이 아무리 호통을 쳐도 귀신들은 물러나지 않을 것이다. 입다물지 못하는 죽음, 눈감지 못하는 죽음을 죽었기에 역신들은 죽어서도 여전히 말을 하며, 죽어서도 이 땅을 떠나지 않고 지켜보고 있다. 이것이 한국인의 뿌리깊은 신앙이다. 역사의 교훈이다. 아니 5월의 훈계이다.

그뿐이랴! 역신들의 뒤를 이어, 원통해서 분신자살해 버린 승희와 그 친구들은 어디로 가란 말인가? 어디가, 도대체 어디가 그들의 자리란 말인가? 제자리가 있어야 돌아가지 않는가? 제자리 지키느라 남의 자리까지 빼앗아간 사람들이 자리 빼앗긴 사람들에게 "제자리로 돌아가라"고 말하니 그저 답답하다. 세상을 보고, 참다참다 더 참지 못하여 분신해 버린 사람들의 영은, 우리들의 옛 신앙에 의하면, '원신'(원한을 안고 죽은 귀신)이 된다. 역신들처럼 원신들도 해마다 우리 나라의 5월이 되면 많이 탄생한다. 그리고 원신들도 역신들처럼 자리잃은 영들이라 돌아가 쉴 곳이 없다. 그래서 영겁을 두고 이 세상을 배회하며 후대들을 지켜본다.

옛 사람들은 그래서 오늘 우리들에게 이렇게 가르쳐 주고 있다: "나라가 편안하기를 원한다면 역신들과 원신들을 제하라." 그러나 어떻게? 복숭아 나뭇가지로 매질을 하면 귀신들이 물러나랴? 최루탄가스로 매질을 하면 물러나랴? 어떻게 하면 그들의 한을 풀어줄 수 있을까? 한바탕의 굿거리? 그런 것으로 된다면 높으신 분들이 그 비용을 충당해 줄터인데… 자기들의 자리를 지키기 위해서. 그러나 귀신은 이미 사람이 아니기에 속지 않는다. 광주와 나라 전역에서 탄생한 역신들과 원신들은 지금 '역사 바로잡음'을 원하고 있다. 광주의 유족대표가 입을 대신 열어 말하지 않았던가? "우리가 원하는 것은 돈이 아니라 명예회복이다. 역사를 바로잡아 달라."

그런데, 역사를 바로잡으려면, 어떤 사람들은 지금의 그 자리를 내어놓아야 할 것이 아닌가? 그리고 자리 잃어버린 역신들과 원신들에게는 그들의 당당한 자리를 되돌려 주어야 할 것이 아닌가? 그후에야 비로소 제자리로 돌아가자는 말을 할 수 있을 것이다. 이것만이 나라 안의 태평을 회복하는 길이다. 5월의 훈계를 모르는 듯, 역신들과 원신들의 눈과 입을 막아버리는 데 성공한양 역사에 대해 무지한 헛소리만 계속 해대는 높으신 사람들, 제발 먼저 좀 제자리로 돌아가라. 나라의 태평을 위해.

또 "죽음을 통해서는 아무것도 이루지 못한다"는 신성모독적인 발언을 역시 높으신 곳에 계신 김 장로가 했다고 전해졌다. 심겁게 목숨만 부지하는 더러운 삶은 아무 것도 이루지 못할 뿐 아니라 세상을 오염시킨다. 그러나 어떤 죽음은 하늘과 땅 사이를 막고 있던 장벽을 헐며, 남과 북 사이의 철책을 훼파하며, 궁궐과 판자집 사이의 거리를 제거해 버린다. 기독교인쯤 되었다면 어떤 죽음은 위대한 힘을 지니고 있음을 알아야 하고, 또 믿어야 한다. 따라서 이런 기독교인이 이 땅에 존재하고 있다는 것은 한국 교회의 수치이다. 물론 "헛되이 죽지 말라"는 어버이의 마음을 피력한 것이라고 그의 발언을 이해하고 싶다. 그러나 나라의 서너번째(?)로 높으신 자리에 앉아 있는 기독교인이 죽음, 특히 5월의 죽음에 대해 그렇게 무지하다는 것은 크게 유감스런 일이다. 세례자 요한의 죽음, 예수의 죽음, 베드로의 죽음…죽음은 끝이 아니라 오히려 생명이다. 자기 자신의 존엄성을 영원히 지킬 뿐 아니라, 무수한 생명들의 자유를 영원히 보장해 주기 때문이다. 이것이 바로 기독교의 신앙의 핵심이다. 따라서 한국인의 옛 신앙에서 보건 부활의 신앙에서 보건, 어떤 죽음은 끝이 아니며 오히려 생명이다.

우리는 5공과 6공을 두 다른 정부라고 보지 않는다. 만일 역신들을 5공만큼 많이 만들지 않았기에 아직 우리에게는 넉넉한 여유가 있다고 6공의 주역들이 안심하고 있다면, 그것은 우리 모두의 비극이다. 특히 역신들과 원신들에게 그렇다. 그들이 영원히 잠들지 못할 것이기 때문이다. 돌아가 쉴 곳이 없는 5월의 영령들에게 제발, 어서 속히 '자리'를 만들어 주라. 나라의 큰 평안을 원한다면.

〈감신대 교수〉

19910525_함께 생각해 봅시다_크리스챤신문_5번

복음시론

5월의 죽음이 남긴 교훈

홍정수〈감신대/세계신학연구원 교수〉

폭등하는 전세값을 따라잡을 수 없어서 어떤 독실한 기독교 신자가 자살했다. 폭압적인 독재정권에 항거하다 못해 어떤 독실한 기독교 신자가 자살했다. 이경우, 한국의 교회들은 신구교를 막론하고 당황했었다. 창조의 하나님, 생명의 하나님을 믿는다고 하는 신앙인들이 그 이유야 무엇이든 자살을 하면, 그것은 죄가 된다는 신앙 때문이었다. 죽음, 특히 자살을 한 죽음을 두고 한국 교회들이 고민을 하게 된 것은 어제 오늘의 일이 아니다. 1970년 10월13일 오후1시 30분 즈음, "아 배가 고프다"는 외마디를 남기고, 노동자들의 해방을 위해 분신자살한 전태일의 죽음, 그때부터 한국 교회들은 심각한 신학적 문제에 부딪히게 된 것이다. 그 후 20여년이 지나갔음에도 불구하고, 한국 교회는 여전히 '죽음'에 대한 구태의연한 이해를 조금도 벗어나지 못하고 있다. 실로 한심스럽다. 전도하는 데는 부지런하지만, 신앙을 이해시키고 가르치는 데는 무척이나 게으른 한국 교회들의 구체적 모습이 바로 5월의 죽음을 통해서 폭로되었다.

5월의 죽음은 그 특징이 생물학적인 자연사이거나 "사고"에 의한 죽음이 아니라, "말하는 행위"로서의 죽음이라는 데 그 특징이 있음을 우리 모두는 똑똑히 인식하여야 한다. 살기 좋은 세상에 살면서 자살은 죄가 된다고 가르쳐 왔던 중세의 신학을 탈피할 때가 된 것이다. 아니 "때가 찼다."

5월의 죽음들은 이 세상에서 빛과 소금의 역할을 감당하지 못하는 '죽은 교회들'을 대신하여, 하나님의 정의를 소리높여 말한 언어 행위들일 수 있다. 세례자 요한의 죽음이 청년 예수를 하나님나라 운동에로 이끌어 들였듯이, 이제 5월의 죽음들은 죽어 있는 우리들에게 신앙의 부활에 동참하기를 호소하고 있다. 이 땅에 하나님의 정의를 수립하기 위하여 "죽음의 잠에서 깨어 일어나기(부활)"를 우리 모두에게 말하고 있다. 따라서 이 땅의 불의를 몸으로써 저항했던, 언어 행위로서의 죽음을 죽어간 기독교 신자들에게 교회들이 "천국의 문 열어주기(장례식)"를 거부한 것은 신학적 반성에 게으른 실수였다. 그것은 명백히 죄악이었다.

모든 죽음이 꼭같은 형태, 꼭 같은 의미를 지니고 있다고 믿는 구시대의 통념은 이제 청산되어야 한다. 5월의 죽음은 분명 전통적인 의미에서의 순교자의 죽음은 아니다. "자살"이니까. 그러나 분명히 말하건대, 그것은 생을 저주하거나 포기한 비겁, 불신앙의 행위가 결코 아니다. 생명을 너무나 사랑했기에, 생명의 모독을 참아 봐 넘길 수 없는 신앙인들의 저항하는 언어로서의 몸짓일 수 있다. 우리는 5월을 통해 이것을 배워야 한다. 분명하게 배워야 한다. 5월이 주는 이 신학적 교훈을 얻지 못한다면, 나라를 사랑했던 18세기 한국 실학자들이 기독교인들에게 퍼부었던 비난을 면치 못할 것이다. 그들은 기독교를 가리켜 "미래의 복을 추구하면서 삶을 탐내고 죽음을 서러워하며 오로지 저 한 몸의 사사로운 목적"에 눈어두워진 사람들이라고 했다.

부활—그것이 기독교 신앙의 핵심이란 말은 무엇을 뜻하는가? "나 한 몸의 사사로운" 욕망을 기리 충족시켜 준다는 환상인가? 아니다. 이 땅에서 하나님의 정의를 위해 죽는 사람은 오히려 하나님 안에서 영원히 산다고 하는 신앙을 가리킨다. 그래서 아브라함도 이삭도 야곱도 모두 부활했다는 것이 예수님 자신의 부활신앙이었다(누가 20 : 37~38). 이제 한국교회들은, 선구교를 막론하고, 죽음에 대한 새로운 이해를 할 수밖에 없는 운명의 시점에 와 있다. 선한 세상에서는 분명 자살이 죄이다. 생명이 본디 우리 것이 아니기 때문에. 그러나 불의한 세상에서는 때로 목숨연명 그 자체가 참을 수 없는 죄악일 수도 있다는 점을 십자가와 한국의 5월은 가르쳐 주고 있다. 이렇게 말한다고 하여, 분신자살해 간 모든 사람들이 신앙적 영웅이었다는 말은 결코 아니다. 우리는 대체로 방관자들이었기 때문에, 그들의 "말"을 충분히 듣지 못하였다. 따라서 그들의 '죽음이 하는 말'을 아직 제대로 이해하지 못한다. 그러나 분명히 알아야 할 것은, 어떤 자살은 죄가 아니다. 오히려 '하나님의 말씀'을 선포하는 설교행위일 수도 있다는 사실이다.

19910526_5월의 죽음이 남긴 교훈_복음신문_5번

신간안내

이단자를 위한 한국신화

베짜는 하나님

홍정수 지음
조명문화사 간/486쪽/6,800원

자랑스런 문화를 가지고도 고통스러운 사회적 질병을 앓고 있는 한국인들을 위한 조직신학. 신화와 불합리성을 철저히 거부했기에 오히려 돋보이는 포스트모던적 이야기 신학, 그것이 저자가 이 책에서 추구하는 바이다.

천지창조에서부터 예수의 죽음과 부활, 우리의 종말과 영생에 이르기까지 기독교의 전통적 교리를 우리 말로 전면 재해석한 작품.

정통교인들은 두려움으로 읽게 될 것이지만 "이단자들"은 샘물처럼 맑은 마음으로 읽을 수 있다. 이 책은 (1) 포스트모던 시대/사회의 신앙과 하나님 (2) 한국인이 만나는 제 5운동의 예수 (3) 새 역사의 성령과 영성 (4) 한반도 신학교육의 3과제 등 4편으로 구성되어 있다.

19910601_이단자를 위한 한국신학 베짜는 하나님_크리스챤저널_5번

기독교연합신문 1991년 6월 9일(일)·제162호

신학쟁점

하나님 이해의 문제

종교 다원주의

홍정수 교수 (감신대·세계신학연구원)

타종교인·무신론자도 구원있다.

개신교, 1천5백년동안 '유일한 합법종교'로 군림

다원화된 세계가 종교간 대화문제 발생시켜

제도적 울타리에 하나님 활동 감금시켜선 안돼

19910609_하나님 이해 (신학쟁점) 종교다원주의_기독교연합신문_5번

제 122호 1985. 12. 10. 제 3종 우편물 (나)급 인가 감 신 대 학 보 1991년 6월 10일 (월요일) (9)

교단 보수측, 또 본교교수 종교재판 시도해

홍정수 교수 부활신앙 재해석, 부활부인으로 매도돼

총학, "감신에 대한 전면 도전으로 간주, 적극대응"표명

작년 12월 크리스찬 신문에 요약, 게재된 변선환 학장의 논문이 교단측에 의해 문제시 된 데 이어 지난 3월 30일(토) 크리스찬 신문에 실린 부활절 특집 「부활의 메시지를 다시 조명한다」는 제목의 홍정수 교수의 글이 몇몇 교단 관계자들에 의해 또다시 문제시 되고 있는 것으로 알려졌다.

이에 대해 서울연회측은 공식적인 발표를 하지 않고 있는 가운데 지난 6월8일(토) 오전 7시30분 내자호텔에서 자격심사 상임위원회 소위원회(나원용, 김기동, 한상섭, 홍영표, 박성원 목사 등)를 열어 가까운 시일 내에 자격심사위원회 전체회의를 열기로 결정하고 자격심사위에는 목사직에 대해, 이사회에는 교수자격에 대해 심의해 줄 것을 요청한 것으로 알려지고 있다.

일반 관례대로라면 자격심사위원회에서 징계가 결정될 경우 연회 실행위원회를 거쳐야 되는 것으로 보이나 이같은 과정을 무시하고 전격처리할 가능성도 배제할 수 없다.

지난번 변학장의 논문에 대해서도 문제를 삼았던 교단관계자들및 일부 목회자들은 홍정수 교수의 신학체계 전반에 관해 문제삼고 있는 것이 아니라 크리스찬신문의 기사화된 내용만을 문제삼고 있으며 그나마도 제대로 읽지않고 이번 논쟁에 뛰어든 사람이 태반인 것으로 알려져, 부활의 부정이 아닌 부활신앙의 재해석을 하고 있는 홍정수 교수에게 「부활을 부정」했다고 강요하는 비본질적인 논쟁을 벌이고 있다는 인상을 주고 있다.

특히 홍정수 교수의 부활절 특집기고에 대해 최근 잇단 강연과 크리스찬 신문기고를 통해 반론을 펼치고 있는 이동주 교수(협성신학교)는 독일 튀빙겐대학에서 근본주의 신학을 공부하여 감리교신학과는 거리가 먼 것으로 알려져 있다.

홍정수 교수에 대한 이동주 교수의 비판이 복음주의적 입장에서는 가능할 수 있으나 교단내의 신학논쟁으로 보기엔 적당하지 않다는 견해가 지배적이다. 또한 논리체계가 성경일부를 자의적으로 끌어맞춰 인용하는 것으로 최근 문제되고 있는 이장림 목사의 시한부 종말론과 유사한 구조를 가지고, 마귀라는 표현도 서슴지 않고 있어 오히려 이교수의 논리가 마귀적인 소지가 있다는 우려의 소리도 대두되고 있다.

곽전태 감독(구로중앙교회)도 기독교세계 5월호에 『교리가 수호되어야 할 교단신학교에서 교단교리와 위배되는 것을 가르칠 수 없다』며 『실제로 삼남연회 지역에서는 보수교단이 공공연히 「감리교회는 이단」이라 말하고 있어 선교에 지장을 받고 있다』고 밝혔다.

그러나 이에 대해 감리교 교리적 근거는 웨슬리가 되어야하며 웨슬리 본인은 교리적 체계수립을 중요한 문제로 생각치 않았었기 때문에 감리교 신학이 자유스럽고 포괄적인 신학이 되었다는 주장도 있다.

감리교단은 교리적 선언 전문에서 『누구든지 그의 틀과 행위가 참된 경건과 부합되기만 한다면 개인 신자의 충분한 신앙자유를 옳게 인정한다』라고 규정하고 있고 또한 85년 발표된 감리교 선교 백주년 기념선언문에서는 『우리는 그리스도의 복음이 …참된 구원의 유일한 도리임을 확신한다. 그러나 아세아의 종교적 다원사회에 있어서, 한편 예수 그리스도의 구원의 보편성을 견지하면서, 다른 한편 타종교와의 대화를 통해 협력할 것을 다짐한다. 우리는 어떤 형태의 지나친 독선주의도 배격하며 모든 종교들이 진정한 하느님 나라를 이 땅위에 실현하기 위해 다같이 협력할 것을 제안한다』라고 밝히고 있다.

이러한 선언들을 교단이 수용할 수 없다면 교리부터 뜯어고쳐야 할 것이며, 곽전태 감독이 말한 교단교리의 의미가 선교를 내세운 양적팽창인가 아니면 올바른 신앙인의 양육인가를 분명히 선택해야 하며 양적팽창을 위한 것이라면 순복음신학이 가장 적합할 것이라는 날카로운 지적마저 나오고 있다.

이 문제와 관련 신학과 학생회에서는 경과보고및 상황보고, 향후 대책을 위해 홍정수 교수, 변선환 학장, 학생들이 참여하는 「긴급 토론회」와 학부 및 대학원생, 교수전원이 참석하는 「전 감신인 대토론회」 개최를 운영위원회에 제안한 것으로 알려졌다. 신학과는 대자보를 통해 『교단에서의 이러한 움직임 자체가 감신의 학문성에 대한 큰 도전의 시작이 될 수 있다』며 『이 문제에 대해 절대로 좌시하지는 않을 것이다』라고 밝혔다.

총학생회에서는 이번 사건에대해 홍교수 개인에게 공식적인 통보나 논문에 대한 명확한 이의제기도 없이 일방적 결정 이었다며 『교단의 비민주적인 관행과 우리대학의 전통으로 내려오는 진보적 신학에 대한, 사상의 자유에 대한 도전으로서 학교에 대한 교단 보수진영의 자기세력 확보의 초석을 다지기위한 몸부림으로 밖에 볼수가 없다』라고 주장하고 있다. 또한 『승인할 수 없는 작태가 벌어진다면 감신에 대한 전면적 도전으로 간주하고 적극적으로 대응해 나갈 것이다』라고 밝히고 있어 이 사건이 비밀리에 악화됐을시 학생들의 강력한 반발이 예상된다.

신 동 훈 기자

◆변선환, 홍정수 교수 종교재판시도에 대한 교단내의 분석을 살펴본다.

곽감독, 복음주의유포·교수인사권 장악의도 있어

지난 3월 서울남연회에서 일부 목회자들이 변선환 학장의 「불타와 그리스도」라는 교계신문에 게재된 논문에 대해서 교리와 신조수호라는 이유로 문제시 됐던 사건 이후로 이번에는 교계신문에 기고한 홍정수 교수의 「부활의 메시지를 다시 조명한다」는 부활절 특집글에 대해서도 교단측에서 목사직, 교수직 박탈까지 운운하며 심상치 않은 움직임을 보이고 있다.

일련의 우리대학 교수들에 대한 이같은 사태들이 곽전태 감독 취임이후 급작스럽게 일어나고 있는 이유는 어디에 있는가? 이에 대해 교단내의 분석을 중심으로 살펴보고자 한다.

곽전태 감독은 취임직후부터 교단개혁에 대단한 의지(?)를 가지고 뛰어들고 있다. 근래들어 크게 두 사건에서 이같은 곽감독의 의지를 엿볼 수 있는데 그 하나는 교단정화라는 미명아래 진행되고 있는 교육국 집중감사로서 여기에는 감독선거 참모였던 안광수 목사가 주력하고 있는 것으로 알려져 있다.

두번째는 교단의 복음주의화에 대한 노력으로서 변학장과 홍교수에 대한 일종의 마녀재판시도라 할 수 있다. 여기에는 부흥사 그룹의 일원이라고 말들하는 이동주 선생이 「잠잠할 수 없는 신앙양심」으로 신학적 뒷받침을 하고 있는 것으로 보인다.

또한 이와 관련하여 교단본부의 실

교육국 감사, 교리논쟁통해

정치구조 개편의도 엿보여

질적 장악과 교단신문발간 등 나름대로 의욕적 환상을 벌이고 있다.

이러한 것들은 곧 곽감독이 특별한 지지기반이 없으면서도 상당한 지지속에서 감독회장이 되면서 그 여세를 몰아서 교단내 정치구도를 개편하려는 의도인 것 같다. 교육국감사가 그 대표적인 경우로 교단정화를 내세우고 있지만, 박설봉 감독의 은퇴이후 상대적으로 약화된 상동파에 대한 집중적 공격을 시작한 것으로 교단내에서 보고 있다. 그리고 일차적 목표가 달성될 경우 다음 타겟은 교단내 최대계보인 호헌신파가 될 것이라는 소문까지 나돌고 있는 실정이다.

다음으로 교리논쟁은 곽감독의 비감리교적인 복음주의신학을 교단내에 확산시키고자 하는 상대적으로 순수한(?) 의도가 있는 반면, 올 가을 이후 우리대학 이사장으로 진입하면서 교수 인사권을 장악해 교수진을 복음주의로 개편하려는 정치적 꿈모가 숨어있다는 지적도 나오고 있다. 이같은 분석은 앞으로 소집될 이사회에서 이번 사건들이 어떻게 논의되느냐를 보면 맞는지 틀리는지 알 수 있을 것이다.

결과적으로 곽전태 감독의 취임이후 일어난 일련의 사태에 대해, 뚜렷한 지지기반이 없던 곽감독이 자신의 지지기반이라 할 수 있는 교단내의 영남세력과 독원대 학연, 그리고 비음주의적인 부흥사 그룹 등을 엮어 실질적으로 교단을 주도하고 싶은 것이라는 분석이 유력하다.

취 재 부

19910610_교단 보수측 또 본교교수 종교재판 시도해_감신대학보_5번

J-5-008

보

1991년 6월 10일 (월요일) (9)

◆변선환, 홍정수 교수 종교재판시도에 대한 교단내의 분석을 살펴본다.

곽감독, 복음주의유포·교수인사권 장악의도 있어

지난 3월 서울남연회에서 일부 목회자들이 변선환 학장의 「불타와 그리스도」라는 교계신문에 게재된 논문에 대해서 교리와 신조수호라는 이유로 문제시 했던 사건 이후로 이번에는 교계신문에 기고한 홍정수 교수의 「부활의 메시지를 다시 조명한다」는 부활절 특집글에 대해서도 교단측에서 목사직, 교수직 박탈까지 운운하며 심상치 않은 움직임을 보이고 있다.

일련의 우리대학 교수들에 대한 이같은 사태들이 곽전태 감독 취임이후 급작스럽게 일어나고 있는 이유는 어디에 있는가? 이에 대해 교단내의 분석을 중심으로 살펴보고자 한다.

곽전태 감독은 취임직후부터 교단개혁에 대단한 의지(?)를 가지고 뛰어들고 있다. 근래들어 크게 두 사건에서 이같은 곽감독의 의지를 엿볼 수 있는데 그 하나는 교단정화라는 미명아래 진행되고 있는 교육국 집중감사로서 여기에는 감독선거 참모였던 안광수 목사가 주력하고 있는 것으로 알려져 있다.

두번째는 교단의 복음주의화에 대한 노력으로서 변학장과 홍교수에 대한 일종의 마녀재판시도라 할 수 있다. 여기에는 부흥사 그룹의 일원이라고 말들하는 이동주 선생이 「잠잠할 수 없는 신앙양심」으로 신학적 뒷받침을 하고 있는 것으로 보인다.

또한 이와 관련하여 교단본부의 실질적 장악과 교단신문발간 등 나름대로 의욕적 환상을 벌이고 있다.

교육국 감사, 교리논쟁통해 정치구조 개편의도 엿보여

이러한 것들은 곧 곽감독이 특별한 지지기반이 없으면서도 상당한 지지속에서 감독회장이 되면서 그 여세를 몰아서 교단내 정치구도를 개편하려는 의도인 것 같다. 교육국감사가 그 대표적인 경우로 교단정화를 내세우고 있지만, 박설봉 감독의 은퇴이후 상대적으로 약화된 상동파에 대한 집중적 공격을 시작한 것으로 교단내에서 보고 있다. 그리고 일차적 목표가 달성될 경우 다음 타켓은 교단내 최대계보인 호헌신파가 될 것이라는 소문까지 나돌고 있는 실정이다.

다음으로 교리논쟁은 곽감독의 비감리교적인 복음주의신학을 교단내에 확산시키고자 하는 상대적으로 순수한(?) 의도가 있는 반면, 올 가을 이후 우리대학 이사장으로 진입하면서 교수 인사권을 장악해 교수진을 특정그룹으로 개편하려는 정치적 음모가 숨어있다는 지적도 나오고 있다. 이같은 분석은 앞으로 소집될 이사회에서 이번 사건들이 어떻게 논의되느냐를 보면 맞는지 틀리는지 알 수 있을 것이다.

결과적으로 곽전태 감독의 취임이후 일어난 일련의 사태에 대해, 뚜렷한 지지기반이 없던 곽감독이 자신의 지지기반이라 할 수 있는 교단내의 영남세력과 목원대 학연, 그리고 복음주의적인 부흥사 그룹 등을 엮어 실질적으로 교단을 주도하고 싶은 것이라는 분석이 유력하다.

취 재 부

19910610_변선환, 홍정수 종교재판시도에 대한 교단내의 분석을 살펴본다
-곽감독 복음주의유포, 교수인사권 장악의도 있어_감신대학보_5번

'교권'에 시달리는 '종교다원주의'

감신대 두 교수 주장 파문

신학적 편견 얽매인 '종교재판' 순수한 학문연구 '단죄' 안될일

신학시평

최근 감리교신학대학의 조직신학 교수인 홍정수교수가 '육체의 부활을 믿지 않는다"는 이유로 교단의 자격심사위원회에서 논란이 있었다. 금년들어 신학계에서는 이화여대 정현경 교수의 WCC총회강연을 둘러싼 시비를 시발점으로 변선환 교수(감신대학장)의 '타종교의 구원문제' 에 대한 학술강연, 교계 모 신문에 실린 홍정수교수의 '부활신학' 에 관한 시비에 이르기까지 교권의 계속되는 '학문' 에 대한 반발로 신학자들이 수난을 당하고 있다.

신학자들의 수난은 시비를 걸고 나오는 측의 말대로 '교리사수', 혹은 신학대학의 '오염된 학문성 정화' 라는 명분을 내걸고 있지만 그대로 받아들이기에는 사실과 다른 구석이 많다는 지적이다. 건전한 학문적 논쟁이라기 보다는 '종교재판' 성격을 띈 정치적 계산에 의한 것이 아닌가 하는 비판적 지적이 나오고 있는 형편이다.

먼저 이번 논쟁은 그 출발부터 잘못됐다. 흔히 종교신학, 종교 다원주의로 불리는 이 두신학자 변선환, 홍정수 교수의 의도는 일부 '비 신학자들' 이 시비하고 있는 기독교 구원의 부정이나 예수 부활의 부인이 아니라는 점에서 그렇다. 마치 부활을 부인하는 것처럼 매도당한 홍정수 교수만해도 매주일 자신이 개척한 교회에서 "… 죽은 자 가운데 다시 살아나시며…"라는 사도신경의 부활신앙을 고백하고 있다. 홍교수의 신앙고백은 "예수의 부활은 하나님이 행하신 종말론적 사건"이라는 것이며, 최근 발표한 자신의 글 역시 이같은 관점에서 현대인을 위한 신학적 재해석을 시도했을 뿐이라고 말한다. 결론적으로 말해서 감리교회의 일부(자칭) 복음적인 사람들은 '그사건' 을 재해석하려는 사람을 붙들고 '부정해 줄 것' 을 강요하는 해프닝을 벌이고 있는 것이다.

사실 변선환, 홍정수 이 두 신학자는 최소한 10년 이상을 감신대에서 강의해 오고 있으며 문제가 된다고 하는 신학적 견해도 어제 오늘의 일은 아니었다. 그런데 왜 이번 사건만 문제가 되며, 교단은 물론 본인들조차도 모르는 사이에 어떤 법적 조치가 강조되어야 하는가? 이들을 비밀리에 전격적으로 처리해야할 만큼 절박함은 또 무엇인가? 이들이 그만큼 대단한 위세를 떨치고 있다는 말인지 모를 일이다. 더욱이 신학적 비판의 근거조차도 정확한 분석이나 본인들의 증언에 있지 않고 신문 쪼가리 몇장에 대한 문자주의적 해석에 있다는 사실이 우리를 아연케한다. 감리교단의 고질적 병폐 가운데 하나가 중상모략에 의한 단죄에 있다는 것은 누구나가 다 아는 일이다. 물론 이번 사건의 경우도 교리를 내세우는 교단 고위층(?)의 결연한 의지가 있었다고는 하나 도대체 누가, 어떤근거로 신학자를 정죄하려는지가 분명치 않다. 바로 이 같은 정황이 이번 사건을 신학 논쟁이 아닌 종교재판으로 전락시키고 있는 요인이다. 정말로 교단의 교리가 근본부터 위협당하는 상황이라면, 두 신학자의 신학 논리가 수용할 수 없을 만큼 큰 문제가 있다면 왜 좀더 떳떳하고도 공개적인 조사 처리과정을 밟지 못하는가? 4천교회 1백20만 교인을 자랑하는 감리교단의 교리수호를 위한 대응치고는 너무 치졸하다는 비판도 나올법한 일이다.

곽전태 감독회장은 최근 이번 사건과 관련해, "어떠하든 교단 교리에 위배되는 내용을 가르칠수는 없다"는 입장을 교단 기관지를 통해 분명히 했다. 정말 옳은 말이다. 그렇다면 감리교단의 교리는 무엇인가라는 당연한 질문이 따르게 될 것이다. 도대체 감독회장이 생각하는 교단의 교리가 무엇인지는 모르겠지만 감리교단은 이미 8개조에 달하는 '교리적 선언' 을 갖고 있으며, 그 서문에서 "누구든지 그의 품격과 행위가 참된 정신과 부합되기만 한다면 개인 신자의 충분한 신앙자유를 옳게 인정한다"라고 밝히고 있다. 한걸음 더 나아가 지난 85년 발표된 감리교 선교백주년 기념 선언문에서는 "우리는 그리스도의 복음이… 참된 구원의 유일한 도리임을 … 한다. 그러나 아세아의 종교적 … 사회에 있어서 한편 예수 그리… 의 구원의 보편성을 견지하면서 … 른 한편 타종교와의 대화를 통해 … 력할 것을 다짐한다. 우리는 … 형태의 지나친 독선주도 배격 … 모든 종교들이 진정한 하나님 … 를 이 땅위에 실현하기 위해 다 … 협력할 것을 제안한다"라고 까지 … 박고 있다. 이제 문제는 보다 … 해진 것 같다. 이제는 두 신학 … 어떤 품격이나 발언 내용이 이 … 기준에서 벗어났는지만 확인 … 되기 때문이다. 더욱이 감리교의 … 시자인 웨슬레는 "바른 의견(교 … 은 기껏해야 종교 영역의 극히 … 부"라면서, "다른 종교인들이 … 도 참된 종교를 지향하는 한 그 … 자기들의 영역내에서 선하다" … 말했으니 일부 인사의 기준대로 … 교재판을 하자면 교단 창시자 … 불러내야 할 판이나 더더욱 우 … 는 것은 이번 사건을 마치 신학 … 쟁처럼 들고나온 근본주의적 … 의 성향이다. 그러나 근본 주 … 경향을 띤 이분의 신학이야말로 … 리교적이 아님은 물론 세계신 … 의 흐름과도 동떨어진 것이라는 … 적이 있음을 분명히 해 두자.

아무쪼록 신학자의 순수한 학 … 연구와 신앙인으로서의 고뇌가 … 부의 개인적 취향이나 감정 그 … 정치적 욕심에 의해 단죄되지 … 를 바랄뿐이다. 기성교회의 권 … 절대적으로 군림할 때 예수의 … 가 처형이나 중세기 십자군 전 … 마녀 재판, 갈릴레오의 지동설 … 비, 그리고 위클리프와 후스의 … 등 부끄러운 일들이 이루어졌 … 기억하자. 물론 그 결과가 기독교 … 탄생이나 중세 봉건사회의 붕괴, … 리고 루터의 종교개혁이라고 하 … '새시대의 도래' 를 가져왔다는 … 설적 진리를 믿고 행한다면 다 … 지만 말이다. 〈정찬성 부

변선환 교수

홍정수 교수

19910615_교권에 시달리는 종교다원주의_새누리신문_5번

제 2 절 복음주의 신학 지론

1. 변선환교수의 주장에 대한 반론

◈출처: 1991. 6. 18. 서울남연회 목원동문회에 배포한 글
「목회와 신학」

김 익 원(목원대 교수)

1990년 12월 8일 가톨릭문화원 주최로 기독교, 불교, 천주교 대화모임에서 발표한 주제 내용에 대해 할 말이 있다.

1. 자기 종교에 대한 절대화 및 우월의식

1) 인간마다 자기만이 가진 유일한 개성을 가지고 타고 난다. 그러한 유일한 개성에 대한 자부심과 우월의식을 갖는 것은 비정상이 아니라 유일성이 주는 당연한 자부심에 원인한다. 그런 점에서 서양 격언에 이런 말이 있다. "물건은 내 것과 남의 것 사이에 바꾸고 싶은 사람은 아무도 없다는 것이다." 왜냐하면 개성은 바로 유일한 자기 생명에 관계되고 있기 때문이다.

우리 기독교신자가 자신들이 가진 신앙에 관해 남에게 해를 끼치지 아니하는 범위 내에서 절대성과 우월의식을 가지는 것은 하등에 이상할 것이 없다. 오히려 그러한 우월의식을 갖지 못하는 것이 이상하다.

2) 기독교인들이 가진 우월의식은 자생적이 아니라 이미 성경이 말하고 있는 진리에 대한 강한 동의에 불과하다.

요한 14:6 "예수께서 가라사대 곧 길이요 진리요 생명이니 나로 말미암지 않고는 아버지께로 올 자가 없느니라."

사도행전 4:12 "다른 이로서는 구원을 얻을 수 없나니 천하 인간에 구원을 얻을만한 다른 이름을 주신 일이 없음이니라."

2. 타종교에 대한 불신

이점에 있어서는 어떤 종교가 다른 어떤 종교를 불신한다는 것은 깊이 생각할 문제이다. 그럴 뿐 아니라 다른 종교를 이미 자기가 믿고 있는 수준으로 수용하는 것 역시 마찬가지로 큰 문제를 가진 것이다. 오직 우리들이 가질 가장 바람직한 자세는 종교가 가지고 있는 교리나 신앙을 올바르게 인식할 필요 이상도 이하도 아닌 수준의 유지가 필요하다.

3. 배타적 신학관 및 신학의 도그마현상

19910618_변선환교수의 주장에 대한 반론
(서울남연회 목원동문회에 배포한 글)_김익원_목회와신학_교리사건 재판자료_5번_페이지_1

배타적 신학 논쟁은 오히려 종교 사이에서보다도 같은 기독교 안에서 치열하였음을 기독교회사나 교리사는 잘 나타내 주고 있는데 배타적 신학논쟁의 발발동기를 여러 가지로 분석 검토할 수 있겠지만 지난 2,000년간 기독교 역사는 무엇이 참 진리요 거짓이냐에 관계되는 성서를 해석하는 일로 시간을 소비한 역사라 볼 수 있다.

신학의 도그마 현상에 있어서 변교수는 매우 못마땅하게 생각하지만 그것은 자가당착의 모순에 바지고 있는 것이다. 왜냐하면 전통적인 신학논쟁이 보여주는 도그마의 고집보다 변교수 자신이 주장하는 기독교 구원의 절대성을 부정하려는 자세는 그 이상으로 위험천만한 독단이기 때문이다.

4. 새로운 창조가 없는 전통고수

변교수는 '창조'는 기존질서의 파괴를 출발점으로 하여 되어진다고 창조의 개념을 잘못되게 이해하는 것 같다. 그 의미는 인간이 만들어내는 모든 창조적 이념이나 사상 모두는 전통과 역사 그리고 경험이란 재료를 배재하고서는 결코 불가능한 그 역시 위험한 독단지식이다. 다만 우리가 유의할 점은 있다. 그것은 지나간 역사와 전통을 현재와 어떻게 매치를 시키느냐란 책임을 남겨두고 있는 것이다. 그리고 지나친 진보 지향주의는 과거지향성 못지않게 위험한 생각임을 변교수는 명심할 필요가 있을 것이다.

5. 새로운 해석이 없는 성서주의 견지

변교수에 있어서 성서주의와 성서에 대한 어떠한 참신한 해석이 없는 상태와를 동일시하고 있으며 그리고 성서에 대한 새해석은 비성서주의와 그 맥을 같이 하고 있는 것같은 이해를 하고 있는 것이다. 성서는 성서가 만들어질 그 때에 살고 있는 제한된 사람들에게 주어진 말씀이 아니라 전 역사에 나타나는 인류에게 관계된 말씀인데 성서의 목적에는 변화가 있을 수 없겠으나, 시대와 사람에 따라 상대적으로 적용되어야 된다는 것은 당위지사이다. 그러한 견지에서 성서란 광맥은 새 의미를 찾고자하는 그 시대 사람들에게 끊임없이 새 도전을 받아야 될 것이다.

6. 21세기를 향한 신학적 모색이 요청된다.

성서가 우리에게 완성의 의미를 남기고 간 부분은 속죄의 부분 뿐 그 외에는 모두가 가능성의 의미로 가득차고 있다. 즉, "예수께서 신 포도주를 받으신 후 가라사대 다 이루었다 하시고 머리를 숙이고 영혼이 돌아가시니라" 그런 점에서 속죄의 완성과 구원의 완성은 구별되어져야 한다. 구원은 예수 그리스도의 일방적인 절대 권한에 속한 것이 아니라 인간측의 응답적 책임성을 필요로 하고 있는데, 이 부분은 우리 인간측이 상대적 참여로 남겨두고 있다.

7. 요단강 중심문화에서 태평양 한강중심의 신학으로 바뀌어져야 한다.

변 교수가 요단강을 중심한 기독교 그리고 요단강 중심의 문화지배를 받는 기독교를 중

19910618_변선환교수의 주장에 대한 반론(서울남연회 목원동문회에 배포한 글)_
김익원_목회와신학_교리사건 재판자료_5번_페이지_2

오한다면 태평양 곧 한강을 중심한 문화지배 역시 마찬가지로 거부되어져야 한다. 기독교의 발상이 요단강이라야 하면 그 성서가 지향하는 진리가 요단강에 묶여 있는 진리가 아닐진대 하나의 모순을 피하기 위해서 다른 모순을 끌어들여서는 안될 것이다.

8. 종교의 다원주의를 인정해야 한다.

변 교수는 종교의 다원주의를 내세워 종교의 다원성을 인정해야 한다고 역설하고 있는데 우리 기독교인이 지금까지 종교의 다원성을 부정한 일은 없다고 생각한다. 기독교인이 다른 종교의 부정이 아니라 그 종교들이 가진 구원관에 대한 부정은 있었고 또한 할 수 있다고 생각한다. 그런 점에서 종교의 다원주의와 구원의 상대주의는 그 의미가 다른 것이다.

9. 기독교 밖에 구원이 없다는 교리는 신학적 천동설에 불과하다.

구원의 교리에 관해서는 비단 기독교만이 가진 도그마가 아니라 대부분의 종교들은 각자 자기 나름대로 구원에 관한 도그마가 있는 것이다. 변교수가 만약 기독교에 대한 불만이 구원의 도그마적 교리에 있다면 그는 마땅히 기독교를 떠나야 되고 감리교를 떠나야 될 것이다. 그리하여 하나의 종교사회학을 연구하는 자리로 빨리 학문의 주소를 옮겨야 할 것이다.

기독교 신자가 예수 그리스도만을 통해서 구원을 받을 수 있다는 진리가 상대적 진리로 낙하될 때 그것은 이미 기독교가 아니다. 기독교가 가진 구원의 절대성이 양보되고 포기될 때 기독교로서 가진 생명은 없어지게 되는 것이다. 그럼에도 불구하고 변교수가 기독교 구원의 절대성을 거부한다면 그는 분명 신에 대해 무모히 도전하는 탕아인 것이다.

10. 예수를 절대화 시키는데 불만

변교수가 절대성을 인정하는 것이 '우상'으로 매도하고 있는데 만약 우리가 그의 주장을 가납한다면 기독교교리의 가장 핵심인 삼위일체 교리에 중대한 도전이 아닐 수 없다. 완전한 하나님으로서의 예수는 부정될 뿐 아니라 완전한 사람으로서 예수도 역시 불가능한 예수로 기독론이 바뀌어지는 것이다. 이렇게 될 때 우리 그리스도인이 믿고 고백하는 신앙은 모두가 무지한 얼간이들이 잘못되게 믿는 미신과 우상의 추종자에 불과할 것이며 변 교수 자신만이 가장 올바른 이해와 심신을 가졌다고 자부하는 그야말로 용서받지 못할 독신자요 이단자다. 성경은 예수를 절대적인 신위에 두고 있다. 즉, "나와 아버지는 하나이니라."(요 10:30)

19910618_변선환교수의 주장에 대한 반론(서울남연회 목원동문회에 배포한 글)_김익원_목회와신학_교리사건 재판자료_5번_페이지_3

감신대, 학보 배포금지

홍교수 문제 관련기사 이유로

감리교신학대학 변선환 학장은 지난 14일 '감신대학보' 제122호(6월10일자)를 동보 9면에 실린 홍정수 교수 문제와 관련된 글이 문제가 있다고 하여 배포금지했다.

학교측이 밝힌 문제시되는 글은 '변선환·홍정수 교수 종교재판 시도에 대한 교단내의 분석' 으로서, "곽전태 감독 취임 이후로 교육국 집중감사와 변선환, 홍정수 교수에 대한 일종의 종교재판 시도 등이 곽 감독의 정치구도 개편의도를 드러낸 것"이며 "일련의 교리논쟁은 곽 감독의 복음주의신학을 교단내에 확산시키고자 하는 순수한 의도가 있는 반면, 올가을 이후 감신대 이사장으로 진입하면서 교수인사권을 장악해 교수진을 특정그룹으로 개편하려는 정치적 음모가 숨어있다는 지적도 나오고 있다"라는 내용을 담고 있다.

감신대학보 발행인인 변선환 학장은 배포금지 이유로 "이글이 표현이 너무 과격해 이번 문제를 대화로써 해결하는데 장애물이 된다"고 말하고 있다.

이에 대해 감신대학보사는 "이 글은 교단내에서 유력한 분석으로서 감신 학문성 수호를 위해 정당한 것이기에 발행인의 이같은 배포금지는 부당하다"며 "대학학보의 자율성은 보장돼야 하며 하루속히 배포돼야 한다"고 주장하고 있다.

UR 공대위 활동방안 논의

우루과이라운드협상 기독교공동대책위원회는 지난 7일 오전 8시 1백주년기념관에서 총무연석회의를 갖고 앞으로 UR협상에서 서비스 등 전반적인 분야에 대해서도 적극 대응하기로 했다. 공대위는 앞으로 신학적으로 UR협상의 위배됨과 활동의 신학정책 기반을 수립하고 UR협상 반대운동을 확산해 우리 농축산물 먹기운동으로 발전시키기로 했다.

"감신대 1백년 전통에 대한 도전"

감신대 학문성 수호를 위한 대토론회

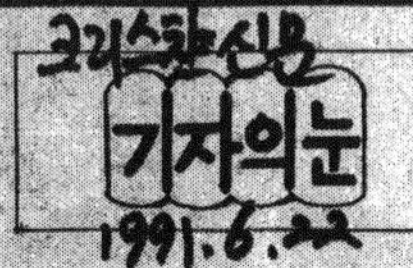

6월13일 오후2시, 감신대 대강당.

이날 감신대 5,6백여명의 학생들은 최근 홍정수 교수에 대한 서울연회의 자격심사상임위원회 자격심사와 관련, 「감신대 학문성 수호를 위한 1천 감신인의 대토론회」를 위해 대강당을 꽉 메웠다. 대토론회에 앞서 당사자인 홍 교수는 본보에 문제(?)의 글을 게재하게 된 배경을 설명한 뒤 "부활의 메시지를 오늘에 되살리려는 것이지 부활을 부정하려는 것은 결코 아니다"라고 강조하고 "1백년 전통의 감리교는 신학적인 이유로 어느 누구를 재판한 일은 없었다"고 말했다. 이어 박종천 교수도 "그들(?)의 주장에 의하면 감신대 신학자 모두가 걸리게 된다"고 지적하고 "이는 감신대 입지에 대한 중대한 도전이며 그것을 빙자한 교권을 잡은 이들의 성서적이 아닌 헤게모니적인 움직임이 아닌가 반문하고 싶다"고 말했다. 학생들은 계속해서 이 문제를 어떻게 풀 것인지에 대해 공개토론을 벌이기 시작했다.

다음은 학생들의 발언과 전날 반별 토론회에서 결정된 결과를 보고한 내용을 간추린 것이다.

▲어떤 형태로든 감신대의 자유와 존엄성을 침투하는데 대해 묵과할 수 없다. 동문들을 대상으로 서명운동를 벌이자. 방학을 이용해 암암리에 홍교수님을 갈아치우려 한다. 여름학기를 조성해 학사일정을 변경하자. 만일 홍 교수님이 학교를 떠나게 되면 전체 휴학서를 제출하자. 남학생들 뿐만 아니라 여학생들까지 삭발을 하자.

▲이 문제는 단순히 개인의 문제가 아니라 감신대 1백년 전통에 대한 도전이다. 범감리교적으로 대응해야 한다. 감신대의 학문자유가 외부로부터 규제될 수 없다.

▲이번 일은 비밀리에 음모적으로 진행되고 있고 결과도 통보되지 않았다. 교단측의 전면적인 공개가 있어야 한다. 2차 자격심사상임위가 방학중에 열리면 비상연락망을 갖춰 대응하자. 감신대의 전통을 깨려는 음모이므로 기말고사를 포기해서라도 대처해야 한다. 이때 학생들이 성명서를 채택하려 하자 이를 지켜보던 왕대일 교수가 발언을 신청했다.

"기말고사 연기는 우리의 입장을 변질시킬 가능성이 있다. 성명서를 채택하기 전 먼저 교수님들의 입장이 발표된 뒤 그 다음 여러분의 입장을 밝혀야 좋지 않은가"

학생들의 발언이 계속됐다.

▲먼저 교수님들의 입장표명이 있어야 한다. 그때까지 시험을 연기하자. 그러나 시험을 연기하려면 어려운 문제가 많이 생긴다. 그만큼 아픔이 따르기 때문에 충분한 토의가 있어야 한다.

▲어쨌든 교수님들이 먼저 입장을 표명해야 한다. 그대까지 조건부로 시험을 연기하자.

이날 학생들은 이 문제가 "감신대 1백년 전통에 대한 도전"이라고 규정하고 "먼저 교수님들의 입장이 표명돼야 한다"고 의견을 모은 뒤 17일 학생들은 비상총회를 열어 기말고사를 전면 연기했다.

이날 학교 게시판에는 감신대 학장과 교수 일동의 명의로 "마음 놓고 차분히 시험을 보시기 바랍니다"라는 공고문이 부착됐다.

〈최문성 기자〉

19910622_기자의 눈 감신대 1백년 전통에 대한 도전_크리스챤신문_5번

J-4-021 1991.6.23

통간 1507호 1966년 4월 18일 제3종 우편물(가)급인가 복 음 신 문

교권, 종교다원주의에 반발

홍교수사건을 통해본 감신대사태분석

교단 "교리에 위배된 신학 배제되야" 주장에
학생 "감신 학문성침해하는 교권음모" 맞서

감리교신학대학의 다원주의적 토착화신학이 최근 지역교회의 목회자들과 복음주의적인 교단지도자들에 의해 강하게 공격당하고 있다.

홍정수교수에 대한 자격심위회부사건〈본보 6월 16일자 11면게재〉을 필두로 하여 전개된 이러한 양상은 서울남연회의 송파지방 실행위원 일동이 "감신의 다원주의 입장과 예수부활을 부인하는 교수의 주장은 이단적 요소가 있다"고 밝히면서 지상을 통해 관련교수, 즉 변선환학장, 홍정수교수, 이원규교수의 신앙고백을 요구한 '변선환, 홍정수, 이원규교수에 대한 성명서및 공개질의서'가 지난 13일 공개되어 홍교수 개인의 신학적 교리문제뿐만 아니라 감신대학의 학문성전체에 대한 목회자들의 반발로 확산되고 있다.

이러한 움직임의 발단은 역시 홍교수에 대한 압력으로 시작됐다.

홍교수가 모교계지(91.3.30일자)에 부활절 특집으로 부활신앙을 고찰하면서 "육체, 몸의 부활을 믿는 신앙은 이교도적 신앙"이라고 언급한 부분에 대해 교단 7개연회 감독들이 지난 4월 12일 감독회의를 갖고 "홍교수의 기사가 교리에 위배되는 부분이 있어 소속연회에 이첩하오니 심사에 붙여줄 것"을 결의하고 곽전태감독회장의 명의로 서울연회(감독=나원용)에 자격심사를 위촉하였던 것이다.

◇지난 13일 학교대강당에서 개최된 '학문성 수호를 위한 일천 감신인 대토론회'광경

이때만 해도 전혀 외부에 알려지지 않은채 회부사실여부조차 확인할 수 없었던 이번 사건은 지난 8일 내자호텔에서 서울연회 자격심사상임위원회(위원장=김기동목사)가 비공개적으로 1차모임을 갖고 전체위원회 소집과 학교이사회측에 홍교수의 면직을 건의할 것을 결의한 것으로 전해지면서 공개되었고 학생들은 대자보(8일, 10일자)를 통해 교단의 밀실재판을 비난하면서 반발하기에 이르렀다.

또한 송파지방 실행위원 일동으로 발표된 공개질의서를 통해 "감신대 교수들의 다원주의적 논제들이 교단선교에 지대한 악영향을 미치고 있음은 물론 타교단으로부터 이단이라는 오해를 불러 일으키고 있다"며 "일부교수들의 신학적 논리로 부터 감리교의 교리를 사수하는데 모든 방법을 동원하겠다"고 밝히는 등 감신대학의 다원주의적 학풍에 대한 지역교회 목회자들의 반발이 노골화되자 총학생회를 비롯한 학생들은 13일 '감신학문성수호를 위한 일천 감신인대토론회'를 긴급개최하고 이러한 사태를 '감신대 학문성을 침해하는 교단 보수진영의 행위'로 규정하면서 반박하고 나서 교단 및 보수 목회자와 감신대의 대결양상으로 나타나게 되었다.

학생들의 반발은 문제가 된 홍교수의 글과 "어떤교수 감신에 두면 감리교의 내일은 어둡습니다"란 글이 인쇄되어 동봉된 익명의 편지(6. 9일자 용평우체국발)가 감리교단 각 교회앞으로 전달되고 있는 일련의 전개양상이 '교리수호'혹은 '교리에 위배된 학문 배척'의 의미를 넘어 다분히 정치적 계산에 의한 수순이라고 보여지기 때문이다.

그러나 이러한 사태의 발생은 근본적으로 감신대학의 학풍이 다원주의적, 토착적 경향으로 자리잡아가자 보수적인 목회자와 교단 지도자들이 중심되어 이에 대한 계속적인 문제제기를 해왔으며 지난 4월의 교단정책협과 사회선교정책협에서도 학문위주의 감신풍토를 목회중심적으로 변화시켜야 한다는 지적이 있을만큼 감신풍토에 대한 비판적 시각을 공유한데서 비롯된 것이라고 할 수 있다.

교단의 한관계자도 "송파지방의 입장은 모든 지역교회에서도 공유된 인식으로 교단교리에 위배되는 학문은 교단신학교에서 배제되어야 한다"고 강하게 밝혔으며 곽전태감독회장도 교단기관지에 "일부신학자들의 잘못된 신학적 표현으로 신앙의 혼선과 선교의 차질을 가져왔다"고 지적한 점은 이를 반영하고 있는 것으로 오는 8월이전에 감신대 이사진으로 현 감독들이 새롭게 들어서면서 감신의 학풍을 변화시키려는 곽전태감독회장의 의도에 의해 사전에 전개되고 있는 과정이라고 할 수 있겠다.

이에 대해 홍교수는 "사도신경을 매주 고백하는 감리교인이 신학자로서 기독교를 재해석한 문제를 가지고 종교재판에 회부하여 이단운운하는 것은 신학을 모르는 자의 양태"라고 꼬집으면서 감리교 교리적 선언 서문의 신앙자유 인정 부분을 들어 "감리교신학은 포용적이지 배타적인 것이 아니었기에 자신과 의견을 달리한다고 정죄하지 않아왔다"며 감리교의 현실태를 안타까와 했다.

한편, 변선환학장은 이와같은 사태의 확산에 대해 "어로가 열려있지 않기 때문"이라고 지적해 현 교수들의 신학적 입장이 올바르게 전달되지 못한 점이나 교단에서 진행하고 있는 자격심사가 공개적이지 못한채 파행적으로 전개되고 있는 점을 간접 시사했다.

〈나이영기자〉

◇… "교회 밖에도 구원이 있다"는 다원주의적 입장에 지역교회 목회자들이 강하게 반발하고 있는 가운데 홍정수교수(감신대)가 '세계의 신학'에 다원주의 입장을 밝힌바 있어 한국신학계에 자리잡고 있는 다원주의에 대한 이해정립을 위해 소개해 본다. …◇

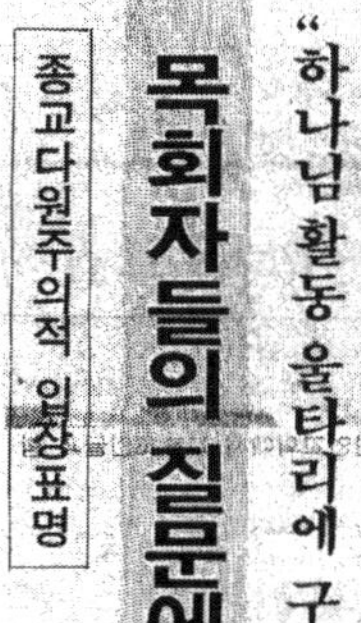

종교다원주의적 입장표명
목회자들의 질문에 답한다
"하나님 활동 울타리에 구속되지 않아"

홍정수교수(감신대)

"교회 밖에도 구원이 있다면, 교회는 과연 문을 닫아야 하며, 우리가 교회 생활을 하는 것은 공연한 일에 불과한가"라는 목회자들의 질문에 답한다. "교회 밖에도 구원이 있다"는 신학적 선언의 의미는 하나님의 사랑의 보편성과 인간의 무의식에서 비롯된다. 그리고 이같은, 새로운, 신화 사상은 "가능성"에 대한 일반론에 불과하다. 즉 교회 밖에 현실적으로 존재하는 구원을 우리가 알고 있다는 말은 아니다. 다른 종교 속에도 기독교적 구원이 "숨어 있음"을 우리가 이미 알고 있다는 말이 아니다. 단지 하나님의 활동이 교회라는 울타리 안에 감금되어 있지 않음을 알 뿐이다. 따라서 우리는 기독교인이 아닌 사람들에게는 언제나 우리가 가지고 있는 유산, 역사 속의 예수를 나누어 가지려는 사업, 곧 선교를 해야 한다. 고로 "교회 밖의 구원 가능성"은 우리의 선교적 과제의 범위를 축소시키거나, 선교적 정열을 약화시킬 수 없다. 단지 우리의 선교 자세를 바꾸도록 경고할 뿐이다. 즉 우리가 하나님을 독점하고 있는 양, 교만한 우월감과 배타적 자세를 취하는 것을 금물이라는 것을 경고해 줄 뿐이다. 저 앞에 있는 저 사람이 기독교라는 공동체에 속해 있지 않다면, 우리는 최선을 다해 그에게 우리의 유산을 나눠주어야 한다. 그러나 꼭같이 진지한 자세로 상대를 알지 못하고는 선교를 할 수 없다. 진단이 없이는 해방이 불가능함과 같은 이치이다. 그러나 판단과 처방은 "하나의 치료"행위이지 둘은 아니다.

따라서 "교회 밖의 구원"론은 기독교의 선교를, 교회의 존재 이유를 결코 제거시키지 않는다. 단지 그 자세를 가다듬도록, 진지하게 열린 마음으로 다가서도록 경계해 줄 뿐이다. 교회의 문을 닫다니? 교회의 문은 하나님의 나라가 온 세계에 구현되기까지 결코 닫힐 수 없는 문이다. 교회가 문을 (지금) 닫으면, 이 지구상 어디에서도 "예수(의 아버지 하나님)" 이야기는 전해지지 않는다. 아무리 세상이 종교 다원주의가 되었다고 할지라도, 예수 이야기는 아직은 기독교만의 유산이다. 즉 아직은 인류 전체의 재산이 되지 못하였다. 따라서 교회는 교회의 유산 곧 "예수"를 힘써 증거해야 한다.

우리가 우리의 이야기(예수 이야기)를 포기한다면, 우리는 상대방의 종교에 대해서도 그들의 독특한 재산을 포기하도록 강요할 것이다. 이같은 섣부른 평화주의는 결국 모든 종교를 말살하려는 결과를 초래할 것이다. 역사적 특색을 제거하여, 모든 종교를 평준화시키고 말 것이기 때문이다.

19910623_교권, 종교다원주의의 반발_복음신문_5번

1991년 6월 23일 기독교 연합신문

J-4-019

2 제3종 우편물(가)급인가(1988. 4. 13)

홍정수교수 사건을 보며

근간 감리교단 내에서는 홍정수 교수가 모 교계지에 기고한 글에서 '육체 부활 신앙'을 부정했다 하여 서울 남연회를 비롯한 일부 교단 인사로부터 교수 사퇴 압력을 받고 있는 것으로 알려져 그 귀추가 주목되고 있다.

이런 사태를 지켜보면서 우리는 몇가지 점을 지적하고자 한다.

첫째는 한국교회내에서 행해지고 있는 교회 정치 행태가 비민주적이라는 사실이다.

이번 홍교수 사건 역시도 예외는 아니어서 만약 홍교수에게 그러한 의문이 있다면 「자격심사 상임위」에 넘기기에 앞서 최소한 기소 사실과 기소 내용의 사실여부 확인을 본인에게 했어야 하고 또 홍교수의 신상에 관한 문제인 만큼 본인이 자신을 변호할 기회는 주어야 할 것이다.

그럼에도 불구하고 교단일부 인사의 일방적인 처리 움직임은 비민주적인 처사임이 분명하다. 이런 행위는 비단 이번 사건뿐 아니라 타교단 내에 이단 시비 대상이 된 인사에 대한 재판이나 판결에서도 종종 보여주고 있어 한국교회 전체가 교회정치에서의 교권 전횡을 막고 민주적으로 전환돼야 할 줄로 믿는다.

둘째로는 도그마(교리)의 문제이다. 감리교의 경우 '1930년대 교리적 선언'을 했는데 이때 육체적 부활에 대한 언급이 없는 것으로 알려지고 있다. 그렇다면 홍교수의 주장에 대하여 기소할만한 법적 근거를 상실하게 된다.

하지만 이번 사건을 계기로 한국교회의 신앙이 도그마(교리)화 한다는 비판에 대해서 우리는 이 주장이 '교리'자체를 부정하는 것으로 받아들이고 싶지는 않다. 단지, 이 말이 한국교회 신앙의 관념화나 형식화를 우려하는 말로 받아들이고 싶다.

각 교단의 교리란 성경에 대한 해석적 절차를 거친 후에 그러한 성경이해를 바탕으로 하는 신앙의 표현이기 때문에 이러한 형식은 내용을 위해서도 반드시 필요로 한 것이다.

단지 문제는 이 교리에 의해 신앙이 관념화되고 경직화되는 것을 막기 위해서 교리 이전의 해석적 성경이해를 철저히 교육시키고 그 속에 영성을 확보해야 할 줄로 믿는다.

셋째로 교리란 성경이해가 신앙에 의해 설명될 수 밖에 없을 때 필요한 것이다. 만약 성경에 대한 사실의 모든 이해를 합리적 이성으로만 인식하려 한다면 신학적 성서해석의 기준이 되는 교리란 엄밀히 불필요한 것이요 단지 합리적 이성으로 인식된 성경에 대한 논리적 요약이 필요할 따름이다.

따라서 우리는 성경을 이성적 사고에 의해 인식할 뿐더러 신앙을 인식과 사유의 한 방편으로 받아들여야 한다는 것을 말하고 싶다.

이성적 사고는 신앙의 인식 방편을 필요로 하지 않는다. 따라서 육체적 부활에 대한 부정은 이미 신앙적 사유라기 보다는 이성적 사유의 결과로 보아야 한다. 이런 점에서 보면 이는 신앙의 고백 차원이 아니라 학문적 추구의 결과인 것이다.

그러므로 홍교수의 문제는 홍교수의 주장을 학원내 학문적인 기준으로 볼 것이나, 신앙적 차원으로 볼 것이냐의 문제로서 여기에 대한 본인의 명백한 입장 표명이 있어야 하리라고 본다.

19910623_사설 홍정수 교수 사건을 보며_기독교연합신문_5번

제781호 〔제3종우편물(가)급인가〕

감신대 교수 기고문 파문

"예수 육체부활 불가능"

"교리위반"…교수자격 징계 거론 교단

"세계신학 조류…학문자유 침해" 학생

홍정수 교수

감리교신학대학 홍정수 교수(조직신학)가 예수의 육체부활은 불가능하다는 글을 교계신문에 기고한 것과 관련, 감리교가 홍교수의 자격문제를 놓고 심사위원회를 여는등 논란을 빚고 있다.

문제의 발단은 홍교수가 지난 3월30일자 크리스천신문에 부활절 특집호 기고를 통해 『예수의 육체적 부활은 생물학적으로 불가능하며, 기존의 부활론이 성서적인 의미에서 바뀌어져야 한다』는 입장을 밝히면서 시작됐다.

이에대해 곽전태 감독회장등 7개 연회감독들은 모임을 갖고 『이같은 내용의 홍교수 기고는 교리에 위반된다』면서 『이 문제를 해당 연회가 신중히 검토해 주기 바란다』며 서울연회에 공문을 보냈다.

곽감독회장 명의로 제출된 이 공문에 따라 서울연회는 자격심사상임위원회를 두차례 열어 홍교수의 글이 교리와 교회법에 어긋난다는 잠정결정을 내리고 홍교수의 파문과 교수자격박탈까지 거론한 것으로 전해졌으나 문제가 교단적으로 확대되자 뒤늦게 이같은 결정을 한 사실이 없다고 밝혀 어떻게 결론이 날지 귀추가 주목되고 있다.

또 일부 목회자들도 홍교수의 글이 기독교의 교리를 정면으로 부인했을 뿐 아니라 교회법 자체도 위반하고 있다면서 홍교수의 교수자격박탈을 강력히 요구하고 있는 것으로 알려졌다.

이같은 교단 감독과 목회자들의 움직임에 대해 홍교수와 감신대학생들은 학자의 학문적 자유를 침해하는 행위로 규정, 크게 반발하고 있으며 대학이사회측은 이 문제를 공식적으로 다루지 않고 관망하는 입장인 것으로 전해지고 있다.

이에대해 당사자인 홍정수교수는 『현대 성서신학의 연구 결과를 한국교회에 소개하는 과정에서 빚어진 일』이라며 한국적인 이야기를 현대적 상황에 맞게 풀어갈 생각이었다며 부활을 부인하는 입장은 아니라고 밝혔다.

홍교수는 『성서에 나타난 부활신앙의 핵심은 생물학적 부활사건에 있는 것이 아니라 하나님의 정의의 심판이며 역사 변혁의 사건』이라고 설명하면서 의미상의 문제라고 말했다. 그는 또 『목회자 입장에서 주장하는 부활신앙의 부인 운운하는 것도 이해된다』고 말하고 『그동안 교회나 신학교안에서 이뤄진 신학의 차이가 빚어낸 결과』라며 『기독교 메시지에 대한 성서적인 재해석 작업이 이뤄져야 할 것』이라고 주장했다.

홍교수는 『예수의 육체 부활에 대한 의문은 세계교회에서 학문적으로 오래전부터 제기돼 왔던 것』이라고 밝히고 『세계 신학자들과 함께 공개적인 토론을 벌여 한국교회가 세계 신학의 조류를 알수 있도록 해나갈 것』이라고 말했다.

감신대 총학생회와 신학과 학생회도 『교단측의 행위는 기존 신학에 대한 재해석을 시도하는 신학자의 학문적 자유를 침해하는 교회 권력의 횡포』라고 말하고 지난 17일부터 실시될 예정이던 기말고사를 거부하기도 했다.

이 문제와 관련 서울연회 총무 이현덕목사는 『현재 이 문제와 관련 자격심사상임위원회가 열려 숙의하고 있는 상태이며 교단내 입장을 정리해 공식 발표한 일은 아직 없는 것으로 안다』고 밝혔다.

19910628_감신대 교수 기고문 파문_국민일보_5번

사랑방 신학

묻는 이 신재희 〈창덕 교회〉
답하는 이 강성도 〈세계신학 연구원〉

'사도신경'을 고백하는 이유

■사도신경은 오늘날 우리가 이해할 수 없는 많은 말들로 돼있는데, 우리는 과연 매주 예배 때마다 "전능하신…. 믿나이다. 아멘"하고 고백해야 할 이유가 있을까요?

□이것은 매우 정직한 질문이다. 도마가 부활하신 주님을 만났다는 제자들을 향하여 "믿을 수 없다"고 항변하였듯이, 복음서 기자들은 믿음만이 아니라 '회의' 의 기회도 분명하게 마련해두었다. 따라서 우리가 믿는 바를 이해하려는 노력은 무신앙의 소산이 아니라 믿음에서 출발한 진지한 이성의 결과임을 먼저 인정하고 싶다. 즉 이해하려는 노력 없이 "전능하신… 아멘"하고 사도신경을 고백하는 것은 신앙의 행위가 아니라 게으른 관습의 반복일 뿐이다.

그렇다면 오늘을 사는 현대인이 여전히 사도신경을 고백해야하는 진정한 이유는 어디에 있을까? 사도신경을 고백하지 않는 그리스도인은 '예수와 한 패' 가 되는 것을 부끄러워하는 '덜 된 그리스도인' 일 뿐이다. 왜냐하면, 우리의 신앙기반은 사도들의 유산에 있으며, 우리의 고백은 그것을 자랑스럽게 여기는 '공공적 천명' 행위이기 때문이다.

나아가 사도신경은 박해가 극심하던 2세기경의 원시 교회가 '세례문답' 을 발전시켜 만든 신조인 것을 이해할 필요가 있다. 즉 이것은 기독교의 모든 교리를 요약해 언제 어디서나 들어맞는 보편적 신조를 만들려고 했던 것은 아니다. 단지 절박한 죽음의 위협앞에 처한 2세기의 그리스도인들에게 기독교 신앙의 기반과 궁극적 소망을 확실히 해 주려는 '신앙 규칙' 으로 탄생했다. 따라서 이같은 특수성을 감안하면, 이 신조는 죽음의 위협을 느끼면서 살아가는 모든 '종말론적 신앙인들' 에게는 매우 큰 위로가 됨을 알 수 있다. 즉 육체로 오신 하느님의 아들, 예수 그리스도께서 죽으셨으나, 하느님께서는 전능하사, 그를 오히려 살려내고, 다가온 새 세계의 '심판자' 로 삼았으니, 죽음의 공포가 그리스도인의 신앙과 소망을 결코 끊어버릴 수 없다는 확신을 천명한 것이다.

그렇다면 오늘 우리들에게 있어서 사도신경의 문제란 오히려 이런 것이다. 즉 우리가 사는 현대에서는 예수의 고난, 처형, 죽음을 기억하고 전하는 것이 기독교 복음의 핵심적 내용이 아니며 지금의 세상은 너무나 '좋은 세상' 이라서, 아무도 죽음의 위협을 느끼거나 또는 새 세상의 도래를 희망할 필요가 없다고 생각하는 그리스도인들도 많은 것 같다.

그들에게는 사도신경의 고백이 불필요하다.

그러나 사도신경의 '언어' 가 2세기의 신화적 사고방식에 젖어 있다고 하는 지적은 결코 걸림돌이 될 수 없다.

현대인들도 시를 짓고 노래를 듣지 않는가? 그렇다면 시와 노래를 듣는 현대인들이 2세기의 '종교 언어' 로 오늘의 신앙을 고백한다는 것은 불가능한 일도, 어색한 일도 아니다.

19910629_사랑방 신학-사도신경을 고백하는 이유_새누리신문_5번

1991. 6. 29 (토)

제8007호 (第3種郵便物(가)급認可) 문화 中央日報

예수는 과연 「肉體부활」 했는가

監神大 洪丁洙교수 부정론에 教壇서 발끈

감리교신학대학 洪丁洙교수(조직신학·목사)가 최근 한 개신교계 신문에 예수의 육체적 부활을 부인하는 글을 썼다가 감리교단측으로부터 교리위반에 의한 黜會(파문)·교수직 박탈등 중징계위협을 받고있다.

洪교수에 대한 교단의 징계는 서울연회(年會)자격심사상임위원회(위원장 김기동)등에서 아직은 문서화 이전의 검토단계에 머물러 있으나 그의 黜會나 교수직박탈등 징계안이 정식결의될 경우 洪교수 스스로 교단에 맞서 끝까지 싸운다는 입장이어서 적지않은 파문이 예상된다.

특히 이번 사건은 종교다원주의·토착화신학을 학문적 전통으로 하고있는 감리교신학대학과 교단내 보수적 복음주의 세력간 누적된 갈등이 표면화된 것으로 그 결과에 따라서는 기독교계 전체로 논쟁이 확산될 가능성마저 안고있다.

문제의 발단이 된 洪교수의 글은 지난 3월30일자 크리스천신문에 실렸던 「부활은 하나님의 정의로운 심판의 시작」이란 제하의 부활절 특집에세이.「부활의 메시지를 다시 조명한다」는 부제가 붙은 이 기고문에서 洪교수는 한국교회가 영혼불멸과 육체적 부활이라는 모순된 신앙체계에 붙들려있다고 지적하고 『인간이 죽어 그 영혼이 하나님과 보다 깊은 관계를 누리게 된다면 그것 자체로 기독교적 구원은 완성되는 것인데 사람들은 무엇이 모자라는지 하나님과 함께있던 영혼이 공중이나 지상으로 되돌아와 육체라는 낡은 옷을 덧 입는 소위 「부활」을 또한 믿는다』며 정면으로 부활의 육체성을 부인하는 논지를 폈다. 그는 『하나님과의 교제이외에 그 무엇이 더 있어야 인간의 구원이 완성된다고 믿는 것은 결코 용납할수 없는 不信仰』이라며 『이는 마치 하나님이 아니라 「나의」 불로장생을 더 바라는 것과 같은 것으로 그런 의미에서 한국교회는 부활에 관한한 무신론자들』이라고 꼬집었다.

洪丁洙교수

洪교수가 최근에 낸 『베짜는 하나님』이란 저서 내용의 일부를 요약했다는 이 부활 논의에 대해 감리교의 곽전태감독회장는 곧 서울연회측에 『예수의 육체적 부활을 부인하는 洪교수의 글은 교리에 위반된다』며 『이 중대한 문제를 年會가 신중히 검토해주기 바란다』고 요청하는 서한을 보냈다.

곽감독회장의 요청서 제출에 따라 서울연회자격심사상임위는 그동안 두차례 회의를 열어 洪교수가 썼던 문제의 글을 검토, 육체적 부활을 부정한 내용이 교리와 교회법에 위반된다는 1차적 결론을 내렸으며 그에 따른 洪교수의 교단 黜會및 교수직 박탈등 중징계를 심각하게 검토하고 있는 것으로 알려졌다.

"교리위반" 黜會등 중징계검토 教壇

"학문적인 소신 양보할수 없다" 洪교수

교단측의 이같은 움직임에 대해 당사자인 洪교수와 감리교 신학대학생들은 크게 반발하고 있다.

洪교수는 『예수의 육체부활에 대한 의문은 세계교회내에서 오래 전부터 제기돼왔던 것이며 이번에 문제가 된 글은 부활신앙에 대한 나의 학문적 소신과 양심을 반영한 것으로 결코 양보할수 없는 주장』이라고 말하고 있다. 그는 『연회 자격심사상임위가 최종결정도 내리지않은 상태에서 대학이사회측에 나의 교수직박탈을 건의한것은 이해할 수 없는 처사』라고 비난하고 『만약 교단측이 징계를 강행하려 든다면 모든 방법을 동원해서라도 이에 맞서 싸울 것이며 미국감리교의 교리와 신학위원회같은 권위있는 기구에 호소해 나의 신학적 정당성을 인정받을 생각』이라고 말했다.

감리교신학대학 총학생회와 신과학생회도 『교단측의 행위는 기존 신학의 재해석을 시도하는 신학자의 학문적 자유를 빼앗는 교회권력의 횡포』라고 주장, 지난 17일부터 실시될 예정이었던 기말고사를 1주일간 거부하는등 강경한 대응을 보이고 있어 사태가 점차 확산되고 있다. <鄭傳溶기자>

예수의 육체부활을 부인한 한 신학자의 글을 둘러싸고 최근 감리교단이 심각한 몸살을 앓고 있다 (사진은 예수의 부활을 묘사한 중세의 그림) ▲

19910629_예수는 과연 육체부활 했는가_중앙일보_5번

6 1991년7월6일(토요일) 새누리 신문

'발언파문' 홍정수교수 본지기고

잠 못이루는 설교자

'하나님말씀' 단순 반복하는 설교 무의미
'살아있는 말씀' 선포에 대한 책무 무거워

홍정수(감신대/동녘교회 목사)

소위 미션 스쿨을 다닌 필자의 기억에 지금도 생생한 것은, '사람의 말'을 하나도 가미하지 않은 '예수님의 말씀' 영화였다. 그 영화에서는 잘 생긴, 음성좋은 배우가 등장하여, 이곳저곳을 다니며 그때마다 성경에 나타나있는 예수님의 말씀을 되풀이해 주었다. 이 세상에서 어떤 설교가도 흉내낼 수 없는 예수님의 설교, 무척이나 감 동을 받았다. 그래서 그 당시 이런 생각을 했다. "설교자들이 왜 필요할까?"

그후 필자는 신학교에 들어가게 되었고, 얼마 안 있어 칼 바르트의 말을 접하게 되었 다. 지금의 필자는 바르트를 존경은 하지만 좋아하지는 않는다고 말하고 싶다.

그러나 적어도 다음과 같은 그의 말은 옳다고 생각한다. 즉 "설교자는 한 손에는 성경 을, 다른 한 손에는 신문을 들고 읽어야 한다." 그의 이 말은 세월이 지날수록 가슴에 와 닿았고, 고교시절의 생각을 바꾸어 주었다.

설교가 과거의 말씀의 반복이 아니라 과거의 말씀이 오늘의 '사건'이 되어 살아나게 해야 하는 무거운 책무라면, 그것이야말로 하느님의 영의 도우심이 없이는 불가능할 것이다. 나아가, 과거의 말씀이 오늘의 살아 있는 말씀이 되게 하려 한다면, 우리는 우리의 청중들의 오늘의 속생각을 꿰뚫고 있어야 한다.

어떤 목사님이 "도둑질하지 말라" 설교를 했다. 그러자 교인들은 모두 "아멘"으로 응답했다. 그러나 다음 주일에도 목사님은 같은 설교를 했다. 교인들이 하느님 의 말씀을 들은 것 같지 않아서였다. 교인들 중에는 남이 땀흘려 수고한 결실들을 아무런 양심의 가책도 없이 가로채는 불로소득자가 많았는데, 그들의 생활이나 생각 이 조금도 달라진 것 같지 않았던 것이다. 그리하여 그 목사님은 세번째로 이렇게 설교를 하였다. "바로 당신들, 불로소득자들, 당신들은 즉시 도둑질을 중지하시오." 결국 그 다음주에 그 목사님은 이임 설교도 못한 채 다른 교회로 쫓겨나야 했다. 이것은 실제로 있었던 일이다. 설교란 한 마디로 말해 지식의 전달이 아니다. 그것 은 하느님의 말씀선포이고, 하느님의 말씀은 반드시 어떤 '사건' 일으키게 되어있다. 따라서 하느님의 말씀 앞에서는 무결단의 '중립' 존재할 수 없다. 여기에 설교자 의 권위가 있고, 또한 고뇌가 있다. 오늘의 사람들을 하느님의 말씀앞에 내세우는 자의 권위와 고뇌가 바로 그것이다.

기독교 2천년의 역사를 공부한 신학자들이, 성경의 글자와 교리의 글자를 잘 몰라서 '이단자 같은' 소리를 해대겠는가? 교회에 대한 애정이 없어서 어쩌면 그런 병적인 신학자들이 더러 있을지도 모른다. 그러나 필자의 생각으로는 그런 신 학자들은 존재하지 않는다. 교황을 비판했다 하여 준파문에 처해진 가톨릭 신학자 한스 큉은, "나는 창부가 된 나의 어머니, 교회를 아직도 사랑한다"고 분명한 어 조로 말했다. 즉 교회를 괴롭히는 것으로 보이는 신학자들 조차도 교회를 몹시 사랑하고 있다는 점을 이해해 주었으면 좋겠다.

필자가 물의를 일으킨 모 주간지의 글 '동작동 기독교와 망월동 기독교' 는 기독교 부활 신학 전체를 기술한 것이 아니라, 단지 부활절을 기하여 선포한 한편의 설교 에 불과하다. 그리고 필자가 생각하고 있던 청중들 중에는 이런 사람들이 들어 있었다. 첫째, 지금은 저 세상 사람들이 되었지만, 1725년 부터 기독교를 신랄하게 비판 했던 신학자들(이들은 기독교가 '죽기를 두려워 하며 살기를 탐하는 비겁한' 종교라고 보았다), 둘째, 이 세상의 현실을 탐닉한 나머지 불로장생 보약을 찾으러 다니던 진시황제의 후예들, 셋째, 그들이 그러고 있는 동안 계속해서 죽어갔던 이 땅의 젊은 죽음들, 넷째, 이제는 사회적 책임을 감당해야 할만큼 충분히 성장한 한국교 회들 - 이들을 생각하면서, 기독교인들과 비기독교인들 모두에게 알아들을 수 있도록 성서의 부활 메시지를 전하고자 했을 따름이다. 그런데 필자가 말이 서투른 탓인 지는 몰라도 많은 기독교인들이 이같은 '설교' 를 오해하게 되었다. 섬서와 교회의 문자를 그대로 반복하지 않았다는 이유 하나로, 필자를 기독교 이단자로 몰아 붙이고 있다. 이것은 정말 있을 수 없는 일이다. 아니, 기독교 목사치고 어느 누구가 부활 신앙을 부정할 수 있으랴! "부활이란 설교 속에 임재하시는 주님의 현존 체험" 이라고 말한 성서학자 불트만까지도, 많은 사람들이 그를 가리켜 부활을 부정한 신학자로 여겼지만, 그 자신은 부활 신앙을 절대로 부정하지 않았다고 주장했다.

부활 설교를 제대로 한다는 것은, 우리의 설교를 듣고 "청중들이 어떤 사건을 체험했느냐"에 달려 있다. 위에서 예로든 목사님의 처음 두 번 설교는 그런 의미에서 실재였다. 쫓 겨나기는 했지만, "당신들, 바로 당신들이 도둑들이오"라고 설교한 세번째 설교가 제대로 된 설교였다. 그렇다면 제대로 된 부활 설교는, 예수님 자신의 부활 설교처 럼 '성령 강림' 으로 이어지거나, 베드로의 부활 설교처럼 '회개' 운동으로 이어져야만 한다. '종말의 심판' 이 시작되어야 한다. 이러한 중차대한 사명 때문에, 설교자 들은 괴로와하며 오늘도 잠못이룬다. 성경이나 교리의 글자를 읽지 못해서가 아니라

.....

19910706_발언파문 홍정수교수 본지기고 잠 못이루는 설교자_홍정수교수_새누리신문_5번

K-2-654 '91 감리교 선교사 세계대회 선언문 기8

교회는 선교의 결실이요, 또한 선교함으로써만 그 존재의 의미를 갖는다. 신학은 교회의 선교를 위하여 봉사할 때에만 비로소 기독교 신학으로서의 정체성과 사명을 완성하게 된다. 따라서 교회와 신학은 예수 그리스도의 명령에 순종하여 복음을 전 세계에 전파하고 하나님의 나라를 확장하는 데에서만 기독교적 존재의의를 갖추게 되는 것이다.

지나간 100년의 한국선교 역사이래 최초로 개최된 '91감리교 선교사세계대회는 한국 감리교회가 웨슬리 정신과 전통에 입각하여 교회의 갱신과 구령사업, 즉 선교를 교회의 본래적 사명으로 자각하고 이 사명을 위하여 120만 성도가 연합하여 새로운 세계선교의 물결에 동참하게 된데에 그 큰 역사적 의미가 있다고 하겠다.

기독교 대한감리회는 그 선교 초기부터 만주와 중국에 선교사를 보내어 교회의 선교적 사명을 다하는 전통을 수립해 왔으며 오늘날 이 전통을 이어 받은 선교사들이 세계각지에서 복음의 사역을 위하여 자신의 생명을 조금도 아끼지 아니하고 헌신 하고 있다. 그러나 돌이켜 보건대 개체교회와 교단의 후원이 미흡하였으며 선교지에서 이들만의 외로운 노력이 계속되어 왔음을 생각할 때에 주앞에 통회하며 반성하는 바이다. 이에 '91 감리교 선교사세계대회에 참석한 우리 모두는 기독교 대한 감리회가 웨슬리 전통에 입각하여 세계복음화를 위한 주님의 지상명령에 순종하는 성서적 교회의 본질을 회복하도록 다음의 사항을 천명하고 촉구하는 바이다.

1. 우리는 세계선교가 하나님의 나라의 완성에 필수적인 주님의 명령임을 확인하고 교단의 총력을 기울여 세계복음화의 선두에 설 것을 결의한다.

1. 우리는 세계선교를 위한 본 교단의 선교행정, 선교사 관리, 선교훈련을 위한 교단 선교국 사무의 합리화와 조직화를 촉구한다.

1. 우리는 선교사의 질적 향상을 위한 선교교육및 훈련을 교단적으로 실시할 수 있도록 촉구한다.

1. 우리는 세계선교및 국내선교의 발전을 위하여 교단산하 신학교육 기관에 선교학과를 설립하고 전문 교수진을 확보하도록 촉구한다.

1. 우리는 감리교의 목회자, 평신도, 선교사들이 웨슬리 전통에 입각한 성서적인 신학과 신앙의 훈련을 통하여 선교의 전통을 지켜가도록 본 교단이 반성서적, 반선교적, 반교회적 종교다원주의와 상대주의의 신학으로부터 떠날것을 촉구한다.

1. 우리는 개체교회가 교회의 선교적 사명을 위하여 교회예산의 일부를 선교비로 책정, 집행하고 목회자들과 평신도 지도자들이 계속하여 선교교육을 받을수 있도록 교단이 지도해줄 것을 촉구한다.

1. 우리는 선교사들이 선교현장에서 복음전도에 전념할 수 있도록 교단이 안식년제도, 건강보험 및 자녀교육을 위한 제반 법제도상의 미비점을 보완하고 선교사들의 처우 개선에 힘써줄 것을 촉구한다.

오늘 우리는 하나님께서 한국선교 2세기 및 새로운 2000년대의 인류사에 있어서 세계복음화를 위한 선교의 문을 활짝 열고계심을 확인하며 특별히 한민족을 선교의 주역으로 선택하심을 믿는다. 이에 '91 감리교 선교사세계대회를 기하여 120만 한국 감리교회 성도는 선교의 영광된 대열에 참여할것을 천명하는 바이다.

'91 감리교 선교사세계대회 참가자 일동
감리교 세계선교사 일동

19910821-24_91 감리교 선교사 세계대회 선언문_
감리교세계선교사 참가자 일동(광림교회)_5번

원로목사월례회를 6, 7, 8월 모임에서도 계속하여 변선환 목사, 홍정수 목사, 이원규 목사의 사건을 토론하고 1991년 8월 23일에는 원로목사회의 특별위원과 원로장로회의 임원들과 태화사회관에서 합동회의를 갖고 특별위원 10명을 선택하고 8월 27일에 특별위원회에서 3교수와 이동주교수의 문서를 비교검토하고 요약한 성명서와 참고문서를 첨부하여 3목사의 소속연회 감독 앞으로 건의서를 제출하오니 (성경, 신조, 장정)에 의거하여서 3교수를 합법적으로 목사의 자격을 처리하여서 100년 된 감리교회와 신학대학의 역사적 오명을 남겨놓지 않기 위하여 건의한다.

1991년 8월 27일

원로목사회와 원로장로회 특별위원회 일동

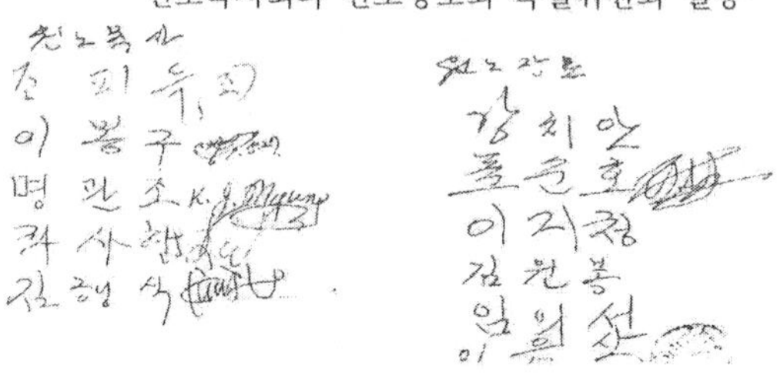

5. 성 명 서

제19회 총회원의 이름으로 면직결의 된 두 교수에 대한 처리 문제가 해당당국에서 어떻게 처리되어 가는지를 예의 주시하던 본 지방에서는 이에 따른 문제들에 대하여 다음과 같은 입장을 밝힌다.

1. 그동안 해당연회에서 심사과정을 거치는 동안 여러 가지 문제들이 노출되었으나, 기소처리 되었음을 접하면서 앞으로 기독교의 복음과 더불어 교리와 장정에 나타난 웨슬레의 신앙정신에 입각한 공정한 재판이 이루어지기를 기대한다.

2. 지난 조선일보에 변선환 교수의 종교다원주의를 지지하는 장기천 감독의 입장이 보도된 바 있다. 만일 이 보도가 사실이라면 장기천 감독은 즉시 교단을 떠나야 하며 만일 사실과 다른 왜곡된 보도라면 해당 일간지에 해명이 있어야 함은 물론 교단지에 이에 대한 경위서가 밝힘으로서 교단과 감리교도들에게 신앙의 상처가 없도록 해야 함을 강력히 촉구한다.

3. 기독교 주간지에 보도된 대로 미국에 있는 Emilio Castro, Robert C. Neville, Allen J. Moore, Dr. Wesley Ariarajah, Schubert M. Ogden, John B. Cobb, Charles M. Wood 교수들이 두 교수에 대한 교단의 면직결의에 대하여 유감의 뜻을 표명하는 내용과 입장의

19910823_(성명서)감리교신학대학 홍정수 교수가 예수 그리스도의 부활부인 사건과 관계되는 3대 사건에 대한 성명서_
기독교대한 감리회 원로목사회와 원로 장로회 특별위원_교리사건 재판자료_5번_페이지_1

글들을 해당감독과 해당교수들에게 전달하였으며 특별히 미연합감리교회 선교정책위원장인 Donald E. Messer 학장은 한국감리교단의 결정은 시행착오적 발상이라고 입장을 표명하였다.

먼저 위의 교수들께 묻는다. 교수들이 주장하는 입장이 미국교회는 물론 연합감리교회의 발전에 어떤 영향을 미쳐주었는지를 생각해 본 일이 있는가? 오늘날 해당교단에 어떤 결과를 가져왔는지를 생각해 보았는가? 또한 만일 두 교수의 주장을 한국교단이 받아들일 때 어떤 결과를 가져올 것인가를 염려해 보았는가? 글을 보낸 교수들은 웨슬레의 경건주의와 복음주의 정신을 신학자라는 이름으로 오도하지 말 것이며 세계적인 추세라고 호도하지도 말 것을 권고하고 싶다. 얼마든지 이를 배격하는 신학적인 사상들이 있음을 왜 말하지 않는가? 우리는 타종교와의 대화를 거부한 일이 없다. 보낸 서신에서 종교다원주의라는 신학적인 전문분야를 교리적, 제도적으로 가부를 결정할 수 없다고 언급하였는데, 우리는 Donald E. Messer 위원장에게 묻는다. 한 신학자의 주관적인 신학사상은 그 신학자가 가지고 있는 신앙과 불가분의 관계를 가질 수밖에 없다는 이 평범한 사실을 어떻게 생각하고 있는가? 불가분의 관계가 없다고 부인하지 못할 것이다. 이러한 맥락에서 볼 때 한 교단에서의 신학적인 문제라는 이름으로 이에 대한 단호한 입장을 교리적인 차원에서 결의할 수가 없다는 말인가? 위에 대한 주장이 아집이 아니고 무엇인가? 어떤 신학이든지 학문으로 가르치고 소개하고 논할 수는 있으나 교역자를 양성하는 교수가 하나의 신학을 주관적인 입장으로 받아들이고 이런 신학적 바탕위에서 교단의 교리에 위배되는 신앙을 고백하면서 교단의 공동체인 강단에 서야할 학생들에게 이를 옳다고 교수한다면 교단이 교단의 장래를 위해 이에 대한 문제를 교단의 법질서 안에서 처리할 수 없단 말인가? 위 교수들의 입장이 오만으로 나타나지 않기를 바라며 한국이라는 선교의 장을 무시한 몰이해로 나타나지 않기를 기대한다. 그리고 위의 교수들의 입장이 한국감리교회를 파국으로 몰고 가는 결과를 초래한다면, 본 지방과 더불어 120만 감리교도의 이름으로 이에 대한 책임을 물을 것임을 밝힌다.

4. 미연합감리교회는 귀 교단 선교정책위원장 Donald E. Messer 교수의 입장이 바로 미연합감리교회의 입장인지를 빠른 시일안에 밝혀줌으로서 귀 교단에 대한 한국감리교도들의 오해가 없기를 기대한다.

5. 위 교수들은 해당당국과 두 교수에게 보내진 글이 두 교수 처리문제에 유리하게 작용할 것이라는 기대와 아울러 두 교수 자신도 미주 신학자들의 변호아래 문제를 해결해 나가려는 생각을 추호라도 한다면 이는 큰 잘못으로 이러한 유감스런 일들이 나타나지 않기를 기대한다.

19910823_(성명서)감리교신학대학 홍정수 교수가 예수 그리스도의 부활부인 사건과 관계되는 3대 사건에 대한 성명서_
기독교대한 감리회 원로목사회와 원로 장로회 특별위원_교리사건 재판자료_5번_페이지_2

오정선(목사, 로드아일랜드 KUMC, 로드아일랜드)
우순덕(전도사, 찬양교회, 뉴저지)
유Charles(목사, 예일대학교회, 코네티컷)
유석종(목사, 상항 KUMC, 캘리포니아)
유성준(목사, 알링톤 KUMC, 버지니아)
유연희(목사, 맨해튼센트럴교회, 뉴욕)
유재유(전도사, 클레아몬트신학원, 캘리포니아)
유형덕(전도사, 드류대학, 뉴저지)
윤Charlie(목사, 슐도르버그 UMC, 뉴욕)
윤길상(목사, 연합감리교 고등교육성직부 목회국간사, 테네시)
윤선희(목사, 로즈엘리스 KUMC, 캘리포니아)
한상휴(목사, 한국 UMC, 오하이오)
한성수(목사, 겨자씨교회, 뉴욕)
한인철(목사, 아스토리아 KUMC, 뉴욕)
한동일(목사, 비지니아 KUMC, 버지니아)
함정례(목사, 버틀러 UMC, 뉴저지)
허선규(목사, 부에나파크 KUMC, 캘리포니아)
홍상설(목사, 청암교회, 뉴욕)
홍석환(목사, 한빛 KUMC, 보스턴)
홍종겸(목사, 하시엔다 KUMC, 캘리포니아)
황기호(전도사, 하시엔다 KUMC, 캘리포니아)
황인상(목사, 코퍼러코우브 KUMC, 텍사스)

4. 건 의 서

수신: 기독교대한감리회 나원용 감독 귀하
제목: 감리교 신학대학교수(목사)가 "예수의 부활부인사건과의 관계되는 3대사건에 대한 성명서 및 처리에 대한 건의서
참조: 각 연회의 감독 귀하

1991년 3월 30일간 "크리스챤 신문"에 "부활절특집"으로 장로회의 조남기 목사와 강원용목사와 감리회의 홍정수 목사는 장로회의 두 분 목사와의 반대로 부활을 부인하는 기사로 칼 발트는 이교적 신앙이라고 인용하고 필자는 무신론자의 신앙이라고 기독교의 공통된 부활신앙을 부인했다. 3월 31일 여의도의 50여만 명의 신도들은 새벽 부활예배를 보고 귀가하여 크리스챤 신문을 읽은 신도들은 신학대학교수가 "예수의 부활"을 부인하고 그리스도 교회가 존속할 수 있는가? 감리교회의 100년 역사 중에 처음으로 야기된 큰 사건이 되고 전도의 문을 차단하는 결과를 가져왔다. 협성신학대학의 이동주교수가 두 번씩이나 부활신학의 부정을 반대하는 논문을 크리스챤에 발표했다.

홍정수 교수는 전 감리회의 교역자와 평신도들에게 사죄와 양심적 신앙고백은 하지 않고 동문서답 식으로 부활은 "후천개벽"으로 창씨개명을 하고 교리의 선언 서문에는 "아무에게도 교리의 시험을 강요하지 않는다"고 못 박고 있다고 인용하고 큰 자유를 "교회법"으로 보장받고 있다고 괴변으로 변명했다.

홍정수목사가 인용한 말은 교인으로 입교(학습, 세례) 또 목사안수(준회, 정회원) 시험받을 때에 자유의사를 존중한다는 말이며, 부활부인, 성경, 교리를 부인하는 사람을 받은 사람이 없다. 이렇게 학자적 양심도 없는 홍 교수는 목사로서 교수로서 교역자양성하는 신학대학의 교수자격을 인정할 수 없다.

19910823_(성명서)감리교신학대학 홍정수 교수가 예수 그리스도의 부활부인 사건과 관계되는 3대 사건에 대한 성명서_
기독교대한 감리회 원로목사회와 원로 장로회 특별위원_교리사건 재판자료_5번_페이지_3

원로목사월례회를 6, 7, 8월 모임에서도 계속하여 변선환 목사, 홍정수 목사, 이원규 목사의 사건을 토론하고 1991년 8월 23일에는 원로목사회의 특별위원과 원로장로회의 임원들과 태화사회관에서 합동회의를 갖고 특별위원 10명을 선택하고 8월 27일에 특별위원회에서 3교수와 이동주교수의 문서를 비교검토하고 요약한 성명서와 참고문서를 첨부하여 3목사의 소속연회 감독 앞으로 건의서를 제출하오니 (성경, 신조, 장정)에 의거하여서 3교수를 합법적으로 목사의 자격을 처리하여서 100년 된 감리교회와 신학대학의 역사적 오명을 남겨놓지 않기 위하여 건의한다.

1991년 8월 27일

원로목사회와 원로장로회 특별위원회 일동

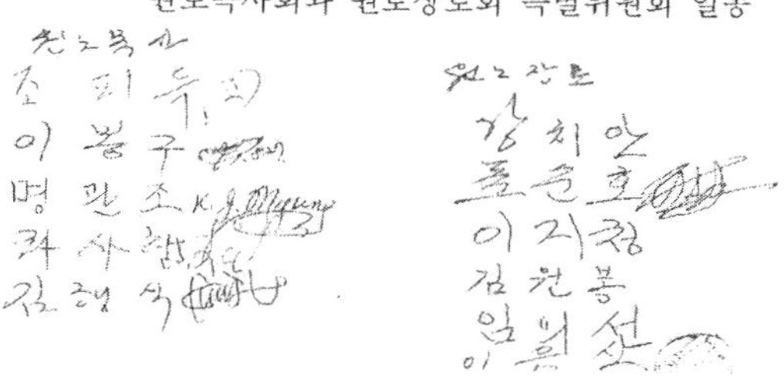

5. 성 명 서

제19회 총회원의 이름으로 면직결의 된 두 교수에 대한 처리 문제가 해당당국에서 어떻게 처리되어 가는지를 예의 주시하던 본 지방에서는 이에 따른 문제들에 대하여 다음과 같은 입장을 밝힌다.

1. 그동안 해당연회에서 심사과정을 거치는 동안 여러 가지 문제들이 노출되었으나, 기소처리 되었음을 접하면서 앞으로 기독교의 복음과 더불어 교리와 장정에 나타난 웨슬레의 신앙정신에 입각한 공정한 재판이 이루어지기를 기대한다.

2. 지난 조선일보에 변선환 교수의 종교다원주의를 지지하는 장기천 감독의 입장이 보도된 바 있다. 만일 이 보도가 사실이라면 장기천 감독은 즉시 교단을 떠나야 하며 만일 사실과 다른 왜곡된 보도라면 해당 일간지에 해명이 있어야 함은 물론 교단지에 이에 대한 경위서가 밝힘으로서 교단과 감리교도들에게 신앙의 상처가 없도록 해야 함을 강력히 촉구한다.

3. 기독교 주간지에 보도된 대로 미국에 있는 Emilio Castro, Robert C. Neville, Allen J. Moore, Dr. Wesley Ariarajah, Schubert M. Ogden, John B. Cobb, Charles M. Wood 교수들이 두 교수에 대한 교단의 면직결의에 대하여 유감의 뜻을 표명하는 내용과 입장의

- 278 -

19910827_건의서(감리교 신학대학교수가 예수의 부활부인사건과의 관계되는 3대사건에 대한 성명서 및 처리에 대한 건의서_원로목사회와 원로장로회 특별위원회 일동_5번_페이지_2

신학대 교수가 예수부활 부인

감리교 신학대 홍정수교수 기고 파문

감리교 신학대학 홍정수 교수(조직신학·목사)가 예수의 육체부활을 부인하는 글을 한 개신교계 신문에 기고한 것과 관련, 감리교단이 홍교수의 파문과 교수자격 박탈을 추진하고 있는 것으로 전해져 주목을 끌고 있다.

문제의 발단은 홍교수가 지난 3월 30일자 크리스찬신문에 부활절 특집호 기고를 하면서 '예수의 육체적 부활은 생물학적으로 불가능하다'고 주장, 기존의 부활론에 공개적으로 의문을 제기한데서 비롯됐다.

감리교단은 홍교수의 기고가 기독교의 교리를 정면으로 부인했을 뿐 아니라 교회법 자체도 위반하고 있다고 판단, 두 차례에 걸친 서울연회_ 자격심사상임위원회(원장 김기동) 회의에서 파문을 적극 검토하기로 잠정결정하는 한편 교수 자격의 박탈을 최근 대학이사회에 건의한 것으로 알려졌다.

교단측의 이같은 움직임에 대해 홍교수는 "예수의 육체부활에 대한 의문은 세계교회내에서 오래 전부터 제기돼 왔던 것"이라고 전제하고 "교단이 신학상의 문제를 놓고 목회자의 파문을 검토하고 교수자격 박탈을 건의하는 것은 2백년 감리교 사상 처음 있는 일"이라면서 비난했다.

"교회법 위반… 파문-교수직 박탈" 감리교단
"교단 결정은 횡포" 기말고사 거부 총학생회

이와 함께 감신대 총학생회와 신학과학생회도 "교단측의 행위는 기존 신학에 대한 재해석을 시도하는 신학자의 학문적 자유를 빼앗는 교회 권력의 횡포"라고 단정하고 지난 17일부터 실시될 기말고사를 1주일 동안 거부했다.

스포츠조선

3명의 감신대 교수 사임요구

부활신학에 대한 모교계신문 기고와 관련하여 지난 6월부터 활동해온 감신대 홍정수교수에 대한 서울연회 자격심사 상임위원회가 지난 9월20일 홍교수로부터 신학적 입장에 대한 긍정적 답변을 받아두고 있는 가운데 변선환학장, 홍교수, 이원규교수의 교수직 사임및 교단출회를 요구하는 유인물과 서명용지가 교단산하 전국교회에 배달돼 10월 입시총회에서의 파란을 예고하고 있다.

서울연회의 자격심사위원회가 감리교신학대학의 학문성을 인지하고 있는 연회 나원용감독의 배려속에 홍교수의 신앙관을 확인하고 학문적 입장을 검토하는 선에서 홍교수의 자격을 심의, 긍정적인 입장에서 이번 문제를 일단락지려 했으나 문제발단 시기부터 지대한 관심을 가져오던 서울남연회 송파지방 실행위원회(위원장=박기창 감리사)가 전국교회에 유인물을 발송하고 다원주의 신학교수들의 교단탈퇴를 요구하는 서명작업을 본격화함으로써 다시 주요쟁점으로 표면화된 것이다.

송파지방 실행위원회는 발송한 유인물을 통해 "세 교수의 신학사상은 감리교 교리는 물론 기존의 기독교에 반동하는 이단적인 사상임이 확인됐으므로 감리교 목사는 물론 신학대 교수자리에서 하루속히 물러나야 할 것"이라고 주장했다.

Y-4-014

"예수밖구원"운운은 이단적 교리라며 반발

홍교수, 다종교 상황에서의 예수의 유일성 재해석

1976년 감리교신학대학의 변선환교수가 '예수밖에도 구원이 있다'라는 글을 발표함으로써 본격적으로 포문을 연 다원주의신학과 한국교회내의 근본주의신학 간의 신학적 논쟁이 10여년이 지난 요즘 가속화되고 있는 실정이다.

그동안 계속적으로 위험한 불씨를 내포해오고 있던 다원주의신학의 한국교계 상륙은 규범하는 세계신학의 조류를 타고 외국에서 유학을 마치고 귀국한 젊은 신학자들에 의해 본격화되었으며 최근에는 감신대 홍정수교수의 부활신학에 대한 입장표명으로 가시화돼 목회일선에 몸담고 있는 목회자들이나 부흥사 그룹이 이에 강한 반발을 하고 나섰다.

문제의 발단이 된 홍교수의 글은 지난 3월 부활절을 맞아 모교계신문에 실렸던 한국교회의 부활신앙에 대한 특집에세이. 이 기고문에서 홍교수는 "한국교회의 부활신앙은 영혼불멸과 육체부활을 동시에 믿어 영혼의 구원뿐아니라 자신의 불로장생까지 바라는 이교도적, 무신론적 신앙을 내포하고 있다"고 지적하면서 육체의 부활을 믿는 신앙이 성서언어에 대한 무지에서 비롯된 그릇된 신앙임을 주장했다.

이러한 홍교수의 주장에 대해 교단차원에서는 서울연회에서 자격심사위원회를 열어 홍교수의 신학을 검토하기에 이르렀으며 일선목회자와 부흥사 계열을 배경으로 한 서울남연회 송파지방(감리사 : 박기창)에서는 지난 6월 5일 홍교수뿐만 아니라 그동안 다원주의 신학적 입장을 표명해왔던 변선환학장과 이원규교수도 함께 묶어 '이단적 요소'가 있음을 주장, 120만 감리교도를 상대로 서명운동을 전개해 교단 신학대학을 떠나도록 하겠다고 밝혔었다.

교단내의 자격심위활동으로 한동안 잠잠하던 송파지방의 활동이 다시 고개를 들게 된 것은 10월총회를 앞둔 상태에서 최근 변선환학장, 홍정수교수, 이원규교수 등의 목사직과 교수직 사임을 요구하는 유인물과 서명용지를 전국교회에 배달하고 10월 총회를 앞두고 서명작업을 본격화하면서 부터이다.

송파지방 실행위원회는 이 유인물을 통해 "세 교수의 신학사상은 감리교 교리는 물론 기존의 기독교에 반동하는 이단적 사상임이 확인됐으므로 감리교 목사는 물론 신학교 교수자리에서 하루속히 물러나야 할 것"이라고 밝히고 교단차원에서의 상응한 조치가 이루어지길 바란다고 밝혔다.

감신대 3명의 교수에 대한 교단출회를 요구하고 나선 송파지방 실행위의 서명작업은 신학교내에서 거론되고 있는 다원주의신학이 목회현장에까지 확산되기를 원치않는 일선 목회자들과 부흥사들에 의해 추진되고 있는 것으로 근본주의 신학이 저변에 확산되어 있는 한국교회의 실정에서는 다원주의가 설 자리가 없다는 것을 대변해주고 있는 것이라고 할 수 있다.

교단의 한 관계자도 "한국교회의 현실정에서 다원주의를 올바르게 이해하고 이를 목회현장에 접목시키려고 노력하는 개방된 목회자가 한 명이라도 있겠느냐"며 이번 사태를 신학적인 바탕에서 설명했다.

한편 10월 특별총회를 앞두고 서명작업이 본격화된 것은 총회를 앞두고 총대들을 대상으로 하여 분위기를 형성하자는 것으로 교단차원의 자격심사위원회의 활동 둔화와 무관하지 않다는 분석도 일고 있다.

애초 홍교수에 대한 신학검독회장도 일선에서 물러나 관망적 자세만을 취해오던 것이 사실이다.

◇지난 28일 서강대 종교신학연구소에서 다종교상황하에서의 예수의 유일성에 관해 강연하는 홍정수 교수.

복음신문 91.9.29

이러한 추이속에서 다원주의 신학에 대한 배격분위기가 자연히 가라앉게 되자, 송파지방을 중심한 부흥사, 목회자 그룹은 문제발단과 시기적으로 상당히 거리가 있음에도 불구하고 전국교회를 대상으로 서명작업을 추진해 재차 바람을 일으킴으로써 앞으로 다가올 10월 총회에서 승기를 잡자는 계산을 갖고 있는 것이다.

이러한 신학자와 일선 목회자 간의 대결은 감리교단만의 특징일지도 모른다. 예장은 근본주의 바탕위에서 신학교와 목회가 연장선상에 있으며 기민중신학이라는 신학운동이 교뿐만 아니라 목회현장에서 현되거나 공이를 가지고 ㅣ때문에 역시 별마찰을 보이않고 있는 실정이다. 그러나 감리교의 경우, 목회는 근본주의적인 양상을, 신학은 '신신학'이라 통칭되는 다원주의적 양상을 띠는 양면성을 지니고 있기 때문에 계속적인 갈등의 불씨를 지녀왔다.

예수의 종국적인 존재위에서 기독교 밖에는 구원이 없다는 배타주의적 입장을 취하고 있는 근본주의적인 목회현장과 '궁극적인 하나의 신적실재'를 믿는 가운데 이에 대한 다양한 표현을 인정함으로써 '오직 예수로만'이란 입장을 부정하는 다원주의적 신학간의 마찰은 감리교단 내에서 계속 누적되어온 갈등으로 교단에서의 축출을 위한 서명작업으로까지 확산, 표면화되어 결과에 따라서는 한국교회내에서의 중요한 신학적 논쟁으로 까지 확대될 가능성마저 안고 있다.

따라서 다원주의신학이 표류하면서 계속적으로 한국교회내에 파문을 일으키고 있는 현상태는 어떤 모양으로든 해결의 실마리가 찾아져야 하며 목회일선에서나 신학자들에 의해서나 학문적, 목회적인 해결점 모색에 경주해야 할 과제로 남아있다고 하겠다. 한편 홍정수 교수는 지난 9월28일 서강대 종교신학연구소에서 가진 연구발표회를 통해 '다종교 상황에서의 예수의 유일성'에 대해 발표하면서 "예수는 중심이 아니라 방향이라고 이해하는 것이 적합하다"고 주장했다. 즉 종국적인 중심으로서의 예수보다는 예수가 추진했던 그 방향성 자체를 다원화시대속에서 포기할수 없는 기준으로 삼아야 한다는 것이다. 이는 다원주의시대에서의 예수의 유일성을 재해석해 발표한 것으로 새로운 의미를 내포하고 있다고 보여진다. <나이영 기자>

19910929_예수밖 구원운운은 이단적 교리라며 반발_복음신문_5번

K-4-004
K-5-093

감신대 학보사
영구보존용.

존경하는 총회원 그리고 동역자 여러분!

갖가지 갈등이 가득한 사회 속에서 화해의 복음을 전하며 실천하기 위해 힘쓰시는 여러분께 우리 주님의 이름으로 문안을 드립니다. 아울러, 갈등을 해결하려는 저마다의 노력이 또다른 분열을 가져오는 현상이 이 땅의 기독교계에도 비일비재하건만 요한 웨슬리의 전통을 이어받은 우리는 한 주님 안에서 오직 하나의 감리교회를 유지하며 주님을 섬기고 있음을 하나님께 감사드립니다.

그러나, 최근 교계의 이목을 끌고 있는 "부활신앙시비" 등과 관련한 일련의 움직임들은 부분적인 진통의 차원을 넘어 우리 감리교공동체의 조화를 위협하는 큰 파문으로 번져가고 있습니다. 물론 우리를 위태롭게했던 혼돈들이 과거에도 없었던 것은 아니지만 그때마다 '다양성 속에서의 일치'라는 감리교회다운 '성숙한 전통을 바탕으로 끊임없는 대화를 통해 진통과 갈등들을 해소해온 것은 타교단에서 찾아보기 어려운 귀감이었음을 생각할 때 이는 매우 유감이 아닐 수 없습니다. "일치"와 관련한 우리의 전통은 '진정한 그리스도의 교회, 진정한 감리교회'를 추구하던 우리의 선배들이 1930년12월 2일 제1회 총회에서 제정한 [교리적 선언]에 배어있음은 물론 과거 네차례의 분열 속에서도 하나를 이루어낸 경험 속에 그대로 구현되어 왔습니다. 그럼에도 불구하고 오늘 우리앞에 드러나는 분쟁의 씨앗은 우리가 같은 신앙적 고향을 갖고 있으면서도 자랑스런 감리교회의 유산을 풍부하게 발전시키지 못한데서 비롯된 것이라 여기며 이는 교회와 신학교 모두가 반성해야할 무거운 짐인 것입니다.

오늘, 우리 모두가 한 목소리로 말할 수 있는 '감리교신학의 표준'은 과연 무엇입니까? "우리 교회의 회원이 되어 우리와 연합하고자 하는 사람들에게 아무 교리적 시험을 강요하지 않는다" (교리와 장정, 제35단중) 는 감리교회의 포용성과 여유는 어디서 찾아볼 수 있습니까?

이같은 우리의 물음은 신문에 발표된 홍정수교수 등 신학자들의 견해에 동의하거나 감싸려는 데서 비롯된 것이 아닙니다. 교회의 침묵을 무지로 간주하며 설득력없이 말하는 신학자의 목소리는 논리적이 아니라 감정적인 반발만을 끌어내는 독선이며 독설일뿐입니다. 신학은 마땅히 교회를 섬기는 학문이요, 따라서 그 이론은 교회를 통해 검증되어야 합니다. 아울러 신학자는 보다 겸허해야 합니다.

마찬가지로, 교리를 사수(死守)한다는 명분으로 교회의 정도를 벗어나 평지풍파를 일으키려는 듯한 태도 역시 납득하기 어렵습니다. 어려운 일일수록 지혜를 모아 풀어가야 함은 물론 하물며 '교리'란 하루아침 단번의 결정으로 이루어진것이 아니기에 보다 신중한 해결노력이 필요한 것입니다. 송파지방 실행위원회의 문제제기는 그 진위를 차치하고라도 그것이 교단의 분열을 부추기고 오히려 문제를 확산시키는 것이 된다면 이는 같은 교단의 동역자로서 자제할 일입니다. 작은 틈새를 더욱 벌려놓고 고치려는 것은 내일을 모르는 어리석은 사람들만이 하는 것입니다. 모름지기 목회자는 신학적인 자극을 외면해서는 안됩니다.

감리교신학을 둘러싼 공방을 지켜보면서 이념대립이 사라져가는 새로운 국제기류 속에서도 여전히 극단적인 갈등에 시달리고 있는 우리 사회를 생각하게 됩니다. 사회의 갈등을 치유해야할 교회가 같은 갈등에 시달리고 있다면 우리 교회안에 화해의 사도는 누구입니까? 지금의 신학적 진통이야말로 진지한 대화를 통해 화해의 사역을 깨닫게 하시려는 하나님의 부르심이라고 봅니다. 우리 모두 침묵의 자리에서 일어나 교단의 발전과 신학적 성숙을 위해 활발한 대화의 장을 열것을 기대합니다. 이를 위해,

1. 일방적인 문서의 배포행위는 금지되어야 합니다--교리수호 못지않게 질서도 존중되어야 합니다.
2. 교리는 합리적인 대화와 토론을 통해 공개적으로 다루어져야 합니다.
3. 총회를 앞둔 시점에서 군중심리를 이용하려는 듯한 태도는 지양해야 합니다.
4. 이론(신학)과 현실(교회) 사이의 갈등을 정치적 사건으로 채색하는 것은 옳지 않습니다.
5. 학문의 자율성은 어떤 경우에도 존중해주는 태도가 견지되어야 합니다.
6. 신학자(특히 감리교신학자협의회, '90년 결성)들은 책임의식을 가지고 입을 열어야 합니다.
7. 교단은 법적 조치에 기대어 방관하지말고 신학위원회등을 열어 해결의지를 보여야 합니다.
8. 차제에 교단차원에서 신학대학 교수임용기준제정, 감리교의 신학적 주체성 모색 등이 정책적으로 검토되어야 합니다.

우리의 애정어린 염원이 감리교회의 하나됨, 성숙함을 위한 밑거름이 될 수 있도록 여러분의 기도와 참여가 있으시기를 바랍니다.

1991년 10월 일

* 서명자 : 김지길 장기천 이추직 (감독)
강대식 김기택 김남철 김덕순 김민자 김진춘 박민수 박종소 박정일 박화원 박홍규 백형부
신경하 이계준 이승철 이현수 이화식 전용환 정지강 조승혁 조영민 조화순 채인식 최완택
홍형순 황규복 (가나다순)

19911000_존경하는 총회원 그리고 동역자 여러분_감신대학보
(김지길외 28명의 성명서)_5번

신학자와 목회자의 대화(2) - 어떻게 할 것인가

신학자 교회공동체 일원 자각필요
각종 행사 통해 만남 이뤄야

홍 정 수 교수 (조직신학)

목회현장과 연계된 교과과정 요구돼
정례적 의견교환 통해 질적 향상 꾀해야

서 만 권 목사

19911010_신학자와 목회자의 대화2-어떻게 할 것인가_감신대학보_5번

본보에 「부활신학」을 새롭게 조명하는 글을 발표, 감리교 서울연회 자격심사상임위원회로부터 목사자격을 심사받고 있는 감신대 홍정수 교수가 최근 이 위원회의 서면 질문서에 대해 자신의 입장을 밝히는 답변서를 제출했다.

「기독교 부활신앙을 재천명한다」는 제목으로 답변한 홍 교수는 "한국인들을 향해 기독교부활사건을 재해석하고자 했으나 유감스럽게 의도와는 달리 정반대로 읽혀져 교계에 큰 물의를 빚게됐다"고 밝혔다. 또 홍 교수는 "성서에 나타난 예수 부활사건은 실제로 일어난 사건이며 그 몸은 신령한 몸이요 죽은 시체 스스로의 소생이 아니라 하나님께서 죽음에서 되살려 내신 종말적 사건"이라고 밝혔다.

다음은 자격심사상임위의 질문서와 홍 교수의 답변서의 전문을 게재한 것이다.

"성서의 부활은 신앙인들만 경험한 실제사건"

부활사건 메시지 재해석이 의도와 달리 정반대로 읽혀져

부활신앙 고백하고 표현한 성서도 다양한 언어 사용

홍 정 수
〈감신대교수·조직신학〉

나는 1991년 3월 31일자 〈크리스챤 신문〉에 기고한 글 「동작동 기독교와 망월동 기독교」를 통하여 '한국인들을 향한' 기독교 '부활사건의 메시지'를 재해석(부정이 아니라) 하고자 했었다. 그러나 심히 유감스럽게도 이 글은 나의 의도와는 정반대로 읽혀졌으며, 그리하여 교계에 큰 물의를 빚게 된 것에 대하여 크게 송구스럽게 생각한다.

신학자의 본디 사명이 다음 세대의 목회자를 양성하는 것이기 때문에, 나는 아직 교회 안에 있는 사람들 보다는 이미 교회 밖으로 나갔거나 나가려 하는 사람들, 또는 앞으로 교회로 들어올 가능성이 있는 한국인들을 염두에 두고 그 글을 썼다. 그럼에도 불구하고 "부활이 없다"고 말하는 신학자가 있는 감리교단을 떠나고만 장로님까지 생겨났다는 소식을 접하면서, 이에 깊은 책임을 느끼는 바이다.

그러면서 이 글은 교회 밖의 사람들, 다음 세대의 기독자들에 대하여는 전혀 특별한 고려를 하지 않으면서, 단지 교회 안에 있기에 이미 기독교의 언어 세계에 익숙해 있는, 따라서 거기에 대하여 아무런 불편을 느끼지 않는 대다수의 신도들만을 염두에 두고 씀을 먼저 밝혀 둔다.

나는 감리교회의 목사로서 매주일 사도신경, 니케아 신경, 또는 〈교리적 선언〉으로써 신앙을 고백한다(이중 교리적 선언은 '부활' 사건에 대한 언급이 전혀 없다). 이것은 누구의 강요에 의한 것이 아니라 전적으로 자발적인 신앙의 행위이다. 따라서 사도신경에 나타나 있는대로, 예수께서 "장사한 지 사흘만에 죽은 자 가운데서 다시 살아나시어 하늘에 오르사 전능하신 하나님의 우편에 앉아 계시다가 살아있는 자들과 이미 죽은 자들 모두를 심판하러 오실" 것을 믿는다. 뿐만 아니라 「성령」을 믿기 때문에 성령에 의하여, 교회를 통하여, 우리가 "죄용서 받고, 몸이 다시 살게 되고, 영원히 살게 되는 것"을 믿는다.

내가 알기로는, 아직 「기독교」의 신학자이기를 자부하는 신학자들 중에 어느 누구도 위의 신앙고백을 의도적으로 부정하지는 않는다.

나 역시 그럴 생각이 전혀 없다. 단지 1-2 세기의 원시 기독교 언어를 오늘 우리가 어떻게 이해하느냐에 따라서는 다소간의 견해 차이가 날 수 있을 뿐이다.

현대 성서학자나 조직신학자의 해석을 보면, 어느 두 사람도 정확히 일치하지 않음을 알 수 있다. 지구 위의 기독교인들의 공동의 노작에 의해 편찬된 가장 최근의 신학사전(WCC 간행)에 의하면, "부활 신앙이 초대 기독교 공의회들의 기독론과 삼위일체 신조에 있어서 결정적으로 중요했다는 것은 확실하지만, 부활 그 자체에 대해서는 지금까지 한번도 명쾌하게 정의된 바 없다"고 밝히고 있다. 더 나아가 성서 자체도 기독교의 부활 신앙을 고백하고 표현함에 있어서 매우 다양한 언어를 사용하고 있다는 사실을 우리는 주목해야 한다.

성서 속에 나오는 최초의 부활 논쟁(마 22:23-33, 막 12:18-27, 눅 20:27-40)에서 예수께서는 모세도 '부활' 신앙을 가지고 있었는데, 그것은 모세의 하나님이 "살아있는 자의 하나님"임과 동시에 "아브라함의 하나님, 이삭의 하나님, 야곱의 하나님"이시기 때문이라고 논증했다. 그리하여 "하나님 앞에 있는 사람들은 이미 모두 살아있다"(눅 20:38)는 놀라운 선언이 나왔다.

한편, 엡 2:5-6, 골 2:11-13, 3:1 이나 요 11:17-27, 롬 6:21-23 등에 의하면, 신앙에 의하여 예수 그리스도와 연합한 자는 '이미' 부활하였다고 기록되어 있다. 그렇다고 우리가 장차 있을 종말의 큰 부활 사건 대망을 소홀히 하자는 것은 결코 아니다. 우리는 '믿음으로 구원'(롬 1:17, 엡 2:8)받을 뿐 아니라 또한 '희망으로도 구원'(롬 8:24)받기 때문이다.

더 나아가 부활하신 예수의 몸의 성격에 대해서도 다양하게 표현하고 있다는 것을 우리 모두 너무도 잘 안다. 부활하신 예수의 몸은 실재였기 때문에, 식사도 하실 수 있었고, '뼈와 살'도 있었다고 했다(눅 24:30-31, 38-43, 요 21:8-13). 그러나 바로 그런 예수를 보고도 제자들은 예수를 '알아보지' 못하였다고 했다(눅 24:16).

그리고 '문이 잠겨 있었는데도' 제자들 가운데 들어오셨다고 했다(요한 20:26). 더 나아가 부활하신 예수의 목격자들은 하나같이 신앙인들이었다(바울을 제외한다면).

바울에 의하면, 그 목격자들은 "베드로, 열두 사도, 5백 명의 교우들, 야고보, 모든 사도들" 그리고 바울 자신이다(고전 15:5-8, 바울은 여인들을 목격자에서 제외시키고 있다).

그런데 바울은 최소한, 예수 승천후 5년이 지난 다음, 다메섹 도상에서 '부활'하신 예수를 목격했다. 따라서 그는 부활을 열광적으로 주장하면서도, '육체'는 다양하다는 것을 또한 밝혔다.

"형제 여러분, 정말 잘 들어두십시오. 살과 피는 하나님의 나라를 이어받을 수 없고, 썩어 없어질 것은 영원한 것을 이어 받을 수 없습니다"(고전 15:50).

종합적으로 보면, 성서에 나타난 예수 부활 사건은 (1) 실제로 일어난 사건이며, 그 몸은 '신령한 몸'이요, (2) 죽은 시체 스스로의 소생이 아니라 '하나님께서' 죽음에서 되살려 내신 종말적 사건이며, (3) 따라서 신앙인들만이 부활하신 예수를 '알아볼'(경험할)수 있었으며, (4) 그 부활하신 그리스도께서 선물하신 영생은 신앙인들이 현재도 경험하는 바이나, 새 하늘과 새 땅이 열리는 날 완성될 것이라는 큰 희망을 우리에게 준다.

나는 이와 같은 부활신앙의 이해가 확고한 성서적 기반 위에 있으며, 그 기반 위에서 어느 시대의 기독자나 부활신앙을 고백해왔다고 확신하는 바이다.

홍정수 교수에게 묻는다

1. 당신은 기독교대한감리회 목사인가?

2. 감리교 교리장정과 교리적 선언 및 사도신경을 믿고 고백하는가?

3. 그동안 자신이 공개한 책들, 신문들, 그리고 인쇄물 등에 대하여 수정할 부분이 없는가?

4. 그동안 자신이 공개한 책들, 신문들, 인쇄물 등에 대하여 교계와 교단에 물의를 일으켰다고 생각지 않는가?

5. 〈크리스챤신문〉에(91. 3. 30일자에) 기재된 「육체부활 신앙은 무신론적 이교도적 신앙」에 대하여 감리교 교리에 위배된다고 생각지 않는가?

6. 예수 그리스도의 육체부활을 믿는가?

7. 예수의 빈 무덤을 인정하는가?

8. 예수가 본인의 구세주이심을 믿는가?

9. 교수가 말하는 '후천 개벽'은 천도교 교주들에 의해서 설명되는 무신론과 진화론을 전제로한 종말관을 말하는 것인가?

10. 예수의 보혈은 대속을 위한 피인가?

11. 예수의 동정녀 탄생을 믿는가?

12. 오직 예수 그리스도만이 심판주이심을 믿는가?

13. 예수의 부활은 의미풀이인가 사건인가?

14. 「기독교대한감리회 감독님들께」라는 글(91. 7. 3)에서 칼 바르트가 말한 것을 인용 했는데 그 인용구절이 어디에 근거하고 있으며 바르트의 사상과 맞는다고 생각하는 가?

15. 예수 부활을 오순절 이후 사건이라 했는가? 그렇다면 지금도 그렇게 알고 있는가?

16. "타종교인, 무신론자도 구원이 있다"고 했는데 이는 예수 그리스도의 대속성을 인정하지 않는 말인가?

17. 성삼위 일체 하나님을 믿는가?

〈자격심사상임위 질문서〉

19911012_성서의 부활은 신앙인들만 경험한 실제사건_홍정수교수_크리스챤신문_5번

1991년 10월 13일(일요일) 【9】

부활논쟁과 관련 홍정수교수 특별기고

기독교부활신앙을 재천명한다

나는 1991년 3월 31일자 "크리스챤신문"에 기고한 글, "동작동 기독교와 망월동 기독교"를 통하여 "한국인들을 향한" 기독교 "부활 사건의 메시지"를 재해석(부정이 아니라) 하고자 했었다. 그러나 심히 유감스럽게도 이 글은 나의 의도와는 정반대로 읽혀졌으며, 그리하여 교계에 큰 물의를 빚게 된 것에 대하여 크게 송구스럽게 생각한다. 신학자의 본디 사명이 다음 세대의 목회자를 양성하는 것이기 때문에, 나는 아직 교회 안에 있는 사람들보다는 이미 교회 밖으로 나갔거나 나가려 하는 사람들, 또는 앞으로 교회로 들어올 가능성이 있는 한국인들을 염두에 두고 그 글을 썼다. 그럼에도 불구하고 "부활이 없다"고 말하는 신학자가 있는 감리교단을 떠나고만 장로님까지 생겨났다는 소식을 접하면서, 이에 깊은 책임을 느끼는 바이다. 그리하여 이렇게 다시 글을 쓴다. 그러나 이 글은 교회 밖의 사람들, 다음 세대의 기독자들에 대하여는 전혀 특별한 고려를 하지 않으면서, 단지 교회 안에 있기에 이미 기독교의 언어 세계에 익숙해 있는, 따라서 여기에 대하여 아무런 불편을 느끼지 않는 대다수의 신도들만을 염두에 두었음을 밝혀 둔다.

나는 감리교회의 목사로서 매주일 사도신경으로써 신앙을 고백한다. 이것은 자발적인 신앙의 행위이다. 이 말은 사도신경에 나타나 있는 대로, 예수께서 "성령으로 잉태하사 동정녀 마리아에게서 나시고,…… 죽으시고, 장사한지 사흘 만에 죽은 자 가운데서 다시 살아 나시어, 하늘에 오르사, 전능하신 하나님의 우편에 앉아 계시다가, 살아 있는 자들과 이미 죽은 자들 모두를 심판하러 오실"것을 내가 믿고 고백한다는 뜻이다. 뿐만 아니라 "성령"을 믿기 때문에, 우리가 성령에 의하여, 교회를 통하여, "죄 용서 받고, 몸이 다시 살게 되고, 영원히 살게 될 것"을 또한 믿는다.

'기독자'란 예수가 자신의 그리스도 곧 구원자라고 믿는 사람들이다. 그렇다면 진실로 '기독교' 신학자이기를 자부하는 신학자들 중 어느 누구도 위의 신앙고백을 의도적으로 부정하지는 않을 것이다. 나 역시 그럴 생각이 전혀 없다. 단지 1-2세기의 원시 기독교 언어를 오늘 우리가 어떻게 이해하느냐에 대해서는 사람마다 다소간의 차이가 있을 수 있다. 현대 성서학자나 조직학자의 해석을 보면, 어느 두 사람도 정확히 일치하지 않음을 알 수 있으며, 지구 위의 기독교인들의 공동 노작에 의해 편찬된 가장 최근의 신학 전서(WCC 간행)에 의하면, "부활 신앙이 초대 기독교 공의회들의 기독론과 삼위일체 신조에 있어서 결정적으로 중요했다는 것은 확실하지만, 부활 그 자체에 대해서는 지금까지 한번도 명쾌하게 정의된 바 없다"고 밝혀져 있다. 더 나아가 성서 자체도 기독교의 부활 신앙을 고백하고 표현함에 있어서 매우 다양한 언어를 사용하고 있다는 사실을 우리는 주목해야 한다.

더나아가 부활하신 예수의 몸의 성격에 대해서도 다양하게 표현하고 있다는 것을 우리 모두 너무도 잘 알고 있다. 부활하신 예수의 몸은 실재였기 때문에, 식사도 하실 수 있었고 "뼈와 살"도 있었다고 했다(눅 24 : 30-31, 38-43, 요 21 : 8-13). 한편, 바로 그런 예수를 보고도 제자들은 예수를 "알아보지"못하였다고 했다(눅 24 : 16). 그리고 "문이 잠겨 있었는데도" 제자들 가운데 들어오셨다고 했다(요 20 : 26). 더 나아가 부활하신 예수의 목격자들은 하나같이 이미 신앙인들이었다. 바울에 의하면, 그 목격자들은 "베드로, 열두 사도, 500명의 교우들, 야고보, 모든 사도들", 그리고 바울 자신이다(고전 15 : 5-8). 그런데 바울은 최소한, 예수 승천 후 5년이 지난 다음, 다메섹 도상에서 "부활"하신 예수를 목격했다. 따라서 그는 부활을 열광적으로 주장하면서도, "육체"는 신비스럽다는 것을 또한 밝혔다. "형제 여러분, 정말 잘 들어두십시오. 살과 피는 하나님의 나라를 이어받을 수 없고, 썩어 없어질 것은 영원한 것을 이어받을 수 없습니다"(고전 15 : 50). 종합적으로 보면, 성서에 나타난 예수 부활 사건은(1) 실제로 일어난 사건이며, 그 몸은 "신령한 몸"이요, (2) 죽은 시체 스스로의 소생이 아니라 "하나님께서"(행 2 : 24) 죽음에서 되살려 내신 종말적 사건이며, (3) 따라서 신앙인들만이 부활하신 예수를 "알아볼"(경험할) 수 있었으며, (4) 그 부활하신 그리스도께서 선물하신 "영생"은 신앙인들이 현재도 경험하는 바이나, 새 하늘과 새 땅이 열리는 날 완성될 것이라는 큰 희망을 우리에게 준다.

나는 이와 같은 부활 신앙의 이해가 확고한 성서적 기반 위에 있으며, 이 기반 위에서 모든 시대의 기독자가 부활 신앙을 고백해 왔다고 확신한다.

19911013_부활논쟁과 관련 홍정수 교수 특별 기고_복음신문_5번

K-4-019

"홍정수 교수에게 묻는다" 파문

감리교 서울연회 자격심사 상임위원회(위원장 : 김기동 목사)는 홍정수교수(감리교 신학대학・조직신학)의 부활신학에 대한 자격심사 중 홍교수에게 질의서를 제시하고 이에 대한 답변을 요구한 것으로 알려졌다.

〈홍정수목사〉

한국교회신문 1991.10.13

「홍정수교수에게 묻는다」는 질의서는 홍교수가 지난 3월 모 교계 신문사에 게재했던 ▲『육체부활 신앙은 무신론적 이교도적 신앙』이라는 것이 감리교 교리에 위배된다고 생각하지 않는가, ▲예수 그리스도의 육체 부활을 믿는가 등 17개항으로 이루어져있다.

이 질의서에 대해 홍교수는 「기독교 부활 신앙을 재천명한다」는 답변을 통해 자신은 『감리교회의 목사로서 매주일 사도신경, 니케아신경 또는 교리적 선언으로써 신앙을 고백한다』고 전제, 성서에 나타난 예수 부활사건은 ▲실제로 일어난 사건이며, 그 몸은 신령한 몸 ▲죽은 시체의 소생이 아닌 하나님께서 죽음에서 되살려 내신 종말적 사건 ▲따라서 신앙인들이 예수를 알아볼(경험) 수 있었고 ▲부활한 그리스도께서 선물하신 영생은 신앙인들이 현재도 경험하는 바이고, 새 하늘과 새 땅이 열리는 날 완성될 것이라는 큰 희망을 우리에게 준다고 말했다.

또한 홍교수는 위와 같은 부활신앙의 이해가 확고한 성서적 기반위에 있으며 그 위에서 어느 시대의 기독자나 부활신앙을 고백해 왔다고 확신한다고 밝혔다.

홍목사 "나는 부활사건 믿는 신학자"

그러나 문제는 홍교수의 주장에 따르면 『상임위에서 자신에게 질의한 내용을 즉각 언론에 보도하기로 한 약속과는 달리 이에 대한 명쾌한 해답을 기피하고 있다』며 자신의 신학・신앙이 감리교단에 모순되지 아니함을 다시 한번 강조했다.

19911013_홍정수 교수에게 묻는다 파문_한국교회신문_5번

존경하는 총회원 그리고 동역자 여러분!

갖가지 갈등이 가득한 사회 속에서 화해의 복음을 전하며 실천하기 위해 힘쓰시는 여러분께 우리 주님의 이름으로 문안을 드립니다. 아울러, 갈등을 해결하려는 저마다의 노력이 또다른 분열을 가져오는 현상이 이 땅의 기독교계에도 비일비재하건만 요한 웨슬리의 전통을 이어받은 우리는 한 주님 안에서 오직 하나의 감리교회를 유지하며 주님을 섬기고 있음을 하나님께 감사드립니다.

그러나, 최근 교계의 이목을 끌고 있는 "부활신앙시비" 등과 관련한 일련의 움직임들은 부분적인 진통의 차원을 넘어 우리 감리교공동체의 조화를 위협하는 큰 파문으로 변해가고 있습니다. 물론 우리를 위태롭게했던 흔들림이 과거에도 없었던 것은 아니지만 그때마다 '다양성 속에서의 일치' 라는 감리교회다운 성숙한 전통을 바탕으로 끊임없는 대화를 통해 진통과 갈등들을 해소해온 것은 타교단에서 찾아보기 어려운 귀감이었음을 생각할 때 이는 매우 유감이 아닐 수 없습니다. "일치" 와 관련한 우리의 전통은 '진정한 그리스도의 교회, 진정한 감리교회' 를 추구하던 우리의 선배들이 1930년12월 2일 제1회 총회에서 제정한 [교리적 선언] 에 배어있음은 물론 과거 네차례의 분열 속에서도 하나를 이루어낸 경험 속에 그대로 구현되어 왔습니다. 그럼에도 불구하고 오늘 우리앞에 드러나는 분쟁의 씨앗은 우리가 같은 신앙적 고향을 갖고 있으면서도 자랑스런 감리교회의 유산을 풍부하게 발전시키지 못한데서 비롯된 것이라 여기며 이는 교회와 신학교 모두가 반성해야할 무거운 짐인 것입니다.

오늘, 우리 모두가 한 목소리로 말할 수 있는 '감리교신학의 표준' 은 과연 무엇입니까? "우리 교회의 회원이 되어 우리와 단합하고자 하는 사람들에게 아무 교리적 시험을 강요하지 않는다" (교리와 장정, 제35단중) 는 감리교회의 포용성과 여유는 어디서 찾아볼 수 있습니까?

이같은 우리의 물음은 신문에 발표된 홍정수교수 등 신학자들의 견해에 동의하거나 감싸려는 데서 비롯된 것이 아닙니다. 교회의 침묵을 무지로 간주하며 설득력없이 발하는 신학자의 목소리는 논리적이 아니라 감정적인 반발만을 끌어내는 독선이며 독설일뿐입니다. 신학은 마땅히 교회를 섬기는 학문이요, 따라서 그 이론은 교회를 통해 검증되어야 합니다. 아울러 신학자는 보다 겸허해야 합니다.

마찬가지로, 교리를 사수(死守)한다는 명분으로 교회의 정도를 벗어나 평지풍파를 일으키려는 듯한 태도 역시 납득하기 어렵습니다. 어려운 일일수록 지혜를 모아 풀어가야 함은 물론 하물며 '교리' 란 하루아침 단번의 결정으로 이루어진것이 아니기에 보다 신중한 해결노력이 필요한 것입니다. 송파지방 실행위원회의 문제제기는 그 진위를 차치하고라도 그것이 교단의 분열을 부추기고 오히려 문제를 확산시키는 것이 된다면 이는 같은 교단의 동역자로서 자제할 일입니다. 작은 틈새를 더욱 벌려놓고 고치려는 것은 내일을 모르는 어리석은 사람들만이 하는 것입니다. 모름지기 목회자는 신학적인 자극을 외면해서는 안됩니다.

감리교신학을 둘러싼 공방을 지켜보면서 이념대립이 사라져가는 새로운 국제기류 속에서도 여전히 극단적인 갈등에 시달리고 있는 우리 사회를 생각하게 됩니다. 사회의 갈등을 치유해야할 교회가 같은 갈등에 시달리고 있다면 우리 교회안에 화해의 사도는 누구입니까? 작금의 신학적 진통이야말로 진지한 대화를 통해 화해의 사역을 깨닫게 하시려는 하나님의 부르심이라고 봅니다. 우리 모두 침묵의 자리에서 일어나 교단의 발전과 신학적 성숙을 위해 활발한 대화의 장을 열것을 기대합니다. 이를 위해,

1. 일방적인 문서의 배포행위는 금지되어야 합니다—교리수호 못지않게 질서도 존중되어야 합니다.
2. 교리는 합리적인 대화와 토론을 통해 공개적으로 다루어져야 합니다.
3. 총회를 앞둔 시점에서 군중심리를 이용하려는 듯한 태도는 지양해야 합니다.
4. 이론(신학)과 현실(교회) 사이의 갈등을 정치적 사건으로 채색하는 것은 옳지 않습니다.
5. 학문의 자율성은 어떤 경우에도 존중해주는 태도가 전제되어야 합니다.
6. 신학자(특히 감리교신학자협의회, '90년 결성) 들은 책임의식을 가지고 입을 열어야 합니다.
7. 교단은 법적 조치에 기대어 방관하지말고 신학위원회등을 열어 해결의지를 보여야 합니다.
8. 차제에 교단차원에서 신학대학 교수임용기준제정, 감리교의 신학적 주체성 모색 등이 정책적으로 검토되어야 합니다.

우리의 애정어린 염원이 감리교회의 하나됨, 성숙함을 위한 밑거름이 될 수 있도록 여러분의 기도와 참여가 있으시기를 바랍니다.

1991년 10월 일 20?

* 서 명 자 : 김지길 장기천 이춘직 (감독)
강대식 김기택 김남철 김덕순 김민자 김진춘 박민수 박종소 박정일 박화원 박홍규 백형부
신경하 이계준 이승철 이현수 이화식 전용환 정지강 조승혁 조영민 조화순 채인식 최완택
홍형순 황규록 (가나다순)

19911020_존경하는 총회원 그리고 동역자 여러분_
김지길, 장기천, 이춘직 등 중견목회자_5번

제 69 호 【제3종우편물(가)급인가】 10월26일 (3면) 새 누 리 신 문

기독교 '안' 에는 무엇이 있는가

새누리논단

홍 정 수
〈동녘교회 목사〉

교회 '밖' 에도 구원이 있다고 말했다 하여 이단시비가 오고가는 한국 교회들, 그렇다면 교회, 기독교 '안' 에는 무엇이 있단 말인가? 구원이 있다고? 누구를 위한, 어떤 구원 말인가?

지난 9월 하순에 있었던 예장(통합, 합동)의 총회 결과를 보면서, 또 곧 다가올 기감 총회를 내다보면서, 필자는 기독교 안에, 우리들 안에 남아 있는 재고품 정리를 해보고 싶은 생각이 들었다. 왜냐하면, 교회 '밖' 에 무엇이 있느냐 없느냐 하는 물음보다는 교회 '안' 에 무엇이 있느냐 없느냐 하는 물음이 더 근원적이라는 판단 때문이다. 하느님께서도 사랑하시는 이스라엘 백성, 교회를 먼저 심판하시는 것을 보면, 우리는 지금 남(밖의 세계) 걱정할 때가 아니다.

인간 평등과 자유의 신장을 위한다고 자부하는 기독교, 그 기독교가 자기 식구들의 일부인 여성들에게 아직도 인간성을 인정하려 들지 않는다는 현실을 어떻게 이해해야 한다는 말인가? 성경? 하느님? 아니, 성경과 하느님이 어찌 사람을 사람으로 인정하지 않는 작태를 정당화시킨다는 말인가? 기독교 밖에서는 여성들이 사람대접을 받고 있는데, 인간해방을 목청껏 외쳐대는 그 기독교 안에서는 "그렇지 못하다." 왜 한국 여성들이 아직도 남성들의 기독교에 남아 있는지 모를 일이다. 교회 살림의 책임을 남성들이 독점하고 있는 기독교, 그 기독교는 성서적인 기독교가 아니라는 것을 아직도 모른단 말인가? 누가 우리의 눈들을 이렇게도 멀게 하였는가? 그러면서도 '이단대책' 에 부심하고 있는 한국 교회들, 그 교회들은 지극히, 지극히 정통적이다. 그러나 지금의 교회 권력을 차지한 사람들이 아니라 "성서 속에 나타나 있는 예수 그리스도"가 기준이라면, 한국의 교회들은 대체로 이단쪽에 더 가깝다. 이렇게 말한다고 하여, 비성서적인 사상에 대한 경계태세 자체를 비난하는 것은 결코 아니다. 단지 남을 판단하기에 앞서 우리 자신들을 판단하자는 것뿐이다.

감리교의 경우는 한 수 더 뜬다. 감리교단의 전통에는 본래 고백적인 의미에서의 '교리' 라는 것-이것을 믿으면 정통이요 믿지 않으면 이단이 되는 그런 신조-이 존재하지도 아니한데, 그것을 모르는 이상한 사람들이 느닷없이 '교리사수' 운동을 벌이고 있다. 예수께서 언제 교리사수 운동을 벌였던가? 예수 그리스도만이 우리의 유일한 신앙규범이라면, 우리의 목표는 성서 속에 나타나 있는 '예수 그리스도 사수' 이어야 마땅할 터이다.

본디 '교리사수' 란 개신교의 전통이 아니라 교권주의적 중세, 가톨릭의 입장이다. 그리고 이같은 가톨릭의 입장에 반대하여, 개신교는 '성서' 를 표방하고 나섰었다. 그런데 개신교, 그것도 감리교단 안에서 총회를 앞두고 '교리사수' 운동을 하고 있다는 것은, '이단대책' 운운하고 있는 장로교단과 아울러, 한국 교회들이 일반적으로 길을 잃어버린 것이 아닌가 하는 의구심을 낳게 한다.

그러나 한 가지, 심히 부끄럽지만 '총회장(감독)선거 공영제' 를 도입하자는 운동은 다행스럽다. 밖의 세계보다 더 지저분한 '정치' 를 하고 있는 한국 교회들, 이제는 정치에 있어서도 비록 모범은 보이지 못할지라도 밖의 수준 정도는 되어야 하겠기 때문이다.

가을, 심은 만큼 거두는 가을, 한국 교회들은 무엇을 심고 무엇을 거두고 있는지 심각하게 자성해야 할 시간을 맞고 있다.

19911026_기독교 '안'에는 무엇이 있는가_새누리신문_홍정수교수_5번

④ 부활신앙은 신령한 몸으로 변화된 부활이 아니라 명예회복이며 영적으로 체험한 사건이다.
⑤ 사도신경으로 신앙을 고백한다는 것은 하나님과 예수의 부활을 다른 개념에서 고백하고 있으며, 지상에 발표한 내용 중에는 거짓말이 많이 포함되어 있다.

* 이상의 공통점은 예수의 그리스도 되심의 권위가 상실되었다.
* 망월동 원혼이 동작동을 심판 운운한 비유는 국가적으로나 사회적으로 용납될 수 없는 (순국선열들을 모독한) 망언이다.
* 아무리 신학자라고 해도 말썽 많은 사람에게 감리교 교리의 개정수칙을 발표케 하여 포스트모던적 교리로 바꾸어야 한다는 망언을 하게하고 기독교 세계에까지 기재하는 의도는 무엇인가?
* 감리교회는 구원 없는 이단이라는 왜곡선전이 확산됨을 더 이상 방임할 수 없는 차제에 3교수의 성서와 교리와 신앙에 입각한 신앙고백서든지 아니면 적절한 조치 후 감리회의 고리와 신조를 기독교 세계와 교계신문에 천명해야 될 것입니다.

타종교를 이단이라 비판하기 전에 자체 내부의 자생 이단과 적그리스도부터 발본색원함이 급선무라 사료됩니다.

총회 전에 청산되어 명예스러운 총회가 되도록 처리할 것을 촉구합니다.

1991. 10. 15.

기독교대한감리회 원로목사회와 원로장로회 특별위원

원 로 목 사	원 로 장 로
조 피 득	강 치 안
이 봉 구	표 순 호
명 관 조	이 지 청
라 사 행	김 원 봉
김 행 식	임 의 선
	이 웅 식

5. 총대님들에게 드리는 호소문

갈등과 대립으로 가득한 어두운 세상에서 하나님의 사랑과 화해의 진리를 선포하기 위해 애쓰시는 여러분께 주님의 이름으로 문안드립니다.

19911031_총대님들에게 드리는 호소문_감리교신학대학 총학생회_5번_페이지_1

우리는 한 주님 안에서 오직 하나의 감리교회를 지키며 우리 사회에 만연한 분열과 대립을 치료하는 일에 힘써 왔습니다. 그런데 어제(10월 20일) 밤에 있었던 감리교 제19차 총회는 오직 하나의 감리교회를 자랑스럽게 생각했던 우리에게 크나큰 혼란과 파문을 안겨 주었습니다. **'다양성 속에서의 하나 됨'**을 추구하는 감리교회가 진실한 대화와 애정으로 타교단에 모범이 될 만한 공동체를 꿈꾸는 감리교회가 스스로 분열을 확대하고 공동체를 파괴하려는 자해행위를 하고 있기 때문입니다. 100여 년이 신학전통을 자랑하며 세계신학을 이끄는 감리교 신학대학의 신학을 교리사수라는 명분으로 신학조류에 대한 이해없이 '괴멸'시켜야 한다는 것을 우리로서는 이해할 수 없습니다. 무한한 포용력을 가지고 발전된 신학에 기초해 참교회공동체를 이룩해야 할 감리교회가 지혜를 모아 분열을 치유하기보다 편협한 이해와 감정적 선동에 휘말리는 것을 우리는 받아들일 수 없습니다. 우리는 단 한 번의 박수로 목회의 준거인 신학을 판단한 제 19차 감리교총회의 결의가 진정 '교리를 사수'하기 위한 것인지 의문을 던지지 않을 수 없습니다. 얼마전 감리교 중진 목회자들이 전국 교회에 배포한 『존경하는 총회원 그리고 동역자 여러분』이라는 제하의 호소문에 천명된 것처럼 우리는 **신학과 교회 사이의 갈등이 정치적 사건으로 비화되는 것**을 반대하고 어떠한 경우에도 학문의 자율성을 존중되어야 한다고 봅니다. 하여 충분한 대화와 토론 없이 소수에 의해 일방적으로 결정된 본교 변선환 학장과 홍정수 교수에 대한 교수직 박탈 권고 결의안은 철회되어야 합니다. **우리는 제 19차 총회의 결의내용이 교리를 기준으로 신앙의 진리를 판단하는 지나친 교권주의의 남용을 반대한 웨슬리 전통에 위배되는 것이라 생각합니다.**

친애하는 총대 여러분!!!

여러분의 결정이 감리교회의 분열을 막고 화해의 밑거름이 됨을 다시 한 번 생각해 주시고 어제의 결정을 철회해 주십시오. 우리는 이번 총회에 오늘도 살아계시는 하나님이 임재하심을 믿으며, 교단총회가 당신의 온전한 뜻대로 진행되어 갈 것임을 믿습니다

1991년 10월 31일

감리교신학대학 총학생회

6. 신학의 자유를 옹호하는 신학자 성명

"기독교 대한감리회 제19차 입법총회의 결의에 부쳐"

1. 서구에서 펼쳐진 기독교 역사의 치명적인 과오는 다음 두 가지로 요약할 수 있다. 하나는 기독교의 이름으로 전쟁을 일으켜서 수많은 사람들을 살상한 것이고, 또 다른 하나는 기독교 정통성의 수호라는 명분 아래 이단자라는 낙인을 찍어 수많은 선각자들을 개인 또는 집단적으로 처형한 사실이다. 그런데 이러한 역사의 배후에는 언제나 기득권의 수호 또는

- 257 -

19911031_총대님들에게 드리는 호소문_감리교신학대학 총학생회_5번_페이지_2

감신대생 공개질의서 전달

“…환·홍교수 징계는 불법” 주장

감리교신학대학 총학생회(회장 : 황홍진)는 지난 15일 ‘총회와 관련한 공개질의서’를 감독회장앞으로 전달했다.

학생회측은 지난 6일 총회의 ▲감리교신학대학의 변선환학장과 홍정수교수의 교수직 및 목사직 면직을 학교 이사회와 서울 연회에 권고한 사항 ▲다원주의 신학과 포스트모던 신학은 감리교 교리에 위배되므로 받아들일 수 없다는 결정에 대해 문제점이 있음을 직시한다고 전제했다.

학생회는 ▲1천8백여명의 총대중 6분의 1인 3백여명 총대의 결의가 법적 결정력을 가질 수 있는가라고 묻고 ▲교리에 관한 문제가 전문 연구위원의 충분한 연구와 논의없이 즉흥적으로 거수 결의한 것이 타당한가 ▲홍교수 문제는 서울연회 자격 심사 상임위원회의 심사결과 ‘무오하다’고 결정한 문제를 총회의 즉흥적인 문제제기로 번복시키는 것은 서울연회의 권위를 무시하는 처사가 아닌가 ▲교리로 신학자를 논죄함은 교리적 선언 서문에 위배되지 않는가 ▲감리교 4대규범중 전통(교리)만을 강요하는 것이 타당한가 ▲감리교 1백주년 기념대회 선언문에 ‘아세아의 종교적 다원사회에 있어서 예수 그리스도의 구원의 보편성을 견자하면서 타종교와의 대화를 통해 협력할 것을 다짐한다’고 한 것은 감리교가 다원주의 신학을 택한 것이 아닌가 ▲교단 차원에서 공개적인 신학자—목회자 학술 심포지움등 개최할 생각은 없는가 등의 7개항의 질의내용을 전달했다.

한편, 질의안을 전달한 50여명의 학생들은 교단본부 복도에서 ‘웨슬리전통 계승하여 교단보수화 막아내자’, ‘감리교전통 바로세워 교단민주화 앞당기자’는 등의 구호를 외치며 연좌농성을 벌였다.

기감도목 성명서발표

전국감리교도시목회자협의회(회장 : 정명기목사)는 지난 11일 ‘변선환, 홍정수 교수와 관련한 총회결의에 대한 우리의 입장’이란 성명서를 발표했다.

동 협의회는 감리교회가 편협한 교파주의나 교리 지상주의에 그 전통적 기반이 있지 않다는 것을 자랑스럽게 생각한다고 전제한 뒤, 성명서를 통해 이번 총회의 결의는 ▲이를 주도한 일부 총대들이 자신들의 근본주의 신학을 감리교회의 신학으로 규정하여 자신들의 기득권을 확대하고 교단내 입지를 강화하려는 불순한 동기 ▲절차를 무시한 중세기적 현대판 종교재판 ▲감리교회의 법(교리장정)을 위반하면서 이루어진 것이라고 밝히고 전면 무효를 주장했다.

月刊 畫報 크리스챤라이프

19911100_감신대생 공개 질의서전달_월간 크리스챤라이프_5번

他종교 인정에 인색한「어른들」

종교隨想

이현주<목사>

예수 어록에 이런 말이 있다.

『하늘과 땅의 주인이신 아버지, 지혜롭다는 사람들과 똑똑하다는 사람들에게는 이 모든 것을 감추시고 오히려 철부지 어린이들에게 나타내 보이시니 감사합니다.』

무슨 말인가. 당시의 유식하고 똑똑한 지도층 인사들한테서는 배척을 받고 오히려 무식한 밑바닥 대중한테서 환영을 받은 그의 처지를 생각하면 무슨 뜻인지 짐작이 가고도 남는다. 그의 주장이나 행위는 집권층을 포함하여 현상을 유지코자하는 이른바 「자리잡은 자들」에게는 명백한 도전이었다. 그는 무너져 내리고 있는 낡은 문명을 차라리 무시한채 새로운 문명의 씨앗을 뿌린「철부지 농부」였다. 지혜롭다는 자들과 똑똑하다는 자들이 그를 등지고 마침내 죽여버릴 것을 공모하기에 이른 것은 하나도 이상할 게 없다. 그는 결코 억울하게 죽은 사람이 아니다. 성경을 보면 꼭 그렇게 죽임을 당할수밖에 없도록 살았다.

현상을 유지하려는 쪽에서 볼때 무터나 崔水雲이나 예수의 하는 짓은 갈데없는「철부지」어린애 짓거리였다.

남녀가 유별한데 여자를 보고 「한울님」이라니. 교황성하는 잘못을 저지르고 싶어도 저지를 수 없는 분인데 「악마」의 하수인이라니. 안식일은 하느님의 법인데 사람이 그 주인이라니. 참 어처구니 없는 소리요, 철부지의 잠꼬대가 아닐 수 없다. 그런데 역사는 지혜롭고 똑똑한 「어른」이 아니라 철부지「어린아이」의 승리를 보여주고 있으니 재미있고 신통하다.

비슷한 일이 요즘 한국 기독교계에서 일어나고 있는 것 같다. 십여년전 「교회밖에도 구원있다」는 제목으로 감리교신학대학 변선환교수가 한스 큉을 비롯한 서구신학자들의 선교신학을 소개하였을때 주로 부흥사들로 구성된 일단의 보수성향 성직자들이 그의 교수직 박탈까지 거론하며 거세게 반응한 적이 있었다. 그러다가 잠시 파동이 가라앉는듯 하더니 금년 부활절, 역시 같은 학교의 젊은 교수 한분이 신문에 기고한 글을 볼씨로 삼아 아예 기독교의 존재를 위태롭게 하는 이른바 「종교다원주의」를 근절하자는 움직임이 있는 모양이다. 말하자면 철부지들의 철없는 주장을 뿌리뽑고자 「어른들」이 나선 셈이다. 그러나, 글쎄 그게 그렇게 뜻대로 될는지.

엄밀히 따지자면「종교다원주의」란 말은 개념으로 성립될 수 없는 말이다. 「주의」라는 말 자체가 어떤 주장을 내포한 말인데 종교다원주의라고 하면 종교를 다원화하자는 건가. 말이 안된다. 왜냐하면 주장하고 말고 할 것 없이 종교는 이미 다원이기 때문이다. 따라서 종교다원주의라는 말의 의미를 새기자면 종교가 여럿 있음을 「인정하자」는 그런 뜻이겠다.

기독교가 다른 종교의 존재를 인정하게 되기까지 2천년 세월이 걸렸다. 많이 늦긴 했지만 그만큼 성숙했다는 뜻이니 일단 반가운 일이다. 생명체에 신진대사는 어쩔수 없이 삶이면서 죽음이다. 그 죽음이 싫다고 신진대사를 거부한다면 진짜로 죽는다. 기독교가 그런 이유로 죽을 것 같지는 않다. 철부지들이 자꾸 나오는게 그 증거다.

19911102_타종교 인정에 인색한 어른들_중앙일보_5번

298 대 2

복음신문 91.11.10. 5면

지난달 말에 개최된 감리교 특별총회가 종교다원주의와 포스토모던신학을 주창해온 감신대의 변선환학장과 홍정수교수를 해당연회 심사위원회에 회부하는 한편 감신대·이사회에 면직시켜줄 것을 권고키로 결의함으로써 감리교단내의 진보신학및 성향에 대한 보수주의자들의 총반격이 본격화됐다.

사실 감리교회는 '다양성속에서의 하나됨'을 추구해온 공동체로 어느 타교단보다도 개방적인 수용자세를 견지해 왔었다. 이런가운데 감신대를 중심으로 서구의 신학을 한국적인 토착화신학으로 정착시키려는 노력이 꾸준히 전개되어왔었으며 최근에는 변학장에 의해 그동안 계속 제기되어온 종교다원주의와 함께 포스트모던신학까지 새롭게 거론되어왔다.

종교다원주의는 하나님의 사랑과 구원이 예수안에만 국한되는 것이 아니라 온 인류에 존재한다는 것으로 타종교와의 대화를 통해 '유고·불교에도 진리에 이르는 길이 있음'을 인정해 온 신학조류이며 포스트 모던신학은 성서가 쓰여진 시기와 2천년가량의 시대차이가 있는 만큼 성서언어의 특징을 살리자는 의미에서 성서에 대한 언어적인 접근을 시도하자는 것이다.

그러나 이러한 신학조류에 대한 배격과 두신학자대한 징계를 298:2라는 표결로 무섭게(?)통과시키던 그순간, 투표에 임한 총회원들이 어느정도나 두신학조류에 대해 알고 자신의 표를 던졌는지 궁금할 뿐이다.

기자의 창

나 이 영
〈취재부기자〉

그 현장에는 수요일 오후여서인지 서울지역의 대부분의 목회자들과 바쁜신몸(?)들은 수요예배를 핑계로 모두 빠져나가 있었고 지방에서 올라온 총회원이나 조용한분들 3백여명만이 자리를 지키고 있었다.

이런가운데 공산주의적인 군중집회나, 조직력과 물량으로 매도한 투표가 아님에도 불구하고 298대 2라는 표결이 나올 정도로 일방적인 분위기가 전개되었다는 점에서 왠지 씁쓸함을 떨쳐버릴 수 없다.

단 한번의 박수로 목회의 바탕인 신학을 판단한 총회결의가 진정 '교리사수'의 차원에서 나온 것인지 의문을 던지지 않을 수 없다.

분명 한국감리교회의 교리적 선언에는 '하나님앞에 모든 사람이 형제됨을 믿으며'라고 표현되어 있음에도 불구하고 현감리교회는 자신의 신앙사상과 맞는 사람만이 형제일뿐 다른 신학사상을 지닌 자들에 대해서는 교리란 명목하에 정죄하는 양상을 띄고 있는 것이다. 바로 이는 보수회귀화되고 있는 감리교의 추세를 드러내는 것이 아니겠는가.

남을 정죄하는 것이 그리 쉬운 일이 아님에도 불구하고 너무나 쉽게 즉석에서 일부 선동자의 큰 목소리와 분위기에 이끌려 결정하는 양상이 아쉬울 뿐이다. 전체가 휩쓸려가던 그 순간, 단 두표로 거부의사를 표명한 총회원의 마음은 더욱 참참했을 것이라고 추측해 본다.

19911110_298대2_복음신문_5번

망령되고 헛된 말을 버리라 저희는 경건치 아니함에 점점 나아가나니 저희 말은 독한 창질의 썩어져감과 같은데 그 중에 후메내오와 빌레도가 있느니라 진리에 관하여는 저희가 그릇되었도다 ……

(디모데후서 2 장 16-18 절)

등록번호 : 다-998(1989. 8. 25.)
발행인겸 편집인 : 김 홍 도
인 쇄 인 : 김 현 구
발 행 처 : 금 란 교 회
서울특별시 중랑구 망우동 340-1
전화 : 434-6703 • 6713

제 766 호 (매주발행) 주후 1991 년 11 월 10 일

금란교회 담임목사
김 홍 도

교단내 이단세력을 몰아내자

(마태복음 16장 13 ~ 20절)
(디모데후서 2장 16 ~ 18절)

여러분이 기도해 주셔서 대만 교역자 집회를 큰 은혜가운데 잘 마치고 돌아왔습니다. 그들이 은혜받고 능력받아야 저 12억이 넘는 중공을 복음화 할 수 있는데 참으로 보람있는 교역자 집회를 인도하고 왔습니다. 다음 주일이 감사절이기 때문에 그에 관한 설교를 해야 되겠으나, 때가 급하고 성령의 강권적인 역사가 제 심령에 있어서, 오늘 이러한 제목으로 말씀드리고 전국 감리교 교역자님들과 장로님들에게 이 설교를 보내드리려고 합니다.

미국의 연합감리교회가 1965 ~ 1990 년까지 25년 동안에 무려 400만명의 교인수가 줄어들었고, 지금까지 매일 350명의 교회가 하나씩 문을 닫고 없어지는, 교세 퇴보의 진상을 보여 주고 있습니다. (연합장로교회도 마찬가지) 왜냐하면 초기 요한 웨슬레(John Wesley)의 가슴에 붙었던 기도의 불길과 성령의 불길이 꺼지니까, 영혼구원도 믿지 않고 부활과 천국 지옥을 믿지 않기 때문입니다. 음주, 흡연은 말할 것도 없고 동성 연애자도 목사 안수를 주어야 된다고 연회때마다 상정되고 논쟁하고 있는 형편입니다. 89년 애틀랜타 에모리(Atlanta Emory)대학에서 열렸던 세계감리교 지도자 전도 세미나에 참석해서 이사람 저사람에게 물어 보았더니 목사님들이 십일조하는 사람도 극히 보기 힘들었습니다. 우리 교회는 십일조생활 안하면 집사 추천도 안되는데…

이런 불신앙의 세력은 WCC (세계 교회 협의회)산하 전체 교단들 내부에(그렇지 않은 교회들도 많음) 팽배하고 있어서, 공산주의와도 손을 잡아야 한다고 하면서 공산주의를 찬양하는 목사들도 많이 배출 하였습니다. 1973년 방콕(Bangkok)에서 열린 WCC대회에서 "복음화와 선교는 의미없는 일" 이라고 선언하고 "해방이 참된 선교"라고 선언하면서 "의식화 교육"이나 "해방운동"을 위해서 선교비를 지출하기로 하고, 영혼구원이나 복음 전파를 위해서는 지불 정지명령(Moratorium)을 내렸습니다. 그대신 아프리카의 S.M.A.P.O(South West African People Origanization) 즉 아프리카 해방운동 단체 게릴라 들에게 750만불이나 지원해 주었습니다. 사실은 이 게릴라들이 백인 선교사들까지 죽인 사람들입니다.

이런 불신앙의 단체에 반발해서 모인 복음적인 세계 교회 협의회가 1974년 스위스 로잔(Swiss Lausanne)대회입니다. 여기서의 큰 인물들이 빌리 그래함(Billy Graham) 박사나 존 스토트(John R.W Stott) 박사입니다.

1

19911110_교단내 이단세력을 몰아내자_김홍도_불기둥_5번_페이지_1

한국 감리 교회는 대부분의 목회자들이 복음적이지만, 신학교나 기관에 속한 사람들은 WCC의 영향을 받아 교단과 신학교를 이단과 불신앙으로 몰아 가려고 하고 있습니다. 예를 들면 감리교 신학대학 학장 변선환 박사는 뉴욕에 있는 한 법당에서 법회(불교 부흥회)를 인도하고 나와서, 감리교 목사님들이 얼굴을 못 들었다고 합니다. 그리고 총회기간에도 불교의 나라 티베트(Tibet)에서 열린 세계 종교학회에 참석하느라고, 총재로서 총회에 참석도 하지 않았습니다. 그는 마리아가 낳은 예수는 그리스도가 아니고 예수 그리스도를 안믿어도 구원받고 교회 밖에서도 구원 받는다고 주장하고 있습니다. 기독교에만 구원이 있다고 하면 천동설을 주장하는 것과 같다는 것입니다. 힌두교나 불교에나 다 구원이 있다는 것입니다. 그리고 홍정수 교수는 예수님의 부활도 부인하고 동정녀 잉태도 부인하고 재림도 부인합니다. 예수님의 피나 돼지의 피나 다를 바가 없다는 것입니다. 이런 이단의 세력, 사탄의 세력이 교단을 망치고 있는데 가만히 보고만 있자는 것입니까? 이런식으로 신학생들을 가르치니까, 교회에서 순수한 신앙 가지고 입학했던 학생들이, 중간에 퇴학하거나 술 담배먹고(안그런 학생도 있지만) 교수의 머리를 깎고 김일성 주체사상을 외치며 화염병이나 던지고 술집의 운전사로 취직하거나 술을 파는 까페를 운영하는 사람도 있습니다. 신학생들중에 3.4학년이 되면 아예 교회에 출석 안하는 사람이 많고 타락하는 학생이 많습니다. 제대로 목회자가 되는 사람은 단 10%도 찾아 보기 드문 형편입니다. 그런데도 정치써클이 같다거나 동문이라거나 고향이 같다고 해서 덮어주고, 살려주고, 싸고 돌아서야 되겠습니까? 예수님은 "누가 내 부모이며 형제며 자매냐 내아버지의 뜻대로 행하는 자라야 부모 형제 자매가 아니냐"고 말씀 하시지 않았습니까?

I. 그들은 기독교 자체를 부인하는 이단입니다.

변선환 학장이나 홍정수 교수등은 사도신경과 감리교 교리에 나타난 기독교 진리와 감리교리 자체를 부인하고 뒤엎으려는 사탄의 계략입니다. 사도신경은 너무나 잘 외우니까 말할 필요도 없고 감리교 교리적 선언 3번에 "우리는 하나님이 육신으로 나타나사 우리의 스승이 되시고 모범이 되시며 대속자가 되시는 예수 그리스도를 믿으며"라고 되어 있음에도 변선환 학자나 홍정수 교수는 마리아가 낳은 예수가 그리스도가 아니라고 부인합니다. 변교수는 "그리스도 밖에 구원이 없다는 교회신학은 토리미의 천동설에 지나지 않는다"(현대사조 2권 1978년)고 했고 그는 또 "기독교의 절대성은 서구문화 안에서만 주장될 수 있는 것"(크리스찬신문 90. 12.8일자 6면)이라고 말했습니다. 이어서 "종교의 우주는 기독교도 다른 종교도 아니고 신을 중심하여서 돌고 있다는 것을 인정해야 한다"고 했습니다. 즉 신이 태양이고 여러 종교는 태양을 반사하는데 불과하다는 것입니다. 또 같은 신문에서 "개종을 목적으로 하는 개신교의 선교는, 보편적이고 다원적인 선교로 하루 빨리 탈바꿈해야 한다" 고 주장했습니다. 다원주의(Pluralism)는 한마디로 기독교외에도, 교회 밖에도 구원이 있다는 말입니다. 이에 대해 우리는 디모데후서 2장 14~19절의 말씀을 명심해야 합니다. "…말다툼을 하지 말라고 하나님 앞에서 엄히 명하라 … 네가 진리의 말씀을 옳게 분변하며 … 망령되고 헛된 말을 버리라 저희는 경건치 아니함에 점점 나아가나니 저희 말은 독한 창질의 썩어져감과 같은데 그 중에 후메내오와 빌레도가 있느니라" 여기서 "독한 창질의 썩어져감"이란 영어 성경에 "갱그린(gangrene)"인데 이것은 생선이나 조개를 여름에 잘못 먹고 피가 썩어서 죽는 "회저병"입니다. 이런 교수들은 후메네오와 빌레도 같이 많은 영혼을 죽이고 썩게 하는 "회저병"입니다. 그 다음절 18절에 "진리에 관하여는 저희가 그릇되었도다 부활이 이미 지나갔다 하므로 어떤 사람들의 믿음을 무너뜨리느니라" 한 말씀대로 이들이 바

2

19911110_교단내 이단세력을 몰아내자_김홍도_불기둥_5번_페이지_2

로 부활을 부인하며 많은 교회와 교인들을 무너뜨리고 있습니다.

Ⅱ. 주님의 몸된 교회를 부인하고 파괴하는 이단입니다.

마태복음 16장 17～20절에 보면 "너희들은 나를 누구라고 하느냐"는 예수님의 질문에 베드로는 "주는 그리스도시요 살아계신 하나님의 아들이시니이다"고 고백할 때 "바요나 시몬아 네가 복이 있도다 이를 네게 알게 한 이는 혈육이 아니요 하늘에 계신 내 아버지시니라"고 하시고 "… 내가 이 반석위에 내 교회를 세우리니 음부의 권세가 이기지 못하리라"하시고 "천국 열쇠를 주리라"고 하셨습니다. 그러므로 이 신앙고백은 기독교의 초석이요, 교회의 초석이 되어 왔거늘, 변선환 교수는 "그리스도 밖에 구원이 없는 교회신학은 토리미의 천동설에 지나지 않는다"(현대사조 2권 1978년)고 했으며 "교회가 말하지 않아도 이미 선행하여 그리스도를 섬기고 있으며, 기독교 선교사가 하나님 나라를 비기독교 세계에 가지고 오지 않아도 이미 하나님나라는 거기서 역사하고 있다" (야웨의 종, 이상적 인간상, 부다, 그와 비슷한 보살들을 통해서)고 주장하고 있습니다. 이런 사탄의 역사를 어찌 감리교단안에 그대로 둘수가 있겠습니까?

Ⅲ. 예수님이 그리스도임을 정면으로 부인하는 이단입니다.

마태복음 16장에 베드로의 신앙고백에서 말한것 같이 "예수님은 그리스도시요 살아계신 하나님의 아들"이라고 하는 것이 기본교회의 신앙이요 기독교 기본 진리입니다.
그런데 이들은 예수님이 하나님의 아들이 아니고 그리스도가 아니라는 것입니다. 이보다 더 큰 이단이 어디있겠습니까? 요한일서 4장 1절이하에 분명히 "사랑하는 자들아 영을 다 믿지 말고 영들이 하나님께 속하였나 시험하라 많은 거짓 선지자가 세상에 나왔음이니라 하나님의 영은 이것으로 알지니 곧 예수 그리스도께서 육체로 오신것을 시인하는 영마다 하나님께 속한 것이요 예수를 시인하지 아니하는 영마다 하나님께 속한 것이 아니니 이것이 곧 적그리스도의 영이니라"고 성경이 말씀하신대로 이 교수들은 적그리스도의 종이요, 사탄의 종입니다.

변교수는 "기독교 사상 299권 p 155 "에서 "우주적 그리스도는 마리아의 아들 예수와 동일시 할때 거침돌이 된다"고 말했습니다. 또 같은책에 "적그리스도만이 보편적으로 구속자이신 것이 아니라 저들의 종교도 그들 스스로의 구원의 길을 알고 있다"고 했습니다. 사도행전 4장 12절의 "다른 이로서는 구원을 얻을 수 없나니 천하 인간에 구원을 얻을만한 다른 이름을 우리에게 주신 일이 없음이니라"고한 하나님의 말씀을 정면으로 부인하고 있습니다. 요한복음 14장 6절에 "내가 곧 길이요 진리요 생명이니 나로 말미암지 않고는 아버지께로 올자가 없느니라"하신 예수님의 말씀도 완전히 묵살하고 부인합니다. 문선명 집단이나 여호와의 증인보다 더 악한 이단입니다. 심지어 "예수를 절대화 우상화 시키며 다른 종교적 인물을 능가하는 일종의 종교적 제일의 인물로 보려는 기독교의 독선이 없어져야 한다"고 했습니다.

Ⅳ. 부활과 천국과 지옥을 다 부인하는 이단입니다.

기독교의 기본이 되는 교리(Kerygma)는 "십자가와 부활"인데 이들은 이것 모두를 부인하는 것입니다. 이보다 더 큰 이단이 어니 있겠습니까? 요한복음 11장 25절이하에 "예수께서 가라사대 나는 부활이요 생명이니 나를 믿는 자는 죽어도 살겠고 무릇 살아서 나를 믿는 자는 영원히 죽지 아니하리니 이것을 네가 믿느냐"고 분명히 말씀하셨고 사도행전에 보면 제자들이 목숨버려 순교하기 까지 전파한 것은 십자가와 부활인데, 이들은 예수님의 부활을 부인하고 제자들의 순교의 피를 짓밟고 있습니다. 얼마나 무서운 심판을 받으려고 합니까?

홍정수 교수는 "한몸 7권 p16"이하에서 "성서는 … 예수의 신성한(하나님의 아들로서의)죽임을 이야기 하지 않는다"고 했고 "신의 아들의 죽음이 아니라 특정한 메세지를 전하고 있었던 설교자의 죽음"이라고 당돌하게 말했고 나아가서 "예수님의 타살은 동시에 진정한 자살이다"라고 했습니다. 뿐만이 아닙니다. "구호를 외치며 투신 또 분신해 쓰러져간 젊은이들의 죽음과 매우 흡사하다"고 했습니다. 나아가서 "예수님의 죽음을 구원의 능력으로 만드는 것은 그의 죽음이 피흘리는 죽음에 있었다는 것(마술)이 아니며… 그의 죽음이 우리를 속량하는 것이 아니라 그의 삶이 우리를 속량하는 것이다"라고 했습니다. 이보다 더 큰 이단이 또 있겠습니까? 홍교수는 "크리스챤신문 91.6.8일자"에서 "예수님의 부활 사건은 빈무덤이 아니다"고 했고 "부활은 후천개벽 즉 세상의 혁명적 전환이다"(크리스챤신문 91.10.17일자)라고 부활을 정면 부인했습니다. 그리고 "기독교 연합신문 91.6.16일자"에서 "육체의 부활은 무신론적이고 이교적 신앙(불로장생신앙)이다"고 완전히 부활을 부인했습니다. 이는 성경도, 사도신경도, 감리교 교리도 다 부인하는 이단입니다. 그는 또 "망월동에서 묻혔던 죄인이 역사적 하나님에 의해 되살아 난 광주사태나 민주항쟁과 같은 것이다"라고 "한몸 7권 p20"에서 말했습니다. 이런 이단적이고 마귀의 사람을 어떻게 신학교에서 가르치도록 둘 수가 있겠습니까? 홍교수는 "한몸 7권 p12"에서 "… 기독교의 부활 멧세지가 아무소용 없을수도 있음을 극명하게 말해 준다 만일 우리가 죽음을 정복하는 것이라고 생각한다면 말이다"라고 했습니다. 이보다 더 큰 이단이나 사탄의 역사가 어디 있습니까?

V. 성경을 부인하는 이단입니다.

성경은 하나님의 말씀이요, 가장 완전한 계시로 믿기때문에 기독교가 존재하고, 또 기독교 2000년 역사상 성경을 믿고 받아들인 나라들이 문명하고 복 받은 나라가 되었고, 성경을 부인하고 교회를 파괴한 공산주의 국가는 하나 같이 비참해 진것을 보았고, 따라서 종주국 소련에서까지 공산주의를 버린것을 보아왔습니다. 그러나 이 교수들은 근본적으로 성경을 부인합니다. 예수가 그리스도임을 부인하고 부활도 부인하고 따라서 천국, 지옥도 부인하는 것은 성경을 완전히 부정하는 이단이 아니고 무엇 이겠습니까? 감리교 교리적 선언 5번에도 "우리는 구약과 신약에 있는 하나님의 말씀이 신앙과 실행의 충분한 표준이 됨을 믿으며"라고 했는데, 감리교 교리자체도 부인하는 것입니다. 국민일보 91.11.6일자에 "기독교가 성서속에다 하나님의 계시를 감금시켜 버리는 어리석은 일을 저질렀다"고 했습니다.

Ⅵ. 그리스도의 구속을 부인하는 이단입니다.

기독교는 구속의 종교(atonement) 입니다. 요한복음 3장 16절에 "하나님이 세상을 이처럼 사랑하사 독생자를 주셨으니 이는 저를 믿는 자마다 멸망치 않고 영생을 얻게 하려 하심이라"고 성경 전체의 요절이 증거하고 있지 않습니까? 히브리서 9장 14절에 "하물며 영원하신 성령으로 말미암아 흠없는 자기를 하나님께 드린 그리스도의 피가 어찌 너희 양심으로 죽은 행실에서 깨끗하게 하고 살아계신 하나님을 섬기게 못하겠느뇨" 등 성경에 "피"라는 말이 약 700번 나옵니다. 기독교는 구속의 종교요 피의 종교인데 홍교수는 이를 전면 부정합니다. 그는 쉽게 말해서 예수의 피나 돼지의 피나 같다고 합니다. "한몸 7권 p16"이하에서 "성서를 세밀히 분석해 보면 예수의 신성한 (신의 아들로서의) 죽음을 이야기 하지 않는다"고 했고 "즉 신의 아들의 죽음이 아니라 특정한 멧세지를 전하고 있던 한 설교자의 죽음을 증언하고 있을 뿐이다"라고 했습니다. 더욱 천인공노할 일은 예수의 피나 짐승의 피나 같다

19911110_교단내 이단세력을 몰아내자_김홍도_불기둥_5번_페이지_4

는 것입니다. "예수의 죽음이 우리를 속량하는 것이 아니라 그의 삶이 우리를 속량하는 것이다… 그의 피가 동물들이 흘리는 피보다 월등하게 효과가 있다는 얘기가 결코 아니다"고 했습니다. 즉 개, 돼지의 피나 예수의 피나 같다는 것입니다. 기독교는 구속의 종교인데 이를 부인하는 것보다 더 큰 이단과 적그리스도가 어디있습니까? 그런데도 이를 보고만 있어야 됩니까?

Ⅶ. 분명한 사탄의 역사요 적그리스도의 종입니다.

"말세에 세상에서 믿음을 보겠느냐"고 탄식하신 하나님의 말씀을 응하는 것이요, 말세에 나타날 적그리스도의 역사가 분명합니다. 데살로니가후서 2장 11 ~ 12절에 "이러므로 하나님이 유혹을 저의 가운데 역사하게 하사 거짓 것을 믿게 하심은 진리를 믿지 않고 불의를 좋아하는 모든 자로 심판을 받게 하려 하심이니라"는 말씀이 응하는 것이요 요한일서 4장 1절이하의 말씀에 나타난 대로 "사랑하는 자들아 영을 다 믿지 말고 오직 영들이 하나님께 속하였나 시험하라 많은 거짓 선지자가 세상에 나왔음이니라 하나님의 영은 이것으로 알지니 곧 예수 그리스도께서 육체로 오신것을 시인하는 영마다 하나님께 속한 것이요 예수를 시인하지 아니하는 영마다 하나님께 속한 것이 아니니 이것이 곧 적그리스도의 영이니라"고 분명히 성경은 규정하고 있습니다. 그들의 영이 사탄의 영에 사로 잡힌것이 참으로 불쌍합니다. 고린도후서 4장 3~6절에 "만일 우리 복음이 가리웠으면 망하는 자들에게 가리운 것이라 그 중에 이 세상 신(마귀)이 믿지 아니하는 자들의 마음을 혼미케 하여 그리스도의 영광의 복음의 광채가 비취지 못하게 함이니 그리스도는 하나님의 형상이니라"고 하신대로 사탄의 영에 사로잡혀 이와같은 것을 말하고 가르칩니다. 신학교 교수요 박사까지 된 분들이 영원한 하나님의 심판을 받고 멸망할 것을 생각할 때 불쌍하기 그지없습니다.

그러나 큰 마귀가 수많은 작은 마귀를 길러내도록 두어서는 결코 안됩니다. 그는 과거에 우상숭배를 거절하고 순교한 수많은 믿음의 선조들의 피를 짓밟고 욕되게 하는 동시에 기독교를 파괴하고 교회를 파괴하는 사탄의 종들입니다. 살인 강도는 용서할 수 있으나 이 이단과 사탄의 역사는 용납할 수가 없습니다. 그래서 지난 91.10. 30일밤 10시경 총회에서 300명 가까운 총회원들이, 구덕관 교수 한 사람 제외하고는 거의 만장일치로 학장직, 교수직을 면직하기로 가결하였고 연회 자격 심사 위원회에서는 목사직을 박탈하기로 결정했습니다. 그러나 누구보다 교단을 수호해야 될 중경 감독님들 중에 이를 비호하고 살리려는 운동을 하고 다닌다니 통곡하고 싶은 심정입니다. 만일 이 총회에서 거의 만장일치로 가결된 것이 시행되지 않는다면 감리교는 무너지는 것이요 더 이상 기대할 것이 없습니다.

감리교 목회자, 장로님 여러분!
이 일을 어찌하면 좋습니까?

* 주후 1991년 11월 10일 주일낮 대예배설교 *

19911110_교단내 이단세력을 몰아내자_김홍도_불기둥_5번_페이지_5

(8) 1991년 11월 10일 (일요일) 감 신 대 학 보

문화시론 — 포스트모더니즘 예술에 대한 고찰 Ⅲ

당파성·리얼리즘의 구체성 확보

Ⅰ. 포스트모더니즘 예술이란 무엇인가?
Ⅱ. 국내 포스트모더니즘적 예술현상들
Ⅲ. 포스트모더니즘예술비판과 리얼리즘의 재인식

리얼리즘논의 전체 예술로 확산해야
모더니즘, 「기법적 사실주의」로 이해돼

Ⅰ. 다시 현실을 돌아보며

최근에 현실사회주의권을 중심으로 한 세계정세의 변화와 우리사회가 당면한 변혁적 위기국면에 슬기롭게 대처하고자 하는 이론적 고민들이 점차적으로 그 혼란함을 이겨내며 우리시대의 새로운 변혁적 좌표를 정립해 나아가려는 각고의 노력으로 이어지고 있다. 우리시대를 되돌아 보고 다시보는 작업은 비단 정치, 경제의 영역에서만 이루어지는 것이 아니라 문학, 예술의 분야에서도 활발하게 이루어지고 있는 시점에 있다.

80년대 말에 치열하게 진행되었던 문학이념논쟁을 우리가 처한 현실의 상황속에서 새롭게 재해석하고 진지하게 반성하려는 최근의 논의들은 몇몇 이론가들이 보이는 청산주의적인 태도에도 불구하고 민족문학과 리얼리즘, 또는 당파성과 리얼리즘에 대한 구체성의 확보라는 진정한 문제 앞으로 깊은 한걸음을 내딛고 있는 것이다.

사실 따지고 보면 미학적 대중주의와 다원주의를 표방하고 나서는 포스트모더니즘의 뜻하지 않은 기승이 실제의 창작적 검증도 없이 무성해질 수 있었던 것도 우리사회가 처한 현실의 고민을 제대로 이해하지 못하는 일부 매판 이론가들의 무책임한 상업적 속셈때문이기도 하지만, 한편으로는 그간 민족문학 내부의 사정이 모더니즘의 자기변신을 일관되게 견인하지 못한 탓이 더 클 듯하다. 포스트모더니즘의 미학적 억압성을 올바로 견인하는 자리가 중요해지는 이유도 이것이 포스트모더니즘 자체만의 문제가 아닌 리얼리즘의 구체성 확보를 위한 과정이고 보면 정말로 포스트모더니즘을 제대로 바라보는 자리는 리얼리즘을 제대로 보는 자세만큼이나 긴요한 것 같다. 이제 우리사회에서 포스트모더니즘만의 논의들은 그 경우의 수의 적정수준을 어느 정도는 넘었다고 본다.

중요한 것은 지금까지의 논의를 토대로 해서 포스트모더니즘의 미학적 본질을 일별해 내고 그 안에 내재해 있는 억압성을 극복하는 대안으로 리얼리즘에 대한 재인식의 장으로 전환되는 자세일 터이다.

Ⅱ. 포스트모더니즘의 미학적 욕망의 본질

필자는 이 기획 논고의 첫 논의를 통해 포스트모더니즘의 특징들을 현실의 리얼리티와 역사적 총체성에 대한 재현의 부정, 고전작품에 대한 패러디와 혼성모방, 창작에 대한 존재론적인 회의들로 열거했다. 주지하다시피 이러한 예술창작의 방법은 예술은 현실의 모방이며 표현이라는 전통적인 서구의 미적 인식론을 정면으로 부정한다. 현실은 인간의 의식과는 독립되어 있는 객관적 대상이며 의미라는 기본적인 인식론의 명제를 포스트모더니즘은 현실은 더이상 대상이며 의미가 아니라 기호이며 허구일 뿐이라는 말로 대치시켜 버린다. 극단적으로 말해서 레이먼트 페더만의 말을 빌리자면 오늘날 소설이 할 수 있는 일은 현실의 대상이나 의미들을 반영하는 것이 아니라 현실이 허구임을 드러내는 것 밖에는 없게 된다. 포스트모더니즘의 주요한 창작방법이 되고있는 패러디와 혼성모방의 근본적인 의도도 현실과 역사적 의미들이 사실은 언어적, 재료적 환상일 뿐 어떠한 진실된 본질을 가질 수 없다는 극단적인 의미부정의 반영인 셈이다.

이렇듯 포스트모더니즘이 보여주는 부정적인 현실읽기의 원인을 필자는 두가지 관점에서 살펴보고자 한다.

첫째는 포스트모더니즘의 현실부정의 논리는 정확히는 현실의 객관적인 반영의 의미를 잘못 이해함으로써 비롯된 자기모순이라는 것이다. 포스트모더니즘을 궁극적인 용어로 간주하는 사람들은 포스트모더니즘은 현실의 단순한 반영만을 고집하는 리얼리즘과 현실의 추상성만을 내세우는 모더니즘이 서로의 모순을 극복하면서 나온 예술사조로 보고 있다. 예컨대 미국의 대표적인 소설가인 존 바스는 이상적인 포스트모더니즘 소설은 사실적인 것과 비사실적인 것, 통속적인 것과 귀족적인 것, 내용과 현실의 논쟁을 덮고 이것을 초월한 것이라고 말하고 있으며 린다 허천은 진정한 예술작품은 현실을 그대로 보여주는 것이 아닌 형식적인 굴절을 통해서 교묘하게 보내주는 것이라고 주장한다. 이러한 발언들은 엄밀한 의미에서는 기법적인 절충만을 이야기하고 있는 것이지 예술사조 속에 담겨있는 역사적 발전에 대한 변증법적인 지향을 염두에 둔 것은 아닌 것이다.

또한 포스트모더니즘은 리얼리즘과 모더니즘의 기법적 절충을 주장하고 있으면서도 사실은 모더니즘 창작방법의 막다른 길을 타게 하기 위한 자구책을 선보이고 있다. 글쓰기에 대한 자의식적인 탐구와 작가, 등장인물, 독자의 존재에 대해 계속적으로 의심하는 정신분열증은 이제 마땅한 기법이 다 소진된 상태에서 찾을 수 밖게 없는 자기모순의 표현인 셈이다.

결론적으로 포스트모더니즘의 현실부정은 리얼리즘과 모더니즘을 「기법적 사실주의」로 밖에 이해하지 못한데서 나온 절충주의에서 비롯된다.

둘째로 포스모더니즘안에 현실의 별다른 문제의식이 존재하지 않는다는 사실이 현실의 의미를 부정하는 태도와 다를바 없게 한다. 제임슨과 이글턴이 지적한 대로 포스트모더니즘안에는 현실의 비판적 저리가 말소되고 가치가 망각되는 문제의식의 소진이 두드러지게 나타난다. 이것은 근본적으로 대중들로 하여금 소비의 욕망을 부추기고 있는 상품화의 구조에 미학적 문제의식도 편입되어 스스로의 문제의식을 망각하게끔 만드는 소비자본주의의 영향에 기인한다.

포스트모더니즘의 미학적 욕망은 문제의식이 결여된 자기만족과 도취의 표류와 환상에 집착하고 있다.

Ⅲ. 리얼리즘의 재인식이 필요한 때

포스트모더니즘을 올바로 견인하는 대응의 논리가 리얼리즘에서 찾아질 수 있다는 근거는 리얼리즘을 현실인식으로 보지 않고 방법적 사실주의로 판단하는 포스트모더니즘 편견에서도 발견되지만 무엇보다도 중요한 것은 포스트모더니즘이 예술의 미적인 진리에 대한 부정과 현실의 모순을 역동적으로 보지 못하는 세계관적 결여 때문이다. 리얼리즘은 죽어 있는 19세기의 방법적 사실주의가 아니라 현실의 모순을 올바르게 형상화해 나가는 진실된 창작방법이자 세계관 결합의 미적 진리이다.

따라서 포스트모더니즘을 올바로 견인하는 리얼리즘의 미적인 태도 또한 변화하는 현실속에서 거듭나야하는 것은 당연한 것이다. 리얼리즘의 관념성과 경직성을 극복하고 리얼리즘의 폭과 다양성의 인식의 확대를 고민하는 노력들, 예컨대 문학에서만 국한된 리얼리즘의 논의를 다른 예술장으로 확산시키는 일과 미적 객관성을 주장하는 루카치의 리얼리즘과, 민중을 노래하되 민중이 다양한 대화적 풍부함속에서 노래되기를 주장하는 미하일 바흐찐의 미학이론과의 생산적인 대화를 결합하는 노력들은 포스트모더니즘의 깊이 없음과 문제의식의 소멸을 살아있는 리얼리즘의 정신으로 견인하는 구체적인 과제이다. 포스트모던한 시대에 진정으로 되묻고 싶은 것을 다름아닌 「문제는 리얼리즘인 것이다」

이 동 연
(문예평론가)

19911110_문화시론 - 포스트모더니즘 예술에 대한 고찰3_감신대학보_5번

J-5-018

사설 신학적 배타주의와 감리교회의 위기

종교다원주의와 포스트모던 신학이 감리교회의 교리에 어긋난다고 결정한 금번 총회 이후 한국의 교계는 물론이고 한국의 문화계와 학술계에서도 이목이 감신대에 집중되어 있다. 그렇다면 감리교회의 교리는 신학적 배타주의를 지지한다는 말인가? 그리고 그것이 한국교회와 사회속에서 기독교 선교의 올바른 신학적 방향인가? 도리어 신학적 배타주의는 종교적 다원상황과 포스트모던 시대에 있어서 성숙한 기독교 선교의 장애는 아닐까?

종교다원주의는 신학이론이기에 앞서서 우리 시대의 종교적 상황이다. 신학적 배타주의는 교회밖에 한발짝을 들여놓는 순간부터 현실이 아님을 애써 부인하려는 시대착오적인 기독교인들의 어리석음일 뿐이다. 가까운 실례를 들어서, 우리는 기독교적 배타성 주장이 적어도 한반도 안에서만 보더라도 다른 교파나 종파에 의해 여지없이 상대화되고 있음을 알 수 있다. 기독교 방송(CBS)의 전파는 평화방송(PBS)와 불교방송(BBS)의 그것과 나란히 공존하고 있는 것이 현실이다.

신학적으로 동의하지 않는다고 다른 종교방송의 전파를 방해할 수는 없지 않은가?

물론 종교다원주의를 신학적 신념으로 간주하는 것은 학문으로서의 신학에 있어서 논의의 여지가 있다. 왜냐하면 배타주의는 아니더라도 포괄주의적 입장을 견지하는 대부분의 신학자들이 소수의 다원주의 신학자들과 나라 안팎에서 치열한 논쟁을 거듭하고 있기 때문이다. 그럼에도 불구하고 학문의 영역에서 정죄란 성립할 수 없다.

이점에서 애초부터 협성신대의 이동주교수는 학문적 논쟁과는 거리가 있는 교리적 단죄를 했던 것으로 보이므로 매우 유감이라 하겠다. 학문의 문제는 학문의 영역에서 해결하려는 성실성이 결여되어 있기는 이교수를 동원한 일부 목회자들의 경우에도 마찬가지이다. 만일에 비판적 신학자들이 일부 몰지각한 부흥사들의 비신학적 비윤리적 행태에 대하여 단죄한다면 이도 역시 옳고 그름을 판단하기에 앞서 영역의 침범으로 간주할 수밖에 없다.

목회의 문제도 목회의 영역에서 풀어야 하는 것이며, 이때 신학자는 남의 눈의 티끌보다 자신의 눈의 들보를 먼저 끄집어 내는 자세를 견지해야 하는 것이다. 이번 총회의 불미스러운 사태로 인하여 감리교회의 타교파에 대한 성숙한 이미지와 대사회적인 공신력은 땅에 떨어지고 말았다. 간절히 바라기는 감리교단 내부의 대부분의 성숙한 지도자들에 의하여 이러한 사태가 진정될 수 있도록 범감리교적 대책이 마련되는 것이다. 그리고 다음 총회시에는 보다 성실한 토의를 거쳐 이번 총회의 착오를 되돌려 놓을 수 있기를 바란다.

교회의 역사에서도 이러한 경우는 있었기 때문에, 이것은 신앙적 수치라기보다 신학적으로 성숙해 지는데 따르는 고통일 뿐이다. 무엇이든지 극단은 좋지 않다. 진보적 신학자들의 경우에도 자신의 학문적 신념을 보편타당한 것으로 간주해서는 잘못이다. 그렇다면 그것은 이미 다원주의는 아니기 때문이다. 종교다원주의에 앞서서 우리는 신학적 다원주의를 보혁의 신학적 갈등상황에서 함께 지켜야 할 규칙으로 삼아야 할 것이다.

19911110_사설 신학적 배타주의와 감리교회의 위기_감신대학보_5번

제 126호 1986. 12. 10. 제3종 우편물 (나)급 인가 **감 신 대 학 보**

■ 교단총회 중점 분석

왜곡된 주장, 일방적 종교재판 낳아

우리대학 변선환 학장과 홍정수 교수에 대한 총회의 일방적인 징계결의가 한국 신학계와 교계, 그리고 사회적으로 크나큰 파문을 불러 일으키고 있다.

지난 3월 변선환 학장의 논문에 대해 교리위배 운운하며 시작된 이번 「신학논쟁 시비」는 총회를 앞두고 서울연회 자격심사위에서 홍교수에 대해 별다른 문제점을 지적하지 않아 진정기미를 보였었다.

이러한 움직임과 함께 4년전임감독제 등을 비롯, 총회의 화장인준 안건도 상정안에서 빠져 이번 총회에서는 문제시 되지 않을 것이라는 전망을 갖게 하였다.

그러나 총회직전인 25일, 총회의 개회여부로 논란이 되던중 이를 결정하기 위해서 긴급 총회실행위원회가 소집된 것은 이번 총회의 비생산성과 파행성을 다소간 예견하였으며 결국 전망을 뒤엎고 장정개정보다도 엄중하게 두 교수에 대한 종교재판에 집중함으로 총회의 유의미성과 권위를 내세우게 되었다.

입법개정을 위해 소집된 교단특별총회에서 뚜렷한 법개정 하나 내어오지 못한 채, 현대 신학에 대한 전이해 없이 종교다원주의와 포스트모던 신학을 교리에 위배되는 이단적 신학으로 규정해 버리고, 두 신학자에 대해 감정적인 판단에 의한 일방적인 징계결의를 내림으로 100년 한국감리교 역사에서 씻을 수 없는 오점을 남기는 총회가 되었다는 비판이 대두되고 있다.

총회의 이같은 결의에 대해 반감리교적인 것이라는 비판과 함께 두 교수들의 신학에 대한 몰이해로 자극적인 부분만 확대·왜곡한 결과라는 지적은 당시 총회분위기를 감안하면 설득력 있는 것이라 하겠다.

실지로 변선환 학장이 미국에서 전 동국대 부총장의 초빙으로 참석한 불교모임에서 「기독교와 불교의 대화」에 관한 강연을 했던 사실과 홍교수의 「예수의 피 자체에 마술적인 효과가 있는 것이 아니라 그 피가 상징하는 예수의 삶이 중요하다」는 전제아래 「생물학적으로 예수의 피는 짐승의 피와 다를 바 없다」는 이야기가 총회장에서는 「변학장이 미국의 불교법당에서 법회를 인도했다」 「홍교수는 예수의 피가 짐승의 피와 같다고 한다」라는 자극적인 주장으로 돌변해 사전이해가 없던 총회원들을 동요시키고 분위기를 일방적으로 몰고가기에 충분한 요소로 작용했던 것이다.

결국 이러한 왜곡된 주장은 「신학적인 문제는 신중해야 한다」는 이성적인 문제제기도 아유로 묻혀 버리게 해 두 교수에 대한 일방적인 종교재판을 불러 일으켰다.

총회의 이같은 분위기 속에서 1천8백여 명의 총회원 중 3백여 명만이 참석한 가운데 열린 30일 회집에서 해당 교수들와 어떠한 입장도 직접 듣지 않은 채 종교다원주의와 포스트모던신학을 이단적인 것으로 규정하고 두 교수들에 대해 출교징계를 내리기로 해 이 결의안이 단지 「총회 권위」라는 것으로 정당화 되기에는 무리가 있다는 여론이 확대되고 있는 실정이다.

총회에 참석한 한 목회자는 이번 결정에 대해 「자극적인 발언들로 일방적인 인민재판을 보는 듯 했다」며 「총회의 이같은 여론재판은 다양성을 인정하고 에큐메니칼을 주도해온 감리교의 역사와 전통에 먹칠한 것이 아니냐」라고 말했다.

이번 사건 해결의 실마리가 서울연회와 우리대학 이사회에 있어 하내외 관심이 특히 이사장 선출로 모아지고 있는 가운데 우리대학 교수와 학생들, 동문들 사이에서 곽전태 감독 이사장 선임 반대 움직임들이 일고 있어 11월말에 열릴 이사회의 향방에 귀추가 모아지고 있다.

총학생회는 이번 총회의 결의에 대해 성명서를 통해 △교단의 신학적 입장에 대한 중대한 사안을 몇몇 총대의 감정적인 나열식 발언으로 통과 시키는 비민주적 방법은 용납될 수 없음 △중세의 종교재판보다 더 음모적인 두 교수의 징계결의는 용납될 수 없음을 밝히고 또한 이사회에 대해서도 「곽감독의 이사장 선임을 적극 반대」하는 등 분명한 입장을 표명하고 「감신 학문성 수호와 발전을 위한 대책위원회」를 구성하기로 했다.

한편 동문회에서는 몇몇 동기회가 중심이 되어 비상총회를 제안하였으나 이문제가 학연문제로 변질될 우려가 있어 일단 서울연회 측의 움직임을 관망하기로 한 것으로 알려졌다.

교수들은 총회결의 이후 「재고 요청서」를 제출한 후 12일(화) 교수회의를 통해 입장을 발표, 이후 대응책을 모색하기로 한 것으로 알려졌다.

교수들은 총회에서도 이사장 선출에 관심을 보이고 곽감독이 이사장으로 뽑힐 수는 없다는 여론이 형성되고 있는 것으로 밝혀졌다.

곽감독 이사장 선임 반대 분위기 고조

감리교 정체성 확립위해 경주할 때

변선환 학장의 종교다원주의와 홍정수 교수의 포스트모던신학에 대한 교단총회의 결의는 보수·진보의 갈등을 겪고 있는 교계 뿐만 아니라 학술계, 문화계에도 커다란 충격으로 다가오고 있으며 앞으로의 향방에 대해 그 귀추가 주목되고 있다.

기독교대한감리회는 「100주년 기념대회 선언문」에서 「아세아의 종교적 다원사회에 있어서 예수 그리스도의 구원의 보편성을 견지하면서 다른 한편 타종교와의 대화를 통해 협력할 것을 다짐한다」고 분명히 밝히고 있다.

또한 「자치 60주년 선언문」을 통해 「감리교회의 아름다운 전통중의 하나는 보편성과 일치성의 추구이다」며 「교단 안에서의 일치 뿐만 아니라 교파주의를 극복하는 일치운동에도 앞장서 왔으며 종교간의 대화와 협력에도 앞장 설 것이다」고 밝히고 있다.

이번 교단 총회의 주역구주의의 결의는 자랑스런 감리교회의 역사와 전통 나아가 정체성 조차도 위태롭게 하고 있다.

지난 3월부터 총학생회가 내건 「학문의 자유」라는 실천적 슬로건이 점점 그 설득력을 잃어가는 시점에서 앞서 밝힌 100주년기념선언문과 자치 60주년 선언문을 통해 감리교의 정체성을 올바로 … 야 할 것으로 보인다.

끝으로 위기에 있는 감리교 신학을 되살리려면 교수·학생·동문 뿐만 아니라 에큐메니칼을 지향하는 모든 사람이 하나가 되어 현실상황을 무시하고 무조건적인 보수화를 부르짖는 움직임에 단호하게 대처해야 할 것이다.

총회특별취재반

유동식·이정배 교수도 문제있다 언급

―「감리교성화」를 위한 기도회 보고―

「말세에 이르러 예수의 부활을 부인하는 악한세력이 틈타고 있사오니 틈틈·동합인·친분을 떠나 이러한 악한세력을 물리칠 수 있게 해 주시옵소서」

이 기도는 김홍도, 최홍석, 박영재, 김문호 목사 등 200여 명으로 구성된 「기독교 성화운동 추진위원회(가칭)」를 위한 기도모임에서 한 목회자가 기도한 내용이다.

11월1일 광림교회 복음리교육관에서 열린 이 모임에서 김홍도 목사(금란교회)는 변학장과 홍교수에 관한 총회결의에 대해 「이번 총회결의는 한국감리교회를 대표하는 것인 만큼 하부기관인 서울연회에서 이를 번복할 수 없으며 만약 번복할 경우 이같은 행위는 감리교단의 수치이며 감리교단이 부패했음을 단적으로 보여주는 것이다」라며 「교단차원에서 이들 교수에 대한 제재조치가 없을 경우 기자회견 등을 개최, 교단신학교에 발붙이지 못하게 하겠다」고 밝히는 한편 이번 총회결의시 반대를 했던 우리대학 모교수에 대해서도 「다음 기회에 문제 삼아야 겠다」는 등의 발언도 서슴지 않았다.

사회를 맡았던 최홍석 목사는 「세계교회협의회가 에큐메니칼 신학을 지향하기 때문에 두 교수가 이같은 신학을 주장하는 것이다」고 말하고 「우리는 세계교회협의회와 이와같은 경향을 경계하는 동시에 대처해야 한다」고 주장했다.

이러한 논의가 진행되던 중 본 기자에게 신분을 밝히고 논의에 참가하기를 요구했으나 감신대에서 온 것을 알자 최홍석 목사는 「우리와 입장이 다른 사람을 초청한 일이 없다」며 나가 줄 것을 요구, 퇴장당했다.

또한 이날 모임에서 배포된 문건에는 변선환, 홍정수 교수 뿐만 아니라 감리교신학대학의 유동식 교수와 우리대학 조직신학 교수인 이정배 교수에 대해서도 언급하면서, 이들 교수 모두가 「복음의 신앙의 기초를 허물고 신앙을 근본적으로 파괴하는 가르침」을 행하고 있으며 「이렇게 하는 것을 방치하면 우리의 기본적 복음신앙이 허물어지고, 은혜로 받은 신앙이 파괴되는 것을 방관하겠느냐」는 내용이 실려 있어 이들의 주장이 변선환·홍정수 교수에 국한되는 것이 아니라 감리교신학 자체를 문제삼으려는 것임을 드러냈다.

한편 △기독교대한감리회는 오랜 신학사상들로 진통을 겪고 있다 △교단신학교의 이사회와 학교당국 간의 주도권 싸움이 있다 △감신신학교로 이단적 이론을 주장하는 신학자들이 있다 △섣불리 배운 신학사상으로 그동안 교회에서 배운 순수했던 신앙을 비신으로 주하는 신학생들이 있다는 등의 내용이 이날 기도모임을 알리는 유인물에 포함되어 있어 전단을 받아 본 일부 목회자와 교단원회원들은 물론 우리대학 학생들의 빈축을 사기도 했다.

유승천 기자

사건의 현장 - 제19회 교단특별 총회

▲곽전태 감독이 총회 폐회직전 우리대학 교수들이 올린 청원서를 들고 논의여부를 묻고 있다

「알맹이 빠진 싱싱한 총회될 듯」

기독교대한감리회 특별총회를 앞두고 교계신문에서는 장정개정위원회에서 중요한 사안을 거론않기로 결정했다하여 무의미한(?) 총회를 예견하는데 입을 모았다.

그것을 반영이라도 하듯 총회 첫날인 29일, 광림교회의 총회장에서는 곳곳의 빈의자가 눈길을 끌었다. 개회선언식에 이어 시작된 회집에서 4년 전임감독제 등 중요 의안이 빠진 장정개정위원회 보고는 총회원들의 거센 반발을 불러일으켰으며, 결국 4년 전임감독제를 반영하는 것을 전제로 새로운 개정안을 다음날 회집시 내어오도록 결의하고 첫날을 마감했다.

둘째날 역시 많은 총회원 불참으로 인한 헌법개정정족수 문제로 회집이 늦어지는 등 난항끝에 감독의 연령을 66세로 낮추는 것과 총회에서 헌법개정의결에 관한 조항만을 통과시켰다.

이날 저녁 4차회집에서는 헌법개정정족수 미달로 「분과위원회 보고」 시간을 통해 20개 분과 중 건의안심사위원회에서 올라온 건의안에 대한 논의를 하기 시작했다. NCC모금협조요청건의안에 이어 박기창 목사외 4명의 명의로 된 「변선환 학장의 종교다원주의와 홍정수 교수의 포스트모더니즘신학을 교단이 받아들일지 여부를 결의해 달라」라는 건의안이 상정돼 2시간가량의 난상토론이 전개됐다.

건의안이 올라오자 삼남연회 김동희 장로가 「지금은 특별총회로 모였기에 법안에 관계된 것 이외에는 다룰 수 없지 않느냐」라고 발언을 했으나 「그것은 중요한 문제로 여기서 꼭 다뤄야 한다」는 여론에 밀리게 되고 사회자인 곽전태 감독이 동의하기에 이른다.

「변선환 학장이 미국에서 불교법당에서 법회를 인도했다고 한다. 또한 홍교수는 예수의 피와 짐승의 피가 같다고 하는데 이것이 말이 되느냐. 이런 것이 용납된다면 나는 이런 교단에 남아있을수 없다」

이러한 김홍도 목사의 원색적인 발언은 당시 총회원들을 술렁거리고 고조되도록 하기에 충분한 것이었다.

「여기서는 사람이름은 빼고 논의하자」라는 서병주 감독의 의견과 「이것은 신학문제이므로 신학자와 함께 논의해야 되지 않느냐」라는 의견이 개진되기도 했으나, 이때의 총회장 분위기에 대해 한 목사는 「종교다원주의와 포스트모던신학에 대한 교단의 입장을 묻는 건의안은 처음부터 변학장과 홍교수에 대한 일종의 인민재판이 되어 버렸다」라고 밝히고 있다.

「이 문제는 아주 중요하니 박기창 감리사가 나와서 이야기해 달라」라는 곽전태 감독의 요청에 의해 나온 박기창 목사는 교계신문 등에 게재된 두교수의 글을 구절구절 이야기하면서 「공개질의서를 보냈으나 이원규 교수이외에는 답변이 없었다」라고 밝히고 건의안을 올리게 된 배경을 설명했다.

결국 사회자 곽전태 감독의 「포스트모던신학과 종교다원주의를 받아들일지 다수결로 결정하자」라는 의견에 의해 실시된 투표에서 360여 명이 받아들일 수 없다는데 동의하였으며, 총회원의 「만장일치」라는 소리에 따라 곽감독은 「만장일치로 통과되었다」라고 발표하자 몇몇 목회자들이 「이것은 날치기다. 신중한 논의없이 결정하는 것이 어디 있느냐」라고 문제제기를 하였으나 여기저기서 「반대하는 사람 손 들라고 하자」라는 등 야유의 소리를 보냈다.

이러한 분위기에 압도되어 종교다원주의와 포스트모던신학은 교리에 위배되므로 받아들일 수 없다는 의결을 하게 되었다.

일차 결정이후 두신학자의 신상에 대한 토의로 넘어가게 되었는데 삼남연회 김만복 목사는 「이 문제는 감독들에게 역임하여 두사람을 처벌해야될지 조사해서 처리하도록 하자」라는 의견을 발표했으며 김홍도 목사는 「글을 통해 다 들어났는데 더 이상 무엇이 필요하냐, 여기서 결정하자」라고 주장했다.

「서울연회재판위원회에서 다루게 하자」, 「조사위원을 두어 처리하게끔 하자」라는 의견에 맞서 「서울연회에서 다루어 왔지만 아무런 성과가 없지 않느냐」라며 이번 기회에 본때(?)를 보여줘야 한다는 즉결처분식의 주장들이 앞뒤 다투며 나왔다.

김광은 목사가 신학교 교수직에서 면직시키자는데 동의를 하자 「면직이 뭐냐, 파면이지」라는 이야기까지 거론됐다.

「우리가 아무리 결의해도 이사회에서 받아들이지 않으면 소용없다. 파면을 권고하는 안을 결의하자」

목원대학 이사로 선출된 김수연 감독이 발언한 내용이다. 곧이어 이사회가 안 받아들이면 어떻하느냐는 걱정으로 「감신대는 교단신학교이니 교단의 최고 의결기구인 총회에서 파면이라면 파면이지 별수 있겠느냐」라는 주장도 나왔다.

건의안 심사, 자극적인 발언으로 인민재판되어버려

교수들의 「총회결정 재고」청원, 한마디로 묵살

결국 나원용 감독이 나와 「서울연회에서 불러 이야기 들었으나 별다른 하자가 없는 것 같았다. 그러나 두사람이 교단회원으로서 신분관계는 서울연회에 맡겨주면 재판절차에 따라 처리하겠다」라는 요지의 내용을 밝힘에 따라 두교수의 목사직 문제는 서울연회 심사위원회에 넘기고 교수직에 관해서는 이사회에 면직을 권고하기로 결의하고(찬성 299, 반대 2) 둘째날 일정을 마쳤다.

마지막날 우리대학 학생 400여 명이 총회장 밖에서 항의시위를 벌이고 있는 도중 총회장에서는 폐회 직전 우리대학 교수들의 「총회결정 재고」 청원서가 감독회장에게 제출되었으나 총회원의 「결정된 사항이라 재고할 필요 없다」라는 말에 한마디의 논의도 없이 3일간의 난상토론 총회는 막을 내렸다.

총회특별취재반

⊙ 총회 이후 예상되는 법적처리

총회의결, 법적구속…

감리교 제19차 특별총회에서 의결된 변선환 학장과 홍정수 교수에 대한 목사직 면직 권고안과 교수직 면직 권고안에 대한 이후 법적 처리과정과 그에 따른 몇가지 논쟁점을 살펴본다.

1. 목사직 면직 권고안에 대하여

이 안에 대해서 해당 연회인 서울연회는 총회후 2주내에 감독의 선임으로 심사위원회를 구성하여 1개월 내에(사정에 따라 20일간 연장 시킬 수 있다) 재판위원회로의 기소여부를 결정하며 심사위원을 임명한 책임자는 판결될때까지 기소된 피고인의 직임을 정지시킨다

(재판법 200단 9조 6항, 203단 12조 2항, 204단13조).

피고소인이 기소되었을경우 연회재판위원회(15명으… 은 기소된 사안… 심의·판결을 내… 조 4, 6항).

〈표1〉

총회 —2주내에 감독이 선임→ 연회 심사…

1개월 2… 기소여부…

총회 재판…

최종 …

교수직 면직 결의안

변선환 — 학교장 징계위원회

홍정수 — 대학교원 징계위원회

한편 피고인측… 의 판결이 부당… 일내에 증거자료… 요청할 수 있다(…

이러한 피고측… 경우 재판위원회… 피고측이 재심에… 적으로 총회재판… (재판법 225단 3…

19911110_왜곡된 주장, 일방적 종교재판 낳아_총회특별취재반_감신대학보_5번_페이지_1

■ 교단총회 중점 분석

왜곡된 주장, 일방적 종교재판 낳아

우리대학 변선환 학장과 홍정수 교수에 대한 총회의 일방적인 징계결의가 한국 신학계와 교계, 그리고 사회적으로 크나큰 파문을 불러 일으키고 있다.

지난 3월 변선환 학장의 논문에 대해 교리위배 운운하며 시작된 이번 「신학논쟁 시비」는 총회를 앞두고 서울연회 자격심사위에서 홍교수에 대해 별다른 문제점을 지적하지 않아 진정기미를 보였었다.

이러한 움직임과 함께 4년전임감독제 등을 비롯, 총회의 학장인준 안건도 상정안에서 빠져 이번 총회에서는 문제시 되지 않을 것이라는 전망을 갖게 하였다.

그러나 총회직전인 25일, 총회의 개회여부로 논란이 되던중 이를 결정하기 위해서 긴급 총회실행위원회가 소집된 것은 이번 총회의 비생산성과 파행성을 다소간 예견하였으며 결국 전망을 뒤엎고 장정개정보다도 엉뚱하게 두 교수에 대한 종교재판에 집중함으로 총회의 유의미성과 권위를 내세우게 되었다.

입법개정을 위해 소집된 교단특별총회에서 뚜렷한 법개정 하나 내어오지 못한 채, 현대 신학에 대한 전이해 없이 종교다원주의와 포스트모던 신학을 교리에 위배되는 이단적 신학으로 규정해 버리고, 두 신학자에 대해 감정적인 판단에 의한 일방적인 징계결의를 내림으로 100년 한국감리교 역사에서 씻을 수 없는 오점을 남기는 총회가 되었다는 비판이 대두되고 있다.

총회의 이같은 결의에 대해 반감리교적인 것이라는 비판과 함께 두 교수들의 신학에 대한 몰이해로 자극적인 부분만 확대·왜곡한 결과라는 지적은 당시 총회분위기를 감안하면 설득력 있는 것이라 하겠다.

실지로 변선환 학장이 미국에서 전 동국대 부총장의 초빙으로 참석한 불교모임에서 「기독교와 불교의 대화」에 관한 강연을 했던 사실과 홍교수의 『예수의 피 자체에 마술적인 효과가 있는 것이 아니라 그 피가 상징하는 예수의 삶이 중요하다』는 전제아래 『생물학적으로 예수의 피는 짐승의 피와 다를 바 없다』는 이야기가 총회장에서는 『변학장이 미국의 불교법당에서 법회를 인도했다』 『홍교수는 예수의 피가 짐승의 피와 같다고 한다』라는 자극적인 주장으로 둔변해 사전이해가 없던 총회원들을 동요시키고 분위기를 일방적으로 몰고가기에 충분한 요소로 작용했던 것이다.

결국 이러한 왜곡된 주장은 「신학적인 문제는 신중해야 한다」는 이성적인 문제제기도 야유로 묻혀 버리게 해 두 교수에 대한 일방적인 종교재판을 불러 일으켰다.

총회의 이같은 분위기 속에서 1천8백여 명의 총회원 중 3백여 명만이 참석한 가운데 열린 30일 회집에서 해당

곽감독 이사장 선임 반대 분위기 고조

감리교 정체성 확립위해 경주할 때

교수들의 어떠한 입장도 직접 듣지 않은 채 종교다원주의와 포스트모던신학을 이단적인 것으로 규정하고 두 교수들에 대해 중징계를 내리기로 해 이 결의안이 단지 「총회 권위」라는 것으로 정당화 되기에는 무리가 있다는 여론이 확대되고 있는 실정이다.

총회에 참석한 한 목회자는 이번 결정에 대해 『자극적인 발언들로 일방적인 인민재판을 보는 듯 했다』며 『총회의 이같은 여론재판은 다양성을 인정하고 에큐메니칼을 주도해온 감리교의 역사와 전통에 먹칠한 것이 아니냐』라고 말했다.

이번 사건 해결의 실마리가 서울연회와 우리대학 이사회에 있어 학내의 관심이 특히 이사장 선출로 모아지고 있는 가운데 우리대학 교수와 학생들, 동문들 사이에서 곽전태 감독 이사장 선임 반대 움직임들이 일고 있어 11월 말에 열릴 이사회의 향방에 귀추가 모아지고 있다.

총학생회는 이번 총회의 결의에 대해 성명서를 통해 △교단의 신학적 입장에 대한 중대한 사안을 몇몇 총대의 감정적인 나열식 발언으로 통과 시키는 비민주적 방법은 용납될 수 없음 △중세의 종교재판보다 더 음모적인 두 교수의 징계결의는 용납될 수 없음을 밝히고 또한 이사회에 대해서도 「곽감독의 이사장 선임을 적극 반대」하는 등 분명한 입장을 표명하고 「감신 학문성 수호와 발전을 위한 대책위원회」를 구성하기로 했다.

한편 동문회에서는 몇몇 동기회가 중심이 되어 비상총회를 제안하였으나 이문제가 학연문제로 변질될 우려가 있어 일단 서울연회 측의 움직임을 관망하기로 한 것으로 알려졌다.

교수들은 총회결의 이후 「재고 요청서」를 제출한 후 12일(화) 교수회의를 통해 입장을 발표, 이후 대응책을 모색하기로 한 것으로 알려졌다.

교수들 중에서도 이사장 선출에 관심을 보이고 곽감독이 이사장으로 들어올 수는 없다는 여론이 형성되고 있는 것으로 밝혀졌다.

변선환 학장의 종교다원주의와 홍정수 교수의 포스트모던신학에 대한 교단총회의 결의는 보수·진보의 갈등을 겪고 있는 교계 뿐만 아니라 학술계, 문화계에도 커다란 충격으로 다가오고 있으며 앞으로의 향방에 대해 그 귀추가 주목되고 있다.

기독교대한감리회는 「100주년 기념대회 선언문」에서 『아세아의 종교적 다원사회에 있어서 예수 그리스도의 구원의 보편성을 견지하면서 다른 한편 타종교와의 대화를 통해 협력할 것을 다짐한다』고 분명히 밝히고 있다.

또한 「자치 60주년 선언문」을 통해 『감리교회의 아름다운 전통중의 하나는 보편성과 일치성의 추구이다』며 『교단 안에서의 일치 뿐만 아니라 교파주의를 극복하는 일치운동에도 앞장서 왔으며 종교간의 대화와 협력에도 앞장 설 것이다』고 밝히고 있다.

이번 교단 총회의 주먹구구식의 결의는 자랑스런 감리교회의 역사와 전통 나아가 정체성 조차도 위태롭게 하고 있다.

지난 3월부터 총학생회가 내건 「학문의 자유」라는 상투적 슬로건이 점점 그 설득력을 잃어가는 시점에서 앞서 밝힌 100주년기념선언문과 자치 60주년 선언문을 통해 감리교의 정체성을 올바로 밝혀내고 이를 알리는데 힘써야 할 것으로 보인다.

퇴보의 위기속에 있는 감리교 신학을 되살리려면 교수·학생·동문 뿐만 아니라 에큐메니칼을 지향하는 모든 사람이 하나가 되어 현실상황을 무시하고 무조건적인 보수화를 부르짖는 움직임에 단호하게 대처해야 할 것이다.

총회특별취재반

19911110_왜곡된 주장, 일방적 종교재판 낳아
_총회특별취재반_감신대학보_5번_페이지_1-01

사건의 현장 - 제19회 교단특별 총회

▲곽전태 감독이 총회 폐회직전 우리대학 교수들이 올린 청원서를 들고 논의여부를 묻고 있다

『알맹이 빠진 심심한 총회될 듯』

기독교대한감리회 특별총회를 앞두고 교계신문에서는 장정개정위원회에서 중요한 사안을 거론않기로 결정했다하여 무의미한(?) 총회를 예견하는데 입을 모았다.

그것을 반영이라도 하듯 총회 첫날인 29일, 광림교회의 총회장에서는 곳곳의 빈의자가 눈길을 끌었다. 개회성찬식에 이어 시작된 회집에서 4년 전임감독제 등 중요 의안이 빠진 장정개정위원회 보고는 총회원들의 거센 반발을 불러일으켰으며, 결국 4년 전임감독제를 반영하는 것을 전제로 새로운 개정안을 다음날 회집시 내어오도록 결의하고 첫날을 마감했다.

둘째날 역시 많은 총회원 불참으로 인한 헌법개정정족수 문제로 회집이 늦어지는 등 난항끝에 감독의 연령을 66세로 낮추는 것과 총회에서 헌법개정의결에 관한 조항만을 통과시켰다.

건의안 심사, 지극적인 발언으로 인민재판되어버려

교수들의 「총회결정 재고」청원, 한마디로 묵살

이날 저녁 4차회집에서는 헌법개정정족수 미달로 「분과위원회 보고」 시간을 통해 20개 분과 중 건의안심사위원회에서 올라온 건의안에 대한 논의를 하기 시작했다. NCC모금협조요청건의안에 이어 박기창 목사외 4명의 명의로 된 「변선환 학장의 종교다원주의와 홍정수 교수의 포스트모더니즘신학을 교단이 받아들일지 여부를 결의해 달라」라는 건의안이 상정돼 2시간가량의 난상토론이 전개됐다.

건의안이 올라오자 삼남연회 김동희 장로가 『지금은 특별총회로 모였기에 법안에 관계된 것 이외에는 다룰 수 없지 않느냐』라고 발언을 했으나 『그것은 중요한 문제로 여기서 꼭 다뤄야 한다』는 여론에 밀리게 되고 사회자인 곽전태 감독이 동의하기에 이른다.

『변선환 학장이 미국에서 불교법당에서 법회를 인도했다고 한다. 또한 홍교수는 예수의 피와 짐승의 피가 같다고 하는데 이것이 말이 되느냐. 이런 것이 용납된다면 나는 이런 교단에 남아있을수 없다』

이러한 김홍도 목사의 원색적인 발언은 당시 총회원들을 술렁거리고 고조되도록 하기에 충분한 것이었다.

『여기서는 사람이름은 빼고 논의하자』라는 서병주 감독의 의견과 「이것은 신학문제이므로 신학자와 함께 논의해야 되지 않느냐」라는 의견이 개진되기도 했으나, 이때의 총회장 분위기에 대해 한 목사는 『종교다원주의와 포스트모던신학에 대한 교단의 입장을 묻는 건의안은 처음부터 변학장과 홍교수에 대한 일종의 인민재판이 되어 버렸다』라고 밝히고 있다.

『이 문제는 아주 중요하니 박기창 감리사가 나와서 이야기해 달라』라는 곽전태 감독의 요청에 의해 나온 박기창 목사는 교계신문 등에 게재된 두교수의 글을 구절구절 이야기하면서 『공개질의서를 보냈으나 이원규 교수이외에는 답변이 없었다』라고 밝히고 건의안을 올리게 된 배경을 설명했다.

결국 사회자 곽전태 감독의 『포스트모던신학과 종교다원주의를 받아들일지 다수결로 결정하자』라는 의견에 의해 실시된 투표에서 360여 명이 받아들일 수 없다는데 동의하였으며, 총회들의 『만장일치』라는 소리에 따라 곽감독은 『만장일치로 통과되었다』라고 발표하자 몇몇 목회자들이 『이것은 날치기다. 신중한 논의없이 결정하는 것이 어디 있느냐』라고 문제제기를 하였으나 여기저기서 『반대하는 사람 손 들라고 하자』라는 등 야유의 소리를 보냈다.

이러한 분위기에 압도되어 종교다원주의와 포스트모던신학은 교리에 위배되므로 받아들일 수 없다는 의결을 하게 되었다.

일차 결정이후 두신학자의 신상에 대한 토의로 넘어가게 되었는데 삼남연회 김만복 목사는 『이 문제는 감독들에게 역임하여 두사람을 처벌해야될지 조사해서 처리하도록 하자』라는 의견을 발표했으며 김홍도 목사는 『글을 통해 다 들어났는데 더이상 무엇이 필요하나, 여기서 결정하자』라고 주장했다.

『서울연회재판위원회에서 다루게 하자』, 『조사위원을 두어 처리하게끔 하자』라는 의견에 맞서 『서울연회에서 다루어 왔지만 아무런 성과가 없지 않느냐』라며 이번 기회에 본때(?)를 보여줘야 한다는 즉결처분식의 주장들이 앞뒤 다투며 나왔다.

김광운 목사가 신학교 교수직에서 면직시키자는데 동의를 하자 『면직이 뭐냐, 파면이지』라는 이야기까지 거론됐다.

『우리가 아무리 결의해도 이사회에서 받아들이지 않으면 소용없다. 파면을 권고하는 안을 결의하자』

목원대학 이사로 선출된 김수연 감독이 발언한 내용이다. 곧이어 이사회가 안 받아들이면 어떻하느냐는 걱정으로 『감신대는 교단신학교이니 교단의 최고 의결기구인 총회에서 파면이라면 파면이지 별수 있겠느냐』라는 주장도 나왔다.

결국 나원용 감독이 나와 『서울연회에서 불러 이야기 들었으나 별다른 하자가 없는 것 같았다. 그러나 두사람이 교단회원으로서 신분관계는 서울연회에 맡겨주면 재판절차에 따라 처리하겠다』라는 요지의 내용을 밝힘에 따라 두교수의 목사직 문제는 서울연회 심사위원회에 넘기고 교수직에 관해서는 이사회에 면직을 권고하기로 결의하고(찬성 299, 반대 2) 둘째날 일정을 마쳤다.

마지막날 우리대학 학생 400여 명이 총회장 밖에서 항의시위를 벌이고 있는 도중 총회장에서는 폐회 직전 우리대학 교수들의 「총회결정 재고」 청원서가 감독회장에게 제출되었으나 총회원의 『결정된 사항이라 재고할 필요 없다』라는 말에 한마디의 논의도 없이 3일간의 난상토론 총회는 막을 내렸다.

총회특별취재반

19911110_사건의 현장, 제19회 교단특별총회, 감신대학보_5번_페이지_1-02

유동식·이정배 교수도 문제있다 언급

—「감리교성화」를 위한 기도회 보고—

『말세에 이르러 예수의 부활을 부인하는 악한세력이 틈타고 있사오니 동문·동향인·친분을 떠나 이러한 악한세력을 물리칠 수 있게 해 주시옵소서』

이 기도는 김홍도, 최홍석, 박영재, 강문호 목사 등 20여 명으로 구성된 「기독교 성화운동 추진위원회(가칭)」를 위한 기도모임에서 한 목회자가 기도한 내용이다.

11월1일 광림교회 웨슬레교육관에서 열린 이 모임에서 김홍도 목사(금란교회)는 변학장과 홍교수에 관한 총회결의에 대해 『이번 총회결의는 한국감리교회를 대표하는 것인 만큼 하부기관인 서울연회에서 이를 번복할 수 없으며 만약 번복할 경우 이같은 행위는 감리교단의 수치이며 감리교단이 부패했음을 단적으로 보여주는 것이다』라며 『교단차원에서 이들 교수에 대한 제재조치가 없을 경우 기자회견 등을 개최, 교단신학교에 발붙이지 못하게 하겠다』고 밝히는 한편 이번 총회결의시 반대를 했던 우리대학 모교수에 대해서도 『다음 기회에 문제 삼아야 겠다』는 등의 발언도 서슴지 않았다. 사회를 맡았던 최홍석 목사는 『세계교회협의회가 에큐메니칼 신학을 지향하기 때문에 두 교수가 이같은 신학을 주장하는 것이다』고 말하고 『우리는 세계교회협의회의 이와같은 경향을 경계하는 동시에 대처해야 한다』고 주장했다.

이러한 논의가 진행되던 중 본 기자에게 신분을 밝히고 논의에 참가하기를 요구했으나 감신대에서 온 것을 알자 최홍석 목사는 『우리와 입장이 다른 사람을 초청한 일이 없다』며 나가 줄 것을 요구, 더이상 취재가 불가능 했다.

또한 이날 모임에서 배포된 문건에는 변선환, 홍정수 교수 뿐만 아니라 감리교신학자협의회 회장인 유동식 교수와 우리대학 조직신학 교수인 이정배 교수에 대해서도 언급하면서, 이들 교수 모두가 『복음적 신학의 기초를 허물고 신앙을 근본적으로 파괴하는 가르침』을 행하고 있으며 『이렇게 학문을 빙자하여 우리의 기본적 복음신학이 허물어지고, 은혜로 받은 신앙이 파괴되는 것을 방관하겠느냐?』는 내용이 실려있어 이들의 주장이 변선환·홍정수 교수에 국한되는 것이 아니라 감리교신학 자체를 문제삼으려는 것임을 드러냈다.

한편 △기독교대한감리회는 오염된 신학사상들로 진통을 겪고 있다 △교단신학교의 이사회와 학교당국 간의 주도권 싸움이 있다 △급진신학으로 이단적 이론을 주장하는 신학자들이 있다 △선불리 배운 신학사상으로 그동안 교회에서 위한 순수했던 신앙을 미신으로 간주하는 신학생들이 있다는 등의 내용이 이날 기도모임을 알리는 전단에 포함되어 있어 전단을 받아 본 일부 목회자와 교단항의방문 중이던 우리대학 학생들의 빈축을 사기도 했다.

유 승 찬 기자

19911110_유동식 이정배 교수도 문제있다 언급, 감신대학보_5번_페이지_1-03

⊙총회 이후 예상되는 법적처리 절차를 알아본다

총회의결, 법적구속력 두고 논란 예상

감리교 제19차 특별총회에서 의결된 변선환 학장과 홍정수 교수에 대한 목사직 면직 권고안과 교수직 면직 권고안에 대한 이후 법적 처리과정과 그에 따른 몇가지 논쟁점을 살펴본다.

1. 목사직 면직 권고안에 대하여

이 안에 대해서 해당 연회인 서울연회는 총회후 2주내에 감독의 선임으로 심사위원회를 구성하여 1개월 내에(사정에 따라 20일간 연장 시킬 수 있다) 재판위원회로의 기소여부를 결정하며 심사위원을 임명한 책임자는 판결될때까지 기소된 피고인의 직임을 정지시킨다

(재판법 200단 9조 6항, 203단 12조 2항, 204단13조).

피고소인이 기소되었을경우 연회재판위원회(15명의 연회회원으로 구성)은 기소된 사안에 대해 6개월이내에 심의·판결을 내린다(재판법 221단 30조 4, 6항).

한편 피고인측은 이러한 재판위원회의 판결이 부당하다고 생각될 경우 60일내에 증거자료를 첨부하고 재심을 요청할 수 있다(재판법 224단 33조).

이러한 피고측의 재심요청이 타당할 경우 재판위원회는 재심을 해야하며 피고측이 재심에도 불복할 경우 최종적으로 총회재판위에서 심의·판결한다(재판법 225단 34조, 222단 31조 4항).

〈표1〉

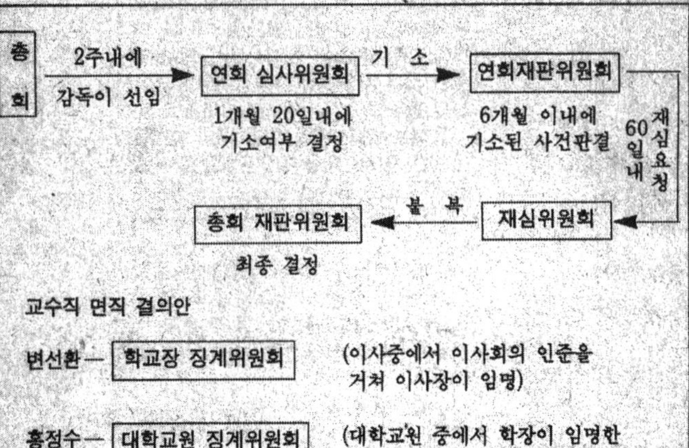

2. 교수직 면직권고에 대하여

이 결의안은 2가지 경로로 처리되어야 하는데 먼저 변선환 학장은 학장이므로 학교장 징계위원회(이사중에서 이사회의 의결을 거쳐 이사장이 임명함)에서 징계가 결정된다(우리대학 정관 60조2항).

따라서 현재 새로 구성되고 있는 신임 이사진의 구성에 징계여부가 크게 좌우된다.

다음으로 홍정수 교수는 교원징계위원회(대학교원중에 학장이 임명한 5인으로 구성)에서 징계여부가 결정된다(우리대학 정관 60조3항).

따라서 이사회의 영향은 거의 없다.

또한 징계위원회의 판결에 불만이 있을 경우 그 대학교원은 재심을 요청할 수 있다.

한편 개정된 사립학교법에 의하면 사립학교교원은 형의 선고·징계처분 또는 이 법에 정하는 사유를 제외하고는 불리한 처분을 받지 않을 권리가 있다(사립학교법 56조). 따라서 재심에서의 판결이 부당할 경우 사립학교법에 따라 법정에 재소할 수 있다.

3. 법적처리의 몇가지 문제점

위의 법적처리는 그 과정상에 몇가지 논란의 여지를 가지고 있다.

첫째는 이번 총회에서 권고안으로 채택한 목사직면직과 같은 정회원의 인사·징계 문제는 실제로 연회자격심사위원회 등 정해진 기관을 통해야 되고 또한 현재 이 문제가 서울연회 자격심사위에 계류중이므로 이번 총회의 결의가 적법성에 문제를 던져주고 있으며 따라서 그 법적인 효력의 유효성도 논란의 여지가 있다.

두번째로 교단헌법에 의하면 연회재판위나 총회재판위가 재판결과를 근거로 그에 상응하는 벌칙을 결정짓는데 이번 총회 결의안에서는 「목사직 면직」이라는 벌칙조항까지 갖고 있으므로 이는 법적으로 문제가 있다.

이러한 문제에 대해 결의에 참가한 총대들은 『총회가 전국 감리교인의 의견을 총화하여 결정하는 최고의결기구이므로 법적인 문제는 없다』라고 주장하고 있으나 다른 일부 목회자들은 『적법한 절차를 밟지 않은 이번 총회의 결의는 도덕적인 압력으로 작용할 수 있으나 법적인 효력은 발휘할 수 없다』며 반박하고 있어 논란이 예상된다.

취 재 부

19911110_총회의결, 법적 구속력 두고 논란예상_감신대학보_5번_페이지_1-04

신학논쟁시비와 관련된 사건경과

△1990년 11월24일 명동 가톨릭회관에서 열린 「개신교·불교·천주교 대화모임」에서 「불타와 그리스도」라는 제목의 논문으로 변선환 학장이 주제발표, 이 논문이 12월8일자 크리스챤 신문에 요약, 게재됨.

△1991년 3월18(월)-20일(수)에 열린 서울 남연회에서 「변선환 학장의 논문이 문제시 된다」는 건의안이 「박기창, 이성국, 김순태, 정동광」 명의로 올라와 본회의 상정, 「감리교 교리·신조 수호」를 위해 「총회 실행위원회 내에 신학심의회를 두고 감리교신학에 대해 심의할 것을 건의」하기로 결의

△1991년 4월8일(월) 열린 「제3회 감신 동문의 밤」에서 변선환 학장은 『100년간 선배들이 물려준 학문적 유산을 무너뜨릴 수 없으며 감리교신학이 순복음신학이 될 수 없다』고 밝힘.

또한 81학번 동기회는 성명서를 통해 『정치적 배경과 음모에 의해 학문의 자유는 침탈당할 수 없으며 변선환 학장에 대한 중세기적 종교재판을 묵과하지 않을 것』을 밝힘.

같은 날 총학생회는 대자보를 통해 『추잡한 정치다툼에 의해 학문의 자유가 유린되는 것을 거부하며 신학적인 제문제는 학술적 차원에서 풀어나가야 한다』는 입장 밝힘.

△1991년 3월30일 「부활의 메시지를 다시 조명한다」는 홍정수 교수의 글이 크리스챤 신문에 게재됨.

△1991년 6월8일(土) 열린 서울연회 자격심사상임위원회 소위원회는 홍교수에 대해 가까운 시일내 자격심사위원회 전체회의를 열기로 결정하고 자격심사위에는 목사직을, 이사회에는 교수자격을 심의해 줄 것을 요청.

△1991년 6월13일(목) 「감신 학문성 수호를 위한 대토론회」 열림.

△1991년 6월15일(토) 서울남연회 송파지방 실행위원 명의로 된 「변선환·홍정수·이원규 교수에 대한 성명서및 공개질의서」가 크리스챤 신문광고면에 실림.

△1991년 6월17일(월) 총학생회는 「비상학생총회」를 개최, 이날부터 실시될 예정이었던 기말고사를 1주일간 연기하기로 결정하고 이 기간 동안 민주대학 운영.

△1991년 6월19일(수) 각과·학년별로 대책위원을 선출, 총22명으로 구성된 「감신 학문성 수호를 위한 대책위(위원장 나승희)」 발대식을 갖고 교수·대학원생·동문이 참여하는 「감신 학문성 수호를 위한 범감신인 대책위」 구성을 추진하기로 함.

△1991년 6월21(금)-22일(토) 학생들의 시험연기와 관련, 교수측은 양일간 교수퇴수회를 갖고 시험일정 조정및 감신 학문성의 전통을 밝히고 학문연구의 자율성을 부여하기 위해 신학백서를 발간하기로 함.

△1991년 7월4일(목) 서울연회 자격심사 상임위원회 개최.

같은날 곽전태 감독회장은 홍정수 교수로 면담하고 「문제없다」고 함.

△1991년 8월 송파지방 실행위원회(위원장 박기행)은 변선환·홍정수·이원규 교수의 교수직 사임및 교단출처를 요구하는 서명작업 실시.

△1991년 9월3일(화) 서울연회 자격심사위에서 홍정수 교수에게 9월11일 자격심사위에 출두하라는 소환장 보냄.

홍교수는 수업때문에 갈 수 없음을 자격심사위 측에 통보.

△1991년 9월20일(금) 홍교수가 참석한 가운데 서울연회 자격심사상임위원회가 열려 홍교수로부터 긍정적인 답변을 들었으나 최종적인 결정 유보.

19911110_신학논쟁 시비와 관련된 사건경과_감신대학보_5번_페이지_1-05

(10) 1991년 11월 10일 (일요일) 감 신 대 학 보 제 126호

1985. 12. 10. 제 3종 우편물 (나)급 인가

특별 인터뷰

총회의 결의를 바라보며

— 각계 입장을 알아본다

최 세 웅 목사 (계산중앙교회, 총동문회장)

"절차 무시한 결의 잘못"

염 필 형 교수 (실천신학)

"우리대학 극보수경향으로 갈 수 없어"

이 재 정 신부 (성공회 신학대학 학장)

"충격적인 일이며 비감리교적인 결정이다"

황 홍 진 (총학생회장)

"교수·동문·학생 공동대책위원회 추진 중"

유 동 식 교수 (감리교신학자 협의회 회장)

"공개적인 토의 통해 관계 회복해야"

김 홍 도 목사 (금란교회)

"기독교 파괴행위로 용납할 수 없어"

19911110_특별인터뷰(총회의 결의를 바라보며)_감신대학보_5번_페이지_1

제183호 · 1991년 11월 10일(일)

기 독 교 연 합 신 문

J-4-023

학문에 대한 교권의 「사형선고」

감리교특별총회 두교수 징계파문

초점

"교수들 입장 교리에 위배" 명분 전격 결의

"학문자유 전통위배" 교수 · 학생 강력 반발

◇ 변선환 학장

◇ 홍정수 교수

기독교대한감리회(감독회장 곽전태)가 지난달 29일부터 31일까지 광림교회에서 개최했던 특별총회에서 그동안 논란이 일어왔던 교단소속 감신대 변선환 학장과 홍정수 교수를 중징계키로 의결함에 따라 파문이 일고 있다.

이번 총회에서 참석목사들은 「종교다원주의와 포스트모던 신학적 입장이 감리교교리에 위배여부를 가려달라」는 건의안에 대해 "종교다원주의와 포스트모던신학은 감리교교리상 종교다원주의를 주장하는 변선환 학장과 포스트모던신학을 주장하는 홍정수 교수를 해당연회 재판심사위원회에 회부하는 한편 해당학교이사회에 면직권고를 결의하도록 결정했다.

학문적 신학적 이유로 총회에서 공개적으로 징계결정이 내려진 것은 한국감리교단 역사상 이번이 처음이다.

변학장과 홍교수에게 이런 조치가 취해진 것은 변학장이 최근 가톨릭 주최 강연회에서 "불교등 다른 종교의 구원관도 인정해야 한다"는 요지의 발언을 한 것과 지난 3월 30일자 모교계지에 「동작동 기독교와 망월동 기독교」란 제목으로 실린 홍교수의 글이 "예수의 부활을 부정했다"는 일부 목회자들의 주장때문이다.

변학장은 지난 70년대말 "타종교에도 구원이 있을 수 있다"고 주장, 기독교내에 큰 파문을 몰고 온 바가 있으나 감신대학장이 되면서 그런 주장을 거의 않다가 최근 가톨릭 주최로 열린 강연회에서 구원관에 대한 자신의 입장을 밝힌 것이 화근이 된 것이다.

또 일부목회자들은 홍교수가 지난 3월 부활절 특집기고문에서 "영혼불멸과 육체부활을 동시에 믿는 것은 모순된 신앙체계"라고 주장한 것은 예수의 부활을 부정한 것이라며 홍교수의 징계를 건의하는 한편 홍교수의 공개해명을 요구한 바 있다.

이에 대해 홍교수는 자신의 입장을 해명한 바 있으나 끝내 사태해결은 학문적 논쟁을 거치지 못한 채 징계조치로 아무리된 것이다.

이와같은 교단 결의에 대해 감신대 교수들은 두 교수의 징계재고를 요청하는 청원서를 지난 31일 교수일동 이름으로 총회에 보내는 한편 총학생회는 31일 오전 10시 30분부터 광림교회에서 2시간동안 항의시위를 벌였다.

총학생회는 이날 발표한 성명에서 "이번 총회의 결의내용은 신앙의 진위를 판단하는 지나친 교권주의의 남용을 반대한 웨슬리 전통에 위배된 것"이라며 두 교수의 징계철회를 요구했다.

이번 징계조치가 1천8백여명에 달하는 전체 총대 가운데 3백여명만의 참석한 가운데 의결한 내용이어서 법적 구속력에 대한 문제도 학생들에 의해 제기되고 있다. 변선환 학장, 홍정수 교수에 대한 총회의 이번 징계조치는 그동안 학문적 자유를 폭넓게 인정해온 감리교단의 전통을 무너뜨리는 처사라는 신학자들의 우려와 함께 충분한 학문적 논의를 거치지 못했다는 점에서 성급한 견해가 지배적이다.

더욱이 종교다원주의와 포스트모더니즘신학에 대한 개념이 확실히 규정이 안된데다가 목사들 자신도 신학을 잘 이해하지 못한 상태에서 내린 결정이라는 비난도 무시할 수는 없을 것 같다.

〈이재희 기자〉

19911110_학문에 대한 교권의 사형선고_기독교연합신문_5번

J-4-027

종교신문

1991년 11월 13일 (수요일) [2]

社說

구원론시비 그만하자

교회밖에도 구원이 있는가?란는 論題는 국내 교파들간의 알력과 경직성을 잘 드러내 주고 있다. 지금까지 개신교단들은 교회안에서만 구원이 가능하다는 교리를 내세워 선교하고 교인들의 결속을 다져왔다. 이때문에 개신교는 배타적이고 독선적인 교파라는 소리를 들어왔다. 그만큼 교회 안에서의 구원은 절대적인 것이 됐고 반대로 교회밖에도 구원이 있다는 주장은 개신교의 몰락으로까지 여겨지게 됐다. 그러나 최근들어 일부 진보신학자들에 의해 이같은 성역이 서서히 무너져 내리고 있는 느낌이다.

감리교신학대 신학장인 변선환교수가 종교다원주의를 내세워 교회밖에도 구원이 있다는 주장했다. 변교수의 이같은 주장은 기독교인을 포함한 모든 사람을 신앞에서는 이방인으로 규정하고 타종교인과 함께 이방성을 극복함으로써 세계를 인간화시키는 선교적 책임이 있다는 종교다원주의로 80년대 이후 발전돼온 종교신학과 맥락을 같이 하고 있다.

변교수의 이같은 신학노선은 소속교단인 기독교대한감리회측이 지난달 30일 광림교회서 열린 특별총회서 포스트모던신학을 추구한 홍정수교수와 함께 면직을 결의, 감신대 이사회에 정식 건의키로 하는등 파문으로 급 제동이 걸려있는 상태다.

또 이번 감리교 2명의 신학자에게 총회에서 면직을 결의한 것은 교단 역사 1백6년사상 처음있는 일로 교계 하계에 一波萬波될것으로 보인다.

특히 홍정수교수가 소개한 포스트모던신학 역시 편협된 성서이해에 기초해 있는 오늘의 기독교를 부정하고 성서언어의 특수성을 익혀 자기변혁을 시도해야한다는 주장인데 이것도 감리교교리에 어긋난다는 이유로 홍교수의 면직을 결정, 학문적자유무시 차원과 교권남용 측면서 심한 논란이 되고 있다.

따라서 변·홍교수의 새로운 신학노선은 80년대초 중남미에서 발생됐던 해방신학 못지않게 그여파가 클것으로 보인다. 그러나 이 신학이 기존의 개신교를 완전히 탈색시키는 것이 돼서는 안된다는 것이다. 다만 이 새로운 신학의 도입으로 경직되고 배타적이며 독선적이라는 평을 들어온 한국교회가 보다 능동적이고 수용적인 교파로 전환되는 계기가 돼야한다.

가톨릭이 이미 한국적인 제사를 수용하는등의 변화를 보이고 있는것 처럼 개신교도 이번 기회에 교회안에만 구원이 있다는 고집을 버리고 타종교와 대화하고 화합하는 모습을 보여야 할 것이다.

19911113_사설 구원론시비 그만하자_종교신문_5번

K-2-057

감리교 제19차 특별총회 권고결의안에 대한 일천 감리교 신학 대학생들의 입장

사랑하는 기독교 대한 감리회 교역자 성도 여러분! 그리고 천만 크리스찬 여러분!

우리 감리교신학대학의 학생들은 한국감리교 2세기의 출범에 즈음하여 선배 교역자들과 성도님들이 쌓아온 100년의 선교적 경험을 토대로 복음의 충성스런 역군으로서 이 땅 위에 하나님의 나라를 실현하기 위해 학원과 교회에서 면학과 봉사에 힘써왔습니다. 그러나 지난 10월 제19회 특별(입법) 총회에서 우리 대학의 「변선환학장과 홍정수교수에 대한 교수직 박탈 권고와 목사직 면직 권고 결의안(이하 결의안)」을 접하면서 이 결의안이 감리교회의 전통에 위배될 뿐 만 아니라 결의 과정 자체에도 심각한 비민주성을 드러내고 있음에 주목하여 이에 학생들의 입장과 결의를 밝히는 바입니다.

하나. 우리는 결의안이 총회를 주도한 특정 집단에 의해 명분상 변학장과 홍교수의 신학노선을 이단신학으로 규정하여 '교리사수'의 미명하에 통과되었으나 사실은 자신들의 보수적인 근본주의 신학을 교단전체에 유일사상화하여 강요하고 이를 통해 배타적이고 특권적인 기득권을 확보하려는 불순한 동기의 발현임을 폭로합니다.

우리는 근본주의 신학이 감리교신학의 한갈래가 될 수 있음을 부정하지 않으나 그것이 유일한 신학이요, 나아가 다른 신학경향을 심판할 수 있는 무소불위의 권리를 갖고 있다고 생각지 않습니다. "우리 교회의 회원이 되어 우리와 단합하고자 하는 사람들에게 아무런 교리적 시험을 강요하지 않는다"는 '감리교 교리장정과 '우리는 어떤 형태의 독선주의도 배제하며 모든 종교들이 진정한 하나님의 나라를 이 땅에 실현하기 위해 다같이 협력할 것을 제안한다"는 선교 100주년 대회 선언문 제 6조의 의미는 오히려 창조적인 신학연구의 자유를 보장하고 상이한 입장들이 공존하며 협력할 것을 독려하고 있기 때문입니다.

하나. 우리는 결의안이 일부 교권주의자들에 의해 과정과 절차가 무시된 채 참주선동으로 얼룩진 일방적 종교재판으로 처리되었으므로 전체 감리교회의 교단적 합의와 의지가 될 수 없음을 천명합니다.

그들은 두 신학자의 이단성을 임의적으로 단정하기에 급급한 나머지 최소한의 책임있고 전문적인 검증의 과정이나 여론의 수렴 절차도 조직하지 않았고 당사자들의 공개적인 변론의 기회마저 폐쇄적인 방법으로 봉쇄하였습니다. 그리고 감리교신학대학의 교수들의 신학백서 발간 결의 등 자구 노력의 성의조차 두 교수와 다른 교수들에 대한 추가적인 행정적 제재 위협에 의해 완전히 무시하였습니다. 게다가 교단의 분열과 반목을 우려하신 전임

19911115_감리교 19차 특별총회 권고결의안에 대한
일천 감리교 신학 대학생들의 입장_감리교 신학대학학생 일동_5번

감독님들과 교단의 중진 목회자들이 평화적 문제해결을 위해 양측 모두에게 수용가능한 8개항의 대안을 제시하였음에도 불구하고 ,장정개정위 모임을 통해 이번 입법 총회에서 '감신대 교수인사권의 이사회 귀속'과 '감신대 학장의 총회인준'문제등을 거론하지 않기로 하여 신중한 절차를 밟는 듯한 기대감을 조성해 놓고 정작 총회에서 돌발적으로 결의안을 통과시킴으로써 애초에 그들이 문제의 평화적인 해결에는 관심조차 없었고 오로지 단죄하는 것에만 열중하였음을 스스로 입증하였습니다.이에 우리는 가장 민주적이고 공개적으로 운용되어야 마땅한 행정적 권한을 남용하여 과정과 절차를 무시한 음모의 도구로 전락시킨 몇몇 총회원과 교단의 현 집행부에 각성을 촉구합니다.

하나. 우리는 결의안이 감리교회의 헌법(교리장정)이 요구하는 적법적 절차를 거치지 않았으므로 완전 무효임을 선언합니다.

우리 감리교단의 헌법인 교리장정 150단 제42조 10항은 "총회는 모든 법과 규칙의 제정을 총회원 과반수의 참석과 재석회원 과반수의 찬성으로 의결한다"고 명백히 규정하고 있습니다.장정개정위가 총회에 보고한 의안들이 개회 첫째날부터 처리되지 못하고 난항을 거듭하다가 둘째날 역시 700여명의 회원수에도 불구하고 처리되지 못하여 단지 두개의 조항만이 통과되었던 상황이 연출되었던 것도 바로 교리장정의 헌법개정정족수 조항때문이었습니다.또한 감리교 교리장정에 의하면 변학장과 홍교수처럼 이미 진급이 끝난 연회원의 자격심사는 「재판위원회」에서 다루도록 되어 있기 때문에 설령 정족수를 확보했다 하더라도 총회가 성직자의 자격과 인사문제를 결정할 수 없었습니다.그런데 교단의 헌법이 엄연히 존재하고 총회가 교리장정에 의거하여 엄밀히 운용되어야 함에도 불구하고 감리교회의 합법적 성직자이자 신학자의 이단성과 자격을 다루는 중대한 문제를 단지 300명의 참석인원으로 의결한 처사는 음모적이고 탈법적 폭거라 아니할 수 없습니다.우리는 양식있는 감리교회의 전체 교역자들과 성도님들이 총회의 합법적 절차를 무시한 채 비민주적인 방식으로 결의안을 통과시킴으로써 교단 내적으로 분열과 혼란을 조장하고 외적으로 감리교단의 100년에 걸친 민주적 전통에 먹칠을 한 일부 교단 지도자들과 총회원들의 잘못을 하루속히 바로잡아 주실 것을 요청합니다.

끝으로 우리 감리교신학대학 학생들은 사태의 평화적이고 합리적인 해결이 감리교회의 거듭남과 하나됨을 위한 중대한 전기임을 확신하며 향후 공개적인 논의의 장이 마련되어 건전한 토론이 진행되도록 할 것이며, 또한 더이상 교권주의가 신학대학의 학풍을 침해하는 역사적 비극이 일어나지 않도록 비합법적 절차와 반민주적 독단에 대해 결연히 맞서서 끝까지 투쟁할 것입니다.

1991년 11월 15일
감리교 신학대학 학생 일동

19911115_감리교 19차 특별총회 권고결의안에 대한
일천 감리교 신학 대학생들의 입장_감리교 신학대학학생 일동_5번

新聞 (경향) 1991年11月16日 (土曜日)

J-3-009

기독교계 종교다원주의 파문확산

종교

감리교단서 교수징계 움직임

"교회밖에도 구원 있다" 주장에 "성경에 도전" 보수파 거센반발

「교회 밖에도 구원은 있는가, 없는가」「구원의 길은 하나인가, 아니면 여럿인가」

최근 기독교계 일각에서 기독교 밖에도 구원의 가능성이 있다는 종교다원주의가 민감하고 뜨거운 쟁점으로 부각, 커다란 파문을 불러 일으키고 있다.

종교다원주의의 입장에 선 일부 신학자들은「기독교만이 유일한 길이라는 믿음은 다종교사회속에서 편협한 생각」이라며 기독교신앙의 핵심인 구원관에 이견을 제시하고 있다. 그러나 대다수의 교회와 목회자들은 「그리스도의 유일성과 기독교회외에는 구원이 없다는 성경의 진리를 결코 포기할수 없다」며 종교다원주의를 배척하고 있다. 이같은 이견은 신학적 견지에서의 진보와 보수의 갈등을 의미한다.

邊鮮煥교수

洪丁洙교수

이번 파문의 진원지는 감리교. 기독교대한감리회는 지난달 서울 광림교회에서 열린 특별총회에서 종교다원주의를 주장해 온 감신대의 邊鮮煥학장과 洪丁洙교수의 교수직 박탈을 감신대이사회에 권고키로 결의했다. 이중 洪교수는 지난 3월 포스트 모더니즘신학에 입각, 기독교에서 말하는 예수의 부활이 자연과학적 시각의 육체적 부활을 뜻하는 것은 아니란 글을 게재, 커다란 논란을 빚어왔다.

이에 보수·정통 감리교 목회자들은 구원론에 이어 부활론과 포스트모더니즘신학까지 연계되자 폭탄의 뇌관과도 같은 이 문제에 강하게 반발한 것이다.

종교다원주의는 통신·교통의 발달로 지구촌시대를 맞아 다른 종교와 만나고 공존해야 되는 상황속에서 배태되었다. 가톨릭은 제2차 바티칸공의회(62~65년)에서 「타종교에서도 인류를 비추는 참진리의 빛이 드러나는 경우도 드물지 않다」며 기존의 배타주의를 포기하고 타종교에 대해 개방적 자세를 취하기 시작했다. 이후 국내에는 갈 뢰너, 폴 리터(가톨릭) 잔 히크 잔 캅(개신교)등의 다원주의론이 소개됐다. 국내신학자로서는 邊鮮煥교수가 70년대후반부터 종교다원주의를 소개·주장, 갈등을 빚기도 했다.

「다른 종교에도 구원이 있느냐 없느냐」하는 문제가 신학자들간의 논쟁거리가 된것이다. 복음주의적 입장의 교계월간지 관계자는 「감신대의 상당수 교수들과 진보적인 他신학대학 및 일반대 신학과의 교수등 다원주의 입장에 선 신학자들은 국내기독교에 대한 큰 도전」이라고 공격했다. 이같은 종교다원주의는 학문적 자유의 기풍이 강한 감신대에서 표출될 수 있었다. 보수적인 장로교쪽에서는 이같은 주장을 감히 할만한 분위기가 아니다.

洪丁洙교수는 「교회밖에서의 구원의 가능성을 인정한는것은 신학세계에서는 상식화된 일」이라며 「이번 문제는 교회권력에 의해 해결될것이 아니라 폭넓고 본격적인 신학적 토론의 장에서 풀어야 한다」고 강조했다.

감신대이사회(15명)는 이달말 이사회를 구성, 총회의 결의안을 내놓을 예정이다. 이와관련, 감신대 교수들은 총회결의안 재고 입장을 밝혔고 감신대 일부 동문들과 총학생회도 총회결의에 반대의 뜻을 밝히고 있다.

우리사회가 다종교사회이며 국제적으로도 걸프전의 경우처럼 각종교의 절대주의가 배경에 깔린 만큼 종교다원주의에 대한 뜨거운 신학적 논의가 교계에서 어떻게 진행될지 비상한 관심을 모으고 있다.

<李演宰기자>

↑예수 그리스도의 구원을 상징하는 교회위의 십자가. 최근 기독교계 일각에 종교다원주의의 논란이 일고 있다.

19911116_기독교계 종교다원주의 파문 확산_경향신문_5번

91.11.21 K-2-054

개 회 예 배

사 회 .... 이흥식목사
기 도 .... 은평교회 [illegible]목사
찬 송 .... 265장 .... 다 같 이

1. 좁은길 따르라 의의길을 세계만민이 의의길 이길따라서
   살길을 온세계에 전하세 만백성이 나갈길

후렴) 어둔밤지나서 동튼다 환한빛 보아라 저빛
   주예수의 나라이땅에 곧오겠네 오겠네.

2. 주예수 따르라 승리의주 세계만민이 좇아갈 길과진리요
   참생명 네장검을 부수고 다따르라 화평왕

3. 놀라운 이소식 알리어라 세계만민을 구하려 내주예수를
   보내신 참사랑의 하나님 만백성이 따를길

4. 고난길 헤치고 찾아온길 많은백성을 구한길 모두나와서
   믿어라 온세상이 마침내 이진리에 살겠네

성경봉독 .... 장전연부회장 박을회장로
특 송 .... 순례자선교단
설 교 .... 감독회장 곽전태감독
축 도 .... 원로목사 이봉구목사

만 찬

만찬기도 .... 부총단총무 최기창목사

강 연 회

사 회 .... 장전연부회장 조일술장로
강 의 .... 원로목사(전교육국총무) 라사행목사
특 송 .... 여학재전도사
강 의 .... 금란교회담임 김홍도목사

회 의

사 회 .... 장전연회장 유상열장로
취지설명 .... 사 회 자
기타토의 .... 이동주교수
조 직 .... 사 회 자
결의문채택 .... 장전연부회장 김찬일장로
폐회축도 .... 박[illegible] 목사

19911121_감리교 신학대학 변선환홍정수교수사건_기독교대한감리회원로목사회_5번_페이지_1

결 의 문

조국 근대화의 횃불이 되어 고난 받은 겨레의 지팡이로서 선교 제1세기에 근대 민족사를 찬란하게 장식할 전통을 이어 받아 탈 이념의 조류에서 세계선교로 새로운 세계질서 창출에 참여하는 세계적 기독교대한감리회에 요즈음 유감스럽게도 사도 바울이 지적한 "허탄한 신화"를 주장하여 기독교 신앙과 감리교회 교리를 무시하고 하나님의 선교에 크나큰 장해물이 되는 신학대학 교수들이 나타난 사실을 우리는 통탄한다.

이들의 주장은 감리교회의 신앙과 교리상 도저히 인정할 수 없으므로 단호히 배격하며 감리교 신앙과 교리를 굳게 지키기 위하여 마음과 뜻을 모은 성도들과 지도자들은 1991년 11월 21일 힐튼호텔에서 회합하여 기독교대한감리회 교리수호대책위원회를 결성하고 아래와 같이 우리들의 의사와 결의를 표명한다.

1. 종교다원주의와 포스트 모던 신학의 입장은 감리교회 신앙과 교리에 위배되는 것임을 확실하게 판정한 제19회 특별총회 결의를 전폭적으로 지지 찬동한다.
2. 종교다원주의와 포스트 모던 신학을 주장하는 변선환목사와 홍정수목사가 소속하여 있는 서울연회 감독은 법에 따라 두목사를 즉시 심사위원회에 회부할 것을 촉구한다.
3. 변선환목사, 홍정수목사가 재직하고 있는 감리교신학대학 재단 이사회는 특별총회의 결의를 존중하여 두교수에 대하여 지체없이 면직처리 하도록 촉구한다.
4. 우리는 감리교 신앙과 교리에 모순되는 학문을 교역자 양성기관에서 가르치는 것을 배격하며 교역자양성의 정통성을 유지하기 위하여 교단산하 교역자 양성기관의 장은 총회인준을 받아서 취임하는 제도를 제 20회 총회시에 입법하도록 교단본부에 강력하게 청원한다.
5. 우리는 감리교회를 사랑하고 염려하는 우리의 기도를 하나님이 열납하여 주실 때 까지 순교의 각오로 투쟁할 것을 굳게 서약한다.

1991년 11월 21일

기독교대한감리회 교리수호대책위원회

위 원 일 동

19911121_감리교 신학대학 변선환홍정수교수사건_기독교대한감리회원로목사회_5번_페이지_2

감리교 신학대학 변선환·홍정수교수 사건

-교역자와 평신도들에게 보고-

급변하는 사회변혁 속에서 하나님의 크신 은총이 "여러 교역자와 평신도들" 위에 함께 하시기를 기도 합니다.

기독교 대한감리회가 1884년에 요한 웨슬레의 복음주의 감리교회가 100년 동안 성장하고 또 성장하는 도중에 있는것을 하나님께 감사드립니다.

지금 급변하는 세계속의 한국감리교회의 복음전도의 길을 차단하는 이단사상이 교역자를 교육하는 감리교 신학대학에서 부터 "부활신앙부정"등의 사건이 발생하고 학생들은 "학문의 자유"를 외치고 데모까지 하고 지난 3월 남서울연회에서부터 문제가 야기되어서 송파지방 실행위원 일동이 공개질의서를 내고 지난 6·7월의 원로 목사회에서 재연되어서 8월 25일에 원로목사와 원로장로회의 특별위원의 이름으로 성명서를 내고 또 8월 27일에 질의서를 전체감독들에게 제출했읍니다. 그러나 아무 회신이 없어서 100년동안 감리교회를 지켜온 우리는 크게 염려되어서 10월 특별총회전에 이 사건이 해결되기를 기원하면서 다시 10월 15일에 해결을 촉구하는 건의서를 전체 감독들에게 제출했으나 아무 응신이 없는 것을 유감으로 생각하고 있던 중에 총회에서 두 교수를 징계하기로 결의되고 각 주간신문에 발표된 것은 감리교회의 신도들에게 주는 영향이 크다고 생각하여서 간단한 요점만 들어서 보고 합니다.

가) 홍정수교수 부활 부인사건(1991. 3. 30 크리스찬신문 특집)

1. "육체적 부활은 이교적 신앙 곧 무신론적 신앙이다"고 부인
2. "부활은 망월동 원혼이 되살아나 등사봉 국군묘지를 심판하는 사건"
3. 감리교회 교리 개정은 보스트 모던적인 세계관의 틀 안에서 신앙이 고백되어야 한다.

나) 변선환 학장

1. 기독교는 절대적 종교가 아니고 상대적 종교임을 자각해야 한다.
2. 기독교는 예수를 우상화시키는 예수중심을 벗어나 신중심주의가 되어야한다
3. 타종교에도 구원이 있다.
4. 10년전에도 목회잡지에 두번 기고한 적이 있다

다) 원로목사와 원로장로들의 견해

1. 타종교와의 대화하기 위하여 소속교파의 신조까지 부인하는 것은 배신행위이다.
2. 성경에서 신학이 발생하고, 그러므로 신학설보다 성경을 믿고 있다.
3. 요한 웨슬레는 누구든지 예수그리스도를 믿으면 구원과 영생을 얻는다는 것을 믿고 있다

라) 성경과 역사에 나타난 공통된 교리

1. 십계명 : 나외에 다른 신들을 네게 있게 말라(출 20:1-6절)
2. 예수 그리스도의 첫째 계명 : 네 마음을 다하고 목숨을 다하고 뜻을 다하여 "주 너의 하나님을

19911121_감리교 신학대학 변선환홍정수교수사건_기독교대한감리회원로목사회_5번_페이지_3

사랑하라"(마 22 : 37~40)

* 예수의 부활 : 예수께서 "나는 부활이요 생명이니 나를 믿는 사람은 죽어도 살겠고"(요 11 : 25)

3. 사도신경 : 전능하사 천지를 만드신 하나님 아버지를 내가 믿사오며 장사한지 3일 만에 죽은자 가운데서 다시 살아나시며
4. 바울부활관 : 그리스도께서 성경에 기록된대로 우리의 죄 때문에 죽으셨다는 것과 무덤에 묻히셨다는 것과 성경에 기록된 대로 사흘만에 다시 살아나셨다는 것과 그후 여러사람에게 나타나셨다는 사실입니다.(고전 15 : 3~8)
5. 감리교회 신조인 종교강령 및 신조
   제3조－그리스도의 부활을 믿으며
   제5조－성경이 구원에 족함을 믿으며
6. 감리회는 영국성공회의 39조 종교강령을 믿고 있다가 1930년 기독교 대한 감리회의 창립과 동시에 8개조의 신조를 만들었다.
7. 미연합 감리회의 신조

1975년에 개정한 교리적선언을 "웨슬레 사상의 현대적 선언"에 듀크대학교의 미커 박사는 "성경 중심의 기독교인"이라는 주제 아래 교리적 요소를 해설한 입장에서 성경의 영감과 예수의 역사성, 곧 예수의 출생, 죽음, 부활, 승천 그리고 재림들을 논술하고 웨슬레가 주장한 "그리스도의 완전"을 재조명했다.

마) 영국의 1889년 웨슬레의 탄생기념 예배당의 선언문

1888년에 웨슬레 탄생기념 예배당을 건축하기로 결의하고 1889년 9월 5일에 봉헌예배를 드릴 때 : 가장 귀중한 웨슬레 형제의 유산을 남겨 놓은 것을 웨슬레 형제들에서 재조명한다.

웨슬레 기념예배당 강단위의 유리창에 "예수 그리스도의 부활"을 상징하는 그리스도의 상과 "복음전도자"를 상징하는 제자들의 상을 조각하고 그 아래에 요한 웨슬레의 세계의 복음 선교를 지향하고 "THE WORLD IS MY PARISH"라고 조각하고, 또, "GO YE INTO ALL THE WORLD AND PREACH THE GOSPEL"감리교인은 모두 복음선교에 헌신할 것을 조각했다. 마지막으로 웨슬레형제의 원형동판에는 "BEST OF ALL IS GOD IS WITH US"라고 조각했다. 영국의 웨슬레 기념예배당은 우리에게 웨슬레신앙의 뿌리를 재조명하여 주고 있다.

마지막으로 교역자 양성을 교육하고 있는 학장과 교수로서 부활을 부인하고 또 감리교 기관지에 포스트 모던이즘의 세계에 준하여 신조개정을 발표했다.

이렇게 신학교육의 책임자로서 웨슬레의 신학과 성경에 위배되는 타종교에 구원이 있다고 선전하고 있는 두 교수를 징계하기로 결의한 것을 우리는 동의합니다. 시급히 목사의 자격문제는 서울연회의 자격심사위원회를 경유하여 재판위원회에 회부하고 교수직은 신학대학 이사회의 징계위원회에서 처리하여 감리교 신학대학이 정상화로 회복시키는 절차를 감독회장과 해당연회 감독에게 촉구합니다.

예수 그리스도는 어제나 오늘이나 영원토록 동일하시니라(히 13 : 8)

1991년 11월 21일

기독교 대한감리회
원로목사회 및 원로장로회 특별위원회 [illegible]

19911121_감리교 신학대학 변선환홍정수교수사건_기독교대한감리회원로목사회_5번_페이지_4

감리교 신학대학 두 교수에 관한 사건의 참고문헌

가) 변선환 학장의 주제 강연 사건 :

1. 1990.12. 8－크리스찬신문 주제 : "기독교 배타적 사고에서 벗어나야"(카토릭 주최 : 기독교, 불교, 천주교 대화)
2. 1991.10. 1－"한국기독교학회 개최 강연 : "토착화 논쟁 30년"
3. 1991. 6. 5－기독교 대한 감리회 서울남연회 송파지방 실행위원 일동 "성명서 및 공개질의서"
4. 1991. 8.23－기독교 대한 감리회 원로목사회와 원로장로회 [illegible] "성명서 1991. 8.27－건의서"
5. 1991.10.15－10월 특별총회 선처함을 촉구 건의서

나) 홍정수 교수에 관한 참고문헌

1. 1991. 3.30－크리스찬 부활특집에 기고사건
   "육체적 부활 신앙은 무신론적 이교도적 신앙"
2. 1991.10. 6 복음신문 "다수종교 상황에서의 예수의 유일성 재해석"
3. 1990.11.17－크리스찬신문 "포스트 모던 신학소개"
4. 1991. 6.29－중앙일보 "예수는 과연 육체 부활했는가?"
5. 1991년 기독교 세계 5월호－감리교 교리의 개정촉구 발표 "포스트 모던적인 세계관 안에서 신앙 고백되어야 한다"
6. 1991.10.12－크리스찬 신문 "기독교 부활신앙을 [illegible]"
7. 이동주 교수의 비판에 답함(1991. 제11호 "세계신학")

다) 협성신학대학 이동주 교수의 반박논문(크리스찬 신문)

1. 1991. 6. 8－홍정수 교수의 부활에 대한 충격적 비판(크리스찬 신문)
2. 홍정수 교수 그는 감리교인인가?(1991. 6.15 크리스찬)
3. 홍정수 교수 부활론의 문제점

라) 기타 참고문헌.

1. 1991. 8.4 동아일보－"영혼 사리가 사이비 종교 키운다"(전국 200여개)
2. 1991.11.16일 중앙일보－감리교의 [illegible] 대결
3. 이상의 문헌외에도 있으나 그만함.

19911121_감리교 신학대학 변선환홍정수교수사건_기독교대한감리회원로목사회_5번_페이지_5

5-5-083

신학의 자유를 옹호하는 신학자 성명

-기독교 대한감리회 제19차 입법총회와 결의에 부쳐-

1. 서구에서 펼쳐진 기독교 역사의 치명적인 과오는 다음 두 가지로 요약할 수 있다. 하나는 기독교의 이름으로 전쟁을 일으켜서 수많은 사람들을 살상한 것이고, 또 다른 하나는 기독교 정통성의 수호라는 명분 아래 이단자라는 낙인을 찍어 수 많은 선각자들을 개인 또는 집단적으로 처형한 사실이다. 그런데 이러한 역사의 배후에는 언제나 기득권의 수호 또는 확장을 위한 권력욕의 노정이 있었으며, 배타적 자기 절대주의가 작용하고 있었다.
2. 한국의 기독교는 처음부터 박해 속에서 시작되었으므로 권력과의 야합 따위는 생각할 수 없었다. 그러나 한국 기독교는 배타적 자기절대주의를 받아들였다. 이것은 이조의 사색당파의 추잡한 역사와 맥을 같이 하는 것이다.
이런 징조는 한국에서 제일 큰 교파인 장로교회에서 나타났다. 그것을 보여주는 획기적인 사건은 김재준 목사를 이단으로 단죄하고 교회에서 추방한 일이다. 그 이후에도 끝없는 분쟁이 계속되었는데 그 명분은 정통성 수호에 있었으나 제3자의 눈에는 교권 싸움과 교회의 분열 이외의 아무 것도 가져온 것이 없었다.
3. 감리교회는 장로교에 비해 배타적 독선주의가 비교적 표면화되지 않은 교회로 평가되고 있다. 그런데 지난 총회에서 변선환, 홍정수 두 교수를 신학적 이유를 들어 신학교 강단에서 뿐만 아니라 목사직까지 박탈할 것을 감신대학 이사회와 해당 연회에 통고하기로 결의했다는 사실은 큰 충격을 안겨 주었다. 그것은 오늘의 세계 조류가 개방과 다원화를 향해 달리고 있는 것과 너무나도 대조적이기 때문에 일반사회에서 조차 이 사건에 큰 관심을 가질 수밖에 없게 되었다. 자기의 것을 아끼고 그것에 대해 자부심을 갖는 것은 모든 사람들의 권리요 의무이다. 그러나 그와 동시에 남이 소중하게 알고 자부하는 바를 존중할 줄 모르면 독선주의에 빠지고 만다. 모든 것이 공존할 수밖에 없는 사회에서 종교만이 유아독존적일 수는 없다.
또한 어떤 종교든 구도자적 자세를 포기할 때 살아 있는 종교로서 창조적이 될 수 없다. 이 점을 깨달아 올바른 길을 걷고자 한 걸음을 내디딘 것이 신교이다. 신교를 일컬어 프로테스탄티즘이라고 했듯이, 종교개혁의 기본정신은 언제나 자기를 비판하고 저항하면서 궁극적인 목표를 향해 달리려는데 있다. 이것이 바로 구도자의 자세인 것이다.
기독교는 스스로 어떤 완성된 단계에 이르렀다고 자부하지 않고 계속 완전을 향해 추구하는 도상에 있을 때에만 제 모습을 보존할 수 있다. 따라서 우리 시대의 과제와 시대정신에 대해 관심을 쏟고 언제나 배우려는 자세를 갖는 것은 너무나도 당연한 일이다. 기독교는 복고적인 종교가 아니라 역사의 현장에서 생동하는 실재를 찾고 이에 동참하려고 하는 종교다. 그러므로 역사의 현장에서 오늘을 사는 기독교를 추구하는 것은 너무나도 자명한 신학적 과제라고 하겠다.
이러한 자세들을 정죄하는 어떤 세력이 있다면 그 이름을 무엇으로 내세웠든지간에 그 자체가 정죄받게 될 것이다. 기독교의 과오는 지난 천년 암흑시대에서 자행된 것으로 족하다. 진리를 교권으로 재판하는 시대는 영원히 지나갔다. 신학은 궁극적 진리를 찾는

19911121_신학의 자유를 옹호하는 신학자 성명
(기독교대한감리회 제19차 입법총회와 결의에부쳐)_안병무외45명_5번_페이지_1

도구이다. 그것은 신학의 자유가 보장될 때에만 제 기능을 다할 수 있다.

4. 우리 한국의 신학자들은 최근 감리교 총회에서 결정한 변선환, 홍정수 두 교수에 대한 결의를 철회할 것을 간곡히 부탁한다. 그것만이 감리교회가 자기의 참면모를 추구하는 길이고 동시에 신학이 제 역할을 다하게 하는 길이다.

"진리가 우리를 자유하게 하실 것이다"(요한 8,32)

1991. 11. 21.

서명자

안병무, 문동환, 현영학, 황성규, 정웅섭, 서광선,
장 상, 박근원, 김이곤, 김경재, 손승희, 장일선,
김성재, 오영석, 이재정, 손규태, 심일섭, 선우남,
김달수, 김창락, 박종화, 정태기, 윤응진, 김명수,
목창균, 유석성, 김영일, 이신건, 이경숙, 최영실,
권진관, 전삼광, 김진희, 허호익, 임태수, 채수일,
강원돈, 김원배, 이재훈, 진연섭, 황정욱, 김은규,
이숙종, 고재식, 안상님,
이상 45명(무순)

-18-

19911121_신학의 자유를 옹호하는 신학자 성명
(기독교대한감리회 제19차 입법총회와 결의에부쳐)_안병무외45명_5번_페이지_2

J-2-043

감리교 전통 및 감신 학문성 수호를 위한 대책위원회 구성을 알리며

지난 제19차 교단 특별총회의 변선환, 홍정수 교수에 대한 징계 권고 결의 이후 450여명의 학우들이 총회장을 방문하여 일방적인 총회의 결정에 대해 항의 시위를 가졌습니다. 이 사태가 장기화 될 것과 학기 말이라는 시기적인 한계를 감안하여 이 문제를 전담할 수 있는 대책위 구성이 필요시됨에 따라학우를 대표하고 있는 총운영위원회와 정보의 수집과 보도를 전담하고 있는 언론기관인 방송국과 학보사가 참여하는 대책위 준비모임을 11월 14일(목)에 가졌습니다. 대책위 준비모임에서는 감리교 전통 사수 및 보수화 저지, 총회결의 무효화, 신학과 목회 현장의 괴리 극복 등을 목표로 설정하고 15일(금) 교단항의 방문 이후의 일정을 전담하기로 결의하였습니다. 총학생회에서 전달한 공개질의서에 대한 답변을 19일(화)까지 받기로 하였으나 시간이 필요하다는 감독회장의 요청에 따라 21일(목)로 기한을 연기하게 되었습니다. 이에 대책위는 계속되는 학외의 움직임을 주시하고 수차례의 모임을 가진 후 어제(21일) 공개질의서에 대한 답변을 듣기 위해 6인(부총학생장,여학생 회장,종철과 회장,기교과 회장,학보사 편집장,방송국 실무국장)의 대책위원이 교단을 방문하였습니다.

대책위 제1차 교단방문 경과 보고

대책위 6인은 ①공개질의서에 대한 즉각적이고도 책임있는 답변 요구 ② 파행적인 총회 운영에 대한 책임을 지고 감독회장님은 적극 수습에 임할 것 ③감리교 보편주의적 전통에 의거하여 이번 사태의 해결을 위해 신학자와 목회자의 공개적인 토론의 장을 시급히 마련할 것 등을 요구하기 위해 교단을 방문하였습니다. 그러나 답변을 할 수 있는 곽전태 감독이 부재중이어서 윤병조 감독실 주무간사와 면담을 갖고 "내일 중으로 책임있는 답변을 듣기 위해 감독회장님과 만날 수 있도록 주선해 달라"고 요청하였습니다. 그 결과 오늘(22일) 오후 2시 감독실에서 곽전태 감독회장과 면담을 하기로 하였습니다.

대책위 제2차 교단방문을 준비하며

우리는 오늘 진행될 면담을 통해 이번 사태의 문제점과 그 해결을 위한 감독회장의 책임있는 행동을 촉구할 것입니다. 또한 우리 대학 교수가 면직된다고 하는 단순한 이유에서 이러한 투쟁을 벌이는 것보다도 그 결의 과정에 있어서

19911122_감리교 전통 및 감신 학문성 수호를 위한 대책위원회 구성을 알리며_
감리교 전통 및 감신 학문성 수호를 위한 대책위원회_5번_페이지_1

의 비민주성과 비감리교성을 개탄하는 것이며 더욱 일부의 극단적인 복음주의적 교리의 입장이 절대 진리화 되어서 진보적 다원주의 신학을 이단시, 적그리스도시 하는 것에 반대를 하는 것입니다.

앞으로 대책위는 감리교단과 감신을 지키려는 학외의 다양한 움직임과 연대하여 범감신인 대책위 구성에 선도적으로 나설 것이며, 문제의 장기화에 대응하여 새로 구성되는 각 학생회 주체들을 대책위로 결합시켜 지속적인 대응책을 마련할 것입니다. 또한 아직은 체계적인 조직체로 자리잡지는 못했지만 일천 감신 학우 여러분들의 적극적인 관심과 참여속에서 감리교 전통 및 감신 학문성 수호를 위해 힘차게 투쟁해 나갈 것입니다.

♤♤♤ 감리교 전통 및 감신 학문성 수호를 위한 대책위 ♤♤♤

〈 기 독 교 신 보 〉

어제(21일) 오후 5시 힐튼 호텔에서 곽전태 감독회장, 김홍도 목사, 유상열 장로, 이동주 교수 등 350여명의 목회자, 장로들이 참석한 가운데 『기독교대한감리회 교리수호 대책위원회』가 발족되었습니다. 이 날 모임은 금란교회(김홍도 목사)에서 1000여만원에 달하는 경비를 부담하여 열리게 되어 곽전태 감독회장의 설교, 라사행 목사와 김홍도 목사의 두 교수 주장에 대한 반박 강의 등이 열렸으며 대책위원회 공동회장으로 김홍도 목사와 유상열 장로를 선출하고 목사와 장로로 구성되는 12인의 임원진을 꾸리기로 결의하였습니다. 이 날 모인 목사와 장로들은 결의문을 통해 ①제19회 특별총회 결의를 전폭적 지지 찬동한다 ②서울연회 감독은 두 목사를 즉시 심사위원회에 회부할 것을 촉구한다 ③감신대 이사회는 총회 결의를 존중하여 두 교수를 지체없이 면직처리 하도록 촉구한다 ④교단 산하 교역자 양성기관의 장(학장)은 총회인준을 받아서 취임하는 제도를 제20차 총회시 입법토록 교단본부에 강력하게 청원한다 ⑤만약에 두 교수에 대한 징계가 처리되지 않으면 한국 감리교회에서 감신대 졸업생을 목회자로 받지 않도록 하겠다 ⑥우리는 감리교회를 사랑하고 염려하는 우리의 기도를 하나님이 열납하여 주실 때까지 순교의 각오로 투쟁할 것을 굳게 서약한다 등을 결의하였습니다. 또한 김홍도 목사는 두 교수에 대해 사탄, 적그리스도라는 표현을 서슴치 않으면서 이번 사태를 사탄과의 싸움으로 규정하였으며, 기자들과의 인터뷰를 통해 교단분리까지도 각오하고 목숨을 걸고 싸우겠다고 밝히고 제20차 총회에서 W.C.C(세계 교회 협의회)탈퇴도 건의하겠다고 밝혔습니다. 또한 이것이 관철되게 하기 위해서 전국적이고도 대대적인 궐기 대회도 가질 것이라고 하였습니다. 한편 이 날 초청된 이동주 선생(협성)은 이들에 주장에 전폭적으로 지지한다고 밝히고 소감을 묻는 기자의 말에 "좋았다, 통쾌했다" 라고 말하였습니다.

1991년 11월 22일

감리교 전통 및 감신 학문성 수호를 위한 대책위원회 (학생들)

19911122_감리교 전통 및 감신 학문성 수호를 위한 대책위원회 구성을 알리며_
감리교 전통 및 감신 학문성 수호를 위한 대책위원회_5번_페이지_2

15. 萬物相

◈출처: 조선일보, 1991. 11. 18.

萬物相

기독교 대한감리회총회는최근 교단소속 監神大 邊鮮煥학장과 洪丁洙교수의 교단추방을 결정했다。이에 따라 이들 두 사람의 교수직 및 목사 자격박탈여부는 감신대이사회와 서울연회 자격심사위에 계류되고 있다。총회가 신학적·학문적 이유로 징계를 결정한 것은 한국감리교단 1백6년 역사에 처음이기 때문에 사회적 관심이 고조되고 있다。▼이같은 사태는 지난3월 교계지에 기고한 글에서 홍교수가 예수의 육체적 부활을 정면으로 부정, 교단내의 물의를 빚은데서 발단됐다。홍교수는 뒤에 입장을 바꿔 신앙고백을 했지만 교단내 보수파는 이 기회에 진보신학자들에 대한 공세를 강화해 평소 종교다원주의를 주장하고 있는 邊학장마저 공격하고 나선 것이다。▼邊학장은 이미 60년대말부터 「예수이외에도 구원이 있을수 있다」는 주장을 펴온바 있다。그때문에 지금 새삼 그의 주장을 문제삼는 것은 어쩐지 이상하다。또 세계적으로도 종교다원주의 입장은 다종교사회에 대응하는 기독교의 합리적 선택으로 세계교회협의회나 바티칸공의회도 공인하고 있다。▼기독교신학자가 운운하는 기독교인들이 다른종교를 우상숭배운운하며 배척하는데、사실은 자기종교를 절대화하는 그들이야말로 우상숭배자의 전형이다 하고 말하는 사람도 있다。하느님은 그렇게 편협하거나 배타적일리가 없다는 논리다。▼사태가 어떻게 결판날지 아직 알 수 없다。하지만 이를 바라보는 국외자들은 하나님의 이름을 내걸고 다투는 감리교단사람들이 종교재판식 대신 신학논쟁을 보여주길 기대할 것 같다。그래야 장승백이에 세운 장승에 석유를 붓고 불을 지르는 식의 과격한 이상신앙행태도 없어질 수 있으리란 생각이다。

1991. 11. 18.

16. 종교다원주의 찬반논쟁 본격화

◈출처: 동아일보, 1991. 11. 22. 금.

종교다원주의 **贊反논쟁 본격화**

監理財團 제재싸고 논란…심포지엄 열기로

「他종교도 구원가능」 監神大 두교수주장 파문확산

지난달 30일 열린 감리교단 특별총회가 「다른 종교에도 구원이 있을 수 있다」는 종교다원주의를 주장한 감신대 邊鮮煥 학장과 洪丁洙 교수의 교수 및 목사자격박탈을 건의키로 결의한데 대해 개신교단의 상당수 신학자들이 결의철회 성명서를 내는 등 파문이 확산되고 있다.

徐洸瀞이화여대 교수, 金敬宰한신대교수, 李在禎성공회신학대학장 등 비감리교단 신학자 45명은 21일 오전 감리교단 특별총회 결의철회를 촉구하는 성명을 발표했다. 또 감리교단의 소장목회자 모임인 전국감리교 도시목회자협의회는 18일 총회결의의 전면무효를 밝히는 성명을 발표했다.

그러나 총회에서 자격박탈결의안을 통과시키는데 앞장선 목회자들은 최근 일요예배 등을 통해 자신들의 입장을 더욱 강하게 밝히고 있다. 지난 10일 낮 서울금란교회의 김홍도 목사는 지난 10일 낮 예배에서 두 학자가 사도신경과 감리교교리에 나타난 기독교진리를 부인

- 311 -

19911122_종교다원주의 찬반논쟁 본격화_동아일보_교리사건 재판자료_5번_페이지_1

했다고 규정지었다.

贊反논쟁 본격화

찬성

반대

한편 다원주의신학에 대한 토론의 장이 마련돼 이 문제에 대한 논쟁도 본격화될 것으로 보인다. 감리교단에서 보수성향의 감리교신학자협의회가 25일과 나음달 9일 각각 종교다원주의를 주제로 심포지엄을 개최하며 한국기독교교회협의회(KNCC)신학위원회도 다원주의와 포스트모던신학에 대한 입장을 정리할 것으로 보여 귀추가 주목되고 있다. 이에 관해 두 신학자의 견해를 들어본다.

다원주의 반대

협성神大 李東珠교수 주장

기독교는 나름대로 독특한 세계관을 가지고 있다. 그것은 이 세계가 창조주 하나님에 의하여 무로부터 창조되었음을 믿는 것이다. 즉 다른 종교들에서처럼 궁극자로부터 유출되거나 진화되어 만물이 생성된 것으로 믿지 않는다. 그러므로 창조주 하나님과 그의 피조물인 인간은 토기장이와 토기와 같이 그 본질이 다르다. 인간을 구원하는 도리도 자기 스스로 道의 경지(무아의 경지)에 이르는 自力救援觀이 아니고 예수 그리스도의 대속에 의한 他力救援이다. 죄를 지은 모든 사람이 그를 믿음으로써 용서받고 그의 은총으로 구원받는 것이다. 즉 기독교의 특성은 進化나 汎神論的 유출이 아니라 창조주를 믿는 것이고, 자력으로가 아니라 하나님의 은혜로 구원된다고 믿는 것이다. 그런데 종교다원주의나 포스트모더니즘(탈현대주의)의 문제는 바로 범신론사상이나 진화론적 사상을 기독교의 창조론에 억지로 통일시키려는데 있다. 이는 본래적인 기독교 신앙을 근본적으로 포기해야 가능한 일이다.

지난 달 감리회 특별총회는 감신대 邊鮮煥학장과 洪丁洙교수의 종교다원주의와 포스트모더니즘에 근거한 신학적 입장을 받아들일 수 없다는 결의를 하였다. 이러한 사건의 구체적인 동기는 邊변학장의 구원의 다원주의가 감리회의 正體性 상실이 되기 때문이며, 또 洪교수가 예수의 부활을 부정하고 의미풀이로 대치시키는 학설을 주장함으로써 발생한 것이다. 邊학장과 같은 이론에 따르면 교회가 따로 존재할 이유가 없다.

종교다원주의와 포스트모더니즘을 주장하는 洪교수의 경우에는 전통 기독교 신앙에 따른 예수 그리스도의 십자가 사건에 의한 구원이 아니라 예수의 설교에 의한 구원을 말하며, 예수의 피의 대속과 몸의 부활신앙을 다 부정한 것이다.

그러나 한국 감리교회의 모교회가 되는 미연합감리교회는 종교다원주의로 인한 신학적 혼합주의를 부정하고 1975년 총회에서 교리적 선언문을 채택하였다. 그 선언문은 성경을 유일한 하나님의 말씀으로 보고, 복음적 신앙을 재천명하고 전통적인 감리회 신앙을 고수한 것이다. 기독교인들에게 있어서 기독교신앙과 교리가 순수하게 보전되어야 하는 것은 우리

19911122_종교다원주의 찬반논쟁 본격화_동아일보_교리사건 재판자료_5번_페이지_2

의 자연 환경이 순수하게 보존되어야 하는 것과 같다.

다원주의 찬성

韓神大 金敬宰교수 주장

높은 명산은 여러 개의 이름을 가질 수 있다. 에베레스트산은 그 산 높이를 측정한 영국토목기사 이름을 기억하며 붙인 이름이지만 그 산 높이를 측정하기 전부터 그 산은 거기에 있었고 네팔이나 티베트인들은 그 산이름을 다르게 부르고 있다. 산정에 오르는 등정로는 여럿 있을 수 있고 등정로에 따라 산세와 풍광은 다르지만 산정에서 만난 등산인들이 호연지기는 서로 통한다. 등장의 모양은 다양하고 등장을 만든 재료나 새겨 넣은 조각문양은 문화풍토에 따라 다양하지만 비쳐 나오는 불빛은 같다.

宗敎多元主義란 궁극을 경험하는 인간의 구원체험형태와 종교상징체계는 다양할 수 있으나 참종교의 기능 곧 인간을 새롭게 변혁시키는 구원의 열매는 서로 통한다는 주장이다. 자기 중심적이던 존재가 변하여 생사를 초월한 우주적 생명체로 변화하고 이기적이던 작은 생명이 사랑, 자비, 어짐과 같은 利他的 생명으로 변하는 것이 구원경험이라면 다른 종교 안에도 그 나름을 인정하자는 입장이다.

종교다원주의란 1960년대 이후 카톨릭의 제2차 바티칸 공의회와 개신교의 세계교회협의회(WCC)가 그리스도교와 타종교와의 대화자세를 천명한 포용주의적 태도를 받아들이되 한 발짝 더 전진하려는 입장이다. 현대사회는 다원사회이며 전시대의 세계관이 갖고 있는 생각의 틀과 발상법을 크게 한번 고쳐보려는 문명전환의 진통기이다. 신학적 포스트모더니즘이란 바로 변화하는 문명의 상황 속에서 기독교의 진리를 새롭게 해석하고 새로운 발상법으로 접근하여 진리를 표현해 보려는 학문적 노력이며 종교다원주의도 그중의 하나이다.

종교다원주의자들은 「궁극적 실재」는 깊은 뜻에서 「하나」이며 그 궁극적 실재를 경험하고 반응하는 인간문화의 종교적 반응이 다양하다고 본다.

개신교 프로테스탄트정신은 하나님만이 절대 궁극적이고 그 외 모든 것, 종교교리 신학전통 이념체계 등은 상대적인 것이므로 그것들을 절대화할 때는 저항하고 비판하는 정신이다. 종교다원주의는 기독교의 自己正體性을 절대로 약화시켜서는 안되지만 기독교가 자기를 절대화함으로써 우상숭배의 죄에 빠지지 않도록 하는 제2의 종교개혁정신이요 기독교의 자기 비판적 성찰인 것이다. 최근 감리교단내의 불행한 종교재판은 재고되고 철회되어야 할 것이다.

19911122_종교다원주의 찬반논쟁 본격화_동아일보_교리사건 재판자료_5번_페이지_3

1991년 11월 23일(토)

크 리 스 챤 신 문

감리교 1백년 전통 어디로 가나

지난달 기독교대한감리회 특별총회가 감신대 변선환 학장과 홍정수 교수를 징계한데 대해 감리교 안팎에서는 이의 철회를 요구하는 움직임이 거세게 일고 있다.

0…우선 감신대 총학생회는 "금번 결의는 감리교의 전통에 위배될 뿐 아니라 결의과정에서도 심각한 비민주성을 드러냈다"고 전제하고 "특정 집단이 (교리사수)라는 미명아래 보수적 근본주의신학을 강요하고 배타적이고 특권적인 기득권을 확보하려는 불순한 동기"라고 주장했다. 이어 총학생회는 곽전태 감독회장에게 7개항의 공개질의서를 전달하고 답변을 기다리고 있다.

감신대 출신 목회자들 동문회 차원서 대처 움직임

"교권주의자들의 중세기적 현대판 종교재판"

총학생회는 공개질의서를 통해 △3백여명 총회원의 결의가 법정 결정력이 있는지 △교리문제를 총회장에서 즉흥적으로 결의하는 것은 교리의 권위를 실추시키는 행위가 아닌지 △전통(교리)만을 강요하는 총회장의 분위기는 오히려 칼빈주의나 가톨릭주의에 가까운 것은 아닌지 등에 대해 묻고있다.

0…전국감리교도시목회자협의회는 "금번 총회의 결의는 감리교의 자랑스런 전통에 반할 뿐 아니라 구체적인 절차와 의견과정에 있어서도 법적 타당성을 갖추지못한 탈법적 처사"라고 주장했다.

이 협의회는 "금번 결의는 이를 주도한 일부 총회원들이 사회의 보수화에 편승, 자신들의 근본주의신학을 감리교의 신학으로 규정하여 기득권을 확대하고 입지를 강화하려는 불순한 동기에서 이뤄졌다"면서 "절차를 무시한 채 교권주의자들이 저지른 중세기적 현대판 종교재판으로 단정한다"고 밝혔다. 또 "금번 결의는 감리교의 법(교리장정)을 위반하면서 이루어진 것으로 전면 무효"라고 주장했다.

0…특히 감신대 교수들은 금번 총회를 계기로 그동안 신학교육이 교회현장을 소홀히했다는데 의견을 같이하고 앞으로 신학과 교회 사이에 깊어진 괴리를 메우기 위해 더욱 노력할 움직임을 보이고 있다.

그러나 교수들은 어떠한 이유에서든지 학문의 자유는 침해될 수 없다고 보고 조만간 「신학백서」를 발간, 감신대의 신학방향과 입장을 천명할 것으로 알려졌다.

0…감신대 출신 일부 목회자들은 금번 총회의 결의가 그동안 감신대가 쌓아온 자랑스런 학문적 전통과 배치된다고 간주, 총동문회를 중심으로 대처해 나갈 움직임을 보이고 있다.

특히, 감신대 동문들은 금번 문제가 감신대 학문성을 비판해온 일부 부흥사 목사들과 심지어 목원대 출신 목사들의 도전으로 판단, 감신대를 수호한다는 차원에서 대처하고 있는 상태이다. 또 이들은 곧 이사회가 열리면 부흥사 출신이며 목원대 출신인 곽전태 감독회장이 이사장으로 선출되는 것을 저지할 움직임도 보이고 있다.

0…금번 감리교 총회 결의에 대한 반대는 감리교 뿐만 아니라 타교단까지 그 파문이 확대되고 있다.

안병무박사를 비롯한 41명의 진보적 신학자들은 감리교의 두 교수에 대한 징계와 관련, 이의 철회를 요구하는 서명을 벌여 21일 한국교회1백주년기념관에서 성명서를 발표했다.

0…한편 감리교의 자목사는 금번 총회의 결과에 대해 "총회가 무슨 근거로 종교다원주의와 포스트모던신학을 이단으로 규정했는지 이해할 수 없다"며 "그동안 감리교가 토착화신학과 타종교와의 대화를 인정했음에도 이제와서 이를 받아들일 수 없다면 감리교는 스스로를 이단으로 정죄한 큰 과오를 범한 셈"이라고 말했다.

또 "총회가 두 교수를 징계하려면 두 교수 뿐만 아니라 최병헌목사나 윤성범교수 등도 모두 이단으로 정죄해야 할 것"이라고 덧붙였다.

특히 자목사는 감리교는 85년 「1백주년 기념대회 선언문」 88년 「선교대회 대사회선언문」 그리고 「국제대회 선언문」에서 종교다원주의를 인정했은데도 느닷없이 금번 총회에서 이를 번복한 것은 상식에 벗어난 결의라는 것이다.

- 5 -

19911123_감리교1백년 전통 어디로 가나_크리스챤신문_5번

18. 개신교 타교인정 논란 가열

◆출처: 조선일보. 1991. 11. 23. 토

(13) 10版 第21821号

개신교 「他教인정」 논란 가열

「장승放火」·「監神大사건」 계기

아시아 종교평화회의선 수용 분위기

조선일보, 1991. 11. 23. 토

19911123_개신교타교인정 논란 가열_조선일보_교리사건 재판자료_5번

함께 생각해봅시다

모든 길은 신에게로

크리스찬 '91.11.23

이 상 윤

16세기 명말 정초 중국에서 가톨릭선교운동을 이끌어 왔던 이탈리아인 선교사 마테오 리치의 선교방문법은 예수회의 동방선교에 꽃이라고 부를만큼 위대한 것이었다.

즉 현지문화의 특수성을 보편적 구원론에 결합시켜 이른바 보유역불(保儒逆佛)의 선교적용을 시도한 것이었다.

그는 선교초기 선화사를 창건하여 불가의 승려처럼 남중국 일대에서 활동했으나 시간이 지남에 따라 중국사회의 주류문화는 유교이며 유교의 선비들이 정신적 지도자임을 간파하고 보유역불의 방식으로 선회했다는 것은 유명한 일이었다.

중국이 포함된 세계지도를 황제에게 주었고 자명종과 청분의를 소개하고 유럽식 수학에다 각종 천문기상관측과 심지어는 교우방식에 이르기까지 다양한 문화공세를 구사했던 리치 신부는 기독교가 아시아 문화 토양속에서 어떻게 적응해야 하는지를 잘보여준 역사적 교훈이 됐다.

그러나 리치 역시 문제가 없었던 것은 아니었다.

신학적으로 중국인 전래의 조상제사에 대한 복잡하고 까다로운 문제가 발단이 되어 그의 예수회 선교단 선교적응의 문제가 바티칸에서 공식재판을 당하게 됐고 리치 신부의 선교방법을 따르는 예수회의 중국선교가 상징일로를 걷자 프란치스코회와 도미니크회에서도 1632년 선교사를 파송했다.

그런데 스페인과 포르투갈인들이 중심이 된 이들의 선교방법은 일방적 가두전도식이었으며 현지의 중국문화에 있어서 여러가지 것들을 우상숭배적이라고 간주하고는 일체의 타협을 불사하며 나섰던 것이다.

따라서 이들은 현지의 특수사정을 고려하지 않은 채 십자가를 치켜들고 거리를 행진하면서 구경꾼들이 모이면 통역자를 세워노방설교를 했다.

그들중 어떤 이들은 중국 역대 제왕들이 모두 지옥에서 불타며 고통받고 있으며 예수를 믿지 않으면 너희들도 지옥불의 고통을 받게될 것이라고 경고하기도 했다.

복건성에서 일어났던 선교사박해사건도 사실 이와 같은 배경하에서 분노한 중국민중이 일으킨 사건이었던 것이다.

리치 역시 말년에 그의 후계자 종고 바르도의 반대에 부딪쳐 큰 곤욕을 치룬 일이 있었다.

예의 그런 주장이 그의 후계자 바르도에게서도 나온 것이다. 즉 조상의 신주앞에서 절하고 분향하는 것은 미신이며 우상숭배이므로 강력하게 배척돼야 한다는 것이었다.

기독교선교는 역사적 경험에서 어느 일정한 시기 어느 일정한 민족의 문화관습에 적응하면서 커왔던 것이 사실이었다.

말하자면 기독교의 문화적응주의라고 볼 수 있는 이러한 방법론은 사실 오래된 것이었다.

사도 바울의 경우도 초기 기독교 선교에 있어서 유대적 전통위에 그 전통을 십분 활용하여 세를 구축하고 논리를 발전시켜 보자고 노력하였으며 3세기 6세기에 이르러서도 교회는 그레코로만 문화속에서 교회의 예배의식과 성례전 그리고 교회의 법과 제도적 측면에서 그들의 종교적 전통과 철학적 방법론을 통해 더욱 크게 성장했던 것이다.

이것은 훗날 기독교가 북부유럽의 게르만문화나 앵글로색슨 문화속에 들어갔을 때도 매한가지였고 토마스 아퀴나스의 신학적 체계는 아리스토텔레스의 이방적 철학과 세계관의 토대위에 성립될 수 있었던 위대한 신학적 세계관이기도 했었다.

리이문도 파니카는 이렇게 말한다. 기독교가 어떠한 사회를 성공적으로 변화시킬 수 있었던 때는 기독교가 그 사회의 특정종교와 문화를 이용했을 때가 아니라 그곳의 특정종교와 문화속에 성육신 됐을 때라는 사실을 역사가 증명한다고 했다.

예전논쟁이 한창 격심하여 바티칸에서는 예수회의 중국선교를 금하자고하 는 쪽으로 공작이 진행되고 있었을 때 중국은 청조의 강희황제가 통치하고 있었다.

그는 중국인의 공자문묘숭배는 무슨 은혜나 지위를 축원하면서 드리는 것이 아니라 후대에 남긴 그의 위대한 윤리적 가르침 때문에 드리는 단순한 예절이며 죽은 조상에 대해 드리는 제사 또한 자식으로서 부모에게 드리는 효의 표시일 뿐이라고 말했던 것이다.

최근 감리교에서 일고있는 다원주의 선교론과 관련해 교회내에 강경론이 득세하는 듯한데 사실 그런 의미에서 감리교는 과거 어느때보다 심각한 위기에 빠져있는 듯 싶다. 그러나 모든 길은 신에게 나가고 있다고 믿는다 하느님의 물레방아는 천천히 돌고 있으나 정확하게 돌고 있기 때문이다.

<구리 신영교회 목사>

감리교단 神學논쟁 개신교전체로 飛火

한국일보 11월 28일

19911123_모든 길은 신에게로_크리스챤신문_5번

社　　說

기독교교리수호와 학문의 자유한계

감리교（기독교대한감리회）의 특별총회에서는 지난달 30일 광림교회에서 감신대학장인 변선환교수와 홍정수교수（조직신학）를 감리교교리에위배된 주장을 했다는 이유로 두사람 모두에게 면직할 것을 결의하고 대학이사회에 이 사실을 통고하여 문제가 되고 있다.

우리는 이 사건이 감리교단에 국한된 것으로 보기 이전에 한국교회 전반에 미칠 영향력을 감안, 기독교전통과 교리수호의 차원에서 옳게 해결되어야 한다는 점을 밝히고자한다.

변선환교수의 다원주의신학이나 홍정수교수가 주장하고 있는 예수 육체부활의 부정이라는 글은 기독교절대성에 대한 부정이며 교회의 근본뿌리인 교리를 흔드는 것으로서 결코 한국교회가 용납하거나 수용해서는 안될 내용들이다.

이것은 감리교단과 한국교회의 교리이기 전에 세계교회의 교리와 관련된 중대사건이며 2천년간 지켜온 정통교회의 뿌리를 상하게 하는 주장으로 반드시 그 책임을 묻고 면직시켜야 하며 다시는 이러한 주장들이 감리교단뿐 아니라 한국교회안에서 일어나선 안될 것이라 본다.

그렇지 않아도 호주에서 열린 WCC 모임에서의 종교다원주의와 이화여자대학교 정현경교수의 초혼제로문제된 종교혼합주의가 논란을 일으킨 바 있음을 잊을수 없다.

원래 종교다원주의란 모든 종교를 긍정적으로 보고 이를 수용하고 종교간의 이질적 주장을 시인하며 대화와 협력으로 공동의 선을 이룩하자는 것이지만 우리는 여기서 종교다원주의 자체가 기독교의 절대가치인 구원관을 도외시하고 있음은 문제가 있는 것이며 그들이 주장하는 것처럼 기독교구원관의 절대성주장을 기독교제국주의로 몰아붙이는 것은 사회정의를 실현하자는 일반적 종교론을 떠나서 기독교의 근본교리를 부정하거나 혹은 교리를 퇴색시키는것으로도 이를 용납할 수 없는 것이다.

우리나라에서도 벌써 1965년부터아카데미운동이란 이름으로 기독교 천주교 유교 불교 원불교 천도교 등의 6개종파 지도자들이 모여 종교간의 대화를 주제로 종교다원주의가 태동한 바 있거니와 바로 이것은 종교학적인 학문의 연구차원에서는 이해될 수 있다할지라도 공동의 선을 창출한다는 그럴싸한 명제 앞에 기독교의 근본교리인 예수의 하나님의 아들로서의 탄생과 죽음 그리고 부활이나 재림등의 근본교리를 양보하거나 타종교의 주장과 결합시키려는 의도는 20세기에 교회안에 들어온 적그리스도요, 사탄의 궤계로서 현존교회는 이를 엄히 정죄하여야 할 것이다.

이번 교리논쟁으로 인하여 파국으로 치닫고 있는 감리교의 교리적파고는 어떤 의미에서 감리교의 보수성을 드러냄으로써 한국교회 전체가 경하할 일이며 바로 이같은 감리교의 특별총회의 주장을 독선이거나 편견으로 단정하려는 것은 다른 종교지도자들의 주장이라면 학문적으로이해할 수는 있어도 이같은 주장이교회안에서 수용되거나 교회의 목사로 더구나 신학을 가르치는 교수들이주장하고 나선 것은 전통을 계승해온 한국교회의 위기요 적신호가 아닐수 없다.

이번 사건에 대하여 감신대의 일부 교수와 학생들이 총회의 결정을 두고 학문의 자유를 침해하는 사건이라고 규정, 이를 정면으로 거부하고 나선 것은 불신앙의 그릇된 주장으로서 즉시 철회되어야할 것이다.

홍정수교수의 주장을 그대로 옮기면 『성경에 나타난 부활신앙의 핵심은 생물학적 부활사건에 있는 것이아니라 하나님의 정의의 심판이며 역사변혁의 사건』이라고 한 것인데 바로 이같은 주장은 사회정의실현이란 민중신학차원에서는 이해될지 모르지만 예수의 육체부활신앙을 믿는 기독교에서는 전혀 수용할 수 없는 내용이라 하겠다.

감리교 특별총회에서 『기독교의 기본교리인 예수의 부활과 구원관을 잘못 해석한 일은 수용할 수 없다』고 천명한 것을 교리수호차원에서올바른 결정이며 동시에 『다원주의기독교포스트모던신학론을 소개하는 일은 수용할 수 있으나 이것을 자신들의 것으로 주장하는 일은 수용할수 없다』고 한 것은 학문의 자유란 한계와 교리수호의 한계를 잘 명시한 결론으로서 바른 주장인 동시에 홍정수교수가 또다른 주장으로서 『기독교인들이 동정녀탄생과 예수부활 재림사상을 실재적인 사건으로 보는것은 성경을 잘못 이해한데서 오는허상으로 심지어 기독교인들이 예수의 부활을 믿는 것은 무신론자들이나하는 일들』이라고 했다니 이같은 주장은 다시 있어서도 안되며 그런주장과 학설이 기독교내에서 일어났다는 것 자체가 경악을 금치못할 일이다. 또한 개혁주의신앙을 믿는 우리들로서는 이해하기조차 어려운 일로서 분노마저 느끼게 하는 사건이라 하겠다.

차제에 일부 타신학교교수들의 주장이기는해도 이같은 주장들이 본교단내에 스며들지 않도록 주의를 환기하여야 할 것이며 우리의 신앙을 굳게 지키고 이같은 신학을 신학적으로 변증하는 보수신학의 틀을 튼튼히 다져 놓아야 할 것으로 본다.

19911123_사설-기독교교리수호와학문의자유한계_기독신보_5번

韓國敎會에 보내는 편지

교권주의적 종교재판 배제를

우리 영혼이 하나님에게 굳게 매달려야

장일조 (한신大 교수)

두교수 징계는 현대판 종교재판

신학과 신앙의 갈등 전면 표출

두교수 자격박탈 철회촉구

45인교수 기자회견서 밝혀

서광선(이화여대), 김경재(한신대), 이재정(성공회 신학대학장)교수등 8개교단대학 및 연구소 소속 신학자 45명은 지난달 21일 백주년 기념관에서 기자회견을 갖고 감리교단 변선환·홍정수교수의 교수·목사직 자격박탈 철회를 촉구했다.

감리교단을 제외한 이들 45명의 교수들은 '신학의 자유를 옹호하는 신학자 성명'이란 성명서를 통해 "장로교에 비해 배타적 독선주의가 비교적 표면화되지 않은 감리교회가 지난 특별총회에서 두교수를 신학적 이유를 들어 교수직과 목사직을 박탈할 것을 결의했다는 것은 큰 충격을 안겨 주었다"고 전제한 뒤 "이는 오늘의 세계 조류가 개방과 다원화를 향해 달리고 있는 것과 너무 대조적"이라고 밝혔다.

한편, 감신대 총학생회(회장: 황홍진)는 지난달 22일 두교수와 관련 공개질의서에 답변을 감독실에 요구한 것으로 알려졌다.

19911124_교권주의적 종교재판 배제를_기독교신문

결 의 문

전국감리사와 선교부총무가 중심이된 7천교회 2백만 신도운동을 위한 "91년도 교회 개척추진협의회"에서는 7천교회 2백만 신도운동의 최대 장애요인은 변선환교수가 주장하는 "종교 다원주의"와 홍정수교수가 주장하는 "포스트모던 신학적인 입장"에서 성서를 보는것으로 도저히 용납할수 없는 이단적인 요소가 있으므로 제19회 총회의 결의가 조속한 시일내에 처리되기를 촉구하면서 교단과 해당당국에 아래와 같이 협의회 회원의 결의를 밝힌다.

우 리 의 결 의

(1) 교단과 해당 당국은 제 19회 총회에서 결의된 대로 변선환교수, 홍정수교수에 대한 면직처리가 조속한 시일 내에 이루어지기를 결의한다.

(2) 해당 당국에서 제 19회 총회 결의에 대한 처리가 미루어 지거나 관철되지 않을 경우 이에 야기되는 모든 책임은 전적으로 해당 당국에 있음을 결의 한다.

1991년 11월 26일
기독교 대한감리회 7천교회 2백만 신도운동
'91전국 감리사 및 선교부총무
교회 개척 추진협의회 참석회원 일동.

19911126_결의문_전국감리사 및선교부총무 교회개척추진협의회등_5번

J-2-024

결 의 안

우리는 감리교회가 지금까지 배타적 독선주의에 빠지지 않고 다양한 신학적 견해들이 발표되고 토론될 수 있는 포용성을 지니고 있었음을 자랑스럽게 생각한다. 그러나 지난 제19회 입법총회에서 신학적 견해를 이유로하여 감리교신학대학의 변선환학장과 홍정수교수에 대하여 목사 및 교수직을 박탈할 것을 해당연회와 감리교신학대학 이사회에 권고키로 결의하는 불행한 사태가 발생하였다. 우리는 이번 총회의 결의가 감리교회가 그간 견지해왔던 "우리 교회의 회원이 되어 우리와 단합하고자 하는 사람들에게 아무 교리적 시련을 강요하지 않는다" 원칙과 "우리의 입회조건은 신학적보다 도덕적이다" 라는 아름다운 전통에 크게 반하는 것으로 판단한다. 또 이번 총회의 결의는 향후 감리교회에서 학문의 자유를 제한하므로 다양성 속에서 일치를 추구한다는 감리교회의 신학적 전통을 크게 훼손할 것으로 보아 심각히 우려한다. 그리고 우리는 이번 총회의 결의가 과정과 법절차에 있어서 교리와 장정의 규정을 위반하고 있을뿐아니라 일반의 상식에 반하는 것으로 이는 무효임을 선언하며 아래와 같이 결의한다.

—우리는 경솔하고 무책임한 총회의 결의를 단호히 거부한다.

모름지기 감리교회에 있어서 최고의 권위를 가지며 감리교회를 대표하는 총회가 이와 같이 중대한 사안을 합리적인 과정과 절차를 거치지 않고 중세기의 종교재판 보다도 더한 방법으로 두 신학자의 목사 및 교수직 박탈을 권고키로 결의한 것은 심히 무책임하고 경솔한 처사이다. 따라서 우리는 이번 총회의 결의를 단호히 거부한다.

—우리는 총회를 파행적으로 운영하여 이번 사태를 유도한 감독회장은 이번 사태에 대하여 응분의 책임을 질것을 촉구한다.

이번 제19회 입법총회는 지난 제18회 총회의 위임사항인 장정의 개정을 목적으로 소집된 것이다. 그러나 이번 총회가 위임된 장정의 개정은 외면한채 두 감리교 신학자의 목사 및 교수직 박탈을 결의하는등 파행적으로 운영된것은 현 교단집행부의 무능함을 드러내는 것이며 이들이 교권을 이용하여 개인의 기득권의 확대하려는데 혈안이 되어있음을 스스로 폭로하는 것이다. 따라서 우리는 이번 총회를 파행적으로 운영하여 이번 사태를 유도한 감독회장은 이번 사태에 대하여 응분의 책임을 질것을 촉구한다.

—우리는 이번 총회의 결의가 교권을 장악하려는 불순한 의도를 지닌 세력들이 복음주의를 빙자하여 저지른 횡포로 규정하며 이들의 불순한 음모를 파기할 것을 결의한다.

이번 총회의 결의를 주도한 세력들은 감리교신학대학을 자신들이 교권을 장악하고 이를 향유하는데 도움을 주는 온거지화 하려하고있다고 판단한다. 또 이것이 여의치 않을 경우 자신들의 구미에 맞는 세력을 양산해낼 또 하나의 감리교계통 신학교의 설립을 모색하고 있다고 하며 현 교단내에서 이들의 요구가 관철되지 않을 경우 교단의 분열도 불사하겠다는 의도를 노골화 하고있다. 이는 이들의 불순한 의도를 단적으로 드러내는 것으로 우리는 이들의 불순한 음모를 단호히 분쇄할 것을 결의한다.

—우리는 웨슬리의 전통을 이어받은 감리교신학의 사수를 결의한다.

감리교회의 신학은 다양성 속에서 일치를 추구하는 것으로 특징지어진다. 그리고 감리교회는 스스로 진보적인 교회임을 교리장정에 밝히고 있으며 신앙을 교리의 틀에 가두거나 신학의 폐쇄성에 대하여 반대하여 왔다. 그리고 이러한 감리교신학은 날로 다양화되는 다가오는 세대에 크게 역할할것으로 기대한다. 그러므로 우리는 이제까지 이어 온 감리교회의 신학적 전통은 보존되어야하며 일부 교권주의적 세력들에 의해 이 전통이 유린되게 방치할 수는 없다. 따라서 우리는 총단결하여 심각히 위협받고 있는 감리교신학을 사수할것을 결의한다.

1991. 11. 26

총회의 "변학장, 홍교수, 목사및 교수직 박탈권고 결의안 무효화 선언대회 참가자 일동

19911126_결의안_총회의 변학장 홍교수 목사및 교수직 박탈권고 결의안 무효화선언대회 참가자일동_5번

기독교대한감리회 총회실행위원회 귀하

하나님의 은총이 실행위원회와 회원 여러분께 함께 하시기를 바랍니다.
지난 10월29-31일 사이에 개최된 기독교대한감리회 제19회 입법총회에서 변선환 학장과 홍정수교수에 대한 목사 및 교수직 파면 권고 결의에 대하여 감리교신학대학 교수회는 학문성의 자유를 보호하는 차원에서 재고하여 주실 것을 간곡히 요청한바 있습니다. 그러나 임시총회는 물론 그 이후 교단내의 움직임은 우리의 요청에 대하여 재고하는 성의를 보여주지 않을뿐 아니라 오히려 일부 인사들에 의하여 두 교수에 관한 문제를 넘어서 감리교신학대학 전 교수와 대학 전체를 "이단"시하고, 혹은 "사탄"의 세력이나 불순분자들의 집단으로까지 호도하는 편파적이며 무분별한 흐름에 대하여 우리 온 교수단은 경악과 분노를 금치 못했으며 동시에 감리교회의 장래에 대한 깊은 우려를 금할 수 없게 되었습니다.

우리 감리교신학대학 교수 전원은 오늘까지 신학의 시대적 사명이 무엇인가를 각 분야의 특성 속에서 규명해 보려고 노력해 왔으며, 그 사명의 실천 방안을 애써 모색해 왔습니다. 또한 이와같은 신학을 학생들에게 바르게 가르쳐 보려고 심혈을 기울였고, 신학이 교회에 봉사하는 학문으로서, 그리고 교회가 사회변혁의 근거임을 제시해 보려고 기도하며 노력해 왔습니다.

우리 교수 모두는 분명히 그리고 확신있게 이렇게 말씀드릴 수 있습니다.
감리교신학대학은 선교 100여년의 역사와 더불어 그 전통을 지키며 신학의 터전을 마련하고. 그 맥을 지켜 교회와 사회에 빛을 발해 온 거룩한 곳입니다. 감리교신학대학이 감리교 역사 속에 배출한 위대한 지도자들과 선배들의 신앙과 사상을 자랑스런 마음으로 간직하며 동시에 냉천동산을 통하여 신학적 기초를 닦아왔습니다. 그리고 감리교 신학형성에 이바지 해 온 선배 신학자 최병헌, 이용도, 정경옥, 처영신, 전덕기, 윤성범등의 토착화 신학의 살아있는 유산을 이어가면서, 우리의 신학이 이 땅에서 바로 해석되고 수용될 수 있는 선교적 특성을 지키려고 끊임없이 노력하고 있습니다.

존경하는 위원 여러분
웨슬리의 올더스게이트 신앙체험은 성서. 전통. 이성. 경험이라는 기본적인 신학적 토대 위에서 획기적이고 이성적으로 신앙을 통한 사회변혁 운동을 추진할 수 있게 했던 원동력이었음을 알고 있습니다. 놀라운 사실은 그의 종교적 체험은 기독교를 딱딱한 교리나 조직이나 형식에 매인 종교로 국한시키고 매어 놓지를 않았고 오히려 그의 선행은총론을 통하여 하나님 앞에서의 인간의 책임성을 주장하였고 기독교의 경계를 넘어

19911126_기독교대한감리회 총회실행위원회에게 요청하는 글_
감리교신학대학 교수회_5번_페이지_1

인류 전체에 미치는 하나님의 보편적 사랑을 증거하는 신학을 형성해 놓았다는 점입니다. 우리는 이러한 웨슬리의 신앙과 실천 신학을 강의하고 있으며, 루터와 칼빈을 넘어선 자랑스런 신학의 유산으로 간직하고 있습니다.

그동안 우리 감리교신학대학은 시대적 변화와 무질서 속에서 조국의 민주화와 그 실현의 문제 즉 평화와 통일의 성취에 대한 과제, 사회정의 구현과 산업사회에서의 분배 정의의 실천등에 깊은 관심을 표현해 왔고, 또한 청소년의 문제와 여권회복의 문제, 생태계 회복과 환경의 개선, 노인복지문제, 사회윤리와 도덕성회복을 위한 교회의 기능과 역할에 대하여 신학적 응답의 길을 민감하게 연구하고 강의하고 있습니다

뿐만 아니라 전통적 종교와 문화의 다양성 속에서 기독교와 전통문화나 타 신앙과의 갈등 혹은 배타주의적 사고를 지양하고 복음의 주체성과 의미를 높이 주장하면서, 올바른 종교간의 대화를 통한 참된 개인 삶의 변화와 사회 건설에 공헌할 수 있을까를 우리는 모색하며 이를 하나의 선교적 과제로 삼고 강의하고 있습니다.

이와같은 신학적 기초와 선교적 방향은 우리 감리교단이 이미 일찍부터 지향해 온 내용입니다. 그것이 감리교단의 여러 선언문 가운데 나타나 있습니다. 즉 1976년 11월 감리교 전국선교대회 결의문, 1976년 5000교회 100만 신도운동에 대한 교단적선언, 1979년 3월 기독교대한감리회 내일을 위한 교단백서, 1984년 국제선교대회 신앙적입장, 1985년 4월 100주년 기념대회 선언문, 1988년 5월 2000년대를 향한 기독교대한감리회 선교대회 대회사 선언문, 1990년 10월 기독교대한감리회 자치 60주년 선언문에 명시되어 있습니다. 여기에 제시된 신학원칙에 입각하여 우리의 학문활동을 보다 상세히 그리고 시대적 변화에 민감하게 대응하면서 이끌어 오고 있음을 말씀 드립니다.

이번 사태를 바로 보면서 우리가 갖는 중요 관심사는 감리교회와 우리의 선배들이 남겨준 감리교신학대학의 "학문적 자유"의 전통이 어떤 종류의 외부의 압력에 의하여 차단되거나, 무너지거나, 맥이 끊겨서도 않될 것이며, 이를 도모키 위한 어떠한 행위도 우리는 결코 좌시할 수 없다는 것입니다. 한마디로 말해서 학원의 생명은 학문성의 자유입니다. 이를 지키기 위해 우리는 그 누구와도 타협할 수 없습니다. 우리 모든 교수의 자유롭고 신실한 학문연구의 중요한 보장만이 학원은 물론 감리교단 전체에 밝은 신학의 미래를 제시해 줄 수 있을 것입니다.

동시에 우리 교수 전원은 감리교신학대학 안에서의 신학 작업이 하나님의 교회를 위해 봉사하는 학문으로서 그 사명을 책임있게 수행할 것을 분명히 다짐하는 바입니다

19911126_기독교대한감리회 총회실행위원회에게 요청하는 글_
감리교신학대학 교수회_5번_페이지_2

존경하는 실행위원 여러분

우리의 충정과 의지를 분명히 말씀 드렸습니다. 바라기는 이러한 감리교신학대학의 학문성의 자유라는 차원에 입각하여 지난 총회의 결정을 재고하여 주시기를 다시 부탁드립니다. 위원 여러분의 지혜와 신앙적 결단을 믿습니다.

1991. 11. 26

감리교신학대학 교수회

구덕관	김득중	선한용	염필형	이기춘
김재은	박창건	이원규	방석종	장종철
김외식	박익수	타이스	이정배	박종천
서현석	왕대일	김영민	송순재	이후정

이상 20명

19911126_기독교대한감리회 총회실행위원회에게 요청하는 글_감리교신학대학 교수회_5번_페이지_3

J-2-023

변선환 학장, 홍정수 교수의 목사직 및 교수직박탈 권고결의안의 철회를 촉구하며..

「감리교 신학대학의 학문성수호를 위한 대학원 대책회의」는 지난 1991년 10월 30일 교단총회에서 결의된 "변선환 학장과 홍정수 교수의 교수직 및 목사직 박탈 권고결의안"의 철회를 강력히 촉구하는 바이다. 우리는 신학의 학문적 자율성을 무시하는 일부 교단지도자들의 중세기적 행위에 직면하여, 그 행위의 배후에 교권주의자들의 교단에 대한 패권주의가 있음을 짙은 의혹의 눈길로 바라보지 않을 수 없다. 본시 신학의 학문성이 그 자율성을 절대적 기저로 삼는 것은 마녀재판을 야만적인 추문으로 간주하는 근대사회 이후의 상식이다. 더우기 신학은 자유로운 논의와 실천적인 교회현장에서의 적용을 바탕으로 교회의 시대적 거듭남을 가능하게 함으로써 그 교회적 기능을 다하는 것이다. 그러므로 어떠한 신학도 자유로운 논의와 실천현장의 적용과정을 통해 선택 또는 폐기되어야 하는 것이다.

우리는 이러한 신학이라는 학문성에 대한 상식을 무시하며 위와 같은 결정을 서슴없이 내린 일부 교회지도자들의 행위가 교리에 대한 소아병적인 태도로 윤색된 교권에 대한 야욕이라는 의혹으로 이어짐에 더욱 분노하지 않을 수 없다. 더우기 「기독교 대한감리회 교리수호 대책위원회」라는 간판을 내걸면서 이들이 행한 작태가 재력과 여론 호도에 의한 교권장악이라는 노골적인 목적을 드러내 왔다는 사실 앞에서 우리는 아연해하지 않을 수 없다.

우리는 교권장악을 위해 자행되는 신학의 학문성 침해의 직접적 피해당사자인 교수와 학생들의 적극적인 대책활동을 촉구하며, 보다 궁극적인 피해자로서 전 감리교 교인들의 공동대처를 요구하는 바이다. 특히 대학의 학문성 창출에 있어서 가장 커다란 사명을 지니고 있는 교수들이 자신의 신학적 입장과 견해 차이를 넘어서 학문성 수호라는 공동이해를 자각하고, 책임지는 구체적 행위를 촉구한다. 나아가 대학원과 학부의 학우들은 교회의 시대적 거듭남을 보장하는 학문성에 대한 심각한 침탈에 직면하여, 차후 우리의 실천현장이 될 감리교회 전체의 미래를 수호한다는 차원에서 대책활동을 전개해야 할 것이다. 특히 교단 일부 인사들의 패권주의와 학문성 침해라는 현실을 통해 감리교회가 처한 현실을 분명히 인식하고, 그 대안을 창출하는 중요한 계기로 삼아야 할 것이다.

이에 우리들은 다음과 같이 결의한다.

I. 우리는 감신의 학문성을 수호하며 교권주의를 배격한다.
I. 우리는 가능한 모든 방법을 통해 변선환학장,홍정수교수의 교수직 및 목사직 박탈권고안이 교권주의에 의한 학문적 자율성의 침해임을 전 감리교회에 알리며 이를 저지한다.
I. 우리는 대학원 대책회의를 상설화하여 장기적인 투쟁을 전개하며, 이를 학부, 대학원, 교수로 구성된 감리교 신학대학 대책회의로 발전시킨다.
I. 우리는 교수들의 학문에 대한 책임적 자세와 구체적인 공동대응을 촉구한다.
I. 우리는 감리교전통 및 감신학문성수호를 위한 범감리교대책회의와 연대한다.

1991년 11월 26일

- 감신의 학문성 수호를 위한 대학원 대책회의 -

19911126_변선환 학장 홍정수 교수의 목사직 및 교수직박탈 권고결의안의 철회를 촉구하며_감신의 학문성 수호를 위한 대학원 대책회의_5번

◈출처: 교회연합신문, 1991. 11. 30. 제3호

제3호 교회연합신문

감리교 1백6년 사상 초유의 종교재판 91.11.30

교리냐! '감리교 힘겨루기 한판' 학문이냐!

감리교의 진보적신학자인 변선환학장과 홍정수교수를 둘러싸고 일어난 파문이 급기야 교수, 목사의 해임요구까지 번져 감리교단이 심한 몸살을 앓고 있다.

지난달 30일 광림교회에서 열린 제19차 특별총회에서는 포스트모더니즘과 다원주의로 대표되는 두 교수의 신학방법론을 문제삼아 중징계를 결정하여 파문을 일으켰다.

총회 둘째날 기타 안건처리에 박기찬 감리사등 4명의 명의로 "포스트 모더니즘신학과 다원주의 신학은 감리교교리에 위배된다"는 안건이 상정되었고 김홍도목사는 "홍교수가 부활을 믿지 않으며 '예수의 피는 짐승의 피다'고 주장 하였다. 또한 변학장은 불교법당에서 법회를 인도하였다"며 두 교수의 신학을 절대 받아들일 수 없음을 주장하였다.

결국 총회원 3백5십여명중 1명만의 반대로 포스트 모더니즘과 다원주의 신학의 수용불가가 결의되었으며 뒤이어 두 교수 면직을 학교재단 이사회에 건의하고 목사자격 여부도 소속연회인 서울연회에 넘기기로 했다.

한편 학생들도 법적 처리의 타당성 여부가 문제 있다고 주장하며 총회에서 권고안으로 채택한 목사직면직과 같은 정회원의 인사·징계문제는 실제로 연회자격심사위에 계류중이므로 이번 총회의 결의가 적법성에 문제를 의결기관인 총회의결기관 이므로 법적하자는 전혀없다"는 것이다.

이번 사태에 대한 분석이 갖가지가 난무하지만 무엇보다도 신학적 교리논쟁이 아닌 교권주의적 행부라고 바라보는 시각이 많다.

권을 가진 이사장선거에는 나원용전감독과 곽전태현임감독회장이 당쟁을 예정이어서 누가 이사장이 되느냐에 따라 두 교수 처리의 향방이 바뀔수 있는 데 전례로 비추어 현임감독회장이 이사장이 되는 경우가 많아 두 교수의 문제가 쉽게 풀리지만은 않을 것이라는 추측이 나오고 있다.

감리교회에 1백6년사에 있어서 신학적 방법론 문제로 인한 징계조치는 처음있는 일인 이번 사태의 발단이 된 것은 3월30일자 "크리스챤신문"에 '동작동 기독교와 망월동 기독교'라는 제목의 홍정수 교수의 특별기고문이 실리면서 부터이다.

며 전근대시대에 살던 사람들이 취할 수 있는 신학적 방법의 한지류로 일단의 사람들이 포스트 모던신학을 잘못 이해하고 있다고 주장했다.

또한 변교수가 주장하고 있는 다원주의는 기독교적인 정체성(동일성 : identity)을 갖추고 있는 가운데 모든 종교를 폭넓게 이해하고 대화하며 간격을 좁혀나가는 것으로 타종교에도 구원이 있을 수 있다는 이론을 견지하고 있다.

이런 신학적 입장에 대해 이종주(협성신)교수는 목회와 신학, 크리스챤신문 등에 반론을 제시하며 "다원주의 신학에 근거를 둔선교의 목

감신대 교수들은 두 교수 징계 해고를 요청하는 청원서를 제출했으며 총학생회는 중간고사를 연기하고 광림교회에서 지난 31일 항의시위를 벌이기도 하였다.

이날 총학생회는 성명을 통해 "총회의 결의는 신앙의 진위를 판단할 때 지나친 교권주의의 남용에 반대한 웨슬레 전통에 위배되는 것"이라며 총회의 결의를 정면으로 반박하고 나섰다.

총학생회는 또 교수·학생·동문 들이 참가하는 "감리교 전통 및 감신학문성 수호를 위한 대책위원회"를 구성하고 교단감독회장에게 건의서를 올리는 한편 지난 26일에는 학번대표자들이 총회 무효와무정을 통해 두 교수 징계의 불법성을 주장하기도 하였다.

또한 도목과 동북에서도 각각 성명서를 발표하였으며 지난 21일에는 신학의 자유를 옹호하는 신학자 성명이 발표되었다. 이날 신학자들은 성명을 통해 "기독교는 비교적인 종교가 아니라 역사의 현장에서 행동하는 실재를 찾고 이에 동참하려고 하는 종교이며 신학의 자유가 보장되어야 한다"며 두 교수의 징계철회를 요구하였다.

면저주고 있다고 주장하였다.

또한 총회마지막날 이루어진 면직결의가 총대 회원 1천8백명중 3백5십명만이 참석한 가운데 의결돼 법적 구속력

진보적 성격이 두드러진 감리교의 풍토를 보수적 목회자들이 연합하여 거세하는 것이 아니냐는 시각이 그것.

다시말해 두 교수에 대한 면직결의는 현감독회장이 정

홍교수의 기고문이 실리자 서울남연회 송파지방 실행위원들은 "홍교수가 부활을 믿지않으며 변교수는 다원주의적 사고에 입각해 교회밖에 구원을 외치고 있다"며 이원

적은 복음전도와 하나님께로의 회심이 아니라 오히려 탈기독교적 탈교회적 탈사고적 탈복음적 입장이며 기독교의 기본적인 신학을 떠났기 때문에 기독교 신학이 아니라

[진보측 주장] "두 교수 면직결의 학문 자유 침해다"

"교리위반 교수면직 결정 당연하다" [보수측 주장]

한편 감리교회에서는 지난 2일 기독교대한감리회 교리수호대책위원회를 구성하고 두 교수의 즉각 면직을 주장하는가 하면 이보다 앞서 김홍도목사(금란교회)는 지난 10일자 주요 일간지를 통해 두 교수는 기독교 자체를 부인하는 이단, 사탄의 역사적 그리스도인이라고 규정하는 전면광고를 통해 징계싸움의 양상을 보이기도 했다.

를 가릴 수 있느냐는 문제도 걸려있어 자칫하면 두 교수 사건이 법적비화로 번질 가능성도 있다.

교단헌법인 교리와 장정에 의하면 개인과 같은 주요사안외에는 출석인원의 과반수 찬성으로 의결할 수 있지만 교리위반심사는 원칙적으로 총회가 아닌 해당연회에서 결정하도록 되어있고 설혹 총회가 이를 의논한다 해도 교리위반심사는 그 사안의 중요성에 비추어 최소한 과반수 출석이 필요하다는 것이다.

그러나 당시 총회에서 안건을 심작한 총대들은 "최고

점이 된 보수진영과 신임감독회장으로 대표되는 혁신진영과 힘겨루기라고 바라보기도 한다.

이에 대해 감신대학생들은 곽감독이 이사장에 취임한 후 이사회의 정관을 개정하여 진보적인 성향의 교수들을 거세하여 감신을 보수화시키려는 것이 아니냐는 의혹의 눈길을 보내고 있다.

그러나 보수진영은 "이는 사실과 다르며 다만 육체부활부인이나 다원주의 등 감리교교리에 위배되는 교수들에 대한 자격심의"라고 일축하였다.

한편 두 교수의 면직의 진

규교수의 토착화신학까지 거론하여 이들에 대한 공개질의와 답변을 요구하는 한편 서명운동을 전개하였다.

그러나 그 이전에 곽전태감독회장이 서울연회를 통해 홍교수의 글에 대한 심사를 요구했을 때에도 '문제없다'는 판정이 나와 사태가 수그러드는 듯하다 이번 총회를 통해 다시 표면화 된 것이다.

한편 이번 사태의 발단이 된 신학을 살펴보면 포스트모더니즘 신학에 대해 홍정수 교수는 "성서 언어의 위력을 통해 오히려 신앙의 성숙을 기할 수 있는 것"이라

고 주장한다.

또한 이교수는 홍교수 이론에 대해 "포스트 모더니즘의 문제는 진화론적 사상을 기독교의 창조론에 억지로 통일시키는데 있다"며 이는 기독교의 본질을 포기하는 것이라고 비판하고 있다.

아무튼 이번 두 교수 사태로 학문의 자유와 교리적 신념을 놓고 한동안 평행선을 그리며 논란이 이는 것은 신학적 내용이 목회현장까지 올바로 침투하지 못했다는 반성과 함께 이번 진통을 통해 감리교단이 더욱 결속되기를 많은 기독교인들은 기대하고 있다.

19911130_교리냐 학문이냐_교회연합신문_교리사건 재판자료_5번

기 독 신 보 第907號

몇몇 교단신학교들 최근문제 실태

긴 몸살속 신학교육 표류 계속

총신 3개월째 수업 중단… 학생들 대량유급 위기몰려

고신 18년 역임한 조학장 재연임 싸고 진통

서울신 이사회·교수·학생간 불신 부정입학 사건으로 폭발

감신 진보신학교수 징계 파문… 교권투쟁으로 비화

19911130_긴몸살속신학교육표류계속-감신진보신학교수징계파문01_기독신보_5번

성 명 서

본회는 변선환교수가 주장하는 "교회 밖에도 구원이 있다"는 주장과 홍정수교수가 주장하는 "예수의 상징적 부활등 부활부정론"은 도저히 용납할수 없는 이단적인 요소가 있으므로 교단 특별총회의 결의가 조속한 시일내에 정리되기를 바라면서 교단과 학교당국에 강력히 아래와 같이 처리를 촉구하고 성경과 교리를 믿고 교회와 교단에서 헌신하는 130만 우리 성도들을 오도하고 큰피해를 주는 불상사가 없도록 바란다.

(1) 본회는 교단과 해당 신학대학에서 제19회 특별총회에서결의된대로 변,홍 두교수에 대한 면직처리가 조속히 이루어지기를 촉구한다.
(2) 본회는 전국 각 교회 목사님과 장로님 그리고 성도에 이르기 까지 연대하여 두교수의 퇴진을 관철시킨다.
(3) 본회는 제 19회 총회결의와, 7천교회 2백만신도운동, '91전국 감리사, 선교부 총무, 교회개척추진협의회 결의와, 기독교 교리수호대책위원회의 결의를 전적으로 지지하며 끝까지 투쟁할것을 천명한다.

1991년 11월 30일

기독교대한감리회 장로회 전국연합회

19911130_성명서_장로회전국연합회_5번

7-2-202

기 독 교 대 한 감 리 회 수 원 남 지 방 성 명 서

2천년대를 바라보는 오늘의 한국교회 당면과제는 열린 개방교회를 지향하고, 또한 오늘의 상황에서 텍스트인 성서의 의미를 현대인에게 올바로 해석. 전달하여 야훼 하나님의 현존 자리인 삶과 역사의 근본적인 질적 변화를 가져와야 한다는 절박한 문제를 부둥켜안고 치열하게 씨름해야 하는 시점에 이르렀는데도 불구하고 현재 기독교대한감리회 교단 내의 일부 극단 보수주의 및 금권주의 세력의 지각없는 행태를 관심있게 지켜 보면서 기독교대한감리회 수원남지방 실행부위원회는 깊은 우려와 염려를 금치 못하는 바이다. 그리하여 교단 전체를 대표하는 것처럼 거침없이 행동하는 이들의 발언 내용과 사태 추이를 검토한 결과 우리 실행부위원회 일동은 다음과 같이 우리의 입장을 밝히지 않을 수 없다.

첫째로, 학문의 자율성은 어떤 경우에도 존중되어야 하며, 학문과 신학의 자유에 대한 중대한 도전행위를 즉각 중단해야 한다.

교단 내의 일부 교권주의자들이 자기들 나름대로 생각하는 소위 '복음주의'라는 척도가 유일하게 올바른 진리인 것으로 착각하여 학문과 신학을 자의적으로 가위질하고 있는 작금의 사건의 중대한 해결 모색 방향은 '신학적'이고 '합리적인' 토론을 통해서 해결해야 할 사항이지, 흥분에 사로잡혀 '교리적 적합성'여부를 가리는 것이 결코 아니다. 엄격한 신학적 논의를 거쳐 특정 신학적 주장의 타당성 여부를 검토한 후에야 자격심사나 징계가 운위될 수 있는 것이지, 당사자의 입장과 감리교신학대학에 대한 공격적인 악의에 가까운 모독, 왜곡, 과장에 근거한 교권적 종교재판식 '마녀사냥'은 하나님의 선교(Missio Dei)를 정면으로 거부하는 것이다.

둘째로, '교리 사수 운동'은 신학적 개방성으로 특징지워지는 웨슬리와 교단의 전통에 위배된 것이다.

교단의 신학적 방향은 지금까지 어느 일방의 교리를 강조하는 것이 아니라 다양성 속에 일치를 추구하는 보편주의적 입장을 견지해왔다.

이같은 전통을 거슬러 보수반동주의적 입장으로만 교단 전체를 변화시킬려는 일부 세력의 기도는 감리교회 전체를 한국사회에서 무의미하게 폐기시키려는 시도에 불과하다. 왜냐하면 감리교회의 전통에는 본래 고백적인 의미에서의 종교재판식 '교리'라는 것이 존재하지도 않기 때문이다.

셋째로, 종교 다원주의와 포스트모더니즘 신학 그 자체보다 형해화한 보수반동주의의 반공이데올로기와 교권적 독단주의가 교단 뿐만 아니라 한국 교회 전체의 현재와 미래에 더욱 막대한 해악을 끼칠 것임을 지적하지 않을 수 없다.

종교다원주의(Religious Pluralism)와 신학적 포스트모더니즘(Theological Postmodernism)은 변화하는 문명의 상황 속에서 그리스도교의 진리를 새롭게 재해석하고 새로운 발상법으로 접근하여 진리를 표현해보려는 학문적 노력이므로 그리스도교의 자기 정체성(Self-Identity)을 절대로 약화시키지 않으면서 그리스도교가 자기자신을 절대화함으로써 우상숭배의 죄악에 빠지지 않도록 해주는 개혁 정신이요 그리스도교의 자기비판적 성찰을 그 내용으로 담고 있는 것으로 이해하고 있다. 그러나 이제까지 보수반동주의자들과 교권적 독단주의자들은 반공주의와 독재권력에 대한 무비판적인 추종 및 묵인, 물량주의 등을 통해 예수 그리스도의 복음 본질을 왜곡해 왔고, 이들의 이른바 '복음'과 '그리스도교 신앙'이라는 것은 삶과 역사 안에서 끊임없이 그리스도교의 신앙 의미를 재해석해내야하는 신학적 책임과 목회의 사명의식을 희석화 내지 화석화하여 말살하는 책략을 저질러 왔던 것이다. 그러므로 상황에서 제기하는 질문과 문제를 하나님의 말씀 안에서 모색해야하는 작업인 신학적 문제를 이제 더 이상 이들은 판단할 수 없다. 교단 내에서 예수 그리스도의 복음 본질을 왜곡하고 있는 그룹은 도대체 면직 결의된 교수들인가, 아니면 '웨슬리 복음주의'를 표방한다는 극단 보수주의자들과 독단적 교권주의자들인가를 우리는 진실로 깊이 성찰해야만 하며, 프로테스탄트의 기본정신은 하나님만이 절대궁극적이고 그외 모든 종교 교리, 신학 전통, 이념 체계 등은 상대적인 것이므로 그것들을 절대화할 때는 저항하고 비판하는 정신임을 다시 한번 각성할 때가 바로 지금인 것이다.

넷째로, '교리 사수 운동'을 펼치고 있는 세력의 배타적인 이기주의를 설교와 언론을 통해 공개화하여 '여론재판'을 유도하고 있는 행태는 부당한 처사임에 틀림없다.

교권과 금력을 바탕으로 하여 힘의 행사를 우선시키고 교단을 부패와 타락한 교회 정치의 장으로 변질시키며 총회에서 군중심리를 이용하여 이를 정치적으로 채색하려는 태도나 교단 특유의 포용성과 여유를 잃고 흥분한 채 '교리 사수'의 명분으로 교회의 정도를 벗어난 평지풍파를 일으키고 있는 태도는 목회자의 양식을 의심케하고 도리를 벗어난 행동이다. 그러므로 문서와 테이프의 일방적인 배포행위를 즉각 중단해야 한다.

마지막으로, 기독교대한감리회 전체는 각 지체간의 신앙적 유대를 통한 일치정신과 민주적인 다양성 속에서 오늘의 분쟁과 분열이 가져다준 갈등을 속히 해결할 수 있도록 모두 함께 나서서 예수 그리스도의 복음이 갖고 있는 본연의 유연한 생명력을 다시 회복해야 한다. 그러나 우리가 오늘의 갈등에 대해 계속 침묵하거나 방관할 경우 감리교회는 야훼 하나님과 역사 앞에서 반드시 심판당할 것이며 이 땅에서 버림받게 될 것이다.

1991년 12월 일

기 독 교 대 한 감 리 회
수 원 남 지 방 일 동

19911200_기독교 대한감리회 수원 남지방 성명서_수원남지방 일동_5번

변선환 학장, 홍정수 교수문제 발단 계기로

감리교 교리수호 대책위 결성

대책위측 "교리위배한 이단" 교수·목사직 즉각 면직촉구
신학자측 "학문자유 억압처사" 징계철회 요구성명

종교다원주의와 포스트모던신학을 주장한다 하여 감리교단내에 물의를 빚고 있는 감신대학 변선환학장과 홍정수교수에 대한 목사직과 교수직을 면직토록 제19회 특별총회가 결의한데 이어 총회 결의를 수호하기 위한 「기독교대한감리회기독교교리수호대책위원회」가 결성됐다.

지난달 21일 오후6시 힐튼호텔에서 개최된 이날 행사는 "허탄한 신화"를 주장하여 기독교 신앙과 감리교회교리를 더럽히고 하나님의 선교에 큰 장애물이 되는 신학대학 교수들이 나타난 사실에 통탄한다"며 "이들의 주장이 감리교회 신앙과 교리에 엄격히 위배되기 때문에 교단 수호를 위해 대책위를 구성한다"고 밝혔다.

감리교단 목회자 및 평신도 등 4백여명이 참석한 행사는 1부 개회예배에 이어 만찬, 강연회, 회의순으로 진행됐다.

이날 김홍도목사(금란교회)는 강연회를 통해 "적그리스도의 종을 실길 수 없다"며 "작금 감리교단내의 문제는 사탄과의 싸움"이라고 규정하고 "교단수호를 위해 목숨을 바치자"고 강조했다.

또 특강에 연사로 초청된 이동주교수(협성신학교 선교신학)는 강연을 통해 "포스[illegible] 모더니즘과 종교다원주의는 [illegible]독교가 받아들일 수 없는 성경[illegible] 본연의 자세를 벗어난 범신론[illegible] 사상"이라며 "홍정수교수의 [illegible]신학은 십자가와 부활을 통한 [illegible]원의 길을 막는 범죄행위"라고 말했다.

참석자들은 이날 결의문을 통해 △종교다원주의와 포스트모더니즘 신학이 위배된다는 사실을 결정한 제19회 특별총회 결의를 전폭 지지 △변·홍교수 소속 서울연회 감독은 두 교수를 즉각 심사위원회에 회부할 것 △재단이사회는 두교수를 지체없이 면직처리 할 것 △두교수가 존재하는 한 감신 출신 신학생을 개교회에서 받지 않을 것 등을 결의했다.

한편 김홍도목사는 이날 행사 이후 가진 기자회견에서 두교수에 대한 징계가 이루어지지 않을 경우 감리교단 분열도 불사하겠다는 강경한 입장을 표명하고 전국순회 집회등을 통해 감리교단의 위기를 홍보하겠다며 경우에 따라선 NCC에서도 탈퇴할 의사가 있음을 분명히 했다.

이날 결성된 대책위원회 구성은 공동대표회장제를 채택, 목회자 대표회장으로 김홍도목사, 평신도 대표회장으로 유상열장로(남산교회)가 각각 위촉되었으며 나머지 조직 구성은 회장단에 일임했다.

한편 안병무, 문동환, 서광선씨등 신학자 45명은 지난달 21일 성명을 내고 "감리교회가 지난 총회에서 변선환, 홍정수 두 교수를 신학적 이유를 들어 파면결의를 한 것은 진리를 교권으로 재단하던 과거의 암흑시대로 돌아가는 행위"라며 "두 교수에 대한 징계를 철회할 것"을 촉구했다.

이날 한국기독교백주년기념관에서 열린 기자회견에서 서광선 이화여대 교수는 성명에 대한 보충설명을 통해 "교단이 대학의 학문연구 활동자체를 억압하는 것은 신앙과 학문의 자유에 대한 중대한 도전"이라고 말했다.

신학의 자유를 옹호하는 신학자 성명에 서명한 교수들은 다음과 같다.

▲안병무, 문동환, 정웅섭, 서광선, 장상, 박근원, 김이곤, 김경재, 손승희, 장일선, 김성재, 오영석, 이재정, 손규태, 심일섭, 선우남, 김달수, 김창락, 박종화, 정태기, 윤응진, 김명수, 목창균, 유석성, 김영일, 이신건, 이경숙, 최영실, 권진관, 전삼광, 김진희, 허호익, 임태수, 채수일, 강원돈, 김원배, 이재훈, 진연섭, 황정욱, 김은규, 이숙종, 고재식, 안상님, 현영학, 황성규 등 45명.

〈관련기사 3면〉

기독교연합. '91. 12. 1

19911201_감리교 교리수호 대책위 결성
(변선환 홍정수 교수문제 발단 계기로)_기독교연합신문_5번

기감 교리수호대책위 회장 김홍도 목사

교리수호 위해선 순교각오

순회집회통해 사태본질 알릴터

'기독교대한감리회 교리수호대책위원회' 목회자 대표 회장인 김홍도목사(금란교회)는 현재 감신대 변선환교수(조직신학), 홍정수교수(조직신학)의 종교다원주의 신학이 감리교 신앙 전통에 위배된다며 크게 반발하고 있다.

이른바 '두교수 사건'으로 인한 김목사의 입장은 무엇인지 일문일답으로 들어본다.

ㅡ현재의 심정은

▲나의 목회생명을 걸고라도 두교수의 비신앙적인 행위는 용납하지 않겠다. 또 교리수호를 위해서라면 순교할 각오가 되어 있다.

ㅡ이번 사태로 인해 감리교 위상정립에 상당한 진통이 따를 것으로 예상되는데

▲상관하지 않는다. 문제가 해결되지 않을시에는 교단 분열도 불사하겠다. 어떻게 감리교 신앙에 맞지않는 신학을 수용해가며 신앙생활을 할 수 있단 말인가

ㅡ지난 제19회 특별총회 결의에 대해 불법이라는 목소리가 있는데

▲한마디로 무식한 자들의 소리다.

ㅡ문제가 해결되지 않을시 감신대 출신 신학생을 받아들이지 않겠다고 했는데

▲당연한 것 아니냐, 우리 교회도 매년 20여명의 신학생을 배출하고 있으나 올해 감신대는 한명도 보내지 않았다.

ㅡWCC와의 관계는

▲경우에 따라선 탈퇴할 것이다.

ㅡ이제 대책위가 구성되었다. 앞으로의 활동 계획은

▲전국적인 순회집회등을 통해 두교수 사건의 본질을 평신도들에게 이해시킬 것이며 문제가 해결될 때까지 끝까지 이 일을 추진해나갈 것이다.

ㅡ두 교수에 대해 한마디만

▲학자적 양심을 지키길 바란다. 〈이기철부장〉

19911201_기감 교리수호대책위 회장 김홍도목사_교리수호 위해선 순교각오_한국교회신문

한국교회신문

J-4-033

【2】 1991年 12月 1日(日曜日)

사 설

감신대 두 교수 파문

요즈음 교계는 물론 일반사회에까지 감신대 변선환·홍정수교수의 '종교다원주의와 포스트모던신학'과 관련, 물의를 빚고 있는 가운데 그결과 추이에 비상한 관심이 고조되고 있다.

이들 두교수의 말썽이 되고있는 신학사상을 요약하면 변학장의 '교회밖에도 하나님의 구원이 있다'고 주장한 "다원주의론"과 홍교수의 성서를 과학적으로 이해하지 말고 성서언어의 특징을 살리자'는 내용의 이른바 '포스트모더니즘론'이다.

이번 두교수의 신학사상이 각 언론에 표면화되면서 심각한 우려를 낳게하고 있는 가운데 감리교에서는 교리수호대책위원회를 결성, 교단분열도 불사하겠다는 강한 의지를 보이고 있어 교단내 새로운 불씨가 되고있다.

교계 특히 감리교단내 많은 목회자들과 성도들은 감리교가 진보적 교단이라고 하면서도 장로교의 어느교단과도 동등하게 인정을 받으면서 유지되어 왔던것은 그 성서의 비판이 아무리 자유로와도 예수그리스도의 권위에는 변함이 없기때문이라고 말하고 있다. '교회밖에도 구원이 있다'는 주장이 나오면서 감리교가 이단이라는 시비도 심심찮게 거론, 선교에 많은 지장을 초래한 것 또한 사실이지만 이 주장은 개인의 주장이지 감리교의 구원관이 아니기때문에 그리 큰 영향을 끼치지 못했으며 이는 거론할 일고의 가치도 없는 것이라고 흥분하고있다.

신학이란 사실 성경을 배우고 가르치는 것이어야 하는데 성서 비판이 성서의 기본진리를 뒤엎어서는 안되는 것이라고 본다. 그동안 정통신학, 보수신학, 자유신학, 현대신학, 신정통파신학, 신신학, 신의 죽음의 신학, 해방신학, 토착화신학, 풍류신학등등 많은 신학사상이 대두되었지만 혹세무민에 불과했음도 간과해서는 안된다. 그런데 이제 또 예수사망 신학(부활부인)까지 나온 상황에서 과연 어떻게 하자는 것인가? '일부에서는 진보·보수간의 갈등'이니 현대판 종교재판 등등 여러가지 견해로 이번 사건을 보고있기도 하다.

그러나 무엇보다 중요한 것은 두 교수가 주장하는 '육체적 부활은 이교적 신앙 곧 무신론적' 신앙이며 '감리교회 교리개정은 포스트 모던적인 세계관의 룰 안에서 신앙이 고백 되어져야 하고 '기독교는 절대적 종교가 아니고 상대적 종교'임을 자각, 타종교에도 구원이 있으며 '기독교는 예수를 우상화시키는 예수중심을 벗어나 신중심주의가 되어야한다'고 주장한데 대해 교단의 일부 목회자들은 타종교와 대화하기 위해 소속교파의 신조까지 부인하는 것은 배신행위이며 성경에서 신학이 발생하고 신학설보다 성경을 믿고 요한웨슬레는 누구든지 예수그리스도를 믿으면 구원과 영생을 얻는다는것을 믿고있다고 반박하고 있다.

어쨌든 이번 사건을 계기로 지난 10월말 감리교 19회 특별총회에서 두 교수에 대한 교수직 박탈과 목사직에 대한 징계를 결의하고 현재 이에대한 절차를 밟고있다.

이에대해 안병무, 황성규, 정웅섭, 서광선교수등 신학자 45명은 21일 성명을 내고 감리교 총회가 최근 감리교 신학대학의 변선환학장과 홍정수교수에 대해 파면결의를 한 것은 '진리를 교권으로 재판하던 과거의 암흑시대로 돌아가는 행위'라며 두 교수에 대한 징계결의를 철회할 것을 촉구했다.

이들은 교단이 대학의 학문연구활동 자체를 억압하는 것은 신앙과 학문의 자유에 대한 중대한 도전이라고 말했다.

그러나 이번 서명을 한 교수중에도 종교적 다원주의, 포스트모던신학등 두교수의 논리에는 반대하는 학자가 많지만 학문의 자유, 그 자체를 부정하는듯한 감리교측의 결정에 우려를 표명한 것으로 풀이할수 있다. 하지만 이번 사건은 학문의 자유… 그 자체를 넘어선 것이어서 재론의 여지가 없는 것이라고 반박한데서 이에대한 심각성이 크다.

특히 다원주의 사회에서 타종교의 존재를 인정한다는 발언을 했다는 이유로 교단이 징계를 내릴 경우 종교간의 분쟁등 또다른 갈등이 야기될수도 있다는 우려의 목소리도 있지만 기독교의 기본교리를 부정하면서까지 신학사상을 주장하는 것은 말이안되며 이들을 이단세력으로 몰아부치는 목회자도 있다.

뜻있는 타교단 목회자들 중에서도 교단교리에 위배되는 신학사상을 주장하는것은 문제가 있다며 교단내에서는 아마 수용하기가 매우 어려울 것이라고 회의론을 펴는 이도 있다.

아무튼 이런와중에 피해를 보는 것은 일반평신도들이라 하겠다. 감리교 교단내에서는 이런 교수들 밑에서 배운 졸업생들을 교회에서 받지 않을 움직임도 있고보면 일은 매우 심각하게 확대될 조짐이다. 더이상 성도들이 피해를 입지않도록 모두가 신중하게 자기의 의사를 밝혀야 하겠다. 이럴때일수록 '선교적 차원에서 기독교의 진리를 솔직하게 표현해줄 수 있도록 교회의 목회자들과 신학자들이 같이 노력해야 할때라고 본다.

19911201_사설 감신대 두 교수 파문_한국교회신문_5번

공개인터뷰

'징계건의' 당한 신학자 변선환, 홍정수 교수의 신앙고백

"우리가 믿는 하나님을 말한다"

지난 10월 30일 열린 감리교단 특별총회에서 그간 이른바 '종교다원주의'를 주장해온 감리교신학대학장 변선환 박사와, '포스트모던 신학'을 주장해온 같은 대학 홍정수 교수의 교수 및 목사 자격 박탈을 교단 이사회에 건의함으로써 종교계에 큰 파문이 일고 있다.
이 사태를 놓고 학생들과 타(他) 교단까지 합세하여 징계 찬반론 양쪽이 모두 분분한 가운데 문제의 두 교수를 직접 만나 그 신학적 입장과 '신앙고백'을 함께 들어보았다.
과연 종교다원주의와 포스트모던 신학의 내용은 무엇이며 어떻게 받아들여야 하는가, 판단은 독자들 스스로 하기 바란다.
■취재 · 사진/김지용

'징계 파동' 이후 두 신학적 입장을 놓고 세미나가 줄을 잇는 등 관심이 고조되고 있다. 감신대 대학원 건물 입구에도 포스트모던 신학을 주제로 한 학술토론 안내문이 내걸렸다.

'종교다원주의'
변선환 박사
(감리교신학대학 학장)

"하나님은 기독교인뿐만 아니라 타종교인도 백성으로 삼으신다"

다원화된 현대세계 속에서는 종교도 다원화될 수밖에 없다

높은 명산은 여러개의 이름을 가질 수 있고, 거기에 오르는 등정로도 여럿 있을 수 있다. 그 등정로에 따라 산세와 풍광은 사뭇 다를 수도 있지만 마침내 산정에서 만난 등산인들의 호연지기는 서로 통하는 것이다.

'기독교(교회) 밖에도 하나님의 사람이 있고 구원이 있다'는, 이른자면 종교다원주의(宗教多元主義)는 지금 새삼스럽게 거론된 것이 아니다. 그것은 이미 1960년대 이후 가톨릭의 제 2차 바티칸 공의회와 개신교의 세계교회협의회(WCC)가 그리스도교와 타종교와의 대화자세를 천명한 '포용주의적 태도'를 받아들이되 한발짝 더 전진하려는 입장으로, 우리나라에서는 80년대부터 소개되어져온 것이다.

세계교회협의회가 1990년 정월 스위스 취리히 부근에 있는 바아르(Baar)에 모여서 '종교다원주의 모델의 선교신학'에 관해 밝힌 '바아르 성명서'는 이렇게 말하고 있다.

'종교다원성에 대한 우리의 신학적 이해는 태초부터 모든 피조물 속에 현존하고 활동하는 살아계신 창조자 하나님에 대한 우리의 신앙과 함께 시작된다. 성서는 모든 민족과 민중의 하나님으로써 하나님께서 모든 인류를 사랑하시고 그들에게 자비를 베푸신다고 증언한다. 우리는 하나님이 노아와 맺었던 우주적인 계약에서 모든 피조물과의 계약을 본다. 우리는 하나님께서 모든 민족의 지혜와 이해의 전통을 통해 그들을 인도하심으로써 땅끝까지 하나님의 지혜와 정의가 확장됨을 알고 있다. 하나님의 영광은 창조 전체를 관통하는 것이다.'

오늘날 많은 사람들은 지구촌에 사는 인

306

19911201_종교다원주의 변선환 박사 포스트모던주의 홍정수교수_우먼센스_5번_페이지_1

아원을 방문해 오고 있다.

"피자 헛 직원들도 모두 긍지를 느끼고 있는 것 같습니다. 내가 다니는 직장이 한 푼이라도 더 끌어 모으기 위해 아등바등대는 것이 아니라 벌은 만큼 불우이웃에게 도움을 주고 있다는 사실이 보람을 안겨 주는 거죠."

부의 사회적 의미 깨닫는 올바른 기업가 정신이 아쉽다

한 통계에 따르면 우리나라 외식산업계의 연 평균 이직률은 무려 4백%에 이른다고 한다. 쉽게 말해서 1년이면 직원 전체가 3번 바뀌게 된다는 뜻이다.

"지금까지도 직업이 무엇이냐는 질문에 대해 '식당을 하고 있습니다'라고 대답하면 낮추어 보는 것이 일반적인 경향입니다. 그만큼 '식당한다'는 사실에 자부심과 전망을 가지지 못해 왔던 것이 여태까지의 실정인 셈이죠. 제 생각은 외국의 수많은 예에서 알 수 있듯 이제 우리나라 외식 산업계도 기업화되어야 한다고 봅니다. 그래서 승진의 전망을 주고, 평생 직장으로서의 안정된 꿈을 줄 수 있을 때 서비스 개선도 이루어지는 것입니다. 월급도 적은 데다 평생 종업원 신세를 면할 수 없는 막막한 상황에서 백번 말로 떠든다고 해서 서비스 개선이 이루어지겠습니까?"

성사장의 믿음이 이러하기에 '피자 헛'은 국내의 여타 외식산업체보다 내근부서 직원의 비율이 높다. '기업화'에 대한 생각을 실행에 옮기고 있는 것.

또한 외식 산업체로서는 처음으로 4년 전 노동조합도 결성되었다. 그러나 노·사 양측이 모든 문제를 '대화창구'를 통해 풀어온 까닭에 노사갈등은 단 한 번도 없었다고 한다.

이제 자타가 공인하는 성공한 기업가가 되었지만, 이러한 과제들을 계속 안고 있기에 그는 넥타이를 매는 법이 거의 없다. '뛰어다니기 불편해서'라는 것이 그 이유다.

11월 16일의 행사가 끝난 뒤, 뒷정리를 독려하고 있는 그에게 '기업가관'에 대한 생각을 마지막으로 물어보았다.

"가족이 지낼 수 있는 집 한 칸, 그리고 하루 세끼와 자식들의 교육비 정도만 해결된다면 10억이든 1백억이든 그 이상의 돈은 곧 의미가 없습니다. 기업가에게 결국 남는 것은 자신이 무엇인가를 이루었다는 성취감이죠. 그러한 올바른 기업가정신 위에서 자신이 벌어들인 부의 사회적 의미를 깨닫게 되는 것이라고 봅니다. 대기업에 비한다면 사실 구멍가게에 불과한 피자 헛이 불우청소년 돕기를 시작하게 된 동기 중의 하나도 대(對) 사회적으로 올바른 기업가 정신이 널리 확산되기를 바라는 마음에서였습니다. 부디 앞으로는 더 많은 기업체와 재벌그룹이 불우계층을 돕는 일에 참여해서 서로 믿고 사랑하며 사는 사회풍토 진작에 앞장서 주었으면 하는 것이 저의 바람입니다."

피자 헛은 불우청소년을 위한 장학재단도 곧 설립할 예정. W

■취재·사진/김지용

제2회 '피자 헛 사랑축제'가 끝난 다음 이날 출연했던 연예인들이 모두 나와 청소년 관람객들과 아쉬운 작별인사를 나누고 있다. 유열, 김민우, 이경규, 심신, 원미연, 박미선 등의 모습이 보인다.

2년째 '불우청소년돕기 사랑축제' 열면서 부의 사회환원 실천하고 있는 기업가

"사람은 사랑없이 살 수 없다는 것을 우선 기업가부터 알아야 합니다"

피자 전문 체인점 '피자 헛' 성신제 사장은 작년에 이어 지난 11월 16일 두번째의 '불우청소년돕기 피자 헛 사랑축제'를 열어 사회에 훈훈한 기업가상을 심어주고 있는 주인공. 비행기 요금이 없어 해외입양아 세명을 안고 뉴욕 케네디 공항에 내렸을 때의 아픈 기억이 오늘에 이어지기까지, 그리고 성사장이 생각하고 있는 바람직한 기업가 정신에 대해 들어본다.

305

19911201_종교다원주의 변선환 박사 포스트모던주의 홍정수교수_우먼센스_5번_페이지_2

류의 생존은 화해와 정의와 평화를 지향하면서 일하고 있는 종교인들과 세속 이데올로기 신봉자들의 노력 여하에 달려 있다고 믿고 있다. 인류의 운명은 우리들이 인간가족의 일치를 이루는 데 성공하는가, 성공하지 못하는가에 달려 있다. 오늘날 인류는 어느 특정종교 하나가 제시하는 신념체계에 의하여 구원받을 수 없도록 다원화된 세계에 살고 있다. 따라서 전시대의 세계관이 갖고 있는 생각의 틀과 발상법을 크게 한번 고쳐보려는 문명전환의 진통기를 살아가고 있는 것이다.

결국 이렇게 다원화된 세계 속에서 이제 종교신학은 '선교'가 아니라 '대화'를 지향하여 나아가면서 하나님의 구원의 역사가 기독교 교회의 벽속에만 폐쇄되어 있지 않다고 깨닫게 되었다. 하나님은 오직 기독교인들의 기도만 들으시는 기독교인만의 하나님은 아니다. 종교간의 대화는 타종교를 통하여서 서로 다른 종교를 향하여 말씀하시는 하나님에게 보다 깊은 차원에서부터의 회개를 감행하도록 우리들 모두에게 촉구하고 있다. 오늘날 살아계신 그리스도는 종교다원론의 시대 속에서 하나님이 주시는 엄청난 새로운 가능성 속에서 세계종교 신봉자는 물론 세상적인 이데올로기 신봉자들도 근원적으로 변혁되고 회개하도록 부르시는 것이다.

과연 하나님의 구원은 기독교 신앙인들만의 독점물인가

'종교다원주의'란 궁극적 실재 또는 절대진리를 경험하는 인간의 구원체험 형태와 종교상징 체계는 다양할 수 있으나 참종교의 기능, 곧 인간을 새롭게 변혁시키는 구원의 열매는 서로 통한다는 믿음이다.

자기중심적이던 존재가 생사를 초월한 우주적 생명체로 변화하고, 이기적이던 작은 생명이 사랑, 자비 등과 같은 이타적인 생명으로 변하는 것이 구원경험이라면 다른 종교 안에도 그 나름대로의 구원의 길이 있음을 인정하자는 입장인 것이다. 다원화된 세상 속에서 기독교만의 유일성(唯一性)만 주장할 것이 아니라 다른 종교도 경쟁적 상황에서 공존하고 있음을 인정하자는 것, 기독교인을 포함한 모든 인간을 신(神) 앞의 '이방인'으로 규정하고 타종교인과 함께 이방성을 극복함으로써 세계를 인간화시키는 선교적 책임을 묻는 것이다.

'궁극적 실재'는 깊은 뜻에서 '하나'이며 그 궁극적 실재를 경험하고 반응하는 인간문화의 종교적 반응은 다양한 것이 아니겠는가.

물론 이러한 종교다원주의가 기독교의 자기정체성(自己正體性)을 약화시켜서는 안되겠지만, 반대로 기독교가 자기를 절대화함으로써 우상숭배의 죄에 빠지는 것 또한 절대로 용납되어서는 안된다. 종교다원주의는 바로 이런 점에서 제 2의 종교개혁정신이요, 기독교의 자기비판적 성찰인 것이다.

모든 사람이 하나님의 백성이다. 기독교는 이제 서구 식민지주의의 유산인 '기독교 제국주의'를 버려야 옳다. 자기의 것을 아끼고 그것에 대해 자부심을 갖는 것은 모든 사람들의 권리이자 의무이겠다. 그러나 그와 동시에 남이 소중하게 알고 자부하는 바를 존중할 줄 모르면 독선주의에 빠지고 만다. 모든 것이 공존할 수밖에 없는 사회에서 종교만이 유아독존적일 수는 없다.

종교다원주의의 도전을 하나님의 깊은 경륜으로 보며, 창조적으로 응답하는 새로운 신학의 모형(paradigm)을 찾아 나서라는 세계교회협의회의 바아르선언은 우리 신학자들에게 던지는 감당하기 어려운 시련이지만, 동시에 놀라운 축복이기도 하다. '새 술은 새 부대에 넣어야 한다'는 예수님의 말씀처럼 위대한 패러다임 변화를 감행하여야 하는 우리 신학자들은 어느 시대의 신학자들보다도 축복받는 절망과 희망이 함께 교차하고 있는 전환기의 시대에 살고 있다.

1985, 한국 기독교가 1백주년을 맞이하면서 가진 신학자대회에서 발표한 '한국신학자 성명'에서 우리들은 모두 한국의 전통종교를 저주하였던 역사적 오류를 자백하며 문화적 죄상 고백을 했던 것을 기억하고 있다.

'한국 민족의 역사적 전통과 종교 문화적 유산이 하나님의 축복임에도 불구하고 우리는 오히려 이를 거부하고 이단시함으로써 민족문화와 기독교 문화의 발전에 기여하지 못하였다….'

구원은 궁극적으로 하나님의 역사며 인간 판단의 영역에 속해 있는 것이 아니다. 구원이 기독교 신앙인들에게만 있는 것인지, 그밖의 상식인을 포함함 모든 신앙인들에게는 없는 것인지, 그것은 인간이 함부로 판단할 영역이 아니다.…이제 인류의 종교사는 '교회중심 선교'에서 '하나님 선교(Missio Dei)'로 그 패러다임을 전환시켜야 할 때가 온 것이다.

변선환 박사는 80년대 이후 '기독교(교회) 밖에도 구원이 있다'는 발언으로 잦은 물의를 일으켜 왔다.

307

19911201_종교다원주의 변선환 박사 포스트모던주의 홍정수교수_우먼센스_5번_페이지_3

"육체의 부활에 대한 믿음은 성서해석의 오류에서 나온 것이다"

각종 현대의 '모던 신학'은 '과학 흉내내기' 오류를 범했다

내가 '예수의 육체의 부활을 부정했다'고 하는데, 그것이 '생물학적 의미에서의 육체부활'을 뜻하는 것이라면 그렇다. 나는 단연코 육체의 부활을 부정한다.

그러나 성서가 말하는 육체의 부활이란 생물학적인 시각에서 하는 육체의 개념과는 다르다. 그것은 '성서의 언어'가 가지는 특수성 위에서 이해되어야 하는 것이다.

구약성경에 보면 야곱이 천사와 씨름하다가 환도뼈가 부러졌다는 표현이 나온다. 필요하다면 천사도 몸이 있는 것으로 나타나며, 하나님에게도 눈·코·입이 있는 것으로 나타난다. 그러한 성경 언어의 특수성을 무시하고 문자 그대로 망우리 공동묘지에서 누군가 살아 나오는 것처럼 부활을 믿는다면, 그것은 용납될 수 없는 이론이며 성경에 대한 엄청난 폭행이라고 아니할 수가 없다.

성경을 성경의 언어로 읽고 이해해야 한다. 성경의 말씀을 과학자들의 연구보고서와 같은 언어로 읽어서는 곤란하다. 이는 시를 과학적으로 분석하여 좋은 시와 나쁜 시로 나누며, 또한 미술 작품을 과학의 척도에 따라 그 값을 매기려는 어리석음과도 같다.

이와 같은 나의 견해는 '포스트모던(근대후기) 신학'과 일맥상통한다. 포스트모던 신학은 역사 과학의 눈으로 성경을 읽고 있는 진보주의 신학이나, 사회과학의 눈으로 읽고있는 해방신학, 자연과학의 눈으로 읽는 보수파의 신학 등 각종 현대의 '모던(근대) 신학'을 모두 거부한다. 이들 신학은 성경 언어의 독특성을 망각하고, 신학을 과학과 혼돈하거나 '과학의 흉내내기'를 한 공통의 죄를 범했기 때문이다.

이제 시인은 계속하여 시를 짓고 화가는 계속 그림을 그려야 한다. 시인의 말과 화가의 색채는 '사실'과 다를지 모르지만 거짓은 아니다. 그것은 보다 깊은 진리이며, 인간을 구원시키는 힘을 그속에 간직하고 있다. 한마디로 '기독교와 성경의 독특성을 회복하자는 신학적 반성'이 바로 포스트모던 신학인 것이다.

홍정수 교수는 '포스트모던 신학은 성서적인 신앙으로 돌아가자는, 어찌 보면 복고주의적인 성향의 신학이지 신(新) 신학의 한 유파로 보아서는 곤란하다'고 말한다.

이런 포스트모던 신학에 대해 올바른 인식을 갖고 있지 못한 이들이, 정당한 대화의 자세 이전에 무조건 과격한 신학으로 보거나 교회를 파괴시키는 사이비 신학인 양 몰아부치는 것은 부당한 처사다. 이것은 마치 보지도 못한 적을 향해 마구 총을 쏘아댄 후 '내가 적을 죽였다'고 좋아하는 것과 무엇이 다르겠는가.

성서의 부활을 부정하는 것은 오히려 현대 한국의 많은 목회자들이 아닌가 한다. 잘못된 신학 때문에 성서를 제대로 읽지 못하는 그들은 진정한 성서적 부활의 의미를 깨닫지 못하고 있다.

한국의 기독교는 그 어느 종교도 하지 못했던 일, 기독교가 인간의 생물학적인 죽음을 정복했다는 것을 줄기차게 전해 왔다. 예수가 재림하면 이 세상에서 영원히 살 것이고 죽어서도 영원히 산다는 식으로 죽음과 죽음을 극복하는 것에 메시지의 초점을 맞춰 왔다.

불안하게 살아온 한국의 신자들에게 그것은 상당한 위안과 도피처가 될 수 있었겠지만, 그때문에 성서에 있는 기독교와는 거리가 상당히 먼 것이 되고 말았다.

따라서 한국의 교회가 전하고 있는 핵심적인 메시지, 부활에 대한 메시지가 성서에 기반을 둔 올바른 메시지로 변화되지 않는 한 한국교회의 앞날은 어둡다고 본다. 과학적 사고의 훈련을 받은 후대들에게서 지금과 같이 예수의 죽음과 부활을 가르친다면 앞으로 교회에 남을 젊은이는 과연 몇명이나 되겠는가.

갈릴레오에 의해 천동설이 부정되고 지동설이 확립된 것처럼, 새로운 시대가 오면 성경을 과학의 시각에서 읽던 사람들은 신앙적인 기반을 송두리째 잃어버릴 수밖에 없는 것이다.

동정녀 탄생이나 부활, 예수의 재림 등도 마찬가지다. 동정녀 탄생이란 신앙의 언어이지, 예수가 정말 남자없이 태어났다는 문자 그대로의 의미가 아니다.

하나님의 뜻에 의해 태어난 사람이라는

308

19911201_종교다원주의 변선환 박사 포스트모던주의 홍정수교수_우먼센스_5번_페이지_4

데 초점이 있는 것이다.

이는 한국인들이 흔히 '하늘이 낸 사람' 이라는 표현을 쓰는 것과 마찬가지 용례이다.

문자 그대로 성서를 읽는 것은 성서를 제대로 읽는 것이 아니다

동정녀 마리아를 믿는 것, 육체의 부활과 예수의 재림을 믿는 것이 지금 분단된 한국을 살아가는 이 시대 사람들에게 과연 어떤 의미가 있는지를 한국 교회는 스스로에게 물어보아야 한다.

부활은 하나님과 사람들로부터 버림받은 불의의 상징이던 십자가가 하나님의 정의임을 선언한 사건이다. 예수를 버렸던 제자들이 종교적 체험을 통해 예수를 만난 후 그에게 되돌아오고, 더 나아가 세상에 나가서 십자가에 못박혀 죽은 예수가 승리자요 하나님의 정의라고 선언하게 되는 복잡한 사건을 뭉뚱그려 부활사건, 부활체험이라고 하는 것이다.

따라서 부활사건은 십자가에 나타났던 사랑과 정의가 이 땅에 실현되는, 성서적인 의미에서의 예수의 재림을 통해 완성된다.

예수의 죽음은 남을 용서해주는 자는 그 자신도 하나님께 구원을 받는다는 인간관계의 회복을 일컫는다. 손해를 볼 수도 있겠지만 그렇게 살다 보면 새 역사가 도래하는 것이며, 새로운 역사가 완성되는 것이 곧 예수의 재림이 라는 믿음을 갖고 희망적으로 살아가는 것, 또한 그 일을 위해 투쟁하고 헌신하면서 기뻐하는 것이 기독교인이다.

이같이 성경이 말하고 있는 바는 분명하다. 그런데 왜곡된 방향으로 나아가고 있는 신학적 교리에 의해 잘못된 교육을 받은 목회자들이, 또한 교인들에게 잘못 가르쳐 온 것이다. 이 사회를 앞장서서 이끌어가야 할 교회가 오히려 인간을 전근대적으로 만들고, 답보상태에 머물게끔 하는 가장 무서운 장애물이 되고 있으니 안타까울 수밖에 없다.

현재 한국 교회는 세상 사람들이 기독교를 어떻게 보느냐에 관심을 가져야 한다. 어째서 타 종교인들이 기독교도들에 대해 '집단 이기주의'라고 비난하는지 귀를 기울이고 곰곰이 따져보아야 한다.

모든 목회자들이, 불교적인 용어를 빌려서 '해탈되어'자기 확신이나 신념을 갖고 있다면, 어떤 사람과도 공개적으로 만나 '나는 이렇게 믿는다'고 말할 수 있어야 한다.

그런데 그러한 기회는 가지려 하지 않으면서 일방적으로 숨어서 손가락질하고 매도하려 든다면 이것은 자기 내면의 불안감을 표출하는 것으로밖에 볼 수 없다.

차제에 이 일을 계기로 신학자와 목회자 간에 대화가 활발해져 포스트모던 신학에 대해서도 보다 깊은 이해가 이루어졌으면 한다. 성서를 다시 읽고 '성서적인 신앙으로 돌아가는 것'이 한국 교회의 발전을 약속하는 길임을 나는 지금 이 순간도 확신하고 있다. W

나는 변선환·홍정수 교수의 입장을 이렇게 생각한다.

'기독교 교리와 교단을 전면부정하는 위험한 학설에 지나지 않는다'

박기창 목사(한양제일교회, 감리교 송파지방회 감리사)

H-3-002

감리교신학대학장 변선환 박사의 '종교다원주의'와 홍정수 교수의 '포스트모던 신학'을 비판하고 나섬으로써, 지난 10월 30일 열린 감리교단 특별총회에서 이들의 교수 및 목사자격 박탈까지 논하게끔 만들었던 장본인이 바로 박기창 목사(감리교 송파지방회 감리사, 한양제일교회).

박목사는 다시금 11월 4일 지방교역자회를 열어 '종교다원주의론과 포스트모던 신학론을 교수로서 소개하는 일은 받아들일 수 있으나 자신들의 신앙으로 주장하는 일은 받아들일 수 없다'고 입장을 밝혔다.

'학문의 자유는 인정한다. 그런 위에서 종교다원주의론과 포스트모던 신학을 하나의 학설로 소개하는 것은 이해할 수 있다. 그러나 교단에 몸담고 있는 목사요 교수로서 이것을 마치 기독교의 진리인양 교인들과 학생들에게 믿게끔 하는 것은 용납될 수 없다.'

그리고 박목사는 변선환 박사의 종교다원주의에 대해 '교회 밖에도 구원이 있다고 하는 것은 교단(敎團)의 정체성(正體性)을 정면으로 부인하는 주장으로, 교단의 교리나 기독교 성직자로서 근본적인 말씀의 진리로부터 벗어난 것'이라고 평했다. 또한 홍정수 교수의 포스트모던 신학에 대해서는 '감리교 교리선언에도 분명히 예수의 부활은 명시되어 있다. 예수의 부활을 비롯해 동정녀 탄생, 재림을 실제적인 사건으로 믿는 것을 성서의 잘못된 해석에서 야기된 현상이라고 하는 홍교수의 주장은 기독교 진리의 핵심을 무시한 묵과할 수 없는 중대한 발언이다'라고 강경한 입장.

309

19911201_종교다원주의 변선환 박사 포스트모던주의 홍정수교수_우먼센스_5번_페이지_5

성 명 서

통일교와도 연류된 두 교수를 척결하라.

변선환 학장, 홍정수교수는 기독교 2,000년동안 순교의 피를 흘리며 지켜온성경의 진리를 왜곡 또는 불신하여 이단 사상을 가르칠 뿐 아니라 통일교와 연류되어 통일교 거물 인사가 감리교 신학대학에 들어와 5년동안이나 포섭 활동을 하였으나 퇴학시키기는 커녕 이를 비호하며 통일교를 변증하는 논문까지 쓴것을 통과시켜 석사 학위를 받고 졸업하게 하였음 (증인, 증거물 확보) 그러므로 속히 두교수를 척결해 주기를 바란다.

1991년 12일 2일

기독교 대한 감리회 기독교 교리수호 대책위원회

19911202_성명서_교리수호대책위원회_5번

11. 신학의 자유를 옹호하는 신학자 성명에 서명한 학자들에게 묻습니다.

기독교장로회 : 한신대 --- 안병무 문동환 황성규 정웅섭 박근원
김이곤 김경재 장일선 김성재 오영석
김창락 박종화 정태기 윤응진 고재석
김영일 (김원배 진연섭 유석성 채일수
강원돈)
성공회 : 성신대 --- 이재정 손규태 전광삼 최영실
이화(교파미상) 기독과 -- 서광선 장 상 손승희
그리스도교회: 신대 --- 김진희 허호익
기독교성결회: 서울신 --- 목창균
강남대 (교파 미상) --- 심일섭 선우남 김달수 이숙종
호서대 〃 --- 임태수
기 타 〃 --- 김명수 권진관 이재훈 황정옥 김은규
안상님 이신건 이경숙

귀하들은 1991년 10월 30일 기독교 대한감리회 제19차 총회가 절대다수로 결의(반대1명)한 일을 중세기 천년암흑시대 사람들이 저지른 과오로 보고 우리 총회를 향하여 "결의를 철회할 것"을 성명 결의하였는데 귀하들이야말로 기독교 신학자들인가? 궤도를 이탈한 자유주의자들인가?

1. 우리 총회원들이 "기득권의 수호 또는 확장을 위한 권력욕"에 따라 결의한 것으로 간주했는데, 귀하들은 우리의 노력을 간과한 엄청난 오해를 하고 있다. 이른바 교단정치 써클이나 어느 권력욕의 작용한 일이라고 보는 귀하들이야말로 하나님의 심판을 받을 모욕적인 궤변을 하는 자들이요, 진리를 탐구하는 학자로서는 언급할 수 없는 터무니없는 모략적인 오도를 자행하고 있다. 왜냐하면, 첫째, 총회 결의는 귀하들의 생각과는 전혀 달리, 정당한 의사진행 과정을 거쳐 결의된 순수한 기독교 진리를 천명한 것이었음을 밝혀 둔다. 둘째, 귀하들은 누구기에 우리 총회가 절대 다수의 표결로 한 일을 왈가왈부하는가? 귀하들이야말로 자기들의 편협한 자유를 위해 남의 정당한 민주적 의사표시를 무시하고, 또 총회원을 무지한 군중으로 보고, 자기들은 학자연하여 우리의 총회를 과오로 우겨대며, 배타적 독선적 행위를 만행하고 있지 않은가?

2. 우리 총회의 의결을 "교단싸움"으로 비유했는데, 이는 언어도단이다. 충분한 연구를 통해 사리가 정연하게 논증해야 할 학자들이 분명한 사건의 소재를 파악함도 없이 짐작으로 판단하는 귀하들이야 말로 자유, 자유하는 자유의 노예가 된 궤변자들이요, 불성실한 학자들이다. 우리 감리회가 포용력이 있는 폭넓은 이해를 전통으로 하고 있음을 귀하들도 인정한 바와 같이, 그러한 우리가 분연히 일어선 것은 감리회의 복음적인 진리를 천명하고자 함이었다.

3. 우리 총회원들이 "진리를 교권으로 재판"했다고 하며 시정을 요구한 귀하들은 변선환, 홍정수의 신학을 진리로 옹호하기 위하여 분연히 일어서서 성명을 했으나, 우리 총회는 "성경"을 진리와 하나님의 말씀으로 믿고, 두 교수의 신학을 이단적 궤변으로 판단하고, 이를

- 264 -

19911202_신학의 자유를 옹호하는 신학자 성명에 서명한 학자들에게 묻습니다_기독교대한감리회 기독교교리수호대책위원회_교리사건 재판자료_5번_페이지_1

배격한 것이다.

4. 우리 총회원은 결코 개방의 흐름과 다원화되는 사회에 몰이해한 사람들이 아니다. 우리는 타종교들과의 대화나 협력을 거부하는 아집이 있지 않다. 다만, 총회의 결의는 우리 기독교의 본질을 파괴하고 우리의 정체성을 상실케 하는 구원의 다원주의를 거부하는 것이며, 귀하들이 속한 교단이 변, 홍교수의 학설을 진리로 받아들이는지의 여부는 우리가 간섭하지 않는다.

5. "우주적 그리스도는 마리아의 아들 예수와 동일시 할 때 거침돌이 된다."「기독교사상」 299, p. 156는 논리를 옹호하는 귀하들은 종교학자인가? 기독교신학자인가?

6. "교회가 말하지 않아도 이미 선행하여 그리스도가 섬기고 있으며 기독교 선교사가 하나님 나라를 비기독교 세계에 가지고 오지 않아도 이미 하나님 나라는 거기서 역사하고 있다"는 학설을 그대로 지지하는가?

7. "타종교에도 구원이 있다"는 말과 "그리스도만이 보편적으로 유일한 구속자이신 것이 아니다"(상동, p. 155)라는 주장을 그대로 옹호하는가?

8. "예수의 죽음이 우리를 속량하는 것이 아니라, 그의 삶이 우리를 속량하는 것이다"「한몸」(7. p. 17), "예수의 피가 동물이 흘리는 피보다 월등하게 효과가 있다는 얘기가 결코 아니다"(Ibid., p. 18)라고 하는 것을 귀하는 진리로 옹호하는가?

9. 예수의 부활사건은 "빈무덤 사건이 아니다"(크리스챤 신문 '91. 6. 8.) "육체의 부활은 무신론적이요 이교적 신앙(불로장생 신앙)이다"(기독교연합신문, '91. 6. 16.)라고 하는 학설을 귀하들은 옹호할 것인가?

1991년 12월 2일

기독교대한감리회
기독교 교리수호대책위원회

19911202_신학의 자유를 옹호하는 신학자 성명에 서명한 학자들에게 묻습니다_기독교대한감리회 기독교교리수호대책위원회_교리사건 재판자료_5번_페이지_2

일 보 국민일보 1991년12월4일 水요일 【8】

"「교회밖 구원론」은 이단"

"포스트모던신학·다원주의는 성경 왜곡"

「변·홍」교수 조속면직 촉구

교계단체 잇달아 성명

최근 포스트모던 신학과 종교다원주의가 교계와 일반인에 큰 논란을 빚고 있는 가운데 감리교 교단 산하 기독교교리수호대책위원회, 7천교회 2백만신도운동, 91전국 감리사및 선교부총무단, 장로회 전국연합회등이 잇따라 성명서를 발표, 귀추가 주목되고 있다.

기수대위는 2일 통일교도와 연루된 두 교수를 척결하라는 성명서에서 문제가 된 변선환학장 홍정수교수가 2천년동안 순교의 피를 흘리며 지켜온 성경의 진리를 왜곡 또는 불신하여 이단사상을 가르칠 뿐 아니라 통일교 인사를 비호, 석사학위까지 통과시켰다고 주장하며 척결을 호소했다.

또 7천교회 2백만신도운동, 91전국감리사및 선교부총무단 교회개척추진협의회 참석회원일동도 △제19회 총회가 결의한 두 교수에 대한 면직처리가 조속한 시일내에 이루어지길 결의한다 △해당 당국에서 처리를 미루거나 관철시키지 않을 경우 야기되는 모든 책임은 전적으로 해당 당국에 있음을 결의한다는 내용의 결의문을 채택, 발표했다.

또 장로회전국연합회도 「교회 밖에도 구원이 있다」 「예수의 상징적 부활등 부활부정론」은 이단적요소가 있다며 「교회와 교단에서 헌신하는 1백30만 우리성도들을 오도하고 큰 피해를 주는 불상사가 없도록 바란다」고 촉구했다.

장로회연합은 또 △본회는 교단과 해당 신학대학에서 제19회 특별총회에서 결의된대로 변, 홍 두교수에 대한 면직처리가 조속히 이루어지기를 촉구한다. △본회는 전국 각 교회 목사님과 장로님 그리고 성도에 이르기까지 연대하여 두교수의 퇴진을 관철시킨다. △본회는 제19회 총회결의와, 7천교회 2백만신도운동, 91전국 감리사 선교부총무, 교회개척추진협의회 결의와 기독교 교리수호대책위원회의 결의를 전적으로 지지하며 끝까지 투쟁할 것을 천명한다는등의 3개항을 채택, 발표했다.

19911204_교회밖 구원론은 이단_국민일보_5번

4 1991년 12월7일(토요일) 기 획 새 누 리 신 문 【제3종우편물(가)급인가】 제 74 호

긴급진단

감리교 '문제' 신학

현대성·다원성에의 기독교적 응답

K-4-022

감신대 변선환 학장과 홍정수 교수에 대한 교단총회의 징계권고 결의를 둘러싸고 공방이 가열되고 있다. 그러나 막상 두 교수에 대한 면직권고결의의 근거가 된 '종교다원주의'나 '포스트모던신학'의 내용이 무엇인지는 의외로 잘 알려져 있지 않다. 이에 본지에서는 선입감이나 단편적 지식에 근거한 공방이 아니라 보다 성숙한 신학적 논의로 승화되기를 바라는 마음에서 '종교다원주의'와 '포스트모던신학'에 대한 신학적 이해를 돕는 특집을 마련했다. 〈편집자〉

김경재〈한신대 교수〉

종교다원론은 근원적인의미에서 유일신 신앙의 고백표현이며 하나님의 세계통치 또는 '하나님의 선교' 정신에 입각하여 21세기 복음선교의 지평을 확대·심화하자는 적극적인 선교신학 정신이다. 종교다원론은 기독교복음 전파를 소홀히하거나 포기하자는 것이 아니다. 기독교 복음의 자기정체성과 특성을 더욱 분명히 하되 구원은 우리종교만이 독점하고 있다는 우월주의나 배타주의 자세는 극복돼야 한다는 것이다.

종교다원론은 세계 종교들을 합해서 한 종교를 만들자는 종교혼합주의가 아니며, 기독교는 상대적 종교이므로 또다른 구원진리나 구원계시가 우리에게 필요하다고 주장하는 것도 아니다.

종교다원론은 하나님의 절대성과 우주의 궁극자가 '한 분' 이심을 믿으며, 그리스도 예수 안에서 참된 신성이 온전하게 계시됐음을 믿어 의심치 않는다.

그렇다면 종교다원론은 무엇을

화우월주의에 다름 아니며 따라서 진실이 아니다.

셋째, 종교다원론은 하나님 그 자체, 하나님의 자기계시 자체는 절대적이지만 그 계시를 받아 응답하는 종교응답, 제의, 상징, 교의, 신학은 문화역사적 삶의 자리에 따라 다양하고 상대적이라는 것을 말하려는 것이다. 불교, 유교, 힌두교, 천도교, 이슬람교 등은 이교신, 우상신을 섬기는 종교라고 보는 그러한 좁은 단견을 극복하자는 것이다. 우리들의 조상들도 2백년전 천주교가 전래되기까지는 불교나 유교나 동학을 믿었는데 그들은 모두 우상숭배해서 지옥에 가고 구원 못

이 있다는 종교다원론에 입각한 변선환 교수의신학적 주장에 왜 한국기독교는 불안해하고 염려하고 단죄하려드는가? 그의 종교다원론때문에 복음진리가 상대화되고 손상되고 약화되기라도 했다는 말인가? 신성불가침이라고 자기를 우상시한 기독교문화, 제의, 교리, 교권은 상대화되지만 복음진리는 도리어 그 참 빛을 발하는 것 아닌가? 우상이 깨질 때 하나님은 더욱 하나님으로서 드러나는법 아닌가?

변선환 교수가 '그리스도 중심주의'를 극복하자고 주장했을 때 오해의 소지가 많이 있을 수 있다. 그의 진의는 나사렛 예수

감신대 두교수에 대한 교단총회의 징계권고결의는 신학에 대한 충분한 이해를 결여한 교권남용이란 비판이 거세게 일고 있어 그 추이가 주목된다.

포스트모던신학

전통신학으로의 복귀 성격 강해

내면성·감성 강조, 문화적 획일성 부정

서광선〈이화여대 대학원장〉

최근 한국의 감리교 총회에서 포스트모더니즘이 교리의 문제가 되어 한 교수가 신학대학의 교수직 박탈의 위기까지 당하게 되었다는 소식을 듣고 충격을 받았다. 왜냐하면 아직 한국의 신학계에는 포스트모더니즘이 옳게 소개가 되어 있지 않은 상태이고 오직 몇몇 신학자들이 학회나 사석에서 겨우 논의를 시작하고 있는 실정에서 벌써 이것이 교회와 교권의 문제가 되었다는데 사뭇 경악을 금할 수 없었던 것이다.

포스트모더니즘은 20세기 후반의 서구 지성사회와 문화·예술계를 석권하고 있는 하나의 첨단적 사상이며 철학이라고 할 수 있다. 건축과 문학의 형식, 그리고 음악에 있어서 이른바 현대성을 탈피하려는 몸부림으로 해석할 수 있을 것이다. 그 현대성이라고 하는 것은 합리성을 강조하고 획일주의 및 생산성과 효율성을 최선의 가치로 삼는 경향이라는 것이다. 그런데 그 현대성에 의하여 발전되고 전개된 서구 문명은 그 합리적 질서가 무너지고 급기야는 생태계의 파괴로 인한 문명의 멸절위기에 직면하게 되었다는 문명비판이 생기게 되었다는 것이다. 이러한 문명의 위기에 직면한 현대인의 문명비판이 바로 포스트모더니즘이라는 사상의 흐름을 낳게 했다고 보는 것이다.

포스트모더니즘을 말하는 학자들과 예술가들은 각기 나름대로의 주장을 펴고 있으므로 일률적으로 그 공통된 특징을 간단하게 말한다는 것은 어려운 일이다.

그러나 신학계에서 논의하고 있는 주장들의 공통점을 요약한다면 다음의 몇가지로 요약할 수 있을 것 같다. 그 첫번째 특징은 주관성과 내면성이라 하겠다. 현대성의 두드러진 특징은 객관성이라할 수 있을 것이다. 진리는 어디까지나 과학적 실증이 객관적으로 가능한 것이어야만 한다는 것이 현대철학의 인식론적 원칙이었다. 그러나 포스트모더니즘은 객관성 보다는 주관성, 외면적 진리 보다는 내면적 진리, 이성 보다는 감성, 합리성 보다는 경험 등을 강조한다. 그러므로 딱딱하고 무미건조한 학술논문보다는 개인의 경험을 이야기한 자서전이 더 소중한 글이 된다. 그렇기에 포스트모더니즘 신학은 어거스틴의 참회록에서 그 유례를 찾을 수 있다고 주장한다. 그리고 최근 미국의 여성신학계와 포스트모던 신학을 표방하는 신학자들이 이야기 신학이라는 것을 신학 방법론의 하나로 제시하고 있는 것도 이러한 맥락에서 이해될 수 있을 것이다.

포스트모더니즘과 신학을 연결시키는데 있어서 두번째 특징이라고 할 수 있는 것은 전통으로의 복귀라고 할 수 있을 것 같다. 서구의 현대성 혹은 과학적 합리성이라고 하는 것은 기독교 신앙의 신비성과 독특성을 상실한 것이라는 생각이다.

그러므로 어떤 신학자들은 포스트모던 신학은 계몽주의와 19세기 자유주의 신학에 대한 비판으로서의 신정통주의 신학의 강화라고 말하기까지 한다. 특히 영성을 소홀히 해왔다고 생각되는 현대주의 신학이나 자유주의 신학에 대한 비판으로서 포스트모던 신학자들은 전통을 강조하고 있는 것이다. 이러한 시각에서 볼 때 일부 해방신학자들과 한국의 민중신학자들은 포스트모더니즘을 오히려 비판적 안목으로 보고있다.

포스트모더니즘의 가장 공통된 점은 문화다원주의라고 할 수 있을 것이다. 진리의 획일성과 객관성이 무너지는 마당에 문화의 획일성이나 절대성 혹은 객관성이 성립될 수 없다는 것이다. 현대성이라고 하는 것은 자유를 그 최선의 가치로 표방했으나 그 결과는 억압이며 통제였고 획일적인 군사문화였다. 그것은 서구제국주의의 몰락과 함께 불가능해진 것이다. 문화다원주의는 결국 신학의 다원주의, 신앙의 다원주의, 종교의 다원성을 인정하지 않을 수 없게 만들었다. 문화와 종교의 독립성을 기반으로 하는 종교다원주의가 포스트모더니즘의 주장이라는 것이다. 종교다원주의는 상대주의와 다르다. 종교다원주의의 기반은 각 종교가 전통으로 복귀하는 것을 전제하고 있기 때문이다. 종교다원주의는 개인의 신앙과 종교의 교리를 소홀히 하고 무시하는 다원주의가 아닌 것이다. 오히려 더 자신의 신앙에 대한 뜨거운 집착을 강조하고 있는 것이 그 특징인 것이다.

포스트모더니즘이 네번째로 강조하고 있는 것은 저항성이라 하겠다. 근본적으로 포스트모더니즘은 현대성에 대한 저항이며 단절이기 때문에 그 이론적 바탕은 비판이며 단절이며 해체이다. 기존 선입견과 체제적 사고, 획일적인 사상과 이념에 대한 저항을 그 깃발로 내세운다.

포스트모던 신학은 보수적이며 내면적이라는 비판에 대항해서 일부 급진적인 포스트모던 신학자들은 남미의 해방신학을 포스트모던 신학의 방법론으로 전개할 수있다고 주장하기도 한다.

앞으로 이 방면의 서적을 우리 신학계에 처음 편집 소개한 감신대 홍정수교수와 함께 포스트모던 신학의 적용가능성이나 유용성에 대해 더 활발하게 학문적인 논의가 전개되기를 희망하는 바이다.

19911207_현대성 다원성에의 기독교적 응답_새누리신문_5번_페이지_1-01

종교다원주의

독선적 문화우월주의 배격

계시는 절대적, 응답은 문화적 다양성 인정

비판하고 어떤 기존신학을 극복하려고 하는가?

첫째, 하나님이 이스라엘 백성과 예언자, 사도, 그리스도인들을 통해서만 자기를 계시하신다는 기독교종교의 자기 독선과 하나님과 구원을 혼자서 독차지하려는 독점주의를 비판한다. 하나님은 어느 한 종파에 갇혀있거나 한정당하시는 분이 아니다. 하나님은 이슬람문화나 힌두교사회나 불교문화 속에는 통치영역이 아니므로 못들어가는 그런 문명신(文明神), 종교신, 지역신, 민족신이 아니라 만유의 주, 오직 천상 천하에 한 분 뿐이신 하나님이시다.

둘째, 기독교는 계시종교 또는 특수계시종교이고 다른 종교는 일반계시 또는 인간중심적 자연계시에 입각했으므로 기독교는 우월하다고하는 기존 신학의 계시이분법을 거절한다. 그것은 서구의 제국주의적 신학이 제3세계 목회자들에게 가르친 독선적 문 받았으며, 나는 예수믿어 구원받고 천국가게 되어 감사행복하다는 자기 밖에 모르는 기독교가 과연 예수의 마음일까? 차라리 내 이름이 구원생명책에서 말소되더라도 지옥가 계시는 내 부모·조상·동족을 구원해주라는 사도 바울의 심정은 왜 없을까?

넷째, 진정한 종교다원론자는 그가 기독교신앙인이라면 자기가 귀의하는 복음진리에 더 깊이 들어가서 자기의 구원생물을 마심으로서만 진정한 종교다원론자가 될 수 있는 것이다. 다른 전통 속에 있는 타 종교를 정말 만나려면 자기 자신의 신앙을 더 깊게 해야하기 때문이다. 그러므로 필자가 확신하기는, 진정한 자기 신앙의 저 깊은 원천에까지 이르고 산정에까지 올라간 경험을 한 사람은 종교다원론에 그렇게 흥분하거나, 방어적이거나, 비방하거나, 염려하지 않게 된다고 믿는다.

타종교에서도 그 나름대로 구원의 인격과 삶, 십자가와 부활을 통해서 하나님이 참으로 온전하게 계시되었다는 것을 부정하려는 것이 아니다. 나사렛 예수안에서만 하나님은 자기를 계시하시고 다른 곳에는 계시 할 수 없다는 기독교의 신학적 독단을 극복하자는 것이다.

결론적으로 거듭 말하거니와 진정한 종교다원론은 기독교를 종교혼합주의로 전락시키자는 말이 절대 아니며, 복음의 선교정열을 포기하자는 것이 결코 아니다. 전 지구촌이 실현된 20세기 후반에서 기독교신학이 전통의 독단적 자기오만에서 깨어나서, 보다 열린 믿음의 눈으로 하나님의 인류구원 경륜에 눈뜨고 실천적 정행(正行)과 성숙한 해석학적 이해로서 선교사명을 바로 하자는 뜻이다.

종교다원론에 대한 일부의 오해와 비방은 시정되어야 할 것이다. 그래야 한국기독교는 성숙한 기독교가 된다.

19911207_현대성 다원성에의 기독교적 응답_새누리신문_5번_페이지_1-02

교회복음신문 '91.12.9

초점

학문의 자유와 학자의 양심

김원식 〈편집국장〉

「변선환교수와 홍정수교수는 과연 이단이고 적그리스도의 집단에 속한 사람들인가?」 종교다원주의와 포스트모던신학을 주장한 두교수가 그들이 속한 교단의 총회에서 목사직과 교수직을 파면토록 결의했다는 보도로 교계를 소란하게 하고있다. 교계밖에서도 이 사건에 관심이 집중되고 일간신문에서도 이 사건을 취급하고 있다.

그리고 이 사건은 계속해서 여러단체에서 양편을 편들고 나섬으로 더욱 복잡한 양상을 띠고 있다.

지난 주간에는 안병무 서광선 문동환씨등 45명의 신학자들이 두교수의 징계의 철회를 촉구하는 성명을 내고 「한국 기독교의 배타적 자기 절대주의」라고 꼬집고 이 배타적 자기 절대주의 때문에 장공 김재준목사를 이단으로 단죄하고 교회에서 추방한 장로교회의 역사를 상기시켰다. 「그 이후에 끊임없는 분쟁이 계속되었는데 그 명분은 정통성 수호에 있었으나 제3자의 눈에는 교권싸움과 교회의 분열이외에 아무것도 가져온 것이 없었다」고 전제하고 「감리교회는 장로교에 비해 배타적 독선주의가 비교적 표면화되지 않은 교회로 평가되고 있다. 그런데…」 두교수를 신학적 이유로 축출하려고 하는 것은 유감된 일이라고 하며 철회를 촉구하고 있다.

또 감신대의 총학생회는 성명을 통해 「총회의 결의는 신앙의 진위를 판단할 때 지나친 교권주의의 남용에 반대한 웨슬리의 전통에 위배되는 것이」라고 총회의 결의가 잘못이라고 들고 일어났다.

총학생회는 교수는 물론이고 학생, 동문들이 참여하는 「감리교 전통및 감신 학문성 수호를 위한 대책위원회를 구성하고 교단 감독회장에게 건의서를 제출하기로」 했다.

그러나 이에 맞서는 세력도 만만치 않다. 「감리교 교회수호대책위원회」가 그 주역이다. 「제19회 총회의 결의는 하자가 없고 감리교 교회와 전통에 위배되는 이단적인 신학자를 교단 신학교의 강단에서 가르치게 할 수 없다」는 강력한 입장을 나타내고 있다.

이들의 주장을 들어 보면 변선환 홍정수 두 교수는 「이단이요 적 그리스도를 전하는 사람」들이라는 것이다.

이 단체의 중심 인물인 금란교회의 김홍도목사는 「그들은 기독교자체를 부인하는 이단」이고 「예수님이 그리스도임을 정면으로 부인하는 이단」이며 「주님의 몸된 교회를 부인하고 파괴하는 이단」「부활과 지옥을 부인하고」「성경을 부인하고」 있다고 주장한다.

김목사는 이 증거를 조목조목 들어서 설명하고 있는데 신문과 잡지 등에서 이 두사람이 발표한 논설들을 인용하고 있었다. 기독교회의 기본적인 교리를 부인하는 이들은 「분명한 사탄의 역사요 적 그리스도의 종입니다」라고 주장한다.

11월 30일에는 또 기독교대한감리회 장로회 전국연합회가 성명을 발표했다.

「본회는 변선환교수가 주장하는 「교회밖에도 구원이 있다」는 주장과 홍정수교수가 주장하는 「예수의 상징적 부활을 부정한 도저히 용서할 수 없는 이단적인 요소가 있으므로 교단 특별총회의 결의가 조속한 시일내에 정리되기를 바라면서 교단과 학교당국에 강력히 아래와 같이 처리를 촉구하고 성경과 교리를 믿고 교회와 교단에서 헌신하는 1백30만 우리 성도들을 모독하고 큰 피해를 주는 불상사가 없기 바란다. ①본회는 교단의 해당 신학대학에서 제19회 특별총회에서 건의된대로 변·홍 두 교수에 대한 처리가 조속히 이루어지기를 촉구한다. ②본회는 전국 감리교회 목사님과 장로님 그리고 성도에 이르기까지 연대하여 두 교수의 퇴진을 관철시킨다. ③본회는 제19회 총회 결의와 7천교회 2백만신도 일동 전국감리사 선교부총무 교회개척추진위원회 결의와 기독교 교리수호대책위원회의 결의를 전적으로 지지하며 끝까지 투쟁할 것을 천명한다」

이 장로들의 성명에서 밝힌대로 전국 감리사와 선교부총무들의 성명도 두 교수의 파면을 강력히 촉구하고 있다.

또 12월 2일자의 수호대책위의 성명은 충격적인 사건을 폭로하고 있다. 「두 교수가 통일교와도 연루되어 있다」고 주장하고 있다. 그리고 이 증거를 확보하고 있다고 주장한다. 뿐만 아니라 두 교수의 사생활이나 인간관계에 대한 이 사건과 별개의 명예에 대한 부분에까지 이야기가 연결되어 가고 있다.

45명의 신학자들의 성명에서 밝힌대로 제3자가 보면 지극히 단순한 사건인데도 상당히 복잡한 것처럼 보이는 것이 이번 사건이다. 감리교회의 확고부동한 교리를 그대로 믿는 목회자나 장로들과 학문을 하는 신학자간에 생긴 이 사건은 처음부터 토론의 여지가 없다.

시시비비를 가릴 수 없는 평행선상에 놓여있는 사건이다. 그러나 문제는 이 두 교수 모두가 교단신학교의 교수라는 한계가 있다는 사실을 인정하지 않으려는데서 문제가 되고 있을 뿐이다.

교단의 총회와 신학교수들간의 신학적인 견해의 차이 때문에 생기는 사건은 전술한 김재준목사뿐만 아니다. 장로회신학대학이나 총신대학의 교수들이 총회때마다 불려 나가곤 했다.

「정통신학이 교단의 신학인데 당신의 신학적인 입장이 신정통신학이라는데 직접 당신의 입으로 당신의 신학적인 입장을 설명하시오」라는 총대들의 추상같은 질문을 받는 교수들의 모습을 총회때마다 무수히 보아왔다.

어느 총회에서도 모 교수가 같은 질문에 답변하던 기억이 인상적이었다.

「본인의 신학은 성서적 복음주의입니다」 그것으로 그만이었다. 「성서적 복음주의」란 데 어떤 것인가? 성서에다 얼굴을 가리고 마는 그 학자의 「학자적인 양심」에 의문이 갔지만 교단신학의 한계란 어쩔 수 없구나 하는 생각을 했다.

화형을 당하는 순간에도 「그래도 지구는 돌고 있다」고 한 확실한 학문적인 입장을 밝힐 용기가 필요하지 않을까? 그래도 자기를 용납하지 않는 교수자리에 연연할 필요가 있는가?

신학생들이 학장의 성찬 집례를 거부하자 학장자리를 당장 사임한 J목사의 행위가 돋보이기까지 한다.

19911209_학문의 자유와 학자의 양심_교회복음신문_5번

제 127호 1985. 12. 10. 제 3종 우편물 (나)급 인가 감

기획특집 신학의 포스트모더니즘에 대하여

성서언어의 위력 회복운동

기존신학의 오류 극복 위한 노력
공동체의 어법에 맞춰 말하는 법 배워야

1. 개 념

우리나라에 비교적 일찌기 알려진 건축, 예술, 문화 등의 분야에서도 아직 「포스트모던(근대후기/이후)」 운동에 대하여 이해조차 못하고 있는 실정인데, 그것이 지난 10월30일 밤, 감리교 총회에서 단두대의 이슬로 사라졌다. 그런데 우리는 우리가 살해한 그 「포스트모던」 신학의 정체에 대하여 아무도 자신있게 말할 수 없는 처지에 있다. 필자도 마찬가지이다. 만일 미국에서 일어나고 있는 포스트모던 신학을 살해한 것이라면, 필자는 아무 할 말이 없다. 미국 신학자들조차 『아직은 평가하기 이르다』 고 말할 수밖에 없는 것이 「포스트모던」 신학이기 때문이다. 그러나 감리교 총회가 살해한 포스트모던 신학은 필경 홍정수가 시도하고 있는 특정 포스트모던 신학일 것이 분명하다.

따라서 지면을 통해 필자는 자신이 진행해 가고 있는 특정 유형의 포스트모던 신학의 특색을 간략히 밝히고자 한다. 이것을 충분히 이해한 다음 독자 여러분들의 진지한 평가와 토론이 있기를 바란다.

1990년을 기점으로 「세계신학연구원」을 통하여 본격적으로 소개되기 시작한 이 「신학적」 포스트모더니즘은 그 내용에 있어서 여타 분야에서 소개되고 있는 포스트모던 운동들과 거의(단지 부정적인 「철거주의」 신학만은 문화에서 일어나고 있는 「신(新)문화 비평」과 밀접한 연관을 지니고 있다) 아무런 상관이 없음을 먼저 인식해야 한다.

또 새로운 신학사조일지는 몰라도 1963-64년에 나온 이단(?)의 괴수, 「신죽음의 신학」과 같이 교회-파괴적인 것이 전혀 아니다. 그 반대이다. 이것은 기본적으로 성서언어의 위력(세계창조의 힘)을 회복하자는 운동이다.

2. 당신도 포스트모더니스트

당신은 현존의 많은 신학들에 대하여 깊은 불만을 안고 있는가? 바로 그것이 포스트모던 신학자들의 한 확신이다. 진보든 보수든 지금까지 우리들이 가르치고 배워온 「모던(근대)」 신학들이 이제 파산되었음을 솔직하게 시인하면서 「모던 신학을 넘어서는 신학」을 할 수밖에 없다는 절박한 자각이 신학자들 스스로에게서 나왔으며, 그같은 작업들의 결과가 바로 「포스트(post/지나가다, 후기/이후)」 모던 신학이다. 다른 한편, 1616년에 있었던 광기어린 희극, 천문학자 갈릴레오에게 「성서모독」이라는 「종교적」 죄를 적용시켰던 교황청의 신학과는 달리, 당신이 만일 갈릴레오도 옳지만 그것에 의하여 성서에 나타나 있는 천지창조 신앙은 조금도 흔들리지 않는다고 믿는다면, 당신은 아주 기본적인 의미에서 이미 포스트모던 신학자인 셈이다.

당신은 기독교의 창조신앙이 1616년 어느 천체물리학자에 의하여 송두리째 무너졌다고 믿고 있는가? 아니면 아직도 성서의 천동설이 과학적으로도 옳다고 믿고 있는가? 다시 말하거니와, 갈릴레오가 틀렸기 때문이 아니라, 그가 옳든 그르든 상관없이 성서의 말씀은 여전히 진리라고 믿는다면, 당신은 아주 훌륭한 의미에서 포스트모더니스트이다.

3. 긍정적 포스트모던 신학의 특색

이같은 자각은 이미 오래전, 적어도 1960년대부터 시작되었다. 그러나 이 신사조가 「포스트모더니즘」이라는 그 이름을 얻게 된 것은 아주 최근 곧 1984년이라 할 수 있다. 예일대학의 역사학 교수인 린드벡(George A. Lindveck)이 아주 작은 책을 발행했는데, 이 책의 발행을 계기로 미국의 신학계에서는 린드벡 자신의 의도와는 상관없이 포스트모던(postmodern)이라는 용어(그 자신은 postliberal 을 선택함)가 당당한 신조어로서 등장하게 되었기 때문이다. 그런데 지금 미국에서 「포스트모던」이라는 이름 밑에서 전개되고 있는 신학의 흐름에는 크게 보아서 「두 유형」이 있다. 그리고 필자는 기존의 어떤 포스트모던 신학자와도 무비판적으로 동일한 길을 가고 있지 않다.

그러나 굳이 노선을 밝힌다면, 제거적(eliminative)」 유형이 아니라 「수정적(revisionary)」 유형을 따른다. 쉽게 말하면, 「철거적(deconstructive)」 포스트모던 신학이 아니라 「건설적(constructive)」 포스트모던 신학을 하고자 한다. 필자는 이것을 전자와 구별하여 「긍정적/적극적」 포스트모던 신학이라 부르겠다.

이 신학사조는 1950년대에 들어서면서 진지하게 발전해 온 영국계의 두 철학, 과정철학과 후기 언어철학의 통찰력에 힘입고 있다. 그런데 현존의 「부활」 문제와 직접 연관이 있는 부분은 언어철학의 통찰력 부분이다. 따라서 그것의 일부만을 소개하면 이렇다. 언어철학의 통찰에 의하면, 인간들의 언어는 「경험을 표현해 주는 도구(자유주의의 언어관)」 역할만 하는 것이 아니라, 우리의 생각과 행동방식, 더 나아가 우리의 「세계(reality)를 구성(결정)하는 매우 창조적인 기능」을 지니고 있다. 그러면서도 그 언어의 문법은 그 언어를 공유하고 있는 특정 공동체의 산물로서 문화적 제약을 받는다. 이렇게 본다면, 문화가 다르면 언어도 다르다. 또 같은 언어를 사용하더라도 「그것을 사용하는 공동체가 다르면」, 겉보기의 언어의 동일성과는 달리 실제로 전혀 다른 문법으로 사용되기 때문에 「그 의미/기능이 매우 크게 달라진다」. 그렇다면 인류의 역사는 매우 다양한 언어 공동체의 역사 기록이라고 보아도 과언이 아니다. 이런 시각에서 보면, 「모던」 신학은 성서 언어를 이해하는데 서툴렀었다고 할 수 있다.

4. 되돌아 본 신학의 과제

모던 신학이란 17세기에 등장한 (자연)과학의 도전에 시달리고 있는 모든 신학들을 말한다. 곧 우리가 지금 시행하고 있는 신학들이다. 진보파의 신학들, 예컨대 역사비평의 신학, 민중/해방신학등은 역사과학, 경제학의 도전을 수용, 신학을 역사학이나 경제학으로 바꾸어 놓으려 했다. 반면에 소위 보수파의 「근본주의」 신학이란 자유주의 신학이 성서의 대부분을 「신화」로 처리하는 과정을 지켜보고 있다가 그것에 대한 강한 반동으로 성서의 모든 진술들이 역사적으로, 과학적으로 「사실」임을 논증하려고 무던히 애쓴 신학이다. 알고 보면, 좌파나 우파나 다같이 성서의 말씀을 각종 과학자들의 연구 보고서와 동일한 언어로 읽으려 했던 공통의 오류를 범했다. 이것은 마치 시(詩)를 과학적으로 분석하여 좋은 시와 나쁜 시로 나누며, 미술작품 또한 과학의 척도로 그 미적 가치를 규정하려고 하는 어리석음과도 같았다. 「사진」을 찍을 수 있는데 왜 그림을 그리느냐? 정확한 과학의 언어가 있는데 왜 시라는 애매한 의사 전달방법을 사용하느냐?

이렇게 묻는 자연과학, 역사과학, 경제학의 도전에 응수한답시고, 시에도 「과학」이 있다. 미술에도 「과학」이 있다. 우리는 이점을 보여 주겠다. 이렇게 나섰던 것이 지금 우리가 시행하고 있는 여러 「모던」 신학들이었다.

그러나 포스트모던 시대에 들어선 지금에 와서는, 이제 시인은 계속하여 시를 짓고, 화가는 계속하여 그림을 그려야 한다. 시인의 말과 화가의 색채는 「사실」과 다를지 모르나, 그것은 거짓이 아닐 수가 있다. 거짓이 아닐 뿐더러, 기존의 사실과 다르기 때문에 오히려 「새로운 세계를 여는」 보다 깊은 뜻에서 진리이며 그래서 인간의 삶을 구원시키는 힘을 간직하고 있을 수 있다. 이렇듯 신앙인은 이제 조금도 부끄럼 없이 자신의 신앙 공동체의 언어를 그 독특한 어법에 맞춰 말하는 법을 배워야 한다.

홍 정 수 교수
(조직신학)

19911212_기획특집 신학의 포스트모더니즘에 대하여-
성서언어의 위력 회복운동_홍정수교수_5번_페이지_1

웨슬리 복음주의 협의회 신학 강좌 열려

보수진영의 학자들만 초빙, 총회결의 뒷받침할 신학적 타당성 마련 위해 개최

웨슬리 복음주의 협의회(회장 김선도 목사)가 주최한 제7회 신학강좌및 영성개발 세미나가 「웨슬리 복음주의와 다원주의」라는 주제로 11월25일(월) 60여 명의 목회자가 참석한 가운데 광림교회에서 열렸다.

변선환 학장의 종교다원주의와 홍정수 교수의 포스트모던신학에 대한 교단총회의 결의 이후 교계를 비롯, 사회 각계에서 이에 대한 비판의 여론이 형성되고 있는 가운데 열린 이번 세미나는 이동주 교수(협성신대), 강사문 교수(장신대), 전호진 교수(고신대) 등이 강사로 참석했다.

「다원주의의 역사적 배경」이라는 제목으로 첫 강연을 한 이동주 교수는 개신교와 가톨릭 내에서의 다원주의의 발생과 진행과정및 이를 주장한 각 신학자들의 입장을 비판했다.

이교수는 19C까지 기독교의 유일성이 잘 지켜졌으나 19C말 트뢸치(Ernest Troeltsch)가 『계시는 기독교뿐만 아니라 모든 종교에 다 해당된다』고 주장함으로써 기독교의 절대성이 무너지기 시작하였으며 교회 중심의 배타주의가 그리스도 중심의 포용주의로, 나아가 신중심적인 다원주의로 발전했다고 밝히고 「익명의 그리스도」를 주장한 라너(Karl Rahner)는 믿음에 의한 구원관을, 기독교의 배타성을 부인, 「교회 밖에도 구원이 있다」고 주장한 한스 큉은 속죄에 의한 구원관을 상실했으며, 『모든 종교는 같은 신을 섬기고 있다』며 「코페르니쿠스적 전환」을 주장한 존 힉에 이르러서는 그리스도의 독특성과 유일성이 완전히 파괴되었다고 주장했다. 이러한 다원주의 입장이 국내에 유입되면서 유동식 교수는 『성육신은 철저한 세속화이며, 그리스도가 타종교에도 있을 수 있다』고 주장했으며, 변선환 교수는 『자기 종교를 가지고 사는 사람은 그리스도에게 귀의한 것이다』라고 주장하고 있다고 밝히고 이는 웨슬리적인 만인구원관이 아니라고 이교수는 주장했다.

또한 타종교 속에서도 그리스도나 성령이 역사하고 있다는 보편성에 기초, 타종교와 대화를 추구하는 다원주의자들은 역사적인 예수 그리스도가 온 우주의 그리스도라는 보편성을 잘못된 개념으로 파악하고 있다고 말하고 기독교는 아시아 종교와는 합할 수 없는 세계관을 가지고 있음에도 불구, 이를 억지로 합하자는 주장이 바로 변선환 학장의 주장이며 이러한 다원주의의 입장은 여호와를 섬기고 다른 신도 섬기는 병행주의, 혼합주의이며 이는 십계명 중에서 제1계명을 어기는 것이라고 주장했다. 또한 포스트모던신학에 대해서 이교수는 예술, 문학분야에 팽배해 있는 포스트모더니즘이 기독교 신학분야에 그대로 유입된 것으로서 탈규범적, 탈전통적인 성격을 가지고 있다고 말하고 홍정수 교수가 부활에 대해서 전통을 완전히 떠나 이단적으로 해석한 것과 기본 교리들을 모두 부정하고 성경은 하느님의 말씀이 아니라고 말할 수 있는 것도 이런 이유때문이라고 주장하여 전통신학으로의 복귀 성격이 강하다고 말하는 대부분 신학자들의 포스트모던신학 이해와 많은 차이를 보였다.

「다원주의에 대한 성서신학적 비판」이라는 제목으로 강연을 한 강사문 교수는 종교를 대하는 유형의 소개와 이 유형들에 대하여 성서적인 조망을 통해 문제점을 지적했으며 아울러 지난 10월말 총회결의에 대해 유감을 표하고 1985년 감리교회에서 종교다원주의를 부분적으로 수렴한 것을 지적, 그 문제를 좀더 신중히 다룰 것을 주장했다.

강교수는 종교를 대하는 유형에 대해 타종교를 인정하지 않는 유일주의는 자기의 교리와 신학을 절대 성경의 진리로 오해하며 상대를 저주하는 경향이 있으며 타종교를 인정하나 자기 종교의 우위성을 강조하는 단일주의는 자신의 종교의 우월성을 논리적으로 입증못하는 문제점을 안고 있고, 타종교를 인정하고 동등한 입장을 취하는 다원주의는 상대성에 빠지기 쉬우며 하느님과 그리스도의 보편성만을 강조하여 예수그리스도의 역사성을 약화시키는 문제점이 있다고 말했다.

강교수는 위의 세가지 유형이 성서 속에 모두 나와 있기 때문에 어느 한 유형만을 배척하거나 중시하기 어려우며 또한 기독교인만이 절대라고 주장할 수 있는 객관적, 보편적, 논리적 근거는 없다고 밝혔다.

「다원주의에 대한 선교신학적 비판」이라는 제목으로 마지막 강연을 진행한 전호진 교수는 『종교다원주의는 신학적 문제도 되지만 사실은 선교적 문제에서 대두된 것』이라 말하고, 총회의 결의에 대해 『언론에서 「한국판 종교재판」이라는 등 일방적으로 두 교수를 옹호하는 것을 보고 안타까움을 느끼며, 이제는 복음주의, 보수주의 신앙과 신학이 사회적으로 어려운 시대가 되었다』라고 말했다. 또한 그는 종교다원주의 신학자들에 대한 비판과 아울러 배타적 기독론의 신축성있는 전개를 주장했다.

이번 세미나에 대해 주최측이 보수진영의 학자들만을 초빙, 시기적으로 민감한 다원주의 문제를 공정하게 다루기 보다는 반발 여론이 심한 총회의 결의에 대한 신학적 타당성을 마련하기 위한 모임이었다는 지적이 나오고 있다. 또한 강사들의 견해는 종교다원주의나 포스트모던신학을 상당부분 왜곡하고 있으며 일부 부흥사들의 주장과 다를 바 없음이 밝혀졌다.

학 술 부

19911212_기획특집 신학의 포스트모더니즘에 대하여-성서언어의 위력 회복운동_홍정수교수_5번_페이지_2

J-2-007

성 명 서

— 종교 다원주의와 포스트 모더니즘 신학의 목회적 적용에 대한 우리의 입장 —

"그리스도교의 근본 원리가 시대를 따라 여러 가지 형식으로 교회 역사의 신조에 표명되었고, 웨슬레 선생의 「종교강령」과 「설교집」과 「신학 주석」등에 해석되었다. 이 복음적 신앙은 우리의 유업이요, 영광스러운 소유이다.

우리 교회의 회원이 되어 우리와 단합하고자 하는 사람에게 아무 교리적 시험을 강요하지 않는다. 우리의 중요한 요구는 예수 그리스도께 충성함과 그를 따르려고 결심하는 것이다. 웨슬레 선생이 연합 속회 총칙에 요구한 바와 같이 우리의 입회 조건은 신학적보다도 도덕적이요 신령적이다. 누구든지 그의 품격과 행위가 참된 경건과 부합되는 이상에는 개인 신자의 충분한 신앙 자유를 옳게 인정한다.(1930년 12월 5일, 기독교 조선 감리회 교리적 선언에 앞서 있은 설명의 내용, 감리교 교리와 장정, 제35단)

우리는 참으로 급변하는 시대에 살고 있다. 어제의 원수가 오늘의 친구가 되는가 하면, 오늘의 저주가 내일의 희망이 되기도 한다. 지극한 혼란과 갈등의 요소가 인류의 앞길을 가로 막고 있다. 특히, 오늘날 우리가 목회 현장에서 피할 수 없이 부딪히는 문제는 다원화된 종교의 현실속에서 어떻게 기독교 진리를 밝힐 수 있겠는가 하는 점과 과학주의와 기술 문명의 세례를 받은 시대 정신을 어떻게 신앙화 하는가 하는 점이다.

우리는 이러한 변화된 시대의 풍랑을 받으면서도 변함없이 진리로 우리를 부르고 계신 그리스도를 어떻게 바로 고백하며 증거할 것인가를 기도하며 연구해 왔다.

1930년, 저 위대한 감리교 통합 총회의 감리교 선언에서 보여주듯이, ① 진정한 기독 교회 ② 진정한 감리교회 ③ 한국적 교회의 지표를 따라 우리는 건강하고 능력있는 목회가 이루어지도록 끊임없이 우리의 현장에서 애써왔다. 그리하여 우리를 감싸고 있는 이 혼란과 허무의 시대정신을 극복하고 진리의 빛으로 밝히며 죽임과 싸움의 비극을 치유하여 함께 사는 신앙공동체를 이루어 가고자 우리는 매진해 왔다. 또한 우리는 이러한 살아 있는 그리스도의 목회가 신앙과 이성, 계시와 경험, 전통과 현실, 보수와 혁신의 창조적인 조화가 아니고는 진정으로 이루어질 수 없다는 것을 현장에서 체험하고 있다.

그러나 작금의 감리교회 현실은 이러한 우리의 소신과 노력을 무색하게 하고 있다. 지난 10월 30일 교단 입법총회에서 감리교 신학대학 두 교수에 대한 면직권고 결의가 이루어진 이래 이 문제가 많은 오해와 편견, 심지어 흑색선전 까지 동원되어 두 교수에 대한 일방적 매도로 나아가고 있음을 우리는 경악과 비통함으로 바라보지 않을 수 없다. 더구나 이러한 경향이 건강한 한국 감리교회의 목회를 위해 노력하는 조용한 다수 목회자들 까지 정죄하는 분위기를 일으켜 급기야 감리교회의 통합이나 건설적 미래를 어둡게 하는 결과를 낳고 있다.

우리는 이 문제를 놓고 함께 기도하고 대화하며 우리 목회현실과 세계 조류에 비추어 진지하게 하나님의 뜻을 헤아려 보는 자리를 마련하게 되었다. 그리하여 우리는 다음과 같은 결론에 도달하였다.

첫째, 종교다원주의나 포스트 모던신학은 결코 비신앙적인 주장이 아니다.

둘째, 이러한 신학은 우리의 목회와 선교에 매우 유익한 도움을 주는 것이지 결코 해악을 끼치지 않는다.

물론 이러한 신학적 조류나 이론은 우리 목회 현실에 적용되기 위하여 계속적인 실천신학적 작업으로 뒷받침 되어야할 과제도 우리는 발견하였다. 여기에서 우리는 참으로 위험한 것은 이 신학 자체가 아니요, 이러한 신학을 오해함으로 인한 교리적 독선이라는 사실을 알게 되었다. 칼은 어떻게 쓰느냐에 따라 수술칼이 되기도 하고 사람을 해치는 무기가 될 수도 있듯이 민감하고 유익한 신학체계 일수록 우리 목회자는 신중하게 사용해야 함을 확인하였다.

이제 우리에게 유익한 칼과 같은 오늘의 감리교신학을 대하는 목회자들은 삼가 신중하기를 우리는 간곡히 바란다. 그들이 쥐고 있는 칼날이 무엇을 위하여, 어디를 향하여 겨누고 있는지를 돌아보아야 할 것이다. 행여 훗날 우리가 형제의 눈에서 애매한 피눈물을 흘리게 했다고 후회하지 않아야 할 것이다. 우리는 갈릴리 마을을 지나, 갈보리 언덕을 넘어 저 십자가와 부활의 동산까지 이르는 그분 그리스도의 목회가 그 시대에 진정 무엇이었는지, 그리고 오늘 우리 목회자들은 그분의 은혜와 능력의 따사로운 아래에서 무엇을 해야 하는지 참으로 신중하고 깊이 있게 들어야 하는 시점에 와 있다. 따라서 우리는 다음의 몇가지 주장을 한뜻으로 천명한다.

하나, 우리는 지난 입법 총회에서의 면직 권고 결의가 무리하고 성급한 결정이 아닌가 하는 우려를 떨칠 수 없다. 따라서 서울연회에서의 목사직 심사와 감신 이사회에서의 교수직 심사에서 이 문제를 공명정대하게 심사하고 처리할 것이며, 총회 차원에서도 가능한 방법을 동원해 이 문제를 재고할 것을 강력히 촉구한다.

둘, 교리수호대책위원회나 일부 교회 및 기관의 무도하고 공격적인 행위와 선전공세는 참으로 중요하고 민감한 신학과 교리의 문제를 한낱 '목청 높이기 싸움'으로 전락시킬 가능성이 있다. 따라서 일방적 공격을 즉시 중단하여 감리 교회의 위신을 더 이상 손상시키지 말기를 강력히 촉구한다.

셋, 대다수의 목회자와 평신도는 지금 진실이 무엇인지도 모른채 목소리가 큰 쪽으로 휩쓸려 가고 있어 심한 혼란을 겪고 있으며 이유도 모른채 감리교 분열의 불안을 느끼고 있다. 따라서 해당 두교수나 그 지지그룹과 교리수호대책위등은 책임있는 기관의 주도 아래 직접적이고 개방적인 대화의 장(토론회, 공청회 등)을 조속히 마련할 것을 촉구한다. 우리는 결코 감리교회의 희망적 미래를 포기하지 않는다. 비온뒤 땅이 굳듯이 우리가 진지하게 기도하며 함께 만난다면 지금의 작은 아픔은 위대한 미래의 화해와 구원으로 말미암아 치유되고도 남을 것을 확신한다.

1991년 12월 12일

청 목 회 (감신 76년 입학/80년 졸업동창회)

19911212_성명서, 종교다원주의와 포스트 모더니즘 신학의 목회적 적용에 대한 우리의 입장_청목회(76년입학80년 졸업동창회)_5번

27. 다원주의 논쟁 유감

◈출처: 크리스챤신문. 1991. 12. 14.

김상일 교수(한신대, 종교철학)

다원주의 논쟁이 날이 갈수록 심각해지고 있다. 지금 감리교단에서 벌어지고 있는 다원주의 시비논쟁을 온 기독교계와 학계가 가슴조이며 바라보고 있다. 우리의 관심사는 감리교단의다원주의에 대한 시비여부도 아니고, 두 교수의 교수직 지속 여부에 관한 것도 아니다. 우리의 우려와 관심은 학문세계에서 '다원주의'가 가야할 그리고 겪어야 할 운명이라고 할 수 있다. 신문 지상에서 거론되는 것이 전부라면 다원주의의 심도있는 내용 가운데 어느 부분이 문제시 된다는 것이 없이 다원주의자체가 거부 시 되는 듯한 인상을 주고 있다.

다원주의는 기독교가 도저히 용납할 수 없는 이단사상이라고 한다면 이것은 보통 심각한 문제가 아니다. 이제 미소 양극의 이데올로기는 사라져 가고 세계가 다극화되어 가면서 모든 민족의 가치가 동등하게 인정을 받는 다원화의 시대로 지향해 나아가고 있기 때문이다. 네이비츠의 「대전환」(Megatrensa)에서도 다중심사회, 다문화의 사회를 미래사회의 두드러진 특징으로 삼고 있으며, 유명한 미래학자 A. 토플러도 같은 주장을 하고 있다. 이 마당에 감리교단이 다른 의미의 다원주의라 하더라도 '다원주의'란 말 자체에 거부감을 갖는 듯한 인상을 주는 것은 안타까운 일이다.

우리는 과거의 잡음으로서 후대에 엄청난 비극을 초래하는 것을 보았다. 교단이 분열되고 학자들이 교단에서 쫓겨나는 등 실로 그 결과 귀추가 매우 중요하다는 것을 경험하였다. 우리는 이 차제에 다원주의가 사장당하는 것을 우려하지 않을 수 없다. 그것은 역사의 후퇴요 일종의 수치일 수도 있기 때문이다. 다원주의에 접근하는 학자들의 태도 역시 다양하다. 그런데 그 다양성의 차이에도 불구하고 몇 교수의 다원주의에 대한 입장이 마치 다원주의 사상 내용의 전부인양 인식되어 다원주의를 추구하는 모든 학자들이 매도당하는 상황을 우려한다.

다원주의 시비가 이런 지경에 이르게 된 것을 필자는 일차적으로 학자세계에서 묻지 않을 수 없다. 왜냐하면 다원주의 논쟁이 국내에서 먼저 일어난 것이 아니고, 외국학계에서 제기된 것을 국내학자들이 수입하여 그 내용을 교계에 소개하였기 때문이다.

- 325 -

19911214_다원주의 논쟁 유감_김상일 교수_크리스챤신문_교리사건 재판자료_5번_페이지_1

문제의 도화선은 학자들이 짚었다고 할 수 있다. 소개한 몇 학자들의 일차적인 과오란 세 가지로 요약될 수 있다. 첫째, 영웅주의, 둘째 선정주의, 셋째 독선주의(Dogmatism)라 할 수 있다. 이론적 전개의 치밀함이 없이 "교회밖에 구원이 있다"는 표어는 마치 정치인들이 정치구호를 외치는 듯하였다. 이런 태도를 필자는 영웅주의적으로 학문하는 태도라 하는 것이다. 학생들에게 마리아가 부정한 행동을 하여 임신한 것처럼 가르친다는 것은 학문을 이성에 호소하는 것이 아니고, 감정을 선동하는 태도이기 때문에 선정주의라 하는 것이다.

일부학자들의 이러한 영웅주의와 선정주의적으로 다원주의에 접근하는 태도는 다원주의 자체를 망쳐놓고 말았으며, 다원주의를 연구하는 모든 동료학자들에게도 악영향을 주었다. 교계에 다원주의에 대한 나쁜 인상을 주게 된 것도 일부학자들의 이러한 영웅주의적 그리고 선정주의적 태도 때문이라고 할 수 있다. 이제 가장 독소적인 것은 이들의 독선주의적 학문하는 태도라고 할 수 있다. 자기들만이 다원주의의 메카에 살고 있는양 자처하면서 다른 동료 혹은 후배 학자들이 어깨를 겨누며 같은 캠퍼스에서 다원주의를 연구해 나가는 것을 막고 심지어는 교단에서 같은 다원주의 이름으로 추방하는 독선주의적 태도는 위험천만하다 아니할 수 없다. 몇 년 전에 이들은 같은 다원주의를 연구하는 동료를 자기 손으로 추방하지 않았던가? 이런 독선주의적인 사고방식으로 다원주의연구에 임해온 것이 오늘의 이와 같은 비극을 초래한 것이 아닌가? 역사는 이를 두고 아이러니(irony)라고 한다. 교단 교역자들은 다원주의 자체를 거부하는 듯한 인상을 주지 않도록 세심한 주의를 쏟아야 할 것이다. 시대에 역행하는 듯한 인상은 결코 선교에 도움을 주지 못할 것이다. 한국기독교에게 있어서 타종교들은 황금어장과도 같다.

이 영역을 잘만 활용하고 신학적으로 잘 정리하면 위대한 한국적 신학을 창출하여 21세기 태평양시대에 크게 영적 공헌을 할 것이다. 이번 다원주의에 대한 무차별 공격을 자칫 잘못하면 큰 오해를 불러 일이키고 손실을 가져올 것이다. 일반학계와 타교단에서는 감리교단내에서 진행되어지고 있는 다원주의 논쟁에 대해 교단과 학교에 모두 유감스러운 눈으로 바라보고 있다.

문제의 교수들은 자기들이 저질러 놓은 학문하는 태도에 깊은 책임을 지고 올곧은 자세로 이 땅에 '다원주의'를 살리는 길이 무엇인지 그 선택의 길을 찾아야 할 것이다. 교수직과 기득권의 집착 때문에 다원주의를 팔아넘기고 전과같이 무릎 꿇는 일은 없어야 할 것이다. 영웅주의, 선정주의 독선주의 삼대 악습을 포기했다는 자신의 모습을 세상 앞에 보이고 거듭날 기회인 것이다. 우리 모두 감리교단이 교역자들과 해당교수들의 현명한 선택을 예의 주시하면서 바라보고 있다

"문제의 교수들은 자기들이 저질러 놓은 학문하는 태도에 깊은 책임을 지고 올곧은 자세로 이 땅에 '다원주의'를 살리는 길이 무엇인지 그 선택의 길을 찾아야 할 것이다. 교수직과 기득권의 집착 때문에 다원주의를 팔아넘기고 전과 같이 무릎 꿇는 일은 없어야 할 것이다."

19911214_다원주의 논쟁 유감_김상일 교수_크리스챤신문_
교리사건 재판자료_5번_페이지_2

보수화·물신숭배풍조 노골화

일간지 종교담당 기자가 본 91 한국교회

감신대 변선환 학장·홍정수 교수 종교재판, 통일교 지각변동 및 문선명 교주의 돌연 방북, 교회금품타락 심각, 평화방송 사태, 조계종 종권다툼 장기화.

일간지 종교담당 기자로서 올 한해 종교계의 뒤안을 컬럼 형식으로 정리해 달라는 <새누리신문>의 원고청탁을 받고 지난 3월 종교동네를 출입하면서부터 쓴 기사 스크랩을 들춰보면서 굵직굵직한 사건만을 뽑아본 것이다.

유달리 여느해보다 큰 사건이 동시다발적으로 일어났던 올 한해 종교계 흐름의 특징은 두가지로 짚어볼 수 있다.

하나는 우리사회 전반의 기류와 무관하지 않게 종교계의 큰 사건 역시, 뚜렷한 보수화 경향과 맞물려 있다는 것이고, 다른 하나는 종교계의 물신숭배 풍조가 노골화하고 있다는 점이다. 과학적으로 유사성을 쉽게 증명할 도리는 없으나 "종교가 그 사회의 인식수준 밖에는 존재하지 않는다"는 개인적 믿음 때문에 이 두가지 현상은 상호 연관 속에 사뭇 도드라져 보인다.

먼저 감신대 두 교수 종교재판 사건의 배경에는 여러 복선이 작용한 것이지만, 단정적으로 이야기하자면 그동안 은인자중하던 보수주의(근본주의) 성향의 목회자들의 총반격 성격을 띠고 있다고 본다. 해당 대학교수들의 지극한 몸조심과 부흥목사들의 앙앙불락에서 선교사가 이땅에 들어온 이래 하느님의 절대 말씀처럼 군림해온 '성경절대 무오류' 설의 위력을 본다. 그러나 두 교수는 김홍도 목사의 말대로 과연 사탄인가? 일간지에 실린 광고문안처럼 '척결해야 할 대상' 인가? "근본주의 신학을 공부하려면 진원지인 미국이 아닌, 한국에 와야 한다는 얘기는 세계 신학계에 널리 알려져 있다"는 어느 목회자의 씁쓸한 진단이 사실이기 때문인가. 필자는

예장 여성안수부결, 감리교 두신학자 징계결의등 금년 한 해 기독교계를 휘몰아친 보수화바람은 유독 극심했다. 사진은 감리교 두 신학자의 징계 결의에 항의하기 위해 여의도 교단본부를 방문한 감신대생들.

근본주의 신학 새 근원지된 씁쓸한 현실
불교 천주교 등 종교계 전반기류 똑같아

징계에 동조한 이들의 '순수성'을 의심하다 교단의 어떤 목사로부터 "당신 교회 다니느냐"는 얘기를 듣고 그만 말문이 닫혔다.

통일교 문선명 목사의 돌연 방북과 그곳에서의 행동을 문제삼은 '정통' 교단의 대응은 보수주의자들의 바로미터가 무엇인지를 잘 드러냈다. 환고향 동원령 이후 선교강화에 힘쓰던 때에는 아무런 대응을 하지 않던 이들 '정통' 세력들은 정부당국의 사법처리 검토 발언에 발맞추어 일제히 사법처리를 하라고 목소리를 높였다. 둘째가라면 서러워할 반공주의자 문교주와 '정치적'으로 크게 구별되지 않은 이들의 이러한 심판의 근거는 무엇인가? 그것은 "대북 창구 단일화"를 구두선처럼 외치는 정부당국의 '의향' 과 과연 무관한가?

천주교회가 27명의 평화방송 직원을 '자른' 일은 그동안 부풀려진 천주교의 실상을 올바로 전달한 사건이자 천주교운동의 새로운 방향정립 필요성을 내부에서부터 제기하게 만든 교회 보수주의자들의 쾌거였다. 이에따라 천사협과 천정연은 15일 통합총회를 갖고 천주교회쇄신 쪽에 운동의 초점을 맞추고 있어, 앞으로의 움직임이 주목된다.

총신대 교수 매직사건과 일부 총회선거에서의 금품살포 사건 등 일련의 교회 물신숭배 만연 풍조는 많은 목회자들을 부끄럽게 만들었던 것 같다. '종교이기주의' 라는 말이 생길만큼 자신들에게 불리한 기사에 대해 민감한 반응을 보이던 교회 관계자들은 <한겨레신문>의 보도에 대해 적어도 "종교 탄압이다" "사실 왜곡이다"라는 항의는 없었다. 이번 일을 교회쇄신의 계기로 삼자는 자성의 목소리가 울려나올 뿐이다. 그만큼 그동안 교회가 돈을 제대로 주체하지 못했다는 반증이다.

돈에 얽힌 볼썽사나운 일은 조계종의 종권다툼에서도 찾아볼 수 있다. 총무원이 두쪽난지 3개월, 문제 발생 1년이 넘도록 해결기미조차 보이지 않는 조계종 내분사태는 결국 '물좋은 사찰' 을 빼앗기지 않고, 자기쪽 사람으로 채워넣기 위한 싸움으로 비화되고 있다. 큰 사찰의 경우 연간 수입이 수십억원이 넘는 현실 앞에 분쟁의 주역들은 현재로서는 다른 생각을 할 겨를이 없는 것이다.

주체사상과 기독교신앙의 대화 필요성을 강조했다는 이유로 구속된 박순경 교수 사건 취재는 개인적으로는 보람있었던 일이었다. 처음에는 또 한 사람이 구속됐구나 정도로 무심하게 넘겼다.

그후 <말>지 10월호에 실린 박교수의 신학관과 통일에 대한 열정을 보고 먼저 부끄러움을 느꼈다. 그것은 기자로서 제대로 책무를 다하지 못했다는 자괴심 때문이었다. 그 뒤 박교수 석방운동, 토론회, 인터뷰 기사를 다루면서 기자와 취재원과의 관계를 뛰어넘어 "그 나이에 통일열망을 신학적·학문적으로 정리해 낼 수 있는 힘은 어디서 나오는가"라는 감탄이 들 만큼 박교수의 진지한 자세는 감동적이었다.

1심에서 집행유예로 나와 그의 통일신학은 사법적으로 유죄판결을 받았지만, 통일신학에 대한 관심을 교계 안팎에 '전도' 했다는 점에서 우리 신학계로서는 오히려 '잘된 일' 이 아니냐라는 생각까지 해본다. 홍근수, 문익환, 이해학 목사 등과 함께 그의 옥고는 예언자의 목소리가 다만 성경 속에만 있는 것이 아님을 증명해 주었다.

김도형〈한겨레신문 기자〉

19911214_보수화, 물신숭배풍조 노골화_김도형기자_새누리신문_5번

[한국교회신문 91.12.15 1면머리기사]

'두 교수 통일교 관련' 새 쟁점

K-4-024

대책위등 잇단 성명서 발표, 사태추이 주목

즉각적인 면직요구, '끝까지 투쟁' 천명

감신대 변선환·홍정수교수의 포스트모더니즘, 다원주의 신학이 감리교단내에 물의를 일으키고 있는 것과 관련, 두 교수의 즉각적인 징계를 요구하는 교단내 목소리가 커지고 있다.

지난달 26일 기독교대한감리회 7천교회 2백만신도운동, 91전국 감리사 및 선교부 총무, 교회개척추진협의회 참석회원 일동이 밝힌 결의문을 비롯, 30일 기독교대한 감리회 장로회 전국연합회가 성명서를, 또 지난 2일 기독교대한감리회기독교 교리수호대책위원회는 통일교와 연루된 두 교수의 즉각적인 척결을 요구하는 성명서를 발표하는가 하면 같은 날 기독교대한감리회 기독교 교리수호 대책위원회, 기독교대한 감리회 전국연합회는 지난달 21일 한국교회 1백주년기념관 그릴에서 가진 두교수에 대한 옹호기자회견 및 성명서를 채택한데 대해 공개질의서를 발표했다.

이들은 결의문과 성명서등을 통해 7천교회 2백만 신도운동의 최대장애 요인은 변선환·홍정수교수가 주장하는 포스트모더니즘신학과 종교다원주의 때문이라며 ▲두 교수의 즉각적인 면직을 요구하는 한편 이의 관철이 이루어지지 않을 경우 모든 책임은 전적으로 해당 당국에 있다는 강경한 입장을 표명했다.

또 이들은 두교수의 신학사상에는 간과할 수 없는 이단적요소가 내포되어 1백30만 교단교인들을 오도하고 큰 피해를 주고 있다며 이의 해결방법으로 7천교회 2백만신도운동, 91전국감리사, 선교부총무, 교회개척추진협의회, 기독교 교리수호책위원회가 공동으로 끝까지 투쟁할 것을 천명했다.

특히 교리수호대책위원회는 성명서를 통해 두 교수가 감신대 재직기간동안에 통일교와 접촉, 포섭활동및 통일교를 변호하는 논문을 통과시켜 졸업생까지 배출했다고 말하고 이에대한 증거자료는 충분히 확보되어있다고 주장했다. 〈관련기사 5면〉

뿐만아니라 교리수호대책위원회와 장로회전국연합회는 2일 '변·홍 두교수를 옹호하는 신학자 성명서에 서명한 학자들에게 묻는다'는 공개 질의서를 발표하고 ▲두교수 징계에 대해 간섭하는 일체행위 중지 ▲총회 결의를 교단싸움으로 몰아부치는 근거를 제시하라고 요구하는 한편 두교수가 그동안 언론등을 통해 발표한 ▲교회밖에도 구원이 있다는 주장 ▲예수의 상징적 '부활' 부활부정론 등이 과연 타당한 것인지 9개항의 질의를 했다.

이에따라 앞으로 감리교단내의 세칭 '두교수 파동'은 신학논쟁을 넘어 이단시비등 새로운 양상으로 전개될 가능성이 높게됐다.

19911215_두 교수 통일교 관련 새 쟁점_한국교회신문_5번

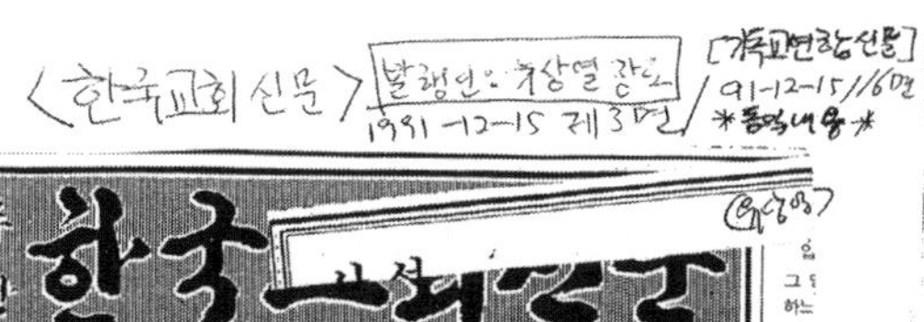

변선환 교수 홍정수 교수를 감리교단 총회 결의대로 면직하라!!

결 의 문

전국감리사와 선교부총무가 중심이된 7천교회 2백만 신도운동을 위한 「91년도 교회개척추진협의회」에서는 7천교회 2백만 신도운동의 최대 장애요인은 변선환 교수가 주장하는 「종교 다원주의」와 홍정수 교수가 주장하는 「포스트모던 신학적인 입장」에서 성서를 보는 것으로 도저히 용납할수 없는 이단적인 요소가 있으므로 제19회 총회의 결의가 조속한 시일내에 처리되기를 촉구하면서 교단과 해당 당국에 아래와 같이 협의회 회원의 결의를 밝힌다.

—우리의 결의—

1. 교단과 해당 당국은 제19회 총회에서 결의된 대로 변선환 교수 홍정수 교수에 대한 면직처리가 조속한 시일 내에 이루어지기를 결의한다.
2. 해당 당국에서 제19회 총회결의에 대한 처리가 미루어 지거나 관철되지 않을 경우 이에 야기되는 모든 책임은 전적으로 해당 당국에 있음을 결의한다.

1991년 11월 26일

기독교대한감리회 7천교회 2백만 신도운동
'91전국감리사 및 선교부총무
교회개척추진협의회 참석회원 일동

성 명 서

통일교와도 연루된 두 교수를 척결하라

변선환 학장, 홍정수 교수는 기독교 2000년동안 순교의 피를 흘리며 지켜온 성경의 진리를 왜곡 또는 불신하여 이단사상을 가르칠 뿐아니라, **통일교와 연루되어 통일교 거물인사**가 감리교 신학대학에 들어와 5년동안 이나 포섭활동을 하였으나 퇴학시키기는 커녕 이를 비호하며 **통일교를 변증하는 논문까지 쓴것을** 통과시켜 석사학위를 받고 졸업하게 하였음. (증인, 증거물확보) 그러므로 속히 두 [illegible]한다.

1991년 12월 2일

기독교대한감리회
기독교 교리수호 대책위원회
목사대표 김 홍 도　장로대표 유 상 열

성 명 서

본회는 변선환 교수가 주장하는 「교회밖에도 구원이 있다」는 주장과 홍정수 교수가 주장하는 「[illegible] 부활부정론」은 도저히 용납할 수 없는 이단적인 요소가 있으므로 교단특별총회의 결의가 조속한 시일내에 정리되기를 바라면서 교단과 학교당국에 강력히 아래와 같이 처리를 촉구하고 성경과 교리를 믿고 교회와 교단에서 헌신하는 130만 우리 성도들을 오도하고 큰 피해를 주는 불상사가 없도록 바란다.

1. 본회는 교단과 해당 신학대학에서 제19회 특별총회에서 결의된대로 변, 홍 두교수에 대한 면직처리가 조속히 이루어지기를 촉구한다.
2. 본회는 전국 각 교회 목사님과 장로님, 그리고 성도에 이르기까지 연대하여 두교수의 퇴진을 관철시킨다.
3. 본회는 제19회 총회결의와 7천교회 2백만신도운동, '91전국감리사, 선교부총무, 교회개척추진협의회 결의와, 기독교 교리수호대책위원회의 결의를 전적으로 지지하며 끝까지 투쟁할 것을 천명한다.

1991년 11월 30일

기독교대한감리회 장로회 전국연합회
회 장 유 상 열

연락처 : 723-9945

19911215_변선환 교수 홍정수 교수를 감리교단 총회 결의대로 면직하라_교회개척추진협의회, 교리수호대책위원회, 장로회 전국연합회_5번

第146號 91.12.15 5면 제3종우편물(가)급 인가 (1989.2.21) 한국교회신문 J-2-057

변·홍 두 교수 옹호성명에 대한 공개 질의

감리교 교리수호 대책위 장로회전국연합회 발표

감리교 교리수호대책위원회와 장로회전국연합회에서는 최근 물의를 빚고 있는 감신대 변선환학장과 홍정수교수 주장을 옹호하고 신학자 45명 성명에 대한 공개 질의를 발표 하였기에 그 전문을 소개 한다. 〈편집자 註〉

변·홍 두교수를 옹호하는 신학자 성명에 서명한 학자들에게 묻습니다

기독교장로회 한신대학, 성공회신학대학 그리스도교회 신학대학, 기독교성결회 서울신학대학, 이화여대, 강남대학, 호서대학 등에 소속된 안병무, 문동환, 정웅섭, 서광선, 장상, 박근원, 김이곤, 김경재, 손승희 장일선, 김성재, 오영석, 이재정, 손규태, 심일섭, 선우남, 김덥수, 김창락, 박종화, 정태기, 윤용진, 김명수, 목창균, 유석성, 김영일, 이신건, 이 경숙, 최영실, 권진관, 전삼팡, 김진희, 허호익, 임태수, 채수일, 강원돈, 김원배, 이재훈, 전연섭, 황정욱, 김은규, 이숙종, 고재식, 안상님, 현영학, 황성규 등 45명 교수들께.

귀하들은 1991년 10월30일 기독교 대한 감리회 제19회 특별 총회가 절대 다수로 결의(반대1명)한 일을 중세기 천년 암흑시대 사람들이 저지른 과오로 보고 우리 총회를 향하여 "결의를 철회 할 것"을 성명 결의 하였는데 귀하들이야 말로 기독교 신학자들인가? 궤도를 이탈한 자유주의자들인가?

①우리 총회원들이 "기득권의 수호 또는 확장을 위한 권력욕"에 따라 결의한 것으로

총회의결 "교단싸움"은 언어도단 두교수의 신학은 이단적 궤변에 불과

간주했는데 귀하들은 우리의 노력을 간과한 엄청난 오해를 하고 있다. 이른바 교단정치 써클이나 어느 권력욕이 작용한 일이라고 보는 귀하들이야 말로 하나님의 심판을 받을 모욕적인 궤변을 하는자들이요, 진리를 탐구하는 학자로서는 언급할 수 없는 터무니 없는 모략적인 오도를 자행하고 있다. 왜냐하면 **첫째, 총회 결의는 귀하들의 생각과는 전혀 달리, 정당한 의사진행 과정을 거쳐 결의된 순수한 기독교 진리를 천명한 것이었음을 밝혀둔다.**

둘째, 귀하들은 누구기에 우리 총회가 절대 다수의 표결로 한 일을 왈가왈부 하는가? 귀하들이야 말로 자기들의 편협한 자유를 위해 남의 정당한 민주적 의사 표시를 무시하고, 또 총회원을 무지한 군중으로 보고, 자기들은 학자연 하여 우리의 총의를 과오로 우겨대며, 배타적 독선적 행위를 자행하고 있지 않은가?

②우리 총회의 의결을 "교단싸움"으로 비유했는데, 이는 언어도단이다. 충분한 연구를 통해 사리가 정연하게 논증해야 할 학자들이, 분명한 사건의 소재를 파악함도 없이 짐작으로 판단하는 귀하들이야 말로 자유 자유하는 자유의 노예가 된 궤변자들이요, 불성실한 학자들이다. 우리 감리회가 포용력이 있는 폭넓은 이해를 전통으로 하고 있음을 귀하들도 인정한 바와 같이, 그러한 우리가 분연히 일어선 것은, 감리교회의 복음적인 진리를 천명하고자 함이었다.

③우리 총회원들이 "진리를 교권으로 재판"했다고 하며 시정을 요구한 귀하들은 변선환, 홍정수의 신학을 진리로 옹호하기 위하여 분연히 일어서서 성명을 했으나 우리 총회는 "성경"을 진리와 하나님의 말씀으로 믿고, 두 교수의 신학을 이단적 궤변으로 판단하고, 이를 배격한 것이다.

④우리 총회원은 결코 개방의 흐름과 다원화 되는 사회에 몰이해한 사람들이 아니다. 우리는 타종교들과의 대화나 협력을 거부하는 아집이 있지않다. 다만 총회의 결의는 우리 기독교의 본질을 파괴하고 우리의 정체성을 상실케 하는 구원의 다원주의를 거부하는 것이며, 귀하들이 속한 교단이 변·홍교수의 학설을 진리로 받아들이는지의 여부는 우리가 간섭하지 않는다.

⑤"우주적 그리스도는 마리아의 아들 예수와 동일시 할 때 거침돌이 된다" (기독교사상 299. p.156)는 논리를 옹호하는 귀하들은 종교학자인가? 기독교신학자인가?

⑥"교회가 말하지 않아도 이미 선행하여 그리스도가 섬기고 있으며 기독교선교사가 하나님 나라를 비 기독교 세계에 가지고 오지않아도 이미 하나님 나라는 거기서 역사하고 있다"는 학설을 그대로 지지하는가?

⑦"타종교에도 구원이 있다"는 말과 "그리스도 만이 보편적으로 유일한 구속자이신 것이 아니다" (상동 p.155)라는 주장을 그대로 옹호하는가?

⑧"예수의 죽음이 우리를 속량하는 것이 아니라, 그의 삶이 우리를 속량하는 것이다" (한몸 7p.17). "예수의 피가 동물이 흘리는 피보다 월등하게 효과가 있다는 얘기가 결코 아니다" (상동, p.18)라고 하는 것을 귀하들은 진리로 옹호하는가?

⑨예수의 부활 사건은 "빈무덤 사건이 아니다" (크리스찬신문, '91.6.8) 육체의 부활은 무신론적이요 이교적 신앙(불로장생 신앙)이다" (기독교연합신문, '91.6.16)라고 하는 학설을 귀하들은 옹호할 것인가?

1991년 12월 2일

기독교대한감리회

기독교 교리수호대책위원회

19911215_변홍 두교수 옹호 성명에 대한 공개질의_한국교회신문_5번

감리교 3 개단체 연합 성명 J-4-036

변 · 홍 두교수 면직촉구

종교다원주의를 주장하는 변선환교수와 포스트모더니즘을 주장하는 홍정수교수 면직을 촉구하는 성명서가 잇따라 발표됐다.

기독교대한감리회(기감) 장로회전국연합회는 지난 11월 30일 성명을 발표, 제19회 특별총회에서 결의된대로 변 · 홍교수에 대한 면직처리가 조속히 이뤄지길 촉구했으며 기감기독교교리수호대책위원회도 지난 2일 성명을 통해 두 교수의 면직을 촉구했다.

전국감리사와 선교부총무가 중심이 된 7천교회 2백만 신도운동을 위한 91년도 교회개척추진협의회는 지난 11월 26일 제19회 총회에서 결의된 대로 변선환교수, 홍정수교수에 대한 면직처리가 조속한 시일내에 이뤄지길 교단과 해당당국에 촉구하는 결의문을 발표한 바 있다.

다원화시대 신학세미나

감리교 신학자 협의회

감리교신학자협의회는 지난 9일 감리교신학대학에서 다원화시대에서의 선교신학과 2천년대의 목회에 관한 제2회 신학세미나를 열었다.

이날 세미나에선 염필형교수(감신대)와 임홍빈박사(제3세계선교연구원원장)가 「2천년대에 있어서 한국 감리교회의 선교적 과제」에 대해 발제강연하는 한편 박시원목사(보문제일교회), 김문희목사(대신감리교회)가 「2천년대의 목회」에 대해 발제강연했다.

경희궁 청소년회관 개관5주 기념예배

서울기독교청년회(YMCA) · 경희궁청소년회관 기념예배가 10일 동회관에서 있었다.

경희궁청소년회관은 19일 개관해 금년으로 5주년을 맞이했다.

19911215_신학논단 성서언어의 고유한 문법_기독교연합신문_5번_페이지_1-01

기독교연합신문 9

제188호 · 1991년 12월 15일 (일)

신학논단

성서언어의 고유한 문법

포스트 모던 신학이란?

과학적 언어, 신앙인의 경험·사유방식 저해

예수부활사건, 신약성서의 독특한 어법

19911215_신학논단 성서언어의 고유한 문법_기독교연합신문_5번_페이지_2

사설 한국교회신문 '91. 12. 15

요즘 신학대학들의 위상

신학대학들이 몸살을 앓고 있다. 총신대의 학장, 이사장 퇴진문제를 둘러싸고 잡음을 일으키고 있는 것을 비롯, 고신대 의대사태, 감신대 변선환·홍정수교수의 포스트모더니즘, 다원주의 신학 논쟁, 서울신대 조종남학장 연임반대 사태등이 이 한해가 저물도록 진정 기미를 보이지 않은채 혼돈속에 빠져 있다.

80년대초만 하더라도 시쳇말로 '신학대학이 장사가 잘 되던 시절'이었다.

각 교단 직영신학교는 말할 것도 없고 우후죽순 격으로 생겨난 무인가 신학교의 형편도 그런대로 괜찮았다.

그러나 새로운 신학사조의 유입, 예를 들면 당시 국내 정치상황의 암울함과 맞물려 상대적으로 정신적 탈출구를 모색하던 신학자와 신학생들에게 '감로수'를 제공해줬던 '해방신학', '민중신학'의 소개는 신선한 충격을 갖다 주었고 특히 광주민주화운동이후 분출되기 시작한 대사회적 참여 의식은 신학생 사이에서도 급속도로 확산되기 시작했다.

이른바 '개인 구원'과 '사회 구원'의 논란도 표출되기 시작, 새로운 신학쟁점으로 불꽃튀는 논쟁을 벌였는가 하면 민주화 운동을 위해 거리로 뛰쳐나온 신학생들이 대량 구속되는 일까지 빈번해졌다.

또한 각 신학대학에서는 그동안 구조적으로 저질러졌던 각종 비리와 모순을 척결하기 위해 체질개선을 요구하는 '학내 민주화 운동'도 그 불길이 급속도로 당겨지게 됐다.

이러한 움직임에 대해 교단과 학교측은 '학생들의 행동은 비 신앙적'이라며 강력히 이를 저지하는 행동을 취했는가 하면 반대로 학생들은 '신앙을 볼모로 민주화를 저해하는 지도자들'에 대해 맹렬한 비난을 퍼부었다.

이렇듯 평행선을 그으며 달려온 신학대학은 현재 가장 큰 위기에 처해있다고 하겠다.

각 교단은 나름대로의 정통성을 주장하며 신학교육을 실시해 왔으나 현재 그 신학의 정통성이 정면으로 도전받고 있으며 '닫혀진 신학교육'이 아니라 '열려진 신학교육'을 요구하는 목소리가 높아 이제 더 이상 자신들의 정체성(Identity)을 주장할 수 없는 지경에까지 도달했다.

한마디로 말한다면 '보수신학'은 보수신학대로 '진보신학'은 진보신학대로 그 고유의(?) 양식을 고수할 수 없는 형편에 놓이게 됐다는 것이다.

뿐만 아니라 학내에서조차 이러한 갈등구조는 그대로 재연돼 학생들간에 심한 불만을 가중시키고 있다.

소위 '기도파'와 '현실파'간의 메워지지 않는 깊은 골이다. 신학교육이 '신악화(新惡化)되어가는 모습만 재확인할 뿐이다.

이렇듯 신학대학들이 외부적으로 관찰할 때 안고 있는 구조적 모순과 내부적으로 겪고 있는 갈등들을 해결할 수 있는 방법은 없는 것인지를 곰곰이 생각해보아야 할 때이다.

신학대학을 운영 또는 책임지고 있는 교단들은 문제점들이 도출될 때마다 이를 '쉬쉬'하며 막으려고만 해서는 안된다. 사태 본질에 대해 함께 풀어나가는 지혜가 필요하다. '호미로 막을 것을 가래로 막는' 사태에 까지 치닫게 하는 우를 범해서는 안된다는 이야기다.

신학대학의 본연의 사명은 예수그리스도의 신실한 종을 양육하는 전인적 교육기관이다. 일반대학과는 달리 오히려 모범적인 운영을 비롯, 제반 모든 여건이 성숙된 상태에서 타인들에게 비쳐져야 한다.

그러나 현재의 신학대학은 더이상 선교기관으로서의 기능도 복음전파를 위한 교역자 양성소로서의 위상도 찾아보기 힘들만큼 상처를 입고 있다. 달리 어떻게 손써볼 여지가 없어진 것이다.

중증을 앓고 있는 한국의 신학대학은 아집과 교만에 처해 있다. 또 이러한 무리수를 고집하고 있어서 발전은 커녕 오히려 한국 신학교육 발전에 도움을 주고 있지 못한 실정이다.

"신학대학 보내서 내 자식을 하나님의 종으로 만들겠다"고 서원한 부모님들은 요즘 속이 탄다. 왜냐하면 안심하고 그들을 그곳으로 보낼만한 자신이 없어졌기 때문이다.

신학대학들의 과제는 산적해 있다. 통일을 앞둔 마당에서의 신학대학 위상은 이미 정립이 되어 있었어야 했다. "요즘 신학대학들은 왜 그 모양이냐"는 비아냥은 한국교회 전체를 향한 모욕임을 직시해야 할 때다.

19911215_요즘 신학대학들의 위상_한국교회신문_5번

TO: 면선막 의상 다
FAX: 364-5148
FROM: 박시원 [illegible]

12/14/1991(월요)

복음주의 신앙과 신학의 전통성을 지키기 위한

우 리 의 주 장

웨슬리 복음주의 협의회는 복음의 유일성을 믿으며, 선교를 지상과제로 삼아 감리교 신앙운동을 일으켰던 요한 웨슬리목사의 정신을 오늘의 한국적 상황 속에서 다시 구현함에 목적을 두고 있다. 근간에 감리교회 안에 일어나고 있는, 감리교 신학대학 일부 교수들이 다원주의와 후기 근대 신학에 근거를 두고 발언한 문제들로 인하여 우리 감리교회의 기본적인 신앙과 신학의 핵심되는 문제가 침해를 받고 있기에, 우리의 입장을 다음과 같이 밝히고자 한다.

1) 예수 그리스도의 절대성과 유일성의 문제

2) 예수 그리스도의 십자가의 죽음 문제

3) 예수 그리스도의 부활 문제

4) 기독교 선교 문제

5) 교단 신학대학 교수 문제

6) 교단 총회 결의의 조속한 처리 문제

1) 예수 그리스도의 절대성과 유일성의 문제

예수 그리스도는 완전한 인간이며 동시에 완전한 하나님이시다.

그리고 우리의 구원은 한 인격안에 인성과 신성을 가지신 예수 그리스도에 의해서만 가능하다. 이것이 기독교의 진리요 우리의 믿음의 내용이다.

그런데 다원주의와 후기 근대주의 신학이론은 우주적 기독론(cosmic christ= 각 문화에는 나름대로 그리스도가 존재한다)을 주장하면서 "그리스도를 마리아의 아들 예수와 동일시할 때 거침돌이 된다"고 말한다.

이것은 예수 그리스도의 역사성을 부인하는 것이며 many Christ(많은 그리스도들)를 주장하는 것으로서 기독교의 근본을 파괴하는 이론이다. 이는 바울 사도가 말한 "다른 복음"인바, 이것이 비록 천사의 말이라 할지라도 용납할 수 없다.

2) 예수 그리스도의 십자가의 죽음 문제

아담 이후 모든 인간의 구원을 위해서 예수의 십자가의 죽음이 필요하다. 우리들은 그리스도의 죽음만이 우리의 속죄의 유일한 길임을 믿는다.

그런데 다원주의와 후기 근대주의 신학이론의 주장은 "예수의 죽음을 신의 아들

19911217_감리교 복음주의 신앙과 신학의 전통성을 지키기 위한 우리의 주장_
기독교대한감리회 웨슬리 복음주의 협의회 전국 420명 회원을 대표한 임원들_5번_페이지_1

의 죽음으로 보지 않고, 예수 십자가를 구원의 능력으로 믿지 않는다"(한몸 7권. P. 16). 그들은 "예수의 죽음이 우리를 속량하는 것이 아니라, 그의 삶이 우리를 속량한다. 죽음은 비존재요, 비실체이다"(상동, P. 17)라고 주장한다.

이는 예수 그리스도 십자가의 죽음의 의미를 비하시키고, 무시하는 행위며, 예수 그리스도의 대속의 복음을 모독하는 이론이다. 예수의 십자가 복음을 무시하는 것은 반기독교적 행위이다. 우리는 바울 사도처럼 "십자가의 도가 멸망하는 자에게는 미련한 것이요, 구원을 얻는 우리에게는 하나님의 능력"임을 믿으며 오직 그리스도와 그의 십자가를 자랑한다. 더우기 예수 그리스도의 십자가가 헛되지 않기 위해서 어떤 댓가도 지불할 용기가 있다.

3) 예수 그리스도의 부활 문제

사망 권세 아래 사로잡힌 만민을 구원하기 위해서 예수 그리스도는 부활의 첫 열매가 되셨다. 예수 그리스도의 십자가 죽음 이후에 실망과 낙담으로 흩어졌던 제자들이 신령한 몸으로 부활하신 예수 그리스도를 보았고, 만졌고, 그의 말씀을 들었다. 이 역사적 부활사건이 사도들의 메세지의 핵심이었다. 그러므로 우리는 예수 그리스도의 역사적인 몸의 부활사건이 없는 기독교는 참된 기독교가 아니라고 믿는다.

그런데 다원주의와 후기 근대신학 이론을 주장하는 이들은 "부활은 하나님의 계시 행위다"라고 주장한다. 그리고 "기독교 신앙은 생물학적 죽음과 부활을 믿는 것이 아니라, 하나님의 심판행위로서의 예수 부활이요, 그것에 대한 우리의 체험은 임마누엘에 있다."하는 교활한 의미상의 부활이론으로 예수 그리스도의 부활의 역사성과 객관성을 부인하고 있다.

우리는 빈 무덤을 증거로 남긴 예수 그리스도의 몸의 부활을 성경대로 믿는다. 그리고 우리들도 장차 그리스도 안에서 예수과 같은 몸의 부활을 믿는다. "만일 그리스도께서 다시 사신 것이 없으면 우리의 믿음도 헛되고 여전히 죄 가운데 있게 된다"(고전 15:17). 우리는 예수 그리스도의 몸의 부활의 역사성을 복음의 핵심으로 믿고 선포한다.

4) 선교 문제

교회의 존재 목적은 선교에 있다. 부활하신 예수 그리스도는 하늘과 땅의 모든 권세로서 위대한 명령을 우리에게 내리셨다. "너희는 온 천하에 다니며 만민에게 복음을 전파하라"(막16:15). 그러므로 우리는 이 지상과업을 완수하기 위해 온 천하를 찾아다니며, 만민에게 복음을 전해야 한다.

그런데 다원주의와 후기 근대신학 이론을 주장하는 이들은 "선교는 종교적 제국주의"라고 정죄하면서, 기독교와 타종교들을 동일하게 ~~하는 것이다.~~ 상대화시킴으로 대화를 촉구한다. 이로서 예수 그리스도의 선교 명령을 거부~~한다.~~하는 것이다.

우리는 인본주의적이고, 상대주의적인 신학이론을 배격하고 예수 그리스도의 지상명령에 순종해야 한다. 때를 얻든지 못얻든지 모든 종족을 그리스도의 제자로 만드는 선교사업에 우리의 삶을 다 바칠 것을 다짐한다.

19911217_감리교 복음주의 신앙과 신학의 전통성을 지키기 위한 우리의 주장_
기독교대한감리회 웨슬리 복음주의 협의회 전국 420명 회원을 대표한 임원들_5번_페이지_2

5) 교단 신학대학의 교수 문제

감리교 신학대학은 감리교회의 목회자들을 양성하는 교단 신학대학이다. 그러므로 요한 웨슬리 전통을 이어받은 감리교회의 본질을 지키고, 인간을 구원하는 선교를 위한 신학을 가르쳐야 한다.

그런데 일부 교수들은 학문의 자유를 부르짖으면서 성경의 명백한 진리를 신화화하고, 감리교회의 기본교리를 왜곡하여 감리교인의 신앙 기초를 파괴하는 행위를 자행하므로써 교단 전체를 혼란에 빠뜨리고 있다. 이들은 전감리교회가 힘쓰고 있는 7,000교회 200만 신도 확장 운동에 역행하고 있을 뿐아니라 세계선교에 암적 요소가 되고 있다.

신학교수는 외국의 신학사조를 소개하되, 성서에서 이탈하지 않도록 학생들을 가르쳐, 예수 그리스도의 복음에 확신을 가진 교역자로 양성해야 한다. 그리고 자기가 믿고 신봉하는 철학적 사상을 감리교 교리화하려는 시도는 교단 신학교안에서는 절대로 허용될 수 없는 일이다. 만일 성서에서 떠난 자기 이론을 주장하려면, 마땅히 교단신학교를 떠나는 것이 학자적 양심으로서 바르게 처신하는 일인줄 안다. 우리는 감리교 신학자들이 폭넓은 학문을 연구함에는 이의가 없다. 그러나, 장차 우리 감리교회의 사역자가 될 신학생들이 시대에 따라 변하는 잡다한 유행신학에 감염이 되어서, 복음의 선포자가 아닌 현대사상의 대변자가 되는 것을 결코 좌시할 수 없다.

6) 교단 총회 결의의 조속한 처리 문제

오랫동안 문제시 되어왔고 우리 교단에 큰 타격을 준 "끝없는 신학 논쟁"은 총회원이면 누구나 다 알고 있는 것이다. 감리교단의 발전과 신학교육문제를 해결하기 위한 총회의 결의를 철저하고 신속하게 처리해 줄 것을 촉구한다. 신학논쟁은 우리 교단 신학교밖에서도 신학자들간에 얼마든지 가능한 일이다. 더 이상의 신학 이론 싸움으로 교회에 혼란을 일으키고 앙무리를 흩으러 트리지 않도록 교단은 책임있는 처리를 함으로써 120만 감리교도들에게 분명한 입장을 천명해 주기를 바란다.

1991. 12. 17.

기독교 대한감리회 웨슬리 복음주의 협의회

전국 420명 회원을 대표한 임원들

김선도 목사	정영관 목사	김문희 목사	고수철 목사
임준택 목사	안행래 목사	최홍석 목사	박정수 목사
윤주봉 목사	서형선 목사	전재욱 교수	김영권 교수

19911217_감리교 복음주의 신앙과 신학의 전통성을 지키기 위한 우리의 주장_기독교대한감리회 웨슬리 복음주의 협의회 전국 420명 회원을 대표한 임원들_5번_페이지_3

성 명 서

우리는 감리교회를 사랑하는 목회자들로서 지난 제 19차 교단 특별총회의 변선환학장및 홍정수교수의 목사직및 교수직박탈권고 결의이후 교회 안밖에서 제기되고 있는 일련의 움직임들이 감리교회의 일치와 장래 발전을 위해서 바람직하지 못한 결과들을 야기시키고 있음을 염려한다.

이번 사건의 근본적인 문제는 감리교회와 신학대학, 목회자와 신학자,교회의 신앙과 학문으로서 신학간의 대화가 부족함으로 야기된것이라 생각한다. 신학은 변화하는 세계속에서 복음의 의미를 해석하여 교회로 하여금 바른 신앙지침을 가지고 선교적 사명을 감당하도록 하여야 한다. 이런 필요성에도 불구하고 교회에서 목회사역을 담당하는 목회자와 신학대학에서 신학을 가르치는 신학자들 사이에 원활한 대화가 결핍되어 있다.그 단적인 예가 금번 총회에서 "종교다원주의"와 "포스트모던 신학"을 이단으로 규정하게된 배경이다.

총회의 결의에 찬동한 총대들중에서도 위에 언급된 신학의 내용을 충분하게 이해검토함이 없이 소수의 총대들의 편견과 왜곡된 주장을 따라 감정에 치우쳐 행동하지 않았는가? 묻지 않을 수 없다. 우리는 신학자들의 신학적인 주장들을 성급하게 이단으로 규정하고 정죄하기에 앞서 왜 신학자들이 그러한 신학적 견해를 표명하게 되었는지 귀기우릴 필요가 있다고 생각한다.또한 신학자들에게 요청하고 싶은 것은 오늘의 교회의 현실을 충분하게 이해하고 교회의 회중들이 직면하고 있는 신앙문제들에 대답할 수 있는 적합한 신학형성을 위해 노력해 주기를 바란다.신학자와 목회자사이의 신앙과 신학의 대화가 꽃필 때 교회와 세계를 섬기는 학문과 목회사역이 가능해 지리라 생각한다.

우리 목회자들은 다음과 같이 우리의 입장을 천명하면서 책임있는 교회지도자들이 이 사건의 해결을 위해 나서 줄 것을 요구하면서 동시에 뜻을 함께하는 목회자들을 중심으로 교단분열을 획책하려는 세력에 단호히 맞서 나갈 것이다.

다 음

1.교단의 최고책임자로서 동총회의 사회를 담당한 곽전태감독회장은 금번사건을 파행적으로 이끌고 간 책임을 지고 물러나가야 한다.

금번 총회는 감리교회의 장래를 위해서 법을 제정하는 총회로 회집된 것으로 알고 있다.그런데 억대의 돈을 쓰고 시간을 들여 치러진 총회가 본래의 목적을 달성하기는 커녕 소수의 총대들이 건의한 안건을 졸속하게 처리함으로 감리교회 안밖으로 교회의 명예를 떨어뜨렸다.교단의 최고책임자로서 동총회의 사회를 담당한 곽전태감독회장은 금번 사건의 책임을 지고 물러가야 한다. 그 이유는 다음과 같다.박기창목사외 4명의 명의로 된 건의안은 "변선환학장의 종교다원주의와 홍정수 교수의 포스트모더니즘 신학을 교단이 받아들일지 여부를 결의해 달라"고 했음에도 불구하고 다중이 모인 총회에서 신학사상에 대한 충분한 검토없이 이단으로 규정한 것은 사회자가 사회의 직책을 이용하여 총회를 편파적으로 이끌고 갔기 때문이다.

19911217_성명서(감리교목회자대책위원회)_
기독교대한감리회 제19회 특별총회사건 전국목회자대책위원회_5번_페이지_1

건의안제안설명자인 김홍도목사가 "홍정수교수가 예수의 피와 짐승의 피가 같다"는 주장을 했다고 설명하자. 사회자는 이 말을 곧 바로 받아 "예수의 피와 개피가 같다"고 단정지으면서 의도적으로 홍정수교수의 본래의 주장을 왜곡시키고 있다. 그리고 당시의 참석자는 300여명밖에 되지 않았다. 전체 총대수가 1800여명인데 그중 300여명만이 참석하였고 더구나 그 날은 삼일 기도회이기 때문에 대부분의 총대들이 총회장을 떠나있던 중에 전격적으로 건의안을 상정시킨 의도가 무엇인지 그 저의가 여실히 드러 났다.
300여명이 모여 결정했더라도 법적 하자가 없다는 주장을 십분 받아들인다고 할찌라도 그 정당성을 인정할 수 없는 이유가 여기 있다. 처음부터 건의안 상정에는 소수의 총대들의 또 다른 음모가 숨겨져 있음을 알게 된다.
총회의 결정을 따른다고 할찌라도 두 교수의 목사직및 교수직에 관한 사항은 "서울연회심사위원회"와 "감리교신학대학이사회"에서 처리되는 것을 기다려야 한다. 그럼에도 불구하고 곽감독회장은 동특별총회를 사회한 장본인의 입장에서 서울연회와 이사회의 회의과정을 지켜보아야 함에도 불구하고 11월 21일 힐튼호텔에서 회집된 자칭 교리수호 대책위원회에 참석, 설교함으로 총회의 적법절차조차도 지키지 않는 과오를 범하였다. 뿐만아니라 교단의 화해와 일치보다는 분열을 도모하는 세력에 편승하여 행동하고 있음을 볼 수 있다.

2. 김홍도목사는 고리수호를 빙자하여, 한국감리교회를 "한국기독교교회협의회"와 "세계교회협의회"로부터 탈퇴하겠다고 공공연히 발언하는 것을 취소하여야 한다.

김홍도목사는 무슨자격으로 NCC와 WCC에서 감리교회가 탈퇴하겠다고 공공연히 주장하는가 ?
누가 김목사에게 전 감리교회를 대표하는 권한을 위임해 주었는가?

우리는처음 두교수에 대한 신학사상의 이단성시비를 문제 삼을 때는 그 동기가 신앙적인차원에서 시작되었다고 본다. 그러나 자칭 "교리수호대책위원회"가 결성되면서 새로운 정치적 음모가 가시화되고 있음을 보고 있다.
김홍도목사는 "에큐메니컬 운동"에 대한 왜곡된 시각을 가진자로써 금번 두 교수사건을 계기로 감리교신학대학으로 부터 두 교수를 몰아 내는 것은 물론 더 나아가 "이단사냥"을 통해서 한국감리교회를 "한국교회협의회"로 부터 탈퇴시키므로 개신교회의 에큐메니컬 운동을 분열시키려는 음모를 드러내고 있다.

3. 김홍도목사는 감리교회의 분열을 획책하며, 감리교신학대학과 교수, 동문 그리고 신학생들을 비방하는 언동을 즉각 중지하여야 한다.

김홍도목사는 11월10일자 설교를 통하여 두 교수를 사탄, 적그리스도, 이단 등으로 정죄하고 감리교신학대학을 대마귀가 새끼마귀를 길러내는 소굴로 정죄함으로 감리교신학대학의 명예를 실추시켰으며, 교리수호대책위원회 명의의 성명서(11월21일)에서 감리교신학대학졸업생들을 교회가 받지 말도록 선동하고있을 뿐만아니라 심지어 수많은 광고비(국민일보, 조선일보)와 촌지를 뿌려가면서 두 교수를 통일교와 깊은 관련을 가지고 있는양 사실을 왜곡함으로써 감리교신학대학과 동문들을 모함하고 있다. 이러한 행동은 정상적인 사고를 하는 사람으로서는 도저히 할수없는 짓이며, 감리교목회자의 양식으로 공공연한 언어의 폭력을 휘두르는 것은 상식적으로도 용서할 수 없다. 그리고 자신들의 주장이 받아드려 지지않을 경우 교단분열도 불사 하겠다고 위협하고 있다.

19911217_성명서(감리교목회자대책위원회)_
기독교대한감리회 제19회 특별총회사건 전국목회자대책위원회_5번_페이지_2

4.김홍도목사를 비롯한 자칭 감리교 교리수호 대책위원회는 두 교수를 이단으로 정죄하기 이전에 자신들의 입장이나 신학적 견해가 반 감리교적인 것이 아닌지 반성하고 예수께서 우리에게 보여주신 복음의 정신으로 돌아가야 할 것이다.

김홍도 목사는 언어의 폭력을 거침없이 휘두르고 있다. (두 교수를 문선명이나 여호와 증인보다 더 나쁜 이단이라고 간주하고 살인강도보다 더 악하다고 함.) 뿐만아니라 다수의 힘을 이용하여 온갖 위협을 가할뿐만 아니라 (교단분열도 불사하겠다, WCC를 탈퇴하겠다는등) , 교인들이 바친 헌금을 자신의 목적을 관철하기 위하여 마구 뿌리고 있다.(언론사 광고비, 힐튼호텔 만찬, 언론사기자들에게 향응제공등) 김홍도 목사를 비롯한 교리수호 대책 위원회 위원들은 기독교인으로서 사랑과 용서, 화해와 일치의 정신으로 돌아가야 할 것이다.

5.감리교회를 사랑하는 목회자들과 평신도들은 금번 사태에 대한 신앙적 해결을 위해서 서명에 적극적으로 동참하셔서 뜻을 함께하여 주실 것을 바란다.

누가 진정한 기독교인이며 진정한 감리교인인가 냉철하게 판단해야 할 것이다.우리는 서로 주장하기를 자신만이 진정한 감리교인이요 감리교 전통의 계승자라고 주장하고 고집하고 있다. 그리고 자신들만이 진정한 기독교인이라는 자만에 빠져있다. 어느 누구도 감리교회를 독점하려는 헛된 망상으로부터 깨어나기를 바란다. 감리교회는 우리 모두의 교회이다. 교세확장이데올로기로 감리교회 신학을 단정하려고 하지말라! 존 웨슬리를 통하여 우리에게 계승된 신학적 유산은 진보적이며, 보수적인 감리교인들 모두의 신앙속에 창조적이며 생산적으로 작용하고 있음을 잊어서는 안될 것이다.

누가 진정으로 감리교회를 사랑하는가 ,일방적으로 음해하고 교단분열을 불사 하겠다는 태도는 진정으로 감리교회를 사랑하는 자의 행태라 볼수 없다. 소수의 과격한 "교회성장제일주의자"들에게 감리교회의 내일을 맡길수 없다.그동안 관망하면서 기다려 오던 교회의 지도자들은 현안의 해결을 위하여 나서야 할 때라고 생각한다.누가 누구에게 돌을 던질 수 있단 말인가?

1991. 12. 17.

"기독교대한감리회 제19회 특별총회사건 전국 목회자 대책위원회"

19911217_성명서(감리교목회자대책위원회)_
기독교대한감리회 제19회 특별총회사건 전국목회자대책위원회_5번_페이지_3

별도자료

1. 두 교수의 목사직 및 교수직의 면직을 총회가 결의 하였다는 이들의 주장에 대하여.

-총회 회의록을 입수 확인바에 의하면 지난 제*19*회 특별총회는 두 교수를 의법조치하고 연회심사위원회에 회부케한다는 결의외에 두교수의 목사및 교수직 면직을 결의한바 없으며 이들은 자신들의 불순한 음모를 관철하기 위하여 두 교수의 목사 및 교수직 면직을 총회가 결의한양 선전하고 있고 또 이를 기정사실화하는등 총회의 결의 사항까지도 조작 왜곡하고 있다.

2. 두 교수가 통일교와 관련되었다는 사실과 관련하여.

-두 교수가 통일교와 관련되었다는 이들의 주장은 완전한 허위 날조이며 오히려 김홍도목사가 통일교와 관련되었을 개연성이 있음. 두 교수가 통일교와 연루되어 통일교 거물인사가 감리교신학대학에 들와와 *5*년 동안이나 비호하였다는 이들의 주장은 완전히 날조이다 오히려 이들에게 이 허위정보를 제보한이가 현재 금란교회의 전도사로 재직하고 있는 사람으로 판단되는 바 그는 감신 재학중 총학생회장에 출마하였다가통일교에 관련된 사실이 드러나 휴학하였던 자로서 그가 현재 통일교에 계속 관여하고 있지 않다면 두 교수가 비호했다고 주장하는 사람이 현재 통일교의 거물급 간부라는 사실을 어떻게 알겠는가? 따라서 우리는 김홍도목사가 감리교회를 분열시키려는 의도에서 통일교에서 파송된 자를 교회의 전도사로 임용하고 있을 개연성이 있음을 지적하며 현재 김홍도목사가 통일교의 감리교분열책동에 이용되고 있거나 이를 알면서도 협력하고 있다는 의혹을 지울수 없다.

3. 두 교수와 관련한 기타의 사실왜곡.

-

19911217_성명서(감리교목회자대책위원회)_
기독교대한감리회 제19회 특별총회사건 전국목회자대책위원회_5번_페이지_4

보도자료 (변선환학장, 홍정수교수사건 관련)

1. "기독교대한감리회 제19회 특별총회사건 전국 목회자 대책위원회" 구성경위

구성일시 : 1991년 12월 10일
대책위 조직 : 공동위원장—박홍규목사, 이화식목사, 박성규목사,

대책위 구성경위 :
지난 10월 29일부터 광림교회에서 회집된 기독교대한감리회 제19회 특별총회는 감리교신학대학 변선환학장과 홍정수교수와 관련한 일련의 결의를 한바 있다. 그리고 11월 21일 김홍도목사와 유상열장로를 비롯한 교단의 일부 목회자와 장로들이 힐튼호텔에서 모여 "기독교대한감리회 교리수호대책 위원회"를 구성하고 변선환학장과 홍정수교수의 목사및 교수직 박탈을 요구하는 한편 이들의 이 요구가 관철되지 않을 경우 교단을 분열하겠다는 의지를 표명한바 있다.
위 교리수호대책위원회는 여기에 머무르지 않고 이번 사건과 관련하여 사건의 진상을 왜곡하는 것은 물론 조작하여 언론에 유포하므로 감리교회의 위신을 크게 훼손할뿐아니라 감리교회의 W.C.C 탈퇴결의를 건의하겠다는등 도저히 용납할 수 없는 불순한 의도를 드러내고 있습니다.
이에 감리교회를 사랑하는 목회자들은 더이상 감리교회가 이들 반감리교적이고 불순한 의도를 지닌 자들에 의해서 유린되어서는 않된다는 판단에 따라 이들 불순한 음모를 가지고 자기의 기득권에만 집착하는 자들의 불순한 음모와 교단 분열책동에 강력히 대처하기 위하여 본 대책위원회를 구성하기에 이르렀다.
본 대책위는 11월 26일 감리교신학대학에서 열린 "기독교대한감리회 제19회 특별총회의 변선환, 홍정수교수. 목사및 교수직 박탈결의안 무효화선언대회"에서 제안되었고 대책위원회 준비위원회 (위원장 : 이화식목사) 의 준비과정을 거쳐 12월 10일 구성되었으며 5 인의 공동대표와 총무 그리고 다섯개의 위원회를 두고 있다.

2. 성명서 요약
1>교단의 최고책임자로서 동총회의 사회를 담당한 곽전태감독회장은 금번사건을 파행적으로 이끈 책임을 지고 사퇴해야한다.
금번 총회는 위임된 사항 (장정의 개정) 은 처리하지 않은채 교리와 같은 중요한 문제를 다중이 모인 총회에서 충분한 검토없이 졸속으로 처리하였으며 또 불분명한 결의를 왜곡, 조작하여 두교수의 목사및 교수직 박탈을 총회가 결의한양 이를 기정사실화하고 이를 집행하려하고 있다.
2>김홍도목사는 교리수호를 빙자하여, 한국감리교회를 "한국기독교교회협의회" 와 "세계교회협의회" 로부터 탈퇴하게 하겠다는 공공연한 발언을 즉각 취소하여야한다.

19911217_성명서(감리교목회자대책위원회)_
기독교대한감리회 제19회 특별총회사건 전국목회자대책위원회_5번_페이지_5

3>김홍도목사는 감리교회의 분열을 획책하며 감리교신학대학과 교수, 동문, 그리고 학생들을 비방하는 언동을 즉각 중단하고 사과하여야한다.
김홍도목사는 헤아릴수 없는 액수의 광고비와 촌지를 뿌려가며 매수한 언론을 동원하여 자신들의 불순한 의도를 관철하기 위해 사실을 왜곡, 조작하고 있으며, 두 교수가 통일교와 관련되어 있다는 허위사실을 유포하는등 정상적인 사고를 하는 사람으로는 할 수 없는 없는 만행을 저지르고있다.
4>김홍도목사를 비롯한 자칭 감리교교리수호대책위원회는 두 교수를 이단으로 정죄하기 전에 자신들의 입장이나 신학적 견해가 반 감리교회적인 것이 아닌지 반성하고 예수께서 우리에게 보여주신 복음의 정신으로 돌아가야 할 것이다.
5>감리교회를 사랑하는 목회자들과 평신도들은 금번 사태에 대한 신앙적 해결을 위해서 서명에 적극 동참하셔서 뜻을 함께하여 주시기를 바란다.

3. 기독교대한감리회 제19회 특별총회사건 전국목회자 대책위원회 향후 대책 방향

1>본 대책위원회는 금후 이번 사건의 합리적인 해결과 이번 사건을 통하여 교단분열을 책동하는 등 교회의 질서를 문란케하는 세력들을 척결하기 위하여 우리의 견해에 동참하는 목회자들의 서명운동을 전국적으로 전개할것이다.

2>본 대책위원회는 김홍도목사와 유상열장로를 중심으로하는 "기독교대한감리회 교리수호대책위원회"가 자신들의 기득권 수호를 위해서 감리교회를 분열하려는 음모에서 구성된 감리교회를 파괴하려는 집단이라는 사실과 이들의 신학적 입장이 반감리교회적이라는 사실을 전국적으로 알리는 작업과 아울러 이들에 의해서 조작, 왜곡된 두 신학자와 관련한 사실및 신학적 견해를 바르게 알리는 작업을 전국적으로 전개할 것이다.

3>본 대책위원회는 앞으로 전국적인 기도회와 집회를 통하여 우리의 뜻을 관철해 나갈것이다.

19911217_성명서(감리교목회자대책위원회)_
기독교대한감리회 제19회 특별총회사건 전국목회자대책위원회_5번_페이지_6

No. 10

조만형 목사의 동의를 가결하다

(2) 건의안 제2호 종교다원주의와 포스트모던신학의 입장이 감리교회 교리상 인정할것인지 가부를 총회에서 판정하여 주기를 청원한 건의안에 대하여 박기창 목사가 건의자를 대표하여 제안설명을 하고 토론하니 (종교다원주의와 포스트모던신학의 입장은 감리교회 신앙과 교리에 위배되는 것임을 결의하고 동시에 이와같은 신학을 주장하여 교회확장 사업에 장해물이 되는 이에 대하여 의법조처 하자)는 김홍도 목사의 동의와 박기창 목사의 재청을 재석자 절대다수의 찬성으로 가결하다 (반대자 1)

- 시간연장

건의안 제2호에 대한 신의토론이 지연되어 정회시간이 임박하니 건의안 제2호에 대한 처리를 종결할 때까지 시간연장 하자는 조영호 감독의 동의를 가결하다

- 건의안 심의 계속

이어서 건의안 제2호에 관하여 토론을 계속하여 종교다원주의와 포스트모던신학을 주장하는 ~~이에 대하여~~ 변선환학장, 홍정수목사에 대하여 제재조처 방안을 논의할때 (해당 기관 재단이사회에 면직하도록 하는 총회결의를 통보하고 당해자가 소속한 연회의 감독은 장정 199단 제8조에 의거하여 심사위원회에 회부케 하자)는 리승수 목사의 동의와 임덕순 장로의 재청을 찬성 295 반대 2로 가결하다

- 정 회

정회하자는 임덕순 장로의 동의로 김희도 감독이 기도하고 오후 10시 40분 의장이 제5차 회집 정회를 선언하다

1991년 10월 31일
서기 김한옥 목사
[illegible] 한영광 장로

19911217_성명서(감리교목회자대책위원회)_
기독교대한감리회 제19회 특별총회사건 전국목회자대책위원회_5번_페이지_7

토착화신학·통일신학 권위에 수난

'91.12.21

91년 한국교회 신학을 결산한다 ｜ 서 광 선

모두에게 신발을 벗게 하는 예식으로 막을 열었다. 그리고 구약성서에 기록된 한 맺힌 여성들의 이름으로부터 시작해서 걸프전에서 죽어 가는 젊은이들과 아이들, 그리고 끝으로 십자가 위의 죽음을 감내하신 우리의 형제 예수의 영혼을 부르면서 그 이름들이 적힌 종이를 불에 태워 올리는 「소지」의

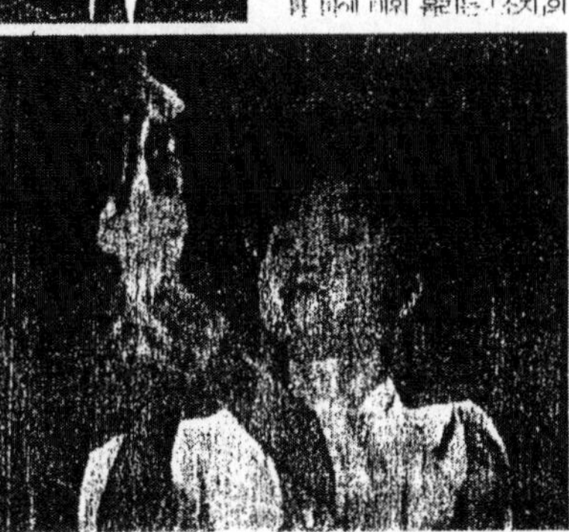

◀ WCC총회에서 주제강연을 하고 있는 정교수. 원혼들의 이름이 적힌 소지를 불태우고 있다.

을 보였으나, 대회에서의 논쟁은 결국 한국 땅에 상륙할 수 밖에 없었다. 2월의 총회를 보고하는 한국 참석자들, 그 가운데서도 주제강연을 비판적으로 보는 참석자들이 교계신문 등을 통해 정교수의 주제강연은 기독교를 혼합주의로 만들고 있다고 비판했다. 1991년 한해 동안 신학계는 성령론으로 시간을 보내기보다는 오히려 「혼합주의」논쟁으로 소일했다 해도 과언이 아닐 것 같다. 그러나 아직도 이렇다 할 신학적 대화의 결론이 나지 않고 있는데 그것은 보수정통을 고집하는 편에서는 서구전통의 3위일체 신학의 틀속에서의 성령론을 보수하면서 오늘 우리가 살고 있는 한국 우리의 언어와 문화 그리고 우리의 정치, 경제적 상황에서 성령의 임재와

으로 평화롭게 끝났던 것이다. 그런데 감리교 총회는 변교수와 같은 학교의 홍정수교수의 교수직 박탈을 권고하기에 이르렀던 것이다. 순수하게 신학적인 문제를 갖고 교회가 정치적인 권위로서 학문적인 권위를 통제하려는 것으로 해석한 한국의 신학계는 학문의 자유와 신학의 자유를 앞에 놓고 항의하고 있는 실정이다.

1991년 한국 신학계 특징은 신학이라는 학문의 문제가 대학이나 강의실과 강연장 밖에서 정치적 힘에 의해 제재를 받은 것이라고 말할 수 있겠다. 토착화 신학의 문제는 교권이, 통일신학의 문제는 정권이 문제삼았던 한해였다. 통일문제로 신학자들이 투옥된 것이 1991년이라고 특징지을 수 있다는 것이다. 통일신학회의 홍근수목사의 구속기소 재판에 이어 노령의 여신학자 박순경교수가 그의 통일신학으로 인해 법정에 선 것이 1991년의 이번이었다. 주체사상을 기독교신학의 입장에서 해석한 하나의 시도가 국

정현경교수 WCC강연 되레 혼합주의 논쟁 불러
박순경 변선환 홍정수등 한국신학계 순교자 배출

1991년의 한국의 신학계는 1991년 호주 시드니에서 개최된 세계교회협의회(WCC)의 세계대회의 주제, 「정의, 평화, 창조의 보전」이라는 신학적 과제를 이월 받았다고 할 수 있을 것이다. 1990년 한국의 신학계는 정의와 평화라는 신학적 주제를 기독교 통일운동과 연결시켰으나 창조의 보전이라는 주제 역시 겨우 환경의 문제와 연결시킬 정도에 그쳤고 창조신학의 영역까지 발전시키지는 못했다.

그런데 1991년의 신학계가 완전히 새해의 일을 전개하기도 전에 2월에 있었던 호주 캔버라의 세계교회협의회 총회의 회오리 바람이 한국 땅으로 불어 닥쳐 왔다. 그러나 그것은 한국의 젊은 여성 신학자가 일으킨 바람이었다. 이화여대의 조직신학과 여성신학 교수인 정현경 박사는 이 대회의 주제강사 두 사람 가운데 한 사람으로 강연을 의뢰 받았다. 「성령이여 오셔서 만물을 새롭게 하소서」란 총회의 주제에 대해 여성의 시각에서 그리고 제3세계의 젊은 신학자의 시각에서 오늘의 우리 세계에 있어서의 성령의 임재와 성령의 활동에 대한 신학적 해설을 총회 초두에 하라는 부탁이었다.

정교수의 주제강연은 호주에 사는 젊은이들의 사물놀이와 호주 원주민의 춤과 음악을 갖추인 연출로 시작됐고 주제강사가 호주 원주민들의 관습대로 신발을 벗고 또 참석자들

에게 행했다. 벌써 강연의 시작부터 3천이 넘는 청중들을 사로 잡았다. 전통적인 기독교의 음악이나 찬가집이나 손뼉치기나 예식이 아닌 전혀 생소한 음악과 춤과 예식들이 기독교 신학의 틀과 이름 아래서 행해지는 것에 대해 신선한 충격과 함께 성령의 임재를 감동깊게 느꼈던 것이다.

발제강연의 내용은 여성신학의 입장에서 그리고 제3세계 억눌린 민중의 입장에서 성령의 회오리 바람을 말했고 성령의 움직임은 생명을 살리는 성령운동으로 말했고 성령의 모습을 민중의 한을 달래는 치유의 힘으로 표현했는데 성공했다. 아시아의 여성으로서 성령을 이해하는데 있어서 동양의 「기」(氣)철학, 불교의 관음(觀音)의 상을 소개하면서 성령에 대한 아시아적 이해를 소개하기도 했다. 그리고 죽음의 벽을 허는 상징적 행위로서 강연을 끝내는 연출로 한국의 젊은 여성과 호주 원주민의 공연을 밖으로 가는 예를 보여 주었다. 3천명에 달하는 청중 들은 일동 기립하여 오랫동안 박수로 강연에 열의으로 응답했다.

2월의 세계교회협 총회는 신학적으로 보수적인 희랍정교회 대표들과 제1세계의 일부 남성 보수교파들의 한국신학자와의 대화와 논쟁으로 많은 시간을 보냈다. 대부분의 참석자들, 특히 여성 참석자들은 정교수의 발제강연에 대해 긍정적이고 열광적인 반응

활동 그리고 우리의 영적생활이 어떤 것이 돼야 하는가 하는 물음에 대해 명쾌한 대답을 주지 못하고 있던 형편이다. 정통신학이라고 하는 서구의 전통적 신학을 되풀이하고 그 잣대로 오늘의 우리의 신학적 몸부림을 재려고 하는 것은 설득력이나 신학의 타당성이 약해진다는 것을 느끼게 하고 있다 하겠다.

사실 호주에서 일어난 「혼합주의」의 회오리 바람은 엉뚱한 곳에 화를 질렀다. 1년 상 그렇게 보이지만 감신대 변선환 학장에게 불은 불은 호주바람이 아니라 감신대에 오랫동안 불고 있던 신학의 바람이라고 하는 것이 정확할 것이다. 유독 감신대 교수들은 1960년대부터 토착화신학의 기수들로 한국신학계의 토착화논쟁을 주도해 왔다. 그 중 변선환교수는 한국불교 연구로서도 유명하지만 불교와의 대화를 주도하고 더 나아가서 기독교의 구원론적 독선을 훼파하는데 주저하지 않는 학자로서 몇년전 이미 감리교로부터 경고를 받아 온 형편에 있었다. 그러나 변교수의 문제는 신학적으로 큰 문제가 아니었고 사실 변교수의 신학적 주장에 대해 충분한 신학적 논쟁이나 토론이 없었다고 해도 될 것이다. 10월 초에 있었던 한국신학 공동학회인 기독교학회에서의 주제가 종교다원주의였으나 1백명이 넘는 신학자들의 모임에서 다원주의의 논쟁은 「다원주의적

가보안법 위반혐의로 구속기소 재판을 받게 했던 것이다. 기독교의 야훼 하나님의 절대주권을 강조하는 바르트 신학의 대가인 박순경교수가 북조선의 주체사상과 그 핵심인 수령론을 상식적으로나 신학적으로 결코 「찬양」할 수가 없는데도 그의 죄목은 바르트도 박교수도 결코 용납할 수 없는 「우상숭배」였던 것은 한국의 비극이 아닐 수 없었다. 재판장에 앉아서 한국의 신학을 조국의 통일과 연결시키며 뛰흐리는 박교수의 안타까운 모습에서 우리 땅에서 신학을 한다는 의미를 깊이 생각하며 고뇌하게 했다. 재판장에서 의미있고 힘있고 타당성이 있는 신학을 할 수 밖에 없는 한국의 신학계의 현실을 통감하지 않을 수 없었다.

이제 1990년대의 신학적 과제가 한국의 신학계에 명료하게 부각되는 것을 느낀다. 신학의 토착화의 문제, 한국문화신학, 종교다원주의, 문화다원주의 등으로 불리는 타종교와의 문제, 혼합주의의 문제, 그리고 평화와 통일을 지향하는 한국사회에 있어서의 신학적 실천, 교권과 정권으로부터의 신학과 학문의 자유의 문제, 가부장적 교권적 교회에 있어서의 여성신학의 문제들로 시작된 1990년대 한국신학계는 더욱 많은 순교자들을 배출하면서 더욱 활발한 활김이 일어날 것으로 기대된다.

〈이화여대 교수·종교철학〉

19911221_토착화 신학과 통일신학 권위의 수난 91년 한국교회 신학을 결산한다_이화여대 종교철학과 서광선교수_5번

복 음 신 문 종합 1991년 12월 22일(일요일)

교리수호 대책위 활동 제동 걸려

대책위 구성하고 곽감독회장 사퇴 촉구

수원남지방회실행위로 목회자간의 이견 노출

'기독교대한감리교 교리수호 대책위원회'가 통일교관련설까지 들어 변학장, 홍교수의 목사 및 교수직 박탈을 요구하는 한편 요구가 관철되지 않을 경우 교단분열 의지까지 표명하는 등 활동이 전개되자 이에 강력 대처하기 위한 '기독교대한감리회 제19회 특별총회사건 전국 목회자 대책위원회'가 지난 10일 구성되어 본격 활동에 들어갔다.

지난 달 26일 감신대에서 개최된 '특별총회결의안 무효화 선언대회'에서 제안된 후 대책준비 위원회(위원장 : 이화식목사)의 준비과정을 거쳐 박홍규, 이하식, 박성규목사를 공동위원장으로 하는 가운데 구성된 대책위원회는 지난 17일 백주년기념관에서 기자 회견을 갖고 곽전태감독회장의 사퇴와 김홍도목사의 비방언동 중단 및 사과를 촉구하는 성명서를 발표했다.

대책위는 이날 '발표한 성명서를 통해 이번 사건을 파행적으로 이끈 교단의 최고 책임자인 곽전태감독회장의 사퇴를 주장하면서 김홍도목사의 WCC탈퇴발언, 감신대비방, 통일교관련설 유포 등을 즉각 중단하고 이를 사과해야 할 것이라고 강조했다.

또한 대책위는 "이번 사건의 합리적 해결과 교단분열책동을 위해 이에 동참하는 목회자들의 서명운동을 전국적으로 전개할 것"이라고 밝히고 "교리수호대책위의 신학적 입장은 반감리교회적이라는 사실을 홍보하는 작업과 아울러 이들에 의해 조작, 왜곡된 두 신학자의 견해를 바르게 알리는 작업을 전개할 것"이라고 향후대책방향을 발표했다.

한편 기독교대한 감리회 수원남지방 실행위원회(감리사 : 박영모목사)는 지난 16일 교단본부에서 성명서를 발표하고 "교단내의 일부 극단 보수주의 및 금권주의 세력의 지각없는 행태를 주시하면서 깊은 우려와 염려를 금치 못한다"고 밝혔다. 실행위는 성명서에서 학문의 자율성 보장과 이에 대한 도전행위 중지를 촉구했으며 '교리사수운동'이 웨슬리의 신학적 개방전통에 위배된다고 지적함과 아울러 보수반동주의와 교권적 독단주의가 교단뿐아니라 한국교회에 막대한 해악을 끼칠 것이라고 주장했다.

한편 서울연회(감독 : 나원용)는 지난 16일 교리수호대책위가 변서환학장과 홍정수교수를 고소함에 따라 지난 9일과 20일 심사위원회(심사1반위원장 : 김광동목사)를 열고 두 교수를 소환했으나 두교수가 이를 거부했으며 교리수호대책위가 통일교관련설을 유포한 것에 대해 김홍도목사를 명예훼손혐의로 서울지검에 고소할 의사가 있음을 밝혔다.

〈해설〉

목회일선에서 사역을 담당하는 목회자들이 목회자를 대변해 온것으로 여겨졌던 김홍도목사측의 의견에 반발하고 나섬으로써 신학자와 목회자간의 의견대립으로 비춰졌던 감리교의 최근 사태가 다른 양상으로 전개될 조짐이다.

즉 교리수호대책위원회가 목회일선의 선교에 막대한 지장이 있음을 들어 변학장, 홍교수의 신학을 비판함과 아울러 두 교수의 면직을 주장했으나, 목회자 차원에서 이를 반대하고 나옴으로써 이들의 주장을 희석시켰다는데 주목할 필요가 있다.

그러나 이들 목회자들이 두 교수의 신학을 옹호하는 입장이기 보다는 김홍도목사, 유상열장로측의 "극단적인 보수주의 전개 및 금권주의로 교단분열을 획책하고 여론을 호도"하는 등의 행태를 지적하고 나선 것임으로 신학적 입장정리는 추후의 과제로 남게 될 것으로 보이며 현재는 두 교수의 처리를 둘러싼 정치적인 대결양상으로 전개될 가능성이 짙어졌다고 보여진다.

19911222_교리수호 대책위 활동 제동 걸려_복음신문_5번

통간 1531호 1966년 4월 18일 제3종 우편물(가)급인가 복 음 신 문 학술 1991년 12월 22일(일요일) 【5】

예수탄생이 주는 의미

선교적 고찰

고환규 목사
〈세계선교회 회장〉

눈물과 때로 얼룩진 통곡의 성벽앞에서 유대인들이 3천년을 하루같이 메시아의 오심을 기다리며 기원하고 있다.

실종당한 어린이때문에 흐느끼는 눈물이나 40년 헤어진 민족분단의 통곡이 분단의 역사의 현실속에 있으면서도 한국교회에서는 1세기 예수의 탄생을 21세기 한국땅에서 '기쁘다 구주오셨네…'로 찬양을 올리는 변함없는 전통적 풍요로움으로 교회당마다 찬란한 네온들로 반짝이고 있다.

예수탄생시대의 유대땅이나 분단의 이 땅에도 여관이나 호텔에는 종말적 인간의 향락과 과소비로 길들여져 있다. 10억의 아랍권의 숨막히는 긴장속에서도 요르단 국경선을 지키는 이스라엘군이 생존권 속에서 시련을 읽으며 메시아의 구원을 기다리고 있다. 우르과이 라오스의 강폭한 오만의 대국의 열강속에서 속수무책인 이 나라 정치지도자들에게 농민들이 생존권을 들며 의사당을 향해 돌진했다. 병신들이라고 소외당하고 있는 이들이 화염병을 들고 나섰다. 대학생들의 외치는 소리만이 시끄러운 시국사범으로 알았지만 이제는 '이들 이 잠잠하면 돌들이 소리를 지르리라 던 1세기의 예루살렘예수의 소리가 21세기 서울 이나라 이땅에서 실현되고 있다. 교회에서는 사계절 순례자들의 '베들레헴'탄생의 역사만을 위해 존재하는가?' 새벽기도의 참회는 통곡의 벽과 다른 것이 무엇인가?'

21세기 한국의 성탄은 인류선교의 새로운 전환기를 재촉하고 있다.

남북의 통로가 없어 북경을 통해서 평양에 가는 사람마다 이적행위자라고 반국가국민이 되는 평화통일의 시대에 거리의 '소리는 있었는가? 베를린 장벽이 무너지면서 지금도 그들은 거룩한 땅이라고 부르고 있다. 후세인을 죽이기 위한 과학전쟁의 포화속에서 유전에 불을 붙인 중동의 이라크 기름불은 지금도 하늘을 치솟는 불로 하늘을 뒤덮고 있다. 첨단의 과학의 힘으로 도저히 끌수없는 화암석 같은 이 불길은 21세기의 심판의 불기둥으로 인류의 가슴에 중요한 교훈을 주고 있다. 사자굴속에서 신앙을 지키며 사자밥이 되었던 로마의 광장이 폐허가 되어버린채 남아 수많은 순교자를 낸 네로같은 폭군들의 멸망의 역사를 가르쳐주고 있다.

21세기 경제의 동물로 비유하고 있는 일본의 진주만 축음의 50주년 현장이 오고 가는 세대속에서 인간들에게 오판의 죄악을 주는 하나님의 심판을 보여주고 있다. 1억의 인류중에 우상의 소유자가 1억1천만이라는 이런 일본의 언론 통계처럼 우상의 도성 일본은 다시 세계의 정치문화권에 도전하고 있다. 그곳에 그리스도 복음 선교가 강력하게 움직이고 있으나 이미 경제대국으로서의 일본은 컴퓨터 기술문화를 지배하고 있다.

역사현장의 교육이 없는 한국땅에는 수많은 역사문화를 그리스도의 복음의 문화로 전화시키기 위한 이데올로기의 오랜 정치적 억압속에서 7천만명의 그리스도인들의 존재의미가 무색케 되어왔다. 전쟁과 평화의 공존시대에서 항상 한국교회는 가진자와 누리는자들의 편에서 소돔과 고모라성의 환락의 파괴를 막는 새로운 복음사역이 21세기 그리스도 오시는 선교선언이 새로운 비핵화의 이땅에 오게해야 한다. 비민주적 날치기 권좌의 의사당에서 땅에 쓴 예수의 글자문화가 시민의 웅변으로 외쳐질 수 있게 해야 한다. 청산되지못한 5공과 6공사이에서 희생되어진 생명의 탄생이 한국의 복음화의 길로 이어져 한라산에서 백두산까지 십자가의 불빛이 켜지게 해야한다.

남북 전환시대에 오늘의 선교와 구원의 멧세지가 평화와 통일의 선교적 과제를 이

◇예수는 처음부터 우리의 구원자로 오셨으며 구원의 시작은 곧 영원안에서 시작됐다. 예수탄생은 우리의 구원의 시작이며 오늘날의 전환시대에 있어 인류공존의 새로운 선교적 의무를 선언하는 것이다. (사진은 렘브란트의 예수탄생화)

신학적 고찰

홍정수 교수
〈감신대·조직신학〉

지구 전역에서 축하되고 있는 예수의 탄생, 그것이 기독교인들과 모든 사람들에게 주는 의미는 과연 무엇일까? 신학적으로 생각(신앙의 자기반성)해 보고자 한다. 해마다 지내는 축일이지만 1991년처럼 말 그대로 다사다난했던 해의 크리스마스에는 이런 반성을 하기에 아주 안성마춤인 것 같다. 필자는 아직 끝나지 않은 '부활' 신앙의 재해석 소용돌이 속에 있지만, 우리 구주, 나의 구주, 아니 전인류의 구주의 탄생을 맞아 침묵을 지킬 수 없어서 다시 한 번 말한다.

님의 아들이라는 증거이다"라고 생각하고 있다. 그래서 "크리스마스"하면 곧장 아기를 낳은 처녀 마리아를 떠올린다. 이 생각이 틀린 것은 아니지만, 성서가 전하려고 하는 크리스마스 메시지를 유감없이 전하려 한다면 보다 폭넓고 세심한 배려가 필요할 것이다. 성서의 핵심은 "오늘 너희의 구주가 나셨다"고 말하고 있다. 이제 이 소식과 우리가 흔히 생각하고 있는 "처녀 탄생" 이야기를 함께 살펴보자.

성서의 독특한 문법을 무시한 교회가 그 동안 가르쳐 온 크리스마스 이야기를 먼저 되새겨 보자. 가톨릭 교회는 중세적 관습에서 벗어나지 못하여, 루터의 신앙을 거부하였다. 그리하여 루터의 가르침을 비판하기 위하여 열린 종교회의(1563) 때에 아주 신기한 "교리" 하나를 첨부하기에 이르렀다. 이름하여 "마리아 무흠수태설"이라 한다. 이 공상적 교리의 논리는 이렇다. "예수가 왜 하나님의 아들이냐고? 우리와는 달리 그는 '원죄' 없이 태어난거야." 당시의 이해에 의하면, 원죄란 인간이면 누구나 뒤집어 쓰고 태어나는 유전 죄이다. 따라서 성서에 기록된 바 "처녀 탄생" 이야기는 바로 예수가 "원죄없이" 태어났다는 증거이다. 그러나 예수의 어머니 마리아는 원죄가 있지 않은가? 생각이 여기에 이르게 되자, 가톨릭 교회는 예수 자신의 처녀 탄생만으로는 그의 구원자 자격 곧 "원죄없는 인간"을 보장할 수 없었고, 급기야는 마리아까지 원죄 없이 태어선언하고 말았다.

어떻게 생각하는가? 예수가 우리의 구원자, 하나님의 아들되는 근거가 어디에 있다고 생각하는가? 만일 그의 "무죄한 출생"에 있다고 믿는다면, 가톨릭이 선포한 온갖 공상(가톨릭이 이것들을 선포한 진짜 이유는 신앙에 도움을 주기 위함이었다는 점, 물론 의심하지 않는다)을 함께 받아들여야 할 것이다. 그러나 성서가 말하려는 예수의 탄생 이야기의 핵심이 과연 이런 것일까?

동정녀 탄생을 가장 분명하게 언급하고 있는 바로 그 마태복음은 예수를 "아브라함과 다윗의 자손"이라고 말하고 있다. 마가복음은 '탄생' 이야기 없이도 예수를 하나님의 아들로 묘사하는 데 아무런 어려움을 겪고 있지 않으며 왜 요한은 예수가 "태어나기" 전부터 이미 하나님과 함께 존재하시던 분이라고 말하고 있다. 또한 요한은 "혈육으로가 아니라 하나님"으로 부터 태어나는 것은 예수만의 특권이 아니라 믿는 자 모두의 공통된 운명이라고 말하고 있음다. (1:13) 그래서 요한은 사람들이 예수의 출생 배경을 분명하게 알고 있었다고 밝히고 있지 않는가? (7:29) 바울도 예수가 "인성으로는 다윗의 후손" (롬 1:3)임을 분명히 하였고, 더 나아가 "여자에게서" 태어났음을 확실히 하였다(갈 4:4).

자, 그렇다면, 우리는 무엇을 따라야 하는가? 중세적 가톨릭의 교리를 따를 것인가? 내 마음에 드는 성서의 어느 한 귀절만을 고집하면서, 다른 성서의 기록에 대하여는 눈감아버려도 좋을까? 만일 우리에게 각자 마음에 드는 성서의 어느 한 귀절만을 골라 믿을 수 있는 권한이 있다고 한다면, 예수가

19911222_예수 탄생이 주는 의미_홍정수 교수 고환규 목사_5번_페이지_1-01

성탄은 21세기 전환시대의 선교 선언

한라에서 백두까지 십자가 불빛 켜지게해야

예수가 구세주인것은 그의 구원사역 때문

성경은 구주나심을 기쁨으로 전하라 당부

예수를 참으로 섬긴 동방박사

19911222_예수 탄생이 주는 의미_홍정수 교수 고환규 목사_5번_페이지_1-02

4. 포스트모던신학을 비판한다.

◈출처: 기독교연합신문, 1991, 12. 22. (일) 제189호

최순직 목사 (총회신학교 학장)

"이교적 요소 짙은 학문 경계"

I

포스트모던 신학을 비판한다
이교적 요소 짙은 학문 경계
예수 그리스도가 신앙의 유일한 표준
감신대 변·홍 두 교수 파문 확산 일로

기독교연합신문(1991. 12. 2), 한국교회신문(1991. 11. 17), 동아일보(1991. 11. 2) 등에 실린 기사에는 감리교 신학대학의 변선환교수의 다원주의론과 홍정수목사의 예수의 육체적 부활 부인(포스트모던 신학의 입장, 후기 근대신학의 입장)으로 교단과의 관계에서 일대 파문을 일으킨 사건이 보도되었다.

이 사건은 전에 변선환교수가(1982. 9. 8일자 주간종교) "기독교인이 아닌 사람이라도 진리와 절대자를 추구하면 구원이 가능한 것으로, 비 종교인인 무신론자까지라도 진리, 정의, 사랑에 의한 인간의 양심의 명령만 잘 따르면 구원이 가능하다"고 주장하고 이런 사람을 모두 익명의(숨겨진) 그리스도인이라고 하고 또 어떤 분은 언표(言表, 말씀으로 표현)되지 않은 복음을 통해서라도 구원이 가능하다고 보았던 학자도 있다.

한마디로 교회 밖에도 구원이 있다는 말이요 타 종교에서도 구원이 가능하다는 것이며, 일반적 문화진리에서도 구원이 가능하다는 주장인 것이다. 그것은 일종의 구원의 다원성을 말하는 것이며, 이제는 기독교 신학시대는 지나가고 일반종교신학시대(一般宗敎神學時代) 및 과학에 의한 일반진리시대(一般眞理時代)를 연상시키는 말이겠다. 이 문제는 비단 오늘의 일이 아니라 자유신학계에서는 벌써 오래 전에 논하고 있는 바이며, 몇 년 전부터 이미 문제시 되어 왔다.

이때마다 학교와 학생들 편에서는 "학문의 자유화"를 부르짖고 감리교 교단 측에서는 "성경과, 사도신경, 감리교 신조와 교권"으로 맞서고 있다. 이번에는 안병무, 문동환 목사를 중심으로 한 신학교수 45명이 성명서를 발표하여(초교파적) 학원의 자유화를 옹호하고 나섰다. 이 사건은 이제 감리교 신학대학 자체의 학교차원의 문제나 감리교 교단, 평신도의 차원을 넘어 기독교 자체의 문제로까지 비화된 것이다.

한국교회신문(1991. 11. 17자)에 금란교회 김홍도목사의 설교가 기획특집으로 실린 바 있다. 그는 변선환 교수 및 홍정수 교수를 언급하며 그들의 신학을 "이단 내지 적그리스도"라고까지 규정하고 있다.

이러한 문제는 모신학교에서 학생이 학장의 머리를 깎았던 사건이나 신학교 교장실에서 점거 농성을 벌였던 사건 등등 각종 데모의 사건들보다 더 큰 문제가 아닐 수 없다. 게다가

더욱 우려되는 것은 일부 감신대 학생들이 그러한 신학을 자기들의 자랑스러운 학풍이요, 전통이라고 주장하고, 두 교수의 선언이 감리교 신학을 성숙한 단계로 이끌어 올리는 예언자적 선언이라고까지 표현하면서 강력히 지지, 학교 학문의 자유를 교권으로 심판하지 말라면서 학문적 토론으로 대화하자고 주장, 교수편에 가담하고 있다는 사실이다.

물론 어느 신학이든지, 학풍이라는 것이 있기 마련이다. 그것은 교단신학으로서의 선교의 배경과 교파가 있는 이상, 학풍이 있기 때문이다. 한국기독교장로회(한국 신학대)는 기장성(基長性)신학이란 학풍이 있을 것이고 또 장로회 광나루 측 신학교에는 후기 근대신학의

포스트모던 신학을 비판한다

자유화를 막는 발트주의적인 신정통의 학풍도 있을 것이며 침례교 신학에서는 성서주의를 주장하는 학풍이, 성결교의 신학에는 사중복음을 주장하면서 특별히 성결론을 주장하는 학풍 등이 있을 것이다. 또, 오순절 하나님의 성회, 나사렛 교단 등은 성화론에 있어서 그 수단은 성령이며 성화도상에 있어 중생 후 제2차적으로 받는 은혜의 사역에 성령의 사역을 달리하는 학풍이 있으며, 장로교 전통 신학에서는 역사적 개혁주의의 학풍이 있기 마련이다.

Ⅱ

그러면 이와 같은 각각의 학풍 중에 감리교 신학의 학풍이 어디에서 나왔는가? 그 원인을 내 나름대로 생각해 보면 첫째, 구원론에 있어서 복음의 선을 고찰해 볼 때 "믿음으로 구원을 얻는다"는 「믿음」을 어떻게 보는가가 문제이다. 여기에는 △펠라기우스(Pelagius)적 견해; 믿음은 나의 윤리적 결단이라고 보는 견해, △세미 펠라기우스적 견해; 신인협력으로 보는 견해, △요한 웨슬레의 견해; 믿음으로 은혜가 선행되지 않으면 복음이 될 수 없다는 견해가 있다(일종의 선행은총, 엡 2:8).

요한 칼빈도 이점에 있어서는 요한 웨슬레의 입장과 같다. 그래서 요한 웨슬레는 "칼빈과 나는 머리카락 하나의 차이"라고 했다. 그러나 믿음을 은혜로 환원하고 은혜를 어디에다 환원하느냐 할 때에 칼빈은 예정으로 환원하는 데 비해 웨슬레는 일반 은총으로 환원한다. 일반 은총이란 누구에게나 주어진 은총으로 인간의 양심이나 이성을 말하며, 인간 영혼에 주어진 어느 정도의 신지식과 도덕적 감각으로 어떤 분량의 영적 신을 스스로 수행케 하면 진심으로 회개케 하여 하나님께로 돌아오게 할 수 있다는 것이다. 즉, 성령의 일반 공작으로 구원이 가능하다는 말이다(요 3:16).

그러나, 칼빈주의는 성경이 기록한대로 "택하심을 따라 되어지는 하나님이 구원(엡 1:4~14; 롬9:11~16; 요6:37~40; 요5:65; 행13:48; 딤후 1:9)을 주장하여 예정과의 관계에서 보았다. 성경과 인간 경험으로 보아서 인간의 전적인 타락과 부패로 인하여 인간 자력으로는 영적 선이라든가 구원은 전혀 불가능하다고 본다. 결국 구원은 물과 성령으로 다시 나지 않으면 안 된다.

19911222_포스트모던신학을 비판한다_최순직목사_기독교연합신문_5번_페이지_2

둘째로, 그다음 생각할 것은 무오의 책으로 절대시 하던 성경(재료로서의 성경)도 이제는 "과학적으로 볼 때 아무것도 아닌 것"으로 본다는 데에 문제가 있다. 가령 창조, 타락, 속죄, 부활, 천국 등 이와 같은 것들은 인간의 경험을 넘어서는 비사료(非史料)적, 비역사(非歷史)적인 것으로 보고 성경을 신화로 본다든가, 또는 이 신화적인 성경을 비신화화 한다든가 하여 나중에는 하나님도 예수님도 비신화화하는 데 이르러 완전히 무신론적 기독교로 전락시켜 이제는 종고로부터의 "탈종교화" 또는 "그리스도이후의 세계"로 보는 것이다(주간조선 1982. 4월호 "한국교회의 현주소" 제하의 J교수와 서울대종교학 교수).

그리고 혹자는 "그것은 초대 기독교가 만들어 낸 것이니 믿을 수 없으며, 원 복음이 아니다. 이런 허황된 종교를 만들지 말고 인간으로 돌아가라. 십자가에 못 박힌 예수까지 내려가 그의 십자가의 고난과 고통을 직시하라"고 하면서 그리스도의 구속을 정치, 경제, 사회 등의 제반 문제로 환원하여 있는 자와 없는 자의 갈등, 눌린 자의 해방과 자유 등을 부르짖었다.

그러므로 이제는 십자가의 구속대신 인간계의 정치, 사회 일반의 소외된 제반 문제를 해결하는 것을 기독교운동으로 보고 있다. 그리고 이들은 공산주의를(무신론이지만) 역사의 도구로서 이해하고 그와 결탁하여 막스 엥겔스의 종교 이해와 같이 "종교로부터의 인간해방" "하나님께로부터 인간을 빼앗아 오는 것이 참된 인간해방"이라고 주장하고 있다.
이러한 성경관에서 그러한 생각이 나오지 않았나 생각한다.

셋째로, 학문적 입장에서 볼 때, 보수신학이 어디까지나 성경을 내용으로 하고, 대상으로 하는 학문인데 비해 일반대학의 신학부에서는 과학이전의 성경의 세계관을 비과학적이라고 하여 비신화화해 버리고, 성경의 메시지만을 택하여 현대적 세계관에 맞추려는 학문적인 경향의 노력임을 볼 수 있다. 그래서, 대학 강단은 학술적으로 신학을 소개하고 학생들의 결정은 자유의 선택에 맡긴다.

그러나 교단 신학은 학술적 방면에서는 얼마든지 학술을 논하되 그 결정은 자기들이 좋아하는 개개의 선택에 맡기는 것이 아니고 성경적이 되어야 하며, 역사적 교회의 신앙고백이 되어야만 한다. 바로 여기에 교단 신학의 장점, 보수신학의 장점들이 있다고 본다.
그러므로 학적 권위에 의한 신학연구가 아니고 신앙 권위에 의한 신학 교육이 되어야 한다고 생각한다.

Ⅲ

성경말씀에 의하여 예수께서도 "내가 곧 길이요, 진리요, 생명"이라고 하셨다. 여기 길, 진리, 생명이라는 말은 헬라어 원문을 보면 모두 "그"라는 관사를 가지고 있어서 "그 길, 그 진리, 그 생명"을 의미한다. 즉, "그 길은 유일한 길이요", "그 진리는 유일한 진리요", "그 생명도 유일한 생명의 근원"임을 알 수 있다.

우리는 이점을 특별히 유의하여야 한다. 이는 "예수 그리스도는 그 길 자체이요, 그 길의 목적이요, 그 진리, 그 생명 자체"라고 말씀하신 것으로서 예수님은 우리를 하나님께 이

19911222_포스트모던신학을 비판한다_최순직목사_기독교연합신문_5번_페이지_3

르게 하는 유일하신 중보자요, 또한 하나님 자신이시라는 것을 말해준다(행 4:12).

이것은 초대 교회로부터 오늘에 이르기까지 기독교는 "유일의 중보자요 유일의 구원자 예수"외에는 일체의 다른 사상과 타협할 수 없다는 것임을 알 수 있다. 기독교에 있어서 이러한 유일성, 절대성, 독자성이 없다면 그것은 이미 기독교가 아니요, 완전히 무성격에 떨어져 하나의 일반 종교 및 일반종교 신학으로 전락될 우려가 있다.

「현대종교」(1987.7)에 서울대 종교학과 윤모 교수는 "사회가 종교에 예속된 것이 아니라 종교가 사회에 속했다"고 전제하고 "아직도 종교가 독선에 매어 자기 철학이나 자기세계를 말하는 것은 시대적 착오"라고 말하면서, 또 "타종교와의 관계에서 주관적으로 자기 종교의 절대를 말할 수 있으나 객관적으로는 자기 종교의 절대화는 있을 수 없다.(중략) 그러므로 종교의 우월주의는 반지성적 태도에서 나온 것이며 이러한 종교다원화 시대에서 독선을 피하고 타종교와의 관계질서를 유지하도록 힘써야 한다"고 주장했다. 이것은 성경하고는 전혀 맞지 않는 생각들이다. 또 이들은 "종교의 기원"을 "인간의 경험"에다 두고 그 마음속 깊은 곳을 통찰하면서 어떤 때는 공자의 "인(仁)"으로, 어떤 때는 부처의 "자비(慈悲)"로, 또는 예수의 "사랑"으로 나타난다고 한다. 우리는 이러한 이교주의적인 모든 것들을 강력히 경계해야 된다고 생각한다.

Ⅳ

이 혼탁한 시대에 우리는 초대교회 사도들 같이 오직 성경적인 예수와, 오직 성경적인 복음으로 사도적인 비전을 삼아, 하나님의 일꾼으로 손색이 없는 복음의 충실한 일꾼이 되어야 한다.

5. 감리교 신학대학 변선환·홍정수 교수 사건

-교역자와 평신도들에게 보고-

급변하는 사회변혁 속에서 하나님의 크신 은총이 "여러 교역자와 평신도들"위에 함께하시기를 기도합니다.

기독교 대한감리회가 1884년에 요한 웨슬레의 복음주의 감리교회가 100년 동안 성장하고 또 성장하는 도중에 있는 것을 하나님께 감사드립니다.

지금 급변하는 세계 속의 한국감리교회의 복음전도의 길을 차단하는 이단사상이 교역자를 교육하는 감리교 신학대학에서부터 "부활신앙부정"등의 사건이 발생하고 학생들은 "학문의 자유"를 외치고 데모까지 하고 지난 3월 남서울연회에서부터 문제가 야기되어서 송파지방 실행위원 일동이 공개질의서를 내고 지난 6·7월 의 원로 목사회에서 재연되어서 8월 23일에 원로목사와 원로장로회의 특별위원의 이름으로 성명서를 내고 또 8월 27일에 건의서를 관계감독들에게 제출했습니다. 그러나 아무 회신이 없어서 100년 동안 감리교회를 지켜

- 246 -

19911222_포스트모던신학을 비판한다_최순직목사_기독교연합신문_5번_페이지_4

J-2-085

도날드 멧서(Donald E. Messer)
아이리프 신학대학 학장/ 미 연합감리교회 선교 정책위원장

곽 전태 감독께:

두명의 저명한 한국인 신학자—변 선환 학장과 홍 정수 교수—가 종교 다원주의에 관한 그들의 신학적 견해로 말미암아 정죄당했다는 심히 유감스러운 소식은, 지구촌의 곳곳에 산재한 감리교인들과 여타 기독교인들 사이에서 이미 회자(膾炙)되어 양식있는 이들을 슬프게 하고 있읍니다.

이같은 한국 감리교 총회의 결정은 웨슬레의 정신과 운동에 명백히 위배됩니다. 이는 이미 전세계적으로 파급되어 긍정적으로 논의되고 있는 에큐메니칼리즘의 정신에서 보더라도 도무지 정당화될 수 없는 시대착오적 발상이기 때문입니다. 미국 연합 감리교회 장정(#2002.2)에는, 모든 감리교인들은 "타 종교 공동체들과의 관계 형성및 증진에 이바지하고, 종교 · 문화 · 이념이 다른 이들과의 대화를 촉진하며, 인류의 화합을 위해 공동으로 노력할 것"을 명문화하고 있읍니다. 이는 물론 기독교 신앙의 포기를 뜻하는 것이 아니라 대화를 통해 기독교 신앙의 증언을 보다 풍성히 하고 정의, 평화, 그리고 창조의 보전(保全)을 증진시키자는 취지입니다.

총회의 결정을 재고해 주실 것을 정중히 청원드립니다. 우리들의 구주이신 예수 그리스도의 정신에 의지하여 또한 건의드리는 것은, 「종교 다원주의」라는 신학적 전문 분야의 문제는 교리적 · 제도적 결정으로 그 가부(可否)를 선언(宣言)할 성질의 것이 아니라, 세계적인 신학자들과 사계(斯界)의 전문가들에게 적절한 감정(鑑定)을 의뢰함이 마땅하다는 사실입니다. 만약 곽 감독께서 정직하고도 개방적으로 저의 건의를 수용하신다면, 변 선환 학장과 홍 정수 교수가 바로 이 분야에서 최고의 권위자들임을 깨닫게 될 것입니다.

감리교 신학대학의 유수한 역사와 전통이 이같은 사태로 인해 훼손당함은 커다란 불행이 아닐 수 없읍니다. 한국 감리교회는 세계적인 동료 석학들의 존경을 얻고 있는 두 신학자를 부당하게 대우함으로써 기득(既得)한 명성을 손상케하는 우(愚)를 범하지 말아야할 것입니다.

홍 정수 교수는 포스터모더니즘을 신봉하는 것이 아닙니다. 그의 신학적 작업은 근본적인 기독교의 교리와 신념들을 보다 창조적이고 비판적으로 재조명해봄으로써 복음 전달의 새로운 효율성을 타진해보는 데 있는 것일 뿐 입니다. 변 선환 학장 역시 다만 대화에 대한 개방적인 자세를 견지할 뿐이며 그리스도와 그 구원의 사역을 믿고 인정하기는 마찬가지 입니다. 심지어 빌리 그레이엄도 이렇게 천명하지 않았읍니까 ?

> "예수 그리스도의 유일성은 자기 자신의 권위 위에만 서 있으며 구태여 타 종교와 이념을 비난함으로써 그 정당성의 근거를 확보하지 않는다. 우리가 좋아하지 않거나 동의하지 않는 것들에 반대함으로써 우리의 진리가 지지(支持)될 필요는 없다."

19911223_곽전태 감독께(번역본)_Donald E. Messer(아이리프 신학대학)_5번_페이지_1

"카톨릭 정신"에 관한 웨슬레의 유명한 설교(설교집, XXXIV) 중에서 그는 광신적인 야웨주의자인 예후(Jehu)와 대극적(對極的)인 성격의 종파를 창설한 예호나답(Jehonadab) 사이에서 벌어진 일종의 종교간 대화(II Kings)를 상기시킨다. 견해가 상극적인 두 사람은 오히려 화해를 시도한다. 예후가 묻는다: "그대의 마음은 내 마음과 같이 올바르지 않은가 ?" 그러자 예호나답은 이렇게 답한다: "그렇다." "그럴진대 화해하지 못할 것이 무엇인가."

이 본문을 주석하는 웨슬레는 일상 생활과 마찬가지로 종교에서도 사람에 따라 다양한 견해가 표출될 수 있음을 언명한다—"태초부터 그러했고 또 만물이 원래의 제 모습으로 복원될 때까지 그러하리라." 웨슬레는 인간 사유의 오류(誤謬)가능성을 인지(認知)하고 있었으며 이는 예배 방식의 경우에도 예외가 될 수 없었다. 그의 생각은 독단적이 아니라 대화적이다: "우리는 각자가 심정으로 충분히 신념하는 바에 따라 행동해야만 합니다. 신이 가장 수용할 만한 것이라고 당신이 믿는 것을 굳게 지키시오-나도 그렇게 하겠오."

곽 감독님, 변 학장님, 홍 교수님, 감리교 신학대학, 그리고 한국교회를 위해 기도할 것을 약속드립니다. 성급했던 정죄의 결정이 부디 철회되고 웨슬레의 화해정신이 다시 물결치기를 희망합니다. 감사합니다.

도날드 메서

19911223_곽전태 감독께(번역본)_Donald E. Messer(아이리프 신학대학)_5번_페이지_2

Iliff School of Theology

December 23, 1991

Bishop Jun Tae Kwak
President, Council of Bishops
Korean Methodist Church
Young-Deung-Po Gu, Yuido Dong 13-25
Jeong-U Bld. 1112
K.P.O. Box 285
Seoul, Korea

Donald E. Messer
President

2201 South University
Denver, Colorado 80210
303 744-1287

Dear Bishop Kwak:

It is with grave concern and deep regret that word is spreading around the globe among Methodists and other Christians of goodwill that two distinguished Korean Christian theologians, Dr. Sun Hwan Pyun and Professor Jeong-Soo Hong, have been condemned for their theological views on religious pluralism.

Such action by the 19th Conference for Legislation of the Korean Methodist Church in Seoul is contrary to the spirit of John Wesley and the Wesleyan movement. It cannot be justified in ecumenical deliberations worldwide. The United Methodist Discipline urges Methodists "to advocate and work for the establishment and strengthening of relationships with other living faith communities, to further dialogue with persons of other faiths, cultures, and ideologies, and to work toward the unity of humankind." (#2002.2) This does not mean giving up the Christian faith, but entering into dialogue may enrich Christian witness and increases the possibilities for justice, peace, and the integrity of creation.

I petition you and others involved to reconsider the action taken. In the spirit of Christ, I urge you to consult Christian theologians and scholars throughout the globe who are experts in theological matters related to religious pluralism. If you do so openly and honestly, you will discover Dr. Pyun and Professor Hong stand in the best and highest tradition of Methodism.

The distinguished history of Methodist Theological Seminary in Seoul must not be diminished by the condemnation of two of its leading professors. The Korean Methodist Church should not ruin its good reputation by unfairly treating two of your own theologians who have respect of other Methodist theologians around the world.

Dr. Hong is not advocating post-modernism; he is simply examining critically and creatively some of our basic Christian doctrines and beliefs that they might better be understood and communicated to a world desperately in need of the Gospel. Dr. Pyun affirms Christ and Christian salvation, even as he is open to dialogue. As evangelist Billy Graham has said:

1892 - Centennial Year - 1992
A Tradition of Innovation . . . A Century of Service

19911223_곽전태 감독께_ 도날드 메서_ 원본_5번_페이지_1

Bishop Jun Tae Kwak
Page Two
December 23, 1991

"The uniqueness of Jesus Christ stands on its own authority without castigating other religions and ideologies. It does not need to be propped up by opposing things we don't like or don't agree with."

In John Wesley's famous sermon on "The Catholic Spirit" (Sermon XXXIV), Wesley recalled a kind of interfaith conversation recorded in II Kings between Jehu and Jehonadab, a fanatical Yahwist and the founder of an extremist sect opposed to the sedentary culture of the Canaanites. Though the two men represent opposing perspectives, Jehu asks: "Is thine heart right, as my heart is right with thy heart?" And Jehonadab answers: "It is." "If it be, then give me your hand."

Commenting on this text, John Wesley asserted that persons will reflect different minds in religion as well as in everyday life--"So it has been from the beginning of the world and so it will be 'till the restitution of all things.'" Wesley recognized the fallibility of all human thinking, including the differing ways persons worship. Instead of being dogmatic, Wesley was dialogical, saying: "We must both act as each is fully persuaded in his own mind. Hold fast that which you believe is most acceptable to God and I will do the same."

My prayers are for you, Dr. Pyun, Professor Hong, the Methodist Theological Seminary, and the Korean Methodist Church. May the hasty actions of condemnation be withdrawn and may the reconciling spirit of John Wesley prevail.

Warm regards,

Donald E. Messer

Donald E. Messer

DEM/as

cc: Dr. Sun Hwan Pyun
Professor Jeong-Soo Hong

19911223_곽전태 감독께_ 도날드 메서_ 원본_5번_페이지_2

正論

급변했던 한해를 보낸다

민족통일에 자주적인 힘의 징후를 보여주고

장 기 천
〈감리교 감독〉

「세월은 흐르는 물과 같다」 또는 「시간은 날으는 화살 같다」는 말들이 있다. 붙잡아 둘 수도 없고 채찍질할 수도 없이 정해진대로 가는 것이 「시간」이다. 그래서 1991년도 이제 그막을 내리고 있다.

지난 한해 가운데 세상을 온통 놀라게 하고 또 웃기게 한 것은 소련방의 붕괴사건과 미국의 대이락전쟁이라고 생각한다.

20세기 중반 세계를 두 진영을 나누어 한 쪽을 움켜잡고 군림하던 소련제국이 무너지는데 겨우 4개월이 걸렸다. 지난 8월 보수파들의 쿠데타를 기점으로 소련제국은 기둥이 빠지기 시작하더니, 이제 해체되고 말았다. 놀라기도 하고 너무나 싱겁기도 하여 사람들은 실소를 금치 못하고 있다.

미국은 중동의 이단자 이라을 응징하기 위해 UN을 동원하고 서방 각국으로 부터 전쟁배당금을 거출해 가며 대규모 전쟁을 일으켰다. 그리고 일방적인 승리를 쟁취했다. 그런데 놀라운 것은 미국의 전쟁능력이 아니라, 아무리 두들겨 패도 후세인의 반격이 거의 없었다는 점이다. 이토록 힘이 없는 상태였다면 어째서 온 세상을 놀라게 하면서 그 법석을 떨었는지? 도무지 알다가도 모를 일이다.

지난 12월 18일 남북의 총리들은 남북의 평화와 통일을 지향하기 위해 상호불가침과 교류협력을 다짐하는 합의에 이르렀다. 분단 46년에 처음 있는 일이어서 모두가 기뻐하고 있다.

만나기만 하면 논쟁만 일삼던 우리들이었는데, 이만한 문서라도 만들어냈으니 민족통일은 자주적인 힘으로 이룩할 수 있다는 하나의 징후가 아닐까? 이 합의서가 일부세력의 정치적 야망의 불쏘시개로 악용되지 않을까라는 회의와 기우가 있지만 남북의 한민족이 그토록 어리석지만은 않을 것이라 믿고 싶다.

지난 12월 18일 저녁 노태우 대통령은 남한 안에서 핵은 완전 철수되었음을 공언하였다. 반가운 소식이 아닐 수 없다. 육지에서만이 아니라 우리의 연안 어디에서도 핵은 없어져야 한다. 이제 남은 일은 북한에서의 핵폐기문제이다. 이 좁은 땅에서는 핵은 상대의 궤멸뿐만 아니라, 자기 자신도 함께 망하는 결과가 될 뿐이다.

한국기독교교회협의회는 1988년 2월 평화와 통일을 위한 정책선언을 채택한 이래 온갖 오해와 박해를 잘 견디면서 여러 각도에서 남북교회들의 교류에 힘써 왔다. 88년 11월 제2차 글리온 회의에서는 1995년 통일희년으로 선포하였다. 그리고 90년 12월 제3차 글리온 회의에서는 「희년을 향한 5개년 공동사업계획」을 채택하였다.

91년 희년 5개년 공동사업의 첫발걸음을 내딛는 해였다. 한국 기독교 교회협의회에서 범교회적인 희년사업으로 확대하고자 「평화통일희년준비위원회」를 발족시켰다. 51개 교단을 비롯 10여개의 교회연합기관들이 이에 동참하였다. 올해에도 8월 11일 주일 오후 3시 광림교회에서 남북평화통일 공동기도주일예배를 했다.

그리고 8월12일 부터는 정책협의회를 개최하였는데 가맹교단 뿐만 아니라 비가맹교단의 협조 속에서 교회내의 진보적 견해와 보수적 견해를 서로 듣고 나누는 일을 시도했다. 해외에 있는 한인교회들과 세계 에큐메니칼 지도자들도 참여한 모임이었다.

그러나 불행하게도 남북의 평화통일을 위한 교회협의회는 한반도 안에서 가지기로 합의했던 일은 아직까지도 이룩하지 못한 상태이다. 가장 먼저, 가장 많은 박해를 받으면서 남북평화통일을 위해 기도하며 헌신했었던 교회가 아직도 외국에서 밖에 만남을 가질수 없다는 사실을 너무나 비통하게 생각한다.

기독교대한감리회 제19차 총회는 감리교 선교가 시작된 이래 처음으로 신학문제를 제기하였다. 그것도 웨슬리의 복음주의를 사수한다는 명분으로 교단산하 신학대학의 교수 두 사람의 신학사상을 교리와 장정에 의해 처벌토록 결의하였다. 잘 잘못은 가려지겠지만 감리교회의 총회에서 교리문제로 징계파동이 일어났다는 사실은 매우 부끄럽고 가슴 아픈 일이다.

역사적 감리교회는 성령의 실재를 강조하는 교회이다. 그러나 우리는 성령으로 충만하던 초대교회가 3세기경 부터 교리문제 특히 예수의 신격과 인격에 관한 논쟁으로 성령교회로 부터 떠나갔었다는 교회의 역사를 알고 있다. 오늘 우리가 하는 일이 다음 세대를 위해 얼마나 바람직한 일인가를 깊이 생각하고 성령을 소멸하는우를 범하지 않게 되기를 바란다.

웨슬리는 인간의 양심을 높이 평가하고 그것은 하나님의 선재적 은총(先在恩寵)이라 했음을 상기할 때가 왔다. 「양심이란 것은 자연적인 것이 아니다. 그것은 선재의 은총이다. 모든 사람은 많든 적든 이 선재적 은총을 지니고 있다」(우리들의 구원을 성취하는 일에 관하여) 「모든 그리스도인은 물론 모든 이교도들과 심지어 가장 악한 야만인들 속에서도 발견된다」(땅의 그릇 속에 있는 하늘의 보화).

19911229_급변했던 한해를 보낸다._장기천 목사_5번-01

19911229_급변했던 한해를 보낸다._장기천 목사_5번-02

"다원주의신학은 세계적인 추세"

복음신문 12.29

서울연회심사, 변학장·홍교수 입장표명

감신대 변선환학장·홍정수 교수에 대한 서울연회의 심사가 지난 20일 여의도 연회본부에서 심사1반(위원장=김광덕목사)의 진행으로 치루어졌다.

이날 심사는 지난 11월30일 기감교리수호대책위가 연회에 고소함으로서 치루어지게 된 것으로 이날은 변학장과 홍교수의 신학적인 입장표명만이 있었던 것으로 전해지고 있다. 변학장은 다원주의신학이 세계적인 추세임과 아울러 감리교도 다원주의적 신학위에 세워져있음을 강조했으며 홍교수는 부활을 육체적으로가 아니라 신령적 의미로 믿는다고 주장했다.

한편 총회결의에 대한 교단내의 입장개진이 시일이 경과됨에도 불구하고 계속 활발히 전개되고 있는 양상을 보이고 있다.

홍정수 교수는 지난 16일 '신학자가 드리는 목회서신'을 교단산하 교회에 발송하고 "'예수의 피는 개피'라고 말했다는 것은 허위이며 본인은 예수의 피속에서 살아계신 하나님의 구체적인 성육신의 말씀을 듣는다"고 주장했으며 부활을 부정하지 않을 뿐아니라 '통일교 거물급 간부 육성' 운운은 명예훼손이라고 자신의 입장을 밝힌 바 있었다.

또한 전국목회자대책위원회도 이날 20일 심사위원회 앞으로 위원회의 입장을 전하면서 "특별총회 결의는 신학적 토의없이 졸속 처리된 것이므로 불법"이라고 강조하고 "심사과정을 통해 두교수의 충분한 입장개진이 이루어지길 바랄 뿐 아니라 사실을 왜곡시켜 명예를 훼손하고 있는 교리수호대책위의 범과를 즉각 심사해야 할 것"이라고 주장했다.

아울러 웨슬리복음주의협의회는 지난 17일 실행위를 개최하고 '감리교 복음주의 신앙과 신학의 전통성을 지키기 위한 우리의 주장'을 발표하고 "예수그리스도의 절대성과 유일성은 기독교의 진리이며 믿음의 내용이므로 부인될 수 없으며, 십자가의 죽음과 부활은 속죄의 구원이며 기독교신앙의 핵심"이라고 강조하면서 "다원주의로 인한 선교의 상대화는 예수의 선교명령을 거부하는 것"이라고 지적했다.

또한 감신대 교수에 대해 "교수는 신학을 소개하되 성서에 이탈하지 않도록 가르쳐 복음에 확신을 가진 교역자로 양성해야 한다"며 끝없는 신학논쟁의 조속한 처리만이 교회의 안정을 이루는 길이라고 주장했다.

한편 감리교의 진통을 해결하기 위한 증경 감독들의 모임이 지난 16일에 이루어져 변선환학장의 자진 사퇴와 홍정수 교수의 해외교환교수 파견안이 진지하게 논의돼 개인적 접촉을 통해 의사를 개진키로 한 것으로 전해지고 있다.

19911229_다원주의 신학은 세계적인 추세_복음신문_

복 음 신 문 해설 1991년 12월 29일(일요일)

연말기획·교계활동 1년 · 〈5편〉 교단활동

변혁과 고수 첨예한 대립

[1]

유례없는 성장을 기록한 한국교회는 반면에 반목과 교권쟁투의 한 상징처럼 인식돼온 교단의 분열과 난립이라는 불명예를 동시에 낳았다.

기독교장로회를 비롯, 많은 교단들이 교단통합을 기본정책으로 채택하는 등 한국교회의 고질적 병폐에 대한 자성론이 여느해 보다 활발히 대두된 한해였다. 실제로 연초에 예장 호헌을 중심한 예장보수·총신·합동총회 등 4개 교단이 부분적이나마 통합을 이뤘고, 예장 대신·합정의 통합 논의에 이어 기하성과 예하성이 10년만의 재통합을 시도하는 등 굵직굵직한 교단통합 사안들이 연말까지 계속돼오고 있다. 이들 통합논이나 통합들은 한결같이 한국교회가 일삼아온 분열에대한 자성론으로부터 출발하고있다는 점에서 긍정적인 시각과함께 한국교회에 신선한 자극이 되었었다.

호헌을 중심한 4개 교단 통합은 애초에 보수교단협의회 소속 8개 교단이 통합협의체까지 구성하는 등 통합논의를 전례없이 활발히 전개하면서 시작됐다. 그러나 결과적으로 예장 호헌을 중심하는 부분적 통합에 그치고 마는 아쉬움을 남겼을 뿐 아니라 통합과정에서 이에 반대하는 세력간의 또다른 분열을 초래하는 역반응까지 낳았다. 큰 성과가 없었던 것은 비대교단 양성으로 말미암은 협의회의 불균형초래에 대한 보수교단협의회 차원의 우려가 크게 작용한 외에도 각교단간의 실리와 노선의 차이 등이 여전히 풀리지않은 과제로 노정된결과였다.

기하성과 예하성의 통합은 지난19일 통합총회를 치룸으로써 괄목할 성과를 거뒀다. 그러나 분열이후 10년만의 재통합이라는 대의명분에도 불구하고 예하성이 양평동측과 순복음측으로 분열됐고, 또다른 분열양상으로 치닫은 기하성내의 반발에 이어 통합반대 관련 교단들의 연합체 구성 등 끊임없는 대결구도를 도출해왔다.

결국 교단통합을 위한 한국교회의 여건이 아직 성숙되지 않았음을 보인 한해이기도 했다. 교단 통합에 대한 현실적인 문제들에 대한 명료한 대안없이 명의나 명분, 당위성만으로는 여전히 멀고 험한 길임을 확인한 셈이었다.

교단통합과정에서 드러난 문제들은 △교단 대 교단의 통합이 아닌 대교단 중심의 흡수통합 형태에 멎고 있고 △교회와 제도, 신학교와 그밖의 지분문제 등 현실적인문제들이 충분히 합치점을 찾아야하며, △교단 소속교회들의 합의 과정없이 교단 수뇌나 몇몇 위원들에 의해 일방적으로 진행되는 독주적 행태 등으로 지적될 수 있다.

[2]

교단내의 신학교의 진통은 올해의 또하나의 두드러진 특색으로 볼 수 있다. 총신대와 고신대의 진통은 장기간을 끌어가면서 가장 큰 신학교 진통으로 기록되었다. 이들 신학대 사태들은 교단측과 재단측, 교수, 학생의 3각관계가 극명한 대립으로 노정된데서 공통점을 찾을 수 있다. 연초 이장림 초청강연으로부터 야기된 총신대사태는 기부금교수임용사건에 이르기까지 김만규목사 이사퇴진 사건, 원우회장 성적조작사건 등이 꼬리에 꼬리를 물고 계속돼 학생들의 이사진들에 대한 불신이 극을 치달았다.

◇전례없이 큰 진통을 겪은 신학대학 사태는 교단의 학내 민주화 노력 필요성을 시준해 주었다.

특히 기부금 교수임용사건은 교수지 매매라는 사회적사건으로 크게부각되 교단과 대학당국을 더욱 궁지에 몰아넣었다. 교단총회는 총신대사태수습을위한 전권위를 구성, 이사장과 학장의해임을 결의케했으나, 배이사장의 부총회장 당선과 맞물린 반대측의 역공세가 아니냐는 시각을 낳는등 혼미를 거듭했다.

고신대사태는 이사회의 일방적인 학사운영에 대해 의학부·의료원 교수들이 반발하면서 시작돼 학내 전체와 고신교단의 뿌리까지 뒤흔드는 사태로 발전했다. 이 역시 고신총회에서 사태수습 전권위원을 구성하기까지 이르렀으나 교단과 학교측이 이렇다할 해결방안을 마련하지 못한 채 한때 '교권에 대한 도전' 차원의 수습책만을 내놓았다는 비난을 받았다.

이들 사태들은 △교단과 대학의 역학관계의 정립 △권위적 탈을 벗은 교회의 학내 민주화 노력의 필요성을 시준해주었다.

이밖에 그리스도신대가 80년대부터 있어온 학교운영을 둘러싼 내부적 갈등과 전혀 무관치않게 지난6월 재단 탈취를 기도한 사기극에 휘말리기도 했으며, 목원대학도 학사운영의 기득권을 놓고 이사진간의 반목에 휘말려 진통을 겪었다. 예장합동보수총회는 총회선거부정과 학교운영을 둘러싼 공방끝에 교단분열을 맞는등 어느해보다 신학대학의 진통이 큰한해가 됐다.

[3]

통합 당위 인식하나 여건 성숙되지 않아

신학대 진통…교회의 학내 민주화 노력 시준

또하나의 빼놓을 수 없는 부분은 교회의 보수화 경향이 두드러진 점이다. 예장통합총회서 큰 관심과 기대를 모았던 여성안수문제가 부결된 것은 한국교회의 대표성을 지닌 장자교단의 결의였다는 점에서 더 큰 사건으로 부각됐다.

한편 예장통합총회가 배준기장로를 부총회장에 선출함으로써 첫 평신도총회장을 바라보게해 괄목할교회의 변화를보였다.

또한 감리교단의 신학논쟁이 교단정치문제로까지 비화돼 현재까지 해결의 실마리를 찾지 못하고있는 부분은 한국교회의 위상을 결치게 하는 대표적사건으로기록되었다.

감리교 총회에서 다원주의 신학과 포스트 모더니즘으로 분류돼 징계 결의된 변선환·홍정수 교수 문제는 애초의 신학적 논쟁차원에서 머물지 않고 정치적 징계와 통일교 관련설까지 삽입되는 등 신변적인 문제로 비화돼 애초의 출발점에서 벗어나 사회적인 우려까지 낳고 있다. 교리수호대책위는 교회수호 차원의 단호한의지를 보이고 있는반면 교계 일각에선 교회성장론에 기초한 보수적 목회자의 목소리가 커진것과 무관치 않다는견해가 상당수 있는실정이다.

[4]

이밖에 동서 이데올로기의 철저한 붕괴및 국가정책의 변화가 가져다준 교단적인 관심변화의 저변확대를 들수있다. 교단마다 공산권 선교나 북한 교회와의 접촉 또는 통일논의에 적극적인 관심을 보였으나, 성과보다는 과시 위주의 제각기의 목소리가 산발적으로 나와 정책과 근거를 마련한 교회의 통일정책의 필요를 절감케한 부분이었다.

한편 각 교단마다 주요 정책일 수 밖에 없었던 교회·교인수 확장운동은 그 성과를 차치하고라도 성장위주의 한계를 벗어나지 못한 것처럼 보이게 했다. 즉, 이에 비례해 보다 실효성있는 내실화 정책의 병존 필요성을 더욱 증가시켰다.

반면, 임대교회문제의 연내해결은 그간 임대교회목회자들의 단결된 노력과 관철의지가 정책에 반영된 성과로 주목할 만하다. 그러나 임대교회 당사자들과 한기총이나 대교회등이 대정부 협의창구의 이원화 및 불협화음 속에서 갈등을 겪는등 한때 교회연합운동의 쟁점이 노정되기도 했다.

한편 개신교단파는 직접적인 연관이 없었으나 침례회 명칭을 사용했던 구원파 사건이 휘말려 개신교단이 한때 곤욕을 치른 것도 내실화보다 성장위주에 치중한 결과가 아니냐는 한국교회의 자성을 이끌어내기도 했다.

[5]

올해의 교단은 통합과 분열, 변혁과 고수 등 양면이 첨예한 대립양상을 나타냈다는 점에서 그 특이성을 찾을 수 있으며 이에 비례해 이러한 진통이 걸러낼 새로운 한국교회의 위상에 대한 소망을 증대시킨 한해이기도 했다. (나일영부장)

19911229_변혁과 고수 첨예한 대립_복음신문_5번

K-2-298

알고 계십니까 ①

감리교 교리수호의 대변자 이동주, 그녀는 누구인가?

우리는 최근 감리교회 안에서 일어나고 있는 신학에 대한 재판과정을 지켜보면서 착잡한 심정을 감출 길이 없습니다. 더우기 '신학'을 심판하겠다고 나선 저들—교리수호대책위원회측 주요 인사들을 볼때, 최소한의 신학적 소양을 갖춘 이들이 없다는 사실에 당혹감마저 느끼고 있습니다. 감리교회에서 신학자라 불릴수 있는 대부분의 사람들은 이번 사건에 있어 두교수들의 입장을 이해하려 하고 있으며 나머지는 침묵으로 일관하고 있습니다. 그러나 유일하게도 교리수호대책위원회의 입장을 뒷받침하고 있는 신학자(?)가 한 명 있습니다. 그가 바로 협성신대에서 선교학 교수직을 맡고 있는 이동주씨입니다. 그는 마치 자신이 복음주의적인 감리교 교리의 수호자인 양 행세하고 있으며 신학적 소양을 갖추지 못한 일부 목회자와 정치꾼 장로들이 그의 신학적 해석을 유일한 근거로 삼고 막강한 재물을 앞세워 교리수호의 싸움에 나선 것입니다. 이동주 교수, 과연 그녀는 누구입니까? 정말 그가 말하는 신학이 감리교회의 바른 신학이라고 생각하십니까?

이제 우리는 이번 신학논쟁의 핵심을 보다 명확히 진단하고 올바로 대처하기 위해 일차적 단계로 이동주 교수가 과연 누구인지 밝혀둘 필요가 있다고 생각합니다. 한가지 전제할 것은 우리는 이동주 교수에 대한 인신공격을 하기 위해 이 글을 내는 것은 아니란 점을 밝혀 둡니다.

이동주 교수 그녀는 누구인가?

1. 이동주 교수는 1990년 1학기부터 감리교 협성신학대학의 선교학 교수가 되었으며, 현재는 교무행정의 책임을 맡고 있습니다.
2. 그러나 그 이외에는 과거 그가 감리교인이라는 근거나 증거는 전혀 없습니다. 그는 오히려 처음부터 감리교회를 잘 모르는 보수파 합동측 장로교인입니다.
3. 현재 그는 대명감리교회 최홍석 담임목사의 부인입니다. 그러나 그와 결혼한 것은 불과 3년여 밖에 되지 않습니다. 합동측 장로교 신자가 감리교 목사와 결혼만 하면 감리교 신학자입니까?
4. 우리는 그가 과연 감리교를 얼마나 알고 있는지를 의심하지 않을 수 없습니다. 나아가 과연 감리교회 신학자나 목회자들이 왜 장로교 출신의 여신학자에게서 이단이나 사탄이라고 정죄를 받아야 하는지 알 수 없습니다.

통일교 전문 신학자 이동주 교수의 신학적 배경

1. 이동주 교수는 어느 곳에서도 감리교회 신학을 정식으로 공부한 적이 없습니다.
2. 그는 이화여자대학교에서 음악을 전공하였고, 그 후 독일로 유학하여 하이델베르크 대학에서 신약학

19920000_알고 계십니까 1(이동주, 그녀는 누구인가)_
감리교회 수호를 위한 대학원 비상대책회의_5번_페이지_1

을 공부하다가, 튀빙겐 대학으로 옮겨 신학박사 학위를 받았습니다.

3. 독일에서 그는 에큐메니칼 노선에 반대하는 교회에 출석했습니다(교리와 장정에 명시되어 있듯이 에큐메니칼은 감리교 노선입니다).

4. 그는 튀빙겐 대학에서 서구신학이 아닌 모든 신학은 혼합주의이며, 모든 형태의 혼합주의는 또한 무조건 이단이라는 것을 그의 지도교수 바이엘하우스(Peter Beyerhaus)에게서 배웠습니다. 그의 스승 바이엘하우스는 독일의 매킨타이어로 알려져 있는 근본주의 신학자요, 교회분열주의자이며, 반에큐메니칼 신학자의 대표입니다(매킨타이어는 1950년대 한국장로교회를 분열시킨 장본인입니다).

5. 이 교수는 귀국 후에는 가장 보수적이며 가장 반감리교회적 칼빈주의 신학교인 장로교「합동신학원」에서 선교학을 강의했습니다.

6. 그는 감리교회에서 인정하지 않은 신학교를 졸업했음에도 불구하고, 경기연회에서 목사의 자격을 얻으려고까지 했습니다.

7. 그의 튀빙겐 대학에서의 박사학위 논문제목은『한국적 혼합주의와 통일교회』입니다.

8. 그런고로 이동주 교수는 통일교 전문 신학자이지 감리교 신학자는 아니라고 말할 수 있습니다.

이상에서 살펴본 바와 같이 이동주 교수는 감리교회의 신학이나 교리에 대해 말할 자격이 없는 사람입니다. 우리는 이 교수의 신학적 입장이 잘못된 것이라고 말하려는 것이 아닙니다. 단지 근본주의적인 그의 신학으로 감리교회의 자랑스런 신학적 전통이 훼손될 수 없다는 점을 지적하려는 것입니다. 그의 신학이 옳다고 고집하는 것은 감리교회적인 것이 아닙니다. 바라기는 감리교회의 신학전통이 올바르게 회복되어서 이번 사건과 같은 수치스러운 일이 다시는 일어나지 않기를 소망합니다.

감리교회 수호를 위한 대학원 비상대책회의

19920000_알고 계십니까 1(이동주, 그녀는 누구인가)_
감리교회 수호를 위한 대학원 비상대책회의_5번_페이지_2

알고 계십니까? ②

돈으로 수호되는 감리교 교리!

최근 감리교회를 온통 혼란 속에 몰아넣은 변선환, 홍정수 두교수에 대한 서울연회의 이단재판은 기소와 재판과정에서 드러난 숱한 문제점에도 불구하고 출교라는 최악의 결과를 빚었습니다. 이같은 재판결과에 대해 교단의 뜻있는 목회자들이나 평신도들은 우려와 당혹감을 표시하고 있지만 저들—교리수호대책위원회측은 기쁨의 환호성을 올리고 있는 것이 사실입니다. 교회법으로 볼 때 사형과도 같은 출교 결정을 내려놓고 "할렐루야"를 감히 외칠 수 있는 저들은 누구입니까? 저들은 승리를 말하지만 저들이 누구와 싸워 이겼다는 말입니까? 저들은 교리를 내세우지만 저들이 내세우는 교리는 과연 무엇입니까? 저들은 순교의 각오를 내세우지만 어느 순교자가 엄청난 돈과 폭력을 써가면서 순교를 부르짖는다는 말입니까? 우리는 이번 사태를 단순히 신앙의 문제라고 생각하지 않습니다. 그리스도의 몸된 교회를 바르게 세우려는 참신앙과 이미 교회 안에 침투해 있는 거대한 악마—'돈'과의 싸움으로 생각합니다. 이같은 상황인식 아래서 우리는 저들의 실체를 밝히려는 작은 작업의 두번째 단계로 이번 사태를 둘러싼 엄청난 물량공세를 알아 보도록 하겠습니다.

교리수호를 위해 호언한 돈은 무려 10억원입니다

1. 교리수호대책위원회측은 이번 사태의 초기부터 교리수호를 위해서라면 10억 원을 풀 수 있다고 호언해 왔습니다.
2. 실제로 이같은 작태는 교계 신문에 폭로되며 망신을 당하기도 했습니다.
"기독교대한 감리회 교리수호대책위원회가 맹렬한 비난을 받고 있다는 소문·소문의 내역인즉 교역자는 말할 것도 없고 평신도 지도자들도 몇몇을 제외하고는 대부분 이 단체의 행위에 대해 비판적이라는 것. 그것은 두 교수를 몰아 세우는데 든 일간지 등의 광고비가 무려 10억 원이 넘었다는데 기인한다고. 특히 이 광고들 때문에 교단의 위신만 실추했지 과연 얻은 것이 무엇이냐는 반문이 만발…"(기독교신문 4월 12일자 지팡이 기사 중에서)
3. 이 기사가 정확한 근거로 쓰여진 것인지는 좀더 확인해 보아야 하겠지만 분명한 것은 일간지 광고비가 엄청나게 들었다는 것입니다. 실제 조선일보나 동아일보의 한면 광고비(5단기준)는 천 6백여 만원으로 알려져 있으며 교리수호대책위측은 벌써 7~8회분에 걸친 일간지 광고를 했으니 간단한 산술계산만으로도 억대는 쉽게 나오지 않겠습니까?
4. 그러나 이같은 계산도 일간지 광고만을 상정한 것일 뿐 교계 신문이나 방송의 광고, 김홍도 목사의 설교 테이프 살포 등에 뿌려낸 돈은 실로 엄청날 것입니다.
5. 교리수호대책위원회가 발족하던 날도 국내 최고급 호텔로 꼽히는 힐튼 호텔에서 만찬을 겸해 모임을

19920000_알고 계십니까 2(돈으로 수호되는 감리교 교리)_
감리교회 수호를 위한 대학원 비상대책회의_5번_페이지_1

가졌는데 5백여 명이 참석한 것으로 알려져 있습니다. 호텔 저녁식사 일인분이 2만 3~4천원대라고 하니 대략적으로 이 행사 비용만도 천만원이 넘을 것으로 계산됩니다.

6. 한가지 참고로 말씀드리면 김홍도 목사가 담임으로 있는 금란교회의 일년 경상비는 7억원대라고 합니다(물론 이 액수는 교단 부담금을 적게 내려고 줄여서 보고했겠지만…). 일년 예산이 7억원대인 교회 목사가 무슨 돈이 있다고 10억원을 교리수호에 쓰겠다고 하는지 정말 눈물이 날 지경입니다. 교인들만 불쌍할 뿐입니다.

단 네번밖에 안 모인 서울연회의 재판비용은 1천 6백만원입니다

1. 서울연회 재판위원장 고재영 목사는 출교 선고가 난 직후 연회재판 비용이 모두 1천 6백 24만원이 들었다면서 두 교수가 총회로 상고하려면 이 비용을 먼저 내야 한다고 요구했습니다.
2. 그는 그러나 비용의 내역은 밝히지 않았습니다.
3. 이 액수를 재판위원 수자(15인)와 비교해 보면 일인당 1백만원을 넘게 받아간 것으로 계산됩니다.
4. 그러나 서울연회의 재판은 단 4번밖에 모이지 않았고 그것도 한번은 학생들의 시위로 열리지 못했던 것을 우리는 잘 알고 있습니다.
5. 현재 감리교단이 규정하고 있는 회의 참가비를 보면 서울연회의 경우 한번 모임에 일인당 3~4만원을 교통비와 회의비로 지급할 수 있도록 하고 있습니다(이것도 최상급으로 계산했을 경우입니다).
6. 이같은 계산에 의거하면 재판위원 한 명이 1백만 원을 가져가려면 최소한 30번을 모여야 하는 것입니다.

김홍도 목사는 두 교수의 위로금으로 6천만원을 제시했습니다

1. 김홍도 목사측은 두 교수가 연회재판에 기소되기 전에 심사위원들이 기소를 자꾸 기피하자 당시 심사위원장이었던 김 모 목사에게 5백만원을 그리고 위원이던 박 모 목사에게 천만 원을 각각 제시했다고 합니다.
2. 이 사실은 당사자들에게서 분명히 나온 이야기입니다만 문제가 확대될 듯 하자 입을 다물어 버려 좀 더 구체적인 내용은 확인하지 못했습니다.
3. 또한 이 사실이 폭로될 것을 우려하는 교수대책이 두 목사에게 압력을 넣어 사실이 아닌 것처럼 꾸밀지도 모르는 일이어서 이름을 공개하지 않았습니다.
4. 김홍도 목사는 또 최근에 열린 군목 수련회(초교파적인 행사)에 강사로 나가 "두교수가 학교에서 쫓겨날 경우 생계 대책비로 3천만원씩을 주겠다"는 망언을 서슴치 않았다고 합니다.
5. 김홍도 목사는 또 나원용 감독에게도 두 교수가 상고하지 않는 조건으로 각각 3천만원을 주겠다고 중재를 제의했다가 망신을 당한 것으로 알려져 있습니다(물론 이 내용은 두 당사자의 확인이 없는 것이어서 일부 사실과 다를 수 있겠지만 앞서 언급한 군목 수련회건을 볼 때 충분히 있을 법한 일입니다).

감리교회 수호를 위한 대학원 비상대책회의

19920000_알고 계십니까 2(돈으로 수호되는 감리교 교리)_
감리교회 수호를 위한 대학원 비상대책회의_5번_페이지_2

변선환학장 징계한 감신대 종교재판의 진상

감리교의 제19차 특별총회에서는 부흥사들이 중심이 되어 자유주의적 신학을 펼쳐온 감신대 변선환 학장과 홍정수 교수를 "교회를 파괴하는 사탄, 적그리스도"라며 징계를 결의했다. 이에 대해 감리교뿐만 아니라 기독교 여러 교단의 신학자들은 징계결의 철회운동을 벌이는 등 현대판 종교재판의 양상을 보이고 있다. 감리교 징계파문을 둘러싼 신학적 교리논쟁과 그 속사정을 조망해본다.

권혁률(새누리신문 취재부 차장)

신학적 논쟁이기보다는 교단 세력다툼이 근본요인

지난해 10월 말 열린 기독교대한감리회 제19차 특별총회에서 전격적으로 결의된 감리교신학대학 변선환 학장과 홍정수 교수에 대한 징계결의가 비단 감리교뿐 아니라 기독교계 전체, 나아가 전사회적 관심과 파장을 불러일으키고 있다. 장신대가 속한 대한예수교장로회(통합)와 총신대가 속한 대한예수교장로회(합동)에 이어 개신교내 수백개 교파 중 세번째 규모인 1백30만 신도를 자랑하는 유력 교단인 감리교의 이번 결정은 평소 감리교가 비교적 신학적 포용성이 넓은 교단으로 알려져 있었기에 더욱 큰 충격으로 받아들여지고 있다.

19920101_변선환 학장 징계한 감신대 종교재판의 진상_월간 말_페이지_1

교계내의 여론은 이른바 '감리교단 신학논쟁'으로 불리고 있는 이번 사건의 근본요인을 신학적 입장차이라기보다는 오히려 '부흥사들의 교단 헤게모니 장악욕구'에서 찾고 있다.

지난 70~80년대 한국교회의 물량주의적 팽창에 발맞추어 성장한 이들 부흥사들은 감리교단내에서도 대부분의 대형교회를 장악하고 있는 등 상당한 세력으로 성장하였으면서도 '호헌' '정동' 등 이른바 서클(계보) 위주로 교단정치가 이루어져온 감리교단내 풍토로 인해 교단내에서 '제대로 대접받지' 못하고 있었다. 그런데 최근 들어 각 서클이 급격히 약화된 반면 부흥사들간의 결속력은 역으로 높아지는 현상이 일어났고, 그 결과 1990년 10월 총회에서 한국감리교 1백년 역사상 처음으로 부흥사 출신의 감독회장이 탄생하게 된 것이다.

이렇게 취임한 감독회장과 주변의 부흥사 그룹은 임기 2년 동안 그간 부흥사 입장에서 볼 때 불만이 많았던 교단분위기를 뒤바꿔놓고 특히 감신대의 '자유주의적 신학풍토' 개선작업을 해야겠다는 구상을 한 것으로 알려졌다. 한편 여기에 최근 교계의 박사학위 선호 붐에 편승해 해외의 보수적 신학교에서 학위를 받고 들어온 목회자와 신학자들이 자신의 보수적 신학을 교단내에서 당당하게 펼치고 감신대 강의실에까지 전파하려는 욕구도 결합돼 이들이 '비감리교적인 신학논리'로 '감리교신학'을 재단하는 이론적 뒷받침을 해주고 있기도 하다.

사건의 발단이 된 '동작동 기독교와 망월동 기독교'

원래 이번 사건은 홍정수 교수가 한 교계 주간신문에 기고한 글에서부터 비롯됐다. 91년 봄 부활절을 맞아 『크리스챤 신문』에 기고한 「동작동 기독교와 망월동 기독교」라는 글에서 홍 교수는 오늘의 시대적 상황 속에서 부활신앙의 신학적 재해석을 시도했다. 처녀탄생, 부활, 재림 등을 자연과학의 언어로 이해해 '사실'이라고 믿는다면 이것은 성서언어의 문법을 18세기 과학의 언어규칙으로 번역한 결과에서 비롯된, '오류'라는 취지의 글을 발표한 것이다.

그런데 이 칼럼을 읽은 몇몇 부흥사계열 목회자와 보수적 신학자들이 즉각 "홍 교수의 글이 예수의 (육체)부활을 부정했다"고 반발했고, 홍 교수 나름의 해명에도 불구하고 과거 "교회 밖에도 구원이 있을 수 있다"는 주장을 한 적이 있는 변선환 학장까지 싸잡아 비난의 대상으로 삼았다. 서울 강남지역을 관할하는 서울남연회의 송파지방에서는 두 교수의 퇴진을 요구하는 '교리사수 서명운동'을 벌이기도 했으나 감리교단 총회가 열리기 이전에는 설마 그러한 주장이 총회에서 가결되리라고는 거의 예상되지 않았다.

그런데 이변이 일어났다. 총회 둘째 날인 91년 10월 30일 저녁—이 날은 수요일이라 총회에 참석한 많은 목사들이 수요예배를 인도하러 간 상태였다—에 속개된 회의는 원래 교단의 헌법격인 장정개정안을 다룰 예정이었으나 총회 등록인원 1천3백여명 중 불과 3백여명 밖에 출석하지 않아 정족수가 미달되는 사태가 벌어졌다. 이로 인해 총회를 어떻게 진행할 것인지 논란을 벌이다가 순서를 바꾸어 건의안이라도 심사하자고 결정하였다. 그리고 그 자리에서 몇 사람이 분위기를 잡아 "포스트모던신학과 종교다원주의 신학적 입장을 받아들일 수 없다"는 결의를 끌어내었고, 이어 두 교수의 면직을 감신대 재단이사회에 건의하고 목사자격심사를 소속연회인 서울연회 자격심사위원회에 넘기기로 하는 결정이 일방적 분위기 속에 전격적으로 이루어진 것이다.

이처럼 소수의 총내만이 남은 자리에서 전격처리된 것이 과연 우연의 일인지 아니면 의도적으로 계획된 시나리오인지는 알 길이 없지만, 이렇게 해서 "우리와 단합하고자 하는 사람들에게 아무 교리적 시험을 강요하지 않고" "누구든지 그의 품격과 행위가 참된 경건과 부합되기만 하면 개인 신자의 충분한 신앙자유를 옳게 인정하는"(1930년 12월 2일 기독교대한감리회 제1회 총회에서 발표된 '교리적 선언' 중) 한국감리교에서 역사상 초유의 '교리적 단죄'가 내려진 것이다.

이러한 감리교 총회 결의는 즉각적인 반발을 불러일으켰다. 이 소식이 알려진 다음날 감신대 학생들은 수업을 중단하고 총회장인 광림교회로 몰려와 "학문과 신학의 자유에 대한 중대한 도전"이라고 항의시위를 벌였다. 수요예배에 참석키 위해 총회장을 빠져나갔다 돌아온 목회자들 사이에서도 불과 3백여명만이 참석한 회의에서 결의한 내용이 법적 구속력을 가질 수 있느냐는 점과, 교리위배 여부 심사는 당사자가 속한 연회(감리교단은 총회산하에 7개 연회가 있다)에서 결정하도록 교단헌법에 명시되어 있는 것을 무시하고 총회에서 아무런 사전심의 없이 전격처리할 수 있느냐는 것이 논란거리가 되었다.

이러한 논란에도 불구하고 그 다음날 낮에 총회는 폐회되었고, 논쟁은 장외로 확산되기 시작했다.

징계결의를 둘러싼 보수·진보 종교진영의 맞대결

안병무·문동환·서광선·이재정 등 6개 교단의 10개 대학 신학자 45명은 11월 21일 기자회견을 갖고 두 교수 징계결의 철회를 요구했다. 여러 교단에 속한 신학자들이 공동성명을 발표한 것은 시국사건을 제외하고는 처음 있는 일로, "신학의 자유를 옹호하는 신학자 성명"이란 이름으로 발표된 이 성명에서 교수들은 그간 배타적 독선주의가 비교적 표출되지 않았던 감리교단이 두 교수를 신학적 이유로 징계키로 한 것은 "오늘의 세계조류가 개방과 다원화를 향해 달리는 것과 대조해볼 때 너무나도 큰 충격"이라고 밝혔다. 서명교수들은 "기독교는 복고적인 종교가 아니라 역사의 현장에서 생동하는 실재를 찾고 이에 동참하는 종교이며, 오늘을 사는 기독교를 추구하는 것은 너무나도 당연한 신학적 과제"라면서 "진리를 교권으로 제압하는 시대는 지난 천년 암흑시대로 족하다"며 두 교수의 징계를 철회하고 자신의 참 면모를 추구해달라고 당부했다.

이러한 움직임에 대해 징계를 주도했던 부흥사그룹도 강력한 대처의사를 밝히고 있다. 총회 당시 사회자인 곽전태 감독회장과 함께 분위기를 징계결의로 몰고가는 데 주도적 역할을 하였던 김홍도 목사(서울 망우리 금란교회 담임)의 경우, 총회 이후 매주일 낮예배 설교시간에 두 교수를 "기독교 자체를 파괴하는 이단" "성경을 부인하는 이단" "교회를 파괴하는 사탄의 종, 적그리스도"라고 시종일관 독설에 가깝게 몰아붙이는 설교를 계속하면서 설교내용을 테이프로 수만개 복사, 전국 감리교회에 뿌렸다.

나아가 이들은 11월 21일 힐튼 호텔에서 목사, 장로 4백여명을 모아놓고 '기독교대한감리회 교리수호대책위원회'를 결성하였으며, 『국민일보』(12월 5일자)와 『조선일보』(12월 8일자) 등 일간지에 거액을 들여 광고공세를 펴고 있다. 교리수호대책위 회의석상에서는 "감리교단이 두 쪽으로 분열되는 한이 있더라도 모든 수단을 동원해 징계를 관철, 사탄과의 싸움에서 이겨야 한다"고까지 다짐했다고 한다.

종교다원주의와 포스트모던 신학의 소시민성

이번 사건을 올바로 이해하기 위해서는 두 교수에 대한 면직권고 결의의 근거가 된 '종교다원주의'와 '포스트모던신학'의 내용이 무엇인지 제대로 파악할 필요가 있다.

원래 종교다원주의는 '하느님의 선교' 정신에 입각해 기독교 복음의 자기정체성과 특성을 분명히 하되, 구원을 기독교인만이 독점하고 있다는 배타주의를 극복하고 복음선교의 지평을 확대·심화하자는 내용이다. 즉 하느님은 어느 한 종파에 갇혀 있거나 한정당하시는 분이 아니며, 이슬람문화나 힌두교사회, 불교문화 속에는 못 들어가는 그런 신이 아니라 자신이 창조하신 이 세계 전부를 다스리시는 만유의 주라는 것이다. 따라서 하느님이 이스라엘 백성이나 기독교인을 통해서만 자기를 계시한다는 독선적·배타적 사고를 극복해야 한다는 것이 종교다원주의의 핵심이다.

변선환 학장의 '교회 밖에도 구원이 있을 수 있다'는 주장은 이런 논리에 입각한 신학적 주장이다. 하느님은 이 세상 전체를 다스리시는 분이므로 '교회 밖', 즉 비기독교인을 통해서도 역사하시고 그를 구원하실 수 있다는 내용인 것이다. 이는 기독교인이 아집과 독선을 버리고 겸손해야 한다는 취지에 다름아니며, 세계 종교들을 합해서 한 종교를 만들자는 '종교혼합주의'나 기독교도 문화적 현상으로서의 수많은 종교 중의 하나에 불과하다는 '문화적 상대주의'와는 거리가 먼 내용이다. 그러기에 종교학자 정진홍 교수(서울대) 같은 이는 종교다원주의가 '기독교 제국주의'의 한 변형태라고까지 폄하하고 있다.

포스트모던신학의 경우는 아예 이 정도의 신학적 내용도 채우고 있지 못한 수준이다. 이른바 '현대성'을 탈피하려는 서구사회의 몸부림인 포스트모더니즘의 발상을 신학에 도입·접목하려는 시도가 포스트모던 신학이라고 불릴 뿐, 아직 신학적 체계화도 이루어지지 않았으며 특히 한국에는 신학자들간에 이제 막 소개되어 논의가 시작되려는 참이었다.

홍정수 교수 자신도 포스트모던신학에 관해 우리나라 신학계에 처음 번역·편집한 책을 한 권 내놓은 데 불과한 실정이다(여기서는 포스트모더니즘에 대한 신학적 소개는 생략하기로 한다. 다만 현대신학에 대한 비판의 반작용으로 내면성과 감성을 강조하면서 오히려 전통신학으로의 복귀성향이 강하기 때문에 대개의 해방신학자나 민중신학자들은 포스트모던신학에 대해 오히려 비판적인 견해를 갖고 있다는 점만 지적해두자).

따라서 홍 교수에 대한 '교리적 공박'은 사실상 교계신문에 게재된 그의 칼럼 때문으로, 부흥사들이 홍 교수의 부활신앙에 대한 현재적 해석시도를 그가 최근 소개하려는 포스트모던신학의 발상이라고 이해했던 것이다.

그러므로 두 교수의 신학적 입장을 자세히 들여다보면 굳이 교리적으로 문제삼을 내용이 못되는 수준이며, 오히려 보다 진보적 입장으로부터는 리버럴한 신학 혹은 소부르주아적 신학이라는 비판까지 받고 있기도 한 형편이다.

그럼에도 불구하고 부흥사들이 두 신학자를 극렬하게 비난하고 여기에 상당수 일선 목회자들이—부흥사들의 행태 자체는 지나치다고 생각하면서도—심정적 동조를 보내는 것은 이 정도 수준의 신학적 개방성조차도 허용할 수 없을 만큼 성숙되지 않은 신앙을 교인들에게 주입해온 한국교회 대다수 목회자들의 자기한계 때문이다. 한마디로 말해, 단순하고 맹신적인 신앙으로 키워온 교인들에게 미칠 영향력에 대한 두려움 때문인 것이다.

감리교 창시자 존 웨슬리가 판결을 내린다면

최근 감리교단에서 벌어지고 있는 이러한 '신학논쟁'은 사실 한국교회에서 처음 일어난 일이 아니다. 얼마 전에는 지난해 2월에 호주에서 있었던 세계교회협의회(WCC) 총회 주제강연을 한 정현경 교수(이화여대 기독교학과)의 강연 내용이 문제가 돼 한때 논란을 빚기도 했다.

심지어 교단분열까지 초래한 신학논쟁도 있었다. 고 김재준 목사의 '자유주의적 신학'을 둘러싼 갈등의 결과 기장과 예장이 분열되었던 47년 봄의 논쟁이 그것이다.

당시 조선신학교 학생 51명이 제33회 장로교총회에 진정서를 제출, 김재준 교수의 강의로 인해 "우리가 유시(幼時)부터 믿어오던 신앙과 성경관이 근본적으로 뒤집히는 것을 느꼈다"면서 "우리들은 근대주의 신학사상과 성경에 대한 고등비판을 거부한다"고 밝힌 데서 비롯된 이 신학논쟁은 결국 교권세력에 의해 김재준 교수가 파면결의되는 결과를 초래했고, 그로 인해 김재준 목사의 신학노선을 중심으로 뭉친 한국기독교장로회가 탄생하게 되었던 것이다.

이처럼 신학적 노선차이에 따른 '새살림 차리기'(교단분열)로 귀결되기도 하지만, 대개의 신학논쟁은 보수적 성향이 강한 교권세력이 일반 목회자와 신자들의 소박한 신앙심을 이용해 새로운 신학을 정립하려는 선각자들을 내쫓는 일방적 승리로 귀결되는 경우가 많았다.

그러나 이번 감리교단 신학논쟁의 경우에는 어떻게 결말이 지어질지 그 전망이 다소 불투명하다. '신학적 요인' 이외의 것들이 복합적으로 작용해 터져나온 사건이기 때문이다.

과연 두 교수에 대한 징계가 관철될지, 징계가 이루어지더라도 두 교수가 분리처리될지, 아니면 아예 시간만 끌다 유야무야될지 아무도 전망하기 어려운 것이 현실이다. 그렇지만 감리교단을 아끼고 한국교회의 신앙적 성숙을 바라는 이들 가운데서는 한두마디 꼬투리를 잡아 '그리스도 안의 한 형제'를 매도하는 비이성적, 비신앙적 분위기가 하루 속히 진정되기를 바라는 여론이 높아져가고 있다. 감리교단에서 제대로 교리재판을 하자면, "바른 의견(교리)은 기껏해야 종교영역의 극히 일부"라면서 "다른 종교인들이 적어도 참된 종교를 지향하는 한 그들은 자기들의 영역내에서 선하다"고 주장한 감리교의 창시자 존 웨슬리부터 재판정에 불러내야 할 판이기 때문이다.

지난 85년 감리교 한국선교 1백주년을 맞아 감리교단에서 공식선포된 선언문의 한 구절은 수많은 종교가 혼재해 있는 다종교사회 속의 감리교회, 더 나아가 한국교회가 지켜야 할 '교리'가 무엇인지 역설해주고 있다. "우리는 그리스도의 복음이……참된 구원의 도리임을 확신한다. 그러나 아세아의 종교적 다원사회에 있어서 한편 예수 그리스도의 구원의 보편성을 견지하면서 다른 한편 타종교와의 대화를 통해 협력할 것을 다짐한다. 우리는 어떤 형태의 지나친 독선주의도 배제하며 모든 종교들이 진정한 하나님나라를 이 땅 위에 실현하기 위해 다같이 협력할 것을 제안한다."■

J-2-80

존 캅 박사
미국 클레어몬 대학교

곽 감독께:

최근 한국의 감리교 총회가 변 선환 학장과 홍 정수 교수를 정죄하는 결정을 내렸다는 소식에 접했읍니다. 「종교 다원주의」에 관한 두 학자의 견해로 말미암은 사태로 알고 있읍니다. 비록 세세한 정황을 알지 못하지만, 저는 이러한 결정에 심각한 유감과 우려의 뜻을 표하지 않을 수 없읍니다.

당연히 두 학자의 견해가 여타 감리교인들의 일반적인 생각과 다를 수 있을 것입니다. 그러나 우리가 명념(明念)해야할 것은, 새로운 생각과 참신한 제안에 개방적일 수 있는 교회만이 현대와 같이 부단히 변전(變轉)하는 정황 속에서 건강하게 성장할 수 있다는 평범한 진실입니다. 더우기 제가 이해하는 한 그들의 견해는 이 문제에 관한 사계(斯界)의 건강한 정론(正論)에서 벗어나지 않읍니다. 사실상 그들의 견해는 미국 연합 감리교회의 입장과 맥을 같이하고 있다고도 보여집니다.

물론 한국 감리교회는 미국측의 입장과는 독립된 자율적 노선을 지향할 책임과 권한이 있을 것입니다. 그러나 주지하는대로 우리 양국(兩國)의 신앙 공동체들은 그간 각별한 형제애를 견지해왔으며, 더 나아가 한국의 감리교회 공동체가 전세계 감리교 가족들과의 긴밀한 교제를 계속하기를 희망해마지 않는 것입니다. 이미 전세계 감리교 운동의 중론(衆論)으로 인정된 견해를 학문적으로 승화(昇華)한 신학자들을 정죄함은 따라서 상기(上記)한 상호신뢰와 협력의 기조(基調)를 위협하는 중대한 사태가 아닐 수 없는 것입니다.

논란(論難) 중인 교리적인 세목(細目)은 차치하고라도, 우선 이같이 시대착오적이고 불행한 사태에 대하여 전세계 기독교인들이 어떻게 느낄 것인지를 진지하게 숙고해보아야 할 것입니다. 우리는 신학적 논의의 활성화를 지지하며, 따라서 총회위원들의 신학적 소신 역시 정당하게 주장될 수 있다는 점을 망각하지 않읍니다. 그러나 적절한 절차는 행정적·법적 규제가 아니라 토론과 대화일 것입니다. 만약 두 학자의 견해가 잘못이라면 이는 마땅히 '이론적으로' 그 오류(誤謬)가 규명되어야 할 것이며, 보다 낳은 견해로 대체할 수 있어야 할 것입니다. 협애한 신학적 도그마 속에 칩몰하여 이에 맞지 않는 것이면 무엇이든 쓸어 없애버릴 신념이란, 이미 역사가 거듭해서 가르쳐준대로 대단히 위험한 열정일 뿐인 것입니다. 도대체 진리가 투표로 결정되는 것입니까 ? 투표로 죽은 예수는 그러면 비진리입니까 ? 편견과 정치적 이익이 진리를 압살(壓殺)하는 사례를 재현할 수는 없는 것입니다.

바야흐로 우리는 '근본주의'가 다시 기승을 부리는 시점에 서있읍니다. 도처에 팽배한 불확실성들은 무책임한 대중들로 하여금 종교를 보호와 편견의 도피처로 이해하게하고 있읍니다. 물론 어느 정도 이해할 수 있는 현상입니다. 그러나 유태인 근본주의자들, 이슬람 근본주의자들, 그리고 이곳 남 침례교회에서 개신교 근본주의자들로 인한 최근의 폐해만을 예거(例擧)하더라도 문제의 초점은 분명해 집니다. 웨슬레의 화해의 정신을 훈육(訓育)받은 우리는, 다만 이러한 이단(異端) 박해의 어두운 과거의 유습이 근본주의의 옷을 걸치고 또 다시 우리 주위를 유령같이 배회하지 않게 되기를 기도할 뿐입니다.

19920106_곽 감독께(번역본)_존 캅(미 클레어몬 대학)_5번_페이지_1

물론 사태가 이런 정도에 이른 것은 아니라고 믿고 싶습니다만 들려오는 소식들은 대단히 착잡하고 불안한 내용을 담고 있어 주목하지 않을 수가 없읍니다. 부디 성숙한 결정이 이루어져 기독교인의 자유와 웨슬레 정신이 훼손받지 않기를 희망합니다. 감사합니다.

존 캅

19920106_곽 감독께(번역본)_존 캅(미 클레어몬 대학)_5번_페이지_2

1992.1.10
감신대학보 J-5-015

보수에로 뒷걸음치는 교단을 보며

배타적 심판은 비성서적

두 교수의 견해 마귀와 동일시 안타까워
학문의 맹목 수용 또한 전통과 불일치

암, 그래서는 안되지…

『관둬, 거지같은 놈들아.』 분신 자살한 김기설씨의 유서를 대필했다는 혐의로 재판을 받은 강기훈씨가 유죄 선고를 내린 재판관들의 뒤통수에 대고 외쳤다는 소리다. 어쩌면 이는 모순투성이의 현 사회를 살아가는 양식있는 사람이 거대한 힘에 밀려 내뱉는 자조가 섞인 마지막 항거의 목소리일 것이라는 생각이 든다.

말할 수 없는 분노와 억제할 수 없는 피맺힌 한의 용틀음 같은 그의 독설은 나의 가슴을 아프게 한다. 권력의 힘 앞에 무릎을 굽혀야 했던 차분한 이성과 논리는 소리없이 물러설 수는 없었나 보다.

게다가 감리교 신학 대학에 적을 두고 있는 본인으로서는 이렇게 사람의 의지와 잔뼈까지도 으스러뜨리는 행위가 교회와 교단에서 공공연하게 이루어 질지도, 아니 이루어지고 있다는 사실에 경악을 금할 길이 없다. 『아니 어쩌면 저럴 수 있을까?』 하는 것이 우리 감신생 모두의 한탄이다. 사랑하는 나의 선생님이 당하는 고통이어서라기 보다 이제는 일부 목회자들의 일방적인 행동에 대한 의아심이 분노가 되어 솟구치는 것이다.

현 사회를 바라보고 고민하면서 조심스럽게 내 놓은 학문하는 자의 반성이 깃든 견해가 어떻게 사탄 마귀의 짓거리와 동일시 되는지, 그리고 그런 행위가 물흐르 듯이 아주 유연하게 통하는 교회의 모습에 바로 그 스승에게 배우고 그런 일터에서 일해야 하는 우리는 어쩔줄 몰라 하는 실정이다.

더우기 스스로 생각해왔던 정의가 현실적인 자신의 안위와 혼합되면서 나타나는 판단과 선택의 분열적 증상이 행동의 양태로 표출되는 것은 단지 소속감에 근거한 동조의 냉소뿐이었다는 사실은 우리를 더욱 슬프게 한다. 누구 말처럼 심장을 후벼 파는 고통보다 허파에 살살거리는 실웃음이 더 고통스러운 건지도 모른다. 이제 우리는 어디로 가야 하는지 키를 상실한 범선처럼 세파의 거센 바람이 휘몰아 치는대로 표류해야 하는지 막막할 따름이다. 그러나 복잡하게 얽힌 실타래도 한가닥 실마리를 잡으면 풀리고 마는 것이 선조들이 가르쳐준 이치인 바, 힘의 논리를 믿고 지극히 원색적인 행동조차 화려하게 단장하려는 것이 역사적인 무대의 뒤로 불명예스럽게 퇴장한 것을 우리는 너무나 잘 알지 않는가?

자신의 신앙과 획일적으로 일치하지 않는다고 해서 감리교 전체가 이를 배타적으로 심판하기를 획책하는 것과 성서와 타인의 글과 말을 아전인수격으로 당겨 쓰는 일(실상 김홍도 목사와 유상열 장로는 거룩한 감리교 교리 수호의 이름으로 개교회에 보낸 서신에서 홍교수의 「베짜는 하나님」을 앞뒤 문맥을 고려하지 않고 인용하여 자신의 정당성을 입증하려고 했다.),

그리고 이를 선동하고 오해의 골을 깊숙히 하는 것은 성서적이지 않을 뿐더러 감리교의 교리에 부합되는 것도 아닌 개인의 고집의 결정체일 뿐이다. 그렇다고 해서 목회자의 신실한 믿음에 근거하며 하나님 앞에 바로 서려고 하는 것을 부정하는 것은 아니다. 그러나 그것이 굴절된 형태로 표출된다면 그 신실함은 이미 빛을 잃은 퇴색한 의미가 되는 것이다.

시련을 통하여 깨뜨려 지는 것은 신성함 그 자체가 아닌 우상과 편견일 터인데 어찌 그것을 놓으려 하지 않는지 이해가 되지 않을 뿐더러 강압적인 굴종을 강요하고 싹수가 노랗다고 제거하려 하면서 또 그것이 군중을 타고 흘러 일반화된 분위기를 조성하여 판단력을 마비시키는 그런 교회와 교단의 모습을 만들려 하면서 어디 감히 거룩한 분의 뜻이라고 외치는가? 물론 그렇다고 해서 두분의 입장을 전폭적으로 수용하고 그렇게 살야 아야 함을 역설한다고 보면 큰 오산이다.

이런 맹목적인 수용은 감리교의 전통과 일치되지도 않을 뿐더러 이런 오류의 끊임 없는 양산 외에 어떠한 해결을 내오지 못한다. 소 잃고도 외양간을 고치지 않는다면 빈번한 탄식의 곡소리는 기정 사실이라는 것은 누구도 부정하지 않는다. 사실 기독교의 배타적인 독선을 반성의 고민위에 세운 종교 다원주의나 칸트 이후 신학의 중심이된 신학의 독자적인 목소리를 내오는 것에 기초한 포스트 모던 신학이 그렇게 비위에 거슬렸는지 이해가 안되는 바도 아니지만 작은 냇물이 큰 강물로 합하여 유유히 흘러가는 것처럼 다양함이 공존하는 가운데 당연히 보수적인 성격도 포함함은 말할 필요도 없겠지만 서로를 안아주고 보듬어 주면서 걷는 것이 아름답고 또한 지극히 성서적이다.

교황과직이라는 말처럼 나의 정제되지 않은 언사가 오히려 호랑이 콧수염을 건드리는 경박한 행위가 아니었으면 좋겠다. 또한 감히 그들의 신학을 논할 엄두가 나지 않아서 편파적인 통로로 인식의 지평 확대를 피하는 것 같아 속보이기도 하지만 어쨌든 이런 넋두리가 나오지 않는 그런 공동체를 꿈꿀 수 있는 자유는 통제되지 않음을 감사하게 생각하며 아침의 따사로운 햇살을 기다린다.

김 진 혁
(신3)

19920110_배타적 심판은 비성서적_감신대학보_5번

(6) 1992년 1월 10일 (금요일) 감신대학

심사위 사퇴로 기소여부 결정 지연

공개토론 시급한데 우리대학 교수「탄원서」반송, 총회실행위

「기독교대한감리회 교리수호대책위원회」가 우리대학 변선환 학장과 홍정수 교수에 대해 교리위배 뿐만 아니라 통일교 관련설까지 유포하는 등의 움직임을 보이자, 이는「극단적인 보수주의 전개및 금편주의로 교단분열을 획책하고 여론을 호도하는 행위」라는 비판이 거세게 일고 있는 가운데 이에 대한 목회자들의 반발 성명이 잇따르고 있으며 두 교수의 재판위 기소여부를 놓고 서울연회에 관심이 집중되고 있다.

지난 12월2일 교리수호대책위가 두 교수에 대해 △교리위배 △통일교 관련 등을 이유로 서울연회측에 고소장을 제출함에 따라 서울연회 심사위원회 1부(위원장 김광덕 목사)는 12월20일 두 교수를 출석시킨 가운데 심사를 실시했으나 통일교 관련 여부에 대해서는 아무런 혐의점을 찾지 못했으며 교리위배에 대해서는 사안의 중요성을 인식, 결론을 내리지 못하고 서울연회 나원용 감독에게 사퇴서를 제출했다.

이에 따라 이 문제는 심사위원회 2부(위원장 홍사본 목사)에 위임되는 한편 변선환 학장의 학장직 면직과 관계되는 이사회의 구성이 지연되고 있는 이유는 이사 중 1/3이 교육경험 1년 이상이어야 한다는 교육부의 기준에 미달되기 때문인 것으로 밝혀졌다.

같은 날인 12월20일 열린 제6차 총회실행부위원회에서는 우리대학 교수회 20명 일동으로 제출된「변학장·홍교수 파면 권고 결의에 대한 탄원서」를 반송하고 총회 결의대로 두 교수에 대한 행정처분을 조속히 시행하도록 서울연회와 우리대학 이사회에 촉구하기로 결의했다.

한편 12월10일 구성된「기독교대한감리회 제19회 특별총회사건 전국목회자 대책위원회」는 17일 기독교백주년기념관에서 기자회견을 통해 성명서를 발표, △이번 사건을 파행적으로 이끈 곽전태 감독회장의 사퇴△김홍도 목사는 KNCC·WCC 탈퇴발언및 감신대 비방, 통일교관련설 유포 등을 즉각 중단하고 사과할 것 등을 촉구했으며『이번 사건의 합리적 해결을 위한 목회자 서명운동의 전개와 왜곡된 두 교수의 견해를 바르게 알리는 작업을 전개할 것이다』고 밝혔다.

▲작년 11월 교리수호대책위 강연회(힐튼호텔)에서의 얼음조각

같은 날인 17일, 이미 근본주의 신학자들을 초빙해 종교다원주의에 대해 세미나를 개최한 바 있는 웨슬리복음주의협의회(회장 김선도 목사)는「감리교 복음주의 신앙과 신학의 정통성을 지키기 위한 우리의 주장」이란 제목의 성명서를 통해 △예수 그리스도의 절대성과 유일성의 문제 △예수 그리스도의 십자가의 죽음문제 등 6개 항목을 열거하고, 종교다원주의와 포스트모던신학의 부당성을 지적했다.

이에 앞선 12월12일 우리대학 1980년도 졸업동창회인「청목회」에서는 성명서를 통해『위험한 것은 신학 자체가 아니라 교리적 독선이며 이번 사건은 오해와 편견, 흑색선전으로 두 교수를 일방적으로 매도하고 있을 뿐 아니라 감리교회의 통합이나 건설적 미래를 어둡게 하는 결과를 낳고 있다』고 밝히는 동시에 △서울연회와 이사회는 두 교수의 문제를 공정하게 처리할 것 △총회차원에서 이 문제를 재고할 것 △교리수호대책위는 감리교회의 위신을 손상하는 행위를 즉각 중단할 것 △책임있는 기관주도로 토론회나 공청회를 개최할 것 등을 촉구했다.

한편 우리대학 교수들은 1월6(화)-8일(목) 퇴수회를 갖고 지난해 부터 논의되었던 신학백서를 1월말 발간하기로 결정했으며 1992년도 우리대학 요람에 포함하기로 했다.

이번에 발간될 신학백서는 △감리교 역사 △감리교 신학의 원리 △현대 신학의 성향에 근거한 신학적 선언 등을 내용으로 하고 있어 우리대학의 학문적 전통을 밝힘과 아울러 현재 문제되고 있는 두 교수의 신학적 입장에 대한 중요한 근거자료가 될 것으로 알려지고 있다.

또한 제10대 총학생회는 오는 2월6-7일과 2월13일, 지방회 별로 재학생과 신입생이 참여하는「1천 감신인 방학중 지역별 기도회」를 실시할 예정이라고 밝혔다.

이에 대해 우삼열(신3) 총학생회장은『방학이후 학우들이 전국적으로 흩어져 있어 최근의 교단문제 진행상황을 알 수 있는 통로가 제한되어 있으며 왜곡되어 전해질 가능성도 있다』고 말하고『이러한 문제를 극복하고 학우들을 하나로 결집시키기 위해 기도회를 계획했다』며 그 동기를 밝혔다.

지난 10월 교단총회 결의 이후 신학자와 목회자의 대립으로 보여졌던 이번 사태는 일선 목회자들이 김홍도 목사측의 교권적 독단주의및 금권주의에 반발, 잇다른 성명서를 발표하고 있어 대립은 첨예화 되고 있으나 초기와는 다른 양상을 보이고 있다.

한편 지난 12월16일 이 문제의 해결을 위한 중경 감독들의 모임이 이루어져 변선환 학장의 자진사퇴와 홍정수 교수의 해외교환교수 파견안이 논의된 것으로 알려지고 있으나 총회가 종교다원주의와 포스트 모던신학에 대해 교리에 위배됨을 결정하고 두 교수의 목사직과 교수직을 면직하기로 결의한 것은 한국감리교회 1백년 역사와 전통에 큰 오점을 남기는 일이라는 지적이 있는 만큼 미봉적으로 해결하려고 해서는 안된다는 여론이 높다.

이문제에 대한 근본적인 해결을 위해서는 교단차원에서 당사자인 두 교수와 감독, 심사위원, 중견 목회자들이 참여하는 공개토론의 장을 마련하여 종교다원주의와 포스트모던신학에 대한 교단의 분명한 입장을 밝히는 것이 절실히 요청된다.

유승찬 기자

인터뷰

우삼열 총학생회장

진보적 목회위한 사업 펼칠계획

변·홍교수 문제 장기적 안목 갖고 대처할 터

우삼열(신3) 제10대 총학생회장을 만나, 감신전통 회복을 위한 사업 방향 및 학내의 제반 문제와 관련된 사업활동에 대한 정견을 들어본다.

-총학의 전체적인 사업기조를 어떻게 설정하고 있는가?

=우리대학의 진보적 학풍과 전통이 현 기독교 현실에 적합하며 올바른 것인가에 대한 물음을 던지며, 진보적인 목회를 위한 재고와 올바른 자리매김을 위해서 고민하는 한 해가 될 것이며 전체적인 사업방향도 여기에 두고있다.

-각 부서별 사업방향및 중점적 활동사항은 무엇이 있는가?

=학술부, 신앙부, 사회부의 공동체제를 통해 진보적 목회체계 등을 고민할 수 있는 사업들을 펼쳐나갈 계획이며 특히 학술부와 신앙부를 중심으로 진보적 사회진출을 위한 발기인 모임을 구상 중에 있다. 또한 학생복지문제에 관련하여 현 복지부체제를 학생복지위원회로 새롭게 구성, 그 입지를 강화시켜 나갈 예정이다.

-각 부서 활동 중 특화되어 나타난 진보적 사회진출을 위한 발기인 모임과 학생복지위원회 등의 사업계획은 구체적으로 어떻게 구상하고 있는가?

=발기인 모임에서는 농민·도빈·민중·일반목회 등을 고민하는 학우들을 조직화시켜 다양한 목회현장에 대한 현실 인식과 더불어 문제점을 지적하고 토론회, 학술 간담회, 자료집 발간 등을 중점적으로 펼쳐나갈 것이다. 또한 학복위는 이제까지의 초보적인 복지상태를 지적하고, 커리큘럼문제, 학습여건 및 학습능률향상, 등록금 문제 등 학내 제반 문제에 대한 포괄적인 활동들을 펴나갈 것이다.

-변·홍교수 사건에 관련하여 구체적인 대응방안으로 어떠한 것들을 제시할 것인가?

=교단 내외적으로 그 파급 효과가 커지고 있고, 감리교 전통에 남을만한 사안이기 때문에 장기적 안목을 갖고 진실을 알려나갈 것이며, 각 과 학생회, 대책위, 여학생회, 동아리연합회 등 공동대응방안 모색을 통해 지역 학우들 중심으로 기도회및 토론회를 이끌어 나갈 것이며, 소식지 발간, 설문조사, 상황보고 등을 통해 방중한계를 극복하도록 할 것이다. 또한 지역별 기도회가 끝난 후 전 감신인 기도회를 이끌어 낼 것이며, 학내 여론화 작업으로 학기중 감신의 학문적 전통수립및 현사태에 대한 부당성을 선전·홍보해 나갈 것이다.

-제9대 총학생회 정책및 공약사업에 대한 평가와 더불어 이를 극복하기 위한 방안은 어떻게 설정하고 있는가?

=우선 제9대 총학생회가 단일한 활동력을 가져오지 못한 것을 지적하고 싶다.

그 이유는 각 부서가 부서활동에 매몰돼 전체적인 사업계획을 뒷받침하지 못했다. 이에대해 총학생회는 확대운영위체제 내에서 실무적인 차원에서의 결합이 아니라 사업방향및 활동들에 대해 토론을 통하여 함께 선정해 나갈 것이며, 또한 학우대중과의 다양한 연관체제 속에서 학우대중을 파악, 연대의 틀을 형성해 나갈 것이다.

취재부

19920110_심사위 사퇴로 기소여부 결정 지연_감신대학보_5번

교계종합　　새 누 리 신 문

감신대 교수일동 탄원서 기각

감리교 총회실행위, 주간신문발행 승인

기독교대한감리회(감독회장 곽전태)는 구랍 20일 여의도 감리교본부 회의실에서 제6차 총회실행부위원회를 열어 총회결의대로 변선환학장, 홍정수교수에 대한 징계처분을 서울연회와 감신이사회에 촉구하기로 결의하였으며 92년도 본부예산안도 확정했다.

이날 실행위원회에서는 감리교신학대학 교수회 20명일동명으로 총회실행위에 제출된 '변학장, 홍교수 파면권고 결의에 대한 탄원서'가 안건으로 상정되었으나 받아들여지지 않았다.

이날 실행부위원회에서는 또 감리교주간신문의 발행을 승인하고 감독회에서 이를 과장키로 하였으며 이에따라 오는 부활절부터 교단신문이 발행될 것으로 예상된다.

한편 교단내에 장학재단을 설립키로 하였으며 교육국 미수금에 대한 철저한 관리와 회계임원화와 반하는 교육국의 우편대체계좌 폐쇄를 촉구한 감사보고서를 받아들였다.

이밖에도 화재사건으로 전소된

19920111_감신대 교수일동 탄원서 기각_새누리신문_5번

변·홍교수 조속한 면직처리 요구

기감총회실행위, 감신교수 탄원서 일축

기독교대한감리회(기독회장=곽전태감독)는 지난해 12월 20일 여의도 감리회본부 회의실에서 제6차 총회실행부위원회를 개최하고 총회결의대로 변선환학장, 홍정수교수에 대한 행정처분을 서울연회와 감신이사회를 통해 시행하기로 촉구하기로 하는 한편 92년도 본부예산안을 확정했다.

이날 실행위원회에는 감리교신학대학 교수회 20명일동으로 총회실행위에 제출된 '변학장, 홍교수 파면권고 결의에 대한 탄원서'가 안건으로 상정되었으나 결국 무시되고 말았다.

이날 실행부위원회에서는 이밖에도 화재사건으로 전소된 안정중부교회및 한신교목사의 개척교회를 지원키로 결의하고 교단내에 장학재단을 설립키로 하는 한편 교육국의 미수금관리철저와 회계일원화에 반하는 교육국의 우편대체계좌 폐쇄를 촉구한 감사보고서를 받았다.

또한 감리교주간신문의 발행을 승인하고 감독회에서 이를 관장키로 함에 따라 오는 부활절부터 교단신문을 발행하게 될 것으로 전망된다.

한편 이날 실행부위에 보고된 바에 따르면 학장 면직과 관계되는 감신대 이사회의 새 구성이 지연되고 있는 이유가 이사중 1/3은 교육경험1년이 상자여야 한다는 교육부의 기준에 미달되기 때문인 것으로 밝혀졌으며 이의 협조를 위해 교육부에 사유서를 제출한 상태인 것으로 전해졌다.

변·홍교수 심사위원 사퇴

"신학문제 심사할수 없다"

변선환 학장, 홍정수 교수를 심사중인 기독교대한감리회 서울연회산하 심사1반위원회(위원장=김광덕목사)는 구랍 28일 회의를 갖고 "이번 심사는 신학적인 교리문제로 심사1반 자체내에서 결정지을 수 없는 문제"임을 공유한 가운데 전원 사퇴했다.

이로써 시행세칙에 따라 심사2반(위원장=홍사본목사)으로 두교수에 대한 심사가 옮겨지게 되었으며 30일~50일간의 심사일정이 다시 전개되게 되었다.

한편 통일교관련설 등으로 명예를 훼손시킨 점에 대해 김홍도목사(금란교회)를 대상으로 고소하려 했던 두교수는 심사의 진전을 예의 주시하면서 결정키로 했으며 심사위원회에서 기소키로 하는 경우 교회법으로는 곽전태감독회장을, 사회법으로는 김홍도목사를 고소할 예정인 것으로 전해지고 있다.

복음신문 '92.1.12

19920112_변홍교수 심사위원 사퇴(신학문제 심사할 수 없다)_복음신문_5번

SCHOOL OF THEOLOGY AT CLAREMONT

1992년 1월 15일

곽 전 태 감독님 귀하:

미국에서 활동하고있는 한국인 신학자들로서 우리는 근래에 한국감리교회 내에서 일어나고 있는 변선환, 홍정수 두 교수의 이단문책 사건을 지켜보면서 우리가 사랑하고 자랑스럽게 여기는 감리교회이기에 더욱 가슴 아픔을 느낍니다. 이번 사건에 대해서 우리들의 소견을 몇가지 표명함으로써 교회 지도자 여러분께서 그리스도의 사랑의 정신으로 폭넓게 결론을 지으시고, 그들의 진실한 신앙과 진리 탐구의 진지함을 이해하시며 더욱 훌륭한 신앙인 학자들로 격려해 주시기를 기도하겠습니다.

첫째, 외국에서 지켜보는 우리는 이번 사건이 "교리문제"나 "이단문제"이기 이전에 인간관계의 갈등으로 보여집니다. 교회확장에 대한 열심이 정통수호라는 문제에까지 비약한 것 같습니다. 지난 2천년의 교회의 역사로부터 우리는 정통이란 하나님이 지키신다는 것, 그리고 사람의 여러 노력은 오히려 교회와 사회에 아픔만을 가져다 주었다는 것을 배웠습니다. 한국교회의 놀라운 부흥이 두 교수의 개방적, 진취적, 포괄적, 예언자적 신념으로 인해 방해를 받으리라는 우려는, 그동안의 부흥이 하나님의 역사이기보다는 사람의 역사이었다고 착각하는 데서 오는 결과로 보여집니다. 교회의 역사는 오직 하나님의 은혜로써만 이루어질 것이기 때문에 도리어 우리 모두, 두 교수를 위해 기도하는 은혜의 운동이 필요하다고 생각됩니다.

둘째, 우리는 또한 이제 한국교회가 크게 부흥되는 같은, 인도해 들인 수많은 교인들에게 성숙한 신앙을 가르치는 일에 전념하는 것이라고 생각합니다. 만방에 복음을 전하라는 예수님의 명령은 그리스도의 사랑에 취한 경건하고 희생적인 크리스챤으로 자라나도록 지도하는 일이며, 이것이 세계선교에 앞서야 하리라고 생각됩니다. 자기 구원이나 복받기에 힘쓰기 이전에, 먼저 용서하고 사랑하는 기도의 생활을 할 수 있는 교인들로 성숙해져야 한국의 교회도 서구의 교회 같이 부끄러운 역사를 되풀이 하지 않을 것입니다. 참된 제자화 경건이 세계선교에 앞서야 될 것인데, 두 교수의 가르침은 이 점에 심각한 질문을 던지고 있다고 생각이 됩니다. 참된 제자화 경건은 독선이나 배타로서는 불가능하기 때문이며 독선이나 배타는 비성서적이기 때문입니다. 하나님은 만인을 창조하시고 만인을 사랑하시기 때문입니다.

셋째, 이번 사건은 또한 두 교수의 신학이나 신앙의 문제라기 보다는 한국교회와 신학교 사이의 문제라고 생각됩니다. 두 기관의 관계는 늘 긴장의 관계에 있어서 서로 서로 지켜주고 길러주어야만 둘 다 제대로 기능을 발휘할 수 있다고 생각됩니다. 신학교는 교회를 위하여 하나님의 말씀을 올바르게 해석하도록 비평적, 객관적 사고를 해야하고, 교회는 신학교를 위해 인간의 지성을 믿고 하나님의 지혜를 잊는 일이 없도록 충고하고 기도해야 할 것입니다. 그 둘은 동시에 인간적 오류를 범할 수 있기 때문에 하나님의 신비 앞에 겸손히 죄됨을 고백하는 성찰이 있어야 되겠습니다. 두 교수의 가르침에 현혹되어 복음을 곡해하고 비진리를 가르치는 교역자들이 배출될까 하는 우려는, 두 교수의

1325 NORTH COLLEGE AVENUE
CLAREMONT, CALIFORNIA 91711-3199 □ 714 / 626-3521

19920115_곽전태 감독님 귀하_김찬희 김신행 박승호(클레어몬트)_5번_페이지_1

신학생들 간의 인기를 과대 평가하는 동시에 신학생들의 지성을 경시하는 것이며, 또한 가르치고 배우는 일에 하나님의 역활이 지대함을 망각한 것으로 생각됩니다.

넷째, 우리는 또한 이번 사건을 교회 역사에 수 없이 기록된 사고의 자유에 관한 중요한 문제를 제기한 것이라고 생각합니다. 신학교는 사고하는 일이 중심일찐대 자유없는 사고란 부조리입니다. 교회의 역사는 특정인이나 특정계급을 위한 한정적 진리로서 만인을 위한 진리가 될 수 없으며, 한정적 진리는 늘 민중을 압박하고 사회를 혼미케 하며 특정인 만을 위하는 세상을 만들었습니다. 사고의 자유는 인간 수천년 역사의 투쟁에서 얻은 고귀한 것입니다. 교회는 " 하나님의 교회 " 인것이 분명하지만 역사의 교회는 " 사람의 교회 "이었음에도 또한 분명합니다. 이 둘을 구분하기 위하여서는 사고의 자유가 절대 필요합니다. 두 교수의 가르침은 사고의 자유, 학문의 자유를 부르짖고 있는 것이라고 생각됩니다. 물론 그들은 사람이기 때문에 하나님의 예언을 한다면서 인간의 예언을 하고 있다고 볼 수 있습니다. 그러나, 누가 하나님의 예언을 하고 있●으며, 누가 사람의 예언을 하고 있는가를 결정하는 데는 자유 사고가 절대로 필요합니다. 가르치는 사람이나 배우는 사람이나 똑같이 자유사고로써 참된 진리에 달할 수 있습니다. 이것이 신학교와 신학자가 받은 사명입니다.

다섯째, 두 교수의 가르침은 또한 한국인으로서 볼 때, 제국주의적, 물질주의적, 우월주의적 가치관으로 물들은 서구 사람의 기독교는, 세계 선교를 지향하는 새 시대의 신학으로서는 부족하다는 지적으로 이해됩니다. 지난 세기 서구 교회는 아는 사이 모르는 사이에 제국주의자들의 우월적 가치관을 가르치면서 우리의 시야를 영계로 집중시키고 현세의 이권을 약탈하는 데 협력했으며, 지금도 그 편견을 버리지 못하고 있습니다. 성서는 분명히 사람의 영혼이나 육체의 안녕을 모두, 다시 말하면 인간 생활 전체의 복지와 구원을 가르치고 있습니다. 이제 한국 교회는 온 세상을 위한 세계의 신학 정립에 공헌해야 할 사명이 있으며 크게 공헌할 잠재력이 있다고 생각됩니다. 우리 한국의 얼에는 서구의 모든 가치보다 더 고귀한 가치관이 여기저기에 섞여 있습니다. 미국에서 가르치는 우리는 이러한 한국인의 아름다움, 동양의 고귀한 것을 미국인들에게 가르치는 일을 하고 있으며 그들도 원하고 자랑스럽게 생각하고 있습니다. 세계선교의 기틀은 제국주의적 선교사 신학이 아니고 모든 인간과 사회와 문화를 포용할 수 있는 세계적 신학이 되어야 하기 때문입니다. 하나님의 나라는 미국 색깔도 아니고 독일 색깔도 아니고 한국 색깔도 아니고 모든 색깔을 포함하는 동시에 초월해야 하기 때문입니다. 이런 의미에서 두 교수의 신학적 견지는 예언자적이라고 생각되고 우리가 모자란 것 채워주기를 기도하며 격려해 주어야 할 것입니다.

한국의 감리교회는 "사람의 교회"이기도 하지만 동시에 "하나님의 교회"임을 분명히 믿기 때문에, 그리고 우리가 배우고 아는 변선환, 홍정수 교수들은 분명코 인간사를 도모하느라 하나님의 일을 져버리는 분들이 아님을 분명히 믿기 때문에 곽 감독님 이하 여러 지도자들께서 포용적 결정을 하시기를 기도하며, 두 교수의 신앙 생활과 학문 생활에 격려가 되고 그들의 노고와 기도에 동참하여 참된 하나님의 교회를 이룩하는 데 큰 은혜가 임하시기를 기도하며 졸필을 줄입니다.

마국 클레어몬트에서

김 찬 희 김찬희
김 신 행 김신행
박 승 호 박승호

19920115_곽전태 감독님 귀하_김찬희 김신행 박승호(클레어몬트)_5번_페이지_2

J-2-087

미국 南監理敎 대학교
슈버트 오그덴(Schubert M. Ogden) 교수

곽 전태 감독
서울 영등포구 여의도동 13-25
정우 빌딩 1112
중앙우체국 사서함 285
서울 대한민국

곽 감독께

저는, 변 선환 학장과 홍 정수 교수를 정죄하고 또한 그들이 재직 중인 감리교 신학 대학에서의 직위 해임(解任)을 요청하는 한국 감리교 총회(1991년 10월 29-31일)의 결정을 전해 듣고 심한 유감과 우려의 정(情)을 금할 수 없었읍니다.

잘 아시겠지만 그간 대학원 과정을 위해 제가 재직 중인 남감리교 대학(Southern Methodist University)을 선택하여 유학한 감신(監神) 졸업생들이 적지 않았읍니다. 이같은 인연으로 상당수의 감신학생들을 저의 제자로 훈련시킴은 물론 그들을 지도한 한국의 교수들까지 알게 된 것을 큰 기쁨으로 생각해오고 있읍니다. 홍 정수 교수는 1978-79년 유학 중 저의 지도를 받으며 공부했었고, 오래 전부터 개인적인 교분을 나누어 왔던 변 선환 학장은 그간 제 책을 두 권이나 한국어로 번역·출간한 바가 있으며 이는 이미 관심있는 세인(世人)들이 주지하는 사실입니다. 그러므로 저의 관심은 두 분 교수와 맺은 개인적인 친분에서 뿐 아니라, 섬기고자 했던 교회로부터의 정죄와 비난에 고통스러워할 그들의 아픔에 조금이나마 동참하고자하는 취지에서 비롯된 것입니다.

그러나 무엇보다도 저의 관심은 한국 감리교회의 안녕(安寧)과 복리(福利)를 위해 느끼는 책임감과, 두분 교수에 대한 최근의 총회 결정이 부당할 뿐 아니라 교회의 유익을 위해서도 심히 유감된 일이라는 개인적인 확신에서 출발하고 있읍니다. 특정한 신학자들이나 그들의 신학적 견해를 차치하더라도, 이같은 제도적 결정은 학문과 가르침의 자유를 훼손시키고 종국(終局)에는 교회를 위해 신학자들이 수행할 특유한 봉사의 역할마저 부인하게 될 것이기 때문입니다.

결국 교회가 진정 필요로하는 신학자들이란 부당한 외부의 간섭과 통제에서 자유하여 자신들의 비판적인 성찰(省察)에 신실(信實)할 줄 아는 지성인들이라는 사실은 오랜 역사와 경험이 증거하는 바입니다. 양심적으로 추구한 학문적인 성찰이 비록 일시적으로 교계(敎界) 여타 구성원들의 호응을 받지 못할지라도 이를 물리적으로 억압하고 침묵케함은 정도(正道)가 아니며, 오히려 예의 그 새로운 견해들이 꾸준히 비판될 수 있는 개방적이고 자유로운 신학적 토론의 장(場)을 보장해 주는 것이 마땅할 것입니다. 신학자들에게 특유한 봉사의 기능을 다할 수 있는 정당한 자유의 공간을 확보해줌으로써만 교회는 신학작업의 유익을 나눌 수 있을 것이기 때문입니다.

19920116_곽 감독께(번역본)_Schubert M. Ogden(미남감리교대학)_5번_페이지_1

예수 그리스도를 증거함에 그 일차적인 소명의 뜻을 두고, 따라서 구성원들을 교리적으로 올바르게 훈육(訓育)해야할 사명에 깊이 관심하는 교회의 역할을 몰라서 이런 건의를 드리는 것이 아닙니다. 그러나 명념(明念)해야할 것은 이같은 기능 역시 증언(證言)의 타당성을 비판적으로 가늠하는 신학적 작업이 선행(先行)한 후라야 가능하다는 사실이며, 또한 이같이 중차대한 작업을 감당할 수 있는 신학은 오직 자유로운 학문적 공간 내에서만 가능한 법이기 때문입니다.

요컨대 교회에 소속된 선생들 사이에는 마땅히 직분(職分)상의 구별이 있는 것입니다. 즉 단지 올바른 교리만을 가르치는 선생들이 있는 반면, 견해와 주장들을 참(眞)에 이를 수 있도록 가늠해 주는 신학적 성찰의 담당자—신학자들—가 있는 것입니다.

두 교수를 정죄하는 총회의 결정은 이같은 직분의 분할을 사실상 부인하는 결과를 낳는 것이며, 따라서 이는 당해(當該) 양자(兩者) 뿐 아니라 교회의 장래를 위해서도 불행한 일로 사료됩니다. 이같은 연유로, 감독님의 적절한 권한 행사를 통하여 총회의 정죄 결정을 철회시키고 두 교수를 포함한 모든 신학자들에게 교회에의 봉사를 위해 특유하게 부여받은 신학자로서의 학문적 자유를 보장할 수 있도록 배려해 주실 것을 간곡히 청원드리는 바입니다.

감독님, 그리고 여러분들과 섬기시는 교회가, 감리교 신학대학의 학생, 교수들과 함께 저의 관심과 기도속에 늘 있게 될 것임을 기억해주시기를 바랍니다. 감사합니다.

슈버트 오그덴

19920116_곽 감독께(번역본)_Schubert M. Ogden(미남감리교대학)_5번_페이지_2

J-2-132

17 January 1992

Bishop Jun Tae Kwak
President, Council of Bishops
Korean Methodist Church
Young-Deung-Po Gu, Yuido Dong 13-25
Jeong-U Bld. 1112
K.P.O. Box 285
Seoul, Korea

Dear Bishop Kwak:

A number of colleagues in theology and leaders in the Methodist church have called attention to the action of the 19th Conference for Legislation of the Korean Methodist Church in condemning two Korean theologians, President Sun Hwan Pyun and Professor Jeong-Soo Hong of the Methodist Theological Seminary, for certain theological proposals they have made. I am writing to express my concern about this action and its implications.

I do not know these two theologians personally, and I know very little about the theological proposals in question. They may or may not be sound proposals, and it is not my purpose to defend them. Like any theological proposals, they should be subjected to careful critical scrutiny, and be confirmed or disconfirmed through appropriate argument.

What concerns me in this case is that, judging by the accounts we have received, the church has not treated these theological proposals as theological proposals. Instead, it has mistaken theological proposals for acts of Christian proclamation. It has overlooked the fundamental distinction between the task of the church--to proclaim the Gospel--and the task of the theologian--to engage in reflection upon the church's proclamation, and to suggest ways in which the church's mission might be more faithfully and effectively accomplished. It has, to all appearances, condemned these two theologians for doing precisely what theologians are called to do.

Let me be clear about this. I believe that the church has a right and responsibility to care for the validity of its own witness. There is such a thing as heresy, and the church does well to guard against it. There is also, of course, an unfortunate tendency among Christians to condemn as heresy that which is unfamiliar or challenging, rather than examining it to see if it really is heresy. But this should not obscure the basic point that there are legitimate limits and norms for Christian proclamation. It is not the case that "anything goes." There is a place for doctrinal standards, and for inquiries as to whether persons who have the job of representing the Christian faith are representing it well or poorly.

However, one of the ways the church cares for the validity of its own witness is by nourishing theological inquiry: by supporting theologians, and giving them the freedom to be theologians. The task of the theologian as theologian is not to represent the church's message, but rather to think about that message--to examine what the church is saying and doing, and to make

PERKINS SCHOOL OF THEOLOGY
SOUTHERN METHODIST UNIVERSITY / DALLAS, TEXAS 75275

19920117_곽감독님께_Charies M Wood_5번_페이지_1

proposals for the improvement of the church's work. In a similar way, the task of the theologian as theological educator is to train others (for instance, those preparing to be ministers in the church) to think theologically--that is, to think critically and constructively about the Christian message, so that their own witness can be the best that they can make it.

Judging by the accounts we have received of the Conference's action, the Korean Methodist Church does not want its theologians to be theologians or theological educators. Instead, it wants them to represent and teach what the church has already decided is orthodoxy. There is no surer way to deprive the church of its vitality and of its capacity to renew itself than this. If these accounts are correct, the Korean church is, in this action, doing itself serious damage.

I hope that there is still time to reverse this decision, and to show that the Korean Methodist Church has not forgotten the importance--to the church's own integrity and to the cause of the Gospel itself--of theological freedom.

This letter is not easy to write. My knowledge of the situation is very limited, and I do not pretend to understand all that is involved. Further, it is presumptuous for a theologian from another country and another branch of the Methodist family to address this situation. However, I hope you will understand that what is at stake is serious enough to warrant risking offense. I would like nothing better than to be shown that we in this country have misunderstood the situation, and that genuine, vigorous theological reflection and theological education still flourish without hindrance in Korea, with the full support of the Korean church and its leaders. I would be very grateful if you could assure me that this is the case.

Respectfully,

Charles M. Wood
Professor of Theology

bcc: President Sun Hwan Pyun, Methodist Theological Seminary
Professor Jeong-Soo Hong, Methodist Theological Seminary
Professor Edward Poitras, Perkins School of Theology
President Donald E. Messer, Iliff School of Theology

19920117_곽감독님께_Charies M Wood_5번_페이지_2

19920126_변선환 홍정수 교수의 이단사상및 통일교 연루사실을 폭로한다_
조선일보_5번_v페이지_2

19920126_기독교대한감리회 교리수호대책위원회 임원조직표_
교리수호대책위원회,조선일보_5번_페이지_3

Boston University

School of Theology
745 Commonwealth Avenue
Boston, Massachusetts 02215

Office of the Dean

January 30, 1992

Bishop Jun Tae Kwak, President
Council of Bishops
Young-Deung-Po, Yuido Dong 13-25
Jeong-U Bld. 1112
K.P.O. Box 285
Seoul, Korea

Bishop Dr. Won-Young Na
Office of Annual Conference
Young-Deung-Po, Yuido Dong 13-25
Jeong-U Bld. 1112
K.P.O. Box 285
Seoul, Korea

Dear Bishop Kwak and Bishop Na:

Word has reached me of the action taken by the 19th Conference for Legislation of the Korean Methodist Church in Seoul to condemn Dr. Sun Hwan Pyun and Dr. Jeong-Soo Hong for supporting religious dialogue and writing theoretically about the pluralistic situation in religion. As the dean of a United Methodist seminary with many Korean students, and with many graduates in Korea, and as a frequent traveler to Korea for religious purposes, let me urge you to take what ever action is possible to reverse this legislation.

Precisely because Korea is a land of many living religions, often represented collectively in the same family, it is imperative for Korean Christians to take the lead in interreligious dialogue. In countries where Christianity is the only religion, there is hardly a way to discover what is distinctively Christian in contrast to the rest of culture. But in Korea, there is a unique opportunity to identify and practice the essence of the gospel in a context of cordial differences with other religions. Only last April, I was in Korea for an international conference on religious pluralism, and I was struck once again with the advanced state of the discussion in your country.

19920130_곽전태 감독 나원용 감독 귀하_
Robert C. Neville(보스턴 대학 신학대학)_5번_페이지_1

Bishops Jun Tae Kwak and
Won-Yong Na
Page 2

January 30, 1992

As you know, Methodists from John Wesley onward have never feared that engaging the modern world and interacting with other religions would dilute or divert the progress of the Christian gospel. On the contrary, such engagements lead to greater understanding and Christian fervor. The action of the 19th Conference, as reported to me, appears to arise from fear that a public discussion of Christianity in the context of other religions would prove it to be false. That does not express the confidence in the gospel with which we attempt to instill our students.

May you be encouraged in your work for the church of Jesus Christ, and lead the struggle for a richer expression of the gospel.

Yours,

Robert C. Neville, Dean
Professor of Philosophy,
Religion, and Theology

RCN:sr
30Jan92

CC: Professors Sun Hwan Pyun and Jeong-Soo Hong
President Donald E. Messer, Iliff School of Theology

19920130_곽전태 감독 나원용 감독 귀하_
Robert C. Neville(보스턴 대학 신학대학)_5번_페이지_2

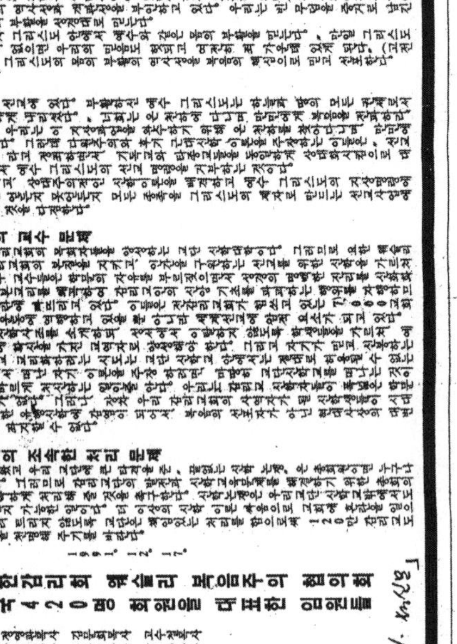

감리교 복음주의 신앙과 신학의 정통성을 지키기 위한 우리의 주장

기독교대한감리회 기독교교리수호대책위원회

19920201_감리교 복음주의 신앙과 신학의 정통성을 지키기 위한 우리의 주장_크리스챤신문_5번

변선환·홍정수 교수의 이단사상및 통일교 연루사실을 폭로한다.

19920201_변선환 홍정수 교수의 이단사상및 통일교 연루사실을 폭로한다1_
동아일보_한국기독교연구소_5번_페이지_1

교회와 목사님들께 드리는 말씀

감리교회는 복음주의, 경건주의 교단입니다. 몇몇 잘못된 신학자들 때문에 감리교 전체가 이단인 것처럼 매도하는 일이 없기를 바랍니다. 이단이 아니므로 이들을 속히 척결하려는 것입니다.

기독교대한감리회 교리수호대책위원회

대표회장 김홍도 목사 유상열 장로

19920201_변선환 홍정수 교수의 이단사상 및 통일교 연루사실을 폭로한다1_동아일보_한국기독교연구소_5번_페이지_2

변·홍교수 심사2반도 전원사퇴
"총회결의 심사 역부족" 실토

5-4-043

92년 2월 2일 복음신문

감리교신학대학 변선환학장 및 홍정수교수의 다원주의신학, 포스트모더니즘신학에 대한 교리위배여부를 심사하고 있는 서울연회(감독=나원용)의 심사2반위원회(위원장=홍사본목사, 위원=신경하목사, 임성익장로)는 지난 27일 최종 모임을 갖고 총회결의와 기독교교리수호대책위원회가 고소한 내용을 심사하기에는 역부족이라는 심사1반과 같은 이유를 내세워 전원 사퇴했다.

구랍 28일 심사1반전원이 사퇴한 이후 두교수의 교수직과 목사직 면직문제와 관련하여 재판여부를 심사해 온 심사2반은 홍교수가 출국해있는 관계로 그동안 변선환학장만을 출석시킨 가운데 몇차례 질의를 가졌으며 그결과 "신학적인 문제임으로 본 심사위원회에서 다룰 수 있는 부분이 아니기에 재판여부를 심사할 수 없다"는 결론을 내리고 전원사퇴를 결정했다.

심사1반과 2반이 연이어 사퇴함에 따라 변학장과 홍교수에 대한 면직권고 처분은 더욱 불투명해진 가운데 장기화될 조짐을 보이고 있으며 심사2반의 사퇴로 마지막 심사반인 심사3반으로 자동이양될 것으로 보이나 이번 문제의 조속한 해결과 처리를 위해 30일 서울연회 실행위원회를 소집하고 논의키로 해 이번문제에 대한 새로운 심사방안이 강구될 수도 있음을 시사해주고 있다.

19920202_변홍교수 심사2반도 전원사퇴_복음신문_5번

한국교회신문 (2월 2일)

신학적문제 심사할 수 없다

기감서울연회 심사2반 위원 전원사퇴

변선환, 홍정수교수를 재판위원회에 기소여부를 결정키 위해 구성되었던 서울연회산하 심사2반위원회(위원장: 홍사본목사)의 위원들이 전원 사퇴했다.

구랍 28일 심사1반위원회(위원장: 김광덕목사) 위원들의 사퇴로 다시 구성되었던 심사2반위원회는 "신학적인 문제는 더이상 심사할 수 없다"고 밝히고 지난달 23일 연회 감독실에 위원 전원이 사퇴서를 제출했다.

위원장 홍사본목사는 "원고측인 김홍도목사는 변·홍교수의 목사직 면직을 요구했으나, 심사위에서는 공직인 학장직, 교수직만 사퇴하는 것으로 화해안을 제시했으나 원고나 피고가 모두 조금도 양보치 않았다"고 밝혔다.

이번 심사2반 위원회에서는 변선환학장과 김홍도목사를 모두 소환해 화해를 유도했으나 김홍도목사의 소환 불응으로 이루어지지 않았다.

이에따라 변·홍교수 문제는 심사3반위원회(위원장: 이천목사)가 맡게될 것으로 알려졌다.

19920202_신학적 문제 심사할 수 없다_한국교회신문_5번

Bishop Jun Tae Kwak
President, Council of Bishops
Korean Methodist Church
Young-Deung-Po Gu
Yuido Dong 13-25
Jeong-U Bld. 1112
K.P.O. Box 285
Seoul / Korea

3 February 1992

Dear Bishop,

It is with great disappointment that I received the news that Dr. Sun Hwan Pyun and Professor Jeong-Soo Hong have been condemned by the 19th Conference for Legislation of the Korean Methodist Church for their views on pluralism.

Since Dr. Sun Hwan Pyun has been associated with the work of the World Council of Churches, I am writing this letter to share with you the deep concern I personally have over this action.

The churches in Asia, and especially a number of Methodist theologians, have been in the forefront of the thinking on Pluralism, so that the gospel message can be relevantly preached in our context. I am myself a Methodist minister and theologian from Sri Lanka and have been working on the question of plurality with the support of my Church.

Other Methodist theologians from my country including pioneers like the late Dr. D.T. Niles, Dr. Lynn de Silva and others have also worked on these issues in ways that appeared to be controversial at their time. As you are only too aware, the churches in Asia have to live and witness among people of other faiths, and it is important that individual Christian theologians, especially in the Seminary setting, are given the necessary freedom to explore theological questions.

It would be good to make a distinction between the theological exploration of individuals and official teachings of the Church. I am deeply distressed to know that the more conservative voices in the Church have succeeded in bringing about this extreme form of action against these two persons who have been helping the churches to grapple with this issue.

This action would instill undue fear in other creative thinkers within the Korean Methodist Church which is much respected within the ecumenical movement. The kind of views held by these two friends are very widely held today in many of the churches, and the Methodist tradition has both the responsibility and capacity to entertain a variety of theological positions on these questions within its overall life. You need to be aware that within the world Church there is deep regret and considerable dismay at this unfortunate action, taken by the Korean Methodist Church in this period of history where there is so much open discussion of theological issues.

19920203_곽 감독께_S. Wesley Ariarajah(세계교회협의회)_5번_페이지_1

I appeal to you to please reconsider this action and to institute another process by which the issue can be more fully explored in the Church, also with the help of other Methodist theologians from other parts of the world. Many of us would be relieved to see a reversal of the condemnation, and call upon you to do whatever is possible to bring this about.

With every greeting, and in the service of Christ,

Yours sincerely,

Dr. S. Wesley Ariarajah

c.c. Bp. Dr. Won-Yong Na
Dr. Sun Hwan Pyun
Prof. Jeong-Soo Hong

19920203_곽 감독께_S. Wesley Ariarajah(세계교회협의회)_5번_페이지_2

SCHOOL OF THEOLOGY AT CLAREMONT

February 5, 1992

Bishop Jun Tae Kwak
President, Council of Bishops
Young-Deung-Po Gu, Yuido Dong 13-25
Jeong-U Bld. 1112
K.P.O. Box 285
Seoul, Korea

Dear Bishop Kwak:

I was deeply disappointed to learn that President Sun Hwan Pyun and Professor Jeong-Soo Hong of Methodist Theological Seminary have been censored for their theological teaching. President Pyun is known the world over as a distinguished scholar and theologian. He has given distinguished leadership to the Methodist Theological Seminary and has made it one of the finest schools in the world. We here welcome their graduates to our School because of their outstanding theological education.

As a United Methodist who stands in the John Wesley tradition with its emphasis upon the catholic spirit, and on pluralism, I am very disappointed to know that you, along with the leaders of the Korean Methodist Church, have interfered with the academic freedom of two distinguished scholars and have condemned them for scholarship that is consistent with Methodist scholarship around the world.

I wish to register my disappointment and to express my desire to continue the strong fellowship which we have had with the Korean Methodist Church. This fellowship does depend upon tolerance for religious pluralism and for our shared appreciation of the Wesley tradition that accepts different points of view without punitive measures.

Yours sincerely,

Allen J. Moore

Allen J. Moore
Vice President for Academic Affairs and Dean

AJM/om

cc: Bishop Dr. Won-Yong Na
√ President Sun Hwan Pyun
√ Professor Jeong-Soo Hong
Don Messer

1325 N. COLLEGE AVENUE
CLAREMONT, CALIFORNIA 91711-3199 714 / 626-3521 1 800 / 626-STC-0 FAX 714 / 626-7062

19920205_곽 감독께_Allen J. Moore(클레아몬트 대학 부학장)_5번

Y-5-095

감리교단의 화합과
진보적 감리교 정신 회복을 위한 우리의 입장.

사랑하는 기독교 대한 감리회 교역자 성도 여러분! 그리고 천만 크리스찬 여러분!

우리는 감리교단의 신학대학생으로서 감리교단의 발전을 위해 헌신하며, 한국 감리교 100년의 선교적 경험을 토대로 복음의 충성스런 역군으로서 이 땅 위에 하나님의 나라를 실현하기 위해 학원과 교회에서 면학과 봉사에 힘써왔습니다. 그러나, 지난 해 10월 제19회 특별 총회에서 감리교 신학대학의 변선환 학장, 홍정수 교수에 대한 '교수직박탈,목사직 면직 권고 결의안'을 접한 이후로 이 사태가 많은 신학생들에게 충격과 큰 실망을 안겨주었고 교단 내에서도 격론과 파쟁등 분열의 조짐이 심각하기에 감리교단에 대한 충심과 애정으로 감리교신학대학 학생들의 입장과 결의를 밝히는 바입니다.

하나. 교회와 신학대학은 새롭게 하나가 되어야 합니다! 우리는 이번 사태가 신학과 목회현장의 크나큰 괴리에서 결과하였다는 점을 중시하며 양자의 성의있는 노력이 요구된다고 봅니다. 즉 신학계는 세계 신학의 흐름뿐만 아니라 목회현장의 구체적 상황에도 민감해야 하며 교회 또한 특정 신학의 단순 원리를 절대화, 우상화하는 태도를 경계해야 한다는 것입니다. 하여 우리는 선교 2세기의 사역을 담당할 일군으로서 엄중한 자기 반성과 함께 신학계와 교회 지도자 모두에게 이번 사건을 밀도있는 자기 성찰의 계기로 삼을 것을 촉구합니다. 이러한 성찰의 과정은 교회와 신학대학의 '하나됨'을 회복하는 귀한 첫걸음이 될 줄로 믿습니다.

하나. 이번 사태의 합리적 해결을 저해하는 각종 언론조작과 자금살포는 단호히 배격되어야 합니다! 우리는 불행한 교단문제의 원인이 교회와 신학계의 괴리에 있음을 앞에 밝힌 바 있으며 문제의 근원적 해결을 위한 양자의 엄중한 자기 반성을 촉구하였습니다. 그런데 최근 이번 사태의 건전한 해결을 저해하는 일련의 움직임이 있어 우려를 금할 길이 없습니다. 어마어마한 자금을 동원해 종교계 잡지, 교계 신문 나아가 일간 신문에까지 특정한 입장을 일방적으로 게재, 풍부한 대화와 토론을 차단하고 여론을 호도하

19920206_감리교단의 화합과 진보적 감리교정신 회복을 위한 우리의 입장_감신대학우일동_5번_페이지_1

는 행위는 현 사태를 물리력으로 마무리하려는 발상으로 즉각 중단되어야 마땅합니다. 모든 문제를 '힘'으로 해결하려는 것은 결코 기독교적 윤리일 수 없습니다.

하나. 통일교 관련설 등 뚜렷한 근거나 확인 절차도 없이 상대측을 무책임하게 매도하는 행동은 절대 관용의 대상일 수 없습니다. 교단 심사위에서조차 아무런 '혐의점'을 찾지 못한 상황에서 기독교인들의 일반적 신앙이나 심리를 이용, 통일교 관련설 등을 마치 사실인양 광범위하게 유포시키는 근저에는 '수단과 방법을 가리지 않고 이기면 그만'이라는 비기독교적 발상이 자리하고 있는 것은 아닌가 의심스럽습니다. 우리는 이러한 부당한 행위가 양측은 물론 교단의 모든 감리교인에게 결코 유익일 수 없음을 확신하며 상대측에 대한 매도 행위의 즉각 중단과 사과를 촉구합니다.

하나. 우리는 이번 사태를 교단혁신의 출발점으로 삼고자 합니다. 교회의 배타성과 물신성은 결코 성서적일 수 없다는 확고한 신앙위에 감리교회의 거듭남을 위해 십자가를 지려는 것이 우리의 신념이기 때문입니다. 우리는 파쟁으로 어룩진 감리교회에서 하나의 교단을 지키며 교단 혁신을 위해 노력할 것입니다. 이것이 분열을 조장하고 '근본주의', '보수화'만을 절대화하는 일체의 도전에 대해 단결된 대오로 맞서려는 우리의 각오임을 천명합니다.

마지막으로 우리는 이번 사태가 감리교단의 내적 분열을 치유하고 참 감리교 정신을 회복하는 계기가 되길 바라며 사태의 건전한 해결을 위해 양측의 성의있는 노력을 촉구합니다. 아울러 이번 교단 문제의 합리적 해결을 저해하는 일체의 행위에 대해 결연한 의지로 맞설 것을 다시 한 번 밝히는 바입니다.

1992년 2월 6일

감리교단의 화합과 진보적 감리교 전통회복을 바라는
( )지역 감신대 학우일동

19920206_감리교단의 화합과 진보적 감리교정신 회복을 위한 우리의 입장_
감신대학우일동_5번_페이지_2

2. 한국감리교회에 드리는 글

지난 제19회 입법총회(1991년 10월 29-31일) 이후 감리교신학대학의 두 교수(변선환, 홍정수)의 신학적 주장을 둘러싼 목사 및 교수직 파면에 관한 논의가 분분할 뿐 아니라 교단의 분열까지를 우려할 만큼의 혼란이 거듭되고 있음을 예의 주시하고 염려하면서 우리 교수단은 어느 개인이 아닌 교역자 양성기관으로서의 감리교신학대학 본연의 모습을 지키기 위하여 모든 노력을 기울여 왔습니다. 자유로운 학문연구의 전당이면서 동시에 교단의 교역자 교육기구라는 근본적 사명 수행을 통해 하나님의 선교역사를 이룩하려는 기본의지를 지키려고 노력해 왔다는 뜻입니다.

우선 변선환 학장과 홍정수 교수가 앞의 글에서 표명한 바와 같이 이 학교에 봉직하고 있는 교수들로서 연구과정에 있을 수 있는 주장들이 교계에 이렇게 커다란 파문을 일으키리라고는 당사자들이나 우리 모두는 예상치 못했던 일이었음을 말씀드리며, 전혀 의도한 바 없이 교단 전체에 커다란 혼란과 파문을 야기시킨데 대하여 함께 유감의 뜻을 표하며 사과의 뜻을 전합니다. 이번 일을 계기로 우리 교수단은 교단과 학교의 유대는 물론 교단 신학대학으로서의 책임을 바르게 지켜 나갈 것을 새롭게 다짐하게 되었습니다.

우리 교수단은 이번 사태를 지켜보면서 감리교신학대학에 대한 획일적인 비판과 오해에 대하여 바르게 해명하고 또 우리 전 교수들이 이 대학을 이끌어 가는 신학적 기반이 무엇인가를 부분적으로나마 설명하고 학생지도의 방향과 의지를 교단의 지도자들과 동역자, 동문 및 이 학교를 사랑하시는 평신도 여러분들께 표명하므로 감리교신학대학에 대한 오해와 염려를 풀어드리는 것이 옳은 길이라 생각하며 동시에 이번 사태가 순조롭게 해결되기를 희망하며 이 글을 드립니다.

일부 신문기사나 광고 혹은 떠도는 소문에서 전해지는 감리교신학대학의 통일교 관계에 관한 내용은 사실 무근임을 우선 천명하는 바입니다. 우리가 조사한 바에 의하면 감리교신학대학과 두 교수는 물론 어느 교수도 통일교회와 관련되어 있지 않음을 분명히 말씀드릴 수 있습니다. 항간에 떠도는 통일교에 속한 학생의 대학원 졸업에 관한 사실은 이렇습니다. 모대학을 졸업한 학생이 감신대학원에서 공부하기 위해 입학을 지원하는 과정에서 출석교회 "담임자 추천서"를 통일교가 아닌 다른 개신교 교단의 개척교회 전도사에게 부탁하여 제출한 사실이 최근에 밝혀진 바 있습니다. 그러나 입학 당시에 입학을 위한 서류상에 하등의 미비점이 없었으므로 입학할 수 있었습니다. 그가 학교를 졸업할 무렵(87. 6) 어느 학생에 의해 그가 통일교와 연루되어 있다는 제보를 입수하게 되었고 학교는 취할 수 있는 만큼의 조사를 했으나 그가 통일교와 관련되어 있다는 확실한 근거를 찾지 못했고 이 조사를 근거로 대학원위원회에서 논의를 했으나 결국 교육법에 근거하여 졸업을 시켰던 것뿐입니다. 그의 학위논문은 한국통일정책에 관한 신학적 분석과 평가이었으므로 별다른 문제를 찾을 수 없이 졸업이 가능했었습니다. 지금 솔직히 유감스럽고 아쉬운 점은, 물론 학교가 사찰기관이 아니므로 그 한계를 모르는 바 아니나, 좀더 철저히 조사를 했어야 하지 않았나 하는 사실입니다. 이 문제는 이미 재조사한 바 있으며 더욱 분명한 사실이 밝혀지는 대로 적법한 절차에 따라 조처할 것입니다.

우리 감리교신학대학 교수단은 학생들의 신학교육과 학교를 이끌어감에 있어 성서는 물론 사도신경이 고백하는 바에 근거하여 전통적 신앙을 준수하며 그 기초 위에서 우리의 신학을 형성하며 교육하고 있습니다.

우리는 또한 웨슬리의 신앙체험은 경건성과 실천성은 물론 경직된 교리와 조직에 매이지 않는 자유로움과, 구원에 대한 인간의 책임성 그리고 온 인류를 향하신 하나님의 버편적 사랑을 주장하는 개방성과 포괄성이라는 신학적 유산을 남겨주었음을 알고 있으며 이에 근거한 감리교 신학교육의 방향을 선정하고 있습니다.

우리는 오늘의 정치적, 사회적 급격한 변화 속에서 복음의 역할을 바르게 감당하는 교역자 양성에 힘쓸뿐 아니라 문화적, 사상적, 종교적 다양성 속에서 복음의 주체성을 높이 주장하고 그 핵심을 상실하지 않으면서 보다 효과적 선교수행을 위한 인재양성을 위하여 다른 신앙에 대한 바른 이해 민족적 심성과 고유한 절통과 문화에 대한 기은 통찰과 분석에

3

19920211_한국감리교회에 드리는 글_감리교신학대학 교수단_5번_페이지_1

대한 필요성을 절감하며 이를 강의하고 있습니다. 이러한 강의와 연구를 통하여 다른 문화나 신앙에 대한 극단적인 배타주의적 사고를 지양하고, 복음과 전통문화, 기독교신앙과 다른 신앙과의 비판적이고 창조적인 대화를 통하여 종교적 관련성을 찾으며 참된 한국인의 신앙형성과 삶의 변화와 사회건설에 공헌할 수 있는 길을 모색하고 있습니다. 이러한 작업을 위하여 각 신학분야의 특성에 따라서 보다 깊은 복음과 전통과 상황에 대한 이해를 증진시키며 이에 근거하여 복음에 대한 새로운 해석을 강구하며, 이에 기초한 교과과정을 통하여 복음전선에 임할 교역자를 훈련하고 있습니다.

우리는 각기 학자들의 주장과 이론에 대한 교회현장의 정당한 비판과 토론은 당연하고 필요한 것이며 보다 건전한 학문적 발전을 위하여 바람직할 것으로 믿습니다. 다만 이러한 비판과 토론이 상호 대화의 부족에서 오는 오해나 혹은 확대해석으로 인해서 해당교수뿐 아니라 그들이 속한 교육기관 전체가 마치 잘못되도 오염된 기관으로 매도되어서는 안될 것이라고 생각합니다. 즉 오늘의 우리 교단의 문제만 하더라도 두 교수의 학문적 주장의 급진적 개방성을 빌미로 마치 감리교신학대학과 교수 전체를 신학적으로나 신앙적으로 불건전한 사람들로 규정지어버리고, 더욱이 본 대학에서 공부하고 있는 학생드마저 문제의 학생으로 간주하여 그들의 봉사의 기회를 막고 졸업후 진로에까지 규제를 가하려는 의도나 주장은 위험스러운 일이라고 염려되어진다는 뜻입니다.

이번 사태를 지켜보면서 우리 교수단은 우리학원의 학문적 자유와 포괄성에 대한 의미를 중요시해햐 하지만 동시에 우리 대학이 감리교단의 교역자를 양성하는 중추적 기관임을 다시 한번 절감하게 되었습니다. 그리고 우리 교수ㅠ들은 의의 드 교수의 학문적 주장은 다만 그들의 연구의 일환으로 받아들이면서 이를, 복음의 확정과 선교의 활성화를 위하여 보다 긍정적이고 발전적인 정리와 창의적 보완을 통하여 감리교신학대학 본래의 사명을 바로 지켜갈 수 있도록 온 교수가 함께 적극적이고 복음적인 길을 개척해 나아가기로 하였습니다.

사랑하는 감리교회 동역자, 동문, 평신도 여러분.

우리 감리교신학대학 교수들은 우리의 사상과 뜻과 힘을 모아 감리교신학대학의 신학적 전통과 감리교신학대학의 신앙과 학문적 유산을 바르게 지키며 감리교단의 발전을 위하여 끊임없는 노력을 기울이고 있음을 기억해 주시기 바랍니다. 또한 여러분들의 계속되는 사랑의 비판과 지도와 기도 속에서 우리 대학을 참신하고 창의적인 한국적 신학의 요람지로 그리고 이 시대를 위한 선지동산으로 발전시켜 나갈 것입니다.

이번 야기된 교단적인 문제가 오히려 교단과 학원, 우리의 신앙와 신학 발전에 "합동하여 선을 이루는" 계기가 되어지기를 바라며 감리교신학대학의 무궁한 발전을 위한 우리의 의지와 신학적 입장을 밝히는 바입니다.

1992년 2월 11일

감리교신학대학 교수 일동

구 덕 관	김 득 중	선 한 용	염 필 형	이 기 춘
김 재 은	박 창 건	이 원 규	방 석 종	장 종 철
김 외 식	박 익 수	타 이 스	이 정 배	박 종 천
서 현 석	왕 대 일	김 영 민	이 후 정	송 순 재

4

19920211_한국감리교회에 드리는 글_감리교신학대학 교수단_5번_페이지_2

J-2-125

사탄의 가장 큰 도구

(마태복음 24장 23~28절, 갈라디아서 1장 7~8절)

설교 : 김 홍 도 목사

자유주의 신학은 사탄이 주님의 몸된 교회를 파괴하는데 가장 큰 도구입니다. 따라서 신 신학을 가르치는 교수들은 사탄이 사용하는 가장 큰 종들입니다. 왜냐하면 보통 목사 한사람이 잘못되면 그 교회 하나만 파괴되지만 교역자를 양성하는 신학교 교수가 잘못되면 수많은 잘못된 목회자를 양성하여 많은 교회를 파괴할 수 있기 때문입니다. 마치 독사가 많은 독사 새끼를 낳는 것 같이 말입니다.

1. 자유주의 신학은 구라파의 교회들을 죽이고 미국의 교회들을 죽이고 있습니다.

구라파의 교회들을 가 보면 한때 수천명씩 모이던 거대한 교회들이 몇십명도 안 모이는 죽은 교회들이 되었고, 이제는 여행객들의 방문장소에 지나지 않고, 볼펜 같은 기념품이나 팔아서 유지비로 쓰고 있는 형편입니다. 왜 그런지 아십니까? 수십년 전부터 횡행하던 다원주의(Pluralism)니 포스트 모더니즘(Post-Modernism)이니 하는 자유주의 신학의 영향 때문입니다. 구라파의 교회들을 죽인 Satan의 역사가 미국으로 건너가서 미국 교회들을 죽여 놓고 있습니다. 전에 말씀 드린 것처럼 1965~1990년까지 25년 동안 400여만명이 연합감리교회를 떠났고 지금까지도 매일 350명정도의 교회가 하나씩 문을 닫고 없어지는 형편입니다. 미국의 연합장로교회는 교세가 감리교의 절반도 안되는데다가 더 자유주의여서 감리교회보다 더 빨리 감소되는 추세입니다. 매일 203명 정도의 교회 하나씩 문을 닫고 없어지고 있습니다. 이 모두가 "말세에 믿는 자를 찾아 보겠는냐?"고 탄식하신 말씀대로 믿음이 식어지고, 따라서 성경을 불신하고 뒤엎는 자유주의 신학이 횡행하기 때문입니다. 호주에 가보니까 역시 연합교회(Uniting Church)가 죽어 가고 있어서 마치 숨이 넘어 가고 있는 시체를 보는 듯 하는 느낌이 었습니다.

그런데 공통점 하나는 미국이나 호주나 연합(United, Uniting)자가 들어 간 교파는 더욱 빨리 쇠퇴하고 있는 것을 볼 수 있습니다. 왜냐하면 성경 진리에 대한 확신이 없으니까 교회가 죽어가고 있고, 죽어가는 교단끼리 뭉쳐나 보자 해서 폭 넓게 수용을 잘 하는 것 같지만 실상은 성겨의 진리를 믿지 않기 때문에 진리를 수호하지 못하고 합치기만 잘하는 것입니다.

이제 그 사탄의 배교운동 즉 자유주의, 이단 신학의 역사를 잠깐 살펴 보겠습니다. 이 배교운동은 19세기 중반부터 20세기 말, 150년 간에 걸쳐 유럽으로부터 교회와 신학교 안에서 일어났습니다. 그래가지고 유럽의 교회들을 파괴한 후 미국으로 건너가 교회들을 죽여 놓고 있으며 이제는 전세계에 퍼져 한국에 까지 들어오게 된 것입니다.

(A) 원인은

① 합리주의 사상(Rationalism)입니다.

원래 인간이 범죄하고 타락했기 때문에 인간의 이성이 성경말씀 앞에 무릎을 꿇고 믿어야 되는 것인데, 타락한 인간의 이성으로 성경을 비평하기 시작하면서 성경의 오류를 찾아내며, 하나님의 계시의 말씀에 도전을 감행하기 시작했습니다. 그 학자들의 대표가 애쉬트록, 그라프, 뉴슨, 벨하우젠, 드라이버 등입니다.

② 사회복음 운동(Social Gospel Movement)입니다.

예수님은 죄를 대속하시고 지옥 갈 영혼을 구원하여 영생과 부활을 얻게 하고 지옥으로

19920216_(자유주의신학은)사탄의 가장 큰 도구_김홍도_불기둥_5번_페이지_1

구원이 믿어지지 않으니까 대신 내세운 것이 사랑의 실천이라는 미명하에 사회참여를 부르짖으며 사회복음을 강조하게 되었고 영혼구원이나 영생의 복음을 현실도피주의라고 비판하게 되었습니다. 그 대표적인 사람이 윌터, 타우겐, 부쉬, 옥스남 같은 사람입니다.

③ 실존주의 철학(Ecistentialism)입니다.

영혼구원에는 관심이 없고 신비적 주관주의가 팽배해 지고 실존주의 철학이 세계적으로 유행하게 되었습니다. 그 대표적인 학자가 키엘케골, 위겐 스타인, 부르너, 불트만, 바르트, 릴털히 같은 사람입니다.

④ 행동주의 신학(Behaviorism)입니다.

영생이나 부활을 믿지 않고 영혼구원에 대한 관심이 없어지니까, 2차대전을 전후하여 현실의 문제를 해결하기 위해 과격한 행동이라도 감행해야 된다는 행동주의 신학이 나오게 된 것입니다. 그 대표가 히틀러를 암살하려고 폭탄을 들고 들어 갔다가 체포되어 사형당한 본회퍼(후에는 잘못을 참회함), 하비콕스, 리챠드 니버, 간디, 마틴루터킹 같은 사람들입니다.

⑤ 과학적 방법입니다.

성경말씀은 심령에 믿음으로 받아 들여야 하는데 그렇지 못하게 되니까, 과학적 방법을 쓰게 되었는데, 헤겔의 변증법적 철학에 의한 세계관과 진화론이 지성인들을 지배하게 되었고 심지어 다윈의 진화론까지 교회에서 받아 들이고 창세기 같은 성경은 꾸며낸 이야기, 설화취급을 하게 된 것입니다.

또 New York노회에서 목사 안수를 주게 되었고, 그 중에 한 사람이 핸리 벤 듀센 박사인데 1948년 WCC가 창설될 때 회장으로 당선되어 오랫동안 끌고 갔습니다.

1910년, 이에 반발한 장로교 총회는 목사는 최소한 다섯가지 기본 교리를 믿어야 한다고 결정했는데, 성경의 무오설, 처녀탄생, 대속의 교리, 부활, 성경의 기적 등을 믿어야 한다고 했으나, 자유주의 신학을 물먹은 목사가 많이 나오게 되자 표대결을 해도 이제는 이길 수가 없는 형편이 되었습니다.

Princeton신학교가 자유주의 신학으로 물들게 되자 메이첸, 윌슨, 알리스, 벤틸교수들이 나와 필라델피아에 Westminster신학교를 세웠던 것입니다. 감리교회에서는 자유주의 신학에 반발하여 독립하여 진리를 수호하며 건전하게 가르치는 신학교가 애즈베리신학교인데, 이 학교 졸업생은 서로 모셔 가려고 하고, 교회를 부흥시킨다고 합니다.

이 세교파 외에도 자유주의 신학의 영향을 받는 교단과 교회들은 다 죽어가고 있습니다. 이 자유주의 신학, 마귀의 신학이 세계에 퍼지는 가운데 한국에도 들어와서 기독교를 무너뜨리고, 교회를 파괴하고 있습니다. 더 늦기 전에 바로 잡지 않으면 주님의 몸된 교회는 걷잡을 수 없이 쇠퇴하게 되고 수많은 영혼을 잃게 됩니다.

2. 교회를 파괴하는 사탄의 사상들

지난 93년 8월호 뉴스 위크(New Week)지에 보면, 감리교의 발생국인 영국에 감리교회가 14,000교회였는데, 8,000교회가 죽고 6,000교회만 남았습니다. 최근 런던에 있는 전통있는 큰 감리교회는 술집으로 팔렸습니다.

미국의 감리교회는 1965년까지 1,200만이었는데 800만 밑으로 떨어졌고, 한 교회를 세우고 다섯 교회가 죽는 형편입니다. 매일 3백50명짜리 교회 하나씩 문을 닫는 형편입니다.

그것은 예수의 신성도 믿지 않고, 부활도 믿지 않는 사탄이 만들어낸 이단사상의 영향 때문입니다. 오늘날의 신앙은 성경을 송두리채 부인해 버리는 신학입니다.

① 여성신학(Feminist Thelolgy)

미국과 전 세계에 여성의 권위를 주장하는 신학이 발달하여 하나님을 "어머니"라고

"Dear Mother"라고 기도하고, 하나님을 "여호와 하나님"이 아니라 "쏘피아 하나님"이라고 바꾸어 부르는데도 있습니다.

하버드(Harvard)신학교의 교수 엘리자베스 피오렌자(Elizabeth S. Fiorenza)는 그의 저서에서 "예수의 죽음은 희생도 아니고 하나님이 구하신 것도 아니라고 전제하고, 구속적 제사에 대한 의미는 참혹한 죽음에 의한 나중의 제사적 해석에 지나지 않는다"고 주장했습니다.

메리 데일리(Mary Daly)교수는 "예수의 재림은 예수가 다시 오시는 것이 아니라, 여권이 회복되는 때인데, 그것은 적그리스도(Anti-Cluist)가 다시 와야 완전 회복되는 것이며, 교회를 파괴하는 자(Anti-Church)가 와야 이루어진다"고 했습니다. 또 "적그리스도의 나타남과 여성의 재림은 같은 말이라"고 했습니다.

한번은 한 얌전한 여자가 하버드(Harvard)대학교에 들어와 여성신학을 배우기 시작하더니 얼굴모습이 달라지고, 눈빛이 사나와지고, 생각하는 것이 달라 지더니 착한 남편을 사랑의 배필로 생각하는 것이 아니라, 공격의 대상, 복수의 대상을 삼고, 적대적 감정을 품더니 마침내 이혼하고 말드랍니다. 가정을 파괴하는 사탄의 역사가 아니고 무엇입니까?

요한일서 2장 22~23절에 "거짓말하는 자가 누구뇨 예수께그 그리스도이심을 부인하는 자가 아니뇨 아버지와 아들을 부인하는 그가 적그리스도니, 아들을 부인하는 자에게는 또한 아버지가 없으되 아들을 시인하는 자에게는 아버지도 있느니라"고 하면서 그가 곧 적그리스도라고 했습니다.

로마서 8장 15절에 "너희는 무서워 하는 종의 영을 받지 아니하였고 양자의 영을 받았으므로 "아바 아버지"라 부르짖느니라"고 했습니다. '아바'는 아람어로 "아버지"라는 뜻이고, 이 말은 예수님이 성령의 감동으로 그 입으로 지적하신 말씀입니다. 그러므로 하나님을 '어머니'라고 부르는 것은 사탄의 역사입니다.

② 종교다원주의(Religious Pluralism)

이 신학사상은 1960년에 소수민족들이 미국으로 이민해 오면서 그들 자신들의 종교를 가지고 들어오는데서 생겨난 것입니다. 그 종교적인 문제들을 해결하기 위해서 "모든 종교는 사이좋게 살기 위해서 공존해야 된다"는 데서 시작된 것인데, 나중에는 "특성 종교만이 절대진리, 절대구원을 주장하는 시기는 지나갔고, 궁극적으로는 단순히 공존하는 것이 아니라 같은 구원, 같은 진리에 도달한다"고 까지 주장하게 된 것입니다.

나아가서 예수의 신성과 유일성도 부인하고, 십자가의 피의 구속이나, 그리스도의 부활도 부인하는 것입니다. 심지어 "마리아가 낳은 예수가 우주적인 그리스도가 아니며, 모든 종교에 다 그리스도가 있고, 구원도 있다"고 주장한 것입니다. 얼마나 무서운 사탄의 사상입니까?

디모데후서 2장 14~19절에 "…네가 진리의 말씀을 옳게 분변하며…망령되고 헛된 말을 버리라 저희는 경건치 아니함에 점점 나아가나니 저희말은 독한 창질의 썩어져 감과 같은데 그중에 후메네오와 빌레도가 있는니라"여기서 "독한 창질"이란 영어 "갱그린(Gangrene)"인데, 이것은 여름에 조개나 생선을 잘못먹고 피가 썩어 죽는 "회저병"이란 이름입니다.

이런 이단사상은 영혼을 썩게 만드는 무서운 마귀병입니다.

요한복음 14장 6절에 "내가 곧 길이요 진리요 생명이니 나로 말미암지 않고는 아버지께로 올 자가 없느니라"고 했습니다. 예수의 신성도 부인하고, 십자가의 구속이나 부활도 부인하는 무서운 사탄의 사상입니다.

③ 후기 근대주의(Post-Modernism)

이 사상은 지금까지 내려오는 현재주의(Modernism)는 기독교의 가장 핵심진리인 십자가의 피의 구속이나 부활을 부인하는 것입니다. "예수의 피나 짐승의 피나 같은 것이지 무슨

– 13 –

19920216_(자유주의신학은)사탄의 가장 큰 도구_김홍도_불기둥_5번_페이지_3

효험이 있는 것이 아니다"라는 것입니다.

"기독교 신앙은 생물학적 죽음과 부활을 믿는 것이 아니라, 하나님의 심판의 행위로서의 예수의 부활이요, 그것에 대한 체험은 임마누엘에 있다"고 하면서 교묘하게 의미상의 부활을 말하고, 역사적 사건으로서의 부활을 부인하는 것입니다. 요한일서 4장 1~3절에 "사랑하는 자들아 영을 다 믿지 말고 영들이 하나님께 속하였나 시험하라 많은 거짓선지자가 세상에 나왔으이니라 하나님의 영은 이것으로 알지니 곧 예수 그리스도께서 육체로 오신 것을 시인하는 영마다 하나님께 속한 것이요 예수를 시인하지 아니하는 영마다 하나님께 속한 것이 아니니 이것이 곧 적그리스도의 영이니라"고 했습니다.

기독교는 피의 종교이며, 부활의 종교입니다. 성경에 피라는 단어가 700번 나옵니다. 호켄타워 교수는 "기독교 시대는 지나갔다"고 까지 말한 것처럼, "포스트 모더니즘(Post-Modernism)"은 결국 "기독교 시대는 지나갔다"(Post-Christianity)라고 하는 뜻입니다.

④ 새시대 운동(New Age Movement)

새시대 운동은 한마디로 세계 정부를 하나로 만들고, 세계 종교를 하나로 만들어서 새로운 시대를 만들자는 운동입니다. 이 운동의 근원은 1875년으로 거슬러 올라가서 러시아의 '헬레나 페트로브나 블라바츠키'에 의해서 창설된 것인데, "이 새로운 세계 질서의 구현은 지혜의 주인이 되는 사탄을 통해서 성취된다"는 것입니다. 이러한 저들의 시도는 결국 사탄의 왕국을 이 지구상에 건설하자는 사탄숭배운동이며, 종교인 것입니다.

"사랑으로 하나가 되자"는 미명아래 종교를 하나로 만들자는 사탄의 계략이 들어있고, 여기서 거침돌이 되는 종교인은 다 없애버리겠다는 것입니다. 이것은 곧 말세에 나타날 사탄의 메시야, 적그리스도의 출현을 예비하는 사탄의 운동입니다.

"주는 그리스도시요 살아계신 하나님의 아들이시니이다"하는 원대한 신앙고백 위에 예수께서는 "내가 이 반석 위에 내 교회를 세우리니 음부의 권세가 이기지 못하리라"고 엄히 말씀하셨습니다.

성결 갈라디아서 1장 7~8절에 분명히 말씀하시길 "다른 복음은 없나니 다만 어떤 사람들이 너희를 요란케 하여 그리스도의 복음을 변하려 함이라 그러나 혹 하늘로부터 온 천사라도 우리가 너희에게 전한 복음외에 다른 복음을 전하면 저주를 받을 지어다"라고 했습니다.

이렇게 무서운 사탄의 영이 난무하는 때에, 순교의 각오를 가지고 성경진리를 수호해야 하겠습니다.

3. 자유주의 신학은 목숨걸고 배격해야 합니다.

구라파의 교회들을 죽여 놓고 미국의 교회들을 죽이고 온 세계 교회를 죽이려 드는 자유주의 신학은 사탄 마귀의 가장 큰 도구이기 때문에 이보다 더 무서운 것은 세상에 없습니다. 자유주의 신학자는 무당이나, 히틀러나, 사탄보다 무서운 존재입니다. 왜냐하면 무당이나 점쟁이는 그렇게 큰 피해는 주지 못하고, 히틀러가 600만 유태인을 죽였지만 자유주의 신학자들은 온 천하보다 더 귀중한 영혼을 6000만도, 6억도 죽여서 영원한 멸망으로 빠뜨리기 때문입니다.

① 성경의 근거

갈라디아서 1장 7~8절에 "다른 복음은 없나니, 다만 어떤 사람들이 너희를 요란케 하여 그리스도의 복음을 변하려 함이라. 그러나 우리나 혹 하늘로부터 온 천사라도 우리가 너희에게 전한 복음 외에 다른 복음을 전하면 저주를 받을찌어다"라고 했습니다. 바울같은 대사도도 "금방 하늘에서 내려온 천사라도 다른 복음을 전하면 저주를 받을찌어다"라고 했으니

도도 "금방 하늘에서 내려온 천사라도 다른 복음을 전하면 저주를 받을찌어다"라고 했으니 얼마나 큰 경고의 말씀입니까? 그까짓 잘못된 신학자들 쯤입니까?

디모데후서 2장 16~18절에 "망령되고 헛된 말을 버리라. 저희는 경건치 아니함에 점점 나아가나니 저희 말은 독한 창질의 썩어져감과 같은데 그중에 후메네오와 빌레도가 있느니라. 진리에 관하여는 그릇 되었도다. 부활이 이미 지나갔다 하므로 어떤 사람들으 믿음을 무너뜨리느니라"고 말씀했습니다. 자유주의 신학은 사탄의 신학이요, 영혼을 회저병처럼 죽이는 신학이요, 믿음을 무너뜨려 지옥으로 밀어 쳐넣는 마귀의 사상이므로 단호한 태도로 물리쳐야 합니다. 동정녀 잉태, 부활, 삼위일체, 예수님의 대속의 사실, 천국, 지옥 등, 어떤 것 하나도 믿지 않으면 두 말할 것 없이 자유주의 신학이요, 마귀의 사상입니다. 요한일서 4장 1~3절에 "사랑하는 자들아 영을 다 믿지 말고 오직 영들이 하나님께 속하였나 시험하라. 거짓 선지자가 세상에 나왔씀이니라. 하나님의 영은 이것으로 알찌니 곧 예수그리스도께서 육체로 오신 것을 시인하는 영이니 하나님께 속한 것이요, 예수를 시인하지 아니하는 영마다 하나님께 속한 것이 아니니 이것이 곧 적 그리스도의 영이니라…"고 했습니다.

그러므로 그들, 성경을 불신하는 교수들은 적그리스도의 종이요, 가장 큰 기독교의 원수입니다. 사람을 미워하지 말고, 그속에 기하는 사탄을 미워하고 대적해야 하는 것입니다. 오늘 본문에 있는 말씀과 같이 말세에는 거짓 선지자와 거짓 그리스도가 많이 나타나므로, 미혹을 받지 않도록 주의하라고 신신당부 하셨습니다. 신학에는 학문의 자유가 있을 수 없습니다. 성경에 배치되는 신학은 신학도 아닙니다. 교역자를 양성하라고 세운 신학교에서 성경을 뒤엎는 교수는 결코 용납할 수 없습니다.

② 부모 형제라도 배격해야 합니다.

제가 만일 제 아버님이나, 형님이 이런 자유주의 신학교수요, 학장이라도 저는 앞장서서 해결하는 데 나설 것입니다. 그리고 육신의 부모는 부모로 효도하고 잘 봉양할 것입니다. 왜냐하면 예수께서 "누가 내 모친이며 동생이냐…누구든지 내 아버지의 뜻대로 하는 자가 내 형제요, 자매요, 모친이니라"한 말씀대로, 육신의 혈육 관계보다 영혼의 문제가 더 중요하고, 신앙이 육신의 생명보다 중요하기 때문에 내 신앙을 파괴하거나 영혼을 망치는 자유주의 신학자라면 목숨걸고 배격해야 되는 것입니다.

2,000년 기독교 역사상, 신앙의 절개를 지키기 위해 순교한 사람이 그 얼마나 많습니까? 성경 말씀이나 신앙은 생명보다 중요하고 부모 자식의 정보다 더 중요한 것입니다. 마태복음 10장 28절에 "몸은 죽여도 영혼은 능히 죽이지 못하는 자들을 두려워하지 말고 오직 몸과 영혼을 능히 지옥에 멸하시는 자를 두려워하라"고 말했습니다. 영혼의 문제는 육신의 문제보다 억만배 중요한 것입니다.

③ 죽으면 죽으리라는 기도

간신 하만의 간계로 바사나라의 모든 유대인이 하루 아침에 몰살당하게 되었을 때에 모르드개는 왕후 에스더에게 "이때에 네가 만일 잠잠하여 말이 없으면 유대인은 다른데로 말미암아 구원을 얻으려니와 너와 네 아비집은 멸망하리라. 네가 왕후의 위를 얻은 것이 이때를 위함이 아닌지 누가 아느냐?"고 했습니다.

이번에 저도 이 말씀으로 하나님의 명령을 받고 이 일을 시작했습니다. 유대인의 육신을 죽이는 일보다 억천만배 중요한 일, 곧 한국교회를 죽이고 수많은 영혼을 멸망으로 떨어뜨리려는 사탄의 궤계를 늦었지만 이제라도 속히 속히 척결해야만 합니다. 에스더가 "죽으면 죽으리라"는 각오를 가지고 금식하며 기도한 것처럼, 이 이단 사상, 자유주의 신학은 목숨걸고 기도하며 몰라내야 한국 교회를 살리는 것입니다.

– 15 –

19920216_(자유주의신학은)사탄의 가장 큰 도구_김홍도_불기둥_5번_페이지_5

[3] 1992년 2월 17일 (월)

교회복음신문 26P-0431 5-4

초점

감리교, 이게 뭡니까?

김원식
(편집국장)

19920217_감리교, 이게 뭡니까_김원식(편집국장)_5번

곽전태·김홍도목사 서울연회에 고소

감신대 홍정수교수, 명예훼손으로

K-4-031

기독교대한감리회 서울연회(나원용감독)가 감신대 변선환학장과 홍정수교수의 재판여부를 심사하고 있는 가운데 홍교수가 2월12일 곽전태감독회장과 김홍도목사(금란교회)를 직권남용 및 직무유기, 규칙오용과 명예훼손으로 서울연회에 고소하므로써 감리교 사태는 새로운 국면으로 접어들고 있다.

홍교수는 고소장을 통해 "곽감독회장은 지난해 3월 서울남연회에서 감신대 아무개 신학자를 공개성토한 바 있으나 정작 서울연회 감독에게 제출한 「목사자격 심사 의뢰서」에는 오직 고소인(홍교수)의 이름만 기재한 것은 피의자(곽감독회장)가 명백히 직권을 남용했거나 직무를 유기한 것"이라고 주장했다. 또 "본인은 피의자에 의해 제기된 심사사건에 의해 5개월 동안 목사자격 심사를 사실상 필하였으며 단지 형식상 「사건이 계류」중이었음에도 불구 이 사실을 고의로 총대님들께 보고하지 않아 본인이 같은 사안으로 두 번 심사받은 오류를 범하게 함으로써 교회의 법질서를 결정적으로 혼란시켰다"고 밝혔다.

홍교수는 "피의자는 저급한 수준의 신학지식으로 인해 한국 감리교회가 신학적 쟁점을 「교권주의적」으로 처리하는 잘못된 길로 가도록 크게 오도했으며 본인의 「부활신학」이 「교리에 위배」됐다고 말함으로써 오늘날 감리교의 혼란은 시작됐다"고 밝혔다. 홍교수는 감리교의 <교리와장정>에는 부활에 관한 교리가 설정되지 않았는데 감독회장의 직권을 이용, 교회의 규칙을 오용하여 종교재판을 시작하게 만들었다는 것이다.

또한 홍교수는 김홍도목사를 맞고소한 고소장에서 "김목사는 전혀 근거도 없는 거짓말과 날조된 내용의 인쇄물로써 여러차례 공개적으로 본인은 물론 감신대의 명예를 고의적으로 크게 훼손했으며 '통일교 거물급 간부를 육성했다'고 허위 선전해 본인의 명예를 훼손했다고 주장했다.

홍 교수의 김목사 고소는 김목사가 지난해 11월 홍교수를 「이단사상」과 「통일교 연루」혐의로 고소한데 대한 맞고소인 셈이다.

<관련기사 6면>

19920222_곽전태 김홍도 목사 서울연회에 고소_크리스챤신문_5번

복 음 신 문 해설 1992년 2월 23일(일요일)

최근 제기된 감신교수 통일교 관련설 실상을 알아본다

'묵인 연루'인가 '억지 추측'인가

관련설 장본인, 최초 신상공개

최근 일간지를 비롯 교계신문에서 계속 다루고 있는 감리교 신학문제는 처음 다원주의·포스트모더니즘신학의 내용을 둘러싸고 논쟁을 시작했었으나 점차 이에서 벗어나 두교수, 감신대의 변선환학장, 홍정수교수에 대한 통일교관련설 문제로 번해가고 있다.

이는 교리수호대책위원회(공동대표=김홍도목사, 유상열장로)가 지난해 두 교수를 고소할 때 신학문제와 더불어 통일교관련문제를 덧붙여 고소했었고 또한 통일교관련설을 일간 및 교계신문에 계속적으로 유포함으로써 주된 사안으로 떠오르게 됐기 때문이다. 아울러 지난 12일 홍정수교수가 이 문제를 들어 교회법에 의해 명예훼손 혐의로 김홍도목사를 서울연회에 맞고소하고 나섬으로써 어느 편이 맞는 것인지에 대한 관심이 더욱 증폭되게 되었다.

결국 두 교수가 정말 통일교와 관련되어 있느냐의 여부가 맞고소사태로 치닫고 있는 현 공방을 잠재워 줄 수 있다는 결론에 달하게 되는 것이다. 이에 대한 궁금증을 해소하기 위해 두 교수의 통일교관련설을 주장하는 장본인, 이규철전도사(35세·교리수호대책위원회 간사)를 언론지로서는 최초로 직접 만나 보았다.

이전도사는 "그동안 부끄러운 과거때문에 신분을 감췄으나 홍교수가 이 문제를 들어 김홍도목사를 명예훼손 혐의로 고소한 만큼 진실규명을 위해 신분을 밝히게 되었다"라며 통일교와 관련되었던 과거 행적들을 털어 놓았다.

이전도사의 진술에 의하면 81년 뒤늦게 지방 모 예술대학에 입학한 후 신학에 대한 신부른 욕심때문에 국제기독학생연합회(ICSA)라는 단체에 가입하게 되었으며 이로써 통일교와 관련을 맺게 되었다고 한다.

"처음에는 전혀 통일교와 관련된 단체인 줄 모르고 가입했다. 후에 통일교 단체인 줄 알게 되었을 때는 이미 거물급이 되어가고 있었다"

이때 그는 ICSA전국연합회 초대회장인 양창식을 잘 알게 되었고 통일교로 부터 수뇌부로 들어오라는 권유까지 있었으나 이를 거부, ICSA에서 탈퇴하게 되었다고 밝혔다. 그후 어려운 삶의 과정끝에 지난 87년 3월 감신대 신학과에 입학해, 신학공부를 하던중 과거 ICSA시절 통일교의 청년활동 책임자였던 양창식을 감신대내에서 만나게 되었다는 것이다.

"그가 감신대 신학대학원에 재학중이라는 사실을 확인하는 순간 너무 충격적이었다. 그같은 거물급 통일교인물이 어떻게 감신대에서 공부를 할 수 있는가 반문할 수밖에 없었다. 그는 당시 원리연구회 사무처장이었으며 현재는 종로 대교구장이자 문선명의 후계자로 지목받고 있는 문효진의 특별보좌관으로서 세대교체를 이루고 있는 통일교의 차세대 서열 제1위인 대단한 인물이다"

이를 확인한 그는 당시 홍정수교수에게 찾아가 이 사실을 밝히고 대책을 호소했으나 홍교수는 "통일교도이건 불교도이건 일단 문교부법에 의해 입학한 이상 상관할 바가 아니다"며 자신의 의견을 묵살해 충격을 받았다고 말했다.

"또한 변학장에게도 이를 보고해 달라고 홍교수에게 이야기했음에도 불구하고 양창식에 대한 졸업논문심사를 변학장이 계속 지도해, 결국에는 통과까지 시켜 무사히 졸업케 한 것은 분명 두교수가 통일교와 연루되어 있다는 증거라고 생각한다"며 두 교수의 통일교관련을 주장한 이 전도사는 "더욱이 양창식의 졸업논문 내용중 21군에서 통일교 교리를 발견할 수 있음에도 불구하고 이를 통과시켜 준 것은 이를 더욱 명확하게 하는 것"이라고 강조했다.

○통일교 관련 자료라고 이전도사가 제시한 양창식씨의 학적부 및 논문. 하지만 내용은 특정적인 통일교리를 담고있지 않았다.

통일교 거물급 인사, 감신대서 무사히 졸업

이전도사 "논문지도·묵인 방조" 홍교수 "근거없는 비약"

하지만 이러한 간접적인 증거보다 두 교수가 통일교와 연루되어 있다는 확실한 물증을 갖고 있느냐는 질문에 "사실 그런 것은 없다. 하지만 본인이 밝혔음에도 불구하고 통일교 거물급인사가 버젓이 감신대학원을 졸업했다는 것만으로도 통일교를 묵인, 방조했다는 사실을 입증할 수 있는 것 아냐?"고 반문하면서 묵인, 방도 연루에 속한다고 주장했다

이에 대해 홍정수교수는 "무 근거없는 추측에 불과한 무니 없는 악선전"이라고 일 했으며 최근 감신대 교수회. 교수일동으로 성명서를 발표 고 "자체 조사결과 두 교수 물론 어느 교수도 통일교와 련되어 있지 않다"고 못박고 다.

작년 11월경부터 구성되어 이에대한 조사활동을 벌여 감신대학원진상조사위원회(기춘, 방석종, 김득중교수)의 조사결과에 의하면 당시의 재학생인 양창식이 통일교 사임이 이번 조사결과를 통해 확인되기는 했으나 입학 당시에는 서류상 하등의 미비점이 없었으며 졸업당시에도 통일교와 연루되어 있다는 제보가 있어 조사를 했었으나 통일교와 관련되었다는 확실한 근거를 당시에는 찾지 못해 결국 교육법에 근거하여 졸업시킬 수밖에 없었다는 것이다.

또한 졸업논문 '선교과제로서의 민족분단과 통일전망'의 내용도 통일정책에 대한 신학적 평가라는 일반적인 내용일 뿐 뚜렷한 통일교 교리를 찾을 수 없다는 것이 조사위원회의 결론이었다.

결국 양창식이 통일교 인물인 것은 이번 조사를 통해서야 알 수 있었을 뿐 그당시에는 확인할 수 없어 졸업시킬 수밖에 없었으며 논문내용이나 기타 사항을 고려해도 두 교수가 통일교와 관련되었다는 근거는 아무곳에도 없다는 결론인 것이다. 이로써 감신교수회는 교리수호대책위원회의 두교수 통일교관련설이 비약된 추측성 논리에 불과하다는 진단을 내리고 있다.

결국 두 교수의 통일교관련 문제는 '심증은 있으나 물증이 없다'는 해석과 '지나치게 비약된 추측'이라는 해석중 어느 편에 설 것이냐에 따라 관련여부를 판단할 수 있을 것이라고 생각된다. (나이영기자)

19920223_묵인연루 인가 억지 추측인가
(최근 제기된 감신교수 통일교 관련선 실상을 알아본다)_복음신문_5번

기 독 교
대한감리회 기독교교리수호대책위원회

서울·중랑구 망우동 340-1(금란교회)
TEL : (02) 434-6713

1992. 2. 24

수 신 : 전국 각 교회 담임목사님
전국 각 교회 장로님
총회 총회대표
원로목사님, 원로장로님

제 목 : 교리수호대책위원회임원회 및 변선환교수, 홍정수교수에 대한 이단척결 촉구대회개최

전국 각 교회에서 성역에 수고하시는 목사님과 장로님의 가정과 교회위에 하나님의 은총이 충만하시기를 기원합니다.

1. 여러분께서 잘 아시는 지난 10월 교단특별총회에서 감신대 변선환교수, 홍정수교수에 대한 교수직과 목사직 면직결의에 대한 촉구를 하기위하여 감리교 교리수호대책위원회를 조직하여 각방면으로 촉구하고 있습니다.

2. 이 두 교수에대한 소속연회인 서울연회에서는 심사위원회에 수개월전에 회부되었으나 심사위원회 1반과 심사위원회 2반에서 심사위원 전원이 사퇴하는 사태로 인하여 제3반 심사위원회로 회부되어 심사하던중 돌연 피고의 기피신청으로 인하여 부득히 새로 재조직된 심사1반에 회부되어 현재 심사중에 있습니다.

3. 그리고 감신대 이사회에서는 최근 이사회를 열어 이사장에 나원용감독을 선출하고 이 두교수에 대한 문제논의조차 없었으며 오히려 들려오는 소식에 의하면 그 이사회에서 보선이사 3인을 선출하는 일에 있어서 이사장 나원용감독과 변선환학장에게 이사 추천권을 위임했다는 소식을 접하고 그일이 사실이 아니기를 바라면서 존경하는 감신대 이사는 교단파송이사로 현직감독님들과 목사님, 장로님들로 조직이 되었음으로 이러한 일이 없기를 바라면서 그 이사회에서는 속히 두교수문제를 척결하도록 촉구하기 위하여 아래와 같이 촉구대회와 임원회를 개최하오니 다망하시더라도 꼭 참석하시어 고견을 주시고 감리교회를 수호하여 주시기를 망원합니다.

4. 일 시 : 1992년 3월 9일 (월) 15:00시
장 소 : (서울) 금란교회 대성전
참석예정인원 : 약 5,000명
결의대회소요시간 : 1시간 30분
* 촉구대회가 끝난후 임원회가 있습니다.

기 독 교
대한감리회 기독교교리수호대책위원회

공동회장 김 홍 도 목사
유 상 열 장로

*** 후 원 : 기독교대한감리회 장로회전국연합회
기독교대한감리회 남선교회전국연합회
기독교대한감리회 원로목사, 원로장로회

19920224_교리수호대책위원회 임원회 및 변선환 홍정수교수에 대한 이단척결 촉구대회개최_기독교교리수호대책위원회_5번

감리교 총회, 감신대 두 교수 면직권고 결의관련

해외 신학자들 곽감독회장에 탄원서

존캅, 오그덴, 아리아라자 등 유감표명

기독교대한감리회 제19차 특별총회가 감신대 변선환학장과 홍정수교수를 신학적 이유로 목사직과 교수직 면직권고를 결의한데 대해 국내 신학자들 뿐만 아니라 해외 신학자들까지 우려를 표명하고 나섰다. 지난해 11월 국내 신학자 45명이 이 사건과 관련 「신학의 자유를 옹호하는 신학자 성명」을 발표한데 이어 최근 존 캅(클레어몬트대), 슈버트 오그덴(미남감리교대), 웨슬리 아리아라자(세계교회협), 도널드 메서(아일리프신학대) 등 세계적 신학자들이 곽전태 감독회장에게 탄원서를 제출하고 두 교수에 대한 총회의 결정을 철회할 것을 청원했다. 다음은 이들 해외 신학자들이 곽감독회장에게 보낸 탄원서를 요약한 것이다.

〈편집자〉

"시대착오적 결정, 토론과 대화통해 규명해야 교회와 신학을 혼동…웨슬리 정신에도 위배"

존 캅

최근 감리교 총회의 결정에 심각한 우려의 뜻을 표명합니다. 새로운 생각과 참신한 제안에 개방적일 수 있는 교회만이 건강하게 성장할 수 있다는 평범한 진실을 명심해야 합니다. 그들의 견해는 미연합감리교회의 입장과 맥을 같이 합니다.

이미 전세계 감리교 운동의 중론으로 인정된 견해를 학문적으로 승화한 신학자들을 정죄함은 상호 신뢰와 협력의 기조를 위협하는 중대한 사태입니다. 이같이 시대착오적이고 불행한 사태에 대해 전세계 기독교인들이 어떻게 느낄지 진지하게 숙고해야 합니다.

적절한 절차는 행정적 법적 규제가 아니라 토론과 대화입니다. 만약 두 학자의 견해가 잘못이라면 마땅히 「이론적으로」 그 오류를 규명해야 할 것이며 보다 낳은 견해로 대체할 수 있어야 합니다. 도대체 진리가 투표로 결정되는 것입니까? 투표로 죽은 예수는 그러면 비진리입니까?

웨슬리의 화해의 정신을 교육받은 우리는 이단박해의 어두운 과거의 유습이 근본주의 옷을 걸치고 다시 우리 주위를 유령같이 배회하지 않게 되기를 기도합니다. 부디 성숙한 결정이 이뤄져 기독교인의 자유와 웨슬리 정신이 훼손받지 않기를 희망합니다.

슈버트 오그덴

두 교수에 대한 총회의 결정은 부당할 뿐 아니라 교회의 유익을 위해서도 유감된 일입니다. 이같은 제도적 결정은 학문과 가르침의 자유를 훼손시키고 종국에는 교회를 위해 신학자들이 수행할 특유한 봉사와 역할마저 부인하게 됩니다.

교회가 진정 필요로하는 신학자들은 부당한 외부의 간섭과 통제에서 자유해 자신들의 비판적 성찰에 신신할 줄 아는 지성인들이란 사실은 오랜 역사와 경험이 증거합니다.

[illegible]적으로 추구한 학문적인 성과[illegible] 비록 일시적으로 교계 여타 구성원들의 호응을 받지 못할지라도 이를 물리적으로 억압하고 침묵케함은 정도가 아니며, 오히려 새로운 견해들이 꾸준히 비판될 수 있는 개방적이고 자유로운 신학적 토론의 장을 보장해 주는 것이 마땅할 것입니다. 신학자들에게 특유한 봉사의 기능을 다할 수 있는 정당한 자유의 공간을 확보해줌으로써만 교회는 신학작업의 유익을 나눌 수 있을 것이기 때문입니다.

웨슬리 아리아라자

감리교 총회가 두 교수를 「종교다원주의」와 관련해 정죄했다는 소식을 접하고 큰 실망을 금할 수 없었습니다.

아시아에 산재해 있는 여러 교회들 가운데 특히 감리교회들은 종교다원주의적 기능을 수행해 오면서, 변화하는 시대적 정황 속에서 적절하고 유익한 형태로 복음의 전파가 이루어 질 수 있도록 기여하고 있음은 이미 주지의 사실이 됐습니다.

교회의 공식적인 가르침과 개인들의 신학적 작업을 혼동하지 않는 것이 우선 필요하리라 생각됩니다. 교회를 도와 당면한 시대적인 문제에 고민하며 학문적 정열을 바쳐온 두 학자를 정죄했다는 소식은 저를 몹시 난감하고 우울하게 합니다.

이같은 결정은 이미 감리교회 내에 활동중인 다른 창조적인 학자들에게 부정적인 의구심만 배태시킬 우려가 있으며, 아울러 이미 에큐메니칼리즘의 확장에 적지 않은 공헌으로 명성을 얻고있는 한국 감리교회의 이미지를 훼손시킬 위험이 있습니다. 두 신학자의 견해는 이미 여타 많은 교회에서 긍정적으로 검토되어 수렴되고 있는 적정한 생각의 일부이며, 감리교회의 전통은 다양한 신학적 목소리를 경청하고 이를 조화롭게 포용하려는 시도 속에서 그 오랜 특징을 볼 수가 있을 것입니다. 학문적인 개방성과 관용의 정신이 만개한 지 이미 오랜 지금, 이같이 불행하고 시대착오적인 결정에 우리 모두는 슬픔과 실망을 금치 못하고 있습니다.

이 결정을 재고해 주실 것과 이 사안이 보다 보편적인 문맥에서 폭넓은 이해와 토론을 거쳐 결정될 수 있도록 선처해 주실 것을 간곡히 청원드립니다. 이 정죄의 결정이 조속히 철회될 수 있기를 희망합니다.

도널드 메서

종교다원주의에 관한 신학적 견해로 말미암아 정죄당했다는 심히 유감스러운 소식은, 지구촌의 곳곳에 산재한 감리교인들과 여타 기독교인들 사이에서 이미 회자되어 잠식있는 이들을 슬프게 하고 있습니다.

이같은 결정은 웨슬리의 정신과 운동에 명백히 위배됩니다. 이는 이미 전세계적으로 파급되어 긍정적으로 논의되고 있는 에큐메니컬리즘의 정신에서 보더라도 도무지 정당화될 수 없는 시대착오적 발상이기 때문이다.

총회의 결정을 재고해 주실 것을 정중히 청원드립니다. 우리들의 구주이신 예수 그리스도의 정신에 의지하여 또한 건의드리는 것은, 「종교다원주의」라는 신학적 전문 분야의 문제는 교리적 제도적 결정으로 그 가부를 선언할 성질의 것이 아니라, 세계적인 신학자들과 전문가들에게 적절한 감정을 의뢰함이 마땅하다는 사실입니다.

감신대의 유수한 역사와 전통이 이같은 사태로 인해 훼손당함은 커다란 불행이 아닐 수 없습니다. 한국 감리교회는 세계적인 동료 석학들의 존경을 얻고 있는 두 신학자를 부당하게 대우함으로써 명성을 손상케하는 우를 범하지 말아야 할 것입니다.

홍 교수의 신학적 작업은 근본적인 기독교의 교리와 신념들을 보다 창조적이고 비판적으로 재조명해봄으로써 복음 전달의 새로운 효율성을 타진해보는 데 있는 것일 뿐 입니다. 변학장 역시 타인 대화에 대한 개방적인 자세를 견지할 뿐이며 그리스도와 그 구원의 사역을 믿고 인정하기는 마찬가지입니다.

성급했던 정죄의 결정이 부디 철회되고 웨슬레의 화해정신이 다시 불결치기를 희망합니다.

19920229_감리교총회, 감신대 두 교수 면직권고 결의관련 해외 신학자들 곽감독회장에 탄원서 _크리스챤신문_5번

K-4-093

홍정수교수, 불기소처분 주장

서울연회심사위에 이의신청

김홍도목사(금란교회)와 유상열장로의 고소에 의해 감리교 서울연회 심사위원회로부터 재판심사를 받고 있는 홍정수교수(감신대)는 2월24일 "본 피의자에 대한 고소사건은 이미 소송사건의 형식적 결핍에 해당하기 때문에 불기소처분에 해당해야 한다"고 주장, 박민수 재판위원장에게 이의신청서를 제출했다.

홍교수는 이의신청서에서 "법정기일 50일 이내에 기소여부를 결정하지 못한 사건은 당연히 교회의 재판법에 따라 불기소 처분해야 한다"면서 "현재 진행중인 심사는 위법"이라고 주장, 이의 시정을 요구했다.

또 홍교수는 형사소송법 제11조와 제12조를 들어 "김목사와 유장로가 고발한 금번 사건은 그 내용상 서로 다르며 서로 아무런 상관이 없음에도 불구하고 두 신학자가 현재 「단일동일사건」으로 취급받고 있다"면서 "이것은 피의자 서로에게 악영향을 끼칠 수 있는 중대한 위법적 절차"라고 분리심리를 요청했다. 92/2/29

19920229_홍정수교수 불기소처분 조장 서울연회심사위에 이의신청_크리스챤신문_5번

집중 논단

7계간 연세 진리·자유
1992 봄 제12호

구원
죽음의 죽임

홍정수

이 주제는 아주 난처한 것이 될 수도 있다. 기독교의 사상은 아주 엉성한 데가 많아서, 얼핏 보기에는 아주 명확해 보이는 기본적 신앙 문제에 대하여조차도 일정한 가르침을 확립하지 못 한 경우가 허다하다. '구원'이라는 주제가 바로 그런 경우의 한 전형에 해당한다. 게다가 대부분의 교회 지도자들은 바로 이 같은 신학적 사정을 잘 파악하고 있지 못 하기에, 누군가가 구원에 대하여 자신의 입장을 명쾌하게 밝히려고 노력하면 그는 곧 '이단'으로 몰리기가 십상이다. 그럼에도 불구하고 나는 이 같은 위험을 무릅쓰고자 한다. 내가 존경하는 종교철학자 하르쇼온의 말대로, "애매모호한 영역에 대하여 과감하게 말하지 않는 사람은 '이성의 친구'가 아니"기 때문이다.

이야기의 단서

우리가 지금 여기서 함께 생각해 보고자 하는 기독교의 '구원' 이야기는 기독교의 전통적인 구원론이 아니라, 그것을 우리 나름대로 새롭게 이해하려는 '하나의 시도'이다. 이와 같은 시론이 필요한 이유는 첫째, 서구의 기독교는 물론이요 한국의 교회들도 기독교가 믿고 가르치고 있는 구원에 관하여 아직 분명한 인식이 없으며 둘째, 교회가 일반적으로 가르쳐 온 전통적인 구원론이 오늘의 시대를 아픔으로 살아 가고 있는 신세대들에게는 아주 낯선 이야기로 들리기 때문이다. 만일 그렇지 않다면, 곧 기독교의 전통적인 구원론이 오늘의 한국인들에게 아무런 거리낌이 없을 뿐만 아니라 그것이 여전히 살아 있는 감동의 메시지라면, 우리에게 '구원'에 관한 이야기는 처음부터 꺼낼 필요조차 없는 주제가 될 것이다.

결국 우리는 '기독교 시대(Christendom era)' 이후의 기독교 메시지를 찾아 보려는 작업 앞에 놓여 있다. 이름하여서 '기독교 후기(post-Christian era)'에 놓여 있다는 전제를 가지고 이야기를 전개하고자 한다. 물론 아직 한국에는 기독교의 위세가 너무나 당당하여(?), 많은 한국 크리스천들은 설마 기독교가 그 위세를 잃어 버리는 '기독교 후기' 현상이 한국 땅에도 도래할 것이라고 생각하지는 않을 것이다. 그러나 내가 보기에는 한국 땅에서도 '신세대들'은 전통적인 기독교의 메시지에 대하여 뭔가를 눈치채고 있음이 확실하다. 따라서 기성세대의 한국 교회 지도자들이 아무리 위험시하더라도 누군가는 이 같은 작업, 곧 기독교의 전통적 메시지를 철저하게 새롭게 해석하는 일을 수행해야 할 것이다.

전통적인 구원론

여기서 전통적인 구원론이라 함은 성서 자체가 말하는 구원론이 아니라 5세기 이후 적어도 18세기까지의 기독교 교회들이 암암리에 가르쳐 온 구원론을 가리킨다. 그리고 5세기라 함은 콘스탄티누스 황제에 의하여 인정을 받은 기독교가 그 '자리'를 확보하고 난 때를 가리키며—이른바 '교리' 또는 '교의'는 이때 생겨 났다—18세기라 함은 인류사의 근대 말기에 등장한 '역사의식'이 아직 그 자리를 굳히지 못 한 시기를 가리킨다. 또 오늘날의 한국 교회들은 부주의하여 혹은 고의적으로 이 같은 '기독교 시대'의 구원론을 무비판적으로 전수하고 있다. 이제 그 내용을 살펴봄으로써 한국 교회의 신학사적 현주소를 확인해 보자.

고전적 승리론—신학자 아울렌에 의하면 지금까지 기독교 교회가 가르쳐 온 구원론은 세 유형으로 나누어진다. 우리는 그 첫번째 유형을 '고전적 승리론'이라고 부르자. 이 이론에 의하면 하나님께서 친히 인간이 되시어, 인간과 하나님 사이를 가로막고 있던 죄와 죽음과 악마를 쳐부수고, 결과적으로 인간과 하나님 사이에 '화해'를 이루셨다. 따라서 화해라는 측면에서 보면, 하나님 자신이 화해의 주역이시다. 하나님께서 친히 인간이 되시어, 하나님과 인간 사이를 갈라놓고 있던 악마를 물리치셨기 때문이다. 그러면서도 다른 한 측면에서 보면, 여전히 하나님은 화해의 대상이 되시기도 한다. 그 이유는, 인간과 그 세계가 이제는 하나님께서 적의를 품고 계시던 악마의 덫에 걸린 과거의 상태가 아니라 예수 그리스도에 의하여 악마가 '정복'된 상태, 곧 '회복'된 상태의 것이 되었기 때문이다. 그러나 여기서는 어디까지나 구원의 주체가 하나님이시다. 곧 하나님께서 친히 인간이 되시어, 예수 그리스도를 통하여 스스로 악마를 물리치시고 세상과 하나님 자신 사이를 화해시키셨다.

법률적 만족설–첫번째 유형에서는 하나님께서 화해의 주체가 되시며, 그 하나님은 어디까지나 은총을 베푸시는 자비의 하나님이시다. 그러나 두번째 유형에서는 하나님이 구원의 주체가 아니라 '인간'이 되신 예수 그리스도가 구원의 주체이시다. 여기서는 예수가 하나님 자신의 성육신(成肉身)이라는 점이 부정되지는 않지만, 예수의 역할은 어디까지나 '인간'으로서의 역할이다. 그리고 하나님 자신은 자비가 아닌 정의의 표상이시다. 인간이 악마의 유혹에 빠져 죄를 범하게 되자, 하나님께서는 정의를 발동하시어 그 인간에게 '죽음'이라는 형벌을 내리셨다. 그렇다면 구원이란 이것과 반대의 사건일 수밖에 없다. 곧, 인간이 다시금 일어서서, 짓밟힌 당신의 정의 때문에 분노에 가득찬 하나님을 진정시켜야 한다. 다시 말하면, 파괴된 하나님의 정의가 재수립되어야 한다. 그리고 그것은 하나님의 일이 아니라 인간이 하나님께 바쳐야 할 과업이다. 그러나 그 과업은 인간에게는 너무나 크고 중차대하여, 신과 같은 존재로서의 인간이 필요했다. 그가 곧 예수 그리스도이시다. 그런데 인간의 죄를 대신 짊어지고 스스로 희생제물이 되신 예수 그리스도의 죽음은 바로 이 같은 하나님의 분노를 진정시키기에 충분하였다. 마침내 그의 죽음으로써 하나님의 정의는 '보상' 또는 '만족'되었다. 이것은 하나님과 인간 사이의 관계를 법률적인 측면에서 바라본 것이다.

윤리적 모범설–위의 두 유형이 하나는 하나님의 주체성과 사랑을, 그리고 다른 하나는 하나님의 지존성과 정의를 강조하는 데 반하여, 이 세번째 유형은 구원을 받아야 하는 우리 인간들의 '참여'를 강조하는 데 그 특징이 있다. 그런 시각에서 본다면 첫번째, 두번째 유형에서는 다같이 우리는 아무 것도 하지 않았는데도 우리의 구원이 하나님 또는 인간이신 예수 그리스도에 의하여 영구히 확정되어 버린다. 정말로 그렇다면 매우 고마운 일이기는 하지만, 우리들이 바른 신앙을 지키려 애를 쓰며 바른 삶을 살려고 노력한다는 것은 아무 소용이 없는 셈이다. 우리들이 탄생하기도 전에 하나님께서 예수 그리스도를 통하여 인간과 악마 사이의 문제를 영구히 완결지으셨기 때문이다.

이에 비하여, '윤리적 모범설'이라고 말할 수 있는 세번째 유형에 의하면, 예수 그리스도께서 하신 일은 그가 인간으로서 하신 것(공로)이다. 그리고 우리들은 이 위대한 '교사의 모범'을 보고 거기에 상응하는 반응, 곧 참회와 하나님께 대한 사랑을 되찾게 된다. 그리고 하나님께서는 이렇게 변화된 인간의 모습을 보시고 흡족해 하시며 용서해 주신다. 그런데 이 유형의 치명적 약점은–이것 때문에 교회는 이 입장을 별로 받아들이지 않았다–예수의 죽음 자체를 소홀히 여긴다는 데 있다. 앞의 두 유형은 서로 다른 질서를 택하고 있지만 한결같이 예수의 죽음이 우리 인간을 구원하시는 하나님의 위대한 힘이라고 증언하고 있다. 바로 이 사실이 우리의 '새로운 시도'에 열쇠를 제공한다. 그러나 새로운 시도를 하기에 앞서 그 두 유형 속에 있는 요소들 가운데 신세대들에게 받아들여지기 어려운 점을 짚고 넘어가자.

전통적 구원론의 문제점

교회들은 대체로 첫번째 유형과 두번째 유형을 적당히 섞어 받아들였다. 곧, 기독교가 가르치고 있는 인간 구원론은 한마디로 정리하면, 예수의 죽음에 의하여 '3대 악', 곧 죄와 죽음과 악마가 정복되었다고 하는 것이다. 그리고 이 같은 구원의 완성은 '저 세상'에서 또는 죽음과 동시에 이루어진다고 보았다. 그런데 이 같은 논리는 자세히 살펴보면 신세대들이 도저히 받아들일 수 없는 신화와 마술을 안고 있는가 하면, 자체 모순도 안고 있다. 이렇게 말한다고 하여 나의 신앙을 세인의 구미에 맞추려 드는 '현대주의'로 몰아붙여서는 안 된다. 우리가 원하는 것은 어디까지나 성서 메시지의 진정한 회복에 있기 때문이다.

위의 두 유형은 그 본래적 진의와는 달리, '내세' 사상과 결합되어 기독교의 구원의 초점이 인간의 생물학적 '죽음의 정복'에 있는 양 우리를 오도했다. 유태인들이 죽음을–자연의 섭리의 하나가 아니라–정복의 대상으로 말하기 시작한 것은 겨우 기원전 2세기, 곧 신의 이름으로, 민족의 이름으로 제국주의에 항거하다 억울하게 죽어 갔던 수많은 순교자들이 났던 시기부터인데, 생물학적 죽음, 자연의 섭리로서의 죽음을 극복하는 것이 마치 유태–기독교의 구원 소식의 핵심인 양 믿고 가르치게 된 것은 확실히 성서의 오해에서 비롯된 것이다. 따라서 기독교의 구원론을 마치 욕심쟁이 진시황제가 찾으려 애썼다는 불로장생의 명약과 같은 것이라고 믿는 것은 어리석은 미망에 불과하다는 생각이 든다. 이제 죽음에 대한 우리의 생각을 정리하면서, '죽음에 의한 죽음의 죽임으로서의 인간 구원'이라는 성서의 본래적 메시지를 되찾아 보자.

새로운 시도

본래적인 죽음–돌아감, 안식, 해방으로서의 죽음.

한국인들은 보통 복을 누리다가 인간의 수(壽)를 다하고 죽는 죽음을 두고 호상(好喪)을 당했다고 한다. 이 경우 죽음이 비록 이별의 슬픔을 은폐시키지는 못 하지만, 그 슬픔은 그래도 감당할 만한 것으로 받아들여진다. 성서에

도 이런 죽음과 이런 죽음맞이가 있다. 믿음의 조상들 아브라함과 이삭과 야곱의 죽음이 그런 경우이다.

아브라함은 전설에 의하면 175세에 죽었다. 비록 생전에 숱한 고생을 다 했지만 하나님께서 늘 그림자처럼 그를 지켜 주셨으며, 늦게 본 자식을 통하여 하나님의 언약이 실현되어 나아가리라는 소망을 안고 죽었다. 그래서 성경에는 그의 죽음을 두고 이렇게 기록하고 있다. "그가 수가 높고, 나이 많아, 기운이 진하여, 죽어, 자기 열조에게로 돌아가매……." 여기서 우리가 보는 것은 그의 죽음이 후대의 어떤 죽음들처럼 한스런 죽음이 아니었고, 그래서 아브라함은 죽어 "조상들에게로 돌아갔다"는 표현이다. 죽음—그것은 돌아감이다. 자기 존재의 근원으로 돌아가는 것이다. 출발했던 지점으로 되돌아감으로써 아브라함의 인생 순례는 하나의 원을 완결시킨 것이다. 하나님은 그에게 충분한 시간을 주셨고 자상히 배려하였다. 그는 자기 생을 죽음으로써 완결지었다. 그야말로 호상이다. 우리 모두가 부러워하는 정상적인—그러나 은총으로써만 가능한—죽음이다. 이것이 성서에 나타난 가장 원초적인 죽음의 이해다. 이런 죽음은 인간을 구원하지도 않으며, 또 인간 역시 이런 죽음에서 구출되기를 원하지도 않았다.

그런데 아브라함과 이삭과 야곱과는 다른 의미에서 소크라테스도 평안한 죽음을 맞이했다. 플라톤의 해석에 의하면 우리는 소크라테스가 죽음이란 육체의 감옥살이에서의 해방이라고 믿었음을 안다. 소크라테스는 아테네의 청년들을 유혹, 선동한다는 이유로 재판을 받아 처형당하게 되었다. 그런데 그는 마지막 순간까지 '철학자'로서의 평안한 죽음을 맞이한다. 그것은 그가 죽음이 곧 해방이라고 믿었으며, 죽은 다음 멋진 것이 기다리고 있다는 소망을 간직할 수 있었기 때문이다.

"죽음이라는 것이 존재한다고 믿는가?"

"분명히 있습니다."

"그것은 영혼과 육체의 분리가 아닌가? 그리고 죽는다는 것은 이러한 분리의 완성인 것이다. 영혼이 독립해 있어서 육체로부터 해방되고, 육체가 영혼으로부터 해방될 때 이것이 바로 죽음이 아닌가?"

"그렇습니다."

이것은 소크라테스와 심미아스의 대화 한 토막이다. 플라톤적인 소크라테스는 신과 정신(이데아) 세계의 독립된 존재를 믿었고, 그래서 죽음이란 두려워할 것이 아니라 철학자가 진정으로 추구하는 목표라고 굳게 믿었다. 그래서 고통스런 약사발이 결코 두렵지 않다고 말하고 있다.

이로써 우리는 동서고금을 막론하고 죽음이 인생에서 처음부터 '문제'가 되었던 것은 아님을 확실히 알 수 있다.

비본래적인 죽음—'눈감지 못 하는' 죽음.

어떻게 보면 모든 죽음이 억울하고, 모든 죽음은 목표를 달성하지 못 한 때 이른 죽음이라고 할 수 있지만, 어떤 죽음은 아주 특별한 의미에서 억울한 죽음이라고 할 수 있다. 그런 억울한 죽음을 가리켜 한국인들은 예로부터 '죽어서도 눈감지 못 하는 죽음', '여한이 있는 죽음'이라고 불러 왔다. 우리나라의 민간신앙 속에 자리잡고 있는 이 같은 언어와 죽음 이해는 유태—기독교의 '구원' 메시지를 한국인들이 새롭게 이해할 수 있는 열쇠를 제공한다고 믿어진다.

우리나라의 역사와 민간신앙 속에는 '한 많은' 죽음들이 많이 있다. 그 대표적인 경우가 젊은 나이에 억울하게 살해된 단종이나 사도세자 또는 고려말의 최영 장군이나 조선 시대의 임경업 장군 등이다. 이들은 모두 자기들 나름으로 선한 삶을 살려고 하였으나, 그들의 후원자가 되었어야 할 가까운 사람들에 의해서 살해되었다. 그런데 우리나라의 무속신앙에 의하면 한 맺힌 죽음을 당한 이들은 죽어서도 잠들지 않는다. 그래서 그들의 혼백은 역신(逆神) 또는 원신(怨神)이 되어 인간 세계를 떠돌아 다니게 되며, 역신과 원신들이 잠들지 않는 한 그 나라에는 태평이 없다고 했다. 현대사의 예를 들면, 4·19를 연 김주열과 그 후배들의 죽음(1960), 노동운동을 진일보시킨 전태일의 죽음과 그 후배들의 죽음(1970), 민주화 운동의 새 차원을 시작케 한 광주의 젊은 죽음들(1980) 등등 한국 땅에는 결코 '잠들 수 없는 죽음들'이 계속하여 역사를 이어 가고 있다. 이렇게 볼 때, 억울하게 '역적'으로 몰려 죽은 사람의 혼백(역신)과 원통하고 절통하여 스스로 목숨 끊은 사람의 혼백(원신)은 결코 인간의 '종점'인 황천으로 가지 못하고 후대들을 지켜보고 있다고 하는 우리 조상들의 이 믿음과 언어는, 그 표현이 비록 신화적이기는 하지만 대단한 역사 의식의 발로라고 생각된다. 그리고 바로 이러한 비본래적이고 저항적인 억울한 죽음들이 역사 속에 난무하게 되었을 때, 곧 유태교와 기독교의 중간기인 기원전 2세기에 '죽음은 정복되어야 한다'는 요청이 자연스레 발생하였다.

이 배경을 망각하면, 기독교의 구원 메시지가 예수의 죽음에 의한 죽음의 죽임이라는 역설적 표현을 결코 이해할 수 없다.

예수의 죽음—생명을 품에 안았던 한 설교자, 의사의 '언어 행위'.

하나님께서 인간이 되시어 스스로 죽

으심으로써 비로소 우리 인간이 '용서' 되어 구원을 받게 되었는가? 도대체 하나님의 자유를 누가 간섭한다는 말인가? 전능하신 하나님께서는—아무런 특별조치없이 그냥—인간의 죄를 용서해 주실 자유와 능력이 없으셨다는 것인가? 아담을 유혹했다는 이유로 악마가 영원한 형벌을 받아야 했으며, 그 아담의 후예라는 단순한 이유로 우리 인간들 모두가 '죄업'을 뒤집어쓰고 태어나야 한다면, 그리스도이신 예수를 살해한 인간들과 그 후예들의 범죄는 도대체 무엇으로 용서된다는 말인가? 그래서 구원을 이해하려는 새 노력, 세 번째 유형이 등장했다. 그러나 이 유형은 예수의 죽음을 중요시하는 기독교의 전통과 단절되어 있다고 했다. 이제 우리는 그 단절을 극복하고, 인간의 구원 경륜에서 '예수의 죽음'이 차지하는 역할을 제자리에 갖다 놓으려 한다.

성서를 세밀히 분석해 보면 한 설교자, 의사—'생명의 치유자'라는 의미에서—로서의 예수가 이른바 그의 공생애(목회활동) 초기부터 이미 죽음(살해)의 함정에 빠져들 수밖에 없는 일(활동)을 하였음을 상기시키고 있다. 성서는 그가 그 당시의 정치계와 종교계가 설정해 놓았던 반(反)생명적 질서, 계율에 정면으로 도전하였음을 낱낱이 보도해 주고 있다. 성서에 나타난 그의 이중적 반란은 '원수 사랑'—이웃 사랑이 아님—이라는 모범으로 집약될 수 있을 것이다. 그는 정치적으로는 민족의 압제자들과 반민족주의자들을, 그리고 종교적으로는 '율법을 모르는, 더러운' 죄인들을 품에 안으시고 싸매 주시고 치유해 주셨다. 이로써 그는 로마인들은 물론 동족 유태인들로부터도 미움을 샀으며, 마침내 '그의 길'을 가야만 했다고 성서는 증언하고 있다. 곧 성서는 특정한 메시지를 전하고 특수한 활동을 벌였던 한 설교자, 의사의 활동과 그 종국으로서의 '처형'을 증언하고 있을 뿐이다. 그런 의미에서 예수 그리스도의 죽음은 그 자체에 어떤 마술적 힘 또는 신화적인 힘—문자적으로 신이었다면, 그는 죽을 수 없는 존재였을 것이다—이 있음을 말해 주지 않는다. 만일 이것이 사실이라면 이해를 돕기 위하여 감히 이렇게 말할 수도 있을 것이다. 성서가 말해 온, 그리고 교회가 말해 온 예수의 '죽음'은 그의 인생의 종점에서 발생한 (생물학적) 사건을 고립적으로 가리키는 것이 아니라 '설교자, 예언자, 의사로서의 그의 삶의 결정적 요약, 절정'으로서의 십자가 처형을 가리킨다. 그래서 만일 그가 '사고(事故)'를 당하여 죽었다면, 우리는 그의 생애의 다른 부분만을 이야기할 것이다. 그렇다면 문제는 풀린다.

예수는 구원자—생명의 비밀.

예수로 인한 우리 인간의 구원은 예수의 생체조직이 우리와는 사뭇 달리 (신성과 인성으로) 이중으로 되어 있으며, 그래서 '가면(인간)'을 쓰고 나타난 신(의 아들)이신 예수를 실수로 살해한 악마(죄의 원인자이자 죽음의 화신)의 '패배(고전적 승리론)'가 아니다. 또 근엄하시어 하늘에서 죄 많은 인간들을 굽어보시고 화만 내시는 하나님이 신 자신만큼이나 위대하신 인간 예수의 자발적이고 희생적인 죽음에 의하여 '그 노여움을 풂(법률적 만족설)'도 아니다. 그렇다면 예수는 인간보다는 하나님을 구원하셨다고 해야 옳을 것이다. 신세대들에게 말하는 성서의 메시지에 의하면, 예수는 압제와 분열—정치적, 도덕적 죽음은 궁극적으로는 신에 대한 배신에서 비롯된 것이다—의 땅에 나시어, 그 죽음의 악순환의 고리를 끊기 위하여 '원수 사랑'의 일을 몸소 보이셨으나, 죽음의 세계와 그 세계의 시민들이 오히려 생명이신 그를 '살해'—그러나 이것은 예상된 것이며, 그래서 '스스로 취하신 죽음'이라고 성서는 표현하고 있다—하였으나, '제3일'—이것은 새로운 사건이 발생하기에 충분한 최소한의 신학적 시간이다—에 제자들을 비롯한 많은 사람들이 예수의 삶—그것은 결국 죽음으로 이어졌다—속에서 들려 오는 '하나님의 말씀', 곧 '죽음의 세계'를 정복하는 생명의 비밀 통로를 발견하기에 이르렀다. 아니 이미 생명으로 충만한 새 세계가 그와 더불어 지금, 여기서 시작되었음을 체득하기에 이르렀다. 그리고 그들은 그렇게 살고 죽으신 예수가 오히려 '살아서 자기들과 함께 하심'을 굳게 믿게 되었다. 더 나아가 예수의 뜻과 꿈—이것은 저들에게 있어서 하나의 '약속'과도 같은 것이 되었다—이 언젠가는 이 땅에 구현되리라는 희망을 널리 전하게 되었다. 그리고 우리들 그리스도의 사람들은 아직도 예수의 삶을 통해 표현된 생명의 언어가 우리 시대의 죽음을 정복하는 결정적 단서가 된다고 확신하면서, 예수의 길을 계속 간다. 그리고 그 길 위에서 우리도 '살아 계신' 우리들의 길벗 예수를 만난다.

이렇게 본다면, 예수의 죽음은 단순히 '한 맺힌' 죽음은 아니었다고 말해야 할 것이다. 그것은 생명의 새 질서를 구현하고, 또 그것을 '말하기(표현하기)' 위하여 스스로 취한 죽음이었기 때문이다. 그러나 우리는 여전히 말한다. 우리의 전통이 말하고 있는 한 많은 죽음뿐만 아니라 예수의 것과 같은 '언어 행위'로서의 죽음일지라도 '강요된 죽음'은 결단코 자연스런 것이 아니며, 따라서 하나님의 뜻에 거역되는 사건이기에 마침내 정복되어야 할 죽음이라고 ……. 그리고 모든 형태의 강요된 죽음의 죽임이 바로 구원이다.

홍정수
감리교 신학대 졸업
미국 에모리대 철학박사
현재 감리교 신학대 교수
주요 저서로 《베짜는 하나님》, 《감리교 교리와 현대신학》 등이 있음.

『동작동 기독교와 망월동 기독교』

홍정수 (감신대 교수)

1. 서울의 강북에서 한강을 건너가면, 우리 나라 최고의 명당 자리에 이름하여 '국립묘지'가 있다. 독재자 박정희 장군의 묘지도 그 한가운데 있으며, 그 후예들의 묘지도 내정되어 있다고 한다. 그 발밑으로는 이름을 알 수도 없는 크고 작은 우리 시대의 영웅적 전사들이 '말없이' 누워 '눈을 감고' 있다. 아마 이것을 보고 누군가가 말했던 모양이다: "죽은 자는 말이 없다." 참으로 고귀한 삶을 살다간 무명의 병사들도 더러는 거기에 누워, 잠들고 있다.

독일주재 한국 대사관 직원 하나가 얼마 전 갑자기 그 직을 사임하고 다른 나라로 이민갔다. "저게 뭐요?" "아, 제가 6.25 때 너무나 용감히 싸웠다고 하여 대한민국 정부가 달아준 훈장들이랍니다." "그래요?" "왜 놀라십니까?" "우리 독일 사람들은 서로를 죽일 만큼 어리석지는 않기 때문이랍니다. 설사 그런 일을 저질렀다 하더라도 그것을 역사 앞에서 참회했을 겁니다. 그것 때문에 훈장을 달아주지는 않았을꺼예요." 독일이 통일되기 직전에 실제로 있었던 일이다. 이민만 가지 않았다면 그 직원도 아마 동작동에 묻힐 수 있었을텐데.......

2. 얼마 전에 한국 교회들의 장례식 예문집을 들춰보았다(『세계의 신학』 7호). 아니나 다를까, 그것들은 이교도들의 장례식 예문과 다를 바 없었다. 세계적인 칼빈주의 신학자 칼 바르트는 우리가 만일 생물학적 죽음의 극복과 육체의 부활을 믿는다면, "그것은 이방인들이 구하는 것"(『죽은 자들의 부활』)이라고 단호하게 말했다. 따라서 바르트식으로 말하면, 한국 교회의 장례식 예문들 속에 나타나 있는 부활 신앙은 "이교도들"의 어리석은 욕망에 불과하다. 왜냐하면 그 예문집들은 하나같이 영혼불멸과 육체의 부활을 동시에 믿고 있기 때문이다(『세계의 신학』 10호 참조). 즉 사람이 죽으면 그의 영혼이 '낙원'이나 '천국'에 들어감으로써 하나님과 더 친밀한 교제를 누린다. 이것은 바로 헬라적 신앙이다. 부활 없이도 인간의 영혼은 하나님과의 친밀한 교제라고 하는 구원의 종점에 이르게 되기 때문이다. 그러면서도 무엇이 모자라는지 하나님과 함께 있던 영혼은 공중이나 지상으로 되돌아와 낡은 옷과 같은 '육체'를 덧입게 되는, 소위 '부활'을 또한 믿는다. 이 두 신앙은 엄연히 서로 다른 두 체계의 신앙인데, 우리들은 아무렇지도 않게 이 둘을 동시적으로 고백하고 있다.

인간이 죽어 그 영혼이 하나님과 보다 깊은 관계를 누리게 된다면, 그것으로서 기독교적 구원은 완성된 것이다. 하나님과의 교제,-인간의 편에서 말하면, 임마누엘- 그것 외에 그 무엇이 더 있어야 인간의 구원이 완성된다고 믿는 것은 결코 용납할 수 없는 불신앙이다. 마치 선물을 들고 오는 아빠보다는 선물이 더 좋은 철부지 어린아이와도 같은 신앙이라고나 할까. 이들은 하나님이 아니라 '나의' 불로장생을 더 바라는 것이다. 바르트는 이런 신앙을 가리켜 이교도적이라고 했지만, 필자는 이런 신앙이야말로 무신론적 신앙이라고 말하고 싶다. 즉 한국교회는 부활에 관한한 무신론자들이다.

이같은 무신론적, 이교적 부활 신앙은 한국 교회만의 혼란은 물론 아니다. 가톨릭 신학자 발터 카스퍼는 이렇게 말하고 있다: "전통적인 신학에서는 부활 증언에 대한 해석학적 토론(의미 규정)이 별로 진지하게 다루어지지 않았다. 사람들은 주로 신앙의 증언을 단순하게 반복해서 전해 주는 것으로 만족하였다"(『예수 그리스도』). 즉 기독교는 '그냥' 믿고 전해 주었을 뿐, 부활의 메시지를 알아들으려는 진지한 노력을 기울이지 않았다는 것이다. 이러한 신학적 태만은 교회의 설교자들과 일반 신도들로 하여금 부활의 메시지를 제멋대로 상상하게 만들었다. 이 얼마나 수치스러운 일인가! 무엇인지도 제대로 모르는 채, 우리는 부활의 메세지가 기독교 신앙의 핵심이라 믿어왔다. 용감하게도....

3. 최근의 신학적 연구에 의하면, 기독교가 이렇게 큰 혼란에 빠져 있었던 사실의 배경에는 성서의 언어 세계에 대한 무지가 깃들어 있다. 성서의 언어세계는 헬라 문화의 언어와 다를 뿐 아니라, 17세기 이후의 지구인들을 지배해 왔던 과학적 사고 방식(모더니즘)과도 현저히 다르다. 이러한 반성을 신학의 초점으로 삼고 있는 신학을 소위 '포스트모던 신학'이라고 한다. 포스트모던 신학의 지적을 충분히 받아들인다면, 오히려 우리는 성서의 언어 세계가 뜻밖에도 한국인의 일상적 언어 세계와 매우 유사한 점을 발견하게 된다. 이제 그같은 전제에서 예수의 부활 신앙과 또 한국인들을 향한 그의 부활 사건의 메시지를 정리해 보자.

4. 예수의 언어 세계의 골격이 유태민족사일 것은

『한몸』 1992.3. (Vol.2, No.2)

거의 의심의 여지가 없을 것이다. 아무리 페르샤 문화와 헬라 문화에 의하여 오염된 세계에 살았다고 할지라도 그는 여전히 유태인이었다. 아니 그는 그 민족을 의식하며 살았고, 또한 목회했다. 따라서 우리가 성서를 읽을 때, 페르샤적 껍데기와 헬라적 탈을 예수와 그 제자들의 진정한 메시지로 혼동하는 일을 피하도록 유의해야 한다. 그런 의미에서, 예수의 부활절 메시지를 오늘의 한국인들이 제대로 파악할 수 있는 가장 확실한 방법의 하나는 동작동과 망월동을 함께 생각하면서 그것을 읽는 것이라고 생각된다.

5. 우리 시대의 의인들, 충신들은 지금 동작동에 묻혀 있다. 그리고 우리 시대의 죄인들, 역적들은 대부분 망월동에 묻혀 있다. 그런데 동작동 부근에 가면 "정숙"이라고 하는 대형 경고판이 붙어 있다. 어르신네들의 영원한 쉼을 혹시라도 방해할까 걱정을 해서이다. 그런데 망월동에도 그런 표지판이 하나 있었으면 좋겠다. "여기는 당신들이 말하는 곳이 아니라, 억울하게 죽었기에 아직도 눈감지 못하고 있는, 아직도 입을 다물지 못하고 있는 저들의 말에 귀기울여야 합니다" 하는 뜻으로 말이다.

이 두 공동묘지를 나란히 두고 성서의 부활 사건 이야기를 읽으면 그 의미는 이렇게 분명해진다. 부활 사건은 망월동에 묻혀 있던 죄인, 역적 하나가 "하나님에 의하여 이 역사 속으로 되돌아 오게 된 사건"이요, 또한 천지개벽의 시작이었다. 즉 이미 영원한 쉼을 쉬고 있던 자들 중의 하나가 징그럽게도 무덤을 박차고 되살아난 사건이 아니라, "이 세상"의 임금이 역적과 죄인이라고 처형해 버린 불의한 자들, 곧 망월동에 묻혀 있던 자들 중의 하나가 "하나님에 의해서 되살아난 사건"이다. 이것은 썩다가 만 한 인간의 부활이 아니라, 이 세상에 대한 하나님의 준엄한 심판의 시작을 뜻한다. 이것을 어렵게 말해서 "종말적 사건"이라고 한다. 현존의 정치 질서, 곧 각종 구조적 갈등과 민족적 분단의 세계를 정의로운 세상으로 알고 있는 모든 사람들에 대하여 몸으로, 삶으로 저항하다가 그들에 의하여 고문당하고 죽어갔던 한 청년이 하나님에 의하여 되살아났고, 더 나아가 "하나님의 오른편에 앉아 있다"는 고백이다. "하나님의 오른 편에 앉아 있다"는 것은, 이 세상이 처형한 그 죄인이 이제는 (하나님에 의해서) 이 세상을 심판할 새로운 정의로서 확정되었음을 가리킨다. 따라서 부활 사건은 망월동에서 시작되어 동작동으로 나아가는 하나님의 심판 사건의 시작이다. 그러므로 우리는 지금 망월동에서 시작된 하나님의 심판 사건의 시작과 완성(재림)의 중간 시대에서 살아가고 있는 것이다.

6. 이렇게 놓고 볼 때, 우리는 부활 사건을 그토록 두려워했던 예수의 제자들과 오늘의 기독교인들의 사명을 확실히 알아들을 수 있다. 성경에 의하면, 부활의 소식은 제자들에게 기쁨이 아니라 불안과 공포였다(눅 24:38, 막 16:11). 왜? 왜 자기들의 스승의 부활이 불안과 공포가 되었겠는가? 이 비밀을 이해하지 못한다면, 기독교의 부활절 메시지는 완전히 이교도적인 설교가 될 것이다. 부활이 인간의 무궁한 생명을 보장해 주는 것이라면, 모든 사람들, 특히 이 세상에서 행복을 누리고 있는 사람들, 동작동의 사람들, 다시 깨어나기를 기다리며 냉동실에 보관되어 있는 부자들에게 커다란 기쁨이 될 것이다. 그러나 부활이 하나님의 정의의 심판(정의의 회복)의 시작을 의미한다면, 하나님 앞에서 부끄러운 모든 사람들에게는 무서운 이야기가 될 수밖에 없다. 특히 부활한 사람이 바로 우리 모두가 역적이요 반역자라고 죽여버린 그 사람이라고 한다면, 그가 되살아나 우리 세상을 심판하기 위해 "하나님의 오른편에 앉아" 있다면, 우리는 영락 없이 죽은 목숨이다. 이 어찌 두렵지 않으리요! 당시의 예수의 제자들은 (가룟 유다 만이 아니라) 세상과 짝하여 도망치고 있었다. 즉 이 세상의 훈장을 받으려고 동작동으로 가고 있었다. 따라서 자기들이 역적이라고 하여 죽인 바로 그 사람이 하나님의 정의의 잣대가 되었다는 소식은, 조금이라도양심이 남아 있는 모든 사람들에게는 공포의 소식이었다. 망월동에다 거짓 역적들을 묻어놓고 "죽은 자는 말이 없다"고 안심하며 살고 있는 사람들, 그리고 그러다가 동작동에 묻혀 이제는 다 됐다고 생각하고 있는 사람들, 그들은 망월동 원혼이 되살아나고 그들에 의해서 세상이 새로와지며, 더 나아가 이미 죽은 자들도 되살아나 그들에 의하여 심판을 받게 된다고 한다면 이 어찌 공포에 떨지 않을 수 있으랴?

이처럼, 기독교 신앙에 있어서 부활은 핵심이지만, 그것의 의미는 하나님의 정의가 결코 죽지 않았다는 소망을 말하는 것이다. 그것은 결코 "삶을 탐하고 죽기를 서러워하는," 비겁하고 허황된 인간 욕망을 보증해 주는 것이 아니다.

(91년 3월 30일자 『크리스챤신문』에 기고되었던 글)

-9-

19920300_동작동 기독교와 망월동 기독교_홍정수교수_5번_페이지_2

신앙세계 1992.3 J-4-024

반기독교적 이단학설에 대해 논고한다①

코페르니쿠스적 전환이라는 종교다원주의 신학비판

이동주
협성신학대학 교수

포스트모더니즘과 종교다원주의 문제라면 91년도에 감리교회를 중심으로 불타는 신학 논쟁이었으며, 아직도 그것은 끄지못한 산불이라는 것을 누구나 알고 있다. 이 불이 꺼지면서 결국 어느쪽이든 소화되기 마련이다. 종교다원주의 쪽이든, 아니면 그리스도의 유일성이든 …

그러면 종교단원주의는 우리 신앙의 기초가 된 성서를 대신해서 우리에게 참된 구원의 길을 제시하고 있는가? 그리고 구원을 받기 위해서 우리는 그들의 주장처럼 아무 길로나 가도 괜찮다는 말인가? 구원이 목숨과 관계된 것이라면 여기서 한번 더 짚고 넘어 가야 할 것같다.

■ 포스트모더니즘의 종교다원주의

포스트모더니즘은 제2차 세계대전후 1960년대로부터 1980년초까지 유럽으로부터 전 세계로 확대된 지적 유행이며, "포스트모던 신학"은 홍정수교수에 의해 한국에 도입되었다. 조선일보①는 포트모더니즘의 특징을 괴이하거나 새로운것, 대중적인것, 예술의 자유, 합리성을 포기한 문화현상, 초현실주의, 무정부적 경향, 기괴한 행위, 수평적 해체주의, 불손, 천박성, 생활세계의 자율성, 시민사회의 다원성, 평등, 참여 등으로 설명하고 있다.

이러한 포스트모더니즘의 원천은 19세기말 프랑스와 이태리에 번졌던 "모더니즘"이나. 그때의 "모던 신학"은 급신적 자유주의로서 학문의 자유를 요청했고, 결국 카톨릭 교리와 종규에 위기를 몰고 왔었다. 그래서 교황 피우스 10세는 1907년 모더니즘의 65개 조항을 엄격히 정죄하고, 1909년에는 모든 성직자들에게 반현대주의 서약을 요구했다.② "모더니즘"의 뒤를 따라 나타난 "포스트모더니즘"은 아직 형성과정에 있다.

지식은 발견되는 것이 아니라 만들어지는 것이라고 하는 포스트모던 신학자 J. Miller는 지식의 발생과정을 진화적이고, 생태학적이고, 역사적이고, 불완전하다고 생각한다. 그러므로 새로운 세계가 과거와 비논리적인 관계라도 상관없다. 왜냐하면 진리의 척도가 없기때문이다.③ 즉 세계관이 다르고 구원관이 달라도, 새로운것을 진리나 구원의 길로 받아들일 수 있는 입장이다. 진화든 창조든 Miller에게는 아무것도 절대적이지 않다.

이와같은 철저한 상대주의 내지 다원주의는 탈 규범성과 탈경전성의 성격을 지니고 있다. 홍정수 교수가 예수 그리스도의 부활에 대하여 빈무덤을 부정하면서, 부활의 의미를 "후천개벽"이나, "하나님의 정의의 심판의 시작"으로 풀이하고④, 부활의 뜻을 광주사태가 민주항쟁이 된것, 망월동 원혼이 되살아나고 그들에 의해서 세상이 새로워지는것등으로 이해⑤ 하게 된 원인이 바로 포스트모더니즘의 탈규범적 성격 때문이다. 기독교 신앙의 본질과 핵심이 파괴되나가도 무감각한 상대주의가 바로 포스트모더니즘의 성격이다.

■ John Hick의 코페르니쿠스적 신중심주의

그리스도 중심적인 신학모델에서 벗어나 소위 코페르니쿠스적인 전환에 의한 신중심모델을 제시한 J. Hick은 모든 종교의 배후에 하나의 신적 실재가 있고, 모든 종교적인 표현을 상대적으로 본다.⑥ 그러므로 그는 모든 종교의 공동내용을 "하나님"이라 부르는 것을 유신론적인 해석이라하여 거부하고, 불교 같은 종교에 적합한 "실재"하는것(the Real) 또는 "참된"것(the True) 이라는 용어를 사용한다.⑦

이에따라 기독론도 재해석되고 예수가 자신을 신의 아들로 자칭하지 않았다고 한다. "신의 아들"이란 다만 유대교의 "신의아들" 이미지에서 발전한 신화와 은유라는 것이다.⑧ 이러한 "신의 이미지"는 그에게 있어서 "아웨, 알라, 크리슈나, 파람, 성육신, 브라만, 니르바나"이며, 세계종교들이 다 하나의 신적 실재에 대한 응답들이라는 것이다.⑨ 그는 또한 선재하는 로고스의 수육과 동등한 방법으로 "선재하는 부다의 수육"론이 발전했다는 "불교적 성육신"론을 펴고 있다.⑩

이와같이 Hick은 예수그리스도의 신성과 성육신을 다 부정하고, 성경적이고 전통적인 기독론을 배척한다. 그는 우리가 예수의 신성과 인성의 공존을 믿는다면 그것은 이단이고, 또 그의 수육을 문자적으로 믿어도 이단이라고 선고한다.⑪

이것으로서 우리는 존 힉의 코페르니쿠스적인 신중심주의와 종교다원주의가 하나님

36 • 신앙세계 기 획 • 37

19920300_반기독교적 이단학설에 대해 논고한다_이동주_5번_페이지_1

그는 "우리에게는 아시아의 타종교들이 이방적인 것이 아니라 오히려 기독교가 이방적인 것"이기 때문에 참된 토착화는 복음이 "아시아 종교와 문화와 합류되고 편입"되는 것 이라고 한다.

의 계시를 부정한 기초없는 무신론적인 "이미지론"인것과, 하나님의 용서와 구원의 길을 차단해버린 사탄적인 구상임을 알 수 있다.

■ 한국의 코페르니쿠스주의 신학들

J. Hick과 마찬가지로 한국에서도 변선환 교수, 유동식교수, 홍정수교수, 이정배교수 등이 신학의 탈기독교적인 코페르니쿠스적 전환을 부르짖고 있다. "기독교 밖에는 구원이 없다는 교회는 신학적인 토리미의 천동설에 지나지 않는다."고 하는 변교수는 구원을, 복음을 믿음으로 말미암아 받게되는 것이 아니라 "교회가 말하지 않아도 이미 선행하여 그리스도를 섬기고 있으며 기독교 선교사가 하나님나라를 비기독교세계에 가지고 오지 않아도 이미 하나님나라는 거기에 역사하고 있다"고 주장한다. 타종교 속에서 섬기고 있는 그리스도란 "야훼의 종", "이상적인 인간상인 부다" 또는 "그외 비슷한 보살들"이라고 한다. ⑫ 변교수는 위와같은 의미에서 "우주적 그리스도론"을 제시하고 있다. "우주적 그리스도"란 구세주가 우주적이고 전인류를 위한 것임으로, 전인류를 구원하려는 "신의 보편적 구원의 경륜"으로서, "그리스도만이 보편적으로 유일한 구속자이신 것이 아니라, 저들의 종교도 저들 스스로의 구속과 구원의 길들을 알고 있다."⑬ 는 의미이다. 즉 그가 말하는 "그리스도의 보편성" 내지 "구원의 보편성"이란 예수 그리스도가 전 인류를 위한 유일한 구세주라는 말이 아니라, 세계의 많은 종교들 속에 있다는 예수가 아닌 "그리스도"가 전인류의 구세주라는 말이다. 그러므로 그는 "우주적 그리스도"를 마리아의 아들 예수와 동일시 할때 거침돌이 된다고 한다. ⑭ 변교수는 오히려 "기독교와 힌두교는 그리스도 안에서 만난다. 그리스도는 양자의 결합이다." "힌두교는 자기 안에서 그리스도를 찾기 때문에 기독교는 힌두교 사랑한다." "그리스도는 힌두교 안에 계신다… 비록 무의식적이었다고 해도 자기 자신의 종교를 살아가는 사람은 누구든지 그리스도에게 귀의하는 것" ⑮ 이라고 주장하는 것이다.

J. Hick이나 변선환교수의 반기독적인 입장과 병행하여 유동식교수도 역시 "그리스도 중심주의"에서 벗어나 "신중심주의"로 종교의 우주가 회전함으로서 "코페르니쿠스적 전환"을 할 것을 주장한다. 그는 "우리에게는 아시아의 타종교들이 이방적인 것이 아니라 오히려 기독교가 이방적인 것"이기 때문에 참된 토착화는 복음이 "아시아 종교와 문화와 합류되고 편입"되는 것⑯ 이라고 한다. 그리스도는 예수에게 국한된다고 할 수 없고, "타종교인도 초월자를 체험하며 동일한 신에 대한 서로 다른 경험"을 가지고 있다.⑰ 는 것이다.

그는 또 복음에 대한 신앙의 여부와는 관계 없이 모든 인간이 이미 이곳에서 "하나님의 새로운 자녀로서 하나된 것"이라고 하며, "만약에 구원된 인간을 불러 크리스천이라고 한다면 이제 세상에는 크리스천 아닌 사람이 없다.… 그리스도 계신 곳이 교회라고 한다면 세계는 온통 교회로 변했다"라고 역설하고 있다. ⑱

이러한 사상들은 창조론이 없는 아시아 종교들의 원형적 세계관과 범신론을 기독교와 유사하게 생각하는 큰 오류를 범하고 있는 것이다. 일직선적인 세계관을 가지고 있는 기독교는 그들의 의견과 같이 아세이의 고등종교들과 연합될 수 있는 범신론이라는 공통분모가 없다.

기독교를 "언제나 잔인한 십자가의 칼밖에 휘두를 것이 없다"는 하나의 "박해자의 종교"로 보는 홍정수교수는 기독교가 더 이상 "유일한 합법 종교"가 아님을 인정할 수 밖에 없는 상황에 놓였다고 한다. "따라서 바티칸II 이전, 종교 신학의 코페르니쿠스적 전환 이전 시대에 살고 있는 기독교인들이, 몹시 불안한 마음으로 대화주의자들을 쳐다보는 심경"이라는 것이다. 그러나 우리의 하나님은 "제자식만 사랑하는 편협한 인간의 마음을 가진 신"이 아님으로 우리는 당연히 그들을 포용하고 사랑해야 한다고 하며, "하나님이 이 땅에 예수라는 단 하나의 사람을 보내셨고, 그 단 한 사람의 이름을 모르는 사람들을 사랑하지 않으신다고 굳게 믿는다면… 잔인한 십자군의 칼 밖에 휘두는 것이 없다."⑲ 고 비꼬고 있다. 즉 타종교인이나 무신론자에게도 구원이 있다는 말이다. 홍교수가 "코페르니쿠스적 전환"⑳ 을 주장하게된 동기는 그의 무신론 사상에 있다. 그는 신앙인이 된다는 것을 일종의 정신질환이라는 주장이 있듯이, 한국교회가 "정신질환"을 앓고 있다고 한다. L.A.Feuerbach(1804–1872)의 주장처럼, "신(관념)도 따지고 보면 '인간의 욕심의 투영'"이고, 천국이나 극락의 개념도 다분히 그럴것이라고 한다.㉑ 홍교수는 "이단자를 위한 한국신학 – 배짜는 하나님"에서 "만일 신은 계신가 하고 누군가가 우리에게 묻는다면, '신은 없다' 고 잘라 말할 수도 있다."㉒ 고 서술하고 있다. "하늘에 계신 아버지"라는 개념도 영적세계나 저세상에 계신 신령한분이 아니고 "땅에 있는 인간에게 자비를 베푸시는 구원자"라는 뜻이라고 한다. ㉓

이러한 사상을 기초로 홍정수 교수는 예수 그리스도의 죽음도 역시 속죄와 면죄를 위한 피흘림이 아니라, "구호를 외치며 투신 또는 분신해 쓰러져 간 젊은이들의 죽음과 매우 유사하다."고 한다. 즉 그의 죽음은 억울한 희생이 아니라 "말하기 위한 최후의 수단"으로서 선택된 죽음이라는 말이다. 그는 구원의 능력을 예수의 피흘림에 있다고 하는것을 '마술'이라 하고, 예수의 죽음이 선의 아들의 죽음이라고 하는것을 "신화"라고 한다. 예수의 피가 "동물들이 흘리는 피보다는 월등하게 효과가 있다는 얘기가 결코 아니라"고 주장한다. ㉔

위와같이 하나님이 인간에게 베푸신 속죄의 길을 완전히 차단해 버린 홍교수는 예수 그리스도의 부활도 역사적으로 발생한 것이라면서, 그것은 하나님의 행위가 아니라고 함㉕ 으로서 부활의 사실성을 부인하고 있다. 예수의 무덤은 "빈 무덤이 아니라 '예수의 말씀과 영의 계속적인 현존'을 믿는 것"이라㉖ 고 하며, 홍교수는 예수 그리스도의 십자가와 부활의 속죄를 위한 사실성을 부인하면서 반기독적인 해석을 부여한

19920300_반기독교적 이단학설에 대해 논고한다_이동주_5번_페이지_2

것이다.

마찬가지로 코페르니쿠스적 전환을 의미하는 신중심주의 모델을 주장하는 이정배 교수 역시 "신학은 이제 교회중심주의, 그리스도 중심주의를 넘어 신중심주의 우주, 생명중심주의에로 자신의 사유모형을 급격히 전환시켜 나가야만 하는것"이라고 하면서 P. Knitter의 말을 인용하여 "지평적인 융합"을 주장하고 있다. 이교수는 기독교의 삼위일체 교리가 이슬람교의 유일신적 하나님의 개념을 필요로 한다고 주장하며,㉗ 예수를 마리아의 아들이라고 하면서 예수의 신성을 믿는 기독교인들을 다신숭배자요 우상숭배자라고 비방하는 "이슬람교의 유일신관"을 도입하자는 것이다 - 이슬람교의 코란은 이와 반대로 "3위1체 숭배자"와 같은 "우상숭배자들"을 어디서 발견하든 죽이고 그들을 사로잡고 포위하고 복병하고 있으라고 하였다. 그러나 그들이 만일 회개하고 기도하고 구제비를 내면 놓아주라고 한다.㉘ 이정배교수는 이슬람교의 이러한 "유일신관"을 삼위일체론에 도입하자는 것이다. 그는 또 궁극자와 유한자를 구별하는 기독교는 브라만과 아트만 사이의 비이원론적으로 보는 직관력을 필요로 한다㉙ 고 함으로서, 인격적인 창조주 하나님과 비인격적인 궁극자 브라만을 억지로 통일시켜 혼합주의를 형성하고자 하는것이다. 즉 비인격적 힌두교의 직관력을 기독교에 수입하여 창조주와 창조물을 일원론적으로 통일하는 범신론적 신인융합의 사상에 기독교를 통입시킴으로서 인간신격화를 꾀하자는 종교혼합주의이다. 일직선적인 기독교적 세계관과, 창조도 없고 종말도 없는 원형적인 힌두교적 세계관을 어떻게 통일하겠다는 것인가? 이정배 교수는 가톨릭교도 시인 김지하의 글을 인용하여 "하늘은 연합하고 있는데 왜 땅의 종교인들이 하나가 되고 있지 못할까?"라고 탄식하기도 하고, "예수의 삶과 죽음을 비유로서 설명해야 할 것을 주장하여㉚ 예수 그리스도를 통한 하나님의 구속사역까지도 근본적으로 부인함으로서 기독론뿐 아니라 구원론도 거침없이 부정하고 있다.

■ 결어

위에서 진술한 바와 같이 현대의 코페르니쿠스적 신중심주의 신학은 기독교의 세계관, 신론, 구원론, 기독론등을 송두리째 거부하면서 타종교의 범신론을 끌어들이는 입장을 취하고 있다. 이러한 "신중심적" 종교다원주의는 바로 멸망전 이스라엘의 종교다원주의와 혼합주의와 병행되는 것이다. 그들의 멸망은 여호와의 이름을 버렸기 때문이 아니라 여호와 하나님을 바알과 동일시하는 혼합주의나 (왕상 12 : 28), 하나님곁에 다른 신들을 두는 종교다원주의 때문이었다.(왕상 16 : 30-33, 18 : 21, 왕하 16 : 5-18) 언약의 백성이 하나님의 진노의 대상이 된 것이다. 타종교들을 연구하면서 그들의 범신론이나, 샤마니즘이 명백하게 드러나고, 그것들이 자아낸 창조물 숭배와 인간신격화의 원리가 얼마나 잘못됐다는것을 알게 되었다. 세상의 문화는 다원적이지만 복음은 유일하고 절대적이다. 고전 9 : 19-22의 바울 사도의 선교원리가 바로 이러한 상황에서 요청되는 것이다.✽

〈각주〉

① 1991년 7월 9일자
② 기독교대백과사전 16, 기독교문사 1989, P.462-456.
③ Miller, J. B., 근대후기 세계의 출현「포스트모던신학」, 세계신학 연구원역, 조명문화사 1990, P. 35-41.
④ 크리스챤신문 1990. 11. 17
⑤ 한몸, 세계신학 연구원 1990. 여름 P. 19f
⑥ Kuitter 19. 오직 예수 이름로만? 변선환역, 한국신학연구소 1987. P. 239-241
⑦ Ibid. P. 397 주. 9.
⑧ Ibid. P. 244f 박성용, 존 힉의 종교신학연구, 「종교다원주의와 신학의 미래」 종로서적 1989. P. 354.
⑨ 박성용, Ibid, 345-348.
⑩ Ibid, 353f
⑪ 나학진, 다종교 상황에서의 기독교, 목회와 신학 1991. p. 153
⑫ 변선환 교회 밖에도 구원이 있다. 현대사조2, 1978. p. 78~91
⑬ 변선환, 동양 종교의 부흥과 토착화 신학 1. 기독교 사상 299, 1983, p. 155
⑭ Ibid, p. 156
⑮ Ibid, p. 154
⑯ 유동식, 한국 종교와 신학적 과제「종교다원주의와 신학적 과제」신앙과 신학 제7집, 대한기독교서회 1990. p. 21f
⑰ Ibid, p. 23
⑱ 유동식, 타종교에 대한 복음선교 문제, 「도와 로고스」, 대한 기독교 출판사 1978, p. 96-102
⑲ 기독교 연합신문 1991. 6. 9
⑳ 홍정수, 베짜는 하나님, 조명문화사 1991. p 371
㉑ Ibid. p. 24f
㉒ Ibid. p. 56
㉓ Ibid. p. 70
㉔ Ibid. p. 191-193 한몸, P. 14-18
㉕ 홍정수, 베짜는 하나님 p. 201
㉖ 크리스찬 신문 1991. 6. 8
㉗ 이정배, 다원주의 기독론과 토착화 신학, 신앙과 신학 8, 대한기독교서회 1991. p. 95~97. 99
㉘ Der Korea 9. Sure 5
㉙ 이정배, 다원주의 기독론과 토착화 신학, p. 95~97. 99
㉚ Ibid

2. 감리교회 전통보수 신앙 수호를 위하여

감리교회 전통보수 신앙 수호를 위하여

1992. 3. 12. 국민일보

3. 在美 감리교 교역자 136인 공개서한

受信: 기독교 대한감리회 감독회장 곽전태 감독/서울연회 나원용 감독
서울연회 재판위원회/선교국 총무 강병훈 목사
參照: 감리교 신학대학 학장 변선화 박사/교수 홍정수 박사

"존경하는 감독님께 드리는 글"

하나님의 크신 경륜가운데, 기독교 대한감리회의 2,000년대, 그 새로운 미래를 창조하기 위하여 불철주야 몸바쳐 수고하시는 존경하는 감독님께 먼저 주님의 이름으로 문안드립니다. 저희들은 이역만리 먼 이국 땅에서 자나깨나 고국을 꿈에 그리며 이민 목회에 전념하고 있는 감리교 목회자들입니다. 근간 저희들의 스승이자 선배이며, 동역자인 감리교 신학대학의 조직신학 교수 변선환 학장과 홍정수 교수의 이른바 "종교다원주의 신하가"과 "포스트모던 신학"이 교단 내의 문제가 되어 저희들도 이를 걱정하고 염려하며 계속 기도하던 중, 최근 서울연회 재판위원회에 정식 기소되어 곧 이어 재판이 열릴 것이라는 소식을 접하고, 존 웨슬리 목사의 '실천적 신앙'전통에 입각하여 예수 그리스도께서 가르치신 和解와 一致의 福音을 전해온 감리교 목회자들로서는 놀라움을 가눌 길이 없어 감독님께 탄원을 드리는 바입니다.

저희 목회자들은 신학의 과제는 예수 그리스도의 福音을 변화하는 새로운 狀況과 관련하

- 273 -

19920303_감리교회 전통 보수 신앙 수호를 위하여_미주한인감리회 신앙수호협_국민일보(3월 12일)_교리사건_5번

V-2-003

변선환 학장, 홍정수 교수 재판위 회부에 즈음한

우 리 의 　　요 구

91년 10월 감리교 제19차 특별총회에서 '감신대 두교수 징계권고 결의안'이 심야에 기습적으로 통과된 이후 100여년의 전통을 자랑하는 한국 감리교와 한국 신학의 중심인 감신대가 중대한 위기를 맞고 있다. 이러한 위기는 타 교단과 사회에 심각한 물의를 일으키며 빛과 소금의 역할을 감당하지 못하고 있는 우리모두의 큰 수치가 아닐 수 없다.

우리는 수억대의 자금을 동원해 왜곡된 여론재판을 감행하는 일체의 행위가 결코 둘이 합하여 선을 이루려는 기독교적 관용과 포용성일 수 없음을 확신하며 감신대 두 교수 기소처분에 대한 과정상의 문제제기와 함께 공정한 재판을 위해 다음과 같이 공식요구안을 밝힌다.

첫째, 왜곡된 여론에 밀려 공정한 심사의 과정없이 기소처분을 내린 서울연회 심사위의 충분한 해명과 사과를 요구한다. 홍 교수의 경우 단 한번의 면접심사도 진행되지 않았으며, 두 교수의 기소 이유가 납득할 만큼 밝혀지지 않았다는 것이 우리의 판단이기 때문이다.

둘째, 공정한 재판을 위해 홍교수에 의해 피고소인이 된 김홍도 목사도 즉각 기소처리할 것을 요구한다. 이는 현재의 문제가 쌍방의 대립에서 비롯된 것이므로 당연히 취해져야 할 조치이며 일방적 유죄 판결을 막기위한 가장 합당한 방법이다.

셋째, 졸속재판 방지를 위해 재판을 최대한 공개적으로 진행할 것을 요구한다. 즉 양측의 입장이 충분하게 개진될 수 있도록 신학자, 목회자, 평신도, 학생등이 재판진행에 참여할 수 있는 제 조건을 마련해야 한다는 것이다. 이는 현재의 문제가 단순히 소수 신학자 징계에 국한된 영역이 아니기 때문이다.

우리의 이러한 요구는 훼손된 감리교의 명예와 전통을 회복하고자하는 충심에서 비롯된 것이며 현재 사태를 가장 합리적으로 해결하기 위한 최소치의

19920306_변선환 학장, 홍정수교수 재판위 회부에 즈음한 우리의 요구_ 제 10대 총학생회_5번_페이지_1

요구이다. 따라서 이러한 요구가 받아들여지지 않을 경우에 생길 모든 문제의 책임은 전적으로 재판위, 교단측에 있음을 밝혀둔다.

우리는 교단재 분쟁이 결코 우리 모두에게 유익일 수 없음을 굳게 믿으며 사태의 건전한 해결을 위해 끝까지 성의있는 자세로 임할 것을 다시한번 천명한다.

*사건의 중대함을 감안, 3월11일(수)이전까지 우리의 요구안에 대한 공식답변을 바랍니다.

1992년 3월 6일
감리교 신학대학 제10대 총학생회

19920306_변선환 학장, 홍정수교수 재판위 회부에 즈음한 우리의 요구_
제 10대 총학생회_5번_페이지_2

성 명 서

한국교회 일천만 평신도들은 감신대 변선환 교수 홍정수교수의 이단 사상을 규탄한다.

하나님의 독생자 우리 주 예수 그리스도의 복음의 진리를 지키기 위해 수많은 신앙선배들이 순교의 피를 흘린 반석위에 오늘날 우리가 구원의 복음을 받고 한국교회가 이만큼 성장해 왔다.

그런데 최근에 「감리교 신학대학 일부교수」들이 이단적 발언을 신문지상과 책들을 통해 발표하고 [illegible]

1. [illegible]

[illegible]

2. [illegible]

[illegible]

3. [illegible]

[illegible]

한국교회 평신도단체를 총망라한 한국기독교단체총협의회에서는 복음주의 정신을 고수하고 사도신경을 고백하는 복음주의 하나님의 백성으로서 이단에 대하여 철저하게 규탄하고 배격함을 천명한다.

한국기독교단체총협의회

1992년 2월 일

가입단체 : [illegible]

임 원 명 단

- 대표회장 : 유 상 열 장로(남북)
- 상임회장 : [illegible]
- 공동회장 : [illegible]
- 부 회 장 : [illegible]
- 사무총장 : [illegible]
- 사무차장 : [illegible]
- 서 기 : [illegible]
- 부 서 기 : [illegible]
- 회 계 : [illegible]
- 부 회 계 : [illegible]

〈교회연합〉 92-3-7/5면

[기독신앙연구]

19920307_성명서_교회연합신문_한국기독교단체총협의회_5번

J-4-013

악인은 그 길을, 불의한 자는 그 생각을 버리고 여호와께로 돌아오라 그리하면 그가 긍휼히 여기시리라 우리 하나님께로 나아오라 그가 널리 용서하시리라. (이사야 55장 7절)

등록번호 : 다-998(1989. 8. 25.)
발행인겸 편집인 : 김 홍 도
인 쇄 인 : 김 현 구
발 행 처 : 금 란 교 회
서울특별시 중랑구 망우동 340-1
전화 : 434-6703 • 6713

제 782 호 (매주발행) 주후 1992년 3월 8일

오 직 하 나

이사야 55장 1～9절

종교를 보는 관점에 따라 세가지 유형으로 나누는데, 그 첫째가 유일주의 (Exclusivism) 둘째가 포괄주의 (Inclusivism) 셋째가 다원주의 (Religious pluralism)입니다. 유일주의는 성경을 절대 권위를 가지고 있는 특수 계시로 보고, 예수 그리스도만이 인류를 구원하는 유일한 길로 믿는 것이고, 포괄주의는 배타주의 성격을 배제하기 위해서 타종교를 잠정적으론 구원의 한 도구로 인정하면서 궁극적으로는 한 길, 예수만이 최후 완성자로 보는 관점이다. 불자, 공자, 마호멧등은 구원자가 아니라 예비자로 간주하면서 대화와 협력을 중요시 합니다. 다원주의는 모든 종교를 다 구원의 길로 인정하면서 유일주의나 포괄주의는 폐쇄적이고 비관적이라고 비난합니다.

하나님을 보는 관점에 따라 세가지 신관이 있는데, 그 첫째가 유일신 주의 (Monotheism) 둘째는 단일신교주의 (Henotheism), 셋째는 다신교주의 (Polytheism)이다. 유일신주의는 여호와 하나님외에 다른 신은 인정하지 않는 유일신 신앙이고, 단일신교주의는 다른 나라의 종교의 신을 인정하되 여호와 하나님만이 으뜸 가는 신으로 인정하고 여호와 하나님만이 구원의 유일한 길로 인정하는 것입니다. 다신교주의는 모든 종교를 다 인정하고 다른 종교의 신을 다 인정하는 것입니다.

그러나 기독교는 유일주의 (Exclusivism) 와 유일신주의 (Monotheism) 이다. 왜냐하면 하나님은 한 분이시고 성경은 하나님의 특수계시로서 절대적 권위를 가진 하나님의 말씀으로 믿기때문입니다. 또 예수그리스도만이 인류를 구원하는 유일할 길로 믿기때문입니다. 하나님은 진리의 표준을 세우시고 그것을 지키도록 명령하셨습니다. 그러나 그것은 너무 배타적이고 폐쇄적이라고 하는 사람들이 있습니다만, 그 이유를 생각해 봅시다. 사람은 시간의 표준을 다 가지고 있습니다. 12시라 하면 열두시 여야지 그것은 너무 융통성이 없으니, 12시를 1시라고 하라고 하면 말이 됩니까? 결코 안됩니다. 1㎏을 1000g이라고 무게를 정했는데, 너무 속이 좁아 보인다고 900g을 1㎏이라고 할 수는 없습니다. Sports에 있어서도 표준이 있습니다. 야구에 있어서 3 strike가 너무 여유가 없으니 4strike로 하자고 한다면 되겠습니까? 자기 혼자 그렇게 하겠다고 하면 바보입니다.

인간도 모두 하나의 표준을 갖고 있는 것과 같이 하나님도 우리에게 하나님의 표준을 세워 주셨는데 그것이 너무 속좁아 보이고 배타적이라고 하나님의 표준을 바꾸라고 하면 되겠습니까? 말도 안되는 것입니다. 하나님은 우리의 유익과 축복을 위해서 하나의 표준을 세워 주셨는데 그것을 인간의 제멋대로 바꾸고 변경시키려든다면 그보다 큰 바보가 없는 것입니다. 그래서 오늘 "오직 하나"라는 제목으로 설교하려고 합니다.

Ⅰ. 하나님은 오직 한 분입니다.

이사야 45장5～6절을 보십시요. "나는 여호와라 나외에 다른 이가 없나니 나밖에 신이 없느니라… 해뜨는 곳에서든지 해지는 곳에서든지 나밖에 다른이가 없는 줄을 무리로 알게 하리라. 나는 여호와라 다른 이가 없느니라"고 하셨고, 이사야 45장22절에도 "땅끝의 모든 백성아 나를 앙망하라 그리하면 구원을 얻으리라 나는 하나님이라 다른이가 없음이니라"고 말씀 하셨습니다. 호세아 13장4절에도 "그러나 네가 애굽땅에서 나옴으로 부터 나는 네 하나님 여호와라 나밖에 네가 다른 신을 알지 말 것이라. 나 외에는 구원자가 없느니라" 우주만물을 창조 하신 창조주 하나님은 여호와 하나님 한 분 뿐이요 그 외에는 우상이요, 마귀인 것입니다. 이 창조주 하나님은 주 예수 그리스도의 아버지가 되시고 우리를 사랑하사 그 아들을 속죄 제물로 우리를 위해 세상에 보내 주셨고 믿는 자마다 구원 해 주시는 분입니다.

하나님은 이스라엘 백성을 애굽 땅에서 구출해 내실 때 이 진리를 거듭 거듭 가르쳐 주시고, 주변 국가의 신들을 믿으면 안된다고 강조하셨습니다. 다른 신을 섬길 때 마다 하나님은 그들을 포로로 잡혀 가게 하시고 큰 고통 가운데 두어 회개케 하셨습니다. 구약에서 제일 악한 왕이 누구입니까? 아합 왕 입니다. 그가 도덕적으로 윤리적으로 남보다 유달리 악해서가 아니라, 종교를 정치적으로 이용하여 이세벨을

1

19920308_오직하나_불기둥_김홍도_5번_페이지_1

아내로 맞으면서 바알 신을 받아 들였고, 아세라 신을 받아 들여 혼합 종교를 만들었기 때문입니다. 가장 선한 왕은 그대신에 이방 신상을 부수고 신당을 파괴하고 유일신 하나님만을 경외한 왕입니다. 어떤 면에서 "무신론자" 보다도 "혼합종교인"을 하나님은 더 가증히 여기신 것을 볼 수 있습니다.

사도들의 입장을 보아도 로마나 헬라나 이런 혼합주의적 터전 위에서 복음을 전파 하면서도 철두철미 유일신 하나님과 예수 그리스도만 유일한 구원자임을 천명 했던 것을 볼 수 있습니다. 사도행전 4장 12절에 "다른 이로서는 구원을 얻을 수 없나니 천하 인간에 구원을 얻을 만한 다른 이름을 우리에게 주신 일이 없음이니라"고 강조 했습니다. 또 사도행전 14장에 보면 바울이 앉은뱅이를 고쳐 일으켜 세우는 것을 보고, 바울을 "허메(Hermes)"신이라 하고 바나바를 "쓰쓰"(Zeus)신이라고 하면서 소와 화관을 가지고 와서 제사 드리려고 할때 바나바와 바울은 옷을 찢으며 소리 높여 외치기를 "우리도 너희와 같은 성정을 가진 사람이라"고 하며 헛된 일을 버리라고 했습니다. 이것은 "종교혼합주의"를 철두철미하게 배격하고 경계하는 태도 입니다.

사도들은 로마인에게는 로마인처럼, 헬라인에게는 헬라인처럼 문화에는 적응하면서도 유일신관은 결코 바꾸지 않았습니다. 기독교 역사 2000년 동안 하나님외에 다른 신이나 우상에게 절하지 않고 유일신 신앙을 고수하기 위해 생명을 버리고 순교한 사람들이 셀 수 없이 많은데, 종교 다원주의 신학자나 포스트 모더니즘(Post Modernism)신학자들은 그 순교자들의 피를 짓 밟고 교회들을 파괴 하려는 사탄의 종들 입니다.

Ⅱ. 구세주도 오직 한 분입니다.

오늘날 어떤 사람들은 모든 사람은 다 하나님의 자녀들이고 누구나 다 천국에 들어 갈 수 있다고 합니다. 그러나 성경은 완전히 그것을 부인 합니다. 사도행전 4장 12절에 "천하 인간에 구원 받을 만한 다른 이름을 우리에게 주신 일이 없음이니라"고 했고, 요한복음 1장 12절에 "영접하는 자 곧 그 이름을 믿는 자들에게는 하나님의 자녀가 되는 권세를 주셨으니"라고 했지, 예수 안 믿어도 구원 받는다는 말씀은 한 구절도 없습니다.

우리는 자연적으로 하나님의 자녀가 되는 법은 없습니다. 예수님을 믿고 영접할 때 하나님의 자녀가 되는(Become)것입니다. 만일 모든 사람이 다 하나님의 자녀가 되고 구원 받는다면 그리스도께서 세상에 오실 필요도 없고, 그리스도께서 죽으실 필요도 없습니다. 그런 고통을 당하시지 않아도 되는 것입니다. 모든 사람은 잃어버린 상태에 있습니다. 다시한번 그 영혼이 태어나지 않으면 영원한 지옥의 형벌로 떨어질 수 밖에 없는 것입니다. 우리는 다 구세주가 필요한 존재 입니다. 오직 한 분이신 주 예수 그리스도를 필요로 하는 존재 입니다.

Mohammed를 믿는 사람들은 "하나님은 한 분이고 Mohammed는 그의 선지자라"고 합니다. 그러나 크리스챤들은 "하나님은 한 분 이시고, 그의 아들 예수 그리스도는 우리의 구세주이다"라고 대답합니다. 천사가 요셉에게 말하기를 "아들을 낳으리니 이름을 예수라 하라 이는 그가 자기 백성을 저희 죄에서 구원할 자이심이라"(마태복음 1장 21절)고 했습니다. 또 천사가 목자들에게는 "오늘날 다윗의 동네에 너희를 위하여 구주가 나셨으니 곧 그리스도 주시니라"(누가복음 2장 11절)고 했고 그리고 예수께서 말씀 하시기를 "인자의 온 것은 잃어버린 자를 찾아 구원 하려 함이니라"(누가복음 19장 10절)고 했습니다. 오직 한 분 구세주가 계신데 이 예수님만이 어디서나 누구나 구원 하실 수가 있습니다.

Ⅲ. 구원의 길은 오직 하나 입니다.

예수께서 "내가 곧 길이요 진리요 생명이니 나로 말미암지 않고는 아버지께로 올 자가 없느니라"(요한복음 14장 6절)고 했는데 영어로는 "a way"가 아니라 "the way" 즉 유일한 길이라는 뜻입니다. 하나님은 예수 그리스도만 통해서 하나님 아버지께로 혹은 천국에 들어올 수 있도록 계획을 세우셨습니다. 예수님만이 하나님과 인간 사이의 gab을 건널 수 있는 다리가 되십니다. 만인 구원론자(Universalist)들은 하나님은 너무 선하시기 때문에 아무도 정죄 하시지 않고 다 구원 하신다고 합니다. 그러나 성경은 이것이 틀렸음을 증명 해 주고 있습니다. 시편 9장 17절에 "악인이 음부(hell)로 돌아감이여 하나님을 잊어버린 모든 열방이 그리 하리로다"라고 말씀 했습니다. 요한계시록 20장 15절에는 "누구든지 생명책에 기록되지 못한 자는 불 못에 던지우더라"라고 분명히 기록 되었습니다. 이 말씀은 하나님이 인간을 겁주기 위해 하신 말씀입니까? 그런 의미도 있습니다. 그러나 최종적으로는 인간에게 두가지 영원한 운명이 있습니다. 그리스도를 믿고 따르는 자에게는 영원한 천국이 있고, 그리스도를 믿기 거절하고 사탄을 따르는 자들에게는 지옥이 있습니다.

어떤 사람들은 구원은 하나님의 은혜와 인간의 행위가 합쳐져서 이루어 진다고 합니다. 그렇다면 그리스도를 믿는 믿음만으로는 충분치 않다는 뜻이고, 세례나 선행이나 기타 외부적인 행위가 추가 되어야 구원 받는다는 뜻인데, 그것은 잘못입니다. 그리스도 한 분만으로 충분

2

19920308_오직하나_불기둥_김홍도_5번_페이지_2

히 구원 받을 수가 있습니다. 행위가 필요하다면 오직 한가지 있는데 요한복음 6장 29절에 "예수께서 가라사대 하나님의 보내신 자를 믿는 것이 하나님의 일이니라" 한 말씀입니다.

미국 아틀란타(Atlanta)에 있는 한 교도소에 한 목사님이 불려 갔습니다. 창살 틈으로들여다 보니까 잘생긴 청년이 있는데 옷도 잘입고 세련된 모습이었습니다. 그가 "목사님 제가 당신을 필요해서 오시라고 했습니다. 제 이름은 묻지 마십시요. 제 가정은 훌륭한 가정이기 때문에 욕돌리고 싶지 않습니다. 저는 죄를 지었는데 죄책감 때문에 미칠 지경입니다. 하나님이 나 같은 청년에게도 다시 한번 기회를 주실까요? 내 과거의 모든 죄를 용서하시고 깨끗하게 해 주실 수 있을까요? 저로 하여금 구원 받고 새 출발 할 수 있게 도와 주실까요?" 하고 물었을 때 목사님은 "그렇구 말구요. 그것이 바로 우리 주님이 하시는 일입니다." 라고 했습니다. 결국 그 청년은 이것이 사실임을 체험 했습니다.

옳습니다. 예수님은 우리를 구원하시고 새 생명을 주십니다. 이것이 주님이 하시는 가장 큰 일입니다. 예수님은 유일한 구세주입니다. 구원은 오직 예수님 안에만 있습니다.

Ⅳ. 문은 오직 하나입니다.

노아가 그의 가족을 데리고 방주로 들어 갈 때 문은 오직 하나였습니다. 달팽이가 들어가는 문 다르고, 목이 긴 기린이 들어가는 문이 따로 있지 않았습니다. 문은 오직 하나였습니다. 우리를 위한 구원의 문도 오직 하나 입니다. 회개와 믿음입니다. 하나님께 우리의 죄를 회개하고 예수 그리스도를 나의 구주로 믿으면 구원을 받습니다.

회개란 무엇입니까? 죄에 대해서 슬퍼하며 하나님께 대하여 슬퍼하는 것입니다. 통회하는 마음은 죄에서 돌이키게 하고 예수님을 믿게 해 줍니다.

여기 한 남자가 있는데 자기 아내에게 큰 죄를 범했습니다. 불성실하고 아내를 학대하고 마음을 상하게 했습니다. 그러나 그의 아내는 크리스챤이라 늘 남편을 위해 기도했습니다. 어느날 그 남편은 자기의 잘못을 깨닫고 후회 했습니다. 그리고 말하기를 "여보, 내가 죄를 많이 짓고 당신한테 잘못한 것이 참 많소. 그렇지만 나를 용서해 주시요. 오늘부터 새생활 하기로 결심했소. 이제부터 당신을 사랑하고 보호하고 행복하게 해 주겠소" 할때 그의 아내는 용서해 주었고 남편은 그때부터 생활이 달라졌습니다.

한 죄인의 예도 마찬가지입니다. 하나님을 반역하고 하나님의 법을 어겼습니다. 그런데 성령의 역사로 죄를 깨닫는 때가 옵니다. 하나님께 나아와 "제가 하나님께 죄를 짓고, 하나님의 법을 어겼고 하나님의 용서 받을 수 없는죄인입니다. 그러나 긍휼히 여기사 저를 구원해 주시고, 새로운 삶을 살게 하여 주옵소서" 라고 기도할 때, 살아계신 하나님께서는 그의 죄를 용서 해 주시고, 그가 그리스도를 믿고 의지하면 과거의 모든 죄를 용서해 주시고 하나님의 가족이 되는 것입니다.

그러나 만일 그 여자가 "나는 용서할 수 없소. 지긋지긋하오. 이젠 다 끝났어요" 한다면 어떻게 되겠습니까? 그런 아내는 있을 수 있어도 하나님은 결코 그렇지 않습니다. 요한복음 6장 37절에 "내게 오는 자는 결코 내어 쫓지 아니 하리라" 고 했습니다. 시편 103편 12절에 "동이 서에서 먼것 같이 우리 죄과를 우리에게서 멀리 옮기셨도다" 고 했습니다. 이사야 55장 7절에 "악인은 그 길을, 불의한 자는 그 생각을 버리고 여호와께로 돌아오라. 그리하면 그가 긍휼히 여기시리라. 우리 하나님께로 나아오라. 그가 널리 용서 하시리라" 고 성경은 말씀하고 있습니다. 이사야 1장 18절에 "여호와께서 말씀 하시되 오라 우리가 서로 변론하자. 너희 죄가 주홍같을찌라도 눈과 같이 희어질것이요 진홍같이 붉을찌라도 양털같이 되리라" 고 말씀했습니다. 심지어 하나님은 우리가 회개하고 믿으면 우리를 의인으로 만들어 주시고 전에 죄를 한번도 범치 않은 것과 같이 만들어 주시겠다고 했습니다. 로마서 3장 28절에 "그러므로 사람이 의롭다 하심을 얻는 것은 율법의 행위에 있지 않고 믿음으로 되는 줄을 우리가 아니라" 고 했습니다. 얼마나 놀라운 은혜입니까? 누구나 회개하고 예수를 믿으면 깨끗하고 흠없는 사람으로 봐 주시는 것입니다. 모든 죄는 예수님의 피 아래 다 묻어 주시고, 하나님은 그리스도의 피를 통해 우리를 보시기 때문에 우리를 깨끗하게 보시는 것입니다. 우리와 같이 추한 죄인을 하나님의 눈에는 거룩한 성도로 보이시는 것입니다.

Ⅴ. 중보자도 오직 한 분입니다.

어떤 사람은 하나님이 너무 거룩 하시고 너무 위대하시고 너무 멀리 계시기 때문에 우리는 그분을 가까이 할 수 없다고 느낍니다. 그것은 사실입니다. 그렇기 때문에 하나님께서는 우리에게 중보자(Mediator)를 주신 것입니다. 하나님과 우리 사이에 중간 역활해 주시는 분을 주신 것입니다. 인간이 할수도 없고 제사장도 할 수 없고 마리아도 할 수 없는 것입니다. 그래서 하나님의 중보자 그리스도 예수님을 주신 것입니다. 디모데전서 2장 5절에 "하나님은 한 분이시요 또 하나님과 사람 사이에 중보도 한 분이시니 곧 사람이신 그리스도 예수라" 고 했습니다.

전에 제 동생들이 내가 좀 엄하고 무서우니까 무슨 요청이 있으면 나한테 직접 말하지 못하고 제 아내에게 가서 잘 부탁해 가지고 제 아내가 나에게 말하게 해서 소원을 이룰 때가 많이 있었습니다. 그러면 버티지 못해 "이놈들이 또 암송아지로 밭을 가는구나" 하면서도 들어줍니다. 우리가 지존 지엄하신 하나님 아버지께 나아갈 때, 누구나 가까이 할 수 있는 위대하신 중보자가 계신데 그 분이 바로 예수 그리스도입니다. 이 분만 통하면 누구나 하나님께 나아 갈 수가 있고 천국에 들어 갈 수가 있습니다.

Ⅵ. 선택은 오직 하나입니다.

만일 예수 그리스도께 나아 오지 않으면 그 사람에게는 오직 한 가지만 남는데 지옥에서 영원히 고통하는 죽음입니다. 어떤 사람은 "나는 그리스도와 아무 상관도 없어, 그렇지만 지옥에는 간다고 생각지 않아"라고 합니다. 그러나 성경은 밝히 말씀하기를 그리스도가 없이는 전혀 소망이 없다고 했습니다.

(1) 이 세상에는 다른 선택이란 없습니다.

그리스도를 위해 살면 행복한 삶이 되고 그렇지 않으면 인생을 낭비하는 것이 됩니다. 어느 교회에 안내 위원장이 있었는데, 그는 모든 사람에게 밝게 웃으며 교인들을 안내도 하고 악수를 해 주었습니다. 그런데 어느날 목사님을 찾아와서 "목사님 말씀 드릴게 있습니다. 저는 안내위원을 더 이상 할 수가 없습니다. 제가 목사님을 사랑하고 목사님의 설교도 좋아한다는 것은 알아 주시면 좋겠습니다. 그러나 제게 걱정이 하나있습니다. 제가 빚을 지고 사업을 시작 했는데 집 월세도 물고 아이들 교육도 시켜야 하기 때문에 몇년동안 교회에 나오지 않고 사업에만 전력해야 되겠습니다. 새벽부터 열심히 뛰어서 돈을 많이 모은 다음에 다시 교회로 돌아오겠습니다. 그리고 더 큰 일을 하겠습니다"라고 말하면서 목사님의 권면도 뿌리치고 교회를 떠나 가서는 돌아오지 않았습니다. 얼마 안가서 파산을 당하여 빚더미에 올라앉게되어 비참한 사람이 되고 말았습니다. 신앙 생활을 적은 일로 생각하면 안됩니다. 주님 떠난 생활은 허송세월 하는 것입니다.

(2) 오는 세상에서도 선택은 하나입니다.

그리스도께 나아와 구원 받았다가 천국에서 영원히 그와 함께 살던가, 사탄과 살다가 영원히 사탄과 그의 사자들과 함께 영원히 지옥에서 살던가 양자 택일이지 중간이란 있을 수 없습니다.

어느 교회에서 목사님이 부흥회를 인도하는데 아주 아름다운 부부가 둘째줄 의자에 앉아 있었습니다. 본 교회 목사님이 그 부부는 방금 결혼을 했는데 한 사람은 믿지 않는다고 말해 주었습니다. 그들은 주의 깊게 설교를 잘 들었습니다. 초청의 시간이 되서 예수 믿을 사람은 이 앞으로 나아 오라고 하니까 그 두사람은 눈을 떨구고 아무리 알아 듣게 말해줘도 듣지를 않았습니다. 성령께서 분명히 감동을 주시는 데도 거역하고 말을 듣지 않았습니다. 다음날 아침 그 젊은이는 다른 도시로 차를 몰고 가는 중이었습니다. 커브(curve)길을 너무 빨리 달리다가 차가 뒤집혔습니다. 그 남자는 그 자리에서 죽고 말았습니다. 그 목사는 그 비보를 듣자 마자 "아! 내가 조금만 더 간청하며 노력해 볼걸"라고 말했습니다. 4일이 지난 후 젊은 미망인이 검은 옷을 입고 교회에 들어 서자 의자에 앉지 않고 곧 바로 복도를 걸어나와 목사님께 말하기를 "오! 목사님, 왜 우리가 그날밤 나오지 않았는지 모르겠습니다. 제 남편은 영영 갔습니다. 왜 그날밤 이 복도로 걸어 나와 예수 그리스도를 우리의 구주로 영접하지 않았는지 모르겠습니다"라고 했습니다.

사랑하는 성도 여러분! 그리스도를 믿을 수 있는 기회를 놓쳐 버리지 마시기 바랍니다. 기회를 놓치면 다시는 구원의 기회를 얻지 못 할 수가 있습니다. 영원히 지옥 불에서 후회하기를 "그날 내가 거기 있을 때 하나님께서 내 마음에 말씀 하셨는데 왜 내가 부르실때 응답하지 않았을까? 내가 왜 내 마음을 예수님께 드리지 않았을까?" 하고 부르짖게 됩니다.

할 렐 루 야!

* 주후 1992년 3월 8일 주일낮 대예배 설교 *

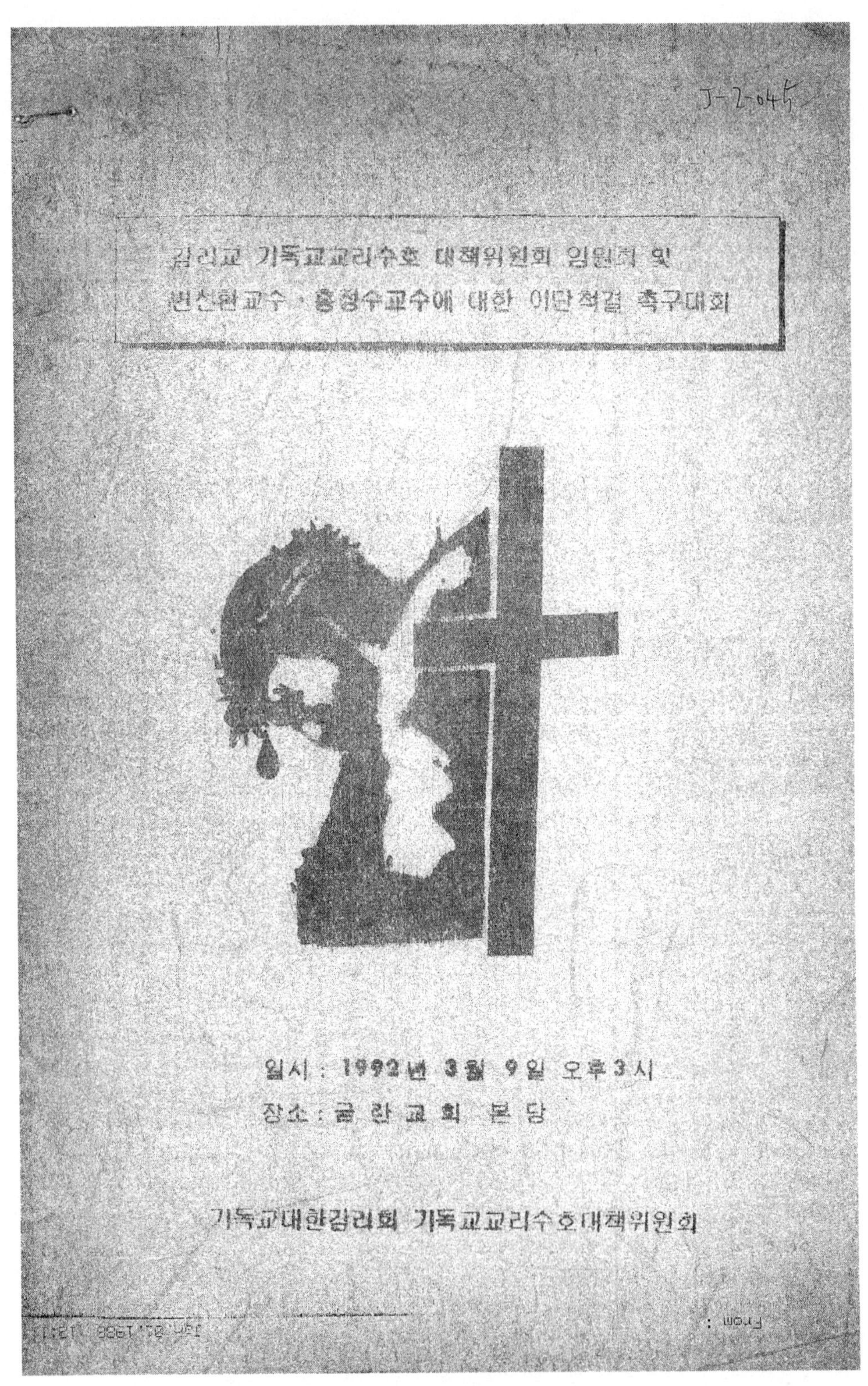

감리교 기독교교리수호 대책위원회 임원회 및
변선환교수 · 홍정수교수에 대한 이단척결 촉구대회

일시 : 1992년 3월 9일 오후3시
장소 : 금 란 교 회 본 당

기독교대한감리회 기독교교리수호대책위원회

19920309_감리교 기독교교리수호 대책위원회 임원회 및
변선환 교수 홍정수 교수에 대한 이단척결촉구대회_기독교교리수호대책위원회_5번

기독교대한감리회 기독교교리수호 대책위원회

하나님의 지상명령인 선교사명을 완수하기 위하여 7000교회 200만 신도부흥운동으로 민족 복음화 대성업을 가속화하고 있는 기독교대한감리회에 최근 기독교신앙과 감리교리에 배치되는 신학사상을 주장하여 교계에 물의를 일으키고 선교와 교회성장에 막대한 장해요인이 되고있는 사실은 통탄할 일이다. 참으로 하나님의 영광을 가리우는 이보다 더한 불신앙이 어디 있으며 그리스도의 구원의 은총을 욕되게 하는 이보다 더한 반역이 어디 있으랴! 더 이상 불신앙과 배신을 좌시할수 없기에 1991년 10월 30일 광림교회에서 개최된 제19회 총회 특별총회 제5차회집에서 종교다원주의와 포스트모던신학은 기독교신앙과 감리회교리에 위배되므로 수용할수 없으며 종교다원주의와 포스트모던신학을 주장하는 변선환, 홍정수 두교수를 출교하기로 결의하였다. 뿐만 아니라 감리교회를 사랑하고 염려하는 교역자와 평신도들이 전국적으로 확산되어 1991년 12월 9일 기독교대한감리회기독교교리수호대책위원회를 결성하고 특별총회 결의된 서울연회와 감리교신학대학재단이사회가 신속하게 처리하여 줄 것을 강력하게 촉구하는 결의문을 채택하였다. 그럼에도 불구하고 오늘에 이르기까지 서울연회와 감리교신학대학 재단이사회는 총회결의를 이행하려는 성의가 추호도 없고 사건의 결말을 의도적으로 지연시키며 학문의 자유라는 명분을 빙자하여 변선환, 홍정수 두교수의 입장을 두둔하는 경향이 있는 사실에 경악과 분노를 금할수 없다. 때문에 1992년 3월 9일 기독교대한감리회기독교교리수호대책위원회는 우리들 스스로의 죄를 회개하며 신앙적 양심을 높이고 기독교교리수호를 다짐하는 특별기도회를 개최하여 한마음 한뜻으로 기도하면서 우리의 주장과 결의를 다음과 같이 천명한다.

– 다 음 –

1. 기독교대한감리회 본부 감독회 및 총회실행부위원회는 종교다원주의와 포스트 모던신학에 의하여 교단에 선교에 막대한 저해요인이 되고있는 현실을 직시하여 제도상의 기능으로 특별총회 결의가 신속하게 처리되도록 최선의 노력을 기울여 줄 것을 120만성도의 이름으로 강력히 촉구한다.

2. 변선환, 홍정수 두교수가 소속하여 있는 서울연회본부는 두교수를 심사위원회가 기소처리하였으나 재판의 과정을 지체하지 않고 진행하여 속한 시일안에 처결하여 주기를 120만 성도의 간절한 소망으로 요청한다.

3. 감리교신학대학 재단이사회는 특별총회결의를 존중하여 아무리 학문의 자유가 보장되어야 한다고 하더라도 하나님의 선교에는 우선할수 없다는 것을 명심하고 변선환, 홍정수 두교수의 인사처리를 더 이상 유예하지 않기를 간곡히 요청한다.

4. 변선환, 홍정수 두교수는 자신들의 입장을 정당화하여 합리화하려는 어리석고 비겁한 행동을 중지하고 120만 성도들 앞에 엄숙하게 회개하는 자세를 갖는것이 바람직한 태도라 생각한다.

5. 기독교대한감리회 각 연회는 1991년도 연회에서 종교다원주의와 포스트 모던신학이 감리회교리에 배치된다고 결정한 특별총회결의를 만장일치로 확인하고 변선환, 홍정수 두 교수에 대한 응징을 촉진하는 결의안을 채택하여 감리회교리수호에 대한 120만 성도들의 결의된 신앙양심을 유감없이 표시할 것을 굳게 다짐한다.

6. 우리는 감리교회가 복음주의와 경건주의 및 사회적 책임을 다하는 교단으로 존재하는데 있어서 발전하고 부흥하는 과정에 사탄의 역사로서 저해요인이 되는 신학사상에는 순교적 각오로 단호하게 대처할것을 하나님 앞에 굳게 맹세한다.

1992년 3월 9일

기독교 대한감리회 기독교교리수호 대책위원회
특별기도회 참석회원 일동

19920309_감리교 기독교교리수호 대책위원회_
기독교 대한감리회 기독교교리수호 대책위원회 특별기도회 참석회원 일동_5번

바이르 선언문(Bear Statement)

(세계교회협의회의 종교 간의 대화에 대한 공식 입장)

I. 서문

1971년 아디사바바(Addis Ababa)에서 모였던 중앙 임원회가 대화란 "모든 교회가 함께 걸어가야 할 장정(長征)으로 이해되어야 한다"고 천명한 이후, 타종교인들과의 대화는 WCC 주요사업의 일환이 되어왔다.

그러므로 1975년 나이로비에서 개최된 WCC 총회 이후, 이 공동의 장정은 주로 '공동체 내에서의 대화'로 인식되고 있다. 이는 우리 기독교인들과 생활의 터전을 함께 공유하고 있는 타종교인들과 대화의 장을 여는 것을 뜻하며, 이로써 평화와 정의 그리고 자연과 인간의 관계 등의 문제에 대한 통찰을 서로 나눌 수 있을 것이다. 지구 공동체 내에서 복잡한 공동의 문제들에 대면하는 우리들은 이제 더 이상은 유아론(唯我論)적인 신앙관만을 고집할 수 없음을 거듭 확인해 간다. 세계의 다양한 종교 전통들이 이러한 문제들을 해결하기 위하여 다대한 영감(靈感)과 지혜를 함께 나눌 수 있음은 자명하다.

「대화를 위한 지침」(Guidelines on Dialogue, 1979)에서 명문화되어 있듯이, 우리들은 공동체 내에서의 대화의 중요성을 꾸준히 확인해 왔다. 중앙 위원회가 채택한 지침을 잠깐 상기해보자 : "대화의 장을 열기 위해서는 우리의 정신과 마음을 타인에게 개방하는 자세가 필요하다. 이는 곧 용기와 깊은 소명(召命)감을 요하는 결단인 것이다"(중앙 위원회, 킹스턴, 자마이카, 1979).

우리는 대화의 실천에서 유래하는 제반 신학의 물음들의 긴박성을 인지하고 각별한 관심을 표명해 왔다. 「지침」이 제안하듯이, "타종교인들과 신실한 '공동체 속의 대화'에 참여하는 모든 기독교인들은…… 하나님의 활동 역사에서 이들 이웃이 차지하는 위상의 문제를 진지하게 묻지 않을 수 없다. 이 물음은 이론으로 끝나는 것이 아니라, 기독교인들과 같은 삶의 터전을 공유하지만, 다른 길을 걷고 있는 수많은 형제 자매들의 삶의 역정이 하나님의 섭리와 어떠한 관계를 맺고 있는지를 고민하는 행위이다"(「지침」, p. 11.).

타종교와의 대화는 다양한 종교의 전통들이 한 분이신 삼위일체 하나님의 신비와 어떻게 연계될 수 있는지의 물음을 제기한다. 종교 간의 대화가 타종교인들과의 관계뿐만이 아니라 기독교 신학 자체를 위해서도 중요한 시사를 함축함은 자명하다.

타종교인들과의 만남은 어제 오늘의 일이 아니며, 신학자들은 시시로 종교적 다원성의 문제를 안고 씨름해 왔던 것이다. 초창기(1910년 에딘버러)부터 현대 기독교의 에큐메니칼 운동은 기독교의 메시지가 타종교인들에게 어떠한 의미를 줄 수 있는지를 고민해 왔다.

오늘날 우리는 종교적 다원성에 대한 보다 깊은 인식과 이해를 교감하게 되었으며, 보다 적절한 종교 신학의 영성을 위한 공동의 장정(common adventure)으로 진입할 수 있게 되었다. 이러한 신학이 지금 절실히 필요하다. 이에 부합하는 새로운 신학이 계속 부재한다면, 타종교인들의 신앙적 삶 속에서 확인되는 심오한 종교적인 경험을 이해하거나 적절하게 전달

-26-

19920310_바아르선언문(세계교회협의회의 종교간의 대화에 대한 공식 입장)_무지는 죄가 아니다 정말_감리교신학대학 제10대총학생회_5번_페이지_1

할 수 없을 것이기 때문이다.

Ⅱ. 종교 다원성에 대한 신학적 이해

종교 다원성에 대한 우리의 신학적 이해는 태초부터 만물 가운데 임재하여 활동하시는 살아계신 창조주 하나님에 대한 신앙에서 출발한다. 성서는 그 분이 모든 나라와 민족의 하나님이며, 그 사랑과 은혜가 전 인류를 포용한다고 증언하고 있다. 예컨대 노아와의 계약은 곧 모든 피조물과의 계약으로 이어진다. 각각의 고유한 지혜와 이해의 전통에 따라 각 나라를 인도하시는 하나님의 지혜와 정의는 명실공히 땅끝까지 미친다. 하나님의 영광은 일체 피조물에 편재(偏在)해 있는 것이다.

언제 어디서나 인간들은 그들 가운데 임재하면서 활동하시는 하나님께 응답해 왔으며, 그 만남을 고유한 방식으로 증언해 오고 있다. 구원, 완전성, 깨달음, 인도 그리고 휴식과 해방을 추구하며 발견한 신앙적인 역정(歷程)은 이 증언들 속에 메아리치고 있다.

그러므로 우리는 이같은 증언들에 지극히 진지한 태도로 임해야 할 것이며, 모든 나라와 민족들 가운데 구원하시는 하나님의 역사가 항존(恒存)해 있었음을 자각한다. 기독교인인 우리의 증언은 예수 그리스도를 통해 경험한 구원의 사역에 언제나 그 초점이 모아지는 것이 당연하겠지만, 동시에 우리는 "하나님의 구원의 능력을 제한할 수 없다"(CWME, 산 안토니오, 1989). 타종교인들을 이웃으로 하는 우리의 증언은 "하나님께서 그들 가운데 행하시는 일들을 인정"하는 포용성을 근거로 해야만 한다(CWME, 산 안토니오, 1989).

우리는 종교 전통의 다원성을 하나님께서 각 나라와 민족과 관계하시는 다양한 방식의 결과일 뿐 아니라, 인류의 다양성과 풍성함이 표현된 것으로 이해한다. 우리는 하나님께서 각자의 종교적인 모색과 발견 가운데 함께 계셨음을 인정하며, 그들의 가르침 속에 지혜와 진리가 있고 그들의 삶 속에 사랑과 경건이 있는 이상, 이는 우리 가운데 발견되는 지혜・통찰・지식・이해・사랑・경건과 마찬가지로 성령의 선물임을 분명히 밝힌다. 또한 그들이 정의와 해방을 위해서 우리와 협력하여 고민할 때, 하나님께서는 그 가운데 함께 하실 것이다.

종교의 다원성 속에 현존하시는 만유의 주로서의 하나님을 신앙한다면, 그 분의 구원 사역이 어느 특정한 대륙・문화・민족에 국한된다는 편협한 사고를 더 이상 고집할 수는 없을 것이다. 세계의 여러 민족과 나라가 보존해 온 각기 고유한 종교적 증언들을 무시하는 처사는, 인류의 아버지요 만유의 주라는 성서적 메시지를 결국 부인하는 결과에 해당한다. "하나님의 영은 인간이 이해할 수 없는 방식과 예측 불가능한 장소에서 활동하신다. 그러므로 이웃과의 대화를 통해서 기독교인들은 그리스도의 신비한 부(富)를 깨닫고, 인간을 대하는 하나님의 경륜을 경험하게 되는 것이다"(CWME 선언, 「선교와 전도」)

기독교 신앙은 우리에게 종교 다원성의 전 영역을 진지하게 검토할 것을 요청한다. 종교 다원성은 극복해야 할 장애가 아니다. 오히려 "하나님께서 모든 것 가운데 모든 것이 되실"(고전 15-18) 때를 대망하는 우리 기독교인들에게는 하나님과 이웃을 보다 깊이 만날 수 있는 호기(好機)인 셈이다 : "하나님께서 타종교인들에게 주신 지혜와 사랑과 힘"(뉴 델리 보고서, 1961)을 새롭고 보다 원숙하게 이해할 수 있도록 "우리가 예수 그리스도를 통해 알게

19920310_바아르선언문(세계교회협의회의 종교간의 대화에 대한 공식 입장)_무지는 죄가 아니다 정말_감리교신학대학 제10대총학생회_5번_페이지_2

된 하나님께서 타종교인들의 삶 속에서도 우리를 만나실 수 있는 가능성을 개방"(CWME 보고서, 산 안토니오 1989, 29절)해야만 할 것이다. 우리 주 예수 그리스도의 유일하신 하나님 아버지께서는 당신을 증거하는 자들을 어느 곳에나 남겨 두셨다(행전 14 : 17).

종교 전통 속의 애매성

세계의 종교 전통들 속에 있는 지혜, 사랑, 동정심, 그리고 영적인 통찰 등의 긍정적인 면모 이면에는 사악함과 어리석음이 공존해 있음을 슬프지만 정직하게 인정해야 할 것이다. 흔히 종교가 다양한 방식으로 압제와 소외의 체제를 지지해 왔음도 잊지 말아야 할 것이다. 명실상부하게 정당한 종교 신학이라면, 인간의 사악함과 죄 그리고 최고의 이상에 부합하지 못하고 영적인 통찰에 불순종하는 삶의 자세를 진지하게 검토해야만 한다. 따라서 우리는 성령의 역사하심을 통해 끊임없이 하나님의 지혜와 목적을 깨닫게 된다.

Ⅲ. 기독론과 종교 다원주의

다른 종교의 길을 걸어온 이웃들의 삶 속에 나타나 있는 선(善)과 진리와 경건함을 보고 경험한 우리는 「대화를 위한 지침」(1979)에서 제기된 문제-인류를 향한 하나님의 보편적 구속의 활동과 이스라엘 역사와 예수의 사역을 통한 특수한 구속의 활동의 문제를 매우 진지하게 대면해야만 한다(23절). 우리는 구원을 예수 그리스도를 명시적 인격적 위임(the explicit personal commitment)으로만 극한시키는 신학을 넘어서야할 필요를 느낀다.

우리는 말씀이 육신이 되신 예수 그리스도 속에서 전체 인류 가족은 결정적인 결속과 계

19920310_바아르선언문(세계교회협의회의 종교간의 대화에 대한 공식 입장)_무지는 죄가 아니다 정말_감리교신학대학 제10대총학생회_5번_페이지_3

Ⅳ. 성령과 종교 다원주의

우리는 이 문제를 숙고함에 있어서 창조 · 양육 · 도전 · 갱신 · 보전의 사역을 맡아 땅 위를 운행하시는 성령과 그 활동에 특히 관심을 가져왔다. 마치 "바람이 임의로 불듯이"(요 3 : 8), 우리의 정의(定義)와 규정 그리고 제한을 넘어서서 활동하시는 성령의 사역을 인위적으로 구속할 수 없는 것이다. 우리는 만물 가운데 현존하시는 성령의 '경륜'(economy)에 찬탄하며 희망과 기대에 부풀게 된다. 인간들이 예측할 수 없는 방식으로 운행하시는 성령의 자유로움, 무질서 속에서 질서를 이루어 내며 지구의 표면을 새롭게 하시는 성령의 능력 그리고 진리와 평화와 정의를 희구하는 인류를 격려하시고 그 가운데 활동하시는 성령의 '능력을 우리는 확인한다. 사랑, 기쁨, 평화, 인내, 친절, 선(善)함, 신실(信實), 온유 그리고 자기 절제에 속한 모든 것은 실로 성령의 선물로서 인정되어야 마땅할 것이다(갈 5 : 22-23, cf. 롬 14 : 17).

그러므로 「지침」(1979) 속에 주어진 질문, 즉 "교회 밖에서 성령의 사역을 통해 활동하시는 하나님의 구원 섭리를 이해하는 것이 정당하며 유익한가?"(23절)에 우리는 긍정적인 답변을 선택해야 할 것이다. 타종교인들의 삶과 전통 속에 성령이신 하나님께서 활동하심을 고백하는 것은 너무나 당연하다.

타종교의 선(善)함과 진리를 해석하고, "우리와 다른 것들"을 분별할 수 있는 것은 성령의 영역을 통해서이다. 이로써 우리의 "사랑이 지혜와 모든 판별과 함께 더욱 더 풍성해지는 것이다"(빌 1 : 9-10).

예수와 성서의 해석자이신 성령(요 14 : 20)께서 우리를 인도하셔서 기존의 종교 전통을 새롭게 이해하도록 도우실 뿐 아니라, 이웃과의 대화를 통해 우리가 성숙함에 따라 새로운 지혜와 통찰을 거듭 밝혀주실 것을 믿는다.

Ⅴ. 종교 간의 대화 : 신학적 전망

우리는 타종교인들의 세계 속에 현현되는 구원의 신비를 인식함으로써 종교간의 대화에 임하는 우리의 자세를 구체적으로 정비(整備)할 수 있다.

우리와 다른 그들의 종교적 확신까지도 존중하고, 하나님께서 성령을 통해서 그들 가운데 성취하셨고, 또 성취하실 일들을 존경하는 자세는 이제 무엇보다 필요한 조건이 되었다. 그러므로 종교간의 대화란 일방 통행이 아니라 쌍방교차로인 셈이다. 우리는 개방적인 정신으로 대화에 임하고, 자신들의 종교적 확신을 진실하게 증언하는 타종교인들로부터 배울 자세를 확립해야 할 것이다. 진정한 대화는 쌍방의 지평을 넓혀주면서, 각자를 통해 말씀하시는 하나님을 향한 보다 깊은 회심으로 인도할 것이다. 또한 우리는 타종교인들의 증언을 통하여 지금까지 접하지 못했던 하나님의 신비를 다각도로 체험하게 될 것이다. 그러므로 대화를 통해서 신앙적인 삶의 깊이를 더할 수 있으리라는 것은 장황하게 부언할 필요가 없다. 타종교인들과 협력하는 태도야말로 진리에 대한 경험과 이해를 보다 깊게할 것이라는 사실을 우리

19920310_바아르선언문(세계교회협의회의 종교간의 대화에 대한 공식 입장)_
무지는 죄가 아니다 정말_감리교신학대학 제10대총학생회_5번_페이지_4

는 믿어 의심치 않는다.

우리는 소명 의식 가운데에서 종교 간의 대화를 통하여 기존 신학의 방법을 개혁해야 할 필요성을 절감한다. 우리가 지향해야 할 대화적 신학과 인간 해방의 실천을 통해서 진정한 '신학의 장'(locus theologicus) 즉 신학 작업의 원천과 근거가 형성될 것을 믿는다. 종교 다원주의와 대화적 실천의 도전은 기독교 신앙의 신선한 이해, 새로운 질문들 그리고 보다 나은 표현을 규명할 책임이 있는 우리 기독인들이 마땅히 서야 할 자리의 한 부분인 것이다.

LIST OF PARTICIPANTS

Bishop Prof.
ANASTASIOS YANNOULATOS
Holy Archbishopric of Irinoupolis
Nairobi, *Kenya.*

Prof. Georges BEBIS
Greek Orthodox School of Thedogy
"Holy Cross"
Brookline, *U. S. A*

Rev. Kenneth CRACKNELL
Cambridge, *U. K.*

Fr. Jacques DUPUIS
Gregorian University
Rome *Italy.*

Prof. Diana L. ECK
The Study of Religion
Harvard University *U. S. A.*

Fr. Michael FITZGERALD
Pontifical Council
for Interreligious Dialogue
Vatican City

Dr. Biôrn FJAERSTEDT
Church of Sweden Mission
Uppsala, *Sweden*

Prof. Yasuo C. FURUYA
International Christian University
Tokyo, *Japan.*

Dr. Tarek MITRI
Middle East Council of Churches
Limassol, *Cyprus*

Dr. Itumeleng MOSALA
University of Cape Town
Rondebosch, *South Africa*

Dr. Robert NEVILLE
Boston University
Boston, *U. S. A.*

Metropolitian George KHODR
Limassol, *Cyprus*

Dr. Paul KNITTER
Xavier University
Cincinnati, *U. S. A.*

Dr. Peter LEE
Christian Study Centre on
Chinese Religion & Culture
Kowloon/*Hong Kong*

Prof. David M. LOCHHEAD
Vancouver School of Theology
Vancouver, *Canada*

Dr. Judo POERWOWIDAGDO
"Duta Wacana" Christian University
Yogyakarta, *Indonesia*

Bishop Pietro ROSSANO
Lateran University
Vatican City

Prof. Francoise SMYTH-FLORENTIN
Paris, *France.*

Rev. Alexandru J. STAN
Bucuresti, *Romania*

Ms. Joyce TSABKDZE
University of Swaziland,
Kwaluseni, *Swaziland.*

Dr. Otavio VELHO
Instituto de Estudos da Religiao
Rio de Janeiro, *Brazil*

WCC Staff

Dr. S. Wesley ARIARAJAH
Dr. Ulrich SCHOEN
Rev. Hans UCKO
Ms. Audrey SMITH
Ms. Luzia WEHRLE
Dialogue sub-unit.

Dr. Irmgard KINDT-SIEGWALT
Faith and Order.

Mr. Marlin VANELDEREN
Communications Dept.

-30-

19920310_바아르선언문(세계교회협의회의 종교간의 대화에 대한 공식 입장)_
무지는 죄가 아니다 정말_감리교신학대학 제10대총학생회_5번_페이지_5

냉·천·골·알·림·터

변선환 학장, 홍정수 교수에 대한 재판위원회 기소처분에 분노한다!

우리는 어머니 한국 감리교회의 품안에서 양육되고 성장한 청년 신학도로서 선배 신학자, 목회자들의 신학과 목회실천의 1세기에 걸친 역사를 젓줄 삼아 새로운 시대의 하나님 선교상을 정립해야할 중대한 기로에 서 있음을 고백한다.

우리는 감신대 변선환 학장, 홍정수 교수를 둘러싸고 발생했던 신학논쟁이 교권을 둘러싼 정치적 음모의 소용돌이로 급속히 변질되어 가는 현실을 목도하면서 수차례에 걸쳐 교단 지도자들과 목회자들의 자제와 화해일치를 촉구해 왔다. 우리 감리교회가 웨슬레 선생이 추구했던 종교적 관용과 '노력하는' 사도의 진지함(서로 대화하고자 하는 열린 마음)을 옳게 간직하고 있는 교회임을 굳게 믿기 때문이었다. 이에 우리는 사안의 중대성과 특수함을 고려하여 전체 감리교회가 참여한 가운데 공개적이고 민주적인 방식으로 위 사안을 다루어야 한다는 것을 역설한바 있고, 몇가지 합리적인 해결방안을 제시하기도 하였다. (공개적인 청문회 등)

그러나 교단의 현 지도부와 교리수호대책위원회가 보여준 최근의 행태는 사태의 평화적이고 교회적인 해결을 기대했던 많은 사람들을 실족시키기에 충분하였다. 교리수호대책위원회의 김홍도 목사는 막대한 자금을 살포하여 교인대중들의 여론을 호도하였을 뿐만아니라 유수 일간지에 두 교수와 감신대에 대한 일방적인 매도로 일관한 광고를 게재하여 교단과 대학의 명예를 심대히 훼손하였다. 특히 교단의 지도자들은 분쟁 당사자들의 주장이 전체 목회자들과 교인들에게 공정하게 전달될 수 있도록 교단 언론 매체들을 통해 대립된 주장들이 출판될 수 있도록 통제하고, 공개 청문회 등을 개최하는 등의 성의 있는 해결자세를 보이기는 커녕 오히려 교리수호대책위원회 등의 임의단체를 옹호하여 본연의 임무를 방기하고 있다.

또한 서울연회 심사위원회가 두 교수의 신학적 입장에 대해 공개적인 토론과 의견수렴과정을 무시한채 3월 연회의 압력을 회피하고자 재판위원회로의 기소를 확정한 것은 행정적 요식행위로 사태를 마무리 하려는 무책임한 결정임을 경고하고자 한다. 더구나 곽전태 감독회장, 김홍도 목사에 대한 홍정수 교수의 고소를 유야무야하려는 태도는 형평을 잃은 처사이다.

우리는 지금 양식있는 목회자들과 교단 지도자들의 노력이 교권주의자들의 '힘의 논리'에 의해 무참하게 짓밟히고 있음을 계속적으로 확인하고 있다. 감리교 신학대학의 총학생회로 대변 되는 일천 감신인은 지금까지 가장 정의로운 방법으로 교단의 분열사태를 해결하기 위해 힘써 왔으며, 한치의 흔들림 없는 결의로 왜곡된 진실을 바로 잡을 것임을 내외에 천명한다.

우리의 결의 -------

- 교단 지도부는 사태의 공정한 해결을 위해 교리수호대책위를 비롯한 각종 임의단체의 비방행위를 즉각 중단시켜야 한다!
- 자격심사위원회는 김홍도목사에 대한 기소건을 성의 있게 심사하라!
- 재판위원회는 공정한 재판을 위해 분쟁 당사자들과 전문가들의 토론과 의견이 공개적으로 개진 될 수 있도록 심사과정의 공개성과 민주성을 완전 보장하라!
- 교단은 분쟁당사자들의 의견이 공정하게 전체 목회자들과 교인들에게 알려질 수 있도록 교단의 재정과 언론매체를 동원, 통제하라!

1992년 3월 10일、 감신대 총학생회

19920310_변선환 학장 홍정수 교수에 대한 재판위원회 기소처분에 분노한다_감신대 총학생회_5번

19920312_감리교회 전통보수 신앙 수호를 위하여_국민일보_5번

신학을 죽이려는가

— 감신대 두교수 기소처분을 보고

지난해 3월이래 교계의 중요한 관심 대상이 되어온 감리교단 내에서의 소위 '종교다원주의, 포스트 모더니즘에 바탕을 둔 신학' 논쟁은 신학적인 문제로서의 본질이 호도된 채 비이성적인 규탄으로 일관되어 오더니 급기야 신학사상에 대한 이론적 검증과정이 무시된 채 이를 연구해온 변선환, 홍정수 두 교수를 교단의 재판법에 의거 기소하고 그 직임을 정지토록 하기에 이르렀다.

이 사건이 한국교회에 초미의 관심사일 수 밖에 없는 까닭은 그것이 단순히 진보적인 신학사조와 보수신앙간의 대립이 아니라 외형적 성장제일주의만을 추구해온 오늘의 한국교회 현실 속에서 신학이 어떻게 살아남을 수 있는가 하는 심각한 물음을 던지게 한 사건이기 때문이다. 이번 기독교대한감리회 서울연회의 심사위원회가 말 그대로 '심사' 에 충실하지도 않은 채 두 교수를 기소한 것은 신학을 죽이는 행위 그 이상이다. 신학적 사고의 차이를 들어 사탄이니 악마니 함부로 떠들며 종교재판을 하는 것은 교회의 발걸음을 다시 중세시대로 되돌리는 것이며 프로테스탄트 역사의 단절을 자초하는 것이 아닐 수 없다. '신학이란 모범적으로 묻는 학문이고 오직 그렇게 함으로써만 교회에 바르게 봉사할 수 있다' 는 H. 골비쳐의 명제가 말해주듯이 학문이 물음을 봉쇄당한 채 존재한다는 것은 무의미한 것이요 이같은 일은 중세기 암흑시대에나 가능한 것이다.

개신교 중에서도 가장 유연하며 포용력 있는 신학전통을 지닌 감리교회가 오늘날 이같은 오류 속에 빠지게 된 것은 수단 방법을 가리지 않고 오직 큰교회만을 추구해오던 일단의 보수적이고 열광적인 부흥사류 목회자들의 신학부재에서 찾을 수 있다. 또한 진지한 학문적 사고나 객관적 현실분석이 부족한 수업분위기 속에서 양산되어온 다수의 소위 '목회학 박사' 들이 품은 교권적 야심도 큰 원인이 되고 있다. 뿐만 아니라 신학과 교회간의 연결고리 역할을 담당해야 할 정책담당자들의 무지와 태만, 무소신도 이같은 사태의 한 요인으로 진단된다.

일련의 과정을 지켜보면서 우리가 갖게 되는 안타까움은 자유로운 학문토론이 생략되고 합리적인 의회와 법절차가 외면당한 채 일방적 여론에 밀려 진전되고 있는 이 조류를 막아낼 이성적이고 건설적인 목소리의 주인공들이 나타나지 않고 있다는 사실이다. 단적으로 그것은 오늘의 목회자들이 일반적으로 신학에 무지하거나 개교회의 울타리 안에서 자신의 안녕만을 생각하는 개인주의에 함몰된 탓이라 보지 않을 수 없다. 우리가 아는 바 감리교단의 총회는 신학적 소양을 갖추고 회중의 뜻을 대변할 수 있는 인사 단지 목사나 장로로서 일정한 연륜만 지나면 자연히 총회구성원 자격을 갖는 식으로 구성되고 있다. 이런 형편에서 합리적인 토론과 검토가 선행되지 못한 채 신학을 단순한 거수로 결정한다면 감리교 역사에 지울수 없는 오욕을 남기게 될 것이다. 참으로 교회의 근간인 신학문제를 죽이려는 이러한 비이성적 행위를 중지할 것을 다시한번 촉구한다.

19920314_사설신학을 죽이려는가_새누리신문_5번

우리의 결의

감신대 변선환교수 홍정수교수를 규탄한다.

하나님의 지상명령인 선교사명을 완수하기 위하여 7000교회 200만 신도부흥운동으로 민족 복음화 대열을 가속화하고 있는 기독교대한감리회에 최근 기독교신앙의 정통교리를 부정하는 자유신앙을 주장하여 교계에 물의를 일으키고 전국의 교회성도들 마음에 [illegible]이 되고 있는 사실은 통탄할 일이다. 참으로 하나님의 영광을 가리우는 이보다 더한 불신앙이 어디 있으며 그리스도의 구속의 은총을 욕되게 하는 이보다 더한 범행이 어디 있으랴. 이 엄청난 불신앙의 사건을 좌시할 수 없기에 1991년 10월 30일 광림교회에서 개최된 제19회 총회 특별총회 제5차 회의에서 종교다원주의와 포스트모던신학은 기독교신앙과 감리교회교리에 위배되므로 수용할 수 없으며 종교다원주의와 포스트모던신학을 주장하는 변선환, 홍정수 두교수를 [illegible]하기로 결의하였다.

뿐만 아니라 감리교회를 사랑하고 염려하는 교역자와 평신도들이 자발적으로 참여하여 1991년 12월 9일 기독교대한감리회기독교교리수호대책위원회를 결성하고 특별총회 결의를 지원하여 감리교신학대학이사회가 신속하게 처리하여 줄 것을 간절하게 촉구하는 결의문을 채택하였다. 그럼에도 불구하고 오늘에 이르기까지 감리교신학대학 재단이사회는 총회결의를 이행하려는 성의가 추호도 없고 사건의 본질을 의도적으로 [illegible] 학문의 자유라는 명목을 빙자하여 변선환, 홍정수 두교수의 이단을 비호하는 인상이 있는 사실에 경악과 분노를 금할 수 없다. 따라서 1992년 3월 9일 기독교대한감리회기독교교리수호대책위원회는 우리의 [illegible] 회개하며 신앙의 [illegible] 기독교교리수호를 다짐하는 특별기도회를 개최하여 한마음 한뜻으로 기도하면서 우리의 주장과 결의를 다음과 같이 천명한다.

—다 음—

1. 기독교대한감리회 교단 지도부 및 총회실행부위원회는 종교다원주의와 포스트모던신학을 [illegible] 120일 이내에 [illegible] 촉구한다.
2. 변선환, 홍정수 두교수가 소속되어 있는 서울연회[illegible]는 두교수를 [illegible] 120일 이내에 [illegible] 요구한다.
3. 감리교신학대학 [illegible] 특별총회결의를 [illegible] 변선환, 홍정수 두교수의 [illegible] 요구한다.
4. 변선환, 홍정수 두교수는 [illegible] 120일 이내에 [illegible] 천명한다.
5. 기독교대한감리회 각 연회는 1991년 [illegible] 종교다원주의와 포스트모던신학을 [illegible] 특별총회결의를 [illegible] 변선환, 홍정수 두 교수를 [illegible] 120일 이내에 [illegible] 다짐한다.
6. 우리는 감리교회가 [illegible] 다짐한다.

1992년 3월 9일

기독교 대한감리회 기독교교리수호 대책위원회
특별기도회 참석회원 일동

〈교회연합〉 92-3-14/3면 [교리수호대책위원회]

〈교회연합신문〉 92-3-14 (3면)

19920314_우리의 결의 감신대 변선환교수 홍정수교수를 규탄한다_
기독교대한감리회 기독교교리수호대책위원회 특별기도회 참석회원 일동_교회연합신문_5번

한겨레
1992. 3. 15.
5-3-019

목사자격 정지 감신대 홍정수 교수

'종교다원주의'를 주장한 감신대 변선환 학장과 "성서 메시지의 진정한 해석"을 강조하며 포스트모던 신학을 펴온 홍정수 교수에 대한 감리교단(감독 곽전태 목사)쪽의 강경제재 움직임이 감리교 진보신학자들과 보수파 교회지도자들간의 알력을 더욱 증폭시키고 있다.

감리교 서울연회(감독 나원용 목사)가 지난 4일 심사위원회를 열어 변선환·홍정수 두 교수를 재판위원회에 기소함에 따라 감리교회법상 앞으로 6개월 안에 열리게 돼 있는 재판 때까지 두 사람의 목사자격이 정지됐다.

"신학비판 물리적 힘 동원 봉쇄 언어도단"

한국교회 부활 메시지 성서 근본적으로 왜곡

지난해 3월 <크리스챤신문>에 낸 기고에서 "한국교회가 영혼불멸과 육체적 부활을 동시에 믿는 모순된 신앙체계를 갖게 된 것은 성서언어를 잘못 해석한 데서 비롯된 것"이라고 주장해 변선환 학장과 함께 '교리수호대책위'(김홍도 목사·유상렬 장로 주도)로부터 비난을 받아온 홍정수(44·감신대) 교수를 만났다.

=교회가 '사회의 양심'이기는커녕 '사회악의 표본'이 된 듯하다. 신학자의 비판을 신학적으로 가리지 않고 힘을 동원해 봉쇄하려고 하는 것은 교회사에 남을 수치이다. 신학의 문제를 투표로 결정하는 데 대해 해외에서도 강력한 이의를 제기하고 있다.

—"부활을 부정했다"는 비판에 대해….

=한국교회가 말하는 부활메시지는 '개인의 죽음에 해답을 주는 것'처럼 성서의 메시지를 근본적으로 왜곡하고 있는 것이다. 진짜 부활의 메시지는 '생물학적 죽음과 부활'보다 '하느님의 정의가 부활하는 것'이다. '부활의 재해석'을 부활을 부정했다고 강변하고 있다. 내 주장이 틀렸다면 토론을 벌였어야 한다.

—'학문의 자유'와 '교리수호'가 부닥친 싸움이 아닌가?

=신학자의 고유 사명인 자체비판은 또다른 사상이나 신학적 비판에 의해서만 수정되어야 하는 게 순리이다. 정당한 절차없이 금력을 동원해 신문광고 등으로 밀어붙이는 것은 학교와 교회를 위해 올바른 태도가 아니다. 또 김홍도 목사 등의 문제제기 방식이 잘못됐음이 분명한데도 교단 행정의 책임자들이 눈치만 보고 있는 것도 문제다.

—이번 사태의 근본 원인이 어디에 있다고 보는가?

=사회 전반의 보수화 분위기에 따른 감리교단의 보수화 정서, 이를 이용해 이번 기회에 '감독' 피선을 목표로 교단 일부 인사들이 입지를 강화하려는 의도가 맞물렸다고 본다.

—다른 교수들의 반응은?

="교수인사와 교권에 대해 침해하지 말라"는 입장이다. 교수단이 공동작업으로 '신학지침'을 마련해 금년봄부터 학교요람에 싣기로 하고 지난 2일 입학식 때 발표했다. 그 근본취지는 "감신대 백년간의 신학방법과 노선, 즉 '기독교권의 비판적 계승' 원칙을 바꾸지 않는다"는 것이다. '교회를 보다 중시하겠다'는 반성도 곁들였다.

—이 '신학지침'이 앞으로 어떤 역할을 할 수 있는가?

="감리교를 보수화하기 위해 감신대를 보수화하겠다"는 일부 인사들의 공언에서 보듯 앞으로 이사진과 학장이 바뀌어 보수화 물결이 교내에 들어올 경우 '신학지침'이 방파제구실을 할 것이다.

—개인적인 대책은?

=이미 김홍도 목사를 교회법에 고소했다. 고소한 지 한 달이 되는 17일 이후에는 김 목사를 명예훼손으로 사회법에 고소하겠다.

처음부터 교권 가진 사람들이 신학자를 힘으로 다루는 것은 감리교 신학정신에 위배된다고 보고 이를 막고 싶었던 것이다. 내가 굽히거나 타협하여 후배 교수들이 같은 꼴 당하는 것을 볼 수 없다.

<최성민 기자>

19920315_인터뷰 목사자격 정지 감신대 홍정수 교수_한겨레신문_5번

在美 감리교 교역자 136인 공개서한

受信: 기독교 대한감리회 감독회장 곽전태 감독/서울연회 나원용 감독
서울연회 재판위원회/선교국 총무 강병훈 목사
參照: 감리교 신학대학 학장 변선환 박사/교수 홍정수 박사

존경하는 감독님께 드리는 글

하나님의 크신 경륜 가운데, 기독교 대한 감리회의 2000년대, 그 새로운 미래를 창조하기 위하여 불철주야 몸바쳐 수고하시는 존경하는 감독님께 먼저 주님의 이름으로 문안을 드립니다. 저희들은 이역만리 먼 이국 땅에서 자나깨나 고국을 꿈에 그리며 이민 목회에 전념하고 있는 감리교 목회자들입니다. 근간 저희들의 스승이자 선배이며, 동역자인 감리교 신학대학의 조직신학 교수 변선환 학장과 홍정수 교수의 이른바 "종교다원주의 신학"과 "포스트모던 신학"이 교단 내의 문제가 되어 저희들도 이를 걱정하고 염려하며 계속 기도하던 중, 최근 서울연회 재판위원회에 정식 기소되어 곧이어 재판이 열릴 것이라는 소식을 접하고, 존 웨슬리 목사의 '실천적 신앙'전통에 입각하여 예수 그리스도께서 가르치신 和解와 一致의 福音을 전해온 감리교 목회자들로서는 놀라움을 가늘 길이 없어 감독님께 탄원을 드리는 바입니다.

저희 목회자들은 신학의 과제는 예수 그리스도의 福音을 변화하는 새로운 狀況과 관련하여 항상 새로운 방식으로 證據하는 데에 있는 것으로 이해하고 있습니다. 오늘날의 목회 상황이 이른바 多宗敎的이고 또한 現代以後的(postmodern)이라는 것은 목회자의 선택 이전에 이미 주어진 목회 현실이며, 이처럼 피할 수 없는 엄연한 상황 속에서 복음의 메시지를 다원주의적 방식으로, 혹은 현대이후적 방식으로 증거하는 새로운 신학을 제시하는 것은 조직신학자에게 맡겨진 목회자들을 위한 시대적 과제라고 믿습니다. 이런 점에서 저희들은 이른바 "다원주의 신학"과 "현대이후의 신학"을 발전시킨 변선환 학장과 홍정수 교수는 조직신학자로서 시대적 과제에 성실하려고 노력한 분들이라고 믿어 의심치 않습니다. 그런데 조직신학자로서 자기 과제를 성실히 수행하려 했던 교수들이 교단 재판위원회에 이단으로 기소되고 재판에 회부되었다는 것은 참으로 불행하고도 모순된 일이 아닐가 생각됩니다. 혹 그들이 조직신학자로서 오늘의 상황에 성실하게 응답하는 새로운 신학을 제시하지 않아 학자의 직무태만죄로 기소되었다면 이해할 수 있을지 모르겠습니다. 그러나 조직신학자로서 맡겨진 책임을 다하려 한 학자를 기소한다면, 그들이 과연 어떻게 했어야 했겠습니까? 이 시대의 변화하는 상황에 눈감고 무관심한 채, 과거의 신학을 단순하게 반복하며 주어진 현실에 안주하는 일은 쉬울 것입니다. 하지만 그렇게 했었다면 그들은 지금처럼 불행하게 이단으로 기소되지는 않았을지 모르지만, 더 이상 목회자가 필요로 하는 조직신학자는 아닐 것입니다.

- 1 -

19920316_재미 감리교 교역자 136인 공개서한_5번_페이지_1

저희들은 목회를 하면서 교회의 信仰현실과 신학자가 제시하는 神學 사이에는 상당한 거리가 있다는 것을 피부로 느끼는 때가 많이 있습니다. 오늘의 이러한 불행한 현실도 궁극적으로 바로 이러한 거리감에서 비롯된 것으로 생각합니다. 그러나 저희들은 이러한 거리를 목회자와 신학자의 서로 다른 役割과 그 相補的 關係 속에서 이해하고 있습니다. 목회자는 교회의 구체적인 현실 한 가운데에서 회중의 실제적인 요구에 귀기울이며 이에 대하여 하나님의 말씀으로 책임있게 응답해야 하는 반면, 신학자는 오늘의 교회 現實을 분석・비판하고, 교회의 건전한 未來를 위하여 새로운 신학을 계속 제시해야 한다고 믿습니다. 이 때문에 때로는 신학자가 제시하는 신학이 교회의 신앙 현실과 일치하지 않는 때도 있습니다. 그러나 저희들은 이 때문에 신학자들이 제기하는 신학이 불필요하거나 무의미하다고는 생각하지 않습니다. 더우기 이 때문에 신학자들이 제시하는 신학을 목회자가 이단으로 정죄할 수 있다고는 추호도 생각치 않습니다. 오히려 저희 목회자들은 신학자를 목회의 필요불가결한 참된 同伴者로 이해하며, 신학자가 제시하는 신학을 토대로 구체적인 교회 현실을 反省하고, 그 함축된 의미를 헤아리며 어떻게 교회 현실에 적용시킬 수 있을 것인가를 깊이 생각하고, 이를 위해 최선을 다해야 한다고 믿습니다. 어떤 때는 이러한 과제가 저희 목회자들에게 힘겹고 벅찰 수도 있으며, 그래서 신학자들이 원망스러울 때도 있습니다. 그러나 저희들은 이러한 각고의 노력과 자기 반성 속에서만이 참된 교회 갱신과 성장의 길이 열린다고 믿습니다.

물론 저희들은 두 신학자가 제시한 신학이 모든 면에서 목회 현실에 완벽하게 부합한다고는 결코 생각치 않습니다. 교회의 구체적인 당면 과제들을 붙들고 씨름하는 우리 일선 목회자들의 시각에서 볼 때, 많은 비판이 필요한 신학일 수 있다고 봅니다. 특별히 그들이 사용한 신학적 표현들이 읽는 이에 따라서는 오해의 소지가 있고, 일반 교인들에게 신앙의 걸림돌이 될 가능성이 있다는 우리 목회자들의 비판은 진지하게 검토될 필요가 있다고 봅니다. 저희들은 이러한 비판들이 두 신학자에게 충분히 인식되어 기왕에 제시된 신학을 보다 충분한 것으로 보완시키는 좋은 계기가 되기를 진심으로 바랍니다. 그리하여 이번 계기를 통하여 신학자와 목회자 사이의 相互批判的인, 그러나 복음을 위하여 함께 일하는 相互補完的인 同伴者로서의 관계가 새롭게 확립되기를 진심으로 바라는 바입니다. 이런 의미에서 그들의 신학적 표현들이 교회에 물의를 일으켰다고 해서, 곧바로 재판위원회에 이단으로 기소하고 재판을 통하여 이단으로 정죄한다는 것은 교회와 목회자가 해야 할 마땅한 본분은 아닐 것이라고 믿습니다. 특히 최근에 급속히 진행되고 있는 일련의 사태들은 지나치게 過熱된 여론의 거대한 흐름에 따라 문제의 핵심이 歪曲, 誤導된 채 이른바 "輿論裁判"으로 치닫고 있다는 느낌을 받습니다. 평생을 감리교단에 몸바쳐 가족과 자신의 건강조차 희생해가며 감리교신학을 확립하고 미래의 목회자를 양성해 온 목사이자 신학자인 그 분들을 이단이라고 "宣言"하는 것은 쉬울런지 몰라도, 참으로 그들이 이단인가 아닌가를 "判斷"하는 일은 결코 쉬운 일이 아닐 것입니다. 저희들은 두 신학자가 이미 이단으로 기소되었다는 사실 자체도 불행한 일이라고 생각하지만, 더우기 기소된 이후로 엄청난 힘을 동반한 거대한 여론의 조류에 밀려 그들의 신학이 진실로 이단인가 하는 것에 대하여 전문적인 聖書

- 2 -

19920316_재미 감리교 교역자 136인 공개서한_5번_페이지_2

神學者, 敎理神學者, 組織神學者들에 의한 충분하고도 적법한 신학적 分析, 討論 및 合意의 과정과 절차 없이 서둘러 판결을 내리는 일은 결코 있어서는 안된다고 믿습니다. 이번 재판은 한국 감리교 역사상 최초의 종교 재판의 성격을 지니고 있을 뿐 아니라, 전세계의 신학자와 목회자들이 주목하고 있는 재판임을 기억해야만 할 것입니다. 더우기 이 재판의 외형적인 판결은 재판위원회의 담당자들에게 달려 있지만, 그러나 이단 문제의 최후 심판자는 하나님이시라고 믿습니다. 만의 하나라도 교회의 역사를 얼룩지게 만든 과거의 종교 재판이 보여주듯 집단적 힘에 의존하여 이단 판결이 내려진다면, 우리 모두는 하나님의 심판을 면치 못할 것입니다. 저희들은 목회자들로서 이것을 더욱 두려워하고 있습니다. 감독님, 한평생 교회와 신학교를 그리스도의 몸으로서 섬기며 사랑해 온 목사를 이단으로 심판한다는 것은 참으로 두렵고 떨리는 일로서 深思熟考해야만 할 일이라고 생각합니다. 하나님과 양심과 역사 앞에 한 점 부끄러움이 없는 판단이 서기 전에는 아무도 목사를 쉽게 이단이라고 단정할 수는 없을 것입니다. 교회의 역사에 오점 하나를 남기기는 쉬워도 일단 남겨진 오점은 지우기 힘들 것입니다.

존경하는 감독님, 저희들은 이번 사건을 통하여 신학자와 목회자가 다함께 화해와 일치의 복음을 위하여 참된 동반자로서의 새로운 관계 정립을 위한 계기가 되고, 또한 진리에의 성실성과 신앙적 열정을 동시에 추구해 온 감리교의 웨슬리 전통이 더욱 드높여지기를 바라면서, 부디 하나님과 양심과 역사 앞에 부끄럽지 않은 결단을 내리시어 지금보다 더욱 더 존경받는 감독님, 더욱 더 신뢰받는 선배님, 그리고 더욱 더 우러러뵈는 목사님이 되어 주시기를 간절히 바랍니다. 저희들 연합감리교회 한인 목회자 일동은 우리의 스승이자 선배이며 동역자인 두 분의 아픔에 동참하기 위하여 오는 3월 23일 재판이 있는 날을 斷食의 날로 선포하고, 이 날의 재판이 한국 감리교 역사에 결단코 오점을 남기는 일이 없도록 다같이 하나님께 기도할 것입니다.

감독님의 건강을 기원하며 이만 줄입니다.

주후 1992년 3월 16일

- 3 -

19920316_재미 감리교 교역자 136인 공개서한_5번_페이지_3

* 서명자 136인 명단(가나다 순) *

강남순(전도사, 드류대학, 뉴저지)
강성도(목사, 충신교회, 캘리포니아)
강인호(목사, 테나플라이 KUMC, 뉴저지)
구본웅(목사, 선교감리사, 중남부지역 한인선교구)
권희순(목사, 베텐도르프 UMC, 아이오와)
김경숙(전도사, 클레아몬트 신학원, 캘리포니아)
김계호(전도사, 테나플라이 KUMC, 뉴저지)
김고광(목사, 산타클라라 KUMC, 캘리포니아)
김광진(목사, 선교 감리사, 서부지역한인선교구)
김명욱(전도사, 클레아몬트신학원 D.Min과정)
김명임(전도사, 드류대학, 뉴저지)
김성원(전도사, 클레아몬트 대학원, 캘리포니아)
김신행(목사, 교수, 클레아몬트신학원, 캘리포니아)
김영진(전도사, 오렌지제일 KUMC, 캘리포니아)
김영철(목사, 소망 KUMC, 캘리포니아)
김윤문(목사, 콩코드 UMC, 캘리포니아)
김정호(목사, 시카고대학교회, 시카고)
김준우(목사, 퀸즈감리교회, 뉴욕)
김진형(목사, 갈보리 UMC, 뉴욕)
김찬희(목사, 교수, 클레아몬트신학원 신약학교수, 캘리이포니아)
김태환(목사, 케임브리지교회, 메사츄세츠)
김형겸(목사, 메인 KUMC, 메인)
김혜란(목사, 노스프레리 UMC, 일리노이즈)
김혜선(목사, UMC 여성국, 뉴욕)
김희영(목사, 러북 KUMC, 텍사스)
김Paul(목사, Korean Church Coalition, 뉴욕)
나영복(목사, 위체스타 KUMC, 메사츄세츠)
나형석(목사, 뉴욕한인교회, 뉴욕)
박노권(목사, 아스토리아 KUMC, 뉴욕)
박명희(전도사, 클레아몬트 신학원, 켈리포니아)
박상일(목사, 서부 KUMC, 펜실베니아)
박승호(목사, 교수, 클레아몬트신학원, 조직신학교수, 캘리포니아)
박양자(목사, 엘스턴 UMC, 시카고)
박이섭(목사, 남부시카고 KUMC, 시카고)
박종수(목사, 서머필드 UMC, 뉴욕)
박준성(목사, 로스엔젤레스 KUMC, 캘리포니아)
박진선(전도사, 클레아몬트 신학원, 캘리포니아)
박한규(목사, 서부지역 한인교회 협의회 회장)
백승배(목사, 태평양 KUMC, 캘리포니아)
백 철(목사, 카발리오 KUMC, 캘리포니아)
서기종(목사, 성누가 UMC, 뉴저지)
손병혁(목사, 살렘 KUMC, 뉴햄프셔)
손용억(목사, 에임즈 KUMC, 아이오와)
손운산(목사, 살렘감리교회, 시카고)
손창희(교목, Bridge Water대학, 메사츄세츠)
송성진(목사, 아이오와시티 KUMC, 아이오와)
송창영(목사, 호산나 KUMC, 캘리포니아)
심상영(목사, 케노샤 KUMC, 위스컨신)
안명훈(목사, 안디옥 KUMC, 메사츄세츠)
안병주(은퇴목사, 캘리포니아)
안승국(전도사, 한국인교회, 뉴욕)
안승호(전도사, 클레아몬트 신학원, 캘리포니아)
양현승(목사, 엣트 UMC, 캘리포니아)
여금현(목사, 무지개교회, 뉴욕)
여성훈(목사, 그리스도 KUMC, 하와이)
오경환(전도사, 나성동산교회, 캘리포니아)
오순옥(전도사, 나성동산교회, 캘리포니아)
오정선(목사, 로드아일랜드 KUMC, 로드아일랜드)
우순덕(전도사, 찬양교회, 뉴저지)
유Charles(목사, 예일대학교회, 코네티컷)
유석종(목사, 상항 KUMC, 캘리포니아)
유성준(목사, 알링톤 KUMC, 버지니아)
유연희(전도사, 맨해튼센트럴교회, 뉴욕)
유재유(전도사, 클레아몬트신학원, 캘리포니아)
유형덕(전도사, 드류대학, 뉴저지)
윤Charlie(목사, 슬도르버그 UMC, 뉴욕)
윤길상(목사, 연합감리교 고등교육성직부 목회국간사, 테네시)
윤선식(목사, 로즈멜리스 KUMC, 캘리포니아)
이경식(목사, 로스엔젤리스 KUMC, 캘리포니아)
이경실(전도사, 템플시티 KUMC, 캘리포니아)
이기우(목사, 데이튼 UMC, 오하이오)
이동섭(전도사, 체리힐제일교회, 뉴저지)
이동수(목사, 골드웰 UMC, 위스콘신)
이성엽(목사, 웨스트코비나 KUMC, 캘리포니아)
이성철(목사, 달라스 KUMC, 달라스)
이세형(목사, 플러싱 KUMC, 뉴욕)
이승우(목사, 워싱턴 KUMC, 메릴랜드)
이애주(전도사, 앨링톤 KUMC, 버지니아)
이영기(전도사, 리빙스턴 KUMC, 뉴저지)
이용택(목사, 동부제일 KUMC, 캘리포니아)
이원호(목사, 라팔마 KUMC, 캘리포니아)
이재덕(목사, 오메가선교 KUMC, 뉴저지)
이정용(목사, 교수, 드류대학, 뉴저지)
이진호(은퇴목사, 필라델피아 제일감리교회 원로목사
이찬수(목사, 엘리 KUMC, 네바다)
이창순(목사, 윕시 KUMC, 캘리포니아)
이홍기(목사, 웨슬레 KUMC, 캘리포니아)
이환진(목사, 맨해튼센트랄 교회, 뉴욕)
이효석(목사, 샤스타 KUMC, 캘리포니아)
이훈경(목사, 체리힐제일교회, 뉴저지)
임영택(목사, 올랜드 UMC, 일리노이스)
장경현(전도사, 클래아몬트신학원, 캘리포니아)
장철우(목사, 뉴욕감리교회, 뉴욕)
장치본(목사, 에덴 KUMC, 오하이오)
장학범(전도사, 드류 대학, 뉴저지)
전병식(목사, 샌프란시스코 신학원, 캘리포니아)
전우성(목사, 팔로스버디스 KUMC, 캘리포니아)
정기열(목사, 메릴랜드 대학교회, 메릴랜드)
정기호(목사, 휴스턴 KUMC, 텍사스)
정석환(목사, 샤론 UMC, 시카고)
정소영(목사, 샌디에고 KUMC, 캘리포니아)
정영길(목사, 새리토스 KUMC, 캘리포니아)
정용치(목사, 글랜대일 KUMC, 캘리포니아)
정인경(목사, 보스턴 KUMC, 메사츄세츠)
정춘수(목사, UMC 국내선교국, 뉴욕)
정해은(목사, 동북부PA KUMC, 펜실바니아)
정회수(목사, 성야고보 교회, 위스콘신)
조건갑(목사, 옥스나드 KUMC, 캘리포니아)
조건삼(전도사, 퍼세이 KUMC, 뉴저지)
조건상(목사, 덴버 KUMC, 콜로라도)
조광열(전도사, 글랜데일 KUMC, 캘리포니아)
조동삼(목사, 샘더스키 KUMC, 오하이오)
조명환(목사, 클래아몬트 신학원, 캘리포니아)
조영진(목사, 워싱턴 한인교회, 버지니아)
조인균(감리사, 산타바바라, 캘리포니아)
조은철(목사, 제일 KUMC, 시카고)
지준호(전도사, 카발리오 KUMC, 캘리포니아)
차원태(목사, 교수, 뉴욕신학대학, 뉴욕한인교회, 뉴
최상공(목사, 뉴저지남부교회, 뉴저지)
최성섭(전도사, 샌디에고 KUMC, 캘리포니아)
최승태(목사, 충신교회, 캘리포니아)
최임선(전도사, 플러싱 교회, 뉴욕)
최종수(목사, 서부 KUMC, 펜실바니아)
최효섭(목사, 아콜라 KUMC, 뉴저지)
편요한(전도사, 클래아몬트신학원, 캘리포니아)
한상휴(목사, 한국 UMC, 오하이오)
한성수(목사, 겨자씨 교회, 뉴욕)
한인철(목사, 아스토리아 KUMC, 뉴욕)
한동일(목사, 버지니아 KUMC, 버지니아)
함정례(목사, 버틀러 UMC, 뉴저지)
허선규(목사, 부에나파크 KUMC, 캘리포니아)
홍상설(목사, 청암교회, 뉴욕)
홍석환(목사, 한빛 KUMC, 보스턴)
홍종걸(목사, 하시엔다 KUMC, 캘리포니아)
황기호(전도사, 하시엔다 KUMC, 캘리포니아)
황인상(목사, 코퍼러코우브 KUMC, 텍사스)

19920316_재미 감리교 교역자 136인 공개서한_5번_페이지_4

존경하는 감독님께 드리는 글

하나님의 크신 경륜 가운데, 기독교 대한 감리회의 2000년대, 그 새로운 미래를 창조하기 위하여 불철주야 몸바쳐 수고하시는 존경하는 감독님께 먼저 주님의 이름으로 문안을 드립니다. 저희들은 이역만리 먼 이국 땅에서 자나깨나 고국을 꿈에 그리며 이민 목회에 전념하고 있는 감리교 목회자들입니다. 근간 저희들의 스승이자 선배이며, 동역자인 감리교 신학대학의 조직신학 교수 변선환 학장과 홍정수 교수의 이름자 "종교다원주의 신학"과 "포스트모던 신학"이 교단 내의 문제가 되어 저희들도 이를 걱정하고 염려하며 계속 기도하던 중, 최근 서울 연회 재판위원회에 정식 기소되어 곧이어 재판이 열릴 것이라는 소식을 접하고, 요한 웨슬리 목사의 실천적 신앙 전통에 입각하여 예수 그리스도께서 가르치신 和解와 一致의 福音을 전해온 감리교 목회자들로서는 놀라움을 가눌 길이 없어 감독님께 탄원을 드리는 바입니다.

저희 목회자들은 신학의 과제는 예수 그리스도의 福音을 변화하는 새로운 狀況과 관련하여 항상 새로운 방식으로 證據하는 데에 있는 것으로 이해하고 있습니다. 오늘날의 목회 상황이 이른바 多宗敎的이고 또한 現代以後的(postmodern)이라는 것은 목회자의 선택 이전에 이미 주어진 목회 현실이며, 이처럼 피할 수 없는 엄연한 상황 속에서 복음의 메시지를 다원주의적 방식으로, 혹은 현대이후적 방식으로 증거하는 새로운 신학을 제시하는 것은 조직신학자에게 맡겨진 목회자들을 위한 시대적 과제라고 믿습니다. 이런 점에서 저희들은 이른바 "다원주의 신학"과 "현대이후의 신학"을 발전시킨 변선환 학장과 홍정수 교수는 조직신학자로서 시대적 과제에 성실하려고 노력한 분들이라고 믿어 의심치 않습니다. 그런데 조직신학자로서 자기 과제를 성실히 수행하려 했던 교수들이 교단 재판위원회에 이단으로 기소되고 재판에 회부되었다는 사실은 오늘의 상황에 성실하게 응답하는 새로운 신학을 제시하지 않아 학자의 직무태만죄로 기소되었다면 이해할 수 있을지 모르겠습니다. 그러나 조직신학자로서 맡겨진 책임을 다하려 한 학자를 기소한다면, 그들이 과연 어떻게 했어야 했겠습니까? 이 시대의 변화하는 상황에 눈감고 무관심한 채, 과거의 신학을 단순하게 반복하며 주어진 현실에 안주하는 일은 쉬울 것입니다. 하지만 그렇게 했었다면 그들은 지금처럼 불행하게 이단으로 기소되지는 않았을지 모르지만, 더 이상 목회자가 필요로 하는 조직신학자는 아닐 것입니다.

저희들은 목회를 하면서 교회의 信仰현실과 신학자가 제시하는 神學 사이에는 상당한 거리가 있다는 것을 피부로 느끼는 때가 많이 있습니다. 오늘의 이러한 불행한 현실도 궁극적으로 바로 이러한 거리감에서 비롯된 것으로 생각합니다. 그러나 저희들은 이러한 거리를 목회자와 신학자의 서로 다른 役割과 그 相補的 關係 속에서 이해하고 있습니다. 목회자는 교회의 구체적인 현실 한 가운데에서 회중의 실제적인 요구에 귀기울이며 이에 대하여 하나님의 말씀으로 책임있게 응답해야 하는 반면, 신학자는 오늘의 교회 現實을 분석 · 비판하고, 교회의 건전한 未來를 위하여 새로운 신학을 계속 제시해야 한다고 믿습니다. 이 때문에 때로는 신학자가 제시하는 신학이 교회의 신앙 현실과 일치하지 않는 때도 있습니다. 그러나 저희들은 이 때문에 신학자들이 제기하는 신학이 불필요하거나 무의미하다고는 생각하지 않습니다. 더우기 이 때문에 신학자들이 제시하는 신학을 목회자가 이단으로 정죄할 수 있었다고는 추호도 생각치 않습니다. 오히려 저희 목회자들은 신학자를 목회의 필요불가결한 참된 同伴者로 이해하며, 신학자가 제시하는 신학을 토대로 구체적인 교회 현실을 反省하고, 그 함축된 의미를 헤아리며 어떻게 교회 현실에 적용시킬 수 있을 것인가를 깊이 생각하고, 이를 위해 최선을 다해야 한다고 믿습니다. 어떤 때는 이러한 과제가 저희 목회자들에게 힘겹고 벅찰 수도 있으며, 그래서 신학자들이 원망스러울 때도 있습니다. 그러나 저희들은 이러한 각고의 노력과 자기 반성 속에서만이 참된 교회 갱신과 성장의 길이 열린다고 믿습니다.

물론 저희들은 두 신학자가 제시한 신학이 모든 면에서 목회 현실에 완벽하게 부합한다고는 결코 생각치 않습니다. 교회의 구체적인 당면 과제들을 붙들고 씨름하는 우리 일선 목회자들의 시각에서 볼 때, 많은 비판이 필요한 신학일 수 있다고 봅니다. 특별히 그들이 사용한 신학적 표현들이 읽는 이에 따라서는 오해의 소지가 있고, 일반 교인들에게 신앙의 걸림돌이 될 가능성이 있다는 우리 목회자들의 비판은 진지하게 검토될 필요가 있다고 봅니다. 저희들은 이러한 비판들이 두 신학자에게 충분히 인식되어 기왕에 제시된 신학을 보다 충분한 것으로 보완시키는 좋은 계기가 되기를 진심으로 바랍니다. 그리하여 이번 계기를 통하여 신학자와 목회자 사이의 相互批判的인, 그러나 복음을 위하여 함께 일하는 相互補完的인 同伴者로서의 관계가 새롭게 확립되기를 진심으로 바라는 바입니다. 이런 의미에서 그들의 신학적 표현들이 교회에 물의를 일으켰다고 해서, 곧바로 재판위원회에 이단으로 기소하고 재판을 통하여 이단으로 정죄한다는 것은 교회와 목회자가 해야 할 마땅한 본분은 아닐 것이라고 믿습니다. 특히 최근에 급속히 진행되고 있는 일련의 사태들은 지나치게 過熱된 여론의 거대한 흐름에 따라 문제의 핵심이 歪曲, 誤導된 채 이른바 "輿論裁判"으로 치닫고 있다는 느낌을 받습니다. 평생을 감리교단에 몸바쳐 가족과 자신의 건강조차 희생해가며 감리교신학을 확립하고 미래의 목회자를 양성해 온 목사이자 신학자인 그 분들을 이단이라고 "宣言"하는 것은 쉬울런지 몰라도, 참으로 그들이 이단인가 아닌가를 "判斷"하는 일은 결코

19920316_존경하는 감독님께 드리는 글_서명 목회자 132명_5번_페이지_1

쉬운 일이 아닐 것입니다. 저희들은 두 신학자가 이미 이단으로 기소되었다는 사실 자체도 불행한 일이라고 생각하지만, 더우기 기소된 이후로 엄청난 힘을 동반한 거대한 여론의 조류에 밀려 그들의 신학이 진실로 이단인가 하는 것에 대하여 전문적인 聖書神學者, 教理神學者, 組織神學者들에 의한 충분하고도 적법한 신학적 分析, 討論 및 合意의 과정과 절차 없이 서둘러 판결을 내리는 일은 결코 있어서는 안된다고 믿습니다. 이번 재판은 한국 감리교 역사상 최초의 종교 재판의 성격을 지니고 있을 뿐 아니라, 전세계의 신학자와 목회자들이 주목하고 있는 재판임을 기억해야만 할 것입니다. 더우기 이 재판의 외형적인 판결은 재판위원회의 담당자들에게 달려 있지만, 그러나 이단 문제의 최후 심판자는 하나님이시라고 믿습니다. 만에 하나라도 교회의 역사를 얼룩지게 만든 과거의 종교 재판이 보여주듯 집단적 힘에 의존하여 이단 판결이 내려진다면, 우리 모두는 하나님의 심판을 면치 못할 것입니다. 저희들은 목회자들로서 이것을 더욱 두려워하고 있습니다. 감독님, 한평생 교회와 신학교를 그리스도의 몸으로서 섬기며 사랑해 온 목사를 이단으로 심판한다는 것은 참으로 두렵고 떨리는 일로서 深思熟考해야만 할 일이라고 생각합니다. 하나님과 양심과 역사 앞에 한 점 부끄러움이 없는 판단이 서기 전에는 아무도 목사를 쉽게 이단이라고 단정할 수는 없을 것입니다. 교회의 역사에 오점 하나를 남기기는 쉬워도 일단 남겨진 오점은 지우기는 힘들 것입니다.

존경하는 감독님, 저희들은 이번 사건을 통하여 신학자와 목회자가 다함께 화해와 일치의 복음을 위하여 참된 동반자로서의 새로운 관계 정립을 위한 계기가 되고, 또한 진리에의 성실성과 신앙적 열정을 동시에 추구해 온 감리교의 웨슬리 전통이 더욱 드높여지기를 바라면서, 부디 하나님과 양심과 역사 앞에 부끄럽지 않은 결단을 내리시어 지금보다 더욱 더 존경받는 감독님, 더욱 더 신뢰받는 선배님 그리고 더욱 더 우러러뵈는 목사님이 되어 주시기를 간절히 바랍니다. 저희들 연합감리교회 한인 목회자 일동은 우리의 스승이자 선배이며 동역자인 두 분의 아픔에 동참하기 위하여 오는 3월 23일 재판이 있는 날을 斷食의 날로 선포하고, 이 날의 재판이 한국 감리교 역사에 결단코 오점을 남기는 일이 없도록 다같이 하나님께 기도할 것입니다.

감독님의 건강을 기원하며 이만 줄입니다.

주후 1992년 3월 16일

참조: 기독교 대한감리회 감독회장 곽전태 감독
서울연회 나원용 감독
서울연회 재판위원회
선교국 총무 강병훈 목사
감리교 신학대학 학장 변선환 박사
교수 홍정수 박사

* 서명자 명단 (가나다 순) *

강남순(전도사, 드류대학, 뉴저지)
강성도(목사, 충신교회, 캘리포니아)
강인호(목사, 테나플라이 KUMC, 뉴저지)
구본웅(목사, 선교감리사, 중남부지역 한인선교구)
권희순(목사, 베텐도르프 UMC, 아이오와)
김경숙(전도사, 클레아몬트 신학원, 캘리포니아)
김계호(전도사, 테나플라이 KUMC, 뉴저지)
김고광(목사, 산타클라라 KUMC, 캘리포니아)
김광진(목사, 선교 감리사, 서부지역한인선교구)
김명욱(전도사, 클레아몬트신학원 D.Min과정)
김명입(전도사, 드류대학, 뉴저지)
김성원(전도사, 클레아몬트 대학원, 캘리포니아)
김신행(목사, 교수, 클레아몬트신학원, 캘리포니아)
김영진(전도사, 오렌지제일 KUMC, 캘리포니아)
김영철(목사, 소망 KUMC, 캘리포니아)
김윤문(목사, 콩코드 UMC, 캘리포니아)
김정호(목사, 시카고대학교회, 시카고)
김준우(목사, 퀸즈감리교회, 뉴욕)
김진형(목사, 갈보리 UMC, 뉴욕)
김찬희(목사, 교수, 클레아몬트신학원 신약학교수)
김태환(목사, 케임브리지교회, 메사츄세츠)
김형겸(목사, 메인 KUMC, 메인)
김혜란(목사, 노스프레리 UMC, 일리노이스)
김혜선(목사, UMC 여성국, 뉴욕)
김Paul(목사, Korean Church Coalition, 뉴욕)
나영복(목사, 위체스타 KUMC, 메사츄세츠)
나형석(목사, 누욕한인교회, 뉴욕)
박노권(목사, 아스토리아 KUMC, 뉴욕)
박명희(전도사, 클레아몬트 신학원, 캘리포니아)
박상일(목사, 서부 KUMC, 펜실베니아)
박승호(목사, 교수, 클레아몬트신학원, 조직신학교수)
박양자(목사, 엘스턴 UMC, 시카고)

19920316_존경하는 감독님께 드리는 글_서명 목회자 132명_5번_페이지_2

박이섭(목사, 남부시카고 KUMC, 시카고)
박충수(목사, 서머필드 UMC, 뉴욕)
박춘성(목사, 로스엔젤레스 KUMC, 캘리포니아)
박진선(전도사, 클레아몬트 신학원, 캘리포니아)
박한규(목사, 서부지역 한인교회 협의회 회장)
배승배(목사, 태평양 KUMC, 캘리포니아)
백 철(목사, 카말리오 KUMC, 캘리포니아)
서기종(목사, 성누가 UMC, 뉴저지)
손용억(목사, 에임즈 KUMC, 아이오와)
손운산(목사, 살렘감리교회, 시카고)
손창희(교목, Bridge Water대학, 메사츄세츠)
송성진(목사, 아이오와시티 KUMC, 아이오와)
송창영(목사, 호산나 KUMC, 캘리포니아)
심상영(목사, 케노샤 KUMC, 위스컨신)
안명훈(목사, 안디옥 KUMC, 메사츄세츠)
안병주(은퇴목사, 캘리포니아)
안승국(전도사, 한국인교회, 뉴욕)
안승호(전도사, 클레아몬트 신학원, 캘리포니아)
양현승(목사, 옛프 UMC, 캘리포니아)
어금헌(목사, 무지개교회, 뉴욕)
어성훈(목사, 그리스도 KUMC, 하와이)
오경환(전도사, 나성동산교회, 캘리포니아)
오순옥(전도사, 나성동산교회, 캘리포니아)
오정선(목사, 로드아일랜드 KUMC, 로드아일랜드)
유순덕(전도사, 찬양교회, 뉴저지)
유Charles(목사, 예일대학교회, 코네티컷)
유석종(목사, 상항 KUMC, 캘리포니아)
유성준(목사, 알링톤 KUMC, 버지니아)
유연희(전도사, 맨해튼센트럴교회, 뉴욕)
유재유(전도사, 클레아몬트신학원, 캘리포니아)
유형덕(전도사, 드류대학, 뉴저지)
윤Charles(목사, 슬로트버그 UMC, 뉴욕)
윤길상(목사, 연합감리교 고등교육성직부 목회국간사, 테네시)
윤선신(목사, 로즈빌리스 KUMC, 캘리포니아)
이경식(목사, 로스엔젤리스 KUMC, 캘리포니아)
이경실(전도사, 템플시티 KUMC, 캘리포니아)
이기우(목사, 데이톤 UMC, 오하이오)
이동섭(전도사, 체리힐제일교회, 뉴저지)
이동수(목사, 골드웰 UMC, 위스콘신)
이성엽(목사, 웨스트코비나 KUMC, 캘리포니아)
이성철(목사, 달라스 KUMC, 달라스)
이세형(목사, 플러싱 KUMC, 뉴욕)
이승우(목사, 워싱턴 KUMC, 메릴랜드)
이애주(전도사, 알링톤 KUMC, 버지니아)
이영기(전도사, 리빙스턴 KUMC, 뉴저지)
이용태(목사, 동부제일 KUMC, 캘리포니아)
이원호(목사, 라팔마 KUMC, 캘리포니아)
이용태(목사, 웨스트코비나 KUMC, 캘리포니아)
이정용(목사, 교수, 드류대학, 뉴저지)
이재덕(목사, 오메가선교 KUMC, 뉴저지)
이진호(은퇴목사, 필라델피아 제일감리교회 원로목사)
이찬수(목사, 엘리 KUMC, 네바다)
이장순(목사, 웜시 KUMC, 캘리포니아)
이홍기(목사, 웨슬레 KUMC, 캘리포니아)
이완진(목사, 맨해튼센트랄 교회, 뉴욕)
이호석(목사, 샤스타 KUMC, 캘리포니아)
이훈경(목사, 체리힐제일교회, 뉴저지)
임영택(목사, 올랜드 UMC, 일리노이스)
장경헌(전도사, 클레아몬트신학원, 캘리포니아)
장철우(목사, 뉴욕감리교회, 뉴욕)
장학범(전도사, 드류 대학, 뉴저지)
전병식(목사, 샌프란시스코 신학원, 캘리포니아)
전우성(목사, 팔로스버디스 KUMC, 캘리포니아)
정기업(목사, 메릴랜드 대학교회, 메릴랜드)
정석환(목사, 샤론 UMC, 시카고)
정소영(목사, 샌디에고 KUMC, 캘리포니아)
정영길(목사, 세리토스 KUMC, 캘리포니아)
정용치(목사, 글렌데일 KUMC, 캘리포니아)
정인경(목사, 보스턴 KUMC, 메사츄세츠)
정춘수(목사, UMC 국내선교국, 뉴욕)
정해은(목사, 동북부PA KUMC, 펜실바니아)
정회수(목사, 성야고보 교회, 위스콘신)
조건갑(목사, 옥스나드 KUMC, 캘리포니아)
조건삼(전도사, 퍼세이 KUMC, 뉴저지)
조건상(목사, 덴버 KUMC, 콜로라도)
조광엽(전도사, 글렌데일 KUMC, 캘리포니아)
조명환(목사, 클레아몬트 신학원, 캘리포니아)
조영진(목사, 워싱턴 한인교회, 버지니아)
조인균(감리사, 산타바바라, 캘리포니아)
조은철(목사, 제일 KUMC, 시카고)
지준호(전도사, 카말리오 KUMC, 캘리포니아)
차완태(목사, 교수, 뉴욕신학대학, 뉴욕한인교회, 뉴욕)
최상궁(목사, 뉴저지남부교회, 뉴저지)
최성섭(전도사, 샌디에고 KUMC, 캘리포니아)
최승태(목사, 충신교회, 캘리포니아)
최임선(전도사, 플러싱 교회, 뉴욕)
최종수(목사, 서부 KUMC, 펜실바니아)
최호섭(목사, 아콜라 KUMC, 뉴저지)
편요한(전도사, 클레아몬트신학원, 캘리포니아)
한상휴(목사, 한국 UMC, 오하이오)
한성수(목사, 겨자씨 교회, 뉴욕)
한인철(목사, 아스토리아 KUMC, 뉴욕)
한풍일(목사, 버지니아 KUMC, 버지니아)
함정례(목사, 버플러 UMC, 뉴저지)
허선규(목사, 부에나파크 KUMC, 캘리포니아)
홍상설(목사, 청암교회, 뉴욕)
홍석환(목사, 한빛 KUMC, 보스턴)
홍종길(목사, 하시엔다 KUMC, 캘리포니아)
황기호(전도사, 하시엔다 KUMC, 캘리포니아)

이상 132명

19920316_존경하는 감독님께 드리는 글_서명 목회자 132명_5번_페이지_3

"재판위 회부는 불행한 사태"

미 감리교목회자 1백32명 서한보내와

미국에서 목회하고 있는 감리교 목회자 1백32명은 감신대 두 교수의 서울 연회 재판위원회 정식 기소와 관련, 지난 16일 곽전태 감독회장앞으로 서한을 보내 "진리에의 성실성과 신앙적 열정을 동시에 추구한 웨슬레 전통과 역사앞에 부끄럽지 않은 결단을 내려 줄 것"을 당부했다. 목회자들은 탄원서에서 "오늘날의 목회상황이 다종교적이고 포스트모던적인 것은 목회자들의 선택 이전에 이미 주어진 목회현실로 복음의 메시지를 다원주의적 방식으로 새롭게 증거하는 신학을 제시하는 것은 조직신학자들에게 맡겨진 시대적 과제"라고 전제하고 이러한 노력을 해 온 조직신학자가 교단 재판위원회에 회부되었다는 사실은 참으로 모순되고 불행한 일이라고 지적했다.

목회자들은 또 최근에 급속도로 진행되고 있는 일련의 사태들이 "지나치게 과열된 여론의 거대한 흐름에 따라 문제의 핵심이 왜곡, 오도된 '여론 재판'으로 치닫고 있는 느낌을 준다"고 지적하고 "앞으로 진행되는 과정에서 적법한 신학적 분석, 토론 및 합의과정 없이 서둘러 판결을 내리는 일은 없어야 한다"고 강조했다.

19920328_미 감리교목회자 132명 서한 보내와_새누리신문_5번

제 88 호 【제3종우편물(가)급인가】 새 누 리 신 문

K-4-040 92.3.29

변·홍교수 분리재판

"주관적 기소내용"으로 초반부터 논란

감리교 '교리수호대책위원회'(위원장 김홍도·유상렬)로부터 종교다원주의와 포스모던신학이 감리교 교리에 위배된다는 이유로 피소된 감리교신학대학의 변선환 학장과 홍정수 교수에 대한 서울연회 1차재판이 지난 23일 감리교단 본부회의실서 열렸다.

이날 재판위원회(위원장 홍현순 목사)는 홍정수 교수가 재판에 앞서 제기한 변선환 학장의 '종교다원주의'는 자신의 '포스트모던 신학'과는 다른 문제이므로 분리해서 재판을 해달라는 분리신청을 받아들여 변선환 학장과 홍정수 교수의 재판이 각각 진행됐다.

먼저 변 학장에 대한 공판에서 검사 나정희 목사(서울연회 심사위원장)는 기소장을 통해 "변 학장의 학설이 감리교 교리에 비추어 볼 때 문제가 있다"고 주장하자 변학장은 "다원주의 신학논지는 바로 감리교 신학이 이야기 하는 것"이라며 "근본주의 신학이나 배타적인 신학사상이 있을 수 있지만 나는 다원주의 신학과 감리교 신학이 틀리지 않다고 믿는다"고 반박했다.

한편 이어서 진행된 홍교수의 공판에서는 홍교수가 소송절차에 이의를 제기해 공소과정이 무리하게 진행됐음이 드러나기도 했다. 홍교수는 이번 재판에 법적인 하자가 많다고 전제하고 △재판부가 재판전에 기소장을 피고인인 변·홍교수에게 발송하지 않은 점 △감리교 법상에 3년이 지난 문제는 재판에 거론할 수 없게 되어있음에도 공소시효가 지난 사건을 기소한 점 등이 위법하다고 지적했다.

이에 재판위는 "두교수에 대한 기소장 내용이 기본적으로 다분히 주관적이며, 특히 신학적 해석의 문제는 논란의 여지가 뚜렷한 것이므로 명백한 증거가 확보되어야 한다"고 지적했다.

이날 재판은 사실심리만으로 마무리됐다. 다음 재판은 서울연회에서 새롭게 구성되는 재판위원회에 의해 2주일 이내에 열리게 된다. 한편 지난 24일부터 26일까지 창천교회에서 열린 제12회 서울연회에서는 첫째날 공천위원 보고 과정에서 15개 위원회의 위원 구성이 배분을 고려하지 않은 편중된 것이라는 지적이 있었으며 정명기 목사(불광 중앙교회)는 특히 재판위원에 현재 최홍석, 이천 목사 등 '교리수호대책위원회' 소속 목사가 포함되어 있는 점은 앞으로 변·홍교수 재판이 진행되는 과정에서 공정함을 기하기 어렵다며 재판 위원을 조정할 것을 제의해 공천위원이 다시 소집됐다. 재조정된 재판위원 명단은 △교역자:최덕관, 고재영, 홍현순, 최홍석, 민선규, 박민수, 임홍빈, 금성호, 심원보 △평신도:이강모, 곽노흥, 김재인, 박을희, 박완혁 등이다.

감리교 정기연회 개최

기독교대한감리회 92년도 연회가 지난 10~12일 평택제일교회에서 개회된 경기연회(감독 조명호)를 시작으로 일제히 열렸다. 중부연회(감독 김수연)가 지난 11~13일 인천숭의교회에서, 서울남연회(감독 곽전태)와 삼남연회(감독 김종수)가 지난 17~19일 서울 광림교회와 마산 합성교회에서, 서울연회가 지난 24~26일 서울 창천교회에서 열렸다. 이들 연회중 경기연회와 중부연회는 지난 제19차 특별총회에서 통과돼 7개 연회에 인준이 위임된 △감독임기 4년제를 전제로 감독출마연령을 68세에서 66세로 조정하는 것 △연회에서 인준을 받아야 하는 총회 통과 헌법사항을 총회 통과 즉시 발효되도록 하는 것 △총회를 4년마다 개최하는 것 등의 장정개정안을 통과시켰으며 서울남연회는 총회를 4년마다 개최하는 것만 부결시키고 나머지 두개항은 통과시켰다. 한편 남부연회(감독 김규태)는 25~27일 대전선화교회에서, 동부연회(감독 박성로)는 31~4월 2일 청주 에덴교회에서 각각 열린다.

19920328_변홍교수 분리재판_새누리신문_5번

J-4-014

다윗이 블레셋 사람에게 이르되 너는 칼과 단창으로 내게 오거니와 나는 만군의 이름 곧 네가 모욕하는 이스라엘 군대의 하나님의 이름으로 네게 가노라. (사무엘상 17장 45절)

등록번호 : 다-998(1989. 8. 25.)
발행인겸 편집인 : 김 홍 도
인쇄인 : 김 현 구
발행처 : 금 란 교 회
서울특별시 중랑구 망우동 340-1
전화 : 434-6703 • 6713

제 783 호 (매주발행) 주후 1992 년 3월 29일

영적 싸움에서 승리하는 비결

사무엘상 17 장 31 ~ 49 절

크리스챤들이 거듭나서 세상을 살아가는 동안 영적 싸움을 계속하는 것입니다. 믿음의 생활은 영적 전투입니다. 마귀와 싸우고 세상과 싸우고 자신과 싸우는 생활입니다. 사탄(Satan)마귀는 우는 사자와 같이 덤벼들 때가 있습니다. 베드로는 베드로전서 5장8-9절에서 "근신하라 깨어라 너희 대적 마귀가 우는 사자 같이 두루 다니며 삼킬 자를 찾나니 너희는 믿음을 굳게하여 저를 대적하라 이는 세상에 있는 너희 형제들도 동일한 고난을 당하는 줄을 앎이니라"고 말씀하셨습니다. 마귀가 삼킬 자를 찾는 우는 사자와 같다고 했으니 얼마나 무섭겠습니까? 우리의 신앙 생활은 이렇게 무서운 마귀와의 싸움입니다. 사도 바울(paul)도 에베소서 6장11절 이하에서 우리의 싸움은 악한 궤계를 가진 마귀와의 싸움이라 했습니다. "마귀의 궤계를 능히 대적하기 위하여 하나님의 전신갑주를 입으라. 우리의 씨름은 혈과 육에 대한 것이 아니요 정사와 권세와 이 어두움의 세상 주관자들과 하늘에있는 악의 영들에게 대함이라"고 했습니다.

그러므로 강한 믿음과 말씀의 검과 항상깨어있는 기도의 생활이 아니고는 이 무섭고 악랄하고 궤휼이 능한 마귀를 대적하여 이길 수가 없습니다. 그런데 많은 성도들, 더욱 주의 종들이라고 하는 사람들도 마귀의 존재를 알지도 못하고 있는 사람들이 너무나 많은 것을 볼 때 통탄하지 않을 수가 없습니다. 우리의 신앙생활은 혈과 육에 대한 보이는 것과의 싸움이 아니라 정사와 권세를 가진 하늘의 악한 영들과의 영적 싸움인 것입니다.

오늘 본문 말씀에서 영적 싸움에서 승리하는 비결을 배울 수가 있습니다. 왜냐하면 우리는 어린 소년 다윗과 같고 마귀는 힘이 센 골리앗(Goliath)대장과 같기 때문입니다. 때때로 원수 마귀는 감히 누구도 대적 할 수 없는 골리앗(Goliath)과 같이 우리 앞을 가로 막고 서서 위협할 때, 공포에 떨고 숨이 막힐 것 같고 인생이 다 끝장 날 것 같은 좌절감에 사로잡힐 때가 있기 때문입니다. 그러나 다윗(David)이 골리앗(Goliath)을 쳐서 물리친 이 사실을 통해서 우리도 골리앗(Goliath)과 같고 우는 사자와 같은 사탄(Satan)마귀를 쳐 부수고 이길 수 있는 비결을 배울 수가 있습니다.

제가 요사이 이단 교수들을 척결하기 위해 어려운 싸움을 하고 있는 데, 제게는 그들이 영적으로 볼 때 궤휼이 능한 사탄(Satan)으로 보이는 데, 거듭나지 못했거나 영안이 어두운 사람들은 그들이 호인으로 보이고 똑똑한 박사로만 보이는 것입니다. 그러니 가슴을 치고 통곡하고 싶을 때가 한 두번이 아닙니다. 마리아가 낳은 예수가 그리스도가 아니라고 하고 예수 안 믿어도 구원 받을 수 있다고 하는 데 이보다 더 무섭고 악한 마귀가 어디있습니까? 그리고 인류를 구원하기 위해 십자가에서 피를 흘려 대속해 주시고, 부활하셨는 데, 예수의 피나 짐승의 피나 같다고 하고 예수 부활을 부정하는 데 이 보다 더 큰 마귀가 어디있습니까? 그런데 많은 목사와 감독들이 그들의 편을 들고 내쫓지 못하게 방해하니 뜻밖에도 마귀의 종들이 너무 많다는 사실입니다. 영안은 어두어도 성경을 믿는다면 분명히 나타나는 사실인데 그걸 모르고 나를 틀렸다고 하고 별별 중상모략을 다하며 그들을 비호하고 살려 주려고 하니 얼마나 안타까운 사실인지 모릅니다. 요한일서 4장1-3절에 "사랑하는 자들아 영을 다 믿지 말고 오직 영들이 하나님께 속하였나 시험하라 많은 거짓 선지자가 세상에 나왔음이니라. 하나님의 영은 이것으로 알지니 곧 예수 그리스도께서 육체로 오신 것을 시인하는 영마다 하나님께 속한 것이요, 예수를 시인하지 아니하는 영마다 하나님께 속한 것이 아니니

1

19920329_영적 싸움에서 승리하는 길_불기둥_김홍도_5번_페이지_1

이것이 곧 적그리스도의 영이니라 오리라 한 말을 너희가 들었거니와 이제 벌써 세상에 있느니라"고 밝히 말씀하셨는데 마귀에게 미혹이 되면 이를 깨닫지 못하는 것입니다.

오늘날의 이단 사상은 과거 역사에 있었던 무신론 사상이나 공산주의 사상보다 엄청나게 더 크고 무서운 영적 골리앗(Goliath)입니다. 이를 쳐서 물리치지 않으면 하나님의 백성을 마귀의 종으로 만들고 마는 것입니다.

그 외에도 우리의 개인 신앙생활도 매일 매일 매일 마귀와의 싸움입니다. 그러므로 사탄(Satan)마귀를 모르는 사람은 결정적인 순간에 마귀에게 속아 넘어가 실패하고 마는 것입니다. 오늘 본문에 소년 다윗(David)이 적장 골리앗(Goliath)을 물리친 기사를 통하여 영전에서 승리하는 비결을 배울수가 있습니다.

1. 순수한 동기에서 싸웠습니다.

다윗(David)은 골리앗(Goliath)과 싸우러 나아 갈 때에 자신의 명예나 자신의 어떤 이익을 위해 싸운 것이 아니라, 하나님의 이름을 모욕하고 하나님의 백성을 모독하는 것이 참을 수가 없어서 나이도 어리고 무기도 없지만 나가 싸웠습니다. 사무엘상 17장36절에 "주의 종이 사자와 곰도 쳤은즉 사시는 하나님의 군대를 모욕한 이 할례없는 블레셋 사람이리이까 그가 그 짐승의 하나와 같이 되리이다"하고 나아갔습니다. 사무엘상 17장 45절에는 "다윗이 블레셋 사람에게 이르되 너는 칼과 창과 단창으로 내게 오거니와 나는 만군의 여호와의 이름 곧 네가 모욕하는 이스라엘 군대의 하나님의 이름으로 네게 가노라"고 하면서 "오늘 여호와께서 너를 내 손에 붙이리니 내가 너를 쳐서 네 머리를 베고… 온 땅으로 이스라엘에 하나님이 계신줄 알게 하겠고, 또 여호와의 구원하심이 칼과 창에 있지 아니함을 이 무리로 알게 하리라 그가 너희를 우리 손에 붙이시리라"하고 물맷돌을 취하여 짐승을 물리칠때에 하든 방식 그대로 힘을 다해 쳤더니 돌이 이마에 박혀 꽝하고 쓰러졌습니다.

다윗(David)은 순수한 동기에서 하나님의 이름을 모독하는 것을 참지 못해 나아가 싸웠더니 하나님이 무적의 장수 골리앗(Goliat-h)을 쳐서 이기게 했습니다. 우리가 믿음의 선한 싸움을 할 때에도 항상 동기가 순수한가를 살펴보아야 합니다. 자기의 욕심이나 이권을 위한 것이면 승리 할 수가 없습니다. 남을 시기하고 질투하는 마음으로 어떤 일을 저지를 때 하나님이 함께 하실 수가 없습니다. 사울(Saul)왕이 시기 질투심에서 구국공신 다윗(David)을 죽이려고 좇아 다니다가 결국 그 창칼에 자기가 엎드려져 죽고 말았습니다. 미움의 동기나 복수의 동기에서 하는 일은 하나님의 뜻이 아니고 따라서 성공할 수도 없습니다. 요한복음 5장 44절에 "너희가 서로 영광을 취하고 유일하신 하나님께로 부터 오는 영광은 구하지 아니하니 어찌 나를 믿을수 있느냐?"고 주님께서 말씀하셨습니다. 모든것은 하나님의 영광을 위해서 하나님의 뜻을 따라 순수한 동기에서 해야됩니다.

내 얼굴에 먹칠을 하더라도 하나님의 영광을 위한 것이라면 하고, 하나님의 영광에 먹칠을 하면서까지 내 영광을 추구하는 일은 하지 말아야 합니다. 주기철 목사님이 순교하신 다음에 그 사모님이 말하기를 "내 남편은 애국자로 죽은 자가 아니요, 민족을 위해 죽은 자가 아니라 하나님의 영광을 위해 죽은 사람입니다."라고 했습니다. 무엇이나 순수한 동기에서 해야합니다. 그 동기가 순수한 자를 알려면 맑은 양심에 비추어 보아야 하고, 하나님의 말씀에 비추어 보아야하고, 그래도 분명치 않을 때에는 기도해 보아야 합니다. 다윗(David)은 오로지 하나님의 영광을 위한 의분에서 겁없이 나아가 싸웠기 때문에 하나님이 함께 하셔서 승리했습니다.

2. 작은 일에도 성실했기 때문입니다.

다윗(David)은 목동 노릇을 할 때에 양새끼 하나라도 잃을새라, 눈을 부릅뜨고 지키다가 사자나 곰이 나타나면 겁내지 않고 좇아가서 물맷돌을 휘둘러 때려 잡곤 했습니다. 그러므로 큰 적장 골리앗(Goliath)과도 담대히 나아가 싸울 수가 있었습니다. 목동 노릇을 적당히하는 습관을 가졌더라면 골리앗(Goli-ath) 앞에 나설수도 없고 때려 잡을 수도 없었습니다.

적은 일에 충성하는 것을 보아야 큰 일도 맡겨 주시는 것입니다. 목동으로 승리하는 생활을 했기 때문에 골리앗(Goliath)도 물리칠 수가 있었고, 위대한 임금도 될 수가 있었습니다. 우리는 일상 생활에 적은 일에도 성실하고, 정직하고 충성해야 됩니다.

3. 무기보다 하나님을 의지했기 때문입니다.

이스라엘(Israel)나라에 이렇다 하는 힘센 장수도 나가 싸울 생각도 못하는데 어린 소년 다윗은 하나님의 능력을 믿고 나가 싸우겠다고 나섰습니다. 사울(Saul)왕은 어차

2

19920329_영적 싸움에서 승리하는 길_불기둥_김홍도_5번_페이지_2

피 상대하여 싸울 군인이 없어서 패전 할 수 밖에 없었던 터인지라 나가 싸워 볼테면 나가 싸워 보라고 자기의 갑옷도 입혀주고 투구도 씌워주고 창칼을 들려 주었더니 제것이 아니기도 하고 커서 맞지도 않고 어색하니까 도로 다 벗어 놓고 늘 하던 그대로 지팡이를 짚고 물맷돌 다섯개를 주어 주머니를 넣고 물매를 가지고 나갔습니다. 참으로 가소로운 일이었습니다. 골리앗 (Goliath) 은 완전무장을 하고 베틀채 같은 큰 창을 가진데다가 방패 든 자가 앞으로 서서 나옵니다. 골리앗 (Gol-iath) 은 젖냄새 난다는 듯이 다윗을 보고 비웃으며 "네가 나를 개로 여기고 막대기를 가지고 나아오느냐 내가 네 고기를 공중의새와 들짐승의 밥으로 주겠노라" 하면서 자기 신들의 이름으로 저주하면서 나아왔습니다. 다윗 (David) 은 아무런 무기도 없이 물맷돌만 가지고 나아가면서 "너는 칼과 창과 단창으로 내게 오거니와 나는 만군의 여호와의 이름 곧 네가 모욕하는 이스라엘 군대의 하나님의 이름으로 네게 가노라. 오늘 여호와께서 너를 내 손에 붙이시리니 내가 너를 쳐서 네 머리를 베고 블레셋 군대의 시체로 오늘날 공중의 새와 땅의 들짐승에게 주어 온 땅으로 이스라엘에 하나님이 계실줄 알게 하겠고 또, 여호와의 구원하심이 칼과 창에 있지 아니함을 이 무리로 알게 하리라 전쟁은 여호와께 속한 것인즉 그가 너희를 우리 손에 붙이시리라" 하고 있는 힘을 다하여 물매를 돌리다가 그 돌을 던졌더니 골리앗 (Goliath) 의 이마의 급소를 마쳤습니다. 아무리 장사라도 죽을 수 밖에 없었습니다. 머리를 벨 때에도 다윗은 칼이 없으니까 골리앗 (Goliath) 의 칼을 뽑아 목을 쳤습니다. 다윗 (David) 은 무기를 믿지 않고 하나님의 능력을 믿었기 때문에 이길수가 있었습니다.

우리의 영적 싸움에도 인간의 무기나 수단 방법을 의지하면 안됩니다. 물맷돌과 같은 진리의 말씀을 단단히 붙잡아야 합니다. 그리고 물매를 힘을 다해 휘둘르듯이 최선을 다하여 기도해야 합니다. "무시로 성령안에서 기도하고" 간절히 부르짖어 기도해야 됩니다. 예레미야 33장 2-3절에 "일을 행하는 여호와, 그것을 지어 성취하는 여호와, 그 이름을 여호와라 하는 자가 이같이 이르노라. 너는 내게 부르짖으라 내가 네게 응답하겠고 네가 알지 못하는 크고 비밀한 일을 네게 보이리라" 고 했습니다. 하나님은 부르짖는 자의 편입니다. 마귀에게 속한 자, 불의한 자에게 속한 사람들은 기도 할 수가 없습니다.

골리앗 (Goliath) 의 목을 친 것은 다윗 (David) 의 칼이 아니라 골리앗 (Goliath) 자신의 칼 입니다. 이번에 이단 교수들을 척결하는 무기도 자기들이 쓴 글과 한 말에 의해 척결되는 것입니다. 참으로 희한한 일입니다. 동기도 순수해야 되지만 방법도 올바른 방법이어야 합니다.

하나님의 어리석음이 사람의 지혜보다 나은 것입니다. 하나님의 방법대로만 해야 영적 싸움에서 승리 할 수가 있습니다. 시편 44장 6절에 "나는 내 활을 의지하지 아니할것이라 내 칼도 나를 구원치 못하리이다" 라고 했습니다. 여호사밧 왕 때에 모압과 암몬과 마온의 연합군대가 예루살렘을 쳐들어 왔을 때 부르짖어 기도하기를 "우리 하나님이여 저희를 징벌하지 아니하시나이까 우리를 치러 오는 이 큰 무리를 우리가 대적할 능력이 없고 어떻게 할 줄도 알지 못하옵고 오직 주만 바라보나이다" (역대하 20장 12절) 하고 부르짖었고 선지자가 말하기를 "이 큰 무리로 인하여 두려워 하거나 놀라지 말라 이 전쟁이 너희에게 속한 것이 아니요 하나님께 속한 것이니라" (역대하 20장 15절) 하고 여호사밧은 "너희 하나님 여호와를 신뢰하라 그리하면 견고히 서리라 그 선지자를 신뢰하라 그리하면 형통하리라" 고 외치고 하나님께 감사하며 찬송 할 때에 적군이 패하여 도망가다가 자기들끼리 치고 싸우다가 다 죽고 말았습니다. 무기보다 하나님을 굳세게 믿어야 영적싸움에서 승리 할 수가 있습니다. 다윗 (David) 이 무기를 의지하고 나갔다면 틀림없이 실패 했을 것입니다.

4. 사람보다 하나님을 의지했기 때문입니다.

다윗 (David) 은 무기를 의지하지 않을 뿐 아니라 사람을 의지 하지도 않았습니다. 골리앗 (Goliath) 은 방패 든 사람이 함께 나왔으나 다윗 (David) 은 아무도 따라 오지 않고 홀로 나갔습니다. 하나님만 의지 한다는 뜻입니다. "내가 약할 그 때에 곧 강함이라" 는 말씀은 세상에 아무것도 의지 할 것이 없을 때 하나님의 능력이 나타나고 하나님이 함께 하신다는 뜻입니다.

홀로 설 줄을 알아야 합니다. 그래야 하나님이 함께하십니다. 일대 일의 관계가 될 때에 가장 강한 자가 됩니다. 엘리야는 1:850 으로 싸워 승리했습니다. 1 + 100 보다 1 + ∞ (하나님) 이 더 큽니다. 다윗 (David) 은 하나님만 의지하고 홀로 나갔기 때문에 하나님이 함께 하셔서 승리하게 되었습니다. 요한복음 2장 24-25절에 "예수는 그 몸을 저희에게 의탁지 아니하셨으니 이는 친히 모든 사람을 아심이요 또 친히 사람의 속에 있는 것을 아시므로 사람에 대하여 아무의 증거도 받으실 필요가 없음이니라" 고 했습니다.

5. 비난과 훼방을 두려워하지 않았기 때문 입니다.

다윗(David)이 싸우러 간다고 하니까 요사이 말로 "하루 강아지 범 무서운 줄 모르고 너 같은 놈이 어떻게 싸운다는 거냐" 하는 식으로 비난했습니다. 그의 형도 교만하고 완악한 놈이 철없는 짓을 한다고 했습니다. 사무엘상 17장 28절 이하에 "어찌하여 이리로 내려왔느냐 나는 네 교만과 네 마음의 완악함을 아노니 네가 전쟁을 구경하러 왔도다"라고 말할 때 다윗(David)은 "내가 뭘 잘못 했습니까? 내가 왜 이유없이 그러겠습니까? 내가 양을 지킬 때, 곰이나 사자가 나타나 양을 움키려 할 때에 가서 쳐 죽였습니다. 여호와께서 사자의 발톱과 곰의 발톱에서 건져 내셨은즉 사시는 하나님의 군대를 모욕한 이 할례 없는 블레셋 사람이리이까 나를 이 블레셋 사람의 손에서도 건져 내시리이다"라고 대답하면서 결코 기가 죽지않았습니다. 골리앗(Goliath)도 다윗을 업신 여기며 "네가 나를 개로 여기고 막대기를 가지고 나왔느냐?"고 하면서 저주하고 욕했습니다.

우리가 믿음으로 바른 길을 가려고 할 때, 또 마귀와 싸울 때 우리를 겁주고 멸시하고 좌절시키는 말을 많이 듣게 됩니다. 그러나 결코 두려워 할 필요가 없습니다. 사람의 훼방이나 중상모략은 나비처럼 날아 다니기는 해도 돌처럼 큰 상처를 주지 못하는 것입니다. "개야 짖어라. 기차는 달린다"하고 전진해야 됩니다. 이사야 51장 7-8절에 "의를 아는 자들아, 마음에 내 율법이 있는 백성들아, 너희는 나를 듣고 사람의 훼방을 두려워 말라 사람의 비방에 놀라지 말라 그들은 옷 같이 좀에게 먹힐 것이며 그들은 양털 같이 벌레에게 먹힐 것이로되 나의 의는 영원히 있겠고 나의 구원은 세세에 미치리라"고 했습니다.

이번에 이단 교수 척결에 앞장서니까 별별 비방과 중상모략을 많이 듣습니다. "교단을 분열 시키려 한다", "감독하려고 그런다", "금품을 살포하고 금권을 휘두른다", "일개 부흥사가 감히 학장, 교수를 어떻게 내쫓느냐"는 등, 별별 욕을 다 하지만 하나도 개의치 않습니다. 심지어 "네가 나를 죽이면 나도 너를 죽이고만다 털어 먼지 안나는 사람있느냐"혹은 "평생 따라 다니며 괴롭히겠다" 어떤 때 "집을 폭파 하겠다"는 협박 전화도 옵니다. 그러나 감리교를 무너뜨리고 교회를 파괴하는 사탄(Satan)의 종과의 싸움에서 결코 물러서지 않습니다. 순교의 각오로 끝까지 싸울 것입니다. 하나님이 우리편에 계시고 수만명의 성도들이 땀과 눈물로 부르짖어 기도하는데 무슨 일이 있겠습니까? 반드시 진리가 승리하고 부활하신 주님이 승리합니다. 다윗(David)이 그까짓 사람들의 말을 듣고 주저앉았다면 골리앗(Goliath)을 쳐 부수지 못했을 것이고, 이스라엘(Israel)나라는 블레셋의 종이 되고 말았을 것입니다.

6. 확고한 임마누엘의 신앙을 가졌기 때문에 승리했습니다.

골리앗(Goliath)보다 억만배 능력이 많으신 하나님이 자기와 함께 하심을 믿고 강하고 담대했습니다. 골리앗(Goliath)이 아무리 힘이세도 하나님 앞에는 메뚜기만도 못함을 믿었습니다. 강하고 담대하지 않으면 마귀도 이길 수가 없고 남다른 성공자가 될 수 없습니다.

가나안 땅을 정탐하고 돌아온 12정탐꾼들 중에 10명은 다 여리고성은 철옹성벽 같고 난공불락이며 아낙 자손들 한테 대면 자기들은 메뚜기 같다고 했지만, 여호수아와 갈렙은 여리고 성이 아무리 강해도 하나님 앞에는 종잇장 하나만도 못하고 아낙 자손들은 하나님 앞에 메뚜기 새끼만도 못하다는 신앙을 가지고 문제 없다고 했습니다. 결국, 하나님은 여호수아와 갈렙의 말대로 승리하게 하셨고 그 두사람을 크게 축복하셨습니다.

마틴 루터(Martin Luther)가 종교 개혁을 할 때 "보름스(Worms)의 모든 집 기왓장들이 마귀가 되어 나를 대적 한다고 해도 나는 나아 가겠다"고 하며 굴하지 않고 나아 갈 때 마침내 승리하고야 말았습니다. 하나님의 편에 서서 싸울 때, 하나님이 내 편에 계시므로 두려 말고 담대히 나아가야 합니다. 진리는 반듯이 승리합니다. 목숨 걸고 덤벼 들면 마귀도 덤벼 들지 못합니다. 강하고 담대하여 승리하시기 바랍니다.

할 렐 루 야!

* 주후 1992년 3월 29일 주일낮 대예배 설교 *

4

19920329_영적 싸움에서 승리하는 길_불기둥_김홍도_5번_페이지_4

『교회복음신문』 1992년 3월 30일 (월) 【6】

복음춘추

이단시비

김경수 (제주남부교회 목사)

이단시비는 옛부터 있었습니다. 구약시대에도 있었고, 신약시대에도 있었습니다. 그중에도 가장 큰 이단시비는 유대교의 율법주의자들이 예수를 율법의 파괴자 – 하나님을 모독하고 안식을 거역한 이단자로 예수를 십자가에 못박아 처형한 사건이었다고 할 수 있습니다. 이방인 전도에 나섰던 사도바울도 보수적인 유대인들에게 이단자로 몰리어 항상 죽음의 위협에 시달려야 했습니다. 사도시대 교부시대에도 이단시비는 있었습니다. 그저 있었을 정도가 아니고 아주 극렬했습니다.

그와같은 이단시비의 격동기를 거쳐 가톨릭교회가 형성되고 교황제도가 확고한 조직과 함께 그리스도교의 가장 큰 세력으로 굳어졌습니다. 가톨릭교회는 교황제도를 중심으로 교회는 물론 이거니와 세속권까지 거머쥐자 이단자를 처벌하는 종교재판까지 하게 되었습니다. 신학적으로나 교회적으로 가톨릭을 반대하는 성직자 또는 그와 동조하는 자는 모조리 출교시키는 동시에 장작더미위에 세워놓고 불태워 죽였거나 끓는 기름가마속에 집어 넣었습니다.

16세기 마르틴 루터의 종교개혁은 그와같은 무시무시한 교회적 환경속에서 일어났다고 할 수 있습니다.

감리교의 창설자인 요한 웨슬레의 할아버지는 영국의 비국교파목사로 1662년 국교로 부터 축출당했습니다. 웨슬레의 아버지와 어머니는 종교적 정열을 가진 국교주의자였으나, 웨슬레의 열아홉 형제중 요한과 찰스는 영국의 국교밑에서 벌써 감리교의 새싹을 키우고 있었습니다. 신구교를 막론하고 교회의 제도와 의식, 신학사상들에 박혀 굳어버리고 교회도 이미 신앙적으로 도덕적으로 썩은 냄새를 풍기고 있을 때였습니다. 그것을 견디어 내지 못한 요한과 찰스는 『깨끗한 삶을 실천하고자』 갈망을 발돋움하기도 하고 금식도 하며 좋은 책도 읽을겸 친구들과 같이 모였습니다. 그 모임을 탐탁하게 여기지 않았던 학생들이 그 모임을 비웃으며 『거룩한 모임』(Holy Club) 또는 『메토디스트』(Methodist)라는 별명을 붙였습니다. 결과적으로 이것이 감리교의 『새싹』이 된 것입니다.

감리교회에서는 지금 이단시비가 한창입니다. 이런 싸움은 한국교회에 너무 많았기 때문에 이제는 듣기만 하여도 신물이 납니다. 제발 우리교회(세계의 모든 교회)만은 다른 종교보다 신학적으로 교리적으로 더욱 넓어지기를 바랍니다. 더욱 넓은 포용력과 관대함으로 세계종교의 『공동체』 형성에 앞서는 동시에 그 선구자가 되기를 바랍니다.

인류의 평화는 정치만으로 되지 않습니다. 교육만으로 되지 않습니다만 경제성장만으로, 또는 군비축소만으로 되지 않습니다. 인류의 참된 평화는 무기를 쳐서 보습을 만드는 동시에 종교적인 공동체가 형성되어야만 이루어질 수 있습니다. 과거의 그리스도교 국가의 전쟁이 종교싸움이었듯이 오늘의 회교국가의 싸움이 종교전쟁으로 치닫고 있습니다.

이런 싸움이 되풀이 되어서는 안됩니다.

신학이 말하는 사랑의 공동체만이 중요한 것이 아니라 이제는 종교공동체가 더욱 중요합니다. 모든 민족이 공존해야 하듯이 모든 종교도 공존해야 합니다. 교회이단은 황금만능주의이며 우상숭배입니다. 권력의 남용과 불평등, 인권유린입니다.

우리는 유대교가 이단으로 처형한 예수그리스도를 생명의 구주, 세상의 소금과 빛으로 믿고 있습니다. 우리는 가톨릭교회가 이단자로 출교한 프로테스탄트에 속한 교회에서 신앙생활을 하고 있습니다.

한국의 장로교는 몇십 교단으로 분열되어 있습니다. 그러나 가장 무서운 적그리스도는 그리스도의 이름으로 양산되는 가짜 신학박사와 가짜 목사와 가짜 신학교와 예수의 이름으로 『구하는 교회』입니다.

웨슬레는 1740년 7월 23일에 Methodist United Society(감리회)를 세웠습니다. 웨슬레는 처음부터 영국교회와 헤어질 생각이 아니었습니다. 그러나 웨슬레는 영국교회의 이단자가 되고 말았습니다. 그럼에도 불구하고 오늘날 감리교를 이단으로 처벌하는 교단은 어디에도 없습니다. 우리모두 예수의 좋은 제자가 되고 있습니다.

19920330_이단시비_김경수제주남부교회목사_교회복음신문_5번

재미교역자 탄원서보내

곽전태 감독회장에게

김신행(클레아몬트신학원교수、목사)、손창희(브리지워터대학교목)등 재미감리교교역자 1백36인이 기독교대한감리회 감독회장 곽전태 목사 앞으로 변선환、홍정수교수에 대한 탄원서를 보내왔다。

재미감리교교역자 1백36인은 곽감독에게 보낸탄원서를 통해『존웨슬리목사의 「실천적신앙」전통에 입각해 화해와 일치의 복음을 전해온감리교 목회자들로서는 놀라움을 금할길 없다』며『변화하는 새로운목회상황이 이른바 다종교적이고、현대이후적 (포스트모던)이라는 것은 목회자의 선택 이전에 이미 주어진 목회현실』이라고 밝히고、『조직신학자로서 두교수는 맡겨진 책임을 다한것』이며、『목회자는 회중의 실제적 요구에 귀기울이며 이에 대해 하나님의 말씀으로 책임있게 응답하는 반면、신학자는 오늘의 교회현실을 분석、비판하고 교회의 건전한 미래를 위해 새로운 신학을 계속 제시해야 한다고 믿는다』고 말했다。

또、『변·홍 두목사를 이단으로 정죄한다면 교회 역사에 오점이 될것』이라며 재판이 진행된 3월23일을 금식의 날로 선포하고 기도할것이라고 알려왔다。

19920331_재미교역자 탄원서 보내(곽전태 감독회장에게)_교회복음신문_5번_페이지_1

교회복음신문 3.31 (2)

해외에서 보는 눈

같은 사건이라도 보는 시각에 따라 달라 보일 수도 있다. 어느 한 방향에서 사물을 보면 그 이면에 있는 사실을 보지 못한다. 그러나 좀 더 시야를 넓혀서 보면 그 전모를 볼 수도 있다.

예를 들어 공중에서 조감을 하는 시각으로 보면 더욱 확실히 보이는 까닭이다. 그래서 우주적인 안목이라는 말도있다. 주관적인 안목이 아니고 객관적인 안목일 때 사건의 전체를 볼 수 있을 것이다. 감리교회의 변선환학장과 홍정수교수의 사건이 국내에서 아옹 다옹하고 있는지도 몇달이 되고 있다. 재판이 열리고 그 재판절차문제때문에 제대로 심의도 못한채 휴정상태인 모양이다. 그런데 그동안 이 사건을 보는 해외교회나 교회지도자들의 입장은 국내에서 이 사건을 보는 안목과는 사뭇 다르다. 총회의 결의자체를 이해할 수 없다고 보고 있다. 세계교회의 신학자 목회자들이 고개를 갸우뚱하고 있는 것이다. 알 수 없다는 표정을 짓고 있다. 그리고 이같은 결의는 반드시 철회되어야 한다고 주장하는 사람들도 있다.

그 가운데 재미 감리교 교역자 136인의 공개서한은 이 같은 흐름의 대표적인 케이스라고 할 수 있다. 감리교 곽전태감독회장과 서울연회 나원용감독, 그리고 서울연회 재판위원회, 선교국총무 강병훈목사등을 대상으로 발송된 이 공개서한에 의하면 『웨슬리목사의 실천적 신앙전통에 입각하여 화해와 일치의 복음을 전해 온 감리교 목회자들에게는 놀라움을 가눌 길이 없다』는 것이다.

『저희 목회자들은 신학의 과제는 예수 그리스도의 복음을 변화하는 새로운 상황과 관련하여 항상 새로운 방식으로 증거하는데 있는 것으로 이해 한다』고 전제하고 『이론바 다원주의적이고 또한 현대이후적 이라는 방식은 목회자들의 선택이전에 이미 주워진 목회현실이며 이처럼 피할 수 없는 엄연한 상황속에 복음의 메시지를 다원주의방식으로 혹은 현대이후적 방식으로 증거하는 새로운 신학을 제시하는 것은 당연한 일이라는 논리이다. 이 일을 하지 않는다면 오히려 직무태만이라는 입장이다』 밖에서 보는 시각은 판이 한 것이다.

19920331_해외에서 보는 눈_교회복음신문_5번

J-4-015

예수께서 다시 크게 소리지르시고 영혼이 떠나시다 이에 성소 휘장이 위로부터 아래까지 찢어져 둘이 되고 땅이 진동하며 바위가 터지고
(마태복음 27장 45-54절)

등록번호 : 다-998(1989. 8. 25.)
발행인겸 편집인 : 김 홍 도
인쇄인 : 김 현 구
발행처 : 금 란 교 회
서울특별시 중랑구 망우동 340-1
전화 : 434-6703 • 6713

제 785호(매주발행) 주후 1992년 4월 12일

십자가 복음의 진수

마태복음 27장 45~54절

오늘부터 한 주간은 우리 성도들이 가장 엄숙하고 경건하게 지내야 할 고난주간입니다. 오는 금요일을 성금요일이라고 해서 예수님이 만민의 죄를 대속하시기 위해서 십자가에 못박혀 죽으신 날이요, 오는 주일은 죽은지 삼일만에 사망권세를 이기고 부활하신 부활주일입니다.

예수께서 우리를 구원하시려고 육신을 입고 오셔서 십자가에서 피 흘려 죽으셨기 때문에 십자가는 기독교의 핵심이며 기독교의 중심입니다. 그러므로 십자가를 제거하면 기독교는 존재 할 수가 없습니다. 그러므로 사탄(Satan)마귀는 십자가의 복음을 무의미하게 만들거나 십자가의 도의 진수를 뽑아버리려 온갖 계략을 다 쓰고 있습니다. 오늘날 적그리스도의 사상인 자유주의 신학 사상이 온 세계 교회를 근원부터 뒤집어 엎으려는이 때에 십자가의 복음의 진수를 다시 한번 확인 시키는 일이 중요하다가 생각해서 "십자가 복음의 진수"를 말씀드리고저 합니다.

1. 죄를 대속한 십자가입니다.

예수님의 십자가가 기독교의 핵심인 까닭은 바로 예수님이 십자가에 달려 피를 흘려 죽어 주심으로 우리의 죄를 대속하셨기 때문입니다. 어떤 죄인이라도 회개하고 예수만 믿으면 모든 죄를 다 씻음 받고 영생을 얻으며 천국의 후사가 되는 것입니다. 로마서 6장 23절에 "죄의 삯은 사망이요 하나님의 은사는 그리스도 예수 우리 주 안에 있는 영생이니라"고 하신 말씀대로 죄의 값은 사망이요, 멸망이기 때문에 죄를 씻지 않으면 영원한 지옥의 형벌을 면할 수 없는 것입니다. 그래서 예수께서 죄 없으신 분으로 십자가에 못 박혀 피 흘려 주심으로 만민의 죄를 대속해 주신 것입니다. 왜냐하면 피가 없이는 죄를 씻을 수가 없기 때문입니다. 히브리서 9장 22절에 "율법을 좇아 거의 모든 물건이 피로써 정결케 되나니 피 흘림이 없은즉 사함이 없느니라"고 했고 레위기 17장 11절에 "육체의 생명은 피에 있음이라 내가 이 피를 너희에게 주어 단에 뿌려 너희의 생명을 위하여 속하게 하였나니 생명이 피에 있으므로 피가 죄를 속하느니라"고 하나님께서 엄히 명령하셨습니다. 죄의 값은 사망이고 생명은 피에 있으므로 피 흘림이 없이는 구원받을 길이 없는 것입니다. 그러므로 예수께서 화형을 당하거나 교수형으로 죽으실 수 있으나 십자가에 못 박혀 방울 방울 붉은 피로 다 쏟아 주시고, 마지막엔 옆구리에 창으로 찔려 피와 물까지 다 쏟으시고 운명 하시면서 "다 이루었다"고 부르짖으셨던 것입니다.

이는 인류의 죄를 대속하는 구속의 사업을 완성해 놓으셨다는 뜻입니다. "구속"(atonement)이란 말은 "보상"혹은 "갚음"이란 뜻입니다. "대속"(Redemption)이란 말은 "상환"혹은 "값을 지불하고 해방시켜 준다"는 뜻입니다. 즉 "속죄"(贖罪)란 뜻입니다. 즉 예수님이 십자가에서 피를 흘려 우리의 죄값을 치루어 주시고 우리의 죄에서 해방시켜 주신 것입니다. 그러므로 기독교는 대속의 종교입니다. "피의 구속"이 기독교 핵심입니다.

예수의 죽음이 우리를 죄에서 해방시켜 구원해 주시는 것입니다. 세례 요한이 예수님의 나아 오심을 보고 "세상 죄를 지를 지

1

19920412_십자가 복음의 진수_불기둥_김홍도_5번_페이지_1

고 가는 하나님의 어린양" (요한복음 1장 36절)이라고 했습니다.

그러나 사탄(Satan)마귀는 이 복음의 핵심을 무의미하게 하고, 십자가 복음의 진수를 뽑아 버리려고 합니다. 왜냐하면 그래야 사탄(Satan)이 이길 수가 있고 인류를 본래의 계획대로 멸망 시킬 수가 있기 때문입니다. 십자가의 구속의 피를 짓 밟는 것 보다 더 악한 마귀는 없습니다.

홍정수 교수는 예수의 죽음이나 피가 무슨 효과가 있는 것이 아니라 그의 삶이 희생의 모범을 보여 줄 뿐이라고 하면서 이렇게 말했습니다. "예수가 죽음으로써 다시는 불쌍한 동물들이 죽지 않아도 되게 되었으니 그는 사람이 아니라 동물들을 위해 죽은 것이다. "예수의 피 흘림"은 상징적인 언어요, 그것은 그의 공생애 전체를 가리킨다고 우리는 이미 말했다. 따라서 피의 마술을 믿는 교회와 그 교인들은 각자가 져야 할 십자가를 외면하고 있다고 말할 수 있다. 차라리 유태교나 통일교처럼 노골적으로 예수의 십자가를 거부하는 편이 정직하지 않을까?" (베짜는 하나님 p.147) 라고 엄청난 사탄(Satan)의 발언을 했습니다. 또 그는 "즉 하나님의 아들의 죽음이 아니라 특정한 메세지를 전하고 있던 한 설교자의 죽음을 증언하고 있을 뿐이다. 피흘림은 그의 죽음 자체에 어떤 마술적 힘 또는 신화적인 힘이 있음을 말해 주는 것이 결코 아니다" (상동 p.190) 라고 했습니다. 이 보다 더 큰 적그리스도의 종이 어디 있습니까? 또 그는 "따라서 예수의 죽음을 구원의 능력으로 만드는 것은 그의 죽음이 피흘리는 죽음에 있었다는 것도 아니며 (마술이라고함), 그의 죽음이 신의 아들의 죽음이라는 데에 있지도 않다(신화라고함)" (상동 p.191)고 했습니다. 기독교를 근원적으로 파괴하는 사탄(Satan)의 계략이 아닐 수 없습니다.

사탄(Satan)은 대속(Redemption), 즉 우리 죄를 대속하기 위해 피 흘렸다는 것을 믿지 못하게 합니다. 그러나 자연계나 동물의 세계에서도 그 진리를 발견 할 수가 있습니다. 연어(salmon)란 고기는 자기가 어려서 먹던 물맛을 기억하고 있다가 수만리 대양을 헤엄치며 다니다가, 나중에는 자기가 어려서 살던 그 물을 찾아와 알을 낳고 죽습니다. 수많은 새끼를 살리려고 자기는 죽습니다. 거미도 수백마리의 새끼를 낳고 그 새끼들에게 자기의 등을 파 먹히우고 껍질만 남아 죽고 맙니다. 부모들은 자기의 자식이 아플 때 사랑으로 대신 아플 수 있다면 대신 아파주고 대신 죽어주고 싶은 마음을 다 가지고 있습니다. 하물며, 공의와 사랑을 겸하여 가지신 하나님께서 공의를 충족시키기 위하여 그의 독생자를 보내 대속의 제물이 되게 하심을 왜 불가능하다고 봅니까? 그것이 마귀가 심어주는 의심인 것입니다.

예수께서 십자가의 죽음을 앞두고 말씀하시기를 "내가 진실로 진실로 너희에게 이르노니 한 알의 밀이 땅에 떨어져 죽지 아니하면 한 알 그대로 있고 죽으면 많은 열매를 맺느니라" (요한복음 12장 24절)고 말씀하셨습니다. 예수님의 십자가의 피 공로를 믿지 않고는 구원받을 인간은 천하에 아무도 없습니다. 십자가의 죽음과 부활은 기독교의 핵심입니다. 이를 파괴하려드는 것은 목사든 신학박사이든, 가장 큰 마귀의 종이며 이를 동조하는 사람도 같은 부류의 사람들입니다.

2. 죄를 용서하는 십자가

십자가의 복음은 죄를 용서하는 복음입니다. 예수께서 그 고통의 십자가를 지시고 피 흘려 죽으심은 우리 인간의 죄를 용서해 주시기 위함인 것입니다. 왜냐하면 죄인으로서는 구원받을 자가 없고 천국에 들어 갈 자가 한 사람도 없기 때문입니다. "의인은 없나니 하나도 없기" 때문입니다. (로마서 3장 10절) 예수의 십자가의 피 공로를 믿지 않고 구원받을 자는 이 세상에 한 사람도 없는 것입니다. 모든 인간은 다 죄값으로 영원한 지옥의 형벌을 받을 수 밖에 없는 운명이었습니다.

회개하고 예수의 피공로를 의지하면 누구나 다 용서받을 수가 있고, 어떤 말 못할 죄라도 다 씻음받을 수가 있습니다. 그 예로 예수님이 십자가에 못 박히실 때, 한 강도도 함께 박혀 죽었는데 그는 죽기 전에, 자기의 죄를 회개하면서 구원해 달라고 할 때에 "오늘 네가 나와 함께 낙원에 있으리라" (누가복음 23장 43절)고 분명히 말씀하셨습니다. 예수님의 십자가 보혈로 씻지 못할 죄란 하나도 없습니다. 요한일서 1장 9절에 "만일 우리가 우리 죄를 자백하면 저는 미쁘시고 의로우사 우리 죄를 사하시며 모든 불의에서 우리를 깨끗케 하실 것이요"라고 했습니다.

로마서 5장 9절에 "그러면 이제 우리가 그 피로 인하여 의롭다 하심을 얻었은즉 더욱 그로 말미암아 진노하심에서 구원을 얻을 것이니"라고 했습니다. 쉽게 말해서 예수님의 피는 죄인이 의인되게 하시는 것입니다.

계시록 7장에 보면 수많은 천상의 성도들이 흰 옷을 입고 하나님을 찬양하는데 이들이 누구냐고 물으니까 "…이는 큰 환난에서 나온 자들인데 어린양의 피에 그 옷을 씻어 희게 죄사함 받지 않고는 구원받을 자가 없는 것입니다. 이사야 53장 4-5절에 예수님 오시기 700여년 전에 예언하셨습니다. "그는 실로 우리의 질고를 지고 우리의 슬픔을 당하였거늘 우리는 생각하기를 그는 징벌을 받아서 하나님에게 맞으며 고난을 당한다 하였노라 그가 찔림은 우리의 허물을 인함이요 그가 상함은 우리의 죄악을 인함이라 그가 징계를 받음으로 우리가 평화를 누리고 그가 채찍에 맞음으로 우리가 나음을 입었도다"고 했습니다. 예수님이 십자가의 고난을 받으시고 피 흘려 대속해 주심으로 우리가 죄사함을 받았으며, 죄의 담이 무너짐으로 하나님

어 갈 수 있는 것이지, 결코 다른 길은 있을 수가 없습니다.

같은 요한복음 3장 36절에서는 "아들을 믿는 자는 영생이 있고 아들을 순종치 아니하는 자는 영생을 보지 못하고 도리어 하나님의 진노가 그 위에 머물러 있느니라"고 분명히 단정지어 말씀하셨습니다. 결코 행위로 구원받는 것이 아닙니다. 요한복음 5장 24절에도 "내가 진실로 진실로 너희에게 이르노니 내 말을 듣고 또 나 보내신 이를 믿는 자는 영생을 얻었고 심판에 이르지 아니하나니 사망에서 생명으로 옮겼느니라"고 했습니다. 생명이 되신 예수그리스도를 믿고 영접하지 않고는 결코 구원받을 길이 없는 것입니다. 그런데 종교다원주의는 모든 종교에 다 구원이 있다는 것입니다. 이것이 말세에 나타난 음녀, 바벨론, 종교종합주의입니다.

예수님은 하나님과 동등하신 분인데 자기를 낮추시고 종의 형체를 입고 오셔서 속죄 제물이 되어 주신 분입니다. 그런데 변선환 교수는 "기독교 밖에 구원이 없다는 교리는 토리미의 천동설에 지나지 않는다"며 엉터리의 사탄적인 발언을 했고, "그리스도만 보편적으로 유일한 구속자이신 것이 아니라 저들의 종교도 그들 스스로의 구원의 길을 알

19920412_십자가 복음의 진수_불기둥_김홍도_5번_페이지_3

라 하시니라"고 했습니다. 마침 고욤나무에 다 아무리 거름을 주고 물을 줘도 감 열매를 맺지 못하고 오직 고욤나무를 잘라내고 참 감나무를 접부칠 때에만 가능한 것입니다. 제일의 아담(Adam)의 후손인 우리는 제2의 아담(Adam)으로 오신, 하나님의 아들을 믿고 영접 할 때에만 구원이 가능한 것입니다. 천하에 다른 방법으로는 결코 구원을 받을 수가 없습니다. 목사이든 신학박사이든 틀림없이 지옥 갑니다. 갈라디아서 2장 16절에 "사람이 의롭게 되는 것은 율법의 행위에서 난 것이 아니요 오직 예수 그리스도를 믿음으로 말미암는줄 아는고로 우리도 그리스도 예수를 믿나니 이는 우리가 율법의 행위에서 아니고 그리스도를 믿음으로서 의롭다 함을 얻으려 함이라 율법의 행위로서는 의롭다 함을 얻을 육체가 없느니라"고 말씀 하셨습니다.

변선환 홍정수 이 두 교수의 말대로 하면 찬송가도 한장 부를 것이 없고 성찬 예식도 할 필요가 없습니다. 물론 선교도 전도도 다 무의미한 일입니다. 그러나 이보다 더 큰 적 그리스도의 종이 어디 있습니까? 십자가의 복음은 예수를 오직 믿음으로만 구원받는다는 것이 그 진수입니다.

4. 어리석어 보이는 십자가의 복음

십자가의 복음의 특성은 거듭나지 못한 세상 지혜로 볼 때 어리석게 보이는 것입니다. 고린도전서 1장 18절에 "십자가의 도가 멸망하는 자들에게는 미련한 것이요 구원을 얻는 우리에게는 하나님의 능력이라"고 했습니다. 구원받지 못하고 지옥으로 떨어질 사람에게는 어리석고 미련해 보이지만, 믿고 구원받는 사람에게는 놀라운 능력이 됩니다. 그러므로 자기의 지식이나 이성을 겸손히 무릎 꿇지 않고 따지기나 좋아하고 변론 하기나 좋아하는 사람은 결코 구원받을 수가 없고 또 간신히 구원을 받았다 할지라도, 그 영성이 개발되지 않고 영계에 깊이 들어 갈 수가 없습니다. 고린도전서 1장 19절에 "내가 지혜 있는 자들의 지혜를 멸하고 총명한 자들의 총명을 폐하리라"고 했으며 고린도전서 1장 21절에는 "하나님의 지혜에 있어서는 이 세상이 자기 지혜로 하나님을 알지 못하는고로 하나님께서 선도의 미련한 것으로 믿는 자들을 구원하시기를 기뻐하셨도다"고 했습니다. 그러나 "하나님의 미련한 것이 사람보다 지혜 있고 하나님의 약한 것이 사람보다 강하니라"고 했습니다. 그래서 십자가의 도를 믿고 구원 받는 사람들 중에는 지혜 있는 자, 문벌 좋은 자, 능한 자가 많지 않고 도리어 미련한 자, 약한 자, 비천한 자들 중에 많다고 했습니다.

이스라엘(Israel) 백성이 불뱀에 물려서 죽어 갈 때 놋뱀을 만들어 높은 장대에 매어 달라고 하셨고, 그것을 쳐다보면 독이 빠지고 살아나게 해 주겠다고 했는데 단순한 사람은 약속대로 믿고 쳐다보고 다 고침을 받았고, 그걸 쳐다본다고 낫느냐? 약을 발라 주든지, 모세가 뱀 물린 자리에 손을 대고 안수기도를 해 줘야지 하고, 똑똑한 체하고 따지면서 놋뱀을 쳐다보지 않은 사람은 다 멸망했습니다. 요한복음 3장 14~15절에 예수께서 "모세가 광야에서 뱀을 든 것 같이 인자도 들려야 하리니 이는 저를 믿는 자마다 영생을 얻게하려 하심이니라"고 말씀 하셨습니다. 이 말씀을 하시고 나서 3장 16절을 말씀 하셨습니다. 내 죄를 위하여 십자가에서 피 흘려 죽으시고 부활하신 예수님을 단순하게 믿으면 이 시간에도 영생을 얻습니다.

할 렐 루 야!

*주후 1992년 4월 12일 주일낮 대예배 설교 *

19920412_십자가 복음의 진수_불기둥_김홍도_5번_페이지_4

기독교대한감리회 서울연회 재판위원회가 변선환 학장과
홍정수 교수에게 내린 출교구형에 대한 우리의 입장

우리는 변선환 학장과 홍정수 교수에 대한 서울연회 재판위원회의 재판과정이 합리적으로 처리될 수 있기를 기대하며, 그 과정을 주시해 왔다. 물론 위의 두 신학자의 신학적 노선이 우리 모두의 신학적 입장을 대변하고 있다고 보지는 않는다. 그리고 두 신학자로 인하여 교계에 물의가 일어난 것에 대하여 유감스럽게 생각하는 바이다. 그러나 금번 재판위원회가 두 신학자에게 내린 감리교 재판법상 최고 형인 출교를 구형한 일에 대하여 놀라움을 금치 못하며 이에 우리교수들의 입장을 다음과 같이 표명하는 바이다.

첫째, 우리는 두 신학자에 대한 재판과정과 절차에 문제가 있었음을 지적한다. 즉, 신학적인 입장때문에 문제가 야기되었다면 이 문제는 무엇보다 신학적인 토론이나 공청회등의 공개적이고 공정한 대화의 장을 통하여 해결이 모색되어야 했다. 이러한 과정을 거치지 않은채 성급하게 재판으로만 이끌어간 것은 합리적이거나 신앙적인 처사가 아니라고 생각한다.

둘째, 감리교회는 신학의 다양성을 인정하는 전통을 가지고 있다. 따라서 신학적인 문제에 대한 이견때문에 출교구형까지 내린것은 감리교전통이나 감리교교회법 정신에도 어긋난다고 생각한다. 우리가 보기에는 두 신학자의 신학을 정죄하는 사람들이 얼마나 감리교 신앙과 신학적 전통에 근거하여 판단하여 왔는가를 묻고자 한다.

셋째, 지금까지 감리교회는 분명히 에큐메니칼 신학노선을 걸어왔다. 따라서 우리는 근본주의로 회행하고 있는 신학적 흐름이 감리교회내 일각에서 확산되고 있음을 개탄한다. 이번일을 계기로 하여 우리는 감리교신학의 정체성을 확고히 정립하여 신학교육과 신앙훈련을 지속할 것이며, 이를 위하여 조속한 시일내에 감리교신학 정체성 확립을 위한 공청회를 범교단적으로 열것을 제안한다.

다시한번 우리는 금번 재판위원회의 구형에 대하여 깊은 우려를 표하며, 두 신학자의 재판절차와 과정이 더욱 신중히 다루어질 수 있기를 촉구하는 바이다.

1992년 4월 23일

감 리 교 신 학 대 학 교 수 일동

선한용 염필형 장종철 김득중 이후정 김재은 박창건 방석종
박익수 왕대일 이정배 서현석 이원규 박종천 송순재 이기춘
김영민 김외식 타이스

19920423_기독교대한감리회 서울연회 재판위원회가 변선환 학장과 홍정수 교수에게 내린 출교형에 대한 우리의 입장_감리교신학대학 교수일동_5번

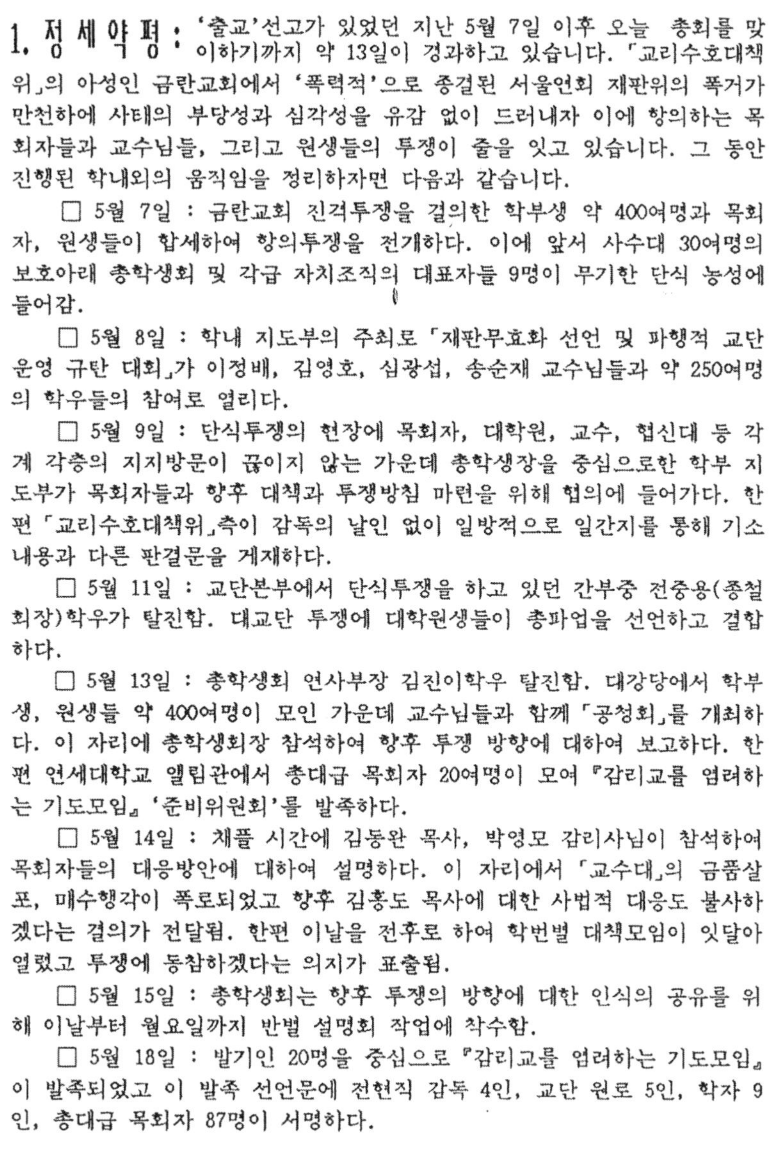

임시 총회에 부쳐 총학생회가 드리는 보고문

1. 정세약평 : '출교'선고가 있었던 지난 5월 7일 이후 오늘 총회를 맞이하기까지 약 13일이 경과하고 있습니다. 「교리수호대책위」의 아성인 금란교회에서 '폭력적'으로 종결된 서울연회 재판위의 폭거가 만천하에 사태의 부당성과 심각성을 유감 없이 드러내자 이에 항의하는 목회자들과 교수님들, 그리고 원생들의 투쟁이 줄을 잇고 있습니다. 그 동안 진행된 학내외의 움직임을 정리하자면 다음과 같습니다.

□ 5월 7일 : 금란교회 진격투쟁을 결의한 학부생 약 400여명과 목회자, 원생들이 합세하여 항의투쟁을 전개하다. 이에 앞서 사수대 30여명의 보호아래 총학생회 및 각급 자치조직의 대표자들 9명이 무기한 단식 농성에 들어감.

□ 5월 8일 : 학내 지도부의 주최로 「재판무효화 선언 및 파행적 교단 운영 규탄 대회」가 이정배, 김영호, 심광섭, 송순재 교수님들과 약 250여명의 학우들의 참여로 열리다.

□ 5월 9일 : 단식투쟁의 현장에 목회자, 대학원, 교수, 협신대 등 각계 각층의 지지방문이 끊이지 않는 가운데 총학생장을 중심으로한 학부 지도부가 목회자들과 향후 대책과 투쟁방침 마련을 위해 협의에 들어가다. 한편 「교리수호대책위」측이 감독의 날인 없이 일방적으로 일간지를 통해 기소 내용과 다른 판결문을 게재하다.

□ 5월 11일 : 교단본부에서 단식투쟁을 하고 있던 간부중 전중용(종철회장)학우가 탈진함. 대교단 투쟁에 대학원생들이 총파업을 선언하고 결합하다.

□ 5월 13일 : 총학생회 연사부장 김진이학우 탈진함. 대강당에서 학부생, 원생들 약 400여명이 모인 가운데 교수님들과 함께 「공청회」를 개최하다. 이 자리에 총학생회장 참석하여 향후 투쟁 방향에 대하여 보고하다. 한편 연세대학교 앨림관에서 총대급 목회자 20여명이 모여 『감리교를 염려하는 기도모임』 '준비위원회'를 발족하다.

□ 5월 14일 : 채플 시간에 김동완 목사, 박영모 감리사님이 참석하여 목회자들의 대응방안에 대하여 설명하다. 이 자리에서 「교수대」의 금품살포, 매수행각이 폭로되었고 향후 김홍도 목사에 대한 사법적 대응도 불사하겠다는 결의가 전달됨. 한편 이날을 전후로 하여 학번별 대책모임이 잇달아 열렸고 투쟁에 동참하겠다는 의지가 표출됨.

□ 5월 15일 : 총학생회는 향후 투쟁의 방향에 대한 인식의 공유를 위해 이날부터 월요일까지 반별 설명회 작업에 착수함.

□ 5월 18일 : 발기인 20명을 중심으로 『감리교를 염려하는 기도모임』이 발족되었고 이 발족 선언문에 전현직 감독 4인, 교단 원로 5인, 학자 9인, 총대급 목회자 87명이 서명하다.

19920500_임시 총회에 부쳐 총학생회가 드리는 보고문_제 10대 총학생회_5번_페이지_1

□ 5월 20일 : 약 200명의 학우들이 서명한 「비상학생총회」 소집 요구안에 의거하여 「총회」를 개최함.

이상이 그 동안 진행된 학내외의 주요한 움직임들입니다. 이러한 움직임들과 총학생회의 자체 조사 결과를 종합하여 향후 정세에 대해 약평을 하자면 다음과 같습니다.

먼저 「교리수호대책위」측은 '출교'선고가 있은 직후 서울연회 감독의 직인을 받지도 않은 가운데 일간지에 변조된 내용을 기재함으로써 향후 예상되는 반발 움직임들을 사전 봉쇄하겠다는 의도를 분명히 하고 있습니다. 이는 재판과정을 녹화한 비데오테잎을 대량살포한다든지 웨슬레 회심주간을 맞이하여 「교수대」측이 대대적인 부흥집회를 강행하는 것과 무관하지 않습니다. 그들은 앞으로 교수들과 이사회에 대한 압력을 강화하여 두 교수의 교직을 박탈하려고 할 것이 확실시 되고 있습니다. 그들은 두 교수의 교직을 박탈하여 이 문제가 이미 '종결'된 것이라는 것을 기정사실화시킴으로써 교단 내부의 조직적인 반발 움직임을 어렵게 만들고 교수들과 학교를 위축시키겠다는 이중적 효과를 노리고 있습니다.

다음으로 『감리교를 염려하는 기도 모임』(이하 '기도모임')측은 감리교 내의 명망있는 전현직 감독님들과 원로목회자, 그리고 총대급 목회자들을 중심으로 발족함으로써 향후 「교수대」에 대항하는 조직으로서의 위용을 갖추는데 일단 성공하였습니다. 또 「감리교 신학대화모임」이 전국감리교목회자 협의회(회장 조화순 목사)중심으로 꾸려져서 이미 현사태에 대한 신학적 고찰을 다룬 200쪽 분량의 책자를 5천부 인쇄하여 전국에 발송할 예정이며 동시에 25일 '토론회'를 계획하고 있습니다. 교단내 목회자들의 움직임에 대해 총학생회에서 자체 조사한 결과 목회자 대중들 속에서 급속하게 「교수대」에 반발하는 정서가 형성되고 있음을 확인했습니다. 그러나 향후 대다수의 목회자 대중들의 움직임은 대단히 유동적일 것으로 평가되고 있습니다.따라서 「기도모임」측과 「신학대화모임」등 진보적 목회자 진영, 그리고 감신대측(교수, 학생)의 대응이 어떻게 이루어 지느냐에 관심이 모아지고 있습니다.

이사회는 지난 4월 24일 두 교수에 대한 징계위원회를 꾸리기로 결정하고 변학장에게 징계위원회에 들어올 4인의 교수를 선임해 줄것을 요구하였으나 교수들이 징계위에 참여하는 것을 꺼리고 있어서 공전 상태가 계속되고 있습니다. 학생들의 반발을 가장 두려워하고 있는 이사회는 두 교수에 대한 징계위의 활동을 유보한 가운데 학생들의 집단적인 대응이 용이치 않은 방학기간을 이용하여 전격 처리하려는 의도를 가지고 있다는 것이 총학생회의 판단입니다.

한편 변선환 학장님과 홍정수 교수님은 19일 현재 꾸준한 학생측과 동료교수들, 그리고 목회자들의 권유로 28일 이전까지 항소의 의지가 있음이 확인되었으나 「교수대」측에 의해 조정을 받고 있는 서울연회 재판위측이 패소 및 항소 비용으로 각각 750만원씩을 요구하고 있어 일인당 1천 5백만원을 부담해야 하는 상황에 직면하여 극도의 분노와 회의적 태도를 보여주

2

19920500_임시 총회에 부쳐 총학생회가 드리는 보고문_제 10대 총학생회_5번_페이지_2

시고 계십니다. 더욱 중요한 것은 '출교'선고 이후 교수회의의 명의로 '무효화'선언이 나올 것이라는 애초의 소문과는 달리 교수회의가 심각한 분열상을 보여주고 있음이 확인되고 있어 긴장감이 감돌고 있습니다.

대학원 학생회는 총파업을 지속하는 가운데 분임토의와 교단항의 방문을 꾸준히 전개하고 있으며 20일 오후 1시부터 학부생들과 연대하여 「재판무효화와 감리교단의 화합과 일치를 위한 범감리교인 결의대회」를 개최할 예정입니다.

2. 정세돌파를 위한 총학생회의 투쟁계획

전 문 : 우리 제 10대 총학생회는 출범 직후부터 오늘에 이르기까지 고독하고 힘겨운 대장정의 길을 흔들림 없이 강행하면서 다음의 투쟁원칙을 확고하게 지켜왔습니다.

첫째, 이 투쟁이 교단과 학원간의 갈등으로 축소되는 것을 극력 저지하고 교단 보수반동화에 반대하는 교수, 학생, 목회자들의 광범한 민주전선을 구축하여 '감리교단 내부' 개혁을 위한 투쟁의 기치를 올리는데 총력을 다한다.

둘째, 이를 위해 교단내 양식있는 목회자들의 동참을 견인해내기 위하여 투쟁의 당위성과 도덕성을 최대한 축적할 수 있는 방식으로 투쟁한다.

총학생회 출범 초기 제19차 총회결의안의 부당성을 각계 각층에 백방으로 호소하면서 감리교단의 미래를 위해 우리와 함께 투쟁해 줄 것을 탄원했던 우리들에게 되돌아 오는 것은 무거운 침묵과 외면 뿐이었습니다. 암울했던 방학을 두 차례에 걸친 초라한 기도회로 만족해야 했던 우리 임원들은 지원하겠다는 약속은 고사하고 하소연 조차 받아주는이 없는 기막힌 현실 앞에서 적들이 얼마나 강력한 존재인지 실감할 수 있었습니다. 총학생회가 '교단 내부의 광범한 민주전선'을 단계적으로 구축해야 겠다고 결심했던 이유는 거짓된 모략과 탐욕스러운 음모가 판치는 상황속에서 근본적으로 교단내부의 정치적 역관계를 역전시키지 못한다면 교단의 보수 반동화가 막을 수 없는 대세로 정착할 것임은 물론 파죽지세로 거침없이 육박해오고 있는 「교수대」의 침탈로부터 두 교수와 감신학문성을 수호할 수 없을 것이라는 판단에서 였습니다.

총학생회의 이 같은 판단과 원칙은 투쟁의 과정을 통하여 확고하게 관철되어 왔으며 역대 총학생회의 투쟁방식과 외형적으로 확연히 구분되는 것으로 나타났습니다. 주변으로부터 '정치적이다'는 비난을 받아가면서도 총학생회는 '감정적이고 자족적인'투쟁을 지양하고 항상 우리의 투쟁이 교단내 목회자들에게 객관적으로 어떤 영향을 미칠 것인지를 염두에 두면서 신중한 방법을 모색하여 왔습니다. 때로는 수백 학우들의 대중적인 투쟁의

3

19920500_임시 총회에 부쳐 총학생회가 드리는 보고문_제 10대 총학생회_5번_페이지_3

지를 내외에 명백하게 천명해야 할 필요가 있었고 때로는 목회자 대중들에게 '눈물로' 호소해야하는 상황이 있었습니다. 주관적인 열망과 객관적으로 요구되는 투쟁을 제대로 분별하지 못하는 투쟁방침이 일천학우 전체의 순수한 열정을 승리 없는 '총알받이전투'의 희생제물로 전락시킬 수 있다는 막중한 책임감은 '효율성'과 '경제성'을 중히 여기는 투쟁양상을 낳았던 것입니다.

오늘 총학생회는 학우 여러분 앞에 고백합니다. 제10대 총학생회는 교단 내부의 교권주의라는 두꺼운 어름짱 밑에서 줄곧 침묵하고 있던 양심세력을 다그쳐 견인하는데 모든 역량을 집중한 나머지 학내의 학우 여러분에게 충분한 교양과 참여의 기회를 제공하지 못했습니다. 총학생회는 금번 비상총회를 맞이하여 이 점을 깊이 반성합니다.

그러나 총학생회는 단언합니다.우리가 숙원하던 목회자들의 투쟁전선이 힘차게 꾸려지고 있는 지금 우리 감신인들은 결코 외롭지 않습니다. 현하의 정세를 금란교회 진격투쟁 이전의 시기와 확연하게 구분짓는 것은 바로 이점입니다.이제 우리는 「교수대」와 이에 영합하여 교권을 움켜 쥐고자 하는 교권주의자들에 대한 목회자,교수,학생들의 파상적이고 입체적인 총반격을 '계획으로서의 전술'로서 구사할 수 있는 최소의 여건을 갖추어가고 있습니다.

총학생회는 앞서 당면한 투쟁의 성격이 「교수대」측과 교권주의자들에 대한 파상적이고 '입체적인' 총반격의 개시라고 밝혔습니다.학우 동지 여러분. 이 말을 착각해서는 안되겠습니다. 우리는 단지 투쟁다운 투쟁을 시작하고 있을 뿐입니다.모든 투쟁의 주체들이 승리를 최종적으로 확정짓기 위해서 '결정적인 투쟁'을 전개하는 국면이 아니라는 것입니다. 그렇다고 사태가 비관적이라는 말은 아닙니다.

단적인 예를 들자면,소위 '정치판'생리에 대해서 이력이 붙을 법한 교단의 중진급 이상의 목회자들이 「기도모임」을 중심으로 나서기 시작한다는 것은 무엇을 의미합니까? 그분들이 '양비론'의 입장을 가지고 나서는게 아니라 분명하게 「교수대」측을 비난하고 나선데에는 그 만한 '정치적 타산'을 가지고 있기 때문이라는 것이 명백하지 않습니까?

총학생회는 교단 내부의 문제에 있어서 목회자 당사자들 만큼 정확하게 대처할 수 있는 어떤 세력도 없다는 것을 잘알고 있습니다. 이제부터는 대교단 투쟁도 '학생식으로' 결합해 들어가야 합니다. 이는 당장에 급박한 현실로 등장한 감신공동체 내부의 단결을 이루는데 투쟁의 촛점이 맞추어 져야 한다는 것입니다.

만약 변학장님과 홍교수님이 항소하지 않는다면 「교수대」측과 교단지도부는 '이미 끝난 일을 가지고' 운운 하면서 발뺌을 할 것이고 이사회는 이사회 나름대로 교수직을 박탈하는데 유리한 명분을 장악하게 될 것입니다. 또 명백하게 투쟁을 선언하고 나선 젊은 교수님들이 다음 타겟으로 완전히 노출되는 결과를 가져오게 될 것입니다.

반대로 목회자들이 「교수대」측을 사법적으로 대응해 비판적인 여론

4

19920500_임시 총회에 부쳐 총학생회가 드리는 보고문_제 10대 총학생회_5번_페이지_4

을 극대화시키고 변, 홍교수님이 항소하여 법정투쟁을 계속한다면 목회자들과 학생들 그리고 교수들이 대교단 투쟁의 중요한 매개를 확보하게 될 것이고, 학내에 대한 이사회의 침탈도 명분을 잃게 될 것입니다.

따라서 총학생회는 현 시기 가장 급박한 과제가 변학장님과 홍교수를 항소할 수 있도록 적극 추동하는 것이고,동시에 분열양상을 보이는 교수회의를 압박해서 서울 연회 재판의 부당성(무효성)과 공정재판의 보장,그리고 두교수에 대한 이사회의 침탈을 교수회의가 막아내겠다는 결의를 내외에 추동하도록 하는 것임을 주장합니다.일부에서 이러한 총학생회의 입장을 '단순히 학내투쟁에 국한시키자는 것이냐'고 비판하고 있는줄 압니다.그러나 생각해 보십시요. 교수님들이 무효화와 공정재판, 그리고 두 교수에 대한 보호를 공식적으로 선언하는 것은 대교단 투쟁전선에 교수들이 합세하는 것이요, 「교수대」와 서울연회 「재판위」에 대한 정면 도전을 표방하는 것을 의미하는 것으로 그것 자체로서 중대한 의미를 지니는 것입니다.또 두 교수에 대한 보호를 교수회의로 부터 보장 받는 학생들 입장에서는 방학 기간중에 '안전장치'를 확보하는 것입니다.

총파업이든 부분 파업이든 파업투쟁을 기어이 해야겠다는 학우들이 많은 것 같습니다. 이후 투쟁일정에 대한 총학생회의 계획안을 살펴보면 분명해지겠습니다만 총학생회는 학우여러분의 현사태에 대한 충분한 의식공유와 교양의 기회가 오후 수업이 없는 다음주에도 충분히 제시될 수 있다고 봅니다. 또 그 다음주에 있어서 교수회의에 대한 학생들의 요구안이 제시되어 답변을 받을 만한 여유를 교수회의에 주는 것은 어느 투쟁에서든지 상식에 속하는 것입니다. 총학생회는 계속되는 학내외의 프로그램에 수업을 강행하면서도 충분히 대중적 집결이 가능하다고 판단하고 있습니다. 그리고 교수회의가 충분한 시간적 여유에도 불구하고 우리들의 정당한 요구안을 거부할 경우 총학생회는 이제까지 감신 역사상 유래가 없는 가장 강력하고 치명적인 장기적 결사투쟁, 즉 수백명의 학우가 집단적으로 무기한 단식농성에 돌입하는 등의 극한 투쟁을 조직할 것입니다. 이에 관하여 이미 총학생회는 재정적 기술적 준비작업에 돌입하였습니다.

총학생회는 학우들의 자발적인 비상총회 소집 발의가 분명한 투쟁 노선을 확정하고 일사불란한 투쟁 대오를 꾸려야 한다는 요구임을 확신하면서 다음의 투쟁계획을 학우들 앞에 제출합니다.

투쟁계획(안)

하나. 우리는 향후 목회자들, 대학원과 적극 연대하여 일정이 잡혀있는 각종 프로그램에 지지와 성원을 모아감과 동시에 미온적인 태도를 보이고 있는 교수회의가 이 투쟁에 일 주체로 동참하도록 추동한다. 이를위해 일

19920500_임시 총회에 부쳐 총학생회가 드리는 보고문_제 10대 총학생회_5번_페이지_5

차적으로 28일까지 변학장님과 홍교수님이 반드시 항소할 수 있도록 학 내외에 대중적인 모금활동,시위등을 통해 강력하게 촉구한다.

둘. 우리는 미온적일 뿐 아니라 불신감 마저 유발하고 있는 교수회의에 대해 6월 4일 채플시간까지 이중적 해석의 여지가 없는 단순, 명쾌한 문장으로 첫째, 서울연회 재판위의 판결이 재판과정의 심각한 파행성, 편파성으로 말미암아 유효성이 인정될 수 없음을 선언하고 둘째, 총회 재판위의 공정재판 보장을 촉구하고 세째, 공정한 재판을 통해 합리적인 결과가 나오지 않는한 이사회의 어떤 압력으로부터 두교수를 지켜 내겠다는 의지를 표명할 것을 요구한다.

셋. 만약 교수회의가 우리의 정당한 요구를 무시할 경우 감신학문성 수호의 의지가 없다고 간주하고 즉각 요구안이 관철될 때 까지 생명을 담보로한 전교생 무기한 단식투쟁에 돌입한다.

총학생회가 발의하는 특별안건

변학장, 홍교수님 사태가 파행을 거듭하는 상황에서 특별히 과의 존폐여부로 종교철학과 학우들의 우려가 많은 상황입니다. 총학생회는 아직 이와관련한 책임성있는 정보를 입수한 바는 없으나 그 가능성에 예의주시하고 있습니다. 만일 차제에 이문제가 공개적으로 거론될 시, 단순히 종교철학과 만이 아닌 감신학문성 전체에 대한 중대한 도전으로 규정, 전감신인이 단결하여 투쟁할 것에 대해 전 총회원의 결의를 제안합니다.

6

19920500_임시 총회에 부쳐 총학생회가 드리는 보고문_제 10대 총학생회_5번_페이지_6

[선배 목회자님께 드리는 호소문]

해도 너무하지 않습니까?

5월 7일, 감신대 변선환학장 · 홍정수교수에게 서울연회 재판위는 출교를 선고하였습니다. 이번 사건은 목사가 신학적인 이유로 정죄받은 세계 감리교사상 최초의 사건일 뿐만 아니라 선고까지의 절차와 과정에서 드러난 숱한 문제로 감리교를 사랑하는 많은 이들에게 큰 충격을 안겨주기도 하였습니다.

지난해 10월 제 19차 입법총회를 기점으로 전면화된 이번 사건은 총회에서부터 출교선고까지 파행과 날치기로 뒤범벅이되어 감리교의 최대 수치로 역사에 기록되게 되었습니다. 10월 총회 당시 1천 8백여명의 총대 중 3백여명만이 참석한 수요일 밤, 기가 막힌 참주선동으로 파면 권고 결의안이 통과되었습니다. 수요예배로 총대 대부분이 빠져 나간 사이에 감독회장의 "예수의 피 개피라고 했습니다"라는 선동은 그야말로 파면에 동의할 수 밖에 없는 극약처방 이었습니다. 과연 두 교수님의 신학이 '예수의 피 개 피'라는 말로 요약될 수 있단 말입니까?

이후 사건의 파행적 진행에 결정적 공헌을 한 『교리수호대책위원회』라는 임의단체가 11월 21일 결성되었습니다. 명의 도용 등 갖가지 문제를 안고 결성된 대책위는 화해와 일치의 모범이었던 감리교단을 파쟁과 분열의 터전으로 일구어 놓았습니다. 풍부한 대화와 토론을 통해 신학적 문제가 다루어져야 한다는 상식적인 요구는 '대책위'의 힘의 논리에 서럽게 묵살되었습니다. 서울연회에 두 교수를 고소한 후 대책위는 일간신문에 여론을 호도하기 위한 광고작업에 착수하였습니다. 수 차례에 걸친 전면광고에 수억대의 자금이 동원된 사실은 차치하고서라도 그 내용이 천박하고 근거없는 것이 많아 보는 이를 분노케 하였습니다.(두 교수 저서의 인용부분과 해석을 보십시요! 그리고 통일교 관련설을 보십시오.)

이뿐이겠습니까? 서울연회 재판위원들은 기가 막히게도 15인 중 13인 이 교리수호대책위원으로 구성되어있습니다. 고소인 측이 재판석을 장악한 것입니다.

재판위원 명단

목 사 : 최 덕 관
고 재 영 (교리수호대책위 상임위원)
홍 형 순 (교리수호대책위 상임위원)
최 홍 석 (교리수호대책위 공동회장)
민 선 규 (교리수호대책위 상임위원)
박 민 수
임 홍 빈 (교리수호대책위 지도위원)
금 성 호 (교리수호대책위 지도위원)
심 원 보 (교리수호대책위 중앙위원)

19920500_해도 너무하지 않습니까_선배 목회자님께 드리는 호소문_감신대 총학생회_ 5번_페이지_1

장 로 : 김 재 국 (교리수호대책위 실행위원)
이 강 모 (교리수호대책위 중앙위원)
곽 노 흥 (교리수호대책위 재정부장)
김 재 민 (교리수호대책위 사무국장)
박 을 희 (교리수호대책위 부회장)
박 완 혁 (교리수호대책위 실행위원)

이런 상황하에서 재판은 불보듯 뻔한 것 이었습니다. 피고의 최후 변론을 서면으로 제출토록하여 공개적인 기회조차 주지 않았음은 물론 변호인 선임을 거부하고 짜여진 각본에 따라 일사천리로 진행된 재판, 여기에 신학과 목회현장의 괴리를 극복하고자 하는 겨자씨만한 노력이라도 있었습니까?

더더욱 기가 막힌 일은 고소인 측의 진지, 금란교회에서 열린 5월 7일 선고재판이 진행되었다는 것입니다. 공정한 재판을 위해 교리수호대책위원으로 구성된 재판위의 사퇴를 요구하는 감신대생들에게 무차별 폭언과 폭력이 행해진 것은 믿고 싶지 않은 사실입니다. 연합속회를 한다는 이유로 교회 정문을 완전 차단하고 (연합속회 때 교회 정문을 폐쇄하는 교회가 세상 또 어디에 있을까요?) 화염병 소지의 위협이 있다는 황당한 이유로 감신대 남녀학생들이 가방과 몸 수색을 일일이 당해야 했습니다. 어디 그 뿐이었습니까? 재판위 사퇴를 요구하며 비폭력으로 호소하는 학생들에게 돌아오는 건 구타와 폭언 뿐이었습니다. 이런 와중에서 두 교수에게 출교선고가 내려졌습니다. 승리를 위해서는 (누구를 위한 승리인가?) 폭력도 정당하단 말인가? (뺨을 맞아 통증을 호소하는 학생들에게 왼쪽 뺨도 대라는 교인들의 말이 성서가 가르친 진리란 말인가?)

이번 사건을 대하며 감리교단을 사랑하는 많은 이들이 우려와 분노의 목소리를 모으고 있습니다.

해도 너무하지 않습니까?

1992년 5월 두 교수님의 선고 공판을 지켜 본 감신대 총학생회에서 드립니다.

19920500_해도 너무하지 않습니까_선배 목회자님께 드리는 호소문_
감신대 총학생회_ 5번_페이지_2

K-2-209

후배들에게 - 우리는 지지 않는다.

—— 1주간 시험 연기를 제안하며 ——

학우들! 우리는 지금 한 학기 종강과 함께 학문성에 대한 도전이라는 문제에 휩싸여 있다.

이번 사태에 대한 많은 학우들의 우려와 착잡하고 분노에 찬 성토들이 학급회의와 대토론회를 통하여 나타났고, 이제 우리에게는 학문성 수호를 위한 견결한 의지와 힘을 모아 적극적이고 능동적으로 대처해 나가는 일만이 남아있는 것이다. 한편으로 우리 4학년들은 14번째 시험을, 91학번 후배들은 꿈 많은 캠퍼스의 한 학기를 마감하는 기말고사를 남겨두고 있다. 그러나 우리는 피동적이고 수동적으로 학사일정에 우리의 생활을 내 맡길 수는 없는 것이다.

오늘과 같은 상황에서 석달여 동안 전달받은 지식들을, "암기력 겨루기 대회"로 홍역을 치루듯 떠 넘기고 무기력과 체념 속에서 썰물이 빠져나가듯 교회와 각자의 집으로 제각기 흩어질 수는 없는 것이다. 이번 계기를 통하여 우리들의 정체성의 위기를 극복하고 감리교의 창시자인 요한 웨슬레 선생에 대한 총체적 재조명을 통하여 감리교와 감리교 신학의 전통에 대한 인식을 공유하는 새로운 전기로 안아와야 할 것이다. 고학번 선배님들과 대다수의 4학년 학우들은 82년 변선환 학장(당시 교수)에 대한 교단측의 종교재판 사태와 그 무마과정을, 또한 얼마전 교단 부흥사들을 중심으로 한 몇몇 인사들이 웨슬레(?)신학교를 세우려고 했던 움직임을 잊지 않고 있다. 이번 학기에 들어와서 우리들이 곽전태 감독 회장의 주도하에 이루어진 유감스러운 사태들을 예의 주시하면서 얻은 결론은 이번 시험을 일주간 연기하는 한이 있어도 이번 사태를 그냥 넘길 수 없다는 것이다. 더욱이 방중에 곽전태 감독회장이 감신 이사회장으로 임명되자마자(방중에 곽감독은 우리 학교 이사장으로 됨) 현재 학장의 권한인 교수인사권을 넘겨 받으려 한다는 소리가 들려오고 있다.

우리는 무엇을 할 것인가?

교수님들은 평화적으로(?) 이 문제를 해결키 위해 노력하고 있다는 말로 우리들의 움직임을 무마하려고 하는데 진정 그러한 태도가 이번 사태에 대한 올바른 해결방안이 된다고 우리는 믿는가?

그렇치 않다. 먼저 이번 사태는 누적되어온 문제로써 단순하고 우발적인 일이라고 볼 수 없고 사전의 치밀한 계획과 끊임없는 시도를 통해 모종의 결과를 향해 진행되고 있는 것이며 설사 단순한 해프닝으로, 정치적 무마로 끝난다면 그것은 해결이 아닌 문제의 온존일 따름이다. 교수님들의 침묵이 우리들의 침묵으로 이어질 수 없음은 너무도 자명하다.

이번 일의 근본적이고 더 큰 원인은 어디에 있는가?

그것은 감리교신학으로 불려온 우리 학교의 그간의 학문적 작업이 계속되어 왔음에도 아직 우리는 감리교 현실, 나아가 교회 현실, 민족 현실을 해명하고 그 정체성과 전망들을 제시하는 데 전면적으로 응답하지 못함으로서 책임을 다하지 못하였으며 누구나가 자인하듯 "신학없는 현장, 현장을 담보하지 못하는 신학"의 기형적 굴레를 벗어나지 못하고 있음에 기인한다. 작게는 우리 학교 안에서도 웨슬레에 대한 생각에 있어서도 올바른 인식의 부재로 각자의 의견들이 기초적 사실에 있어서 조차 무지하고 단편적인 것에 머무르고 있으며 교회 현장을 준비하는 4학년들은 무력감과 일부 선배님들의 터무니 없는 권고를 들으며(교회에서는 학교에서 배운 것을 다 잊어라) 답답함을 느끼고 있는 것이다. 교회 현장은 부흥이라는 미명하에 성장일변

19920500_후배들에게-우리는 지지 않는다_
감신수호를 위한 신학과4학년 일동_5번_페이지_1

도의 정책으로 기독교 공동체의 내용성을 뒤로하고 교회 자체의 확대 재생산이 목적이 되어가는 추세이며 여기에서 발생하는 역기능적 부조리들은 교회 실습생인 우리들이 너무나도 잘 알고 있는 것이다. 이에 그치지 않고 성공한(?) 일부 목회자들은 신학자체와 신학자들에 대한 경시는 물론 교수님을 음모적으로 재판에 회부하는 용납할 수 없는 왜곡된 전도를 드러내고 있다. 이에 우리는 시험의 1주간 연기가 단순히 교수님들의 침묵으로 일관하는 입장을 듣기를 기다리거나 사태가 어떻게 되어가는가를 관망하는 것일 수 없다.

첫째, 이번 사태에 대한 학우들의 계속적인 문제의식을 토론과 회의를 통해 공유함으로서 우리들이 할 수 있는 책임있는 역할들을 담아내고,
둘째, 모든 감신인이 공동 학습을 통하여 감리교의 창시자인 요한 웨슬레 선생님을 오늘의 시점에서 총체적으로(신학적,교회 교육적,사회적, 정치적,역사적 맥락에서) 재조명하고 어떻게 창조적으로 계승할 것인가에 대한 잠정적인 최소한의 성과물들을 정리해 내고,
셋째, 민주대학 운영으로 우리들이 학원의 주인으로서 보다 책임있게 학원 자주화와 학문성의 수호, 그리고 함양을 위한 토대를 구축해야 할 것이다.

우리들은 민주대학 운영을 통해 위의 세가지 과제를 성취하고 이번 사태에 대한 성토와 분노의 열기를 새로운 학풍의 조성과 우리 자신의 성숙할 수 있는 전기로 삼는 것이 오늘에 있어서 수동적으로 학사일정을 따르는 것보다 중요하고 절박한 과제라고 생각한다.

그러기에 일천 감신인의 동참을 호소하는 것이며 결코 물러설 수 없는 과제에 정면으로 대응하고 승리를 안아오고자 하는 것이다.

우리는 교회 현장을 외면한 학문을 주장하지 않으며 그것은 진정한 의미에서 교회 현실에 대한 우리 시대 신학의 임무일 수 없다. 또한 일부 인사들의 비논리적이고 불합리한 학문에 대한 침해를 묵인하거나 적당한 처리로서 무마하는 것을 우리의 학문적 양심은 허락하지 않으며 철저히 대응해 나갈 것이다.

학우들, 우리는 지지 않는다.

2천년 예수운동의 정수를 이어가는 이 냉천동산에서 함께모여 아파하며 교회와 사회에 민족을 위해 머리를 맞대고 무엇을 어떻게 할 것인가를 생각하자.

고수학생 단결하여 감신 학문성 수호하자.

일천감신 하나되어 웨슬레정신 이어받자.

감신수호를 위한 신4 일동

19920500_후배들에게-우리는 지지 않는다_
감신수호를 위한 신학과4학년 일동_5번_페이지_2

J-2-063

기독교대한감리회 서울연회 재판위원회가 변선환 학장과 홍정수 교수에게 내린 출교구형에 대한 우리의 입장

우리는 변선환 학장과 홍정수 교수에 대한 서울연회 재판위원회의 재판과정이 합리적으로 처리될 수 있기를 기대하며 그 과정을 주시해 왔다. 물론 위의 두 신학자의 신학적 노선이 우리 모두의 신학적 입장을 대변하고 있다고 보지는 않는다. 그리고 두 신학자로 인하여 교계에 물의가 일어난 것에 대하여 유감스럽게 생각하는 바이다. 그러나 금번 재판위원회가 두 신학자에게 내린 감리교 재판법상 최고 형인 출교를 구형한 일에 대하여 놀라움을 금치 못하며 이에 우리교수들의 입장을 다음과 같이 표명하는 바이다.

첫째 우리는 두 신학자에 대한 재판과정과 절차에 문제가 있었음을 지적한다. 즉 신학적인 입장때문에 문제가 야기되었다면 이 문제는 무엇보다 신학적인 토론이나 공청회 등의 공개적이고 공정한 대화의 장을 통하여 해결이 모색되어야 했다. 이러한 과정을 거치지 않은채 성급하게 재판으로만 이끌어간 것은 합리적이거나 신앙적인 처사가 아니라고 생각한다.

둘째 감리교회는 신학의 다양성을 인정하는 전통을 가지고 있다. 따라서 신학적인 문제에 대한 이견때문에 출교구형까지 내린 것은 감리교 전통이나 감리교 교회법 정신에도 어긋난다고 생각한다. 우리가 보기에는 두 신학자의 신학을 정죄하는 사람들이 얼마나 감리교 신앙과 신학적 전통에 근거하여 판단하여 왔는가를 묻고자 한다.

셋째 지금까지 감리교회는 분명히 에큐메니칼 신학 노선을 걸어왔다. 따라서 우리는 근본주의로 퇴행하고 있는 신학적 흐름이 감리교회내 일각에서 확산되고 있음을 개탄한다. 이번일을 계기로 하여 우리는 감리교신학의 정체성을 확고히 정립하여 신학교육과 신앙훈련을 지속할 것이며, 이를 위하여 조속한 시일내에 감리교 신학 정체성 확립을 위한 공청회를 범교단적으로 열 것을 제안한다.

다시한번 우리는 금번 재판위원회의 구형에 대하여 깊은 우려를 표하며, 두 신학자의 재판절차와 과정이 더욱 신중히 다루어질 수 있기를 촉구하는 바이다.

1992. 4. 23.

감리교신학대학 교수 일동

선한용 염필형 장종철 김득중 이후정
김재은 박창건 방석종 박익수 왕대일
이정배 서현석 이원규 박종천 송순재
이기춘 김영민 김외식 타이스

「92-5-2 크리스찬신문(1)」

19920502_기독교대한감리회 서울연회 재판위원회가 변선환 학장과 홍정수 교수에게 내린 출교구형에 대한 우리의 입장_감리교신학대학 교수 일동_5번

'다원주의 사라지는가'

종교다원주의와 포스트모던 신학과 관련한 기독교대한감리회 서울연회 변선환·홍정수교수 재판위원회(재판장·고재영목사)의 출교구형이 내려진 4월22일 오후3시경 본부회의실을 대용한 재판정의 모습은 술렁거렸다. 물론 한편으론 예고된 검사의 구형이었지만 마침 피고인으로 앉아있던 변교수의 옆모습에도 당혹감이 채 가시질 않아보였다.

이윽고 재판위원장의 4월29일 하오3시 선고공판일정 예시가 끝나자 재판위원들과 방청객들은 일제히 자리에서 일어나 복도쪽을 향해 나갔다. 재판정의 한중간에 앉아있던 변선환교수는 허탈한듯 망연자실해 보였다. 그러나 그는 곧 재판위원들쪽으로 다가가 자신에게 거의 변호의 기회조차 주지 않았던 위원들과 악수를 나눴다. 한명한명씩 웃으며 변학장은 인사를 나누었고 같이 악수를 나누는 재판위원들은 겸연쩍은 미소로 손을 내밀었다.

노신학자, 감리교 신학계의 석학으로 알려진 현직 학장, 자신에 대한 검사와 재판위원들의 질문에 하나하나 자료예시를 아끼지 않으며 답변을 마련했던 피고인은 악수를 나누며 과연 무슨 생각을 했을까.

그는 법정에서 변호인을 구하지 않은채 말미에 가 한가지 부탁을 내놓았다. 최후진술을 하게 해 달라는 것이었다. 그러나 재판위원장은 양이 방대하다는 이유로 이를 거절했다. 변피고는 또 부탁했다. "빨리 읽을 수 있어요. 10~15분이면 돼요. 이것만은 읽게 해 주십시요." 재판위원장은 시간이 없다는 이유로 끝내 그의 청을 사양했다. 최후진술은 사회법정에서조차 보장되어 있는데도 말이다.

이에 반해 홍교수의 재판은 싱겁다. 그는 아예 출석하지도 않았다. 그가 위임한 변호사조차 모습을 드러내지 않았다. 때문에 재판은 일사천리로 진행됐다. 피고 인정심문, 검사심문, 재판위원심문, 검사구형, 선고공판통고 등 하등의 막힘것 없이 이례적인 궐석재판으로 진행됐다. 홍교수는 자신이 재판을 거부하는 것이 아니라 법적으로 문제가 있는 재판을 법적으로 문제삼겠다는 생각이란다. 그는 종교재판의 사회재판화도 생각하고 있는 모양이다. 그는 젊은 신학자답게 아예 법으로 맞설 생각인 것같다.

노교수의 기꺼운 악수를 나누는 모습과 재판정에 조차 나오지 않았던 젊은 신학자의 날카로운 생각차이속에 감리교의 다원주의는 사장되어질 것인가. 아니면 오히려 일목요연히 재판을 진행해 나가는 재판위원들의 자로 잰듯한, 한결같은 심문내용과 이상하게시리 일치된 그들의 심문태도속에 감리교의 다원주의는 사라질 것인가.

〈정영진 차장〉

19920502_다원주의 사라지는가_정영진 차장_5번

Y-5-004

비상 학생 총회 안건 제안서

1. 비상 학생 총회를 제의 하는 이유

"감리교가 이땅에서 사라지는 것은 두렵지않다.
다만, 감리교의 정신이 사라진 감리교가 존재하는 것이 두려울 뿐이다."
— 존 웨슬리 —

1992년 5월 7일
우리는 웨슬리가 두려워 했던 감리교의 정신이 사라진 감리교가 존재하는 모습을 보았다.

존 웨슬리 이래 감리교회의 자랑스런 전통인 개방적 신학풍토가, 그리고 감리교의 정신인 포용성, 다양성속의 보편성이 감리교 신학을 알지 못하는 그러나 교리를 수호하려는 일단의 무리들에 의해 처참하게 죽임을 당했다.

그간 총학생회는 이번 사태의 문제 해결을 위해 많은 노력을 기울였고 이어려운 문제 앞에서 이성을 잃지않고 냉철히 대처함으로써 많은 학우, 동문선배들에게 긍정적인 모습으로 다가갔다. 그러나 총학생회의 수고나 우리의 바램에도 불구하고 이 사태는 파행과 불법으로 얼룩져 결국 두교수님의 출교 구형이라는 최악의 경우로 나타났다.

이제 우리에게는 지금까지의 투쟁들을 평가하고 정리하면서 학우들의 광범위한 합의를 이루어 내는 것이 요구된다. 지금까지의 거의 모든 투쟁은 총학을 중심으로 이루어져 왔다. 그들의 노력과 열정에도 불구하고 지금까지 총학의 투쟁은 많은 문제점들을 노정시키고 있다.

1, 학우에 기반하지 않은 선도투쟁을 하여왔다.
2, 학우의 이해와 요구를 수렴하여 정책에 반영하기 보다는 운영위의 결정을 일방적으로 하달 시켜 왔다.
3, 운영위 간부등의 단식 투쟁과 같은 학우와 유리된 투쟁 이었다.
4, 감신의 한 주체인 학우들을 중심으로 세우기 보다는 학우를 대상 동원 수당으로 이용했다.

이번 사태의 건절한 해결을 바라는 모든학우들과 공유하고 향후 올바른 투쟁방향들을 논의하기 위해 우리는 비상학생총회를 제기하게 되었다.

2. 이번 사태의 본질과 방향

이제 우리는 지금까지의 활동들을 정리하고 평가 하면서 이번 사건의 보다 근본적안 원인을 알고 앞으로의 활동을 전개해 나가야 할것입니다. 두교수님 구원의 동정적 차원, 단순한 신학적 논쟁 또는 교단내 파벌 싸움등의 한

1

19920507_비상 학생 총회 안건 제안서_비상 학생 총회_5번_페이지_1

부분으로서 바라보던 시각을 정리하여 이번 사건의 보다 근원적인 원인을 해명하고 앞으로의 활동을 전개 해야한다.

우선 이번 사건은 보수주의, 근본세력의 감리교 신학대학에 대한 침탈로 볼수있다. 부흥사를 중심으로한 교권세력은 그들의 세력확장의 과정에서 감리교 신학대학에 영향력 확대하려는 음모를 보여주고 있는 것이다.

둘째로는 보수, 근본세력의 감리교회와 신학을 보수화 를 시도하는 것이다 이땅의 개신교 역사속에서 다양성속에서의 일치를 우리의 자랑스런 전통으로 유지해왔던 감리교회는 이번 사건을 계기로 개방성, 포용성의 생명력을 잃어버릴 위기에 처해 있는 것이다.

셋째로 파벌에 의해 이루어지는 교단내의 정치적 역학 관계속에어 부흥사를 중심으로한 교권세력의 세의 확대를 보여 준다. 누구나 알듯이 지금 감리교단은 학연 지연을 중심으로 이루어진 파벌들에 의해 움직인다. 이속에서 90년대 부터 발언권을 높이고 있는 거대 교회의 부흥사 집단의 세력확장의 과정인것이다.

지금 벌어지는 사건의 가장큰 원인도 우선 우리자신들로부터 바라보아야한다 지금까지 우리의 신학이 올바른 신앙실천에 근거하지 못하는 현실에서 일어난 사건이다. 우리학교의 현실에 근거하지 않는 강단신학으로의 특성은 바로 우리에게 우리의 과제를 보여주고 있는 것이다. 이속에서 우리는 앞으로의 방향에 대해 이야기 해보자

우선 우리는 우리학교에 대한 침탈에 맡서 교수, 학생 동문들이 우리학교의 주인으로 서는 것이 필요하다. 지금까지 보여 줬던 분열의 모습에서 우리학교의 자랑스런 전통을 이으려는 통일된 노력이 필요하다.

둘째로, 신학과 신앙의 분리속에서 소수의 신학으로 인식된 감리교 신학에 대한 새로운 검토가 필요하다. 서구 신학의 무분별한 도입 속에서 그 생명력을 잃어가는 우리의 신학을 비판하며 감리교 신학의 정립을 위하여 우리 모두 노력해야한다.

셋째로, 교단에서 벌어지는 파벌정치에 맞서 우리는 교단 민주화를 이룩해 내야한다. 전체적으로 우리는 학교 내에서 올바른 신학운동의 정립과 장기적 신학운동의 전망을 세워내고 교단의 민주화를 이루어 내야 할 책임을 안고있다. 정의와 진리를 추구하며 새로운 것에 민감한 우리는 이상의 현실속에서 작은 어려움에 결코 굴하지 말고 전진 해야한다. 지금의 문제들은 우리의 뜨거운 열의에 의해서만 해결될 것들이다. 이 시대의 임무를 망각하고 자신의 기득권을 부여잡는 우리의 모습을 청산하고 감리교회를 진정 생명력 있는, 교단으로 지켜나가야 한다.

3. 현재의 상황

변, 홍 교수님이 출교선고를 받으신 지금의 상황은 한마디로 교단을 장악하려는 보수, 근본주의 세력이 강화되는 시기이다.

2

19920507_비상 학생 총회 안건 제안서_비상 학생 총회_5번_페이지_2

이러한 근거로는,

첫째, 상소 기각 가능성이 높다는 점이다.

조선일보 5월 10일자 에는 "교리수호 대책위" 명의의 광고가 실렸다. "(감신대) 변 선 환, 홍 정 수 두 교수는 감리교에서 출교 되었습니다." 라는 제목의 광고 중

"이제 부터 이 두 교수는 감리교의 목사직이 면직 되었으므로 교회 담임은 물론 감리교회가 세운 어떠한 기관에서도 일할 수 없게 되었습니다. 또한 최상부 의회인 총회에서 거의 만장일치로 결의된 것을 서울 연회에서 처리하도록 하달된 것이 이행된 사건 이므로 총회 재판위원회에 상소가 되어도 기각될 것이 확실시 됩니다."

라고 천명하고 있다.

총회 재판위원회 위원장님 께서는 기각하지 않으시겠다고 약속 했지만, 이성과 순리를 잊어버리고 감리교단을 말살 시키려는 "교. 대. 위의 책동을 우리는간과할 수 없다.

둘째, 교수님들의 분열이다.

교수회의가 잘 진행되지 못 하고있다는 것을 모든 학우가 알고있다. 우리는 이번 사건에 대한 교수님들의 입장을 밝혀 주시길 부탁 드린다. 또한 진정 감리교와 그리고 감신을 사랑하시는 마음으로 이번 사건의 올바른 해결을 위해 적극적으로 임해 주시길 부탁드린다.

셋째, 학우들의 통일적인 합의들이 이루어지지 않고 있다는 점이다.

많은 학우들이 이번 사건에 대해 심한 유감을 표현 하면서 높은 관심을 나타내고 있지만 단일한 대오를 꾸려내지 못하고 있다. 이번 사건의 올바른 해결을 위해서는 통일적 합의에 기초한 대책위가 요구된다.

위에서 제기한 대로 지금의 상황은 우리를 상당히 힘들게 한다. 따라서 지금은 우리에게 유리한 상황을 만들어 내기 위해 노력할 때이다. 전면적 싸움을 통해 "교. 대. 위" 에 도덕적, 물리적 타격을 가해야 할 시기인 것이다. 또한 이 시기는 교단 민주화의 초석을 마련하는 시기이기도 하다.

4 무엇을 할것인가?

1) 재판무효화 투쟁

우리의 당면 과제는 <재판무효화 투쟁이다 감리교의 교리적 선언은 "신앙의 충분한 자유" 를 존중하여 "교리적 시험을 강요하지" 말것을 규정하고있다. 그러나 교리를 수호하겠다는 일단의 무리들은 교리를 뒤엎고 되지도않는 재판을 시작하고 불법과 파행으로 자신의 뜻을 관철시켰다.

(1) 교대위의 횡포를 방기한 나원용, 곽전태 감독의 책임 추궁
(2) 감리교를 세상에 망신시킨 교, 대. 위 즉각 해체, 책임자 처벌
(3) 재판위원 사퇴요구투쟁을 힘있게 벌여 나가야 한다.

3

19920507_비상 학생 총회 안건 제안서_비상 학생 총회_5번_페이지_3

2) 교수님들의 단결 촉구

분열된 교수회의가 이 문제의 정상적 해결을 위해 노력 할수았도록 촉구하고 견인해 내야한다. 이싸움은 두교수님만의 문제가 아니다. 감신 학문성 수호가 아닌 감신 수호라는 차원에서 감신의 일 주체인 교수님들이 단결된 모습으로 감신을 침탈하려는 무리들에 대응 하실때 우리의 힘은 더욱 커질것이다.

3) 범민주 세력과의 광범위한 연대

이번 싸움의 성격이 보수, 근본주의자들의 영향력 확대를 위한 학원 침탈이라고 상정할때, 이에 대응 하기위하여는 학생, 동문, 교수님 모두가 주체로 서는 자각이 요구된다. 엄청난 금권력과 실세로 감신을 장악하려는 저들의 음모 앞에서 우리가 참으로 감신 수호를 하고자 한다면 교단내 모든 범 민주 세력과의 연대가 필요하다. 전감신인의 하나됨과함께 '전국 감리교 목회자 협의회' '감리교단을 염려하며 기도하는 모임'등 동문들과 연대를 통해 단일한 대오를 형성하고 싸움에 임해야 한다. 이일은 감리교 신학대학을 사수하는 일일뿐더러 나아가 교단내 비민주 세력을 척결하는, 그리하여 교단 민주화를 이루어 내는 일이기도 하다.

4) 학우들의 단결

이번 사태를 바라 보면서 많은 학우들은 이문제를 두 교수문제, 또는 신학논쟁, 교단내의 정치싸움등으로 인식해 왔다. 그러나 이번 사태의 본질이 드러난 지금, 이전과 같은 대응 방식을 취할수는 없다 이사태는 우리가 주인인 감리교신학대학의 문제이며 졸업후 내가 사역할 감리교단의 문제인것이다. 이런 절박한 상황 앞에서 우리 모두는 그간의 개인적이었던 관심과 열정을 하나로 모으는 것이 요구된다. 대책위를 통하여 일천 학우의 지혜와 역량을 하나로 모으고 싸워나갈때 만이 우리는 이번 사태를 해결할수 있다. 각과, 학년별, 동아리별, 조직된 동기회별, 각학회, 대표들로 구성될 범대책위를 통해 일천 학우의 이해, 요구를 수렴하고 정책으로 내와 모든 학우가 함께하는 투쟁으로 나와 모든 학우가 함께하는 투쟁을 벌여 나가야 할것이다.

~비상 학생 총회를 발의하면서~

4

19920507_비상 학생 총회 안건 제안서_비상 학생 총회_5번_페이지_4

제23호 K-4-045 (제3종우편물(가)급 인가) **교회연합신문** 1992년 5월 9일(토요일) [5]

'어서 할 일을 하라' 감리교사건 지상논란 '교리위반이 뚜렷하다'

괘씸죄냐 교리위반이냐

◇이 글은 감리교서울연회 재판부(재판위원장 고재영목사)로부터 출교처분을 받은 감신대 홍정수목사의 재판결과에 대한 자신의 견해와 재판위원으로 참여한 최홍석목사(대영교회)의 견해를 지상대담형식으로 게재한 것이다.(편집자주)

◀온갖 폭력에도 불구하고 아직도 버티고 있다는 사실은 더 무거운 책임감으로 계속 주님의 일을 하라는 사명으로 안다는 홍목사

홍정수목사

◀홍목사의 사상과 주장은 감리회 전통적 신앙과 교리에 위반됨이 뚜렷하게 드러나고 있다는 최목사

최홍석목사

최목사 교단신학노선 왜곡 표명은 월권행위

힘있는 사람의 비위 거스린 것이 죄 홍목사

19920509_괘씸죄냐 교리위반이냐 교회연합신문_5번_페이지_1

변선환·홍정수목사 출교 구형까지

△1990년11월24일 명동 카톨릭회관에서 열린 「개신교·불교·천주교 대화모임」에서 「불타는 그리스도」라는 제목으로 변선환 학장이 논문을 발표.

△1991년 3월18일~20일에 열린 서울남연회에서 「변선환 학장의 논문이 문제시 된다」는 건의안이 (박기창·이상국·김순태) 본회의 상정, 「총회 실행위원회 내에 신학심의회를 두고 감리교신학에 대해 심의할 것을 건의」하기로 결의.

△4월8일 「제3회 감신 동문의 밤」에서 변학장은 100년간 선배들이 물려준 학문적 유산을 무너뜨릴 수 없으며, 감리교신학이 순복음신학이 될 수 없다」고 밝힘.

△4월8일 감신대 총학생회는 대자보를 통해 「추잡한 정치다툼에 의해 학문의 자유가 유린되는 것을 거부하며 신학적인 제문제는 학술적으로 풀어나가야 한다」는 입장 표명.

△3월30일 「부활의 메시지를 조명한다」는 홍정수 교수의 글이 크리스찬신문에 게재.

△6월8일 서울연회 자격심사 위원회 소위원회는 홍교수에 대해 자격심사위원회 전체회의를 열기로 결정, 자격심사위에는 목사직을, 이사회에는 교수자격 심의를 요청.

△6월15일 서울남연회 송파지방실행위원 명의로 된 「변선환·홍정수·이원규 교수에 대한 성명서및 공개질의서」냄.

△6월19일 「감신학문성 수호를 위한 대책위(위원장 나승회목사)」발대식을 갖고 교수·대학원생·동문이 참여하는 「감신 학문성 수호를 위한 범감신인 대책위」구성 추진.

△9월3일 서울연회 자격심사위에서 홍교수에게 9월11일 출두하라는 소환장 보냄.

홍교수 수업때문에 불참 통보.

△9월20일 홍교수가 참석한 가운데 서울연회 자격심사위원회가 열림. 최종적인 결정 유보.

△10월30일 제20회 총회에서 두 교수에 대한 목사직 박탈 권고와 목사직 면직 권고 결의안 통과.

△11월21일 8개교단 10개 신학교 45명의 신학자 대표 이재정(성공회 신학대학장)가 감리교총회의 두 교수 징계결의 철회를 촉구하는 성명서 발표.

△11월21일 장로회 전국연합등 5개단체 「기독교 대한감리회 교리수호대책위」(공동대표 김홍도목사 유상열장로)결성.

△12월2일 교리수호대책위원회가 '두 교수가 교리에 위배되는 신학을 가르치며 통일교와도 연관되어 있다'는 내용의 고소장을 서울연회 감독과 심사위원회에 제출.

△12월20일 서울연회 심사위원회 1부(위원장 김광덕목사)는 두 교수를 출석시킨 가운데 서울연회 본부에서 재판위 기소여부에 대한 심사.

△12월28일 서울연회 심사위원회 1부 '신학적인 문제는 중요한 사안이므로 3명의 심사위원 만으로 결정하기 어렵다'는 이유로 사퇴.

△1992년 2월21일 서울연회 심사1반위원회(위원장 나정희목사)는 변교수를 출석시킨 가운데 재판위 기소여부를 잠정 결정.

△3월9일 기독교대한감리회 기독교교리수호대책위원회, 두 교수를 대한 이단척결 촉구대회 개최하고 두 교수 조속처리 촉구.

△3월 4일 1차재판, 서울연회 심사1반위원회(위원장 나정희목사)가 두 교수에 대한 심의.

△3월26일 홍교수가 재판위원이 편파적으로 구성됐다고 주장, 재판기피 신청을 재판위원회에 제출.

△4월22일 제2차 재판에서 서울연회 재판부는 공개재판을 열고 두 교수에게 출교 구형.

△4월23일 감리교신학대학 선한용교수등 19명이 성명서를 내고 두 교수에게 내린 출교구형에 대해 더욱 신중히 다루어질 수 있기를 촉구.

△4월29일 출교 구형 선고공판이 예정됐으나, 감신대 학생들의 저지로 재판이 연기됨.

19920509_괘씸죄냐 교리위반이냐_교회연합신문_5번_페이지_2

37. 변선환 · 홍정수 출교구형까지

◈출처: 교회연합신문, 1992. 5. 9. 화.

변선환·홍정수목사 출교 구형까지

38. 이규태 코너 「종교재판」

◈출처: 조선일보 1992. 5. 9.

李圭泰 코너

「宗教裁判」

조선일보, 1992. 5. 9.

19920509_이규태코너 종교재판_조선일보_5번

34 종교재판 양측주장(고재영/ 홍정수)

◈출처: 경향신문, 1992. 5. 9. 토

1992年5月9日 (土曜日)

「宗敎재판」 양측주장

기독교의 핵심인 구원론·부활론이 연계된 지난 7일의 기독교대한감리회 서울연회 재판은 한국교회의 모습과 신앙행태를 근본적으로 변화시킬 요소를 안고 있다는 점에서 비상한 관심을 모았다. 이번 선고에서 재판위 위원장을 맡은 高在英목사와 출교선고를 받은 감신대 洪丁洙교수를 만나 서로의 주장을 들어본다.

재판위원장 맡은 高在英목사

"십자가통한 구원·부활否定 명백한 이단"

「예수의 십자가를 통한 구원과 부활은 2천년동안 변치 않고 내려온 기독교신앙의 핵심입니다. 이단적 신학이론으로 이를 뿌리째 뒤흔드는 것은 용납할 수 없죠」

高在英목사(60·[illegible])는 遼·洪교수와 감신대선후배 사이라서 착잡했지만 감리교신앙을 위해 소신껏 재판에 임했다고 말했다.

또 洪교수가 예수의 동정녀탄생과 십자가의 대속, 그리고 부활을 부정, 충격을 주었고 다른 종교에도 구원이 있다는 遼교수의 종교다원주의는 구원의 유일성을 믿는 기독교로서는 받아들일수 없었다는 것이다. 두교수의 주장은 교단의 사활이 걸린 문제라는 설명이다.

「감리교 신앙의 핵심은 정통기독교 신앙이며 여기서 벗어나면 이단입니다. 두교수의 주장을 묵인하다면 다른 교단들로부터 이단으로 매도되고 선교에도 큰 지장을 받게되죠」

그는 이번에 파문을 빚은 종교다원주의와 포스트모더니즘신학은 신학자이기 이전에 감리교목사가 주장했다는 것이 문제였다는 견해를 밝혔다.

「종교다원주의는 세상의 모든 종교에 동등한 가치를 부여하여 기독교의 절대성과 우월성을 부정하는 이론이기 때문에 받아들일 수 없습니다. 포스트모더니즘신학도 기독교쪽에서는 뿌리를 내리기 어려운 것이죠」

그는 이번 재판에서 목사로서 다른 사람을 죄주는 일에 고심했으나 이번 재판을 계기로 감리교단이 정통신앙에 더욱 충실해야 할 것이라고 말했다.

「감리교회가 포용성과 아량은 있는 교단이었으나 반면에 통일성이 없었어요. 이번 재판이 감리교적 정통신학정립의 전환점이 되었으면 합니다」

감신대를 졸업한후 30여년간 목회활동을 해온 高목사는 신학은 변할수 있으나 신앙은 불변이라는 신념을 얻게 되었다고.

「두교수의 신학은 10년 정도 지나면 사라질 겁니다. 신앙수호를 위해 출교를 선고했지만 역사속에서 올바른 판단을 했다는 평가를 얻을 것으로 믿습니다」

이와함께 그는 두교수의 교수직문제는 감신대 이사회에서 결정할 일이라고 덧붙였다.

黜敎선고 받은 洪丁洙교수

"하나님사랑 기독교에만 있다는건 편견"

「하나님의 사랑이 기독교에만 머물고 있다는 것은 편견입니다. 하나님의 보편적인 사랑, 그리고 성서언어의 독특한 어법을 인정해야 합니다」

포스트모더니즘신학과 종교다원주의의 입장에 섰던 洪丁洙교수(45)는 이번 재판이 감리교신앙과 동떨어지고, 사실에 근거하지 않은 위법한 재판이었다고 비난했다.

「내가 말하는 하나님은 사람들이 복을 달라고 내미는 요술방망이를 가진 신이 아닙니다. 구약의 출애굽에서 나타난 해방하시는 하나님, 신약에서 보여진 사랑과 용서의 하나님을 말한 거죠」

그는 또 무신론적 입장에서 예수의 부활을 부정했다는 판결내용에 대해서는 「부활이란 역사속에서 하나님의 정의가 만천하에 드러나는 것」이라며 부활은 과학적 재현이 아닌 신앙인들의 종교적 체험이라고 주장했다.

이어 그는 포스트모더니즘신학은 성서언어의 독특성을 살리자는 신학이라고 규정했다. 성서언어는 자연과학적 입장에서 벗어나 성서를 기술한 사람들이 살았던 시대·문화의 틀에 맞추어 해석해야 한다는 것이다.

그는 또 종교다원주의에 대해서도 역사적 흐름이라고 강조했다.

「역사상 종교와 교리가 다르다는 이유로 많은 사람을 죽인 것이 기독교예요. 이제 다른종교에 대해 마음의 문을 열어야 할 필요가 있습니다」

이와함께 洪교수는 한국교회에 미신적인 요소가 많고, 양적 성장에 따른 위세로 자체반성을 하지 않는다고 비판했다. 한국교회의 개혁과 반성이 없다면 미래의 교회에는 희망이 없다는 주장이다.

이번 재판과 관련, 그는 다시 한번 철저한 신학적 토론과 검증의 자리를 요구한다고 주장했다. 「역사의 흐름은 아무도 막을 수 없습니다. 시간이 지나면 이번 재판이 있을 수 없었던 재판으로 부정될 것입니다」

그는 변호사와 상의, 총회재판위원회에 상고하거나 경우에 따라서는 사회법정으로 이 문제를 가져가겠다고 밝혔다.

〈글 李演宰·사진 朴敏奎기자〉

- 333 -

19920509_종교재판 양측주장(고재영 홍정수)_박혜규_경향신문_5번

(監神大) 변선환, 홍정수 두 교수는 감리교에서 출교되었습니다.

변선환, 홍정수 두 교수는 성경에 위배되고 기독교에서 용납될 수 없는 이단사상을 가르쳐 오므로 오랫동안 교계에 혼란을 일으켜 오던 중 지난 91년 10월 30일 광림교회에서 개최된 제 19차 특별총회에서 두 교수를 응징하기로 결의한 대로 그동안 심사위원회나 재판위원회에서 6개월이나 끌어오며 조사한 결과 기독교에서 도저히 용납될 수 없는 이단자로 판명되어 92년 5월 7일 오후3시에 두 교수는 감리교에서 **"출교"** 할 것을 판결 선고가 내려졌습니다.

이제부터 이 두 교수는 감리교의 **목사직**이 면직되었으므로 교회 담임은 물론 감리교회가 세운 어떤 기관에서도 일 할 수 없게 되었습니다. 또한 최상부의회인 총회에서 거의 만장일치로 결의된 것을 서울 연회에 처리하도록 하달된 것이 이행된 사건이므로 총회 재판 위원회에 상고가 되어도 기각될 것이 확실시 됩니다.

그동안 범교단적으로 이일을 위하여 기도해 주시고 격려해 주신 분들께 깊은 감사를 드리며 모든 영광을 하나님께 돌리는 바입니다. "할렐루야"

(서울연회재판위원회 판결문은 다음과 같습니다.)

判 決 文

피고 : 변선환

判 決 文

피고 : 홍정수

기독교대한감리회 기독교교리수호대책위원회
공동대표 김 홍 도 목사
유 상 열 장로

19920510_(감신대) 변선환 홍정수 두 교수는 감리교에서 출교되었습니다(광고)_
김홍도 유상열_조선일보_5번

변, 홍교수 재판 무효화 선 언 문

우리는 지난 19차 입법총회 이후 전면화된 감리교신학대학의 변선환 학장과 홍정수교수 대한 이단시비가 감리교회 특유의 화해와 일치의 정신적 바탕위에서 합리적으로 해결되기를 기대하였으며 이 기회를 통해 교회와 학교사이에 쌓여온 벽이 허물어 지기를 원했다.
우리는 김홍도 목사를 주축으로 하는 교리수호대책위의 여론호도와 금품살포등을 누차 지적해 왔으며, 이러한 교단에 대한 불법적인 압력에 맞서 선배 동문들과 교단의 뜻있는 분들의 단결을 수없이 호소해 왔다. 또한 교단이 이문제의 해결을 위해 적극적으로 나서도록 강력히 요구해 왔다.

그러나 교단은 교리수호대책위의 막대한 세력에 밀려 오히려 두교수를 기소하는데 동의했으며 급기야 재판위원 15명중 13명이 교리수호대책위원인 결과가 뻔한 재판정으로 두교수를 몰아넣고 말았다. 정당한 신학논쟁을 통해 교회의 발전을 도모해야 함에도 불구하고 이 문제를 교권장악을 위한 정치적 음모로 이용하고 있다. 각본에 짜인데로 똑같이 질문하고 피고의 대답에는 관심도 없는 재판위원들의 태도, 증인으로 나온 모장로에 의해 주도되는 재판정 분위기, 피고의 최후변론을 막고 서면으로 제출하게하는 작태, 변호인 선임 거부 등 상식을 가진 모든 이들을 실망시키고 분노케 했던 구형재판의 모습은 저들이 더이상 두교수의 신학사상에는 관심이 없으며, 자신들의 세과시를 통한 교권장악에만 관심이 있음을 극명하게 보여주는 것이다. 또한 5천여 교인을 동원하여 폭력으로 재판을 강행하는 교리수호대책위를 볼 때, 그들에게는 기독교신학과 신앙적 양심은 사라져 버리고 이제 남은 것은 배타, 독선, 아집, 그리고 폭력만이 남아 있음에 비애를 느끼지 않을 수 없다.

오늘 우리는 중세보다 더 혹독한 종교재판의 현장에서 이번 재판이 무효임을 선언하며 107년 감리교회와 감리교신학대학의 전통과 명예를 우리 스스로 회복하고 지킬 것임을 결의한다.

■ 우 리 의 주 장 ■

1. **지금까지의 파행적이고 불공정한 재판은 완전 무효이다.**
2. **서울연회는 이번 사태를 파행적으로 몰아간 교리수호대책위를 즉각 해체시키고 그 책임자를 처벌하라**
3. **교단은 분쟁 당사자들을 포함하여 이문제를 심의 할 수 있는 전문가들의 토론과 의견 교환의 장을 조속히 마련하라.**
4. **이 문제에 대해 미온적 태도를 취해온 감신 동문들과 감리교단의 진정한 혁신과 발전을 바라는 목회자들이 이 사태의 원만한 해결을 위해 적극나서 주기를 간곡히 호소한다.**

1992년 5월 11일

감리교신학대학 총학생회

19920511_변 홍교수 재판 무효화 선언문_감리교신학대학 총학생회_5번

J-2-014

비상 학생 총회를 열면서

우리는 5월 7일 역사적인 경험을 했다. 감리교 250년의 역사에서 일찌기 없었던 초미의 사건을 목도한 것이다. 가장 근심하며 우려했던 바로 그 지점까지,'제발 여기까지만은....'했던 바로 그 곳까지 사건은 우리를 비웃으며 단숨에 내달아 정복해 들어왔다. 우리는 그래도 최소한의 신앙적 양심을 기대했다. 하나님의 뜻이 이 땅에서도 이루어지리라는 희망에 생이를 건 우리로서는 절망스런 상황 속에서도 이대로 무너지지는 않으리라는 바보스런 고집을 포기하지 않았었다. 하지만 저들은 우리의 이 바보같은 희망을 가장 잔인하게 비웃었다. 저들은 하나님의 공의가 어디에 있느냐고 조롱하며 그들의 힘을 휘둘러댔다. 교권의 창날에 정의는 심장을 관통당했고, 금권의 칼부림 아래 사랑은 난자당했다. 기독교의 생명이라고 여겨지던 그 정의와 사랑이 기독교의 이름으로 내몰렸다. 그때는 하늘이 어두워지고 땅에 지진이 일어나던 순간이었다. 그리고 그 순간은 하나님을 반역한 무리들이 '이제는 영원히 우리가 승리했다'며 축하의 잔을 들던 때이기도 했다.

우리는 뿔뿔이 흩어져 있었다. 더러는 다락방에 숨어서 이 잔이 나를 비켜가기를 기다렸고, 더러는 다시 그물을 던지면서 애써 이 일에 태연하려고 했으며, 더러는 '나는 이 사람과 무관하다'는 가슴아픈 변명을 늘어놓고 있었다. 그리고 더러는 군중들 틈에서 그 사람을 못박으라고 소리지르고 있었다. 우리는 다같이 가슴에 화인을 맞은 사람들이었다. 무엇이 옳은가를 결정하기 보다는 어디에서 내 몸을 기댈 수 있을까를 재어보기 위해 제비를 뽑던 자들이었다. 강도의 표적이 될까 두려워 강도 만난 사람을 두고 황급히 종종걸음치던 비단옷 걸친 제사장이었다. 더러는 '저 사람은 자신의 죄과를 받고 있다'고 덤덤히 말하면서, 죽어가는 사람 앞에서 "다시는 그러지 마시오"라고 친절하게(?) 죽음을 재촉시키고 있었다.

우리 역시 '의의 최후 승리'를 믿지 않았다. 먹구름 너머에 엄연히 존재하는 그 하늘을 외면해 왔다. 폭풍과도 같이 밀려오는 불의를 보면서 이것이 전부라고 생각했다. 이 폭풍이 견디기 어렵다고 판단한 순간 우리는 먼저 몸을 뉘었다. 뿌리가 뽑혀 나갈듯한 고통을 감내하고 싶지 않았다. 그것은 에스겔 골짜기의 마른 뼈들을 일으켜내시는 하나님의 최후 승리가 못미더웠기 때문이었다.

이제 우리는 재를 뒤집어 써야 한다. 아벨의 피에 대해 거짓증인이 될 수는 없는 일

1

19920512_비상 학생 총회를 열면서_감리교 신학대학 대학원 대책위원회_5번_페이지_1

이다. 간음한 여인에 대해서도 돌을 들 수 없거늘 하물며 무고한 자에게 칼을 뽑아들 수는 더더욱 없다. 우리는 스스로 가인이 아니라고 변명할 수는 있어도 그것으로 심판을 면할 수는 없다. 방조는 곧 공범임을 뜻한다. "나는 전혀 그것에 찬성하지 않지만 어쩔 수 없다"는 말은 빌라도의 변명일 뿐이다. 하나님이 참지 못하는 것은 '차지도 덥지도 아니한 것'이다. 우리는 이것을 회개해야 한다. 그리고 우리의 선택을 분명히 해야 한다. 하나님이 묻는 것은 "내가 강도질을 했느냐?"가 아니라 "강도 만난 사람을 보고 너는 무엇을 했는가?" 이다. 우리는 "내가 강도 만난 사람과 무슨 상관이 있나이까?"라는 대답 외에는 더 준비된 대답이 없다. 그 강도 만난 사람의 피는 하나님 앞에서, 자기를 보고 그냥 지나친 우리도 역시 강도였다고 증언할 것이다. 우리는 서둘러 비켜왔던 걸음을 돌이켜야 한다.

이에 우리는 베옷을 입은 심정으로 비상 학생 총회를 연다. 민주적 절차가 무시된 채, 교권의 횡포에 이용당한 재판과 이 재판에서 희생당한 두 교수님을 지켜보며 말할 수 없는 분노와 착잡한 심정으로 증언을 한다.

이 재판은 정당하지 못했다. 이 재판은 처음부터 피고를 유죄라고 결정한 상태에서 진행되었다. 또한 재판 위원들의 양심적 판단에 의해 구형과 선고가 내려진 것이 아니라 고소인과 이를 묵인,사주한 감독이 정해놓은 각본에 의해서 출교판정이 내려졌다. 이러한 과정에서 어떠한 변명으로도 정당화될 수 없는 재판 절차와 진행이 자행되었다.(재판위원회 구성, 기소 내용의 문제점, 여론 재판, 등)

또한 우리는 이 재판을 둘러싼 교권자들의 공모가 있었음을 증언한다. 감독을 비롯한 교권자들은 이 재판을 감독 선거를 둘러 싼 자신들의 계보의 잇권을 보장받기 위한 수단으로 사용하였다.

이와 함께 이 재판을 요구한 자들의 주장과 그들의 행위가 불의임을 증언한다. 한 시대의 진리를 영원한 진리로 고집하는 근본주의의 잣대로 모든 신학과 사람을 재단하여 정죄하는 것은 그리스도교적 정신에 어긋나는 가장 무서운 죄이다. 그리고 저들이 자신들의 목적을 이루어가는 과정에서 동원한 수단은 신앙적으로 해명이 안된다.

마지막으로 이 재판이 파행적으로 치닫는 데에 학교 내의 분열이 일조했음을 증언한다. 우리는 이 문제에 있어서 용기 있는 결단을 내리지 못했고 방관만 해왔다. 특별히 교수님들이 동료 교수의 아픔에 동참해 주지 않았을 뿐더러 개인적 감정을 이유 삼아

2

19920512_비상 학생 총회를 열면서_감리교 신학대학 대학원 대책위원회_5번_페이지_2

서, 자신의 신변을 문제 삼아서 미온적인 대응을 해온 것을 가슴 아프게 생각한다. 더구나 이 문제에 대해 개인적으로 바깥과 밀통하면서 자신의 학교내 지위를 분명히 하려하는 교수님들에 대해서는 각성을 촉구한다.

이에 다음과 같이 우리의 주장을 밝힌다.

1. 서울 연회의 재판은 무효이며 어떠한 결정도 인정할 수 없다.
1. 서울 연회 감독은 이 재판을 공정하게 이끌고 나가지 못한 데에 대한 책임을 져야한다. 또한 학교의 이사장으로서 문제 해결의 방안을 밝혀야 한다.
1. 우리는 단죄의 방법으로 신학자와 신학을 억누르는 어떠한 위협도 좌시하지 않을 것을 밝힌다. 또한 그리스도교 신앙과 교회를 위해서 신학의 학문적,실험적 영역이 보장되어야 함을 주장한다.
1. 감리교 신학대학 교수,학생,동문들은 이 문제에 대해 적극적인 해결 자세를 보여야 한다.
1. 이 문제는 감리교의 정신과 미래를 진지하게 묻고 신학과 교회의 자리매김을 위한 대화의 장으로 나아감으로써 해결의 실마리를 찾아야 한다.

우리는 부활의 신앙을 가진 신앙인들로서 예수를 살리신 하나님의 능력이 짤리워진 진리의 그루터기에서 새 희망을 피워올리리라고 확신한다. 황폐한 사막에 공의의 샘이 넘쳐 흐르고 사랑의 꽃이 피어 향내내는 새하늘과 새땅이 끝내는 오고야 말 것을 자신있게 말한다. 이러한 믿음 아래에서 우리는 고난을 받아도 진리의 편에 서는 것을 두려워하지 않으며 최후 승리를 믿어 의심치 않는다. 모두가 절망으로 받아들이고 있는 바로 이 상황에서 하나님은 당신의 계획을 실현하신다. 적들이 승리의 환호성을 올리는 그 시간에 하나님은 예수를 무덤에서 이끌어 내신다. 우리가 포기한 이 순간은 하나님께 있어서 새로운 시작이다. 재판에 의해 한국 땅에서 죽음을 맞은 웨슬리의 정신은 다시금 감리교의 밝은 미래로 되살아날 것이다.

"감리교가 이땅에서 사라지는 것은 두렵지 않다.
다만 감리교의 정신이 사라진 감리교가 존재하는 것이 두려울 뿐이다."
- 웨슬레의 말 중에서 -

감리교 신학 대학 대학원 대책위원회

3

19920512_비상 학생 총회를 열면서_감리교 신학대학 대학원 대책위원회_5번_페이지_3

전국 감리교회와 성도들에게 성명합니다.

우리 주님의 크신 은총과 사랑이 늘 함께 하시기를 빕니다.

근간 감리교단 내부에서 벌어지고 있는 다원주의와 포스트모던신학에 대한 문제제기와, 감신대의 변선환 학장과 홍정수 교수에게 출교라는 선고를 한 전대미문의 종교 재판과정을, 참으로 감리교단의 정체성을 우려하는 마음으로 지켜보던 삼남연회에 속한 우리 목회자들은 몇 차례의 모임이나 일상적 만남 등을 통하여 의견을 교환하며 이 부끄러운 일이 하나님의 뜻 안에서 속히 수습되기를 기도하는 마음으로 뒤늦게나마 아래와 같이 성명한다.

1. 다원주의와 포스트모던신학 등 진보적인 신학으로 말미암아 삼남연회에서 감리교 선교가 어렵다고 하는 일부 인사들의 주장은 전혀 근거없는 허위사실이 유포되고 있음을 지적하지 않을 수 없다.

그동안 산남연회에서의 감리교 선교가 어렵다고 하는 것은 장로교 100여년 선교역사에 비해 40년 밖에 안된 감리교회의 여건상 불가피한 일이었을 뿐이며 이제는 상황이 바뀌어져 선교도 잘되고 그야말로 대형교회가 곳곳에 세워지는 희망찬 삼남연회의 미래상을 누구도 부인할 수 없을 것이다.

애초부터 장로교 선교가 활발히 이루어지던 이 지역에 뒤늦게 감리교가 선교를 자임하였기 때문에 감리교 선교가 어렵다고해서 감리교신학의 특성을 포기하고 그저 기존 보수 장로교단처럼 선교해야만 한다는 것인가? 더구나 일반적으로 평신도들에겐 신학의 내용이 문제가 되는 것이 아니라 어떻게 신앙적인 삶을 제대로 사느냐가 문제인 터에야…

2. 삼남연회 지역에서 감리교 선교에 지장을 준다는 등의 빌미로 이 사건을 일으킨 장본인들은 그 문제제기의 타당성 여부는 둘째치고 이 문제를 벌려감에 있어서 졸속과 부당한 방법들을 거침없이 사용함으로 교계 안팎은 물론이거니와 전국적으로 감리교에 대한 위신을 여지없이 추락시켰으며 그로 인한 감리교 선교의 피해가 실로 막대할 것을 예상하기에 심히 가슴 아픈 일이다.

적어도 삼남연회를 위한 선교적인 관점에서 문제를 제기했노라고 열을 내며 귀중한 교회재정을 광고비로 탕진하고 금품으로 심사위원을 매수하려고 시도한 교리수호대책위원회의 당사자들은 두 교수를 출교시킨 이상의 심판을 받아야 할 것이나 저들 자신이 스스로 회개하고 대부분 도용된 명단인 교수대를 해체하고 신앙적 양심으로 돌아서서 되어진 모든 일을 은혜롭게 수습하기를 우리 현장 목회자들은 강력히 권면한다.

3. 가뜩이나 어려웠던 삼남연회에서의 감리교 선교는 이제 더 어려워졌다. 무책임하고 일방의 단편적인 무차별적 일간신문에의 광고를 얼추 읽은 보수장로교의 혹자들이 감리교는 정말 이단이란다! 대단히 안타까운 일이다.

이제 삼남연회 안에서의 감리교 선교는 대단히 활발해졌고 많은 감리교회들이 놀라운 성장을 이룩하고 있음을 전국 감리교회들에 기쁨으로 알린다. 그러니 우리 삼남연회의 목회자들은 의연하게 이 불미한 일을 대처하면서 더욱 더 열심히 감리교 선교 불모지인 삼남연회에서의 선교활동에 매진할 것을 다짐한다.

1992. 5. 12

감리교회를 염려하는 삼남연회에 속한 75인의 담임목회자 일동

서명자 대표 전남동지방—이계원감리사, 홍형표목사, 이필완목사, 임성수목사
12인 전북서지방—오세창감리사 전남서지방—심요섭감리사, 장석재목사
마산서지방—정인성감리사 마산동지방—김진수감리사, 장동주목사
경북동지방—김형진감리사 울산 지방—임태종목사(무순)

(미처 널리 다 알리지 못해서 서명에 참석 못하신 분들께 죄송합니다. 대부분 준회원들인 뜻을 같이하는 목회자들의 명단은 지면상 생략합니다.)

19920512_전국감리교회와 성도들에게 성명합니다_감리교회를 염려하는 삼남연회에 속한 75인의 담임목회자 일동_감리교단을 염려하는 기도모임자료집_5번

〈국민일보〉 92-5-13/제10면 [김홍도목사] [유상열장로]

(監神大) 변선환, 홍정수 두 교수는 감리교에서 출교되었습니다.

변선환 홍정수 두 교수는 성경에 위배되고 기독교에서 용납될 수 없는 이단사상을 가르쳐 오므로 오랫동안 교계에 혼란을 일으켜 오던중 지난91년 10월 30일 광림교회에서 개최된 제19차 특별총회에서 두 교수를 응징하기로 결의한 내로 그동안 심사위원회나 재판위원회에서 6개월이나 끌어오며 조사한 결과 기독교에서 도저히 용납될 수 없는 이단자로 판명되어 92년 5월 7일 오후3시에 두 교수는 감리교에서 "출교"할 것을 판결 선고가 내려졌습니다.

이제부터 이 두 교수는 감리교의 목사직이 면직되었으므로 교회 담임은 물론 감리교회가 세운 어떤 기관에서도 일할 수 없게 되었습니다. 또한 최상부의회인 총회에서 거의 만장일치로 결의된 것을 서울 연회에 처리하도록 하달된 것이 이행된 사건이므로 총회 재판위원회에 상고가 되어도 기각될 것이 확실시됩니다.

그동안 범교단적으로 이 일을 위하여 기도해 주시고 격려해 주신 분들께 깊은 감사를 드리며 모든 영광을 하나님께 돌리는 바입니다. "할렐루야"

기독교대한감리회 기독교교리수호대책위원회
공동대표 김 홍 도 목사
유 상 열 장로

(서울연회재판위원회 판결문은 다음과 같습니다)

判 決 文 피고 : 변 선 환

피고는 기독교대한감리회의 교리와 장정에 정한 법에 의하여 동부연회(1956년)에서 목사로 안수를 받고 본 교단의 대표적인 교역자 양성기관인 감리교 신학대학의 운영을 총 책임진 학장으로 재임하면서 기독교의 근본 교의와 감리교 교리와 장정에 상치되는 주장을 자행함으로써 1991년 10월(29일~31일)에 모인 총회에서 "목사직 면직을 결의"하게 되는 상황에 이르게 하였으며 통일교 인사를 입학시켜 그의 수학을 비호하였고 본 교단 신학대학의 이름으로 그를 졸업시키기까지 한 일로 고소되었다. 이에따라 피고의 소속연회인 서울연회 심사위원회가 그 일을 심사하였다. 이에 동 심사위원회는 피고를 1992년 2월 24일자로 기소함으로서 적합한 절차를 따라 본 재판위원회는 이를 접수하고 그간 5차에 걸친 소위원회의 모임과 2차 시행한 재판의 결과에 따라 아래와 같이 판결한다.

1. 피고는 기독교신앙의 주체가 되는 예수 그리스도에 대하여 "우주적 그리스도는 마리아의 아들 예수와 동일시할 때 거침돌이 된다"(기독교사상 299호 156쪽)고 말함으로서 마리아의 아들 예수를 우주적 그리스도로 믿는 전통적 기독교 신앙을 거부했고 "그리스도만이 보편적으로 유일한 구속자이신 것이 아니라"(상동 155쪽)고 함으로서 기독교적인 신앙고백을 떠나서 기독교신앙의 특성인 유일한 구속주이신 예수 그리스도를 부정하는 비기독교적 주장을 자행하였다.

2. 피고는 예수 그리스도의 십자가로 말미암아 구속되는 유일한 구원의 길을 부정하여 구원의 다원주의를 주장하여 "저들의 종교(타종교들)도 그들 스스로의 구원의 길을 알고 있다"(상동 155쪽)고 함으로써 기독교 신앙의 본원을 무시 내지는 타종교의 것과 동일시하는 주장을 하고, 예수 그리스도의 십자가의 사건을 믿음으로 말미암아 얻는 "구원"을 간과하는 과오를 범하고 있다.

3. 피고는 기독교 신앙의 코페르니쿠스적 전환을 주장하면서 "종교의 우주는 기독교도 다른 종교도 아니고 신을 중심하여서 돌고 있다는 것을 기독교는 인정해야 할 것"과 "예수를 절대화, 우상화시키며, 다른 종교적 인물을 농가하는 일종의 제의의 인물로 보려는 기독교도그마에서 벗어나 신중심주의로 전환되어야 할 것"(크리스찬신문 신문1990.12.8)이라 함으로써 삼위일체의 하나님을 부정하고, 모든 종교의 신을 동격시 함으로써, 예수 그리스도의 인성과 신성을 동시에 믿는 기독교 신앙을 떠나 버렸다. 피고는 이와 같이 한 때 바알과 하나님을 동일시 한 옛 유대인들의 죄와도 비교되는 우를 범하였다.

4. 피고는 기독교 선교를 목적으로 감리회 교역자를 양성하는 대표적 기관의 장으로 있으면서 "교회에 나오지 않아도 이미 신앙하여 그리스도를 섬기고 있으며, 기독교 선교사가 하나님 나라를 가지고 가지 않아도 이미 하나님 나라는 거기 역사하고 있다"고 주장하였고 "교회밖에도 구원이 있다"고 함으로써 기독교 복음을 포교하는 교역자를 양성하는 일과, 예수를 믿고 구원받는 거룩 사역을 가로막음으로써, 피고는 그 목적을 배반하였다.

5. 피고는 통일교의 차세대 지도자로 부상한 양모씨의 입학과정에서 입학원서 구비서류에 신앙배경을 입증하는 교회의 추천서에 하자가 있고, 또한 그가 통일교내의 당시 직책이 경상남도 교구 책임자이며 통일교의 지도자 훈련을 담당하는 원리연구회 사무처장이라는 것이, 당시 감신 재학생 이규철에 의하여 폭로되었음에도 불구하고 이를 도외 했고, 학점은 커녕 그의 포섭활동과 수학을 동조 내지는 방관하여, 1989년 가을에 그를 졸업시켰다. 이와 같이 피고는 본 교단의 가장 전통깊고 대표적인 신학대학을 책임진 학장으로서 교단의 체모와 교의를 넘어선 월권 및 직무유기를 자행한 과오가 인정된다.

6. 피고는 공공 출간물에 논문들의 기고와 강연들, 강의실과 사석에서 기독교 대한 감리회가 교리적 선언 서두에 명시한 웨슬레선생의 "복음적 신앙은 우리의 기업이요, 영광스러운 소유"를 천명한 복음을 과괴하는 일을 계속하여 왔다.

이는 기독교대한감리회의 발전에 크나큰 저해요인이 되어 개교회와 범교단적으로 끼친 타격은 숫자로 입증치 않더라도 너무도 컸음은 주지의 사실로 특히 본 교단의 교인뿐 아니라 타 교단에서도 익히 잘 아는 바이다. 바로 이같은 사실이 복음, 선교의 역행임은 물론이다. 그럼에도 불구하고 피고는 도의적 ․ 신앙적 반성없이 이 일을 자행하여 왔으며 개정의 정이 없었다.

그러므로 이 이후에 계속 피고와 같은 주장에 동조, 지지, 옹호 및 선전하는 자는 기독교감리회 내에서 동일한 범죄자로 간주되어야 한다.

피고는 이상에 열거한 내용과 같이 반―기독교적이고 이단적인 주장을 하고 있음으로 본 기독교대한감리회의 울안으로 있어서는 안될 것이 자명해졌다. 그러므로 본 재판위원회는 본 교단의 하나님의 말씀으로 믿는 신 ․ 구약 성경과 사도신경의 고백, 그리고 본 교단의 (敎理와 장정) 제35단 서문1항, 2항, 제39단 제7조, 제192단 제1조 8항, 제195단 4조 1항, 제199단 제8조의 의거하고, 장정 제231단 제40조 1항 다를 적용하여 피고 변선환에게 기독교대한감리회에서 출교를 선고한다.

判 決 文 피 고 : 홍 정 수

피고는 1977년 기독교대한감리회 중부연회에서 교리와 장정이 정한 법에 따라 목사로서 안수를 받고, 본 교단의 대표적인 교역자 양성기관인 감리교신학대학의 교수로 재임하면서 기독교의 근본교의와 감리교 교리와 장정에 상치되는 주장을 자행함으로써 1991년10월 총회에서 "목사직 면직을 결의"하게 되는 상황에 이르게 하였으며, 통일교 이단집단의 요직 인사를 본 교단 신학대학에서 5년동안 수학하고 졸업하도록 비호한 혐의로 서울연회 심사위원회가 피고를 1992년 2월 21일자로 기소함으로써 적법한 절차에 따라 본 재판위원회는 이를 접수하고, 그간 5차에 걸친 소위원회의 모임과 2차에 시행한 재판의 결과에 따라 아래와 같이 판결한다.

1. 피고는 기독교 신앙의 근본이 되는 삼위일체 하나님의 존재를 부인하며 말하기를 "만일 신은 하나다 하고 구분가가 붙는다면 신은 없다고 잘라 말할 수 있다."(베짜는 하나님, p.56) 고 하는등 우신론적 사고를 당연하여 말함으로써, 본 교단의 하나님에 대한 신앙적 입장을 정면으로 거부하였다.

2. 피고는 기독교 신앙의 핵심이 되는 예수의 부활사건을 부정하여 "나는 단연코 육체의 부활을 부정한다"(크리스찬신문 1991.12.[illegible])고 한결고, "부활신앙은 이교도들의 어리석은 욕망에 불과하다"(크리스찬신문 1991.3.30)라고 하고 예수의 부활사건을 "빈무덤이 아니다."(상동 1991.6.8)라고 주장하여 기독교의 부활신앙을 부정하였다. 또한 "기독교의 부활에 예서지가 아무 소용도 없을수도 있음을 규정하게 말하다."(베짜는 하나님, p.185)고 말함으로써 사도시대 이후 오늘에 이르기까지 전하여 내려온 신교체제를 거부하였다.

3. 피고는 골고다 산상에서의 예수 십자가의 대속의 죽음과 광주 망월동 민중항쟁으로 죽은 많은 민인사들의 죽음을 동일시하였다. 또한 피고가 예수 그리스도의 부활사건을 믿는자를 위한 "부활의 [illegible]에"로 보지않고 정의를 외치다 한을 품고 죽은 이들의 정신적 공헌을 같이 간주하려는 것은 예수 그리스도의 육체적 부활을 부인하는 반성서적인 주장이다.

4. 피고는 기독교신앙의 중심이 되는 예수 그리스도의 대속의 사건을 부정하여 예수의 십자가는 "[illegible] 아들은 죽음이 아니다."(한울, 7권 p.16)라고 했고 "예수의 죽음이 우리를 속량한 것이 아니라, 그의 삶이 우리를 속량하는 것이다."(상동, p.17)라고 주장하였다. 그리고 피고는 예수의 십자가의 피흘림에 대해서 이르기를 "그의 피가 동물들이 흘리는 피보다는 월등하게 효과가 있다는 이야기가 아니다."(상동, p.[illegible])라고 함으로써 예수 그리스도의 피의 대속을 불신하는 주장을 하였다. 이같은 피고의 주장은 기독교 복음의 고유와 교단의 신앙을 적대하는 반 그리스도적 이단사상이다.

5. 피고는 본 교단의 감리교 신학대학에 재직하면서 통일교의 요직, 현직인사인 양○○에게 감신대 입학중에 입원에(1986.3~1989.8) 동대학의 재학생인 이규철의 제보로 양모씨의 존재가 드러났음에도 불구하고 그를 적절하는 일을 주선하기 보다는 오히려 비호한 점을 부정할 수 없다. 피고는 본 교단 신학대학의 재도를 손상시켰고 기독교 교리를 바르게 가르치야하는 본직을 거절, 내지는 유기한 점 거 인정된다.

6. 피고는 공공 출간물에 기고한 논문들과 강연 강의들의 내용에서 기독교 신앙의 본질을 위와같이 기하였고 웨슬레 목사의 "복음적 신앙"을 유산으로 받은 기독교 대한 감리회의 교리와 장정에 위배되는 사상을 주장하여 왔다. 이는 기독교 대한감리회의 발전에 크나큰 저해 요인이 되어 개교회와 범교단적으로 끼친 타격은 통계적 수치로 입증치 않더라도 너무도 컸음은 주지의 사실로 특히 본 교단의 교인뿐 아니라 타 교단에서도 익히 잘 아는 바이다. 바로 이같은 사실이 복음선교의 역행임은 물론이다. 그럼에도 불구하고 피고는 도의적인 신앙적 반성없이 이 일을 자행하여 왔으며, 개정의 정이 없었다. 그러므로 이후에 계속 피고와 같은 주장에 동조, 지지, 옹호 및 선전하는 자는 기독교 대한감리회 내에서 동일한 범자로 간주되어야 한다.

본 재판위원회는 이상에 열거한 내용과 같이 피고의 이단적인 주장을 묵과할 수 없음으로 본 교단의 하나님 말씀으로 믿는 성경과 교리와 장정 제10단 제2조, 제11단 제3조, 제35단2항, 제192단 제1조 8항, 제195단 제4조 1항, 제199단 제8조에 의거하고, 장정 제231단 제40조1항 다를 적용하여 피고 홍정수에게 기독교 대한 감리회에서 출교를 선고한다.

〈국민일보〉 92년 5월 13일(수) 제11면

19920513_(감신대) 변선환 홍정수 두 교수는 감리교에서 출교되었습니다(광고)_기독교대한감리회 기독교교리수호대책위_국민일보_5번

J-2-015

성 명 서

역사는 그 흐름을 잠시도 멈추지 않는다. 신학은 역사에 대한 실존적 응답이어야 한다. 만일 신학이 역사를 외면하고 멈추어 정지하기를 고집한다면 그것은 정지가 아닌 역사 전체에 대한 미련한 도전에 지나지 않을 것이다. 법앞에 만인은 평등하다. 어떠한 인간도 이 명제를 무시해서는 않되며 또 그럴 수도 없는 것이다. 이것을 무시하는 사람이 있다면 그는 이미 해가 중천에 떴는데 두손으로 자신의 눈을 가리고 아직 캄캄한 밤이라고 우겨대는 무지몽매한 인간에 지나지 않을 것이다. 그러나 현재 유구한 역사적 열린 전통 ("우리 교회의 회원이 되어 우리와 단합하고자 하는 사람들에게 아무 교리적 시험을 강요하지 않는다" —교리와 장정 35 단) 과 평등의 원칙에 입각한 감리교단에 이 원칙을 무시한 일련의 처사들이 진행되고 있음에 우리는 이 사실을 묵과 할 수 없어 우리의 입장을 밝힌다.

변선환 학장님과 홍정수 교수님을 비롯한 많은 교수님들의 가르침을 받으며 우리는 자랑스러운 마음으로 감신의 문을 나왔다. 그들의 가르침은 이 시대 역사에 젊은 신학도 내지는 목회자가 어떠한 방향으로 하나님 선교에 참여 할 수 있는가에 대한 진지한 고민을 하게 하였으며 그 고민을 통해 성숙해진 우리는 작금의 현실적 문제와 그에 대한 대처에 역사의 흐름에 부합하는 신학적 입장을 견지하기에 이르렀다. 이러한 우리의 사고는 종교 다원주의와 포스트모던 신학을 인정하는 세계적 신학의 흐름과 그에 부응하는 연대단체와 협력하여 현대의 병폐를 그리스도의 복음으로 치유하는데 지대한 관심과 노력을 기울이게 하고있다. 이러한 현실에서 존경하는 두 교수님들의 가르침이 사탄의 가르침이며 그분들의 고민과 학자적 노력이 사탄의 그것이라는 주장이 두 분 교수님을 비롯한 감신 동문 전체에 내려지고 있다. 만일 이와 같은 주장을 하는 사람들이 옳다면 우리는 모두 사탄의 도구가 되고 마는 것이다. 어떻게 이토록 무지한 주장이 자랑스런 감리교 내에서 설 수 있는가? 그러한 주장을 하는 사람들은 과연 자신들의 입으로 사탄의 학설이라는 종교 다원주의와 근대 후기사상에 대하여 선고를 내리고 판결을 내릴 만큼 잘 알고 있는가? 무식하면 용감하다는 말이 우리 감리교내에서 실증된다면 우리의 정체성과 지금까지의 노력은 다 어디로 가버릴 것인가?

모든 법의 제정 목적은 징벌에 있는 것이 아니다. 감리교의 교리 역시 이러한 원칙에 기초하여 만들어 졌다. 즉, 분리와 징계를 위함이 아닌 선교와 참된 혁신과 여러 교파 사이의 화해와 협력을 그 목적으로 하고 있는 것이다 (교리와 장정 36 단) 그러나 지난 5월 7일 금란교회에서 시행된 재판은 이러한 은혜로운 목적을 완전히 저버린 폭력과 비방과 그리고 감리교 정신에 절대 위배되는 분리와 축출을 목적으로 이루어졌다. 이에 우리는 형평의 원칙, 그 기본조차 위배되는 재판의 무효성을 하나님과 감리교 온 교우 앞에 천명한다. 목적은 수단을 정당화 시킬 수 없다. 재판위원회는 재판위원 구성에서부터 선고 공판과 재판 진행에 이르기까지 하나도 정당한 모습을 지니지 못하였다. 무지와 폭력으로 점철된 이번 재판은 분명 재판이 아닌 횡포였음을 우리는 지적하는 바이다.

이에 우리는 아래와 같이 우리의 주장을 피력한다. 아울러 우리는 의의 최후 승리를 믿으며 이 일이 해결될 때까지 선한 싸움을 계속해 나갈 것을 천명하는 바이다.

— 우리의 주장—

1. 감리교 교리와 법 제정의 근본 목적과 취지에 어긋난 불공정 재판에 대한 모든 결과를 무효화하고 형평의 원칙과 감리교 정신에 부합하는 공정한 재심을 요구한다.
1. 변선환 학장과 홍정수 교수에 대한 흑색선전을 중단하고 지금까지 되어져온 온갖 유언비어에 대한 진상 규명과 그에 대한 공개사과를 요구한다.
1. 올바른 신학의 정립과 그의 합리적인 목회적 차원의 적용을 위하여 이 문제에 대한 공개적 대화의 자리를 조속히 마련하여 교리수호대책위를 비롯한 감리교의 모든 목회자와 평신도에게 공정하고 바른 주장이 홍보될 수 있기를 요구한다.

1992. 5. 13. 감리교 신학대학 85년도 입학생 일동.

19920513_성명서_감리교신학대학 85년도 입학생 일동_5번

감리교회와 신학은 어디로?

되살아난 망령-불법과 독선의 중세적 종교재판

한국 신학으로의 감리교 신학 형성하는 계기돼야

지난해 3월이래 감리교단과 한국교회의 중요한 관심이 되어온 '종교다원주의, 포스트 모더니즘에 바탕을 둔 신학'논쟁은 신학적인 문제로서의 본질이 호도된 채 비이성적 규탄과 여론재판으로 일관되어 오더니 마침내 신학사상에 대한 이론적 검증과정과 토론이 무시되고 교권세력에 의해 변선환 학장과 홍정수 교수가 교회법의 극형인 "출교"를 선고당하기에 이르렀다.

요한 웨슬리에 의한 감리교단 창설 2백년 역사상 첫 '출교'사태와 한국감리교 1백7년의 전통을 '정죄'한 이번 사건의 본질과 성격, 문제점과 앞으로의 과제를 살펴보고자 한다.

감리교회의 유일한 교리인 '교리적 선언'은 "신앙의 충분한 자유"를 존중하여 "교리적 시험을 강요하지" 말 것을 당부하고 있다. 그럼에도 불구하고 '교리수호 대책위'(공동위원장 김홍도 목사, 유상렬 장로)의 일방적 연출과 현장목회자들의 보신주의적 무관심의 지원아래 불법과 폭력으로 감리교의 신학적 전통은 설 자리를 잃어버렸다.

1. 과정상의 비민주적, 불법적 행태

과정상의 비민주적 행태는 감리교 19차 특별총회로부터 시작되었다. 두교수의 신학적 내용을 진지하게 검토하고 의견을 듣고 신중히 판단해야 할 신학적 문제를 여론재판식으로 진행한 총회의 결의(교수면직권고, 목사자격심사)는 교리심사위원은 해당연회에서 결정하도록 되어있는 것을 무시한 처사일 뿐만 아니라 설령 총회가 이를 의결한다 하더라도 교리위반 심사는 최소한 재적 과반수 출석(전체 1천8백여명)이 필요함에도 불구하고 불과 3백여명의 참석과 의결로 이루어진 불법적 처사였다.

특히 심사위원 1, 2, 3반과 신임심사위원 1반의 구성원 중 '교대위'임원들이 참여한 것은 공정한 심사의 원천적인 봉쇄임에 다름아니었다. 또한 '심사'에 관여하였던 법관은 재판관이 될 수 없음에도 불구하고 3반 심사위원이었을 뿐만아니라 고등법원에 해당하는 "총회" 재판위원이기도 한 고재영 목사가 일심재판위원장이 된 것은 상식이하의 불법이다. 이번 재판이 단 1회의 심리에 그치는 등 졸속, 전격적으로 진행된 것은 재판의 비민주성을 여실히 보여주는 사례이다.

2. 재판위원의 불공정성

서울연회 때 문제가 된 재판 공천위원은 '교대위'와 관련된 인사들로 선출되었으며, 15인 재판위원회 가운데 13인(김홍도 목사가 주도하는 '교대위'의 핵심간부들로 구성되어 재판의 공정성은 기대하기 어려웠다. 특히법관기피신청을 했음에도 불구하고 강행처리한 사실은 교대위의 의도가 무엇인지 보여주는 단적인 예이다.

3. 사실무관한 통일교 관련 내용 - 이규철(교대위간사)의 정체

재판위는 변,홍 교수의 통일교 비호내용을 인정하는 판결을 내렸다. 재판 위는 학교와 조사위원회를 통해 두 교수가 관련없음이 드러났음에도 불구하고 존재하지도 않는 '대학원 조사위원회 보고서'를 중요한 판단 근거로 삼아 판결을 내리는 등 감정적 판단으로 일관하였다. 특히 재판위는 전혀 객관적 사실조차 확인하지 않고 이규철이라는 한 개인의 진술만을 토대로 판단을 내렸는데 문제는 이규철의 정체이다. 재판위는 변,홍교수에 대한 기소사실 4항에서 이규철의 회심을 기록하면서 82년 이후에는 통일교와 어떤 관련도 없었음을 인정하고 있다.

그러나 당시 학내의 통일교 세력에 대한 조사를 벌였던 감신대7대총학생회임원들(89년활동)의 보고서에 의하면 이규철이 감신대에 입학한 가을학기부터 일본선교회 준비모임을 갖고 88년봄에 정식으로 동아리 활동을 했으며 그가 공개적으로 일본유학 보장을 밝히고, 89년 여름 일본을 방문하는 등 통일교와의 관련 가능성이 있음을 밝히고 있다. 특히 88년 이규철이 주도하는 일본선교회가 동아리로 등록한 것과 때를 같이하여 학내에 수차례에 걸쳐 통일교 산하 국제 기독학생연합회 문건이 배포된 사건과 "바람"이라는 자체 제작문건이 배포된 사실은 더욱더 이러한 개연성을 보여주고 있다. 또한 이규철이 89년도 총학생회에 출마한 사실도 자신의 정치적 기반을 확보하기 위한 활동으로 볼 수도 있다는 것이다. 따라서 이규철의 철저한 자작극을 교대위가 받아들이고 그의 술수에 놀아나고 있다는 것이다.

통일교 관련 학생으로 거명된 양창식씨는 이규철과의 진술과는 다르게 이규철과는 벤치앞 운동장에서 우연히 한 번 만났을 뿐 그 이후로는 만나지 않았다고 하며 변,홍 교수와도 학교 수업 이외에는 만남이 없었음을 밝히고 있다.

양광식은 이규철을 가리켜 김홍도목사의 1회용 소모품에 불과하며 정신병력의 이유로 가석방된 적이 있다고 밝힌바 있다.

4. 신학적 내용의 반신학적, 반신앙적 해석

이번 재판은 문제가 된 신학적 내용의 충분한 검토나 분석없이 자의적으로 판단된 독선의 과정이었다. 웨슬리 신학과 다원주의 신학, 아시아 종교해방신학, 포스트 모던 신학이 오늘 한국 역사의 현장에서 어떠한 역할과 과제를 안고 있는지를 평가, 분석하고 감리교 신학의 발전을 모색하는 과정이 아니라 신학의 자유를 교권으로 재판하는 반시대적 작태를 보였다.

신학에 대한 충분한 이해와 토론과정이 상실된 채 진행된 이번 재판에 대해 교권남용이라는 비판이 거세게 일고 있다

결론적으로, "감리교교리수호대책위원회"의 각본대로 변,홍 두 교수의 "출교"선고가 내려진 이번 사건은 신학논쟁, 교리수호를 가장한 교단내 부흥사집단(보수근본주의세력)의 교단의 헤게모니를 장악하려는 적극적인 의도와 함께 외형적 성장제일주의만을

재판방청기

"이 재판에는 인간의 얼굴이 없다"

당당했다.

13인의 재판위원들은 스스로 내린 엄청난 결정에 조금도 동요하지 않고 자신만만했다. 그들 중 다섯은 장로였는데 건축업자, 보험대리점업, 부동산투기꾼, 그리고 실업자등등.... 아마 그들의 의연함은 재판결정에 대한 신학적, 교회사적 무지에서 비롯되었음에 틀림없다.

고소인들 역시 긴장된 낯을 감추지 않았으나 재판진행에 만족해 했다. 방청제한 인원인 40명 전부를 보디가드로 가득 채워놓은 김홍도목사, 무덤을 팔아 그리스도의 몸인 교회를 망쳐온 유상렬 장로, 여전히 자신도 통일교 시비에서 벗어나지 못한 채 오히려 통일교 신드롬을 부추키는데 혁혁한 공을 세운 금란교회 이규철 전도사는 헤롯과 빌라도가 바로 그날 밤에 다정한 사이가 된 것처럼'(눅23:12) 나란히 앉아 시종 재판분위기를 주름잡았다.

변선환 학장에 대한 재판은 1시간 12분만에 끝났다. 심사위원장이 내린 구형은 "출교!" 재판 중 변학장은 자신이 43년간 신학을 했다고 말했다. 그러나 고재영 재판위원장을 비롯한 신학적 천재들은 단 15분만에 심문을 마쳤다. 한사코 신학논쟁을 거부한 그들은 의사진행 조차 파행으로 이끌었다. 대입학력고사도 서술형으로 바뀌는 마당에 경직되게 "O"와 "X"만을 강요한 그들은 신앙과 신학의 구분을 명쾌하게 해냈다.

변론기회 봉쇄한 채 예정된 결론 향해

"우리는 당신의 신앙을 진단하는것이요!"

천만에도 그들의 관심과 태도는 신앙적이지 못했다. 오히려 신학적 열등의식의 발로인듯 싶었다. 현대신학을 고고학의 프리즘으로 바라본 그들의 심문은 구석기시대의 투석전을 능가했다.

재판위원의 도도함은 계엄령하의 높은 법대에 앉은 군사재판정 장면을 쉽게 떠올렸다.

냉소적인 싸늘한 비웃음, 입을 맞춘 검사와 재판,계획된 수순과 음모적인 시나리오,그리고 한건 올리려는 재판위원들의 편견에 가득찬 경쟁적인 발언들은 마녀재판에 나선 중세기의 검은 비로도의 까마귀 떼를 연상케 했다.

그들은 강도와 다름 없었다. 신앙양심을 유별나게 강조하면서도 피고인에게는 너무염려하지 말고 입을 꼭 다물라고 했다. "진술은 문서로 하시오. 당신의 변명을 듣기위한 시간은 없소!" 촌분의 설명과 이해를 구할 짬은 커녕 최후 진술을 위한 단 한줄기의 외마디도 자틈 사이 없이 재판은 막을 내렸다.

교권을 등에 업은 신흥 성장주의 자들과 설익은 근본주의와 유사 복음주의로 채색한 소위 그들의 신학자들은 의기양양 하게 재판에서 승리했다. 그것은 제1막의 종결이었다. 변학장은 재판정문을 나서면서 "이 재판에는 인간의 얼굴'이 없다."고 중얼거렸다. 그는 돌아 가면서 심사위원장의 붉은 낯을 위로했다.

계속된 홍교수에 대한 재판은 단 30분만에 끝났다. 재판위원에 대한 기피신청과·변호인 선임이 거부당한 채 결석으로 진행되었다. 논리의 비약을 즐기는 재판위원들은 신학의 세례를 받아보지 못했음은 물론 감리교 신학의 문턱 밖에 서 있는 이들이었다.

감리교 장정은 도깨비 방망이였던가? 변,홍 두 교수에게 적용된 법조항은 장정 '17단 9조'등 5개 조항이 완벽하게 일치하고 있었다.

사회학자 벤스완거는 자살의 가장 큰 이유로 미래폐색(未來閉塞)증을 들었다.

감리교단에 내일이 있는가? 온통 벽으로 둘러싸여 갇힌 하늘, 그러나 역사의 제2막은 분명히 열리리라.

19920515_되살아난 망령 불법과 독선의 중세적 종교재판_감리교회보_5번

제 1 호 監理會報 1992년5월15일(금요일) 7

문답으로 알아보는 감목협추진위원회

(1) 감목협 추진위란 무엇이며, 어떤 경로로 조직되었습니까?

-(가칭)전국감리교목회자협의회 건설추진위(이하 추진위원회라고 함)는 1988년 부터 간헐적으로 논의되어 오던 목회자 조직을 구체화하기 위하여 농촌선교목회자협의회와 도시목회자협의회의 공식 결의와 뜻있는 목회자들의 참여로 구성되었습니다. 그러나 추진위원회는 의결기관을 갖고는 있지만 감목협 조직을 결정할 수 있는 권한을 갖는 준비위원회는 아닙니다. 준비위원회는 추진위원회 활동을 거처서 연회조직이 결정되면 각 연회조직의 결의로 구성될 것입니다. 따라서 추진위원회의 기본적인 임무는 조직, 교육, 선전, 홍보활동을 통하여 감목협의 당위성을 알리고, 연회조직 결성을 추진하는 것입니다. 이 과정에서 감목협의 취지에 동의하는 목회자들이 최대한 참여할 수 있도록 하게 될 것입니다.

(2) 감목협이 내세우는 방향은 무엇입니까?

-그간 감민협의 18차총회 민주화실천 이후 1991년 목회자 수련회에 이르는 동안 제기된 것을 보면, 목회자들은 먼저 교회와 신앙의 개혁에 힘쓰지 않으면 안된다는 것입니다. 개체 교회와 감리교단, 나아가서는 한국교회를 진정한 복음으로 변화시키는 것이야 말로 목회자들이 민족을 위하여 봉사하는 지름길이라는 것입니다. 감목협은 이러한 깨달음 위에 세워지는 것이고, 따라서 감목협의 주요 방향은 한국교회, 감리교회를 변화시키는 것입니다.

(3) 그렇다면 농목과 도목이 지향하던 선교과제(농촌선교, 노동자, 빈민선교)는 어떻게 할 것인가요?

-감리교 개혁이란 기치를 걸면서 그렇다면 이러한 현장선교의 전통이 소멸되고, 농목과 도목의 선교과제들이 계승되지 못하게 된다는 우려가 있습니다. 그러나 교회개혁과 사회선교는 대조적이고 배타적인 개념이 아닙니다. 그것은 선교적 과제를 중심으로 모였던 농목, 도목이 교회개혁의 당위성에 가장 먼저 동의하고 이를 추진하는것을 보아도 알 수 있습니다. 따라서 감목협은 사회선교를 보다 체계적으로 "교회의 선교사업"으로 수행할 수 있도록 해야합니다. 감목협이 이러한 과제로 부터 분리될 수 없음은 자명한 사실입니다.

즉, 감목협이 개체 교회로 부터 힘을 받은 조직이 되려면 개체교회가 변화가 되어야 하고, 개체 교회와 관심을 같이 해야 하는데, 개체교회의 활동이나 변화는 지역선교와 뗄 수 없는 관계에 있습니다. 그리고 감목협은 교회의 변화를 위해서도 개체 교회나 지방 단위의 사회선교를 권장하고 나아가서는 선교 프로그램을 개발하여야 합니다. 그 길이 감목협의 토대를 확고히 하는 길이다. 이러한 선교사업은 교회전체가 나설 수 있도록 되어야 할 것입니다.

한편 감목협이 결성되면 사회선교는 보다 체계적이고 강력하게 추진될 수 있는 기초가 마련됩니다. 감목협이라는 전국적이고 통합된 목회자 조직이 만들어지면 농민, 노동자, 빈민 선교가 더 이상 특정지역, 특정 계급계층의 문제가 아닌 감목협전체의 선교과제가 됩니다. 따라서 도농(都農) 간의 연대가 보다 효율적이 되고, 선교사업의 추진력도 배가될 것입니다.

민중의 시름을 달래 줄 교회의 목소리가 필요하다

(4) 감목협의 조직형태는 어떻게 될 것입니까?

-연회에 따라 차이가 있겠지만 감목협의 기본 조직체계는 감리교 목회자들이 속해 있는 감리교의 공식 조직체계에 대응하는 형식이 되어야 하며, 조직방식은 상향식 즉, 기초단위의 조직으로 부터 시작되는 민주적 조직이어야 합니다. 앞에서 이야기된 방향에 따르면 감리교 개혁을 지향하는 것이기 때문에 이는 당연한 귀결입니다. 그러한 기본체계의 토대위에 부분별 혹은 과제별 조직체계가 방계조직체계로 만들어질 수 있을 것입니다.

연회별 목회자 조직이 골간을 이루는데, 연회별 조직은 지방조직이나 지역단위의 조직(지방단위의 조직이 쉽지 않을 경우 연관이 있는 몇 개의 지방을 묶은 단위)을 기초로 하여야 합니다. 따라서 지방, 지역 별 소모임의 활성화가 큰 과제입니다.

(5) 추진위원회에서 계획하는 중점적인 사업은 무입니까?

-지방, 지역연회 간담회와 연회별 목회자 수련회입니다. 간담회를 통하여 감목협의 취지를 확산시키고 지방, 지역의 조직 책임자들이 나타나야 합니다. 이들을 중심으로 하여 소모임이 활성화 되어야 합니다. 연회별 목회자 수련회는 그간 흩어졌던 목회자들이 모여서 서로를 격려하고 새로운 힘을 얻는 기본적인 의의 외에도 연회별 목회자 조직을 구성하는 준비단계로서의 의의가 있습니다. 이러한 간담회와 수련회의 성과가 있어야 이후 감목협을 추진할 수 있는 기초가 마련되는 것입니다.

다른 한편으로는 감목협의 취지를 널리 알리고, 교단의 부정비리를 제거하기 위한 실천활동을 계속하며, 교단개혁의 방향을 제시하는 정책활동을 통하여 양심적인 목회자들이 감목협에 호의적이고 협조적이 되거나 감목협의 회원이 될 수 있도록 하는 사업을 추진하게 됩니다.

(6)감목협이 아무리 좋은 취지를 갖고 있다 하더라도 그것을 추진하는 사람들에 대한 선입관 때문에 '과격하다'는 기존의 인상을 씻어내기도 쉽지 않고, 중견 목회자들이 참여하기가 어려울 것이 아닙니까?

-사실입니다. 감리교회 내에는 개혁의 취지에 동감하는 목회자들이 많이 있습니다. 그러나 운신의 폭이 제한되어 있고, 조직화되지 못하여 정당한 목소리를 내지 못하고 있습니다. 이러한 개혁세력이 힘을 합쳐야 교단개혁이 빨라질 것입니다. 그러나 이러한 범 교단적 개혁세력이 힘을 합치는 것은 감목협을 중심으로 될 수가 없으며, 감목협이 지향하는 바도 그것이 아닙니다.

교회와 교단의 개혁에 목회자들이 앞장서는 것은 쉬운일이 아닙니다. 교회에서의 입지, 목회자 세계내의 인간관계, 이미 조성되어 있는 계보정치에서 자유롭게 소신을 가지고, 끝까지 교단개혁에 헌신한다는 것은 개별화된 목회자로서는 쉬운 일도 아니고, 그렇다고 조직화될 전망이 가까운 것도 아닙니다. 또 빨리 조직된다 하더라도 같은 이유들 때문에 철저함을 끝까지 지킬 수 있을지 알 수 없습니다.

따라서 지금 중요한 것은 교단개혁에 분명한 사명감을 갖고 어떠한 경우에도 흔들리지 않을 기도온의 삼백 용사를 만드는 것입니다. 감목협은 기도온의 삼백용사와 같은 정예가 될 것입니다. 문호는 개방되어있고 누구나 올 수 있지만, 감목협 안에서 기도온의 용사로 다시 태어 나야합니다. 이러한 사명으로 흔들리지 않는 감목협이 있어야, 이후에 형성될 범 교단적 개혁세력도 방향을 잃지 않고 나갈 수가 있을 것입니다.

(7) 그러면 목회자들은 무엇을 해야 할까요?

-앞으로 자세한 이야기들이 더 나올 것이기 때문에 교회의 변화, 지방과 연회의 민주화, 교단의 개혁 전반에 대해서는 언급을 하지 않기로 하고 감목협의 조직에 직접 관계되는 것만 말해 봅시다.

먼저 지역모임을 형성하는 것입니다. 지역 모임에는 기존의 농, 도목 회원 뿐 아니라 감목협의 취지에 동의하는 목회자들이 포괄되어야 합니다. 이 후에 연회별로 결합되어야 합니다. 지역조직이 연회 단위로 결합되고, 연회 내에 농목, 도목 조직이 있었다면 각 조직이 지역을 기초로 연회의 틀 안에서 결합되어야 합니다. 이러한 감목협의 취지에 뜻을 같이 하는 목회자들이 밑에서 부터 조직을 만들어 올라가는 힘이 전국감리교목회자협의회를 목회자들의 조직으로 세우는 것입니다. 뜻있는 목회자들의 분별과, 헌신이 요구됩니다.

감리교신학대화모임

때 : 1992년 5월 25일 오후 4시부터 11시
곳 : 여선교회회관(단국대후문) 790-6471
일정 : 개회예배/기조발제 (이화식 목사)
주제강연 ① : 선교100년역사속의 감리교신학의 위상(이정배 교수)
주제강연 ② : 감리교회와 신학운동의 미래(감신대학원 학술부)
주제강연 ③ : 최근 감리교 교리문제에 대한 신학적 검토 (김영호, 심광섭 박사)
그룹토론/결단예배

19920515_문답으로 알아보는 감목협추진위원회_감리회보_5번

추구해온 그들의 교회현실에 대한 위기감이 만들어낸 여론 재판이었다.

따라서 이번 사건은 두 신학자의 신학적 입장이나 개인적 성격의 문제로 한정될 수 없으며, 존 웨슬리 이래 감리교회의 자랑스런 전통인 개방적 신학풍토를 질식시키고 한국감리교회를 배타적 독선주의 신앙으로 전락시키는 행위임을 바로보고 이에 대처해 나가야 할 것이다.

그럼에도 불구하고 이번 사건을 전적으로 교권세력, 근본주의 세력의 독선적 행위로 치부해버리는 일에만 관심할 수 없다. 왜냐하면 70, 80년대 감리교 신학이 한국민중,민족현실에 대하여 감리교인들의 신앙실천을 올바르게 이끄는 임무를 수행하지 못했기 때문에 "보수화된 교회"가 "보수화된 신학"을 강요하게 되는 현실을 만들었기 때문이다. 따라서 이번 사건을 감리교신학의 한국신학으로서의 자리매김을 재촉하는 것으로 바라보고 이에 적극적으로 노력해야 할 것이다.

변선환 학장.홍정수 교수 사건일지

90년 11월24일 : 변학장, 개신교 불교 천주교 대화모임에서 "불타와 그리스도"논문 발표.

91년 월18-20일 : 서울 남연회에서 위 논문의 종교다원주의에 대해 박기창, 이성국, 김순태, 정동광 등 4명의 목회자 명의로 본 회의에 건의안상정. 이에 본 회의는 교단산하에 신학심의회를 두고 감리교신학에 대해 심의할 것을 총회실행위에 건의하기로 함.

3월30일 : 홍교수, 크리스챤 신문에 "동작동 기독교와 망월동 기독교" 기고.

4월20일 : 곽전태 감독회장, 홍교수를 "심사"에 회부하기로 결정하고, 20일경 서울연회에 "심사회부"시킴.

9월20일 : 서울연회 자격심사 상임위원회(당시 위원장 김기동 목사)는 홍교수를 소환, "자격심사"를 함.

10월29-31일 : 제19차 임시총회 - "종교다원주의"와 "포스트모던 신학"은 감리교 교리와 신앙에 위배됨을 결의. 이사회에 교수직 면직을 권고하고 목사직에 대해 서울연회 심사위에 회부하기로 함.

31일 : 교수들, 긴급교수회의를 갖고 총회결의를 재고해줄 것을 본 회에 제출했으나 받아들여지지 않음.

11월15일 : 감신대 학부생, 교단항의방문하고 감독회장 앞으로 공개질의서 전달.

11월21일 : 8개교단 10개 신학교의 신학자 45명을 대표한 이재정(성공회신학대학장), 서광선(이화여대), 김경재(한신대) 교수 등은 기자회견을 갖고 두 교수 징계결의에 대해 유감을 표명하고 징계를 철회할 것을 촉구.

11월21일 : 교단 내 5개 단체를 비롯하여 김홍도 목사, 유상열 임덕순 장로등이 주축이 되어 힐튼호텔에서 "기독교대한감리회 교리수호대책 위원회"를 결성.

11월26일 : 감신대 동문, 학번별 동기회 등 300여명의 목회자가 참여한 가운데 총회의 두 교수 목사직 및 교수직 박탈 권고 결의안에 대한 "무효화선언대회"가 열림. 대회 후 전국목회자 대책위원회를 구성.

12월2일 : "교리수호대책위원회"(대표-김홍두 목사, 유상열 장로), 서울연회에 두 교수를 "교리와 성경위배 및 통일교 비호방조혐의"로 고소. 또한 "통일교와도 연루된 두 교수를 척결하라"는 성명서를 일간신문에 광고 게재.

12월28일 : 제1반 심사위원(당시 위원장 김광덕 목사). 1차 심사를 통해 두 교수의 통일교 관련 혐의점이 없음과 신학적 소양의 부족을 밝히고 법적시한으로 인한 사유를 밝힘.

92년 1월 24일 : 2차 심사 종료와 신학적 이해의 부족함을 이유로 제2반 심사위원 (당시 위원장 홍사본 목사) 사퇴.

2월11일 : 두 교수, 총회사건과 관련하여 사과문을 발표하고, 구덕관 교수외 19명도 "한국교회에 드리는 글"을 통해 해당교수 및 감신대 전체를 매도하는 것에 우려의 뜻을 표함.

2월11일 : 홍교수, 제3반 심사위원(당시 위원장 이천 목사)에 대해 기피신청(위원 - 고재영 목사, 지익표 장로)

2월14일 : 제3반 심사위원, 기피신청을 받아들이고 심사 종결.

3월5일 : 신임 제1반 심사위원(나정화 목사, 조창식 목사, 이동우 장로)은 3차심사를 거쳐 두 교수를 재판위에 기소.

3월16일 : 재미 감리교 교역자 136인,"존경하는 감독님께 드리는 글"이라는 서한을 통해 "적법한 신학적 분석, 토론 및 합의과정 없이 서둘러 판단내려서는 안된다"고 주장.

3월23일 : 1차재판 열렸으나 소송절차 및 기소근거자료 불충분으로 결렬.

3월24-26일 : 서울연회 열림. 25일 위 회의 공천위 보고 중 신임 재판위원 공천결과에 대해 정명기 목사 등이 불공정성 등을 원인으로 개의표명. 재공천자(15명) 중 13명이 '교리수호대책위'와 관련.

4월23일 : 서울연회 재판위, 변학장이 참석한 가운데(홍교수, 공판기일 연기 신청, 소송정지 신청을 내고 출정하지 않음) 재판시작 시간 20여분만에 두 교수에 대해 "출교"구형.

4월24일 : 감신대 이사회, 두 교수에 대한 징계위원회를 열기로 결정.

4월29일 : 서울연회 재판위, 교단본부에서 선고공판 열렸으나 학생들의 저지로 5월7일로 연기.

5월7일 : 금란교회에서 3천명의 금란교인들이 지켜본 가운데 열린 서울연회 재판위(위원장 고재영 목사) 선고공판에서 두 교수에게 "출교" 선고.

현대세계에서 종교는 상호인정·협력 해야

원로의 말씀

"변학장은 모든 것을 박탈당할 것인가?"

김 덕 순 목사(원로목사)

1991년 10월 말,네팔의 수도 카투만두에서 제4회 아시아 종교인 평화회의가 개최되었는데 변선환 박사는 이회의에 강사로 초청되었다. 공교롭게도 이 기간중인 10월 31일 서울에서 모였던 제19회 감리회 총회에서는 변선환 박사의 목사직과 감리교 신학대학 학장직을 박탈하도록 관계 당국에 위임하는 결정을 내렸다. 물론 이와 같은 일이 이번 총회에서 갑작스럽게 일어난 일은 아니다. 1978년과 1982년에도 이와 비슷한 일은 있었다.

종교 다원주의를 주창하며 종교간의 대화와 협력을 적극적으로 추진하는 입장에 서 있는 변박사를 타종교를 악마적인 것으로 보고 있는 지극히 배타적,입장에 있는 극단적인 보수주의자의 눈으로 본다면 그러한 결정은 당연한 것일지도 모른다.

종교적 다원주의, 타종교간의 대화, 특히 기독교와 불교의 대화에 있어서 변박사는 세계적으로 지명도가 높은 신학자이다. 그러므로 이번 변박사에 대한 문제는 세계적인 관심과 함께 세계의 많은 신학자들과 기독교인들의 심한 우려도 아울러 표명 되고 있다.

'교회 밖에는 구원이 없다'.(Sallus extra ecclesian non est)라는 키프리아누스(Cyprianus) 주교의 말은 1442년 페레체 공의회(Council of Ferrara Florence)에 와서 '이교도 뿐 아니라 이단자도 영원한 생명에 참여할 수 없다'라는 규정을 내려 가톨릭교회는 제2회 바티칸 공회 이전까지는 타종교에 대하여 부정적이며 배타적인 태도를 견지하도록 하였다.

그러나 제2회 바티칸 공회 (1962-1965)가 채택한 '기독교 이외의 모든 종교에 대한 선언'(Declarafio de Ecclesiae Habitudine ad Religions non Christianus,1965)은 이제까지의 가톨릭교회가 타종교에 취해왔던 적대적인 태도에서 우호적인 태도로 전환시킨 가톨릭교회 역사상 획기적인 일이었다.

인스부룩, 뮌헨,뮌스터 대학등에서 신학 교수로 있었던 칼 라너(Karl Rahner)의 1961년에 '익명(匿名)의 그리스도' 또는 '익명의 크리스챤' 이란 말은 그의 '기독교와 비 기독교적 제 종교' 라는 강연 가운데서 사용했던 말이며 이 강연은 제2회 바티칸 공회의 방향을 제시해 준 계기가 되었다고 생각한다.

그 후 20년이 지난 1982년에 정부가 지원하고 있는 현대 사회연구소에서 기독교 신학자와 불교학자와의 대화를 계획하여 동국대학교 관계자의 협력을 얻어 약 일천명이 모안 청중앞에서 변선환 박사는 그의 강연 가운데서 '익명의 크리스찬 (Anonimous Christian)' '익명의 기독교(Anonimous Christianity)'라는 개념을 소개한 바 있었다. 이것이 문제가 되었던 것이 바로 1982년 변선환 박사에 대한 문제이였다. 이 '익명의 크리스찬' 또는 '익명의 기독교' 라는 말은 불교측과 기독교측으로부터 맹렬한 비난을 받았다. 그 개념은 그리스도에 대한 신앙을 고백하지 않더라도, 또는 그리스도를 부정하고 있다 하더라도 그사람의 실제 생활의 모습에 있어서 그리스도에 의한 하나님의 은총에 참여하고 있다고 생각되는 사람이라면 기독교 신앙의 입장에서 보아 '익명의 크리스찬'이라고 볼 수 있다는 것이다.

그러나 현재로서는 이와 같은 라너의 입장을 오히려 넘어서려는 신학적 입장이 있는데 곧 다원주의(Pluralism)의 입장이다. 이 입장은 라너 또는 바티칸 공의회에서 볼 수 있는 '포용주의'가 다른 종교에 대하여 상당한 정도의 진리성을 인정하면서도 최종적으로는 기독교에 의하여 진리가 완전히 파악되는 것으로서 기독교의 우월성 내지는 최종적 발언권을 인정하려는 입장인데 대하여 그와 같은 주장도 포기하고 스스로를 '여러것들 가운데 하나'로 보려는 입장이다.

그렇다면 그것은 "상대주의가 되어버리는 것이 아닌가? 구원의 주로서의 그리스도의 기초가 흔들려 버리는 것이 되지 않을까?"라는 경고도 있다. 이와 같이 대화를 모색하는 논쟁은 계속되고 있는 것이다.

다른 종교에 대한 기독교의 관계에 대한 이해는 이상과 같은 변천을 거쳐온 것인데 대화의 신학자의 한사람인 폴 니터(Paul Knitter)는 '교회 밖에는 구원이 없다'라는 교회 중심의 배타주의로 부터 그리스도 중심의 포용주의로 그리고 더 나아가 신중심의 다원주의에로 옮아가는 것이라고 도식화 한다.

현대 세계적 상황에서 명백한 사실은 종교는 상호 인정,상호 협력 관계를 가지지 않는다면 인류의 공존은 있을 수 없다고 말하지 않을 수 없다.

그리고 이와 같은 현대의 과제에 정면으로 마주서기 위해서는 교리와 윤리와의 모순이 극복되지 않으면 안된다. 이와 같은 노력은 종래의 구미 중심의 신학적 경향을 비판하는 제3세계의 신학자들에 의하여 현저히 인정되어지고 있다. 그 위에 제3세계 신학의 최근의 조류속에서는 해방신학과 민중신학으로 불리우는 새로운 움직임이 활발해짐으로 해방신학과 대화의 신학은 의도적이건 아니건 직접적으로 관련되게 된다. 변박사의 문제는 확실히 이와 같은 흐름 속에서 포착하지 않으면 안된다.

철학이나 신학뿐 아니라 모든 학문은 어떤 진리와 사상에 묶여 있지 않는다. 항상 흘러가고 있다. 정체 상태에 있다면 그것은 이미 죽은 것이다. 그런 의미에서 변박사의 신학적인 입장은 오늘이라는 이 시간상에서는 당면한 주장이라고 할 수 있어야 한다. 그의 주장도 시간이 지나면 어차피 옛 이야기로 남을 수 밖에 없을 것이지만 오늘에 있어서는 한 방향 제시로 받아들여야 할 것이 아닌가 라고 생각한다.

변박사의 경우 신학자로 태어난 것이 축복이 될 수 있는 것이라고 생각한다. 그가 종교 재판에서 모든 것을 다 박탈 당한다 해도 신학자로서의 명성과 그리고 그보다 더 귀중한 것은 하나님의 뜻을 밝히려던 그 진지하고도 성실한 하나님 앞에서의 정직함을 그대로 인정될 것이며 그것은 아무도 박탈할 수 없을 것이라고 확신한다. 그에게 돌을 던진자도 하나님께 대한 충성심에서 하는 일이라고 생각할 수 있을지 모르나 항상 정확한 판단에 있어서 오류를 범해서는 안될 것이다.

19920515_변학장은 모든 것을 박탈당할 것인가-현대세계에서 종교는 상호인정 협력해야_김덕순목사(원로목사)_감리회보_5번

변·홍교수 '출교'선고 강행 큰 파문

불법과 여론재판식의 폭력적 처사 정당성 없어

학생들 무기단식, 동문목회자 비상총회의 발의

재판부 퇴진을 외치는 학생들을 끌어내는 금란교회 남선교회 회원.

금란교회 교인들이 감신대생의 재판정 입장을 막고 있다.

세계 감리교회역사와 한국감리교회 1백7년 역사상 처음인 신학적 주장에대한 '종교재판'이 열려 종교다원주의와 포스트모던 신학을 각각 주장해온 변선환 학장과 홍정수 교수에게 교회법의 최고 극형인 "출교"처분이 내려졌다.

재판의 불법성.불공정성이 강력하게 제기되는 가운데 7일 서울 중랑구 망우동 금란교회(담임목사 김홍도, 교리수호대책위 대표)에서 열린 재판에서 재판위원회(위원장 고재영 목사)는 판결문에서 홍정수 교수에 대해 "하나님 교리거부, 부활신앙 부정, 예수 그리스도의 대속 불신, 통일교 비호" 등의 기소를 그대로 인정하고 출교를 선고했다. 또 변선환 학장에 대해서는 "예수 그리스도의 유일성 부정, 종교의 다원주의 인정, 모든 종교의 신을 동격시 하여 기독교신앙의 본질을 불신, 통일교 비호" 등의 내용으로 출교를 선고했다.

이날 재판은 3천여 금란교회 교인들의 변.홍 교수를 비방하는 열광적인 예배와 찬송, '공정재판.재판위 퇴진'을 요구하는 감신대 학생들을 이 교회 남 선교회원들이 폭력적으로 끌어내는 가운데 진행되었다. 그동안 재판부 기피신청을 해온 홍정수 교수는 인정신문이 끝나자마자 퇴정했으며, 홍교수에 대한 출교 선고가 내려지자 학생들도 "재판무효"를 주장했다. 이어진행된 재판에서 변선환 학장은 '기소장에 대한 해명의 글'을 통해 자신의 신학적 입장을 해명했다. 변학장은 타종교의 실체 인정과 하나님의 백성인정, 기독교 절대무오설의 오류, 웨슬리의 선행은총에 의한 타종교인들의 구원, 아시아신학의 정당성과 필요성, 통일교와의 관련없음을 소개, 주장하고 "진정한 기독교, 진정한 감리교, 진정한 조선교회"가 되기 위하여 이번 사건을 계기로 교회와 신학이 상호보완하는 대화정신을 강화하고 전체 인류의 구원을 위해 종교간의 장벽을 허물 것을 호소했다.

이날 재판이 열리기 전 감신대 학생회 운영위원 10명이 감리교 서울연회 본부에 방문해 무기한 단식농성에 들어갔으며, 감신대 동문 목회자 2백7명은 '비상동문총회'개최를 발의하였다.

이번 재판은 교리수호대책위(공동위원장 김홍도 목사.유상렬 장로)에 의한파행과 불법으로 얼룩졌으며, 궐기집회와 여론공세를 통한 반이성적.비신앙적 행태로 말미암아 교계의 강력한 반발을 일으킬 것으로 보인다.

앞으로 세계 감리교단과 한국 감리교단에 종교재판에 대한 파문이 확산될 것으로 보인다.

여선교회 전국대회

기독교대한감리회 여선교회 전국연합회(회장 김민옥) 제60차 전국대회가 지난 4월21(화)-22일(수) 서울올림픽공원 제3체육관(역도경기장)에서 4천여명의 회원들이 참석한 가운데 "몫을 찾는 여성"이란 주제로 열렸다.

감리교 신학운동 위해 대화모임 예정

목회자, 신학자, 대학원생 공동 준비 5월 25일 여선교회 회관에서

변선환.홍정수의 다원주의 신학과 포스트모던 신학에 대한 교리재판을 계기로 나타난 감리교신학의 현실과 새로운 신학운동을 모색하는 대화모임이 열린다.

전국감리교목회자협의회 추진위원회가 주최하고 감리교 신학 대화모임 준비위원회(위원장 이화식 목사)가 주관하는 이 모임은 5월25일(월) 오후4시에 감리교 여선교회 회관 9층 회의실과 7층 숙소에서 있게 된다.

현장목회자, 신학자, 대학원생 등이 공동으로 준비하고 참여하는 대화모 임은 감리교 신학운동의 미래를 모색하는 중요한 계기가 될 것으로 보이며,개회예배, 기조발제(이화식 목사), 주제강연1(이정배 교수 - 선교100년 역사속의 감리교신학의 위상), 주제강연2(대학원 학술부 - 감리교회와 신학운동의 미래), 주제강연3(김영호.심광섭 박사 - 최근 감리교교리문제에 대한 신학적 문건 검토), 그룹토론(진행 - 박신진 목사), 결단예배(진행 - 이종철목사)순서로 진행된다.

한편 대화모임 준비위원회는 새로운 신학운동 제안, 요한웨슬리 회심 254주년 기념주일 공동설교문, 대화모임 자료초안 등을 포함하는 백서성격의 준비자료집을 만들어 전국 감리교회로 발송하기로 했다.

전국 감리교 농목 정기총회 열려

5월 21일 대전서 실무협, 정책위 열기로

전국 감리교 농촌선교 목회자 협의회(농목)는 지난 4월 27(월)-28일(화) 서울 숭실대 사회 봉사관에서 제8회 정기총회를 갖고 새로운 전국임원을 선출하고 농목의 활성화와 올해의 활동방향에 대해 논의했다.

"전진하는 농목, 하나되는 감리교 목회자 운동"이라는 주제 아래 열린 이번 총회는 새로운 전국임원으로 회장에 김창택 목사(천안북지방 수향교회), 총무에 송병구 목사(김포지방 문수산성교회), 서기에 최만석 목사(아산지방 음봉교회), 회계에 오성춘전도사(전남서지방, 모정교회) 정책실장에 김수환 전도사(횡성지방 가곡교회), 감사에 김정권 목사(원주서지방 성도교회)를 선출했다.

계속 진행된 "발제와 토론"에서는 중부.경기 농목의 연구와 발제, 단일목회자 조직에 대한 보고와 토론, 곽노순 교수의 성서연구방법강의가 있었으며, 종합토론을 통해 농목의 활성화와 함께 (가칭)전국감리교목회자협의회건설추진협의회에 참여할 것을 확인했다.

한편 농목은 농목의 정책과 실천활동을 위한 전국임원 실무자 협의회와 중앙위원회를 5월 21일(목) 대전제일교회에서 열기로 했다.

농목은 총회이후 참석자 명의로 변선환 학장, 홍정수 교수 종교재판에 대해 "네가 어찌하여 내 형제를 판단하느냐!" 우리가 다 하나님의 심판대 앞에 서리라(로마서 14,10)'는 제하의 성명을 내고 *개인의 신앙과 학문의 자유를 유린하는 변.홍 교수에 대한 재판을 중지할 것 *통일교였던 이규철에의해 주도되는 교리수호대책위를 심사하고 즉각 해체할 것 *신학정립을 위한공청회를 개최할 것 등을 요구했다.

『고난』 기획성화전

14일 청주 좋은교회서

"고난받는 이들과 함께하는 모임"(대표 김진춘 목사)이 주최하는 "고난기획, 박영 성화전"이(주)청라의 후원으로 청주 좋은교회(한영제 목사)에서 5월 14(목)-21일(목)까지 열린다.

이번 전시회는 고난받는 이들을 위한 기금마련뿐만 아니라 고난조직의 지역적 확대 및 기독교 문화의 대중적 확산을 이루기 위해 마련되었으며,그동안 고난카드와 달력에 소개된 것과 새작품등 그림 40여점이 전시, 판매된다.

전시회를 시작하는 예배는 14일(목) 오후2시 청주 좋은교회에서 열린다.

한편 전시회 요청은 전화 (02) 393-4662로 하면 된다.

감목협 추진위 발족

연회별 조직구성 본격화

감리교단의 개혁과 한국교회의 갱신을 위해 노력해왔던 감리교 목회자들은 감리교회의 개혁과 민중들을 위한 선교적 과제를 보다 힘있게 실천하기위해 목회자들의 전국조직을 결성하기로 하고 (가칭)전국감리교 목회자협의회 건설추진위원회(감목협추진위, 위원장 조화순 목사)를 발족했다.(관련기사 6.7면)

지난 달 23일(목) 서울 중구 정동 세실레스토랑에서 기자회견을 갖고 발 족을 밝힌 감목협추진위는 앞으로 연회 별 조직을 구성한 후 연회협의회를중심으로 추진위를 준비위원회로 개편, 본격적인 조직을 건설할 예정이다.

또 감목협추진위는 조직, 교육, 홍보사업을 위해 *지역, 연회 중간지도력간담회 *지방(지역) 소모임 조직 및 활성화 *연회별 목회자 수련회 *회보발행과 자료집 발간 *감리교 신학 대화모임 등을 갖기로 했다.

19920515_변홍교수 '출교'선고 강행 큰 파문_감리회보_5번

광화문시대, 현대와 중세의 공존

신축감리회관을 돌아보며

각설하고, 우선 현대적 극처를 이룬 건물의 20층에 당도하면 이내 좌측 복도에서 내뿜는 권위적인 냄새와 우측 복도에서 풍겨나는 비능률적인 악취가 코를 찌른다.

한층의 절반을 차지하는 좌측(사실은 건물의 뒤편)에는 회의실, 감독실, 재단 사무국, 역사자료실이 자리잡고 있다.

회의실은 값비싼 커튼, 탁자, 카페트로 꾸미기는 했으나 민주적이고 능률적인 회의하고는 거리가 먼 구조이다.

그 옆에, 관리실, 역사자료실, 환영실 그리고 재단사무국을 지나면 복도의 끝에 감독실이 있는데 비상근직인 감독회장 한분과 그에 딸린 3명이 근무하는 공간의 넓이가 어림으로 봐도 20층 전체면적의 1/5은 족히 될만큼 넓은 데 우선 놀라게 된다. 빼끔 열린 틈새로 들여다본 감독회장실은 한동안 언론으로부터 비아냥거림의 대상이 되었던 정부의 장관실을 연상케 하리만큼 넓고 화려하고 권위적이다. 게다가 뒤편으로는 화장실과 침대가 구비된 그 분(?)만의 휴게실도 있고 보면 감독회장이 되고 싶은 욕심이 안날리 만무하지 않은가. 반쯤 남은 나머지 50여평의 공간에는 으리으리한 책상의 주인공인 주무간사의 자리와 두명의 여직원자리가 있고, 대여섯평 남짓한 공간들이 칸막이로 가려져 있는데 이름하여 주방, 전산실 그리고 감독 대기실이란다. 머잖아 '실' 자 붙은 방마다 실장님 두자는 소리나 안나올지......

이렇게 교단의 본연의 역할 수행을 위한 보조부서들이 절반의 공간을 차지 하고 있다는 안타까움을 뒤로 하고 우측 복도로 발길을 옮기다 보니 무슨 포스타전시회에 온것같은 착각을 느낄 정도로 프로그램 선전포스타들이 즐비하게 붙어 있다. 그리고 맞은편 복도쪽과는 달리 간이칸막이로 벽만 엉성하게 세워 부서를 구분해놓은 이쪽은 들어서는 순간부터 행동과학자들이 만든 미로찾기게임을 연상케 한다. 더듬더듬 남쪽끝에 가보니 거기 회계실(이것도 '실' 자가 붙었다)이 있는데 가히 돈 있는 곳에 힘있음을 느끼게 할 만큼 공간이 여유가 있다. 그 입구에 있는 출판부 (엄밀히 말해 책파는곳)가 있는데 출판되는 책의 종류나 부수가 현저히 증가되지 않았음에도 종사자는 많아졌다는 점과 고객의 출입이 빈번한 부서가 이렇게 구석에 위치하고 있다는 점도 한번쯤 생각해볼 필요를 느끼게 한다.

현대적 시설로 포장된 과소비, 비능률, 관료주의

지원부서보다 사업부서를 우선으로 해야

선교국에 들어서서는 수십개의 철제 화일박스들이 각 간사들을 외부시야로부터 보호해 주는 울타리로 사용되고 있음에 놀라게 된다. 광화문이전을 계기로 늘어난 그 많은 서류함들이 무엇으로 채워졌있으며 그것들로 인한 부서간의 횡적 관계의 장애는 어떻게 극복되는지...... 교육국엘 들어서면 우선 큰기침을 할 필요가 있다. 왜냐하면 모두가 책상앞에 간이칸막이를 세워 출입자에 아랑곳하지 않고 일만 열중(?)하고 있기 때문이다. 각자의 책상마다 컴퓨터가 놓여져 있는 점이 색다른데 그래서 선교국 간사들처럼 각자의 조수(?)들이 없는 건지도 모를 일이다. 평신도국에 들어서기전에는 귀를 조심할 필요가 있다. 혼탁한 세상살이에 시달렸던(?) 분들이 있는 곳이라 그런지 모두가 목소리 하나는 끝내주게 우렁차다. 해서 이사 당시에는 소음을 제일 우려해서 천정까지의 완전 칸막이를 강력하게 요구하기도 했단다. 끝에 있는 연수원은 다른데와 달리 깔끔한 분위기를 보여주었으나 아쉬웁게도 시대에 걸맞는 움직임의 징조는 아직 드러나지 않고 있는 것같았다.

'새 술은 새 부대에'라지만 우리 본부는 새 부대에 걸맞지 않는 낡은 술같은 느낌이 지배적이었다. 본연의 사업부서들이 위치한 우측은 방음이 전혀 고려되지 않은 간이 칸막이를 사이에 두고 불편한 분위기에서 일을 하고 이를 핑계로 손님만 오면 한적한 곳을 찾아 외출을 하게 된다고 하는데 이같은 칸막이 발상은 일을 우선으로 생각지 않는 탓이리라. 복도 양쪽에서 드나들 수 있는 화장실 출입이 근무자가 많은 우측에서는 불가능하게 개조된 것이라든지 고위층(?)들에게만 주어진 무료 주차권과 관련하여 간사들이 연명항의를 했다는 소문도 권위주의냄새를 더하는 요소다.

특 별 기 고

J-4-031

한 성 수 목사(뉴욕 겨자씨교회)

아! 참으로 아깝구나 아까워

듣자하니 요사이 한국에서는 감리교 신학대학 변선환 학장과 홍정수 교수를 각각 종교다원주의 및 포스트모더니즘 신학을 주장했다하여 한국 감리교 교리 사수대(?)의성토를 받아 학장 및 교수직은 물론 감리교 목사직을 파면키로 대대적 운동을 벌리고 있다고 한다. 우선 떠오른 이름이야 김홍도 목사(금란교회) 및 유상렬 장로(남산교회)가 교단 법정에 고발인으로 나타났지만 그 배후에는 구름같은 증인들이 도열하여 있다고 한다. 야 이것 참 천재일우의 기회가 아닌가? 하나님께서 한국교회와 신학계를 복주셔서 이런 이단(?) 신학자, 사탄의 세력들이 판치게 두지 않고 이번 기회에 정체를 밝혀서 깨끗이 교단을 정화할 절호의 계기요, 한국 신학계의 전대미문의 경사로서 황금의 신학잔치를 한마당 벌일 수 있게 하셨으니 말이다. 이럴 줄을 미리 아시고 하나님께서는 세계에서 가장 복을 받은 감리교회들을 속속 조국 땅도처에 특히 서울 강남의 최대 유흥가 한 복판에도, 땅우리 공동묘지 아래에도 우뚝우뚝 세워주셔서 은행이 부러워할 헌금이 억수로 들어 오게 하셨으니 우리 하나님은 참 얼마나 신묘하신가? 한국에서는 감독 감투하나 쓰는데 '최소한장(?)'은 써야 한다는데 이런 역사적인 신학 대토론을 열기에 필요한 막대한 돈은 지금으로서는 석양의 낙조와 같은 미국교회로서는 언감생심 불가능하고 한국교회야말로 돈도 준비되어 있고 사람들도 모였다하면 수십만씩인데 과연 모든 여건이 무르익은 것이다.

온 세계의 주목을 받으며 금세기 최대의 신학논쟁이 전개될 것이매 새벽기도와 교인심방 (심방헌금은 사절)에 바빠서 미처 홍정수 교수의 '베짜는 하나님'이라는 두툼한 책을 다 읽어 낼 시간이 없는 총회 총대님들께서도 '베짜는 하나님'인지 '피짜는 하나님'인지 하여간 무슨 피인지 짜내고 보니 돼지피도 되고, 개피도 되는 신학적 통찰력이나 이해력의 부족을 편리하게 정리할 기회도 되겠지. 그런데 뭐라고? 한번에 몇천만원씩하는 광고비를 내면서 초라한 두 신학교수 때려잡자고 유력 일간지에 연달아 연명으로 성토광고 내느라고 그 아까운 돈을 장마철에 물 쓰듯이 쏟아 붓고 있다고?

아! 참으로 아깝구나 아까워!

하나님께서 모처럼 주신 천재일우의 기회를 공개토론은 커녕, 공개 청문회도 한번 못 열어 보고 여기저기서 꼬투리 될 글 쪽지들만 어린 전도사들을 시켜서 온 사방에서 수집하고 있는 중이라니 아! 참으로 아깝구나 아까워!

당신들이 믿고 구원받은 예수님과 내가 믿고 구원받는 예수님이 같으신 분이시라면 나는 단연코 2,000년 기독교 교리적 전통을 거부하고 싶은 심정이다. 변선환 홍정수의 신학이 잘못된 것이라고 생각하는 분들은 나름대로 이유와 견해가 있을 것이다. 종교 다원주의가 있다면 신학도 다양한 주장이 있음을 인정해야 한다. 총회에서 손을 들었던 목사나 장로들이 신학을 모른다고 매도하지는 않겠다. 나는 지금 변선환 학장이나 홍정수 교수의 신학의 내용을 변호하고 싶지는 않다. 다만 죽이는 방법이 문제이다. 신학자는 신학자의 죽음을 죽게 하여야 한다. 피를 흘리게 하더라도 결코 개피나 돼지피를 흘리게 해서는 안될 줄로 안다. 하나님전에 바쳐진 헌금이 기독교 역사에 빛나는 신학토론(OPEN FORUM)을 위해 사용될 이 좋은 기회를 놓치고, 뭐가 뭔지도 잘 모를 대중들에게 직접 신문사 광고를 통하여 무엇을 노리고 이렇게 막대한 돈을 들여 성토를 계속하는가? 돈 좀 있는 교회는 자기교회 마음대로 사용하여도 되는가?

김홍도 목사는 '불기둥'이라는 교회지에서 "자유주의 신학자는 무당이나 히틀러나 스탈린보다 무서운 존재입니다.... 히틀러가 600만 유태인을 죽였지만, 자유주의 신학자들은 온 천하보다 더 귀중한 영혼을 6천만도, 6억도 죽여서 영원한 멸망으로 빠뜨리기 때문입니다."하고 강하게 외치고 있다. 영혼이 뭔지 생명이 뭔지도 잘 생각해 보지도 않은 무식한 소리는 아닐텐데 왜 이렇게 마음이 답답할까? 세상에 알 수 없는 것 중에 하나는 돈이 남아 돌아가서 결국 신문사 광고부 수입만 늘게 하다니... 아! 참으로 아깝구나 아까워! 항상 문제는 '무식한 사람들'이다. 무식은 회개로도 안된다.

19920515_아참으로아깝구나아까워_감리회보_5번

재판방청기

"이 재판에는 인간의 얼굴이 없다"

당당했다.

13인의 재판위원들은 스스로 내린 엄청난 결정에 조금도 동요하지 않고 자신만만했다. 그들 중 다섯은 장로였는데 건축업자,보험대리점업,부동산투기꾼,그리고 실업자등등..... 아마 그들의 의연함은 재판결정에 대한 신학적, 교회사적 무지에서 비롯되었음에 틀림없다.

고소인들 역시 긴장된 낯을 감추지 않았으나 재판진행에 만족해 했다. 방청제한 인원인 40명 전부를 보디가드로 가득 채워놓은 김홍도목사, 무덤을 팔아 그리스도의 몸인 교회를 망쳐온 유상렬 장로, 여전히 자신도 통일교 시비 에서 벗어나지 못한 채 오히려 통일교 신드롬을 부추키는데 혁혁한 공을 세운 금란교회 이규철 전도사는 '헤롯과 빌라도가 바로 그날 밤에 다정한 사이가 된 것처럼'(눅23:12) 나란히 앉아 시종 재판분위기를 주름 잡았다.

변선환 학장에 대한 재판은 1시간 12분만에 끝났다. 심사위원장이 내린 구형은 "출교!." 재판중 변학장은 자신이 48년간 신학을 했다고 말했다. 그러나 고재영 재판위원장을 비롯한 신학적 천재들은 단 15분만에 심문을 마쳤다. 한사코 신학논쟁을 거부한 그들은 의사진행 조차 파행으로 이끌었다. 대입학력고사도 서술형으로 바뀌는 마당에 경직되게 "O"와 "X" 만을 강요한 그들은 신앙과 신학의 구분을 명쾌하게 해냈다.

변론기회 봉쇄한 채 예정된 결론 향해

"우리는 당신의 신앙을 진단하는 것이요!"

천만에도 그들의 관심과 태도는 신앙적이지 못했다. 오히려 신학적 열등의식의 발로인듯 싶었다. 현대신학을 고고학의 프리즘으로 바라본 그들의 심문은 구석기시대의 투석전을 능가했다.

재판위원의 도도함은 계엄령하의 높은 법대에 앉은 군사재판정 장면을 쉽게 떠올렸다.

냉소적인 싸늘한 비웃음, 입을 맞춘 검사와 법관,계획된 수순과 음모적인 시나리오,그리고 한건 올리려는 재판위원들의 편견에 가득찬 경쟁적인 발언들은 마녀재판에 나선 중세기의 검은 비로도의 까마귀 떼를 연상케 했다.

그들은 강도와 다름 없었다. 신앙양심을 유별나게 강조하면서도 피고인에게는 너무염려하지 말고 입을 꼭 다물라고 했다. "진술은 문서로 하시오. 당신의 변명을 듣기위한 시간은 없소!" 촌분의 설명과 이해를 구할 짬은 커녕 최후 진술을 위한 단 한줄기의 외마디도 지를 사이 없이 재판은 막을 내렸다.

교권을 등에 업은 신흥 성장주의 자들과 설익은 근본주의와 유사 복음주의로 채색한 소위 그들의 신학자들은 의기양양 하게 재판에서 승리했다. 그것은 제1막의 종결이었다. 변학장은 재판정문을 나서면서 "이 재판에는 인간의 얼굴'이 없다."고 중얼거렸다. 그는 돌아 가면서 심사위원장의 붉은 낯을 위로했다.

계속된 홍교수에 대한 재판은 단 30분만에 끝났다. 재판위원에 대한 기피신청과·변호인 선임이 거부당한 채 궐석으로 진행되었다. 논리의 비약을 즐기는 재판위원들은 신학의 세례를 받아보지 못했음은 물론 감리교 신학의 문턱 밖에 서 있는 이들 이었다.

감리교 장정은 도깨비 방망이였던가? 변.홍 두 교수에게 적용된 법조항은 장정 '17단 9조'등 5개 조항이 완벽하게 일치하고 있었다.

사회학자 빈스완거는 자살의 가장 큰 이유로 미래폐색(未來閉塞)증을 들었다.

감리교단에 내일이 있는가? 온통 벽으로 둘러싸여 갇힌 하늘, 그러나 역사의 제2막은 분명히 열리리라.

19920515_재판방청기 이 재판에는 인간의 얼굴이 없다_감리회보 제1호

〈교회연합〉 92-5-16(10면)

[김홍도 목사]
[유상열 장로]

(監神大)변선환, 홍정수 두 교수는 감리교에서 출교되었습니다.

신환, 홍정수 두 교수는 성경에 위배되고 기독교에서 용납될 수 없는 이단사 가르쳐 오므로 오랫동안 교계에 혼란을 일으켜 오던 중 지난 91년 10월 30 림교회에서 개최된 제19차 특별총회에서 두 교수를 응징하기로 결의한 대 동안 심사위원회나 재판위원회에서 6개월이나 끌어오며 조사한 결과 기독 서 도저히 용납될 수 없는 이단자로 판명되어 92년 5월 7일 오후3시에 두 는 감리교에서 **"출교"** 할 것을 판결 선고가 내려졌습니다.

제부터 이 두 교수는 감리교의 **목사직**이 면직되었으므로 교회 담임은 물론 교회가 세운 어떤 기관에서도 일 할 수 없게 되었습니다. 또한 최상부의회인 에서 거의 만장일치로 결의된 것을 서울 연회에 처리하도록 하달된 것이 이 사건이므로 총회 재판 위원회에 상고가 되어도 기각될 것이 확실시 됩니다. 동안 범교단적으로 이일을 위하여 기도해 주시고 격려해 주신 분들께 깊은 을 드리며 모든 영광을 하나님께 돌리는 바입니다. "할렐루야"

(서울연회재판위원회 판결문은 다음과 같습니다.)

判 決 文

피고 : 변선환

기독교 대한 감리회의 교리와 장정에 정한 법에 의하여 동부연회(1955년)에서 목사로 안수를 받고, 본 대표적인 교역자 양성기관인 감리교 신학대학의 운영을 총 책임진 학장으로 재임하면서 기독교의 근본 감리교 교리와 장정에 상치되는 주장을 자행함으로써 1991년 10월(29일~31일)에 모인 총회에서 "이 면직을 결의"하게 되는 상황에 이르게 하였으며 통일교 인사를 입학시켜 그의 수학을 비호하였고 본 교단 학의 이름으로 그를 졸업시키기 까지 한 일로 고소되었다. 이에 따라 피고의 소속연회인 서울연회 원회가 그 일을 심사하였다. 이어 동 심사위원회는 피고를 1992년 2월 24일자로 기소함으로서 적합한 따라 본 재판위원회는 이를 접수하고 그간 5차에 걸친 소위원회의 모임과 2차 시행한 재판의 결과에 따라 같이 판결한다.

피고는 기독교신앙의 주체가 되는 예수 그리스도에 대하여 "우주적 그리스도는 마리아의 아들 예수와 동일시 침돌이 된다."(기독교사상 299호, p. 156)고 말함으로서 마리아의 아들 예수를 우주적 그리스도로 믿는 기독교 신앙을 거부했고 "그리스도만이 보편적으로 유일한 구속자이신 것이 아니라"(상동, p. 155)고 기독교적인 신앙고백을 떠나서 기독교 신앙의 특성인 유일한 구속주이신 예수 그리스도를 부정하는 비 주장을 자행 하였다.

피고는 예수 그리스도의 십자가로 말미암아 구속되는 유일한 구원의 길을 부정하여 구원의 다원주의를 "저들의 종교(타종교들)도 그들 스스로의 구원의 길을 알고 있다."(상동, p. 155)고 함으로써, 기독교 진을 무시 내지는 타종교의 것과 동일시 하는 주장을 하고, 예수 그리스도의 십자가의 사건을 믿음으로 얻는 "구원"을 간과하는 과오를 범하고 있다.

3. 피고는 기독교 신앙의 코페루니쿠스적 전환을 주장하면서 "종교의 우주는 기독교도 다른 종교도 아니고 신을 중심하여서 돌고있다는 것을 기독교는 인정해야 할 것"과 "예수를 절대화, 우상화시키며, 다른 종교적 인물을 능가하는 일종의 제의의 인물로 보려는 기독교 도그마에서 벗어나 신중심주의로 전환되어야 할 것"(크리스챤 신문 신문, 1990. 12. 8)이라 함으로써 삼위일체의 하나님을 부정하고, 모든 종교의 신을 동격시 함으로써, 예수 그리스도 그리스도의 인성과 신성을 동시에 믿는 기독교 신앙을 떠나 버렸다. 피고는 이와 같이 한 때 바알과 하나님을 동일시 한 옛 유대인들의 죄와도 비교되는 우를 범하였다.

4. 피고는 기독교 선교를 목적으로 감리회 교역자를 양성하는 대표적 기관의 장으로 있으면서, "교회가 말하지 않아도 이미 선행하여 그리스도를 섬기고 있으며, 기독교 선교사가 하나님 나라를 비기독교 세계에 가지고 오지 않아도 이미 하나님 나라는 거기 역사하고 있다."고 주장하였고 "교회밖에도 구원이 있다"고 함으로써, 기독교 복음을 포교하는 교역자를 양성하는 일과, 예수를 믿고 구원받는 개종 사역을 거부함으로써, 피고는 그 본직을 배반하였다.

5. 피고는 통일교의 차세대 지도자로 부상한 양모씨의 입학과정에서 입학원서 구비서류에 신앙배경을 입증하는 교회의 추천서에 하자가 있고, 또한 그가 통일교내의 당시 직책이 경상남도 교구 책임자이며, 통일교의 지 시도자 훈련을 담당하는 원리연구회 사무처장이라는 것이, 당시 감신 재학생 이규철에 의하여 폭로되었음에도 불구하고 이를 도외시 했고, 최결은 커녕 그의 포섭활동과 수학을 동조 내지는 방관하여, 1989년 가을에 그를 졸업시켰다. 이와 같이 피고는 본 교단의 가장 전통깊고 대표적인 신학대학을 책임진 학장으로서 교단의 체모와 교의를 넘어선 월권 및 직무유기를 자행한 과오가 인정된다.

6. 피고는 공공 출판물에 논문들의 기고와 강연들, 강의실과 사석에서 기독교 대한 감리회가 교리적 선언 서두에 명시한 웨슬레 선생의 "복음적 신앙은 우리의 기업이요, 영광스러운 소유"로 천명한 복음을 파괴하는 일을 계속하여 왔다.

이는 기독교 대한 감리회의 발전에 크나큰 저해 요인이 되어 개교회와 범교단적으로 끼친 타격은 숫자로 입증치 않더라도 너무도 컸음은 주지의 사실로 특히 본 교단의 교인뿐 아니라 타 교단에서도 익히 잘 아는 바이다. 바로 이같은 사실이 복음, 선교의 역행임은 물론이다. 그럼에도 불구하고 피고는 도의적—신앙적 반성없이 이일을 자행하여 왔으며 개정의 정이 없었다.

그러므로, 이 이후에 계속 피고와 같은 주장에 동조, 지지, 옹호 및 선전하는 자는 기독교 감리회 내에서 동일한 범법자로 간주되어야 한다.

피고는 이상에 열거한 내용과 같이 반—기독교적이고 이단적인 주장을 하고 있음으로 본 기독교 대한 감리회의 일원으로 있어서는 안될 것이 자명해졌다. 그러므로 본 재판위원회는 본 교단이 하나님의 말씀으로 믿는 신·구약 성경과 사도신경의 고백, 그리고 본 교단의 〈교리와 장정〉 제35단 서문 1항, 2항, 제39단 제3조, 제192단 제1조 8항, 제195단 4조 1항, 제199단 제8조에 의거하고, 장정 제231단 제40조 1항 다.를 적용하여 피고 변선환에게 기독교 대한 감리회에서 출교를 선고한다.

判 決 文

피고 : 홍정수

피고는 1977년 기독교 대한 감리회 중부연회에서 교리와 장정이 정한 법에 따라 목사로서 안수를 받고, 본 교단의 대표적인 교역자 양성기관인 감리교신학대학의 교수로 재임하면서 기독교의 근본교의와 감리교 교리장정에 상치되는 주장을 자행함으로써 1991년 10월 총회에서 "목사직 면직을 결의"하게 되는 상황에 이르게 하였으며, 통일교 이단십단의 요식 인사를 본 교단 신학대학에서 5년동안 수학하고 졸업하도록 비호하였음으로 서울연회 심사위원회가 피고를 1992년 2월 24일자로 기소함으로써 적법한 절차에 따라 본 재판위원회는 이를 그간 5차에 걸친 소위원회의 모임과 2차에 시행한 재판의 결과에 따라 아래와 같이 판결한다.

1. 피고는 기독교 신앙의 근본이 되는 살아계신 하나님의 존재를 부인하여 말하기를 "만일 신은 저 누군가가 묻는다면 신은 없다고 잘라 말할 수 있다."(베짜는 하나님, p. 56)고 하는 등 무신론적 의사를 단언하여 말함으로서, 본 교단의 하나님에 대한 신앙적 입장을 정면으로 거부하였다.

2. 피고는 기독교 신앙의 핵심이 되는 예수의 부활사건을 부정하여 "나는 단연코 육체의 부활을 부(우먼센스 1991. 12)고 하였고, "부활신앙은 이교도들의 어리석은 욕망에 불과하다"(크리스챤 신문, 1 라고 하고 예수의 부활 사건을 "빈무덤이 아니다."(상동, 1991. 6. 8)라고 주장하여 기독교 본래의 부 부정하였다. 또한 "기독교의 부활 멧세지가 아무 소용도 없을 수도 있음을 극명하게 말해준다."(베짜는 p. 185)고 말함으로써 사도시대 이후 오늘에 이르기 까지 전하여 내려온 선교 멧세지를 거부하였다.

3. 피고는 골고다 산상에서의 예수 십자가의 대속의 죽음과 광주 망월동 민중항쟁으로 죽은 많은 죽음을 동일시 하였다. 또한 피고가 예수 그리스도의 부활 사건을 믿는 자들을 위한 "부활의 첫 열매"로 정의를 외치다 한을 품고 죽은 이들의 정신적 공헌과 같이 간주하려는 것은 예수 그리스도의 육체의 부 부인하는 반성서적인 주장이다.

4. 피고는 기독교신앙의 중심이 되는 예수 그리스도의 대속의 사건을 부정하여 예수 의 십자가는 " 죽음이 아니다."(한몸, 7권, p. 16)라고 했고 "예수의 죽음이 우리를 속량한 것이 아니라, 그의 삶이 우 속량하는 것이다."(상동, p. 17)라고 주장하였다. 그리고 피고는 예수의 십자가의 피흘림에 대하여 이르 피가 동물들이 흘리는 피보다는 월등하게 효과가 있다는 이야기가 아니다."(상동, p. 18)라고 함으로서 예수그리스도의 피의 대속을 불신하는 주장을 하였다. 이같은 피고의 주장은 기독교 신앙의 교의와 본 신앙을 적대하는 반 그리스도적 이단사상 이다.

5. 피고는 본 교단의 감리교 신학대학에 재직하면서 통일교의 요직, 현직인사인 양○○씨가 감신에 있을 때(1986. 3~1989. 8) 동 대학의 재학생인 이규철의 제보로 양모씨의 본색이 드러났음에도 불구하 치결하는 일을 주선하기 보다는 오히려 비호한 점을 부정할 수 없다. 피고는 본 교단 신학대학의 체모를 기독교 교의를 바르게 가르쳐야 하는 본직을 거절, 내지는 유기한 점이 인정된다.

6 피고는 공공 출판물에 기고한 논물들과 강연 강의들의 내용에서 기독교 신앙의 본질을 위와 같이 웨슬리 목사의 "복음적 신앙"을 유산으로 받은 기독교 대한 감리회의 교리와 장정에 위배되는 사상을 주 왔다. 이는 기독교 대한 감리회의 발전에 크나큰 저해 요인이 되어 개교회와 범교단적으로 끼친 타격은 숫자로 입증치 않더라도 너무도 컸음은 주지의 사실로 특히 본 교단의 교인뿐 아니라 타교단에서도 익히 바이다. 바로 이같은 사실이 복음 선교의 역행임은 물론이다. 그럼에도 불구하고 피고는 도의적 신앙적 이 일을 자행하여 왔으며, 개정의 정이 없었다. 그럼으로, 이 이후에 계속 피고와 같은 주장에 동조, 지지, 선전하는 자는 기독교 대한 감리회 내에서 동일한 범법자로 간주되어야 한다.

본 재판위원회는 이상에 열거한 내용과 같이 피고의 이단적인 주장을 묵과 할 수 없음으로 본 교단이 하 말씀으로 믿는 성경과 교리와 장정 제10단 제2조, 제11단 제3조, 제35단 제2항, 제192단 제1조, 1, 7, 8항, 제195단 제4조 1항, 제199단 제8조에 의거하고, 장정 제231단 제40조 1항 다.를 적용하여 피고 홍정수에게 기독교 대한 감리회에서 출교를 선언한다.

기독교대한감리회 기독교교리수호대책위
공동대표 김 홍 도
유 상 열

〈교회연합〉 92-5-16(10면)

19920516_(감신대) 변선환,홍정수 두 교수는 감리교에서 출교되었습니다(광고)_기독교대한감리회 기독교교리수호대책위_교회연합신문_5번

K-4-045 5/16/92

제 92 호 【제3종우편물(가)급인가】 새 누 리 신 문

감리교 '교리재판' 두 당사자에게 듣는다

최근 변선환 학장·홍정수 교수에게 출교가 선교된 서울연회 재판위원회 결과를 놓고 공방이 가열되고 있다. 한면에서는 재판절차의 부당성과 법규적용의 잘못 등을 지적하며 '재판무효'를 주장하고 있고 다른 한편에서는 '당연한 결과' 라는 반응을 보이고 있다. 이에 재판부를 대표한 고재영 목사와 홍정수 교수의 이야기를 함께 들어본다. 〈편집자〉

인 터 뷰

홍정수 목사 〈감신대 교수〉

-재판기피신청을 낸 것으로 아는데(물론 받아들여 지지 않았지만) 지난 7일 선고공판에는 왜 나왔나.

= 선고공판인줄 알았으면 안 나갔을 것이다. 사건에 대한 심리도 제대로 거치지 않고 단 한번의 재판으로 구형하고 그 다음에 선고하는 재판이 세상에 어디 있는가.

또한 재판은 검사가 구형한 후 피고의 최후진술을 듣고 판사가 검사의 구형이 적당한 것인가를 가리는 냉각기간을 가진 이후에 언도되는 것이 보통 법상식이다. 그런데 미리 준비해온 판결문은 기본수사를 해서 판결을 내릴 수 없게 되어 있음에도 판결문은 기소된 것 이외의 것까지 다루고 있기 때문이다. 따라서 지금까지의 재판이 사실여부의 확인절차가 없이 진행되었음이 판결문을 통해 다시한번 확인된 것이다.

-이번 판결의 근거가 한국 감리교회법이 아니라 미국 감리교회법이라는 주장이 있는데.

= 적용법조 제10단 제2조, 제11단 제3조 등 판결에 이용된 '종교강령' 은 한국 감

감리교 교리는 교리를 강요않는 것

기본적 절차도 지키지 않은 재판은 무효

적인 절차도 지키지 않은 것이며 처음부터 '출교' 를 목적으로 진행된 재판임을 반증하는 것이다.

-한때 통일교와의 관련설도 제기됐었는데.

= 그 죄목은 바로 통일교 신자인 양창식이라는 사람의 입학·졸업과 논문심사에 관련되어 있다는 것인데 입학·졸업에 대한 책임은 학장소관이고 당시 학장도 변선환 학장은 아니었다. 때문에 나와 양창식과의 관계는 다른 교수와 동일하다. 그리고 논문문제와 관련해서도 통일교에 대해 전문가라 할지라도 통일교의 통일론을 알지 못하면 양창식씨가 쓴 논문이 통일교가 주장하는 것인지 알지 못한다.

-판결문에 대해 어떻게 생각하는지.

= 판결문 작성에 있어서 재판에 관련되지 않은 누군가 제3자에 의해 조정되었다는 심증이 있다. 그 증거로 기소장에 없는 자료를 이용해 판결문을 썼다는 점이다. 판사는 기소되지 않은 내용에 대해 리교회의 법이 아니라 미국 감리교회의 법을 적용한 것이다. 우리는 미국 감리교회 교리를 고백한 적이 없다.

-이번 재판에 대해 어떻게 생각하는지.

= 감리교는 본디 17세기 유럽의 혹독한 종교전쟁 등을 치르고 난 뒤에 생긴 것으로서 종교적 관용을 주창할 수밖에 없었다. 교리적 선언에도 나오듯이 '교리적 시험' 을 강요하지 않는다고 되어 있다. 따라서 감리교단에서는 종교재판 자체가 불법이다.

-앞으로 계획은?

= 변호사와 의논해서 할 일이다. 그러나 일의 원칙에 있어서 이미 이 문제는 나 개인의 문제가 아니기 때문에 감정대로 처리하기보다 동문·선후배 등 많은 사람의 의견을 따를 것이다.

아무튼 총회재판위에 상소할 경우 똑같은 결과만을 가져올 뿐 시간낭비라는 측면이 강하다고 생각되면 사회법으로라도 해 볼 생각은 있다.

고재영 목사 〈서울연회재판위원장〉

-재판의 공정성에 대해 문제제기가 되고 있는데….

= 문제될 것 없다. 진행상 모든 문제는 일반 재판에서 보더라도 하자가 없도록 신경썼다. 선고공판은 피고인 진술을 들을 필요가 없었는데도 피고에게 유리한 진술을 할 수 있게 해 주었는데 무슨 문제가 있겠느냐. 다만 신학이 신앙을 흔들어 놓는 일은 있어서 안될 일이기 때문에 이같은 결정을 내렸다.

-재판위원 15명중에 13명이 고소인인 김

나름대로 신중을 기하면서 판결

교리수호운동은 신앙적인 범교단 운동

홍도 목사와 유상렬 장로가 이끄는 교리수호대책위 사람이라는 점 때문에 고소인이 재판을 한 결과를 낳았다는 지적이 있는데.

= 교리수호대책위는 교리를 수호하고자 하는 모든 감리교인의 모임이다. 교리수호를 하고자 하는 사람이 재판을 하는 것은 당연하다. 교리를 수호하지 않는다는 사람에게 재판을 하게할 수 있는가? 김홍도·유상열 두 고소인이 고소를 했지만 이것은 신앙적인 범교단운동이다.

-재판장 주변에서 금란교회 교인들에 의한 폭력사태로 인해 신앙인이 그럴 수 있느냐는 비판이 일고 있는데.

= 그것은 내 소관이 아니기 때문에 모르는 일이다. 다만 학생들의 소요로 재판을 진행할 수 없는 상황이 있어서는 안되기 때문에 주변에 경호를 세운 것 같다.

-두 피고인에 대한 판결을 미국 감리교회법에 근거한 이유는?

= 미 감리교회법에 의존한 적 없다. 우리는 우리 교단의 '교리와 장정' 에만 근거했을 뿐이다.

-변학장에 대한 선고가 내려지기 전 1시간여 동안 휴정이 되었었는데 그 이유는?

= 선고를 연기할 것이냐 아니면 판결을 내릴 것이냐 고민이 되었기 때문이다. 우리가 이만큼 신중을 기하면서 판결한 것을 알아달라.

-내부에 판결자체에 대한 이견이 있었던 것은 아닌지.

= 전혀 없었다.

-전문성을 담보한 신학위원회를 구성해서 이 문제를 다루었으면 하는 변학장의 의견에 대해서는.

= 목사들도 다 신학적인 뒷받침 가운데서 공부한 사람이다. 이 정도의 판결을 내릴 수 있는 소양을 갖추고 있기 때문에 재고할 필요가 없다고 생각한다.

- 변·홍 두 교수가 통일교와 관련이 있다는 것은 무슨말인가?

= 통일교인인 양창식씨가 감신대에 재학중일때 이규철씨의 제보로 그의 본색이 드러났음에도 불구하고 그를 척결하는 일을 주선하기 보다는 오히려 비호한 점등은 두 교수는 신학대학의 체모를 손상시켰고 더불어 기독교 교의를 바르게 가르쳐야 하는 본 직무를 유기한 것이다.

- 변·홍 두교수는 양창식씨의 얼굴조차 한번도 본적이 없는데 굳이 비호했다고 표현하는 것은 끼워맞추기 식이라는 의견도 있는데.

= 양씨의 논문이 그대로 통과된 것이나 양씨가 졸업까지 할 수 있었던 것은 명백한 비호이다. 〈김은정 기자〉

19920516_감리교 교리재판 두 당사자에게 듣는다_새누리신문고재영_5번

감신대 두교수 선고문전문

변선환 '그리스도의 유일성 부정' 홍정수 '부활과 대속불신' 인정

피고 : 변선환, 1927년 9월 3일생

주소 : 서울특별시 영등포구 당산동 5가 유원2차 아파트 203동 702호

피고는 기독교 대한 감리회의 교리와 장정에 정한 법에 의하여 동부연회(1955년)에서 목사로 안수를 받고, 본 교단의 대표적인 교역자 양성기관인 감리교 신학대학의 운영을 총 책임진 학장으로 재임하면서 기독교의 근본교리와 감리교 교리와 장정에 상치되는 주장을 자행함으로써 1991년 10월(29일~31일)에 모인 총회에서 "목사직 면직을 결의"하게 되는 상황에 이르게 하였으며 통일교 인사를 입학시켜 그의 수학을 비호하였고 본 교단 신학대학의 이름으로 그를 졸업시키기까지 한 일로 고소되었다. 이에따라 피고의 소속 연회인 서울연회 심사위원회가 그 일을 심사하였다. 이에 동 심사위원회는 피고를 1992년 2월24일자로 기소함으로서 적법한 절차를 따라 본 재판위원회는 이를 접수하고 그간 5차에 걸친 소위원회의 모임과 2차 시행한 재판의 결과에 따라 아래와 같이 판결한다.

1. 피고는 기독교신앙의 주체가 되는 예수 그리스도에 대하여 "우주적 그리스도는 마리아의 아들 예수와 동일시 할 때 거침돌이 된다."(기독교사상 299호, p.156)고 말함으로서 마리아의 아들 예수를 우주적 그리스도로 믿는 전통적 기독교 신앙을 거부했고 "그리스도만이 보편적으로 유일한 구속자이신 것이 아니라"(상동, p.155)고 함으로서 기독교적인 신앙고백을 떠나서 기독교신앙의 특성인 유일한 구속주이신 예수 그리스도를 부정하는 비 기독교적 주장을 자행 하였다.

2. 피고는 예수 그리스도의 십자가로 말미암아 구속되는 유일한 구원의 길을 부정하여 구원의 다원주의를 주장하여 "저들의 종교(타종교들)도 그들 스스로의 구원의 길을 알고 있다."(상동, p.155)고 함으로써, 기독교 신앙의 본질을 무시 내지는 타종교의 것과 동일시 하는 주장을 하고, 예수 그리스도의 십자가의 사건을 믿음으로 말미암아 얻는 "구원"을 간과하는 과오를 범하고 있다.

3. 피고는 기독교 신앙의 코페루니쿠스적 전환을 주장하면서 "종교의 우주는 기독교도 다른 종교도 아니고 신을 중심하여서 돌고있다는 것을 기독교는 인정해야 할 것"과 "예수를 절대화, 우상화시키며, 다른 종교적 인물을 능가하는 일종의 제의의 인물로 보려는 기독교 도그

변선환교수

미에서 벗어나…신중심주의로 전환되어야 할 것"(크리스찬 신문, 1990. 12.8)이라 함으로써 삼위일체의 하나님을 부정하고, 모든 종교의 신을 동격시 함으로써, 예수 그리스도의 인성과 신성을 동시에 믿는 기독교 신앙을 떠나 버렸다. 피고는 이와 같이 한때 바알과 하나님을 동일시 한 옛 유대인들의 죄와도 비교되는 우를 범하였다.

4. 피고는 기독교 선교를 목적으로 감리회 교역자를 양성하는 대표적 기관의 장으로 있으면서, "교회가 말하지 않아도 이미 선행하여 그리스도를 섬기고 있으며, 기독교 선교사가 하나님 나라는 비기독교 세계에 가지고 오지 않아도 이미 하나님 나라를 거기 역사하고 있다."고 주장하였고 "교회밖에도 구원이 있다"고 함으로써, 기독교 복음을 포교하는 교역자를 양성하는 일과, 예수를 믿고 구원받는 개종 사역을 거부함으로써, 피고는 그 본직을 배반하였다.

5. 피고는 통일교의 차세대 지도자로 부상한 양창식의 입학과정에서 입학원서 구비서류에 신앙배경을 입증하는 교회의 추천서에 하자가 있고, 또한 그가 통일교내의 당시 직책이 경상남도 교구 책임자이며, 통일교의 지도자 훈련을 담당하는 원리연구회 사무처장이라는 것이, 당시 감신 재학생 이규철에 의하여 폭로되었음에도 불구하고 이를 도외시 했고, 척결은 커녕 그의 포섭활동과 수학을 용조 내지는 방관하여, 1989년 가을에 그를 졸업시켰다. 이와 같이 피고는 본 교단의 가장 전통깊고 대표적인 신학대학을 책임진 학장으로서 교단의 체모와 교의를 넘어선 월권 및 직무유기를 자행한 과오가 인정된다.

6. 피고는 공공 출판물에 논문들의 기고와 강연들, 강의실과 사석에서 기독교 대한 감리회가 교리적 선언 서두에 명시한 웨슬레 선생의 "복음적 신앙은 우리의 기업이요, 영광스러운 소유"로 천명한 복음을 파괴하는 일을 계속하여 왔다.

이는 기독교 대한 감리회의 발전에 크나큰 저해 요인이 되어 개교회와 범교단적으로 끼친 타격은 숫자로 입증치 않더라도 너무도 컸음은 주지의 사실로 특히 본 교단의 교인뿐 아니라 타 교단에서도 익히 잘 아는 바이다. 바로 이같은 사실이 복음 선교의 역행임은 물론이다. 그럼에도 불구하고 피고는 도의적－신앙적 반성없이 이 일을 자행하여 왔으며 개정의 점이 없었다.

그러므로, 이 이후에 계속 피고와 같은 주장에 동조, 지지, 옹호 및 선전하는 자는 기독교 감리회 내에서 동일한 범법자로 간주되어야 한다.

피고는 이상에 열거한 내용과 같이 반－기독교적이고 이단적인 주장을 하고 있음으로 본 기독교 대한 감리회의 일원으로 있어서는 안될 것이 자명해졌다. 그러므로 본 재판위원회는 본 교단이 하나님의 말씀으로 믿는 신·구약성경과 사도신경의 고백, 그리고 본 교단의 (교리와 장정)제 35단 서문1항, 2항, 제39단 제3조, 제192단 제1조 8항, 제195단 4조 1항, 제199단 제8조에 의거하고, 장정 제231단 240조 1항 다를 적용하여 피고 변선환에게 기독교 대한 감리회에서 출교를 선고한다.

피고 : 홍정수, 1948년 7월 21일생

주소 : 서울특별시 은평구 갈현동 523－75 연립 203호.

피고는 1977년 기독교 대한 감리회 중부연회에서 교리와 장정이 정한 법에 따라 목사로서 안수를 받고, 본 교단의 대표적인 교역자 양성기관인 감리교신학대학의 교수로 재임하면서 기독교의 근본교리와 감리교 교리장정에 상치되는 주장을 자행함으로써 1991년 10월 총회에서 "목사직 면직을 결의"하게 되는 상황에 이르게 하였으며, 통일교 이단집단의 요직 인사를 본 교단 신학대학에서 5년동안 수학하고 졸업하도록 비호하였음으로 서울연회 심사위원회가 피고를 1992년 2월24일자로 기소함으로써 적법한 절차에 따라 본 재판위원회는 이를 접수하고, 그간 5차에 걸친 소위원회의 모임과 2차에 시행한 재판의 결과에 따라 아래와 같이 판결한다.

1. 피고는 기독교 신앙의 근본이 되는 살아계신 하나님의 존재를 부인하여 말하기를 "만일 신은 계신가하고 누군가가 묻는다면 신은 없다고 잘라 말할 수 있다."(베짜는 하나님, p.57)고 하는 등 무신론적 의사 표현을 단언하여 말함으로서, 본 교단의 하나님에 대한 신앙적 입장을 정면으로 거부하였다.

1. 피고는 기독교 신앙의 핵심이 되는 예수의 부활사건을 부정하여 "나는 단연코 육체의 부활을 부정한다"(우먼센스 1991, 12)고 하였고, "부활신앙은 이교도들의 어리석은 욕망에 불과하다"(크리스챤 신문, 1991. 3. 30)라고 하고 예수의 부활 사건을 "빈무덤이 아니다."(상동, 1991. 6.8)라고 주장하여 기독교 본래의 부활신앙을 부정하였다. 또한 "기독교의 부활 멧세지가 아무 소용도 없을 수도 있음을 극명하게 말해준다."(베짜는 하나님, p.185)고 말함으로써 사도시대 이후 오늘에 이르기까지 전하여 내려온 선교 멧세지를 거부하였다.

3. 피고는 골고다 산상에서의 예수 십자가의 대속의 죽음과 광주 망월동 민중항쟁으로 죽은 많은 민주 인사들의 죽음을 동일시 하였다. 또한 피고가 예수 그리스도의 부활 사건을 믿는 자를 위한

홍정수교수

"부활의 첫 열매"로 보지 않고, 정의를 외치다 한을 품고 죽은 이들의 정신적 공헌과 같이 간주하려는 것은 예수 그리스도의 육체의 부활을 부인하는 반성서적 주장이다.

4. 피고는 기독교신앙의 중심이 되는 예수 그리스도의 대속의 사건을 부정하여 예수의 십자가는 "신의 아들의 죽음이 아니다."(한몸, 7권, p.16)라고 했고 "예수의 죽음이 우리는 속량한 것이 아니라, 그의 삶이 우리를 속량하는 것이다."(상동, p.17)라고 주장하였다. 그리고 피고는 예수의 십자가의 피흘림에 대하여 이르기를 "그의 피가 동물들이 흘리는 피보다는 월등하게 효과가 있다는 이야기가 아니다."(상동, p.18)라고 함으로서 예수 그리스도의 피의 대속을 불신하는 주장을 하였다. 이같은 피고의 주장은 기독교 신앙의 교의와 본 교단의 신앙을 적대하는 반 그리스도적 이단사상이다.

5. 피고는 본 교단의 감리교 신학대학에 재직하면서 통일교의 요직, 현직인사인 양창식이 감신에 재학중에 있을 때(1986.3~1989.8)동 대학의 재학생인 이규철의 제보로 양창식의 본색이 드러났음에도 불구하고 그를 척결하는 일을 주선하기 보다는 오히려 비호한 점을 부정할 수 없다. 피고는 본 교단 신학대학의 체모를 손상시켰고 기독교 교의를 바르게 가르쳐야 하는 본직을 거절, 내지는 유기한 점이 인정된다.

6. 피고는 공공 출판물에 기고한 논문들과 강연 강의들의 내용에서 기독교 신앙의 본질을 위와 같이 파기하였고 웨슬리 목사의 "복음적 신앙"을 유산으로 받은 기독교 대한 감리회의 교리와 장정에 위배되는 사상을 주장해 왔다. 이는 기독교 대한 감리회의 발전에 크나 큰 저해 요인이 되어 개교회와 범교단적으로 끼친 타격은 통계적 숫자로 입증치 않더라도 너무도 컸음은 주지의 사실로 특히 본 교단의 교인뿐 아니라 타교단에서도 익히 잘 아는 바이다. 바로 이같은 사실이 복음 선교의 역행임은 물론이다. 그럼에도 불구하고 피고는 도의적－신앙적 반성없이 이 일을 자행하여 왔으며, 개정의 점이 없었다.

그러므로, 이 이후에 계속 피고와 같은 주장에 동조, 지지, 옹호 및 선전하는 자는 기독교 대한 감리회 내에서 동일한 범법자로 간주되어야 한다.

본 재판위원회는 이상에 열거한 내용과 같이 피고의 이단적인 주장을 묵과할 수 없음으로 본 교단이 하나님의 말씀으로 믿는 성경과 교리와 장정 제10단 제2조, 제11단 제3조, 제35단 2항, 제192단 제1조 1, 7, 8항, 제195단 제4조 1항, 제199단 제8조에 의거하고, 장정 제231단 제40조 1항 다를 적용하여 피고 홍정수에게 기독교 대한 감리회에서 출교를 선고한다.

19920516_감신대 두교수 선고문 전문_교회연합신문_5번

J-4-006

변·홍 교수 재판을 보고

1992년 5월 7일 오후 3시 기독교대한감리회 금란교회에서는 감리교신학대학의 변선환 학장, 홍정수 교수에 대한 서울연회 재판위원회의 재판이 있었다. 이 재판에서 두 교수에 대해 '출교' 가 선고되었다. 작년 기감 제19차 특별총회가 종교다원주의와 포스트모던신학을 이단으로 규정한 후 두 교수를 심사하여 기소함으로 열렸던 제 1심 재판이 끝난 것이다.

피고인의 자기변호 기회조차 충실히 보장되지 못한 제 1심 재판의 경과는 미리 예정되었던 수순을 밟는 요식행위로 치러진 데 불과한 것이 아닌가 하는 의구심을 불러 일으키고 있다. 처음 종교다원주의와 포스트모던신학에 대해서 문제가 제기될 때부터도 두 교수의 신학적 주장을 이단으로 정죄하면서 '여론재판' 을 시도한다는 우려를 낳았음은 익히 알려진 일이다. 그러나 정작 본 사건에 대한 심사와 재판과정을 지켜보면서 정말 이렇게해도 되는 것인가 우려하지 않을 수 없다.

변·홍 두 교수의 주장이 설령 성경적 입장에 배치되는 주장이라고 할찌라도 재판과정은 어느 누가 보아도 공정하게 진행하는 것이 교회의 평화를 위해서 바람직한 것이다. 그런데 그 재판절차 자체에 납득이 가지않는 부분이 많이 있음은 유감스러운 일이 아닐 수 없다.

우선 제일 먼저 생각해 보아야 할 것은 두 교수의 신학적 주장을 판단할 수 있는 법적 근거가 명확하지 않다는 점이다. 판결문에 의하면 '교리와 장정' 의 여러 조항을 나열하고 있지만 이 내용이 법적인 구속력을 발휘할 수 없다는 점이다. 또한 재판위원회가 열거한 '교리와 장정' 의 조항을 받아들인다 하더라도 재판절차는 민주적으로 진행되어야 하는 것임에도, 이점에서 재판부는 객관적 설득력을 상실했다. 신학적으로 논쟁의 여지가 많은 문제를 재판하는 것 자체가 문제의 소지를 안고있지만, 재판과정은 어느 누가 보아도 공정해야 함에도 불구하고 피고인의 신학적 주장을 일방적으로 매도하고 변론의 기회를 주지 않은 것은 재판위원회의 횡포라 하지 않을 수 없는 것이다. 홍정수 교수의 경우에는 재판위원회에 대한 기피신청을 제출했으나 기각되었으며 변호사 선임도 첫 재판에서는 채택되지도 않고 피고인이 궐석한 자리에서 일방적인 질문을 하는 것으로 사실심리 아닌 심리를 마쳤다는 것이다.

군사독재가 시퍼렇게 칼날을 세우던 제3, 4공화국하의 군사재판에서도 법적 절차를 밟아서 재판을 진행시켰던 기억이 새롭다. 그런데 하물며 교회의 재판에서 법률적 상식도 지켜지지 않는 상태에서 재판을 강행하는 것은 안타깝고 한심한 처사라고 단정하지 않을 수 없다.

지금은 과거 마녀사냥과 종교재판을 일삼던 중세의 암흑시대가 아니다. 교리를 수호한다는 명분이 아무리 거창할지라도 파행적인 재판을 정당화할 수는 없다. 우리는 기독교대한감리회가 대교단다운 양식을 발휘해 합리적 신학토론이 보장되는 분위기속에서 공정한 재판을 재개하기를 기대한다.

(5/16 새누리신문)

19920516_변홍교수 재판을 보고_새누리신문_5번

종교개혁과 부활논쟁

한국교회 최근 상황, 종교개혁 당시와 유사해

강성도 목사

'고백'의 차이 근거로한 징벌은 또다른 '폭력'

두 교수견해, 미국신학계에선 이미 '낡은 소리'

19920516_종교개혁과 부활논쟁_강성도크리스찬신문_5번

변·홍교수의 재판을 맡았던 재판위원회 고재영위원장(목사·60·신내제일교회)은 5월7일 출교선고재판이 끝난 후 약식 기자회견을 갖고 몇마디 자신의 입장을 밝혔다.

그중에서도 그는 기자의 교회 질서유지문제 부분에 대해 다음과 같이 얘기했다.

"장소를 빌릴 때가 없어서 금란교회측에 부탁을 한 상태였습니다. 장소를 정하고 나니 감신대생들이 재판을 못하도록 데모를 하러 온다고들 합니다. 정보루트망을 통해 그렇게 확인됐구요. 경찰은 절대 교회에 들어와서는 안되기 때문에 이모저모 걱정을 많이 했어요. 하다못해 부산서까지 몰려온다는 소문도 있더라구요. 제 본래 생각으로는 감신대생들이라 할지라도 방청을 시켜야 하겠다는 입장이었어요. 그래서 재판위가 원래 5월7일 감신대 강당에서 재판을 갖겠다고 얘기한 거였구요. 하지만 기자 양반들도 봤다시피 전혀 막무가내인 학생들을 어떻게 다그칠 수 있겠어요. 다소간 교회재판정과정에서 몸싸움이 있었다손치더라도 어쩔수 없이 교회측에서도 자연적인 보호반응으로 행동했을거라 짐작합니다."

이날 하오3시부터 시작된 소위 종교재판의 현장은 실로 아연실색할 정도의 모습을 연출했다.

교회밖은 교회밖대로 실랑이를 벌이고 교회안은 교회안 대로, 본당에선 본당 대로 서로 밀고 밀리는 몸싸움이 계속됐다. 그 와중에 자빠지고 깨지고 옷이 찢어지고 하는 것은 태반이었다. 기자도 소용없었다. 일반시회에서의 시위를 취재할때의 어려움을 몇갑절이나 겪어야 했다.

이것을 고 위원장은 자연스런 교회의 대응이었다고 설명했다. 또 경찰이 못들어오니 자체적으로 방어하기위한 수단이었을 거라고 부인했다.

이것이 과연 자연스런 대응이고 자체방어의 수단인가. 물론 일반 시위현장이나 전물점거였다면 상황은 또 달랐을 것이다. 그러나 장소는 다른곳이 아닌 교회였다.

종교재판의 현장

교회에서 이런일이 벌어지는 것이 문제였다. 무엇이 신앙이고 무엇이 믿음인가. 그토록 신앙하던 믿음, 소망, 사랑의 정신은 어디 갔으며 그리스도의 사랑을 기원하는 마음은 어디로 가버렸는가. 또 기독교를 믿지 않는 사람들이 만약 이 모습을 봤다면 무슨 생각을 했을까. 누굴찾아 교회로 오고 싶었을까.

무전기를 손에 든채 가슴에 노란 비표를 하고 적색양복을 입고 다니며 질서유지란 미명아래 재판정내 기자석조차 접근하지 못하게 만든 질서유지요원들, 본당의자를 지그재그로 만들어 아예 통로를 원천봉쇄한 교인들, 비오는 교회밖에서 재판무효구호를 외치는 학생들, 이 모든것이 그날의 재판이 보여준 사실과 파장자체였다.

〈정영진 차장〉

19920516_종교재판의현장_크리스챤신문_5번

한 겨 레 신 문 1992년 5월 17일(일요일) [9]

Y-3-007

■ 문화시평

변선환·홍정수 목사 종교재판에 부쳐

종교적 전횡을 일삼던 암흑의 중세시대에나 있을 법한 종교재판이, 가장 진보적인 신앙·신학체계를 확보해온 한국감리교회에서 열려 국내외에 심각한 파문과 우려를 낳고 있다.

변선환·홍정수 교수의 신학적 주장이 교회법과 교리에 어긋난다고 하여 교단에서의 축출이라고 하는 최고형이 내려진 것에 대해, 한국 교회와 한국 신학의 장래를 염려하는 한 그리스도인으로서 깊은 유감을 금할 수 없어, 이 재판이 안고 있는 부당성에 대해 다음과 같은 문제점을 제기하고자 한다.

첫째 두 교수의 신학적 주장이 충분한 학문적 논의 없이 정죄되었다는 점이다. 문제가 된 '종교다원주의'나 '포스트모던 신학'은 한국에서 아직 전문적인 학자들 사이에서도 깊숙하게 논의된 바 없고 이제 겨우 소개되는 단계이다. 중세 가톨릭교회조차도 신학적 이단자를 단죄할 때 신학의 전문가들이 재판을 담당했다. 그런데 이번 재판에 관여한 이들 중에는 신학의 전문가가 한 사람도 없었다.

'세계는 나의 교구' 팽개친 일방적 여론재판

고 진 하
〈목사·한국기독교문화연구원장〉

둘째 이번 재판은 법적 측면에서도 불법성과 불공정성의 문제를 드러냈다. 종교법 정신의 기본인 관용은커녕 두 교수에게 자기 방어의 기회조차 거의 주지 않은 상태에서 법정 최고형을 선고한 점과, 고발자와 수사관과 재판위원 대부분이 두 교수의 축출에 앞장선 소위 '교리수호대책위'라는 동일 단체에 속한 이들이라는 점 그리고 교회법과 신학에 대해 잘 알지 못하는 이들이 재판을 했다는 점이다. 더욱이 선고가 내려진 뒤 일간지에까지 게재한 판결문을 보면 애초 기소된 내용과 무관한 사항들로 판결이 내려진 걸 알 수 있다. 이는 여론재판이라는 비난을 면하기 어려운 게 아닐까.

마지막으로 이번 종교재판을 지켜보면서, 1968년에 한스 킹을 포함한 1천3백60명의 세계 신학자들이 서명한 '신학자유선언'이 떠올랐다. "모든 종교재판은 아무리 치밀하게 준비되더라도 건전한 신학의 발전을 저해할 뿐만 아니라 오늘날의 교회 전체의 신뢰도를 계산할 수 없을 만큼 심각하게 손상시킬 뿐이다."

이미 저질러진 일이긴 하지만 우리 교회에도 사회에도 아무런 유익이 되지 않는 두 교수에 대한 일방적 단죄를 철회하고 지금이라도 한국감리교회는 한국신학과 교회의 성숙한 미래를 위해 문제가 된 신학적 주장에 대한 떳떳한 논의의 장을 마련해야 할 것이다. 감리교회의 창시자인 존 웨슬리는 영국 국교회의 제도권위에 도전했다가 파문당한 뒤 종교적 관용의 토대에 서서 '교회'가 아니라 '세계는 나의 교구'라고 선언하지 않았던가.

5·18항쟁 희생자 추모미사

천주교정의구현전국사제단(대표 김승훈 김병상 함세웅 신부)과 천주교정의구현전국연합(회장 이돈명)은 광주항쟁 12주기를 맞아 '5·18광주항쟁희생자 추모미사'를 18일 오후 7시30분 서울 천주교 아현동교회에서 갖는다.

또 천주교 광주대교구도 18일 오후 7시30분 광주 남동천주교회에서 '5월 민중항쟁 12주기 추모미사'를 가질 예정이며, 천주교정의구현 전주교구 사제단은 전주 덕진천주교회에서 '통일열사 조성만(요셉) 4주기 통일염원 기도회'를 갖는다. 천주교정의구현전국사제단. 777-0643.

교회여성연합회 25돌예배

한국교회여성연합회(회장 박순금)는 창립25돌을 맞아 21일 오전 10시30분 연동교회(종로구 연지동)에서 기념예배를 갖는다. 기념예배에서는 '한국교회여성연합회 25주년 역사의 개관과 평가'라는 제목으로 이현숙씨(한신대 강사)가 강연을 한다. 또 오후 2시부터는 6개 교단이 참여하는 성가제도 열린다. 730-4400.

'웨슬리신학 현대조명' 강연

'웨슬리 회심기념 제6회 신학공개강좌'가 21일 오후 7시 감리교 신학대학 웰치강당에서 열린다. 감리교 신학대학이 주최하는 이번 강좌는 '웨슬리 신학의 현대적 조명'이라는 주제로 이후정 김홍기 교수가 강연을 맡는다. 364-5941~7.

3기 일꾼성서강좌

인천 노동선교문화원 제3기 일꾼성서강좌가 27일부터 7월1일까지 7회에 걸쳐 이 문화원(인천시 북구 산곡동 180-388) 강의실에서 열린다. 강의 주제는 '기독교란 무엇인가?' '사람의 길, 예수의 길' '기독노동자의 사명—일꾼의 길' 등이며 허병섭씨(일꾼 '두레'장) 이현주 목사(성공회 신학대 교수) 안태용씨(노동선교문화원 총무) 등이 강의를 맡는다. (032)518-5944.

'불·유·도 3교 교섭' 학술회

제13회 국제불교문화학술회의가 원불교사상연구원(원장 김삼룡 원광대 총장) 주최로 22일 오후 1시 이리 원광대 숭산기념관에서 열린다.

'불·유·도 3교의 교섭'이라는 주제로 열리는 이번 학술회의에서는 '한국 불·유·도 3교 교섭의 사적 회고'에 대해 유명종 교수(원광대)가 주제발표를 하고 '송대의 3교 합일사상'과 '불·유·도 3교와 일본' 등의 주제로 장춘화 교수(베이징 정법대)와 야마구치 교수(일본 불교대) 등이 연구발표를 한다. 813-2203.

19920517_변선환 홍정수 목사 종교재판에 부쳐_한겨레신문_5번

J-2-101

변선환 학장, 홍정수 교수의 서울연회
재판위원회 선고에 대한 우리의 입장

지난 5월 7일 서울 금란교회에서 열렸던 서울연회 재판위원회의 변선환 학장과 홍정수 교수에 대한 출교 선고에 대하여 우리 감리교신학대학 선교대학원생 일동은 놀라움을 금치 못하며 심각한 유감과 우려의 뜻을 표하지 않을 수 없습니다.

물론 저희들 모두가 두 신학자의 견해에 동감하는 것은 아니나, 금번 일련의 상황들이 적어도 현재 우리들에게 여러가지로 문제와 갈등을 일으키고 있는 교회의 신앙과 학교에서의 신학의 거리를 해소하고, 새로운 선교의 장을 위한 공동 과제를 함께 풀어가는 건전하고 바람직한 결과로 기대되었기에 예상 밖의 결과는 우리의 가슴을 더욱 아프게 하고 있습니다.

우리 감리교회는 신학의 다양성을 인정하는 전통과 에큐메니칼 신학 노선을 걸어오면서 민족의 고난에 함께 동참하며 예수 그리스도의 복음을 과감히 증거함으로써 놀라운 성장을 이룩한 자랑스런 역사를 가지고 있습니다. 그 과정에서 우리의 선배 목회자들과 신학자들은 함께 하나님의 나라를 이룩해 나아가는 동반자요 동역자로서 그 사명을 다하여 왔음을 또한 자랑스럽게 생각합니다.

이제 우리 모두는 또 한발 성숙을 위한 역사의 자리에 서 있음을 느끼면서 함께 슬기와 힘을 모아 이 어려운 상황이 하나님께서 기뻐하실 아름다운 자리매김으로 이어지길 간절히 바랍니다. 이를 위하여 먼저 분열과 정죄를 위한 모임이 아닌 우리 감리교신학의 발전과 교회의 성숙을 위한 토론의 장이 이루어져야 할 것이며, 그 자리가 목회자와 신학자 서로의 새로운 가능성을 이루어가는 비판과 보완을 위한 열려진 자리가 되어질 때, 이는 분명 또 하나의 위대한 감리교회 전통이 될 것입니다.

배움과 함께 목회의 현장에 있는 우리는 학문의 실천과 말씀에 대한 책임있는 삶들이 얼마나 어려운 것인가를 늘 절실히 느낍니다. 적어도 오늘 우리 감리교회의 이와 같은 아픔은 이 모두를 이루기 위한 노력의 결과에서 나타난 것이라고 믿기에 아직도 우리는 희망을 버리지 않습니다.

우리 감리교회의 신앙적 열정과 경건성, 학문에의 자유로움과 성실성의 훌륭한 웨슬리 전통이 모두에게 아픔과 고통을 주는 금번의 결과에 관용과 화해, 일치의 정신으로 되살아나길 기도하면서 다음과 같이 우리의 바램을 밝힙니다.

- 서울 연회 및 총회 재판위원 여러분들께 두 신학자에 대한 재판절차와 과정을 좀 더 신중하고 적법하게 진행시켜 주실 것을 엄숙히 요청하는 바입니다. 지금까지의 진행과정에 문제가 있다고 주장하는 두 신학자와 여러 목회자, 신학생들의 항변은 정당하기 때문입니다.
- 감리교를 사랑하는 모든 목회자들과 평신도들께 부탁드립니다. 감리교 신학이 몇몇 신학자에 의해 형성될 수 없듯이, 우리의 신앙적 유산이 몇몇의 교리 수호자들에 의해 지켜질 수는 결코 없을 것입니다. 우리 모두의 체험적인 신앙과 실천적인 삶의 자리에서 역사하시는 하나님께 대한 우리의 책임있는 응답에서 신학과 신앙이 이루어질 수 있을 것입니다. 함께 힘을 합하여 뜨겁게 기도하고 열린 가슴들로 삶을 이루어 이 어려움을 지혜롭게 이겨 나가야 하겠습니다. 세계가 우리를 주시하고 있고 하나님께서 재촉하시기 때문입니다.

주후 1992년 5월 18일

감리교신학대학 선교대학원생 일동

-33-

19920518_변선환 학장 홍정수 교수의 서울연회 재판위원회 선고에 대한 우리의 입장_감리교신학대학 선교대학원생 일동_감리교단을 염려하는 기도모임 자료집(1)_5번

보 도 자 료

지난 5월12일 연세대 구내 알렌관에서 박정오목사(서울연회 청파교회 담임)외 19명의 총대가 모여 감리교단의 현안문제에 대한 협의모임을 가졌다.

가칭「감리교를 염려하는 기도모임」을 결성키로 하고 1차로 우리의 입장을 밝히는 글을 발표하기로 합의하였다.

별지「감리교회의 화해를 위하여」는 전현직감독, 박대선, 김지길, 장기천, 김규태(현 남부연회감독)등 4명과 박순경교수외 108명의 전현직 교수, 황을성목사외 총대95~~80~~명, 감리교목회자협의회 건설 준비위원 황호영목사외 부문대표 25명, 최종림장로외 17~~20~~명, 단체로는 감리교목회자협의(회장 정명기)외 6개단체 명의로 발표하기에 이르렀다.

1차 총 ~~160~~ 185명의 개인 또는 단체명의로 발표된 「감리교회 화해를 위하여」는

1. 신학은 법으로 규정지어질 수 없습니다.
2. 신학은 다양하여 상대적인 것입니다.
3. 우리 모두 주체적인 참회를 바탕으로 화해의 노력을 기울릴때 입니다.

로 구분되어 있다.

「감리교를 염려하는 기도모임」은 5월28일 오후2:00시 아현감리교회(김지길감독시무)에서 기도회를 가질 예정이다.

이 기도회에서는 문제시된 신학부문에 대한 해외 신학자의 특강, 이단시비에 대한 해설, 재판과정에 대한 보고와 향후방향에 대한 토론을 가질 예정이다. 또한 1차 모임자 서명에 동참한 160명과 기도회에 참석하는 추가 참여자들과 함께 교단내외의 기도모임을 건설하고, 선한세력과 연대하여 교단의 현실문제를 해결해 갈 것이다.

1992. 5.18

「감리교를 염려하는 기도모임」 준비위원회

박정오(서울연회)	김주협(서울남연회)	주복균(중부연회)
장태순(경기연회)	노정길(남부연회)	김준형(동부연회)
홍현표(삼남연회)	김민자(여 성)	윤병상(총 무)
신경하(재 정)	김동완(홍 보)	

19920518_보도자료(창립이전)_감리교를 염려하는 기도모임_5번

JUN 17 '92 09:20 JO MYEONG SA 278-1535 P.1

J-2-031

기독교대한감리회 장로회 전국연합회

감장연게 '92 - 3호 1992. 5. 20
수 신 : 장로회원 제위
참 조 : 각 교회 재무부장
제 목 : 1992년도 장로회 전국연합회 하계 수련회 개최 안내

1. 삼라만상이 왕성한 생명력으로 흘러넘치는 성장의 계절에 하나님의 축복과 그리스도의 사랑아래 전국 장로회원 여러분의 가정과 교회와 일터에 화평과 번영의 기쁨이 넘치기를 기원합니다.

2. 아래와 같이 1992년도 장로회 전국연합회 하계 수련회를 개최하오니 여러분의 적극적인 참여와 성원과 기도의 도움으로 대성황을 이루워 주시도록 부탁드립니다.

아 래

가. 일 시 : 1992년 7월 13일(월)~15일(수) 2박3일
나. 장 소 : 강원도 낙산 비-치 호텔
다. 주 제 : 저그리스도와 장로의 책임
다. 표 어 : 말씀으로 새로와지는 장로
라. 강 사 : 개회예배 설교~곽전태 감독회장
폐회예배 설교~박성룡 감독(평신도국위원장)
아침기도회 7월 14일 박진옥 감리사(속초지방)
7월 15일 박형주 목사(속초교회 담임)
특 강~이기택 박사(연세대교수)
연 제~북한은 변하고 있는가?
주제집회~김홍도 목사(금란교회 담임자)
마. 등 록 금 : 일인당 50,000원
부부동반은 환영하나 숙박은 남, 여로 구분함. 동반숙박이 가능할 경우 40,000원의 가산금을 납부함.
바. 참가인원 : 600명
사. 신청마감 : 1992년 7월 4일(장소수용능력관계상 선착순으로 마감함)
아. 휴 대 품 : 성경찬송, 주민등록증, 기타 일용품
자. 관 광 : 7월 13일-한계령
7월 14일-통일전망대, 설악산
7월 15일-미시령, 소양호(춘천)
차. 신청방법 : 동봉한 신청서양식에 의거 기재하여 아래 주소로 우송바랍니다.
110-070 서울특별시 종로구 내수동 145 고려빌딩 103호
TEL. 723-9944 FAX. 723-9945

3. 각 교회 재무부장님은 담임자와 협의하시어 소속 장로회원들의 참석을 권유하여 주시고 재정적인 지원도 베풀어 주시면 감사하겠습니다.

4. 금번 수련회에 참가하시면 금강산 관광안내와 북한 관광에 대한 제반 정보를 들을 수 있고 또한 신청할 수 있습니다.

5. 통일전망대 관람에는 주민등록증이 없으면 입장할 수 없으니 필히 휴대하시도록 재차 강조합니다.

6. 자세한 문의가 필요하시면 다음 전화를 이용하여 주십시요.
02-723-9944 (진재민 장로 사무실→준비위원회재정부장)
02-733-9597 (이명구 장로 사무실→전국연합회총무)

기독교대한감리회 장로회 전국연합회
1992년도 하계 수련회
대 회 장 유 상 열
준비위원장 김 종 건

19920520_1992년도 장로회 전국연합회 하계 수련회 개최 안내_대회장 유상열_5번

J-2-106

결 의 문

지난 5월 7일 금란교회에서 있었던 1차 재판의 판결은 우리를 커다란 분노와 비애 속으로 몰아 넣었다. 그때에 우리는 골리앗의 횡포 앞에서 이제는 끝이다는 절망 서린 한숨을 토해내는 심정이었다. '왜 이런 의로운 자가 고난을 당해야 하는가'하는 욥의 물음을 몇 번씩 되물으며 엘리엘리라마 사박다니를 부르짖었다.

하지만, 의로운 자가 살아 있을 수 있는 것은 그 의로움 때문이다. 흩어져 있던 우리를 다시 이 자리에 모이게 하는 것은 신앙적 양심이다. 의에 대한 신실한 믿음은 모든 열악한 상황 속에서도 우리에게 일어나 외칠 것을 명령하고 있다. 우리는 이것을 하나님의 부르심이라고 확신한다.

우리는 기억한다. 소년 다윗의 의가 거인 골리앗의 불의를 넘어뜨렸으며 기드온의 삼백 용사는 미디안의 십만 군대를 격파시켰다. 누가 의로운가는 숫자와 힘으로 결정되지 않는다. 또한 대세가 결정해 주지도 않는다.

우리는 우리의 힘없음을 탓하지 않는다. 또한 미리 이 싸움의 결과를 내다보며 현명한 처신을 피하지도 않는다. 다만, 우리를 의의 반열 안에 부르시고 이 자리로 이끌어 내신 하나님 신앙 속에서 정의를 선포할 뿐이다. 바로 왕 앞에 단신으로 나아간 모세와도 같은 무모한 일일지라도, 부패하고 타락한 감리교단과 이번 사태를 음모하고 획책한 악한 세력 앞에 담대히 부르짖는다.

1. 이 재판 자체는 감리교의 웨슬리의 정신에 위배될 뿐더러 그 진행과정에 있어 타협과 술수가 공모되었다. 따라서 이 재판의 정당성은 인정될 수 없으며 무효이다.
2. 우리는 공정한 재판을 요구한다. 이는 신학자, 목회자가 함께 참여하여 신학적 토론을 거침으로써 진행되어야 할 것이다.
3. 이번 재판으로 감리교의 전통과 역사에 오류를 남긴 나원용 감독과 재판위원회는 전감리교의 앞에 엄숙히 사과해야 한다.
4. 신학적 견해는 토론의 대상일뿐 재판의 대상이 될 수없음에도 불구하고 신학적 견해를 이유로 신학자를 정죄하고 감리교의 명예를 회손한 교리수호대책위원회를 해체하고 김홍도 목사와 유상열 장로, 이를 묵인한 곽전태 감독회장은 마땅한 책임을 져야 한다.
5. 현사태는 두 신학자의 개인적 문제가 아니라, 감리교 신학과 감리교회의 운명을 좌우하는 일이다. 따라서 7개 연회 감독님들은 이 문제를 합리적이고 공정하게 해결하기 위하여 적극적으로 동참해야 한다.

1992. 5. 20.

감리교목회자협의회 추진위, 감리교 신학대학 교수
감리교 신학대학 총학생회, 감리교 신학대학 대학원대책위

-35-

19920520_결의문_감리교목회자협의회 추진위, 감리교신학대학교수, 감리교 신학대학 총학생회, 감리교신학대학대학원대책위_감리교단을 염려하는 기도모임 자료집(1)_5번

「변·홍」교수 출교처분 관련

교단화해 촉구

'감리교 염려 기도모임' 결성

기독교대한감리회 서울연회 재판위원회가 감신대 변선환학장과 홍정수교수를 종교다원주의와 포스트모던신학을 주장했다는 이유로 출교처분을 내린 것과 관련, 전현직 감독을 포함한 목회자등 1백60여명이 「감리교를 염려하는 기도모임」을 결성하고 18일 감리교단의 화해를 촉구하는 성명을 발표했다.

이 모임은 박대선 김지길 장기천등 전직감독과 김규태현남부연회감독을 비롯 박순경 이계준 윤병상 박원기씨등 교수10명, 김성렬 김광덕 한준석 유동식씨등 원로6명, 총대목사 93명, 감목협등 부문대표 25명, 평신도 19명, 도시목회자협등 6개 단체에서 참여하고 있다.

이들은 지난 12일 연세대 알렌관에서 모임을 갖고 감리교단의 현안에 대한 협의를 한 뒤 기도모임을 결성키로 의견을 모은 것으로 알려졌다.

이들은 이날 「감리교회의 화해를 위하여」란는 제목으로 발표한 성명을 통해 △신학은 법으로 규정되어질 수 없다 △신학은 다양하며 상대적인 것이다 △감리교인 모두는 주체적인 참회를 바탕으로 화해의 노력을 해야한다 등의 주장을 했다.

한편 「감리교를 염려하는 기도모임」은 28일 오후 2시 아현감리교회에서 기도회를 개최하고 문제시된 신학부문에 대한 해외신학자의 특강과 이단 시비에 대한 해설, 재판과정에 대한 보고와 향후 방향에 대한 토론을 가질 예정이다.

(5/20 국민일보)

두교수 黜教재판 반발

監 원로목사·청년회등 서명운동도

기독교대한감리회 서울연회재판위원회(위원장=고재영목사)가 감신대 변선환·홍정수교수에게 출교를 선고한데 대해 반발하는 모임이 확산의 조짐을 보이고 있어 주목되고 있다.

지난 7일 결심공판 때부터 감신대생들에 의한 시위와 서울연회 본부에서의 단식농성 등으로 시작된 이 재판의 무효 또는 철회를 요구하는 모임은, 12일에는 청년회 전국연합회 중앙위원회가 『이번 재판은 중세시대의 종교재판식으로 진행되어 마땅이 철회되어야 한다』는 태도를 밝혔다. 같은날 동교단의 중견급 목회자들인 총대 20명은 「감리교를 염려하는 기도모임」을 발족시키고, 「변·홍교수에 대한 「재심청구」를 해당 서울연회 나원용감독에게 제출한데 이어 18일에는 성명서와 함께 행동방향을 발표했다.

이계준·윤병상목사(연세대교수)·박정오목사(청파교회 담임) 등인 이들은 이 사태를 「교단의 현실문제로 규정하고 재판의 부당성에 대한 서명운동과 함께 오는 28일 아현교회(담임=김지길목사)에서 기도회를 가지고 전국의 목회자·평신도지도자를 상대로 서명운동을 확대해 나갈 것이라고 밝혔다.

특히 현직 김규태감독(남부연회)과 전직감독인 박대선·김지길·장기천목사와 김성렬의 5명의 원로목사, 박순경교수 등 학자 9명, 박민수목사 등 목사총대 93명, 장로 20명, 기타 26명과 교역자협의회 등 7개단체가 서명해 「감리교회의 화해를 위하여 — 서울연회재판위원회의 출교선고를 보고」란 제목의 성명서를 통해 『감리교는 「다양성 속에서의 일치」란는 전통과 성령운동과 자유주의신학이 조화를 이루어왔다』면서, 『신학은 △법으로 규정지을 수 없으며 △다양하고 상대적이고 △우리 모두 주체적인 참회를 바탕으로 화해의 노력을 기울일 때』라고 말했다.

한편 감신대 신대원도 이 사태와 관련해 18일부터 수업거부에 들어간데 이어 학부도 오후수업은 거부하기로 했다.

— 47 —

19920520_변홍교수 출교처분 관련 교단화해 촉구_국민일보_5번

감리교「종교재판」 반박성명 확산

목회자·신학생등 斷罪 비난 성명 잇따라

(5/24 조선일보)

神學 재판으로 斷罪못한다

監理교단 두교수 출교선고에 반발 목소리

少壯 목회자도 조직적 救命운동 나서

(5/23 동아일보)

19920523_신학 재판으로 단죄못한다_동아일보_5번

日報 문화1 1992년5월23일 土曜日

감리교단 진보세력

"黜教무효" 운동 벌인다

「기도모임」결성… 신학생·목회자등에 서명받아

"유례없는 종교재판… 절차상 하자있다"

邊·洪두교수 黜教결정을 반대하는 진보적 인사들이 최근 「감리교를 염려하는 기도모임」 결성에 나섰다. <사진은 감리교서울연회재판위의 邊·洪교수 1차공판광경>

감리교의 진보적 입장을 대변하는 학자및 목회자 20명으로 구성된 가칭「감리교를 염려하는 기도모임」준비위원회(총무 尹炳相延世大교수)가 결성됐다. 위원회는 20일 監神大 邊鮮煥학장과 洪丁洙교수의 黜教결정으로까지 이어진 최근 감리교서울연회의 1심재판절차를 반박하는 성명을 발표했다.

전·현직감독, 학계인사, 원로, 총대 1백85명의 서명을 곁들인 이 성명에서 준비위측은 『감리교는 개신교 5백년사상 유례없는 종교재판을 통해「다양성 속에서의 일치」를 추구해 온 우리교단의 전통을 뿌리째 위협하고 있다』며 학문적 주장을 문제삼아 두 교수에게 黜教처분을 내린 보수세력과 재판관계자들을 강력히 비난했다.

준비위측은 또『신학은 필연적으로 다양하고 상대적일 수 밖에 없으며 따라서 결코 법으로 규정될수 있는 성질의 것이 아니다』고 강조하고 이번 재판이 상식수준에서조차 납득키 어려운 수많은 절차상의 하자를 지니고 있음에 비추어 黜教결정은 반드시 무효화돼야 한다고 주장했다.

준비위측은 서명자들을 중심으로 신학생·목회자 3백여명을 동원, 오는 28일 오후2시 서울 아현감리교회에서 기도회를 열어「감리교를 염려하는 기도모임」의 공식출범을 선언하는 한편 이를 계기로 교단내 보수세력에 맞서 邊·洪교수의 黜教결정을 번복하기위한 본격적인 운동을 펼쳐나갈 계획이라고 밝혔다.

<鄭備洛기자>

보수·진보 기존입장 떠나 聖書的 語法으로 해석

「감리교사태」빌미제공 포스트모던神學

이번 감리교 종교재판에서 종교 다원주의와 함께 중요한 빌미를 제공한 포스트모던神學은 일반 대중은 물론 기독교신앙인이나 신학자들에게조차 매우 생소한 新神學조류의 하나다. 이미 10여년전부터 서구 신학자들 사이에서 유행하기 시작한 이 신학을 국내에 처음 도입·소개한 사람은 최근 감리교서울연회재판위원회로부터 교리위반으로 黜教선고를 받은 감신대의 洪丁洙교수.

한마디로 포스트모던神學이란 「성서속의 이야기를 성서가 지니고 있는 독특한 언어와 문법으로 이해하고 해석해야한다」는 입장에 서는 신학을 말한다. 포스트모던神學은 17세기 이래 서구문명을 지배해온 자연과학적 사고방식에 대한 하나의 신학적 반작용으로 성립된 것이라 할 수 있다.

과학적 사고방식의 핵심을 이루는 것은『관찰을 통해 객관적으로 검증될수 있는 사실만이 진리』라고 하는 완고한 도그마다.

이 사고방식이 신학자들을 사로잡아 성서속의 이야기나 사건들을 오로지 자연과학의 세계관 혹은 진리관에 입각해 이해하려는 풍조가 만연하게 됐다.

여기서 두가지 입장이 생겨났다. 하나는 동정녀 탄생이라든가 예수의 부활·재림과 같은 성서속의 사건과 이야기들이 과학적으로 검증될수 없는 것이라하여 성경을 부정하고자하는 입장이며 또 하나는 검증이 불가능함을 알면서도 그것들을 억지로 과학적 틀과 언어에 꿰맞춰 설명하고자하는 입장이다. 흔히들 전자를 진보신학, 후자를 보수신학이라고 부른다.

이렇듯 성서해석이 과학적 세계관과 사고방식에 지배당하게 되면서 이후 기독교 언어는 자기정체성(Identity)을 상실하게 되고 신학 자체도 획일주의에 빠진채 퇴조를 면치 못하게 됐다. 이에 진보와 보수를 막론한 신학계 내부에서 성서를 과학만으로 재단하는 것은 잘못이라는 반성이 나오게 되고 급기야는 「성서는 성서 나름의 독특한 어법으로 이해하지 않으면 안된다」는 자각이 일기 시작했다. 이렇게 해서 성립된 신학조류가 바로 포스트모던 신학이다. 포스트 모던신학은 성서의 세계를 과학의 언어가 아닌 성서의 언어로 설명하고 재해석하자는 것으로 특히 과학적 사고의 도그마에 갇힌 기존신학의 틀을 깨려한다는 점에서 패러다임으로서의 혁명성을 인정받고 있다.

19920523_출교무효 운동벌이다_중앙일보_5번

출교처분 올바른 해결촉구

감리교 중진 1백85명 '염려하는 기도모임' 결성
28일 기도회개최, 도봉지방에선 지지성명발표

감리교 서울연회 재판위원회(위원장 고재영)의 변선환 학장과 홍정수 교수에 대한 출교선고 이후 이같은 결과를 우려하는 목소리가 높아가고 있는 가운데 감리교 전·현직 감독, 원로, 총대등 1백85명이 공동으로 파행적 재판에 대한 문제의 올바른 해결을 촉구하는 입장을 천명해 이른바 감리교 변·홍 교수 재판사건의 파장은 범교단으로 확산될 조짐을 보이고 있다.

박정오, 윤병상, 김동완 목사등 감리교 총대 20명으로 구성된 (가칭)'감리교를 염려하는 기도모임' 준비위원회는 지난 18일 서울시 중구 정동 세실레스토랑에서 기자회견을 갖고 감리교공동체를 위협하는 최근의 사태에 대해 적극적인 해결을 모색할 것이라고 밝혔다.

기도모임 준비위는 이날 박대선, 김지길, 장기천, 김규태등 4명의 전·현직감독, 김성렬 목사등 원로 6명, 박순경 교수등 전·현직 교수 11명, 황을성 목사등 감리교총대 103명, 박영천 목사등 비총대 교역자 28명, 최종립·김수경 장로 등 장로 20명, 감리교 내의 전국여교역자협의회, 도시목회자협의회, 농촌선교목회자협의회, 목원대민주동문회, 청년회전국연합회, 감신대학생회·감신대학원 원우회, 목원대 신학과 학생회등 모두 1백77명의 개인과 8개 단체가 공동명의로 이같은 입장의 '감리교회 화해를 위하여' 라는 문건을 발표했다.

이 문건은 △신학은 법으로 규정지어질 수 없다는 것 △신학은 다양하여 상대적이라는 것. △모두가 주체적인 참회를 바탕으로 화해의 노력을 기울여야 한다는 내용으로 이루어져 있다.

1백60여 명의 1차 서명인은 이날 발표된 문건을 통해 "변선환 학장과 홍정수 교수의 학문적 주장과 관련한 소위 감리교 교리논쟁은 우리가 그토록 자랑스럽게 생각하는 '다양성 속에서의 일치' 라는 전통을 위협하는 대풍으로 다가오고 있다"고 개탄하고 "교권이 중시되는 가톨릭교회의 전통속에서 나타났던 종교재판이 감리교 교단안에서 전개된 일은 있을 수 없는 일이므로 조화와 일치를 가능케하는 민주적 시각에서 재판과정을 예의 주시하고 포용성을 특징으로 하는 감리교의 신학적 전통 아래서 교리와 관련한 논쟁을 검토해 보지 않을 수 없다"고 밝혔다.

한편 기도모임준비위는 오는 25일 원로를 비롯한 총대, 소장파 목사, 신학생들로 구성된 '감리교연합대책기구' 를 구성, 오는 총회에서 변·홍 두교수에 대한 출교선고고 번복할 것을 요구할 것이라고 전했다.

이들은 변·홍 두교수에게도 교리수호대책위와 재판위를 명예훼손과 무고죄로 사회법에 고소할 것을 권유하기로 했다고 밝혔다.

기도모임 준비위는 이와 관련, 오는 28일 오후 2시 아현감리교회(감독 김지길)에서 기도회를 가질 예정이다.

이날 기도회는 문제시된 신학부문에 대한 해외신학자의 특강(마크 테일러 교수·프린스턴대학), 이단시비에 대한 해설(유동식 교수·감리교신학자협의회 회장), 재판과정에 대한 보고와 향후방향에 대한 토론으로 진행된다.

기도모임 준비위 윤병상 총무는 "1차 모임자 서명에 동참한 1백60여명과 기도회에 참석하는 추가 참여자들과 함께 교단내외의 기도모임을 건설하고 선한세력과 연대하여 교단의 현실문제를 해결해 갈 것"이라고 밝혔다.

한편 서울연회 도봉지방이 기도모임에 지지성명을 발표해 이 모임의 참여자는 앞으로 계속 늘어날 전망이다.

19920523_출교처분 올바른 해결촉구_새누리신문_감리교단을 염려하는 기도모임 자료집(1)_5번

바로 바르트도 박 교수도 결코 용납할 수 없는 「우상숭배」였던 것은 한국의 비극이 아닐 수 없었다. 재판장에 앉아서 한국의 신학을 조국의 통일과 연결시키며 땀흘리는 박 교수의 안타까운 모습에서 우리 땅에서 신학을 한다는 의미를 깊이 생각하며 고뇌하게 했다. 재판장에게 의미있고 힘있고 타당성이 있는 신학을 할 수밖에 없는 한국의 신학계의 현실을 통감하지 않을 수 없었다.

이제 1990년대의 신학적 과제가 한국의 신학계에 명료하게 부각되는 것을 느낀다. 신학의토착화의 문제, 한국문화신학, 종교다원주의, 문화다원주의 등으로 불리는 타종교와의 문제, 혼합주의의 문제, 그리고 평화와 통일을 지향하는 한국 사회에 있어서의 신학적 성찰, 교권과 정권으로부터의 신학과 학문의 자유의 문제, 가부장적 교권적 교회에 있어서의 여성신학의 문제들로 시작된 1990년 대 한국신학계는 더욱 많은 순교자들을 배출하면서 더욱 활발한 불길이 일어날 것으로 기대된다.

2. 포스트모던 신학 "세계적 기류로 등장"

◈출처: 크리스찬신문 제1513호 1992년 5월 23일 (토)
기독교학회 「포스트모던 신학」 공개강연회(요지)

기독교학회 포스트모던 신학 공개강연회 요지

포스트모던 신학 "세계적 기류로 등장"

테일러 교수…「상이성」긍정통해 타종교들과 대화나눠야

민중·여성신학 이미 탈현대적 방법론 채택…서광선 교수

한국기독교학회(회장· 박근원박사)는 5월 18일~19일 「한국신학과 탈지유주의신학(포스트모던 신학)」을 주제로 춘계신학 공개강연회를 개최, 최근 감신대 출교선고로 파장을 더하고 있는 종교다원주의와 포스트모던 신학적 조망을 시도했다.

서광선 박사(이대)를 비롯 김명수 박사(부산신대) 김종서박사(정신문화연구원) 등이 참여, △한국신학 △성서신학 △종교다원주의 전통의 시각에서 포스트모던 신학을 다각도로 조명한 이 강연회에는 특히 미 포스트모던 신학자인 마크 클라인 테일러교수(프린스톤대)가 참석, 포스트모던 신학에 대한 관심이 고조되는 차제에 포스트모던 신학을 설연한 테일러교수의 강연과 이를 한국신학적 입장에서 조명한 서 교수의 강연을 불췌 · 요약한다. 한국기독교학회는 구약학회, 신약학회, 교회사학회, 조직신학회, 기독교윤리학회, 기독교교육학회, 실천신학회, 여성신학회 및 선교신학회 등으로 구성돼 있다. <편집자 주>

19920523_포스트모던 신학 세계적 기류로 등장_크리스챤신문_5번

신학「학문만으로만 존재」돼

국내·외 교회지도자 초청, 기

○… 지난 1884년 이 땅에 복음이 전래된 이래
○…주의 보수신앙을 지켜왔던 본교단이 올해로
○…성도 2백10만 선교사 파송 2백98명 등 전도
○…서기까지는 하나님의 사랑과 더불어 이름없
○…있었기 때문이다.
○… 본란은 교단설립 80주년 기념특별강연회
○…향」, 신성종목사「한국신학의 재조명」, 정성
○…을 수록하면서 본교단이 앞으로 중점적으로
○… 또한 지금까지 지내오면서 문제점으로 지
○…주의 사상을 견고히 하는 계기를 모색하고자

Ⅰ.한국신학의 재조명의 필요성

지금 한국의 신학은 걸음마 단계를 벗어나 자립의 단계에 접어들고 있다. 과거에는「번역신학」의 단계를 면치 못하고 있었으나 지금은 신학교에서 가르치고 있는 교수들의 대부분이 외국에서 정식으로 학위를 받고 귀국하였기 때문에 어느정도 뿌리를 내리고 있다고 볼 수 있다. 따라서 우리들은 이 신학이 과연 바람직한 방향으로 가고 있는지를 재조명해보아야 할 단계에 이르렀다고 할 수 있다.

그런데 신학의 방향은 교단의 실제적인 필요에 따라 시대마다 그 강조점이나 내용이 달라질 수가 있다. 왜냐하면 신학에는 영원히 변함이 없는 본질적인 것이 있는가하면 반대로 그 시대의 문제점을 해결해주어야 하는 면도 있기 때문에 변하는 면도 있다. 따라서 이런 것들을 총회는 결정을 해서 교수들로 하여금 참으로 그 시대에 목회자로서 필요한 것이 무엇인지를 가르치도록 해야 하는 것이다. 그동안 보면 교수들은 신학을 자기들의 전유물인 것으로 착각하여 왔다. 그러나 상품으로 말하면 고객이 왕이듯이 목회현장에 필요한 학문이 무엇인지는 목회자가 더 잘안다. 따라서 교수들은 그 시대와 그 교단의 그 필요에 따라 학문의 방향을 정해야 한다. 그런데 문제는 두 분야 사이에 아무런 연결도 토의도 없다는 것이 비극이 아닐 수 없다.

그러면 이 시대에 꼭 필요한 것이 무엇인가? 첫째는 영남과 호남간에 생겨진 간격을 없애줄 수 있는「화해의 신학」이요, 둘째는 1백3개국에 흩어져 살고 있는 제2의 디아스포라인 이민들을 위한「이민신학」의 확립이요, 셋째는 민족 복음화를 위한「통일

한국신학은 크게 세가지 방향으로 걸어왔다. 하나는 지혜를 구하는 자유주의신학이고 다른 하나는 제멋대로 만

주지 못하였다. 예를 들면 1920년대에 많은 글을 쓴 최병헌은 동서 종교의 만남을 시도한 최초의 사람이었다. 그는 모든 종교는 한 덩어리의 고기맛이라고 주장하면서 처음 맛은 다르나 씹으면 씹을수록 그 맛이 같아진다는 것이다. 그는「성산명경」이란 책으로 특별히 유불선과 기독교간의 대화를 시도하여 하나의 공동체를 구성할려고 하는 꿈을 가졌던 사람이다.

그러나 김재준의「성경오류설」에서 시작되는 한신의 신학은 자유주의를 대표한다고 할 수 있다. 후에 감신에도 두개의 흐름이 공존하게 되었는데 특별히 변선환의 다원주의와 홍정수의 포스트모더니즘은 새로운 자유주의 신학이라고 할 수 있다.

2)이단신학 :한국은 어떤 점에서 종교백화점이라고 할 수 있을 정도로 많은 종교가 있다. 계룡산을 중심으로 한 이단은 말할 필요도 없고, 기독교안에서도 박태선이나 문선명같은 이단은 물론, 최근에 일어난 다미선교회의 이장림은 종말론적 이단이고, 김기동과 이초석의 신유집회는 최면술과 무당을 접합시킨 신비주의적 사이비 기독교이다.

3)정통신학 :박형룡과 박윤선의 두 기둥으로 대표되는 정통신학은 최근에 와서 이렇다할 학자들을 배출하지 못하

19920523-한국신학의재조명(변홍사건언급)-기독신보_5번

宗敎화제

감리교단내부「두교수黜敎」거센반대

목회자등 百85명「기도모임」결성

"서울연회 선고는 獨善" 우려 표명

○…신학적 문제로 監神大 邊鮮煥학장과 洪丁洙교수에게 출교(黜敎)를 선고한 감리교 서울연회재판위의 결정에 반대하는 움직임이 교단내부에서 본격적으로 일고있다.

朴大善(前延世大총장) 金知吉(前KNCC회장) 張基天목사(前기감감독회장)등 목회자와 신학자 1백85명은 「감리교를 염려하는 기도모임」을 결성하고 邊·洪두교수에 대한 서울연회의 출교선고에 깊은 우려를 표명했다.

「기도모임」은 지난18일 「감리교회의 화해를 위하여」라는 제목의 성명을 발표, 「두교수에 대한 출교처분은 감리교가 그동안 자랑스럽게 생각해오던 「다양성속의 일치」라는 전통을 위협하는 것」이라고 밝히고 「신학은 결코 법으로 규정될 수 없으며 지난 30년대 감리교가 외면해버린 근본주의 신학을 무기로 현대신학을 단죄하는 것은 독선」이라고 강조했다.

삼남연회의 목회자 75명도 별도의 성명을 내고 邊·洪두교수의 신학때문에 영호남지역에서 선교가 어렵다는 교단 일각의 주장은 허위라고 밝혔다.

「기도모임」은 28일 하오2시 아현감리교회에서 창립기도회를 갖고 문제가 되고 있는 포스트모던 신학 전공자인 美프린스턴大 마크 테일러교수를 초청, 특강을 들을 예정이다. 「기도모임」은 이번 사태의 근원이 신학논쟁보다는 교권싸움에 있다고 보고 감리교 교리수호 대책위에 대응해나갈 계획인데 邊·洪교수의 출교선고와 관련, 교단내의 공식 반발 움직임이 표면화한 것은 처음이다. 기독교이외의 타종교에도 구원이 있다는 종교다원주의와 포스트모던 신학을 주장해온 邊·洪두교수는 이달초 서울연회재판위서 출교선고를 받았다.

(5/24 한국일보)

19920524_"감리교단 '두 교수 출교' 거센 반대" 한국일보

감리교단 파문, 갈수록 확산

변선환 학장·홍정수 교수 출교처분 반대움직임 본격화
목사등 1백85명 '감리교를 염려하는 기도모임' 발족
기도모임, 김홍도 목사·유상열 장로 세속법정에 고발 방침

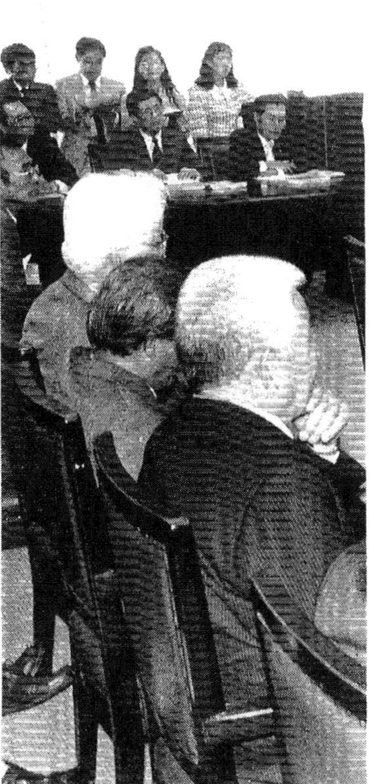

감리교 서울연회 재판위원회가 감신대 변선환 학장과 홍정수 교수 출교 선고를 내린 데 대해 이에 반대하는 움직임이 감리교 내에서 본격화하고 있어 주목된다.

박대선·김지길·장기천·김규태 목사 등 감리교 전현직 감독 등 목회자와 신학자, 총대 목사 등 1백85명은 서울연회 재판 등 현 사태와 관련, 지난 18일 '감리교회의 화해를 위하여'라는 제목의 성명을 발표했다.

이들은 또 박정오(서울연회)·김주협(서울남연회)·주복균(중부연회)·장태순(경기연회)·노정길(남부연회)·김준형(동부연회)·홍형표(삼남연회) 씨등 연회대표와 김민자·윤병상·신경하·김동완씨 등이 주축이 된 '감리교를 염려하는 기도모임'을 28일 오후 2시 서울 아현감리교회에서 정식 출범시킬 예정이다.

이들은 이와 함께 25일 서울 한남동 여성교회관에서 모임을 가질 3백여명의 소장목회자와 신학생, 장로 등 현 사태를 우려하는 교단 내 인사들을 포괄하는 연합체를 곧 구성하는 등 대대적인 반격에 나설 계획이다.

이들은 이어 이번 사태가 그 근원이 신학논쟁에 있다기보다는 교권싸움에 있다고 판단, 이에 준하는 대책을 마련키로 하는 한편 변·홍 두 교수의 출교를 사실상 주도하고 있는 감리교 교리수호대책위의 김홍도 목사와 유상열 장로를 출판물에 의한 명예훼손혐의 등을 걸어 세속법정에 고발할 방침이다.

출교파문과 관련, 감리교단 내의 공식반발움직임이 표면화한 것은 이번이 처음으로, 그 구심점이 될 '감리교를 염려하는 기도모임'의 활동에 대해 관심이 집중되고 있다.

기도모임은 18일 발표한 성명을 통해 "신학과 관련한 종교재판은 교권이 중시되는 천주교회의 전통이었을 뿐 개신교 5백년 역사 속에 그 예를 찾아볼 수 없는 일'이라면서 '두 교수에 대한 출교처분은 감리교가 그동안 자랑스럽게 생각해오던 '다양성 속의 일치'라는 전통을 위협하는 태풍"이라고 밝혔다.

성명은 이어 "신학은 결코 법으로 규정될 수 없다"고 못박고 "1930년대 감리교가 외면해버린 근본주의 신학을 무기로 현대신학을 단죄하는 것은 독선에 불과하며 신학자의 입을 봉쇄하고 사고의 자유가 제한된다면 교회는 시대의 낙오집단이 되고 말 것"이라고 주장했다.

19920524_감리교단파문 갈수록 확산_주간한국_5번_페이지_1

▲지난 7일 서울 금란교회에서 열린 감리교 서울연회 재판위원회에서 변선환 학장이 최후진술에 앞서 재판위원들의 인정신문에 답변하고 있다. 재판위는 이날 변 학장과 홍정수 교수에게 교회법상 가장 무거운 징벌인 출교를 선고, 감리교의 신학논쟁 파문은 교단에 깊은 후유증을 남길 것으로 보인다.

기도모임은 28일 창립기도회에서 문제가 되고 있는 포스트모던신학 전공자인 마크 테일러 미 프린턴대 교수를 초빙, 특강을 들을 예정이며 유동식 감신대 교수, 박홍규 김포 월곡교회 목사가 재판과정과 관련한 불법성과 비합리성 그리고 폭력성을 고발한다.

기도모임은 특히 교회법이 사회법에 비해 하위법이라는 점을 감안, 출교와 관련한 사회법 호소는 총회 재판위의 최종 판결이 난 다음 실행에 옮길 계획을 세우고 있는 가운데 홍 교수 등이 통일교 인사와 내통했다는 부분 등에 대해서는 김홍도 목사와 유상열 장로를 대상으로 사회법에 고발하는 등 강력대처할 예정이다.

한편 이번 사태와 관련, 전남북·경남북 지역의 삼남연회 소속 목회자 75명도 지난 12일 재판의 부당성을 주장하는 성명을 발표하는 등 반발 움직임이 날로 확산되고 있는 상황이다.

변·홍 두 교수는 이번 출교판결에 대해 곧 총회 재판위원회에 항소할 예정이며 총회재판위는 항소일로부터 6개월 이내에 결심공판을 해야 해 오는 10월 총회를 전후해 최종결말이 날 것으로 보인다. ⧓

63

19920524_감리교단 파문 갈수록 확산_주간한국_5번_페이지_2

감리교 신학문제관련 최초 '출교' 구형

변-재판장맞서 신앙토로, 홍-아예 불출석
감신대교수 일동-'신중한 재판 촉구' 성명발표
출교 선고되면 상급심 총회재판위원회 상고확실

감신대 변선환학장과 홍정수교수에게 출교가 구형됐다.

기독교대한감리회 서울연회 재판위원회(위원장:고재영목사)는 4월22일 본부 회의실에서 변학장과 홍교수에 대한 제2차 공판을 열어 두 피고인에게 감리교 법정극형인 출교를 구형하고 29일 같은 장소에서 선고공판을 열겠다고 공고했다.

이로써 약 1년을 끌어온 변학장의 종교다원주의와 홍교수의 포스트모던신학 논쟁은 새로운 국면을 맞게됐고 선거공판에서도 출교가 선고될 경

초점

우 감리교는 물론 한국교회 전체에 이 신학적 논쟁이 더욱 심화될 것으로 예상된다. 한국 감리교 역사상 신학적 문제로 출교가 구형된 것은 이번이 처음이며 두 교수는 출교가 선고되면 상급심인 총회재판위원회에 상고할 것이 확실하다.

금번 재판은 지난 3월 제1차 공판이 열린 뒤 서울연회에서 새로 구성된 재판위에 의해 처음 열린 것으로서 이 재판위 구성은 고소인인 김홍도목사(금란교회)와 유상열장로의 입김이 많이 작용했다는 비판을 받아와 출교구형이 예상됐었고 선고공판에서도 구형량 그대로 받아들여질 가능성이 높다. 그러나 총회재판위에서는 신학적 토론과 소송절차에 관한 공방이 거셀 것으로 보여 형이 어떻게 확정될지 귀추가 주목된다.

변학장은 심사위원회(위원장:나정희목사)와 재판위원들의 심문과정에서 고소사실을 대체로 시인했으나 신학적 문제는 토론하지 말라는 재판장의 경고에 맞서 자신의 평소 입장을 거듭 토로했다. 변학장은 "타종교도 그 나름대로의 구원관을 갖고 있으며 타종교를 인정하지 않는 개종주의 선교는 지양해야 한다"고 주장하는 한편 "나 역시 예수 그리스도로 말미암아 구원을 얻는다는 진리를 확신하고 있다"고 고백했다. 또 변학장은 "나는 특수계시를 믿고 있으나 자연계시속에 나타난 하나님의 놀라우신 섭리도 믿고있다"고 주장하고 "기독교에만 구원이 있다는 주장은 웨슬리 정신에 위배된다"고 밝혔다.

홍교수의 재판은 궐석으로 진행됐으며 홍교수가 제출한 재판관 기피신청과 변호사 선임요청은 기각됐다.

홍교수는 재판결과에 대해 "기피신청과 변호사 선임요청이 뚜렷한 이유없이 받아들여지지 않았으며 본인에게 통고조차 없이 재판이 진행됐다"면서 재판의 위법성을 지적했다. 또 홍교수는 "그동안 수차례 소송절차의 하자를 지적했고 대부분 재판위원들이 고소인이 조직한 기독교교리수호대책위원회의 일원들인 관계로 공정한 재판을 위해 기피를 신청했으나 번번히 기각된 상태에서 법정에 설 아무런 이유가 없다"고 설명했다.

한편 감신대 교수 전원은 금번 재판의 출교구형에 대해 "놀라움을 금치 못해 깊은 우려를 표명하며 두 신학자의 재판절차와 과정이 더욱 신중이 다루어질 수 있기를 촉구한다"는 내용의 성명서를 발표했다.

선한용, 염필형, 장종철교수 등 19명의 교수들은 성명서를 통해 "신학적 입장 때문에 문제가 야기됐다면 이 문제는 무엇보다 신학적 토론이나 공청회 등의 공개적이고 공정한 대화의 장을 통해 해결이 모색돼야 했다"면서 "이런 과정이 거치지 않은채 성급하게 재판으로만 이끌어간 것은 합리적이거나 신앙적인 처사가 아니라고 생각한다"고 지적했다.

또 "학적 문제에 대한 이견 때문에 출교구형까지 내린 것은 감리교 전통이나 감리교 교회법정신에도 어긋난다고 생각한다"면서 "두 신학자의 신학을 정죄하는 사람들이 얼마나 감리교 신앙과 신학적 전통에 근거해 판단해 왔는가를 묻고자 한다"고 밝혔다.

교수들은 "지금까지 감리교회는 분명히 에큐메니컬 신학 노선을 걸어왔는데 근본주의로 퇴행하고 있는 신학적 흐름이 감리교내 일각에서 확산되고 있음을 개탄한다"면서 "이번 일을 계기로 우리는 감리교신학의 정체성을 확고히 정립하여 신학교육과 신앙훈련을 지속할 것이며, 이를 위해 조속한 시일내에 감리교신학 정체성 확립을 위한 공청회를 범교단적으로 열 것을 제안한다"고 덧붙였다.

〈최문성 차장〉

감리교를 염려하는 모임

전현직감독 교수등 모여 결성

「감리교를 염려하는 기도모임」(가칭) 준비위원회(총무 윤병상목사)는 지난 18일 기자회견을 갖고 감신대 변선환·홍정수교수에 대한 감리교서울연회재판위원회의 출교선고에 대해 유감을 표시했다.

「감리교를…」 준비위원회는 △신학은 법으로 규정지어질 수 없고 △신학은 다양하여 상대적인 것이며 △우리 모두 주체적인 참회를 바탕으로 화해의 노력을 기울일 때 라는 입장을 밝혔다.

이 입장은박대선, 김지길, 장기천, 김규태목사 등 현·전직 감독, 박순경교수 등 10명의 교수, 황을성목사(영등포중앙)등 총대 93명, 황호영목사(한빛교회)등 교역자 26명, 최종림장로등 20명 총 1백60여명의 서명을 받아 발표된 것이다.

「감리교를…」 준비위원회는 지난 12일 박정오목사(청파교회) 외 19명의 총대가 연세대 알렌관에서 모여 감리교단의 현안 문제에 대한 협의모임을 갖고 결성된 조직이다.

(5/24 기독교연합신문)

-46-

19920524_감리교를 염려하는 모임 전현직 감독 교수 등 모여 결성_기독교연합신문_5번

성 명 서

우리는 한국 감리교회가 출범부터 「진정한 기독교, 진정한 감리교회, 한국적 교회」를 목적하며 신학적 자유주의를 수용한 진보적 교단으로 성장해 왔음에 긍지를 가지며 교회를 섬겨왔다. 그러나 최근 「변·홍교수 출교재판」을 지켜보면서 통분함을 금치 못함을 아래와 같이 우리의 입장을 밝힌다.

1. 이번 재판이 두 교수의 신학적 이단성을 정죄하는 것이었으면서도 전문적인 신학적 토론이나 변론의 기회가 주어지지 못한 점은 졸속재판이요, 각본에 의한 재판이라는 비난을 면키 어렵다. 특히 「감리교교리수호대책위원회」의 대표가 고소한 것을 그 단체의 회원들이 심사하고 재판한 편협성은 전체 감리교회의 공감대를 얻기 어렵다. 두 교수의 재심이 받아들여져 민주적이고 공평한 재판 과정이 이루어지기를 요구한다.

2. 두 교수는 종교다원주의와 포스트모던주의를 소개하는 과정에서 한국 교계를 크게 자극하여 오해의 소지가 많았음을 인정하고 분명한 신앙고백과 함께 책임있는 결단을 하기를 촉구한다.

3. 부흥사인 김홍도 목사의 복음적 열심이 순수한 것이라고 인정한다 하더라도, 총회석상에서 선동적인 발언이나 그동안 중앙 일간지들과 교계지에 수억의 광고비를 들여 물량공세로 여론재판을 시도하고, 재판 결과가 감독에게 보고되기도 전에 신문광고에 게재하여 감리교회의 명예를 실추시켰음을 인정하고, 이제라도 겸비하여 더 이상의 아픔을 교계에 주지 않기를 동역자로서 권고한다.

4. 곽전태 감독회장과 서울연회 나원용 감독은 우유부단하고 방관하는 자세가 오늘의 비극에까지 이른 것을 통감하고 신학공개토론회와 심사위원과 재판위원에 전문적 신학자들을 포함한 위원들로 조직하여 누구나 납득할 공평한 재판 분위기를 만들어 절망감을 최소화시켜 주시기를 간곡히 부탁드린다.

5. 우리는 한국감리교회가 선교초기부터 뜨거운 복음주의와 함께 신학적 자유주의를 수용해온 진보적 교단으로 성장해 왔음을 자랑스럽게 생각한다. 이와같은 선교 1세기의 전통과 흐름이 갑자기 하루 아침에 바뀔 수 없음을 천명한다. 또한 「교리적 선언」의 전문에는 감리교인의 입회조건으로 「교리적 시험이나 신학보다 도덕적이요 신령적 요구」를 더 중요시하고 있음을 명심하기 바란다.

우리는 오늘 우리가 당한 아픔과 시련으로 절망하지 않는다. 오히려 건전한 신학토론의 기회가 되어 선교 2세기를 향한 자리매김의 기회로 승화되기를 바라는 바이다.

1992년 5월 24일

기독교대한감리회 서울연회 도봉지방 교역자 일동

19920524_성명서_서울연회 도봉지방 교역자 일동
_감리교단을 염려하는 기도모임 자료집2_5번

포스트모더니즘은 「相異性」중시

사랑의 실천을 통한 연합 앞세우고
構造惡에 대한 비판적인 시각확립 절실하고

연합을 위해서도 반드시 필요하지만, 현실의 억압구조와 문화변혁을 위해하는 이러한 경향에 대해서는 저항, 반대해야 한다고 말했다.

서광선교수는 테일러교수가 주장한 포스트모더니즘의 기독교적 수용과 해석에 관해 긍정적으로 평가하면서 우리나라에서는 포스트모더니즘을 모르는 상태로 1970년대에 이미 「상이성의 정치」를 부정으로 하는 민중신학이 운동신학으로 자리를 잡아가고 있어 탈자유주의적인 신학을 시작한 것으로 볼 수 있다고 강조했다.

서교수는 포스트모던신학을 달리 표현한 탈자유주의신학을 현대적 이념과 인식론으로부터의 탈피, 른주의신학과는 달리 현대성의 억압사상에서 현대성에 도전하는 정치신학의 하나라고 밝혔다.

이와관련해 한국신학에서는 포스트모더니즘을 서구 부르조아사상의 일종으로 인식해 배척했었다면서 그 때문에 테일러교수가 언급한 특수성(상이성)의 찬미(찬양)과 특구성의 전치는 아직 전개된 일이 없다고 말했다.

또한 탈현대성의 내용중의 하나가 「합리성」에서의 이탈, 즉 이성주의를 배척하는 것이라면서 이런 맥락을 따라가면 경험과 주체를 중시여기는 민중신학은 테일러교수가 주장한 몇가지 요소를 포함하고 있음은 물론 그 경험을 신학적 성찰로 신학화하기까지 여성의 이야기, 가난하고 억눌린 민중의 사회전기 등 수과적 담론(談論)을 내용으로 정해 신학화하고 있다고 예를 들어 설명했다.

특히 서교수는 테일러교수가 주장한 정치신학적 기독론은 민중신학의 기독론과 비교해 볼 때 발전된 것이라면서 민중신학은

다양성 속에서 화해를 추구하는 한국신학의 수립이 절실하다.

반대하는 기능중요
「…방의 영성」 찾도록

현대성에의 저항과 이의 해체를 의미하는 「탈현대성」이라고 설명하면서 이는 1920년대 미국에서 자유주의에 반기를 든 근 … 지 했다고 강조했다. 이와 함께 주관성을 강조해 개인의 경험을 중시하는 포스트모던신학의 궤도에서 이미 여성신학도 한 맺힌 … 예수를 친구로서 또한 민중으로서 집단적으로 하나님나라에 가담하고 있을 뿐만 아니라 십자가의 고난과 부활은 민중들이 경험한 사건이고 또 민중사건 속에서 예수사건으로 전개되는 것을 내용으로 하고 있다고 설명했다.

서교수는 포스트모더니즘에 의해 종교다원주의를 만날 수 있다고한 테일러교수의 주장은 우리나라의 경우와 다르다면서 1960년대에 이미 토착화신학문제를 거론하면서 한국고유종교들과의 과제성을 심도있게 다루었다고 답변했다.

마지막으로 서교수는 다양한 전통종교가 공존하고 있는 사회에서 타종교의 수용이란는 종교다원주의의 입장을 취하지 않을 수 없다면서 그러나 포스트모더니즘과 무관하게 한국기독교가 해방의 영성이 아닌 억압적인 정치권력을 비호하는 세력으로 타락하는지에 대한 비판적 문제제기 역시 시급한 과제라고 진단했다.

聖句瞑想—

예수승천의 진리

—마가복음 16장 19절~20절

석원태 (경향교회 목사)

Ⅰ、확실하고 충분한 성경의 증거

(눅 24:50~51, 행 1:9~11, 막 16:19, 요 6:62, 14:2, 16:5, 10, 17, 28, 20:17, 엡 1:20, 4:9, 10, 딤전 3:16, 히 1:3, 4:14, 9:24 등)

그리스도가 부활한지 40일 후에 베다니 촌 가까운 감람산의 한 산정에서 열한 사도들과 기타 여러 문도들에게 축복하시던 중 그들의 눈앞에서 또 저들이 주목하여 보는 중에 공개리에 승천하였다. 그의 승천에는 영물들이 나타나 대동하였다(행 1:10, 요 20:12, 막 16:5, 눅 24:4).

Ⅱ、그리스도 승천의 성질

1、전인적인 승천 — 예수 그리스도의 승천은 완전하신 인성과 신성을 입으신 하나님의 아들임을 보여준다. 완전하신 신체와 지각있는 영혼을 가지신 완전체의 몸이었다(요 19:27, 눅 24:39).

2、여자적, 문자적 사실의 승천(행 1:11, 엡 4:8) — 상상이 아니요, 추상이나 가상이 아닌 실제적 승천이다.

3、유형적 승천(행 1:9, 10, 11) — 형태적이요, 공개적이요, 의식적 승천이다.

4、권역적(圈域的) 승천(요 16:28, 13:1) — 이 세상에서 저 세상으로 옮겨지는 사실을 알려주고 있다.

5、충만한 영광의 승천 — 부족하신 그의 인성과 신성이 천국 영광의 충만함을 입는 승천이다.

Ⅲ、그리스도 승천의 의의

1、하늘 본향의 승거(엡 4:10, 행 1:9~11, 히 4:14, 막 16:19, 요 14:1~2) — 「하늘로 올라 갔다」고 한 성경 표현은 ①천국과 지옥이 전혀 다른 곳임을 알려주고 있다. 지옥에 가는 사실을 말할 때 「내려 갔다」, 「떨어졌다」고 표현한다. ②천국의 장소성을 알려주고 있다. ③성도의 영원한 본향의 실재를 알려주는 진리이다.

2、구속사 성취의 선언적 행위(요 19:30) — 성자 예수의 구속사역에 대한 인치심은 그의 부활에서 시행되고 승천을 통하여 강화된 것이다.

3、구속역사의 계속적인 실시(요 16:7) — 예수 승천은 보혜사 성령의 내림과 그의 사역을 알려주는 것이다.

4、그의 대제사장적 중보사역의 수행(히 9:11, 12, 히 7:25, 롬 8:34) — 예수 그리스도는 자기 대로 단번 속죄를 이루시고 하나님 보다 우편에 좌정하시어 우리를 위하여 간구하는 사역을 계속하고 있다.

5、우주적 왕국의 실제자임을 알려줌 — 하나님 보다 우편에 좌정하시어 그의 왕되심을 승거하는 것이다. 영원한 왕, 왕중의 왕이심을 알려준다.

6、성도의 거처를 준비함(요 14:2, 3) — 그의 승천은 영원한 처소(천국)를 위한 필연적인 과정이었다.

7、성도 승천의 예조적 약속 — 예수 부활이 우리 부활의 첫 열매이듯(고전 15:20) 그의 승천은 장래에 약속된 우리 승천의 예조적 약속이다(요 17:24).

19920524-한국기독교학회춘계강연회-기독교신문02_5번

K-2-306

공동의 입장

「여러분이 남을 박해하는 맹렬한 광신자가 되지 않도록 조심하십시요. 종교에 관한 일에 있어서는 조금도 강제를 쓰지 마십시요. 심지어 멀리 떨어져 나가 있는 사람일지라도 이성과 진리와 사랑을 통하지 않고는 누구도 돌아오도록 강요하지 마십시요(존 웨슬리 광신의 본성 36 中)」

신앙 정도와 상식의 궤도를 이탈한 감리교 현실을 염려하면서 우리는 감리교 신학 대화모임에 참여하였다.

오늘의 자리가 교단의 정의와 감리교 신학의 정신을 바로 세우기 위한 새로운 부름임을 인식한 450여명의 참석자들은 목회현장과 삶의 자리에서 발생하는 긴장과 갈등을 토론하고 신학함의 어려움에 공감하였으며 이에 기초하여 진지한 응답과 새로운 도전의 필요성을 공유하게 되었다.

먼저 우리는 대화모임을 통해 교단의 혼란을 부추기고 부작용을 양산한 감리교회의 위기를 진단하였다. 자유로운 학문의 아레오바고를 파괴하고 웨슬리 신앙의 모태를 부정한 오늘 한국 감리교회의 아픔과 진통은 특정 개인의 죄를 물음으로서 해결되지 않는다.

오히려 다원화된 사회에 충실하지 못한 교회의 문제요, 웨슬리 신학의 화해의 정신에 불철저했던 모두의 죄책이다.

이제 우리는 독선과 편견의 올가미에 덧 씌어진 이른바 변·홍문제에 긴급하고도 성실한 응답을 하려 한다. 그것은 교단의 명예에 관한 문제일 뿐 아니라 감리교회의 생명력을 회복하고 감리교도의 연대의 기운을 높이려는 자기 반성과 성찰의 출발이다.

특히 신학적 현장교회의 요청에 충실하기 위해 신학자와 현장 목회자의 대화와 공동 실천에 합의하여 현장이 없는 신학과 신학이 없는 현장이란 주체의 공동화를 극복할 것이다. 이를 위해 감리교 신학 대화모임에서 얻어진 신학적 다짐과 교회를 향한 소명을 응집하여 연회와 지역, 현장교회에 이르기까지 부단히 실천해 나갈 것이다.

한편 교권과 기득을 담보로 신학을 빌미삼은 이른바 서울연회 재판부(위원장 : 고재영)와 교리수호대책위(공동대표 : 김홍도, 유상렬)의 탈법적이고 파행적인 집행과 운영을 우려한다.

교단의 이름을 모독하고 형제를 향해 돌을 던진 저들의 오만과 무례를 존 웨슬리 회심 254년의 역사와 감리교회 양심은 분명히 증언할 것이며 결코 용서하지 않을 것이다.

새벽 1시를 넘기며 진지한 토론을 통해 우리는 다음과 같은 공동의 입장을 밝힌다.

1. 우리는 변·홍 문제로 대표되는 오늘 감리교단의 문제를 자신과 감리교단의 숙제로 공동인식하여 신앙과 신학, 법과 제도를 다시 점검하고 감리교회의 변혁의 기틀로 삼아 성숙과 발전의 계기로 삼을 것을 다짐한다.

2. 우리는 교권의 횡포를 통해 폭력적으로 관철된 변선환 학장과 홍정수 교수에 대한 재판이 무효임을 선언한다.

3. 우리는 감리교단의 위기를 타개하기 위해 이 문제를 염려해 온 각계와 지역의 성실한 응답과 연대하여 범 교단 대책본부를 구성하여 강력한 대응을 할 것이다.

4. 우리는 감리교 신학 대화모임을 연회와 지역, 현장교회에 확장하고 교회와 신학의 괴리를 극복하여 새로운 신학운동의 계기를 마련할 것을 천명한다.

1992. 5. 25

감리교 신학 대화모임 참석자 일동

19920525_공동의 입장_감리교신학대화모임 참석자 일동_5번

J-2-005

교단 농성에 들어가며

1991년 10월 29-31일에 있었던 감리교 특별총회에서 「변.홍 교수 자격 박탈 건의안」이 기습적, 탈법적으로 결의된 후 1992년 5월 7일 서울 연회 재판위에서 「출교」 선고가 내려질 때까지 일은 상식을 무시한 채 진행되었다. 이 과정 속에서 교리수호 대책위원회는 물량 공세와 과장된 선전, 회유와 협박, 재판위원회의 장악을 통해서 거칠 것 없이 그들의 목적을 관철시켰다.

이 문제의 진행과 결과는 물론 그 시작부터가 잘못된 것이었다. 교리의 이름을 빌어 신학과 신학자를 가두고 정죄하는 행위는 역사를 코페르니쿠스 이전으로 되돌리려는 시도임과 동시에 하나님을 교리안에 묶어두고 혼자 소유하려는 반역이다. 또한 신학적 문제는 신학적 토론을 거쳐 그 적합성을 검토해야 함에도 불구하고 일방적으로 두 신학자의 신학을 반기독교적이라고 규정하고, 이를 여론으로 몰아가 적절한 해결방안을 차단하였다. 그리고는 온갖 술수와 음모를 써서 재판을 정치적으로 이용, 재판위를 손아귀에 넣었다. 이에 급기야 감리교에서는 절대 있을 수 없는 「종교재판」을 거쳐 출교라는 데에까지 온 것이다.

다양성속의 일치와 화합을 감리교의 전통으로 확신하는 대학원 학생들은 이러한 중세식의 종교재판을 반대하여 왔다. 더구나 불법적으로 자행된 재판과정과 근거없는 판결을 접하면서 수업을 거부함으로써 우리의 가눌 수 없는 항의를 알려왔다. 그러나 나원용감독과 서울연회 재판위원회는 불공정 재판에 대한 반성이나 사태해결의 의지를 보여주지 않고 도리어 소송비용을 빌미로 상고를 막으려 하고 있다. 이는 재판받을 권리까지 짓밟는 횡포로서

저들이 하나님과 사람 앞에 돌이킬 수 없는 죄를 범하는 것이다.

하나님의 정의를 선포하고 그 나라의 도래를 갈망하는 우리 대학원 학생들은 이 불의에 대해서 예언자적 정신을 가지고 이 자리에 섰다. 그러면서 다음과 같이 요구한다.

- 우리의 요구 -

19920527_교단 농성에 들어가며_제4대 감리교신학대학 대학원 학생회 변선환 학장 홍정수 교수 사태 해결 및 감리교회와 신학의 거듭남을 위한 대학원 대책위원회_5번

5-5-019

교수님들께 드리는 글

대학원이 수업을 거부한 지 3주가 지나가고 있습니다. 그동안 저희에게 염려스런 관심을 보여주신 교수님들께 감사를 드립니다. 수업이 학생만의 권리가 아니라 교수님의 권리도 됨을 저희도 인정합니다. 어쩌면 우리의 일방적인 수업거부가 본의 아니게 강의해야 하는 교수님들을 교단에서 끌어내린 행위 같아 보여 죄송스러울 따름입니다.

대학원에서 수업없는 3주란 교수님들이나 학생들에게 매우 초조하고 착잡한 시간이었습니다. 강의실에서 고동쳐 나오는 강의의 박동에 의해 움직여야 할 대학원이 그 심장의 살아있는 소리를 잃어버린 상태였다고나 할까요? 하지만 3주간이라는 짧지 않은 터널을 지나오며 지친 저희나 교수님들 모두 터널의 끝을 가슴조리며 기대하는 이때에 저희는 또 하나의 터널을 들어가려 합니다.

저희는 교단 점거 농성을 계획하고 이제 실행하려 합니다. 여러 우려의 시선이 있고 저 가파른 등성이를 넘어갈 수 있다는 보장도 없는 상태이지만, 일단 중도에서 지쳐 쓰러진다해도 가야할 길이라는 생각에 행장을 꾸립니다. 학사일정과 어려운 사정을 돌아보지 않고 무작정 길을 떠나는 저희를 무모하고 당돌하다고만 보지는 말아주십시오.

변·홍 교수님 사태가 터졌던 무렵부터 저희는 그렇게 심각한 위기감을 느끼지 않았습니다. 최소한 이 문제의 꼬투리가 된 신학에 있어서만은 포용과 다원을 용납하는 감신의 학문 전통과 이것을 견지해 나가시는 교수님들의 학자적 정신이 충분히 그 목소리를 높여 학교를 지켜낼 수 있다는 믿음 때문이었습니다. 하지만 그것은 현실로 나타나지 않았습니다. 성명서 한 장 내기에도 그렇게 주저주저했고 개인적인 견해라는 말을 방패삼아 다른 생각, 다른 주장이 팽팽하게 맞섰던 것을 기억합니다.

교수님들의 개인적 소신과 학문적 방향성이 다양함을 무시하려는 것이 아닙니다. 그것은 우리 감신과 감리교의 생명이기 때문입니다. 당연히 그것들은 존중되어야 합니다. 똑같은 이유로 변·홍 교수님의 신학 방법도 역시 감신에 엄연히 그리고 자랑스럽게 존재해야 할 하나의 흐름이어야 함도 인정해야 합니다. '왜 다원주의와 포스트모던 신학이 감신을 대표하는 신학이 되어야 하느냐'고 강한 불만을 표시하면서 '나는 그와 다르다'는 색깔을 분명히 하려하기 전에 두 신학은 어느 누구의 이름으로든 감신의 것이 아니다고 배척되어서는 안될 것임을 분명히 해야 합니다.

지금은 학문적 상이함을 앞세우면서 개인적 감정을 분출시킬 때가 아닙니다. 사람이 죽어가는 것을 보고도 저 사람이 의로운지 알아보고 살려주겠다고 이것저것 따져 물어가시겠습니까? 그것이 신학입니까? 주판을 튕겨가며 내가 어느 쪽에 손을 들어야 할까를 결정하시겠습니까? 그것이 신학자의 양심입니까? 한편으로는 성명서에 서명하면서 돌아서서는 잔인한 칼날을 세우는 것이 과연 스승이라고 불리워야 한 선생님들의 모습입니까?

저희는 이것이 저희의 오해이길 바랍니다. 이리저리 무성한 소문에 확인없이 현혹된 저희의 그릇된 판단이기를 바랍니다. 하지만 저희는 그만큼 안타깝습니다. 근거없이 떠도는 이야기에 휩쓸려 다닐만큼 절박합니다. 성명서 하나를 내기 위해서 수십 번을 모이면서 이견을 좁히려는 노력을 최선껏했다는 교수님의 설명을 이해하기에는 우리의 생각과 열정이 너무도 단순합니다. 지금은 논란을 벌릴 때가 아니라 결단하고 자신을 내놓아야 할 때라는 이 지혜롭지 못한 당위성만이 저희의 머리와 가슴을 온통 휘젓고 있는 걸 어찌합니까?

저희는 오랫동안 선생님에 대한 존경심이라는 것을 잊고 살아왔습니다. 이것은 저희 뿐만 아니라 이 세대에 있어 공통된 것이 아닌가 생각합니다. 선생님들의

19920527_교수님께 드리는 글_대학원 학우 일동_5번_페이지_1

말 솜씨와 지식은 우리를 감탄시켰어도 선생님들의 삶은 우리를 감동시키지 못했습니다. 저희는 저희를 감동시킬 선생님을 만나고 싶습니다. 어렵고 혼탁한 상황에서도 '이분이라면…'하고 어디에서나 마음놓고 신뢰할 그 선생님 말입니다.

저희는 교단으로 갑니다. 교수님들께서 외치지 못했던 것, 저희가 소리쳐 말하겠습니다. 하지만 확신합니다. 이 돌들의 소리에 선생님들이 함께 하실 것을. 그때에는 선생님들의 인격적 가르침과 그것에 감동하는 학생들로 회복된 감신 공동체가 건설될 것입니다. 여기 저기에서 들려오는 찢어진 감신, 상처투성이의 감신이라는 오명을 벗어내고 한 소리로 이 위기를 극복해 나가는 그 때가 앞당겨 오기를 소원합니다.

1992. 5. 27.

교단으로 떠나면서

대학원 학우 일동

19920527_교수님께 드리는 글_대학원 학우 일동_5번_페이지_2

【31】 第21836號 【第3種郵便物(가)급認可】 東亞日報 1992年5月27日 水曜日

현장점검 韓國속의 포스트모더니즘

기존가치 뛰어넘는 意識변화

眞理전달에 대한 회의에서 출발 〔문학〕

89년부터 본격出刊…40여種 나와 〔출판〕

「復活」등 성경해석싸고 宗敎재판까지 〔神學〕

포스트 모더니즘 관련도서

서 명	저자 역자	출판사
포스트 모더니즘이란 무엇인가	권택영	민음사
포스트 모더니즘의 작가들	김성곤	〃
포스트 모더니즘과 비판사회과학	김성기	문학과지성사
포스트 모더니즘과 예술	김욱동 編	청 하
포스트 모더니즘과 포스트 구조주의	〃	현암사
포스트 모더니즘	정정호 編譯	종로서적
포스트 모더니즘론	정정호 강내희編	터
데리다와 푸코, 그리고 포스트 모더니즘	마단사룹	인간사랑
포스트 모더니즘과 문화	권택영 編	문예출판사
포스트 모더니즘과 한국문학	정정호 編	글
포스트 모더니티	안토니 기든스	민영사
포스트 모더니즘의 쟁점	정정호 강내희編	터
포스트 모더니즘 개론	정정호 이소영編	한신문화사
메타픽션—포스트 모더니즘 문학이론	퍼트리샤 워	열음사
포스트 모더니즘의 이해	김욱동 編	문학과지성사
포스트 모던의 예술과 철학	박상선 編	열음사
포스트 모더니즘의 도전	안드라스게도	다민
포스트 모던의 국제정치학	홍성민	인간사랑
포스트 모던댄스	베인스	삼신각
모더니즘과 포스트 모더니즘의 변증법	알브레이트 벨머	녹진
포스트 모더니즘과 현대미국소설	김성곤	열음사
포스트 모더니즘시론	이승훈	세계사
포스트 모던시대에서의 영미문학의이해	김성곤	서울대출판부
후기구조주의 문학이론	권택영	민음사
말과 사물	미셀 푸코	〃
미셀 푸코	이광래	〃
탈구조주의의 이해	김성곤	〃
포스트 모던미술과 비평	서성록	미술공간사

포스트모던신학을 주장한 洪丁洙교수에게 黜敎가 선고된 감리교 서울연회의 재판장면(사진上). 포스트 모더니즘에 관한 독자들의 관심이 높아지자 서점들에서는 포스트모더니즘 특별코너를 마련했다.

19920527_기존가치 뛰어넘는 의식변화_동아일보_5번

K-2-0116

기독교 대한감리회 서울연회 재판위원회가

변선환 학장과 홍정수 교수에게 내린 출교선고에 대한 우리의 입장

우리는 지난 4월 23일 서울연회 재판위원회에서 변선환 학장과 홍정수 교수에 대하여 출교구형을 내린 것은 설득력이 없는 권력 남용이었음을 지적하며 선고공판에서 재판이 공정하게 이루어지기를 촉구한 바 있었다. 그러나 우리의 의사가 전혀 반영되지 않은 채 재판위원회가 두 신학자에 대해 5월 7일 출교선고를 내린 것에 대하여 우리는 심한 충격을 받고 이에 다시금 우리의 입장을 다음과 같이 표명하며 재심을 강력히 요청하는 바이다.

첫째, 우리가 두 신학자에 대한 재판과정과 절차에 있어서 많은 문제점을 지적한 바 있으나 서울연회 재판위원회에서는 이 문제에 대한 고려가 전혀 없었음을 지적한다. 공개적인 신학적 토론이나 공청회도 없었고 전문적인 신학자들에 의한 신학적 평가도 없었으며, 본인들에게 변론할 기회도 제대로 주어지지 않았고 더욱이 재판위원회 구성에 있어서도 대다수가 교리수호대책위원회 위원들로 구성되어 있었고, 고소인의 교회에서 동원된 교인들에 의해 방청석이 점령당하고 남선교회원들의 위협과 삼엄한 감시 하에서 조성된 경직된 분위기에서 재판이 이루어졌음은 재판자체가 공정치 못했고 감리교단 전체를 우롱하는 폭력을 보여주는 과정이라 생각한다.

둘째, 우리는 감리교 250년 역사에서 신학적인 문제로 신학자를 교단에서 출교한 일이 없었음을 주목하고 있다. 더우기 감리교는 다양한 신학의 입장을 포용하면서 화합과 일치를 추구해 왔으며, 따라서 언제나 분열과 갈등의 위기 속에서도 대화와 이해를 통해 일치된 모습을 앞장서서 보여왔던 자랑스러운 전통을 가지고 있다. 이제 신학적인 문제를 공정한 토론과 의견의 수렴도 없이 신학자들에 대하여 재판위원회가 출교처분을 내려 교단분열의 위기까지 몰고간 것은 심각한 문제가 아닐 수 없다.

이에 우리는 서울연회 재판위원회의 두 신학자에 대한 출교선고를 받아들일 수 없음을 밝히며, 파행적으로 재판을 이끌어온 현재의 재판위원들은 자진 사퇴하고 공정한 재판을 위해 서울연회에서 위원회를 새로이 구성하여 두 신학자에 대하여 재심할 것을 강력히 촉구하는 바이다. 그리하여 이제는 화합과 화해의 정신으로 감리교가 다시 일치된 모습을 보여주는데 서울연회가 앞장서서 한국감리교회에서 전화위복의 계기를 마련해 줄 수 있기를 기대한다. 아울로 이번 일을 계기로 우리는 감리교신학 정체성을 확립하기 위하여 전문적인 신학자들로 구성된 신학연구위원회를 교단 내에 구성할 것을 제안한다. 우리는 감리교신학대학과 감리교회의 올바른 신학정립을 위하여 공청회를 통한 신학토론과 논의의 장을 계속 마련할 것이다.

1992. 5. 27

김득중 선한용 염필형 이기춘 김재은 박창건 이원규
방석종 장종철 김외식 박익수 타이스 이정배 박종천
서현석 왕대일 김영민 이후정 송순재

19920527_변선환 학장과 홍정수교수에게 내린 출교선고에 대한
우리의 입장_감리교신학대학교 교수단_5번_페이지_1

전국 감리교회와 성도들에게 성명합니다.

우리 주님의 크신 은총과 사랑이 늘 함께 하시기를 빕니다.

근간 감리교단 내부에서 벌어지고 있는 다원주의와 포스트모던신학에 대한 문제제기와, 감신대의 변선환 학장과 홍정수 교수에게 출교라는 선고를 한 전대미문의 종교 재판과정을, 참으로 감리교단의 정체성을 우려하는 마음으로 지켜보던 삼남연회에 속한 우리 목회자들은 몇 차례의 모임이나 일상적 만남 등을 통하여 의견을 교환하며 이 부끄러운 일이 하나님의 뜻 안에서 속히 수습되기를 기도하는 마음으로 뒤늦게나마 아래와 같이 성명한다.

1. 다원주의와 포스트모던신학 등 진보적인 신학으로 말미암아 삼남연회에서 감리교 선교가 어렵다고 하는 일부 인사들의 주장은 전혀 근거없는 허위사실이 유포되고 있음을 지적하지 않을 수 없다.

그동안 삼남연회에서의 감리교 선교가 어렵다고 하는 것은 장로교 100여년 선교역사에 비해 40년 밖에 안된 감리교회의 여건상 불가피한 일이었을 뿐이며 이제는 상황이 바뀌어져 선교도 잘되고 그야말로 대형교회가 곳곳에 세워지는 희망찬 삼남연회의 미래상을 누구도 부인할 수 없을 것이다.

애초부터 장로교 선교가 활발히 이루어지던 이 지역에 뒤늦게 감리교가 선교를 자임하였기 때문에 감리교 선교가 어렵다고해서 감리교신학의 특성을 포기하고 그저 기존 보수 장로교단처럼 선교해야만 한다는 것인가? 더구나 일반적으로 평신도들에겐 신학의 내용이 문제가 되는 것이 아니라 어떻게 신앙적인 삶을 제대로 사느냐가 문제인 터에야…

2. 삼남연회 지역에서 감리교 선교에 지장을 준다는 등의 빌미로 이 사건을 일으킨 장본인들은 그 문제제기의 타당성 여부는 둘째치고 이 문제를 벌려감에 있어서 졸속과 부당한 방법들을 거침없이 사용함으로 교계 안팎은 물론이거니와 전국적으로 감리교에 대한 위신을 여지없이 추락시켰으며 그로 인한 감리교 선교의 피해가 실로 막대할 것을 예상하기에 심히 가슴 아픈 일이다.

적어도 삼남연회를 위한 선교적인 관점에서 문제를 제기했노라고 열을 내며 귀중한 교회재정을 광고비로 탕진하고 금품으로 심사위원을 매수하려고 시도한 교리수호대책위원회의 당사자들은 두 교수를 출교시킨 이상의 심판을 받아야 할 것이나 저들 자신이 스스로 회개하고 대부분 도용된 명단인 교수대를 해체하고 신앙적 양심으로 돌아서서 되어진 모든 일을 은혜롭게 수습하기를 우리 현장 목회자들은 강력히 권면한다.

3. 가뜩이나 어려웠던 삼남연회에서의 감리교 선교는 이제 더 어려워졌다. 무책임하고 일방의 단편적인 무차별적 일간신문에의 광고를 얼추 읽은 보수장로교의 혹자들이 감리교는 정말 이단이란다! 대단히 안타까운 일이다.

이제 삼남연회 안에서의 감리교 선교는 대단히 활발해졌고 많은 감리교회들이 놀라운 성장을 이룩하고 있음을 전국 감리교회들에 기쁨으로 알린다. 그러니 우리 삼남연회의 목회자들은 의연하게 이 불미한 일을 대처하면서 더욱 더 열심히 감리교 선교 불모지인 삼남연회에서의 선교활동에 매진할 것을 다짐한다.

1992. 5. 12

감리교회를 염려하는 삼남연회에 속한 75인의 담임목회자 일동

서명자 대표 전남동지방－이계원감리사, 홍형표목사, 이필완목사, 임성수목사
12인 전북서지방－오세창감리사 전남서지방－심요섭감리사, 장석재목사
마산서지방－정인성감리사 마산동지방－김진수감리사, 장동주목사
경북동지방－김형진감리사 울산 지방－임태종목사(무순)

(미처 널리 다 알리지 못해서 서명에 참석 못하신 분들께 죄송합니다. 대부분 준회원들인 뜻을 같이하는 목회자들의 명단은 지면상 생략합니다.)

19920527_변선환 학장과 홍정수교수에게 내린 출교선고에 대한 우리의 입장_감리교신학대학교 교수단_5번_페이지_2

J-2-1017

나원용 감독의 죄를 논함!

> [101] 제17조 감독의 직무
> 5. 감독은 연회 때에 일어나는 모든 규칙상 문제를 즉결하든지 규칙해석 위원회에 맡기든지 그 회의 의견대로 하고 모든 법률상 문제는 총회가 제정한 재판법대로 판결한다.
> 〈 재판법 〉
> [195] 제4조 교직자로서 아래와 같은 각 항중의 한 가지를 범할 때는 심사에 부친다.
> 1. 직권을 남용하는 일과 직무 유기하는 일.
> 2. 규칙을 고의로 오용하는 일.

1) 서울 연회 감독으로서 서울 연회 재판 위원회가 공정하게 구성되고, 재판법에 따라 적법하게 진행되도록 감독할 책임이 있음에도 불구하고, 역사에 길이 남을 불공정 재판이 되도록 직무를 유기한 죄.
2) 심사위원을 임명하는 책임자로서 심사 3반이 이천, 고재영 심사위원이 교리수호대책위 위원이라는 점을 들어 기피신청한 것에 대해 이를 받아들여 사퇴시킨 후, 신임 심사 1반을 구성했으나 다시 교리수호 대책위원인 나정희, 조창식 위원을 고의로 임명하여 직권을 남용함으로써 재판의 공정성을 해친 죄.
3) 91년 12월 2일에 심사가 시작되었으면 늦어도 1월 20일에는 심사를 종료하여야 함에도 불구하고 3월 5일까지 심사하게 하여 총 심사일 50일을 규정한 재판법 [203] 단 제12조 2항을 어기도록 직무를 유기한 죄.
4) 재판위원을 선정하는 공천위원회 위원 7인중 4인이 교리수호대책위 위원임에도 불구하고 이를 묵인하여 결과적으로 15인 재판 위원중 13인을 교리수호대책위 위원으로 선정하게 하여 불공정 재판을 하도록 결정적으로 기여한 죄.
5) 고재영 목사가 감독선거를 도와준 댓가로 재판위원장의 자리를 줌으로써 하나님 앞에서 양심껏 처리해야 할 신성한 감독의 직권을 남용한 죄.
6) "서울 연회만 무사히 치루게 해주면 공정한 재판이 되도록 해주겠다"고 말함으로써 공정한 재판이 아닌 것을 알고 있음에도 불구하고 시정하지 않은 죄에다가, 약속을 지키지 않는 거짓말을 밥 먹듯이 한 죄.
7) 감리교 신학대학 이사장으로서 학교 발전을 도모하기는 커녕 혼란을 조장하고 발전에 장애물이 된 죄.

결론: 한국 감리교 역사상 치욕으로 기록될 불공정 종교 재판의 궁극적 책임자로서 나원용 감독은 직권을 남용하고, 직무를 유기하였으며, 규칙을 고의로 오용하여 감독의 직무를 양심껏 수행하지 않고, 변·홍 두 교수에 대한 재판이 불공정하게 되도록 했으며, 감리교단을 세인의 웃음거리로 만들었기에 감독직과 감신대 이사장직에서 스스로 사퇴할 것을 촉구한다.

감리교신학대학 대학원 대책위원회

-36-

19920528_나원용 감독의 죄를 논함_감리교신학대학 대학원 대책위원회
_감리교단을 염려하는 기도모임 자료집(1)_5번

사회

牧者에 쫓겨난 신학자 "교회 밖에도 구원있다"

감리교 종교재판… '종교다원주의' 주장 두 교수 黜敎

지난 5월12일 서울 서대문구 냉천동에 자리잡은 감리교신학대학(이하 감신대). 시계 바늘이 정오를 가리키자 이 대학 방송국 '예언자의 목소리'는 화요일 정규 프로그램 '기자수첩'을 방송하기 시작했다. "감신대 전통과 명예에 먹칠을 한 교단은 이제부터 우리의 적이다. 그리고 이미 적과의 싸움은 시작됐다." 점심시간의 한가한 풍경과 달리 교내 곳곳에 설치된 스피커를 통해 흘러나오는 아나운서의 목소리는 일반 대학가의 구호를 연상시켰다. 같은 시간, 대학원생들은 본관 2층에서 비상총회를 열고 무기한 수업거부를 결의했다.

1백7년 역사상 첫 재판… 최고형 선고

사랑과 화해를 앞세워야 할 신학대학에서 왜 교단과의 싸움 이야기가 나오고 수업거부가 결의됐는가. 앞으로 긴 싸움이 될 것으로 보이는 감리교 내부 분쟁은 한국 감리교 1백7년 역사상 최초의 종교재판이 도화선이 됐다.

지난 5월7일 서울 망우동 금란교회(담임 金弘燾 목사)에서는 감신대 현 학장인 卞鮮煥 교수(65)와 그의 직계 제자인 이 대학 洪丁洙 교수(46)에 대한 종교재판이 열렸다. 판결은 감리교 재판법에 따라 서울연회 회원 15명으로 구성된 연회재판위원회(위원장 高在英 목사)가 맡았다. 재판절차의 부당함을 항의하려고 '법정'으로 몰려들어간 감신대생 1백여명과 재판장소를 제공한 교회측 남자 신도들이 맞붙어 한차례 몸싸움을 치르는 등 극도의 소란 속에 열린 이 재판에서, 두 신학자는 "이단사상을 가르쳐왔다"는 이유로 감리교 교회법상 최고형인 '黜敎'를 선고받았다. 교리 해석상의 이유로 종교재판이 열려 출교처분이 내려지기는 1884~1885년 미국 선교사 메클레이와 아펜셀러에 의해 감리교가 이 땅에 전파된 이래 처음 있는 일이다.

두 신학자를 정죄한 이번 사태의 출발점은 '교리수호'를 외치며 종교재판을 이끈 郭典泰 목사(60)가 감리교 조직상 최고위직인 감독회장에 올라 교권을 잡은 지난 90년 10월의 정기총회로 거슬러 올라간다. 감독회장에 선임된 곽목사는 우선 1905년 설립된 이래 가장 전통있는 교역자 배출기관이 돼왔고 감리교의 진보세력이 집결해 있는 감신대의 학풍을 개혁하고자 했다.

'종교다원주의'를 주장해온 변선환 학장은 이들에게 '눈엣가시'가 되기 시작했다. 종교다원주의는 "우리가 하나님을 섬기듯이 다른 종교의 신자들도 각자 그들 나름대로의 신을 섬길 수 있으며 구원에도 여러 가지 길이 있을 수 있다"는 내용을 담고 있다.

91년 3월 홍정수 교수가 <크리스찬 신문>에 발표한 짧은 기고문 '동작동 기독교와 망월동 기독교'는 내연하던 교단과 신학대학 사이의 팽팽함에 기름을 부었다. 홍교수는 이 글을 통해 "생물학적 죽음의 극복과 육체의 부활을 믿는 것은 이교도의 어리석음"이라는 독일 신학자 칼 바르트의 말을 인용하며 "한국 교회는 부활에 관한 한 무신론자들"이라고 비판했다. 홍교수는 또한 "기독교가 혼란에 빠진 이유는 성서의 언어세계에 대한 무지에서 비롯됐다"고 주장했다. 기독교에서의 '부활'이란 정의의 심판이 시작됨을 뜻하는 것이지 결코 문자 그대로 인간의 무궁한 생명을 의미하는 것이 아니라는 것이다.

'포스트 모던 신학'으로 통칭되는 홍교수의 신학적 방법론이 단적으로 표현된 이 기고문은 즉각적으로 교단측의 거부반응을 불러일으켰다. 기고문이 발표되자 홍교수는 곧 심사 대상이 되었다. 지난해 9월20일 종결된 1차 목사 자격심사 결과는 "물의를 일으킨 데 대한 해명서를 공개하고 그 결과에 따른 여론을 주시한다"는 식으로 마무리됐다. 그러나 일부 교역자들은 기독교교리수호대책위원회(이하 대책위 · 위원장 김홍도 목사)를 구성해 이들에 대한 공세를 강화했다.

지난해 10월 개최된 제19차 특별총회에서는 이들에 대한 징계건의가 정식 결의됐다. 징계 이유는 두 신학자가 "그리스도만이 보편적으로 유일한 구속자가 아니라고 함으로써 기독교 신앙의 본질을 무시했고 예수의 부활

"재판은 무효다": 포스트 모던 신학을 주장한 홍정수 교수는 "기독교가 혼란에 빠진 이유는 성서의 언어세계에 대한 무지에서 비롯됐다. 성서를 부인했다는 이유로 출교선고를 내린 종교재판은 사기극이다"라고 주장한다.

19920528_목자에 쫓겨난 신학자 교회 밖에도 구원있다_시사저널__5번_페이지_1

분열로 치닫는 감리교 : 감리교 내분의 본질은 보수와 진보의 대결인 것으로 알려졌다. 재판의 '불법성'에 항의, 단식농성을 벌이는 감리교신학대 학생들(왼쪽), 재판을 강행하려는 측과 반대하는 측의 몸싸움(위).

을 부정함으로써 反성서적인 주장을 했다"는 것이다. 여기에 "통일교의 요직에 있는 인사가 감신대에서 5년 동안 수학하고 졸업할 수 있도록 홍교수가 비호했다"는 '혐의'도 덧붙여졌다. 대책위는 이와 함께 징계 이유를 낱낱이 적은 성명서를 일간지 광고란에 게재해 대대적인 여론공세를 펴기 시작했다.

지난 5월7일 출교선고 이후 재심청구·상고 등 반격을 준비하고 있는 홍교수는 "종교재판은 우리를 교회에서 내몰기 위해 대책위가 꾸민 자작극"이라며 재판무효를 주장한다. 홍교수는 그 근거로 판결을 담당한 재판위위원 15명 가운데 13명이 모두 고발자 단체인 대책위 사람들로 구성됐으며, 재판이 대책위의 안방인 금란교회에서 이뤄졌을 뿐 아니라 기소장 역시 대책위측의 제출자료만을 근거로 한 사실을 들고 있다. 더욱이 홍교수는 "지난해 정기총회의 징계결의도 정족수 미달로 법적 효력이 없다"고 주장한다. 홍교수의 적극적인 태도와 달리 변선환 학장은 현재 자유로운 처지가 아니라며 종교재판 이후의 사태에 관해 일절 언급하지 않고 있다.

종교재판의 학문 자유 침해 도구화는 곤란

종교재판은 표면적으로 신학적 쟁점을 둘러싸고 진행됐으나 관계자들은 감리교 내 보수파와 진보파, 교단과 신학대학 사이의 알력이 얼키고 설켜 발생한 일로 본다. 지난해 연말 감리교 특별총회에서 징계가 결의되자 전 고려대 교수 金容沃씨는 《TV저널》 칼럼을 통해 "교권을 장악한 목원대 계열 교역자들이 오랫동안 감리교의 주도권을 행사해온 감신대를 누르기 위해 일을 꾸몄다"고 지적하기도 했다. 실제로 지난 90년 총회에서는 감리교 최고 임원인 감독 7명 가운데 5명이 목원대 계열로 채워짐으로써 교권의 판도가 바뀌기도 했다.

"나는 자유롭지 못하다" : 종교다원주의를 고수하며 한국의 자유주의 신학을 이끌어온 감리교신학대학 변선환 학장은 종교재판 이후의 사태에 관해 일절 언급하지 않고 있다.

서울연회 사무실에서 단식농성을 벌이고 있는 감신대 총학생회는 종교재판에 대해 "교권을 잡은 일부 보수적 정치 목사들이 교단 분위기를 완전히 자기쪽으로 몰고가려는 불순한 의도가 깔려 있다"고 비난했다. 농성을 주도하는 감신대 馬三悅 총학생회장(신학 4년)은 "종교재판은 권력의 비호를 받으며 교세를 확장해온 일부 보수파가 진보적 신학자의 숨통을 막으려는 폭거"라고 규정하며 "보수파의 준동에 맞서 끝까지 싸울 것"이라고 밝혔다. 재판을 주도한 곽감독회장은 재판 직후 미국으로 떠난 것으로 알려졌다.

감리교 관계자들은 변·홍 두 신학자의 출교처분 사태가 "신학적 입장에 대한 오해에서 비롯된 것"이라며 종교재판이 학문의 자유를 침해하는 도구로 쓰이는 전례가 되지 않을까 우려하고 있다. 중견 목회자 20여명과 함께 재심청구를 준비중인 '감리교를 걱정하는 기도모임'의 尹炳相 목사는 "재판이 공정하려면 우선 그들의 주장이 '이단'인지 여부를 먼저 판정해야 한다"면서 "이러한 작업은 재판이 아닌 토론을 통해 이뤄져야 하는 것이 아니냐"고 반문했다. 교계의 원로 金燦國 교수(연세대·신학)는 "학자에게 학문의 자유가 소중한 것이 사실이지만 교단 밖에서 자신의 주장을 말할 때는 오해가 일어나지 않도록 주의를 기울여야 한다"며 종교재판 이후 확산일로를 치닫고 있는 감리교단의 분열사태에 우려를 표시했다. ■

朴晟濬 기자

19920528_목자에 쫒겨난 신학자 교회 밖에도 구원있다_시사저널__5번_페이지_2

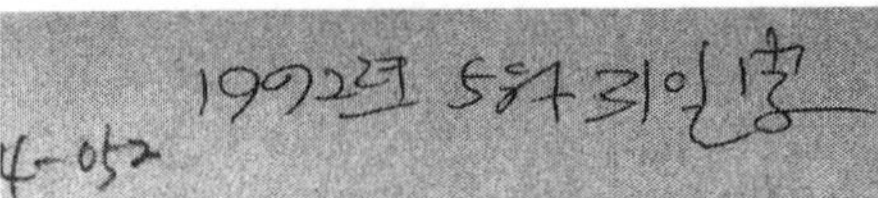

【10】 통간 1552호 1966년 4월 18일 제3종 우편물(가)급인가

이대로 방치되어선 안된다

장 기 천 〈감독·동대문감리교회〉

한국감리교회는 지금 정신적 혼동 속에 갈피를 잃고 있다. 종교다원주의와 포스트모더니즘 신학은 결코 정죄 대상이 될 수 없다. 그것은 하나의 신학적 현상에 불과하기 때문이다. 보다 핵심적인 문제는 자신들의 신앙을 절대화하거나 배반하는 것이다.

유대인들의 종교적 아집이 예수를 십자가에 못 박았던 것처럼 종교가 자기 울타리 안에 갇혀버리면 역사의 외곽지대로 밀려나가거나 광신주의의 망령에 사로잡히게 된다는 것이 인간 역사의 경험이다. 그와 동시에 자신의 마음에 정직하지 못하거나 충성하지 못하면 종교는 역사로 폐기처분을 받게 된다.

그러므로 종교는 부단히 자기 역할을 요청받고 있으며 날마다 자기 갱신을 결단해야 한다. 그 일은 종교간 벽을 무너뜨리고 문호를 개방, 서로간의 신앙과 경험을 나누는 일에 힘쓸때 트인다. 예수는 유태인과 이방인을 화해시켜 하나로 만들고서 하나님과 화해시키고 원수되었던 모든 요소를 없이 하기 위해 자기 몸을 바쳤다. (에베소2 : 14~16) 하나님은 결코 유대인의 하나님이실 뿐만 아니라 이방인의 하나님이기도 하기 때문이었다.

교리문제로 비롯된 한국감리교회의 비상사태는 교리문제에 대한 인식의 결핍에서 비롯된 것으로 필자는 판단한다. 교리문제는 결코 정치문제나 사회여론의 문제와는 차원을 달리한다. 그러므로 이런 문제를 대중의 심판에 맡긴 것부터가 잘못이었다. 그것은 고도의 전문지식과 객관적 비판을 거쳐 마지막 수순으로 총회나 연회에서 토론에 부쳤여야 했다. 그러나 유감스럽게도 1세기나 된 긴 역사를 지닌 한국감리교회는 수많은 교육기관과 사회봉사기관을 통해 한국의 근대사와 함께 울고 웃으며 살아온 100만을 넘는 신도를 포용한 종교단체로서 너무나 쫓기는 토끼처럼 일을 서둘렀다는 비판을 면치 못할 것이다.

이와 같은 판결을 도출하려면 처음 영국에서 감리교운동이 겪었던 일들에서부터 시작하여 오늘 세계 도처에서 하나님 나라 선교에 헌신하며 겪고 있는 세계감리교회의 종교적 상황을 면밀히 검토하여 세계교회 앞에 부끄럽거나 반시대적인 결론이 아닌 길이 남을 만한 판결을 남겼어야 했다고 생각한다. 1930년대 사랑의 설교자 이용도를 출교했던 한국감리교회는 한마디의 참회도 없이 그를 한국교회 부흥사의 대부처럼 추앙하고 있다는 사실을 우리들은 어떻게 수용해야 하는가?

고발과정에서부터 재판절차에 이르기까지 이번 사태는 너무나 비교회적인 방법으로 강요되어 왔다. 시장잡배들의 모임이 아닌 거룩한 교회가 한 생명의 생사를 결정하는 일에 그토록 공정성과 객관성을 상실한 채 진행되었으며 수많은 침묵하는 감리교도들을 외면한 채 추구되어 왔는가 하는 비판이 없을 수 없다. 그리스도교 윤리는 "목적이 수단을 정당화하지 못한다"고 가르치고 있다.

"고래 싸움에 새우등 터진다"는 속설과 같이 지금 감리교신학대학과 재학생들은 이런 엄청난 사태의 와중에서 안정을 잃고 신고를 겪고 있다. 한국 초유의 교역자 양성기관이요 겨레가 외세에 시달릴 때 33인의 민족대표 가운데 일곱 사람을 배출한 신학교육기관이다. 그런데 107년만에 벌어진 교리시비로 이들은 학문의 자유도, 진리에 대한 확신도 빼앗긴 채 버림받고 있다. 더 이상 이 상태를 버려둔다는 것은 한국감리교회의 21세기를 위해 불행한 일이 아닐 수 없다. 우리들은 그들로 하여금 진리를 위한 멍에에 짓눌리게 해서도 안되지만 회의에 사로잡히게 해서도 안된다.

성숙한 시대는 성숙한 사람들를 요청한다. 아니다. 성숙한 시대는 성숙한 사람들에 의해 시작되고 빛을 발한다. 성숙한 사람은 서로 다른 이질적인 사람들끼리도 싸움으로가 아니라 이해와 권면과 사랑으로 일을 풀어간다. 그리고 죽더라도 후회하지 않으며 복수와 오기를 부리지 않는다.

끝으로 이 한마디를 상기해 주기를 바란다. "종교의 영감은 그 교리에 있는 것이 아니라 그 역사에 있다." (A 화잇트헤드)

그래서 "믿음과 소망과 사랑 이 세가지는 항상 있을 것인데 그 중의 제일은 사랑" (고린도전 13 : 13) 이라고 했다.

19920531_이대로 방치되어선 안된다_장기천 복음신문_5번

월간 「길」을 찾는 사람들 92. 6月호

▶ 사회

감신대 21세기 종교재판

박 남 일 / 자유기고가

감리교 신학대학의 변선환 학장과 홍정수 목사에 대한 종교재판은 한국 기독교계에 초미의 관심사가 되고 있다. 지난해부터 이단으로 문제시되어왔던 종교다원주의와 포스트모던 신학을 단죄하기 위한 그 무시무시한 종교재판이 오늘 우리 중세시대의 사회 한복판에서 재현되고 있는 것이다.

변선환 교수는 "예수를 절대화 우상화 시키며 다른 종교적 인물을 능가하는 일종의 제의인물로 보려는 기독교 도그마에서 벗어나야 할것"이라고 주장한다.

지난 7일 오후, 출입문이 안으로 굳게 잠긴 중랑구 망우동 금란교회(담임 김홍도 목사)에서는 감리교 신학대학 변선환 학장과 홍정수 목사에 대한 종교재판이 열렸다. 지난해부터 '이단'으로 문제시되어왔던 종교다원주의와 포스트모던 신학을 단죄하기 위해 중세시대의 그 무시무시한 종교재판이 오늘날 우리사회 한복판에서 재현된 것이다.

이날 재판은 금란교회 3천여 신도들의 열광적인 예배와 '재판부 퇴진'을 주장하는 감리교 신학대학 학생 1백여명을 이 교회 남자선교회 회원들이 강제로 끌어내는 등 극도의 소란이 뒤섞인 가운데 이루어졌다. 한편, 미처 교회 안으로 들어가지 못한 감신대생 2백여명은 교회 출입문에 몸을 부딪치며 재판정 진입을 시도했으나, "주님의 성전을 부수려느냐" "기도나 열심히 해라"며 이를 극렬히 저지하는 몇몇 신도들 때문에 뜻을 이루지 못하고 밖에서 비를 맞으며 '재판부 퇴진'을 요구하는 시위를 벌였다.

이 재판에서 기독교대한감리회 서울연회 재판위원회는 감리교회법상 최고형인 출교처분을 내림으로써 두 교수는 목회직과 신자 자격을 일단 박탈당했다. 그러나 이 재판을 감리교 내 보수세력의 교권장악 음모로 파악하는 교계 관계자들은 아직 싸움이 끝나지 않았다고 본다. 전국총회 차원의 항소심이 남아 있고 무엇보다도 재판 자체의 무효화를 주장하는 움직임이 감신대 총학생회를 중심으로 거세게 일고 있기 때문이다. 그 예

19920601_감신대21세기 종교재판_길을찾는사람들_5번_페이지_1

로 재판이 열리기 전 감신대 학생회 간부 9명이 감리교 서울연회 본부를 점거해 단식농성에 들어갔고 이 학교 출신 목회자 2백3명이 '비상동문총회'를 발의하는 등 파문이 확산되고 있다. 오늘날 한국 기독교에서 초미의 관심사가 되고 있는 이 싸움은 어디서부터 비롯되었으며 어떤 의미를 가지고 있는가?

다원화된 사회와 종교

문제시되어온 종교다원주의와 포스트모던 신학은 사실 이들 두 교수의 독자적인 신학관은 아니다. 감리교는 요한 웨슬리(John Wesley, 1703~1791)가 중심이 된 옥스퍼드대학 학생운동에서 일어난 것이다. 성령주의와 부흥 전도주의를 표방하면서 일어난 이 운동은 동시에 반형식, 자유신학 전통을 발전시켰다. 웨슬리는 당시 구원의 문제에 있어서 캘빈의 신학이 구원의 일방적 주권을 강조하고 이방인들에 대해 배타적이며 교리적인데 반하여, 보편적 은총론을 제시하면서 분명하게 선을 그었다.

이러한 바탕 위에서 성장해온 감리교가 한국에 들어온 것은 1885년 아펜젤러에 의해서였다. 그후 한국의 감리교는 교단분열의 위기를 여러번 맞으면서도 유연하고 포용력 있는 신학전통을 이어왔고, 지난 85년「선교 100주년 선언문」에서 종교다원주의를 인정하기에 이르렀다. 또한 양적인 면에서도 신도수가 1백만명을 훨씬 웃도는 수준으로 발돋움했다.

이처럼 다원주의는 웨슬리에서부터 변선환 교수에 이르기까지 꾸준히 발전해온 신학전통이라 할 수 있으며 이미 세계적인 신학풍토로 정착해가고 있는 중이다. 더구나 가톨릭교회도 바티칸 제2공회의에서 맑시스트, 무신론자를 포함하여 다른 종교인도 구원을 얻을 수 있다고 선언했다. 특히 1990년 바아르선언문에서 세계교회협의회는 종교간의 대화에 대한 공식입장을 밝히고 이전의 기독교 포괄주의에서 종교다원주의로 입장을 정리했다.

구원과 부활의 메시지

변선환 교수의 다원주의적 종교관은 이러한 맥락에서 한층 발전한 것으로 이해된다. 90년 12월, 가톨릭문화원 주최 기독교, 불교, 천주교 대화모임에서 변선환 교수는 주제발표를 통해 "한국의 기독교는 기독교만이 역사적·사회적이라는 도그마적 요소에서 탈피하여 21세기를 향한 새로운 신학적 모색이 요청된다"면서 "기독교밖에 구원이 없다는 교리는 신학적인 토리미의 천동설에 지나지 않는다. 예수를 절대화·우상화시키며 다른 종교적 인물을 능가하는 일종의 제의 인물로 보려는 기독교 도그마에서 벗어나야 할 것"을 강조했다. 이 밖에도 변교수는 종교다원주의에 바탕을 두고 이와 비슷한 내용의 글을 교계 신문에 여러차례 발표한 바 있다.

변교수와 함께 재판대에 오른 홍정수 교수는 그의 저서『베짜는 하나님』에서 '신다원주의 시대'의 포스트모던 신학에 대한 자신의 견해를 상세히 밝히고 있다. 특히 지난해 3월『크리스찬신문』에 기고한「동작동 기독교와 망월동 기독교」라는 글에서 "성서의 언어세계에 대한 반성을 신학의 초점으로 삼고 있는 신학을 소위 '포스트모던 신학'이라고 한다. 우리는 여기서 성서의 언어세계가 뜻밖에도 한국인의 일상적 언어세계와 매우 유사한 점을 발견하게 된다"고 전제하고, 예수의 부활 신앙과 또 한국인들을 향한 그의 부활사건의 메시지를 정리하고 있다.

"우리 시대의 의인들·충신들이 묻혀 있는 동작동 부근에 가면 '정숙'이라고 쓰인 대형 경고판이 붙어 있다. 어르신네들의 영원한 휴식을 혹시라도 방해할까 걱정해서이다. 그런데 망월동에도 그런 표지판이 하나 있었으면 좋겠다. '여기서는 당신들이 말하는 곳이 아니라 억울하게 죽었기에 아직도 눈감지 못하고, 아직도 입을 다물지 못하고 있는 저들의 말에 귀 기울여야 합니다'하는 뜻으로 말이다. 두 공동묘지를 비교할 때 부활사건은 명백해진다. 그것은 망월동에 묻혀 있던 죄인, 역적 하나가 하나님에 의해 역사 속으로 되돌아온 사건이다. 즉, 이미 영원한 잠을 자고 있던 자들 중의 하나가 징그럽게도 무덤을 박차고 되살아난 사건이 아니라 '이 세상'의 임금이 역적과 죄인이라고 처형해 버린 불의한 자들 중의 하나가 하나님에 의해서 되살아나는 사건의 하나이다. 이것은 썩다가만 한 인간의 부활이 아니라 이 세상에 대한 하나님

전국총회 차원의 항소심이 남아있는 이번 재판은 재판 자체의 무효화를 주장하는 감신대 총학생회의 움직임이 거세게 일고 있다.

의 준엄한 심판의 시작을 뜻한다."

학문적 자유가 있다 해도 교리의 자유는 없는가?

두 교수의 이같은 신학적 주장에 부흥사 계열의 보수적인 목회자 진영은 첫 공격으로 지난해 6월 5일자 『크리스찬신문』에 '변선화, 홍정수, 이원규 교수에 대한 성명서 및 공개질의서'를 '송파지방 실행위원 일동' 명의로 게재했다. 세 교수의 종교 다원주의적 견해를 '이단'으로 간주하고 교수들의 공개적 신앙고백을 촉구한 것이다. 이어 지난해 10월말 감리교 제19차 특별총회 때 총회원 1천5백여명이 참가한 가운데 「변·홍 두 교수에 대한 교수직 박탈과 목사직 면직권고 결의안」을 기습적으로 통과시켰다. 게다가 11월에는 김홍도 목사를 필두로 '기독교교리수호대책위원회'가 발족되어 변·홍 두 교수에 대한 공격의 고삐를 늦추지 않았다. 이에 대응하여 진보적인 젊은 목회자들을 중심으로 '총회사건대책위원회'가 결성되었다. 이로써 교단 내 진보와 보수의 대립구도가 가시화된 것이다.

'교리수호대책위'측은 주요 일간지 광고면을 활용, 총공격을 감행하면서 두 교수의 '이단사상'을 예시하고 통일교 연루사건과 관련한 혐의내용을 폭로하기 시작했다. 이들은 "통일교 거물급 인사인 양 아무개씨가 감신대 대학원에 입학해 활약하고 있었음에도 두 교수는 이를 비호, 방조했다"고 주장했다. 이에 대해 두 교수는 "그런 풍문이 나돌아서 당시 자체조사를 했으나 구체적 근거가 잡히지 않아서 그냥 덮어두었던 사안"이라고 일축.

이후 '교리수호대책위'가 두 교수를 감리교 서울연회에 전격 고소하자 홍정수 교수는 김홍도 목사와 곽전태 감독회장을 명예훼손, 직권남용 등의 혐의로 맞고소하고 피고인 기피신청을 내는 등 강력하게 대응했다. 그러나 김목사와 곽감독회장에 대한 고소는 흐지부지되어 버렸고 변·홍 두 교수는 마침내 서울연회 재판위원회에 기소되기에 이른 것이다.

이러한 일련의 경과 과정에서 '총회사건대책위'측은 특별총회의 결의안 날치기통과, 교리수호대책위의 흑색광고 및 여론호도, 차별적 법적용, 학문연구의 자유침해 등의 비민주적 행태를 규탄하며 적극 반발하고 있다.

그러면 현금의 보편적인 신학추세로 확산되어가고 있는 이러한 다원주의 신학관이 오늘날 한국 감리교에서 재판대에 오르고 마침내 두 교수를 출교처분하는 사태에 이르게 된 근본적인 이유는 어디에 있는가?

교회의 물신성, 신종 부동산투기 대상

서울 시내 다방이 5천3백개인데 반해 교회는 5천6백개나 된다. 그런데 교회수도 놀랍거니와 문제는 예배당이 매매의 상품으로 전락했다는 데 있다. 기독교계 주간지에 거의 빠짐없이 게재되는 교회매각 광고는 교회설립이 신종 부동산투기 대상임을 여실히 보여주고 있다.

얼마전 신학교를 졸업한 김태수 전도사(25)는 지난 8월 초순 '교회 후임자 구함—호조건이므로 빠른 연락 바람'이라는 신문 광고를 보고 잠실 올림픽공원 부근에 있다는 교회를 찾아갔더니, 담임목사가 매각 합의금액에 2백만원을 더 요구하며 스스럼없이 권리금이라고 밝혔단다. 말을 잃은 전도사는 그냥 돌아왔고 2주일 뒤 다시 교회 거취가 궁금해 찾아갔더니 이름도 다르고 교파도 다른 새 교회

19920601_감신대21세기 종교재판_길을찾는사람들_5번_페이지_3

가 들어서 있더라고 했다. 물론 신도들은 그대로였을 테지만.

그런데 더 큰 문제는 교회의 독점화·대형화·재벌화 현상에 있다. 초대형 교회의 화려한 치장과 과소비를 지탄하는 목소리가 사회전반에서 일고 있지만 "교회가 허름하면 신도가 떨어진다"는 논리로 변호한다. 또한 총회장 선거에서 수억원의 자금이 살포되고, 강남 부유층 동네에서 장로가 되려면 적어도 몇천만원의 헌금을 내야 하며, 일요일 하루 헌금이 10억원이 넘는 교회가 서울에만 수십개나 된다. 이처럼 독점화·재벌화된 교회의 관리자들은 더이상 교파나 교리에 연연하지 않는다. 이미 수만명의 신도와 초현대식 매머드 건물 안에 하나의 왕국을 만들어놓고 군림하고 있으면 아쉬울 것이 없기 때문이다.

이처럼 물신화된 한국의 기독교에서 교세확장정책에만 열을 올리고 있는 교권주의자들에게 종교다원주의와 포스트모던 신학은 하나도 이로울 게 없으리라고 우리는 쉽게 예측할 수 있다. 실제로 변·홍 두 교수를 제거하는 데 앞장서온 '교리수호대책위원회'의 공동대표이고, 선고공판이 있었던 금란교회 담임인 김홍도 목사의 말을 들어보자.

"종교다원주의와 포스트모던 신학은 현대의 비성서적 신학사상으로 가장 큰 사탄의 종이다. 이 신학사상은 유럽과 미국교회를 사장시켰으며 이제는 전세계로 번져, 급성장하고 있는 한국교회를 죽이려 하고 있다. 그리스도의 구속보다 윤리적인 것에만 관심을 둔 채 모든 종교에 구원이 있다는 이 사상은 단연코 척결되어야 한다." 그리고 김목사는 이번 일의 일선에 뛰어든 이유에 대해서 이렇게 말한다. "하나님의 음성을 듣고 이 일에 뛰어들게 되었다. 만약 내 아버지가 다원주의를 주장한다고 해도 아버지를 쫓아냈을 것이다." 또 김목사는, 에큐메니칼(교회일치운동)을 지향하는 세계교회협의회에 대해서 "반대한다. 그것은 잘못됐다. 용공주의자들이고 공산당과 손잡은 단체이다. WCC 산하에 있는 교회라 해서 다 그 기관을 따르지는 않는다"고 잘라 말한다. 특히 기독교 대한 감리회 100주년 기념대회 선언문 6항에 명시된 아시아 종교다원사회에 있어서 예수 그리스도의 보편성을 견지하면서 타 종교와의 대화, 협력을 다짐하는 내용에 대해서는 "나는 그거 읽지도 않았고 보지도 않겠다"며 심히 불쾌한 기색을 드러냈다.

신학의 새로운 바람은 교권주의자들에게는 심각한 위협으로 작용하고 있음이 확실하다. 그러한 위기의식이 '아버지도 쫓아낼' 정도의 강한 적대감과 맹목적 자기보호본능을 불러일으킨 것이라 볼 수 있다.

종교재판의 시대는 곧 종교개혁이 필요한 시대

감신대 학생회 한 간부는 "김홍도 목사는 변·홍 두 교수를 제거하는 데 10억이라도 투자하겠다고 장담했다"며 "이것은 명백히 보수세력이 교권을 장악하려는 음모임이 분명하다. 우리 교단이 이 모양 이 꼴이다"고 쓴웃음을 지었다. 김목사가 주축이 된 '교리수호대책위원회'의 여론호도 및 금품살포, 재판위원 15명 중 13명이 교리수호대책위원인 점, 그리고 수천명의 교인을 동원하여 폭력으로 재판을 강행한 점에 비추어 감신대 학생회측은 '재판 무효화'를 선언하고 '교리수호대책위원회 해체'를 요구하며 감신대 동문들의 광범위한 동참을 촉구하고 있다. 또한 '에큐메니칼 정신'에 입각하여 다른 교단 신학자들의 지지도 호소할 방침이다.

종교재판의 여파로 인해 감리교뿐만 아니라 기독교계 전반의 진통은 당분간 계속될 것으로 보인다. 뚜렷한 방향감각을 상실한 채 양적팽창과 물신의 노예로 전락해버린 한국 기독교는 이번 계기를 통해 정체와 보수의 늪에서 깨어나야 할 것이다. 혹독한 종교재판으로 인간을 단죄하는 교회는 반드시 개혁되어야 할 낡은 껍데기를 뒤집어쓰고 있는 것이다. ■

> "동작동 부근에 가면 정숙이라고 쓰인 대형 경고판이 붙어있다. 그런데 망월동에도 그런 표지판이 하나 있었으면 좋겠다. 여기는 당신들이 말하는 곳이 아니라 아직도 입을 다물지 못하고 있는 저들의 말에 귀기울여야 합니다 하는 뜻으로 말이다."

19920601_감신대21세기 종교재판_길을찾는사람들_5번_페이지_4

39. 다원주의 종교신학 요구된다.

◆출처: 크리스챤신문 1992. 6. 6. 토

〔8〕 1992년 6월 6일(土) 크리스챤신문

"다원주의 종교신학 요구된다"

감리교단을 염려하는 기도회 강연 「감리교 전통과 다원주의」 유동식 교수 (감신협 회장)

신학이란 교회가 성서에 증언된 하느님의 말씀을 선교하는데 봉사하는 신앙적 회본이다. 교회의 선교는 단순히 성서의 증언을 반복하는 것이 아니라, 성서에 증언된 복음이 현대의 우리들에게는 무엇을 의미하는가를 듣고 전하는 것이어야 한다. 여기에서 중요한 것은 현대의 우리들의 삶의 상황이다. 신학자는 오늘의 문화와 사회적 상황을 바로 인식함으로써 그안에 살고 있는 현대인에게 복음의 의미가 무엇이어야 하겠는가를 규명할 책임이 있는 것이다.

그러므로 신학은 시대적·문화적 환경에 따라 달라질 뿐만 아니라, 우리들의 신앙적 그릇의 크기와 모양에 따라 달라지기 마련이다.

제2차 세계대전이후 지구에서 식민지들이 사라져갔다. 정치적 지배는 물론이와 종교의 지배를 받았었다. 서구 제국주의의 근저에는 그릇된 기독교적 세계관이 작용하고 있었다고 해야할 것이다. 콘스탄틴 대제 이후 서구인들은 기독교만이 세계의 문화를 지배할 유일한 절대종교라고 믿어왔다. 그러나 지금의 세계문화는 기독교적 통제와 지배에서 벗어난 이른바 세속화된 민주주의적 시대를 맞이했다. 이런 뜻에서 현대는 '기독교이후 시대'가 된 것이다.

정치적 지배로부터의 해방은 문화적 해방을 동반한다. 문화의 중심에는 종교가 있다. 그러므로 그간 무시되거나 배척되어오던 아시아의 종교들은 이제 아시아의 해방과 함께 자기의 위치를 되찾기 시작했다. 그리하여 어느 하나의 종교가 전체를 지배하는 것이 아니라, 종교들이 동등한 자격을 가지고 공존하는 다원종교시대가 온 것이다.

나의 신념과 행동을 보고 있다. 그리고 공부를 아직 하고 있는 원 안에는 신령과 진리로써 하나님을 예배하는 사람들, 곧 보이지 않는 교회가 있다. 하나님께서 특별한 은총을 내리시는 대상(이스라엘)이다. 바깥 둘레안에 있는 사람들도 그들의 형식속에서 신령과 진리로써 하나님께 예배할 수 있을 것이다. 문제는 종교의 차이가 아니라고 본다. 모든 사람을 사랑하시고 은총을 내리시는 하나님은 기독교인에서 뿐만 아니라, '그' 밖에서도 구원의 역사를 하신다고 믿는 것이 다원주의의 입장이다.

이러한 다원주의의 종교신학이 확립되기를 기대한다. 기독교 공동체밖에 있는 1천3백만의 한국 종교인들이 그들의 신앙을 통해서도 우리와 함께 하나님의 구원의 은총안에 살 수 있다는 것이 확인된다면 이보다 더 큰 기쁨이 없을 것이다.

기독교 정체성 유지하며 타종교 주체성 인정해야

다원화된 세계문화 조류맞춰 선교정책 바꾸길

종교의 다원사회 속에서 선교해야 하는 우리는 다른 종교에 대한 신학적 해명이 필요하게 되었다. 다른 종교인들에게도 우리는 복음을 전해야 할 책임이 있기 때문이다. 이것을 '종교신학'이라고 한다. 이 종교신학의 유형중 다원주의가 있으며 그 내용은 다음과 같다.

하나님의 은총과 섭리밖에 있는 사람은 없다. 하나님은 모든 사람에게 똑같이 햇빛과 단비를 내리신다. 다만 하나님의 섭리를 따라 3중원으로 그릴수 있는 구분이 있다. 가장 밖에 있는 원 안에는 모든 사람들, 곧 타종교인들과 유대인과 헬라 사람들이 있어 하나님의 은총을 받고 산다. 그 다음에 있는 원안에는 보이는 기독교인들이 있어 하나

어거스트 콩트는 인류의 사고발전 단계를 따라 신화적 시대, 철학적 시대, 실증적 과학 시대로 3분하고, 현대를 실증적 과학의 시대로 보았다. 근대인들은 모든 것을 합리적이며 과학적인 분석과 인식의 대상으로 삼는다. 대상화할 수 없는 초월적인 종교적 세계까지도 과학이 지배하려고 한다. 오늘의 실증과학의 위치는 과거에 과학까지도 통제하려고 했던 서구 기독교의 위치를 차지하게 되었다.

그러나 인간의 삶과 문화의 실상은 다원적인 것이어서 하나의 과학적 이념체계 안에 수용되거나 이해될 수 있는 것이 아니다. 종교는 종교의 문맥에서 이해되어야 하는 독자적인 것이다. 이러한 점에서 공산권의 몰락은 근대주의

[illegible]

단신

「감리교단…기도모임」 18일 정책협의회개최

지난 5월28일 정식으로 발족된 '감리교단을 염려하는 기도모임'(회장·윤병상)은 6월18일 오후2시 동대문교회에서 감리교단을 바로 세우는 운동을 위한 정책협의회를 갖고 김·변·홍교수의 출교사태에 대한 대응책을 마련한다.

이날 정책협의회는 감리교단을 염려하는 기도회 및 강연 '감리교신학과 선교정책'(이계준교수·연세대) '감리교윤리의 정체성'(박원기교수·이화여대), 분과·종합토의순으로 개최될 예정이다 (문의 393-6811).

제3세계신학연구소 「종교다원화」 강연개최

제3세계신학연구소(이사장·김현태)는 최근 종교다원화 문제가 교계의 관심거리로 등장되는 것과 관련 6월8일 오후4~7시 '종교다원화와 포스트 모더니즘'을 주제로 연구모임을 개최한다.

종로구 연지동 소재 연동교회에서 열리는 목회자초청 이 연구모임은 길희성교수(서강대·종교학과)의 강연 및 논찬·토론등으로 진행될 예정이다

(문의 451-6315).

19920606_다원주의 종교신학 요구된다_유동식교수_크리스챤신문_5번

23. 변 · 홍교수 총회재판위에 상고

ㄴ문, 1992년 6월 6일

변·홍교수 총회재판위에 상고

'감리교단 염려 기도모임' 정식발족

변선환 학장과 홍정수 교수는 기독교대한감 ㅓ울연회 재판위원회(위원장 고재영)가 두 교수 대해 이단신학자라는 이유로 출교를 선고한 것에 불복, 총회 재판위원회(위원장 이춘직 감독)에 상고할 목적으로 서울연회 재판위원회에 변 학장은 6월 1일, 홍 교수는 5월 29일 각각 상고장을 접수시켰다.

당초 홍교수는 지난 5월 25일 상고장을 접수하려 했으나, 두 교수에 대한 총 소송비용 1천6백여만 원 중 8백여만 원을 납부하지 않으면 접수할 수 없다는 재판위원회의 통지로 상고 접수가 이루어지지 않다가 이에 항의하는 감신대 대학원생들의 교단본부 연회사무실 점거농성으로 예치금 납부없이 상고를 접수하게 된 것이다.

두 교수의 상고장을 연회 재판위가 총회 재판위에 넘겨줌으로써 앞으로 두 교수에 대한 재판은 총회 재판부가 관장하게 된다. 이에 따라 총회 재판위는 두 교수에 대한 재판절차와 재판부 구성을 논의하기 위한 모임을 6월 첫째 주중에 가진 것으로 알려졌다.

한편 변 · 홍 두 교수 출교와 관련해 감리교 화해와 일치를 목적으로 구성된 '감리교단을 염려하는 기도 모임'은 지난 5월 18일 오후 2시 아현감리교회에서 7백여명이 참석한 가운데 제1차 기도회를 개최하고 총 5백42명이 참여한 '감리교단을 염려하는 기도모임'(회장 윤병상 목사)을 정식 발족했다.

김지길, 장기천, 김규태 감독과 박대선, 유동식 교수 그리고 차후 후대될 평신도 대표 2명 등 모두 7명의 공동의장단에 의해 이끌어질 기도모임은 앞으로 각 지역별로 기도회를 개최하고 관련자료집을 발간해 각 교회 목사 및 평신도들에게 발송하는 등 활발한 활동을 펼칠 것이라고 밝혔다. 기도모임은 또한 오는 18일 오후 2시 서울 동대문교회에서 '감리교단을 바로 세우는 운동'을 위한 정책협의회를 개최키로 했다.

'감리교단 염려 기도모임' 정식발족

- 500 -

19920606_변홍교수 총회재판위에 상고_새누리신문_5번

6 1992년6월6일 (토요일) 새누리신문

새누리광장

새누리 광장은 독자여러분의 좋은 의견을 기다리고 있습니다.
보내실곳은 120-012 서울시 서대문구 충정로2가 35번지

독자투고

진리는 '교리'로 감금할 수 없다

-감리교의 '하나됨'이 지켜지기를 염원하며

새벽 3시, 최근 변학장과 홍교수 출교사태를 지켜보면서 그런 현실을 어떻게 납득하고 받아들여야 할지 답답증으로 도무지 잠을 이룰 수 없다. 단지 감리교 교리에 저촉이 된다고 하여 학자로서 수십년동안 이루어 놓은 학문적 결과를 칼로 무우 짜르듯이 그렇게 간단하게 이단으로 내몰고 급기야는 감리교에서 영원히 추방을 하려하다니, 상식적으로나 도덕적으로 이 문제를 어떻게 이해할 수 있단 말인가?

변학장과 홍교수의 기소장과 판결문을 읽어보면 구석구석 두 분의 학문결과를 왜곡·날조하는 부분이 들어가 있음을 발견할 수 있으며 지나치게 졸렬하기 짝이 없는 접근방식이 여실히 드러나고 있다. 인간의 삶이라는게 그렇게 간단치만은 않은데 하물며 이단 추출과 동시에 출교라는 엄청난 횡포 앞에 아연실색 깊은 비애와 실망을 느낄 수밖에 없다. 심지어 최종 판결문에 의하면 "이후에 계속 피고와 같은 주장의 동조, 지지, 옹호 및 선전하는 자는 기독교대한감리회 내에서 동일한 범법자로 간주되어야 한다"는 말은 사상의 자유마저 완전히 말살하겠다는 저의인가?

가르치는 일을 전문으로 하는 학자의 학문의 자유를 봉쇄하고 '벌거벗은 임금님 이야기' 를 강요하는 식의 논리는 너무나 허무맹랑하지 않은가? 오늘날 같은 다원화된 사회에서 전근대적이고 몰이성적인 발상체계가 어떻게 가능한 것인가? 한국감리교 역사 1세기에서 2세기로 접어든 이 마당에 과거 수십년전의 보수신학으로 회귀한다는 것은 문명의 전이시대를 살고 있는 우리들로서는 납득할 수 없는 일이다. 감리교의 전통중 하나는 다양성 속의 일치를 추구하는 데 있다. 감리교의 자유로운 신학분위기에 대하여 우리는 무한한 자부심과 긍지감을 갖는다. 그러나 교리수호대책위원회측에서 주장하는 일련의 행태를 지켜보면 정말 서글픈 생각이 든다. 하느님의 진리가 힘에 의한 억압과 강제로 증명될 수 있는 것인가? 힘있고 돈 있다고 각 언론에 진실을 왜곡하여 부추기고, 정확한 사태의 내막도 모르는 대중들을 선동하고, 정작 그런 모습들이 산고(産苦)끝에 화해를 도모하는 것이 아니라, 결국은 칼자루를 휘두르는 역사의 단절을 가지고 왔으니 참으로 괴롭기 그지없다.

2천년전 예수는 바리새인들과 서기관들에 의해 그들의 교리에 위배가 된다고 하여 종교재판을 받았으며, 사형선고를 받으셨다. 그리고 마침내 십자가 처형을 당하셨다. 우리는 그리스도의 전생애를 통해 진리의 위대함을, 한 인간의 자유의 숭고함을 배울 수 있다. 진리는 교리같은 그것으로 고정시킬 수 없다. 진리는 출교라는 옥쇄로 감금할 수 없다.

우리는 과연 바리새파적인 편협한 아집과 허위의식에 사로잡혀 남들도 부자유하게 하고 나 자신도 자유롭지 못하게 살 것인가? 빌라도의 가슴에 단 훈장에 경의를 표할 것인가? 진리의 편에 서서 예수의 고난행렬에 설 것인가? 우리는 너무나 자명한 선택의 기로에 서 있다. 우리의 선택은 동정적, 감정적 선택에 의해서 이루어진 것이 아니라 실로 진정한 신앙과 신학의 객관적 검증에 의해 선택되어야 할 것이다.

감리교의 깨어짐을 막을 수만 있다면, 진정한 감리교의 하나됨을 지킬 수만 있다면 나는 동일한 범법자로 낙인이 찍힌다하여 두려워 하지 않겠노라.

이 음험하기 짝이 없는 어두운 그림자들이 하루속히 사라지기를 기도할 뿐이다. 감리교는 진정 희망이 없는 퇴행적 수단에만 빠져들 것인가?

박철 목사
〈경기도 화성군 장덕교회〉

19920606_진리는 교리로 감금할 수 없다_박철_새누리신문_5번

Methodist Church Caught in Heresy Dispute

Looking for Freedom of Theological Study

By Son Key-young
Staff Reporter

A specter is haunting the Methodist Church in Korea. The specter of post-modern theology and religious pluralism.

Almost all fundamentalist Methodists entered into a holy alliance to start a witch-hunt to eradicate the insemination of "evil ideologies" which they claim deny Jesus Christ's resurrection, the Virgin Mary's virginity and other most sacred doctrines of Christianity.

Those condemned by the church leadership for undermining the church's foundation were, however, the two most distinguished Methodist theologians in the country: Profs. Pyun Sun-hwan and Hong Jeong-soo of the Methodist Theological Seminary in Seoul.

The 19th Conference for Legislation of the Korean Methodist Church, an Inquisition tribunal, decided May 7 to withdraw their fellowships, an action equivalent to excommunication.

Cornered by the church's strict action, the two theologians appealed to the judicial commission of the General Conference June 1, which is to hand down a final verdict within six months.

If they had lived in the Middle Ages and they were proven to be witches, it would be a due process to hang them with their hands tied behind their backs or burn them at the stake. But, fortunately, they are living in the 20th century when it is widely viewed as improper to punish people for their convictions whether they might be political or religious.

"As the youngest branch of Christianity born in the 18th century, the Methodist Church has maintained liberal approaches to religious discussions. Therefore, the Inquisition is totally against the church's long-cherished tradition," Prof. Hong said in an interview.

Many leading members and lay believers of the Methodist Church have poured a series of accusations against Hong and the seminary's dean Pyun while some theologians sharing their opinions along with the seminary's students, indignant with the church's harsh treatment against their professors, have sided with the two theologians.

Korea Times

A hearing is underway at Kumnan Church in Seoul last month with Profs. Pyun Sun-hwan and Hong Jeong-soo of the Methodist Theological Seminary standing trial as the accused. The Inquisition tribunal decided to withdraw their fellowships for undermining the church's foundation.

Hong called the recent dispute as blind crackdown on the freedom of theological scholarship and accused his opponents of pouring billions of won to run newspaper advertisements critical of their theological opinions.

Hong said that their views are well within the mainstream of ecumenical discussion of the topics, insisting that any kinds of condemnations should follow open discussions and arguments.

Such foreign theologians as John B. Cobb, Jr., professor emeritus at the School of Theology at Claremont and Prof. Schubert M. Ogden at Southern Methodist University, have sent letters to Bishop Kwak Jun-Tae to ask for the withdrawal of its action, said Hong.

Although there are many different opinions concerning post-modern theology, the fundamental approach of post-modernism is to deny stereotyped beliefs, Hong said. At the same time, post-modern theologians are devoting themselves to the renewal of God-talk or God-language, he added.

However, Hong said that he is not an advocate of post-modernism although his ideas are similar to the trend.

"The early theologians mistakenly interpreted the Bible just as if the Holy Scripture might be a scientific document, thus distorting the real messages of the Bible," said Hong.

The failure of proper translation contributed to alienating the public from the teachings and turning the church into an esoteric group which holds antagonism against any discussion on doctrinal issues, he said.

Saying that Christians have been recorded in the history book as a group which killed the largest number of people in wars against heresy, Hong said that it is time to stop the Crusade and to preach the universality of God's love.

On the basis of a decision of the Second Vatican Council of 1962-65, Hong defended the Rev. Pyun's religious pluralism which recognizes the possibility of salvation in other religions.

Hong expressed regrets over fellow Methodist ministers' resorting to defense mechanisms, saying that they have almost no knowledge on post-modern theology and classified his views as another "Death of God Theology."

The most controversial point of Hong's views is whether Jesus Christ had really revived from the tomb.

Hong interprets the Resurrection as a poetic language of Jews who had lived in the Biblical days to refer to the re-creation of the world with Jesus Christ's love and justice. He also contends that Mary had lived in wedlock and gave birth to Jesus Christ in a way identical to ordinary human beings.

However, early Jewish writers wanted to glorify the birth of Jesus Christ and tried to describe it in a most sacred manner by using the Jews' cultural idiom of "Virgin," he said.

He compared the Jewish literary tradition evident in the Bible to Korean idioms such as "heaven-sent hero." By expressing his birth in such a manner, the Holy Book writers tried to turn Jesus Christ into a divine figure free from human bondage and Mary into a virtuous woman who had lent herself to God's will. Accordingly, Jesus Christ was revived in the mind of believers and those following his doctrines, he said.

When asked about God, Hong, author of "God the Weaver: Christian Message for Post-modern Korean," said that God is not an abstract word but an "outcome of experiences."

For the Israelis, God refers to an omnipotent divine being which presented them with a gift called the Exodus, he said. He is the "God of liberation" from oppression by Egyptians, Hong added.

However, the meaning of God was transformed in Korea into a "projection of desire" or "illusion resulting from wishful thinking" as pointed out by Ludwig Andreas Feuerbach and Sigmund Freud, he said.

"The Christian church is no longer Christian here. The religion was re-christianized and transformed into a popular, Biblical religion," Hong said.

The future of Christianity lies in the efforts to return to the inspiration and experience of those early people who wrote the Bible, Hong said.

19920607_신학의 자유에대한 영문기사_코리아타임즈_5번

재정을 광고비로 탕진하고 금품으로 심사위원을 매수하려고 시도한 교리수호대책위원회의 당사자들은 두 교수를 출교시킨 이상의 심판을 받아야 할 것이나 저들 자신이 스스로 회개하고 대부분 도용된 명단이 교수대를 해체하고 신앙적 양심으로 돌아서서 되어진 모든 일을 은혜롭게 수습하기를 우리 현장 목회자들은 강력히 권면한다.

3. 가뜩이나 어려웠던 삼남연회에서의 감리교 선교는 이제 더 어려워졌다. 무책임하고 일의 단편적인 무자별적 일간 신문에의 광고를 얼추 읽은 보수 장로교의 흑자들이 감리교는 정말 이단이란다! 대단히 안타까운 일이다.
이제 삼남연회 안에서의 감리교 선교는 대단히 활발해졌고 많은 감리교들이 놀라운 성장을 이룩하고 있음을 전국 감리교회들에 기쁨으로 알린다.

그러니 우리 삼남연회의 목회자들은 의연하게 이 불미한 일을 대처하면서 더욱 더 열심히 감리교 선교 불모지인 삼남연회에서의 선교활동에 매진할 것을 다짐한다.

1992. 5. 12.

감리교회를 염려하는 삼남연회에 속한 75인의 담임목회자 일동
서명자 대표　전남동지방 - 이계원감리사, 홍형표목사, 이필완목사, 임성수목사
18인　전북서지방 - 오세창감리사, 전남서지방 - 심요섭감리사, 장석재목사
마산서지방 - 정인성감리사, 마산동지방 - 김진수감리사, 장동주목사
경북동지방 - 김형진감리사, 울 산 지방 - 임태종목사 (무순)

(미처 널리 다 알리지 못해서 서명에 참석 못하신 분들께 죄송합니다. 대부분 준회원들인 뜻을 같이하는 목회자들의 명단은 지면상 생략합니다.)

<모임초청 서한>

공청회 패널 발제 연사 요청 권유 서한
-호남지역 감리교를 염려하며 기도하는 모임 주최-

하나님의 크신 은총이 주님의 일에 애써 힘쓰시는 여러분께 항상 함께 하시기를 빕니다.
아뢰올 말씀은 다름이 아니오라, 금번 감신 변선환, 홍정수교수의 출교선고로 인하여 야기된 감리교단의 현 사태에 대하여 깊은 우려를 함께하는 삼남연회 호남지역의 120여 목회자들이 교단을 염려하며 기도하는 모임을 준비하면서 이번 기회에 여러 혼란된 입장과 주장을 공청회를 통하여 함께 듣고 논의하여 변, 홍사태의 진지한 해결을 모색하며 함께 기도하려 합니다.

우리는 어떤 입장만을 일방적으로 지지하기 위함이 아니라 선교의 일선에 선 목회자들의

19920608_공청회 패널 발제 연사 요청 권유 서한(호남지역 감리교를 염려하며 기도하는 모임 주최)_호남지역 감리교단을 염려하며 기도하는 모임 공청회 준비위원회_교리사건 재판자료_5번_페이지_1

혼란을 막고 나름대로 편향된 시각들을 펼쳐 놓고 감리교단의 장래를 위하여 올바른 중지를 모으기 위함이오니 각 당사자는 물론이거니와 입장을 달리하는 여러분들의 명쾌한 발제와 토론 참여를 바랍니다.

1992. 6. 16(화요일) 오후 2시부터 넉넉잡고 5시까지 순천중앙교회에서 50에서 70명 정도의 호남지역 목회자들을 중심으로 모일 감리교단을 염려하며 모이는 공청회에 귀하나 귀 단체의 적당한 분이 멀지만 꼭 오셔서 귀한 모임을 이루어 주시기를 앙망합니다.

모임의 객관적 성격상 초청이라기보다는 자발적 참여가 되야겠기에 제반 비용은 각자 부담으로 해주시기 바라며 자세한 교통, 숙식안내는 추후 해드리겠습니다.

단 모임의 원활한 준비를 위하여 귀하나 귀 단체의 대표성을 가진 분의 참석, 불참여부를 너무 촉박하지만, 이 서신 받는대로 서둘러서 6월 10일(수) 오후 10시까지 아래 연락처로 즉시 알려주시기 바랍니다. 공청회 시 각종의 입장을 밝히는 자료를 배부하셔도 좋겠습니다.

감리교단의 밝은 장래를 위한 귀하의 진지한 판단을 기대하면서 주님의 평안을 빕니다.

1992. 6. 8.

호남지역 감리교단을 염려하며 기도하는 모임 공청회 준비위원회
연락처 - ☎ 0694-857-1944 벌교원동교회 이필완목사
Fax. 062-223-7963 광주빛고을교회 장석재목사

* 공청회에서의 현안에 대한 입장 천명 및 발제, 패널 요청 서신 발송자 명단입니다.
감리회 교단본부 측 - 곽전태감독, 나원용감독, 고재영목사
감리교 신학대학 측 - 변선환학장, 홍정수교수, 이정배교수
교리수호대책위원회 - 김홍도목사, 유상열장로, 이동주교수
감리교위한기도모임 - 박정오목사, 윤병상목사, 긴동완목사, 마홍규목사
호남 목회자들 의견 - 최갑경목사, 김성수목사, 백성기목사, 우종칠목사, 김석재목사
(의견을 달리하는 이상 5분의 호남목회자들은 각 7분 이내씩)

- 각 입장에서 한분내지 두 분씩 20-30분 정도 발제함. 패널토론에 참가할 수 있도록 제 단체는 적극 후원해 주시기 바라며 6. 10.(수) 오후 10시까지 필히 사전 참여여부 연락 바랍니다. *승용차 5시간 열차고속버스 6시간, 비행기 1시간 10분(여수공항) - 서울에서

- 471 -

19920608_공청회 패널 발제 연사 요청 권유 서한(호남지역 감리교를 염려하며 기도하는 모임 주최)_호남지역 감리교단을 염려하며 기도하는 모임 공청회 준비위원회_교리사건 재판자료_5번_페이지_2

24. 윤병상 목사 인터뷰

감리교단 염려하는 기도모임 회장 - 윤병상 목사
◈출처: 감신대학보 1992. 6. 10.

윤병상 목사

전·현직 감독과 학자 및 교수, 총대급 목사 등으로 구성된 「감리교단을 염려하는 기도모임」의 서명운동이 범교단적으로 확대되고 있다.

중견목회자들의 움직임에 대한 긍정적이 시각들과 희망을 갖는 사람들 또한 늘어나고 있다.

이에 「감리교단을 염려하는 기도모임」의 회장인 윤병상 목사(연대 신학과)를 만나 모임의 현상황과 향후전망을 들어본다.

▲어떠한 계기로 기도모임을 추진하기 되었는가?

—이번 사태는 한국감리교회의 전통과 웨슬리 정신이 뿌리째 흔들리는 신학의 획일성과 신앙의 배타주의가 지배한 극단적 모습이였다. 이에 감리교단을 염려하는 목회자 중심으로 합리적인 해결방안을 모색하고 감리교 전통과 신학의 정체성을 재정립해야 된다는 공동된 의견에 의해서 추진하게 되었다.

▲앞으로 「감리교단을 염려하는 기도모임」을 어떤 방향으로 이끌어 갈 것인가?

—두 교수의 문제는 전반적인 감리교단의 모순으로 말미암아 표출된 결과이며 두교수의 문제가 합리적인 방향으로 매듭지어 진다고 해도 언젠가는 다른 형태로 발생할 것이다. 이에 모임의 방향을 범 교단차원에서 신학과 신앙을 재정립하고 감리교 쇄신차원에서 이끌어 나갈 것이다.

실제로 기도모임을 지역별, 연회별로 추진 중에 있으며 6월18일을 기해 「감리교단을 바로 세우는 운동」을 전개시켜 나갈 계획을 갖고있다.

▲「감리교단을 바로 세우는 운동」이 가지는 목적과 형태는 어떤 것인가?

—기도모임에서 추진하는 일이므로 같은 형태라 할 수 있다. 그렇지만 이 운동은 재판문제에만 얽매이지 않고 감리교단내의 비민주적 행정, 교권주의 만연 등으로 얼룩진 교단을 바로 세우고 사회에서 교회의 올바른 역할을 위해 범교단차원에서 이끌어 나가려는 취지의 일환으로 준비하게 되었다.

▲감리교단의 쇄신문제는 「감목협 추진위」에서 추진하고 있는 사안중에 하나라 생각되는데 공동으로 계획하는 사업은 있는가?

—아직은 계획이 없다. 감목협은 나름대로 생각을 갖고 일을 추진하고 있는것으로 알고있다.

▲앞으로 「교대위」의 과행적 행태에 대해 어떻게 대응할 것인가?

—교대위와 맞서는 것은 원치않는다. 대화와 토론을 통해 서로의 극단적 의견을 좁히고 화해와 일치의 장으로 나갔으면 한다.

▲모임을 준비하면서 주위 목회자들의 시각은 어떠했는가?

—이제까지 불공정하고, 일방적인 [illegible] 끼지 않고 동참해 주었다. 그러나 이러한 모습에 「교대위」 측에서 내용증명을 보내어 서명의 진의여부를 묻는 일은 또한번 실망을 안겨주는 일이였다.

▲감신대생들의 반발움직인에 대해 어떻게 생각하는가?

—학내상황에 대해서 잘알지 못하지만 학생들 나름대로 재판문제에 대응책을 간구하고 있는 줄 안다.

▲앞으로 열릴 총회재판위에 대해 기도모임에서는 어떻게 활동할 것인가?

—아직 구체적으로 생각하지 않았다.

▲마지막으로 올바른 감리교회은 어떤것이라고 생각하는가?

—감리교는 더이상 교리로 인해 교회공동체가 분열되는 모습을 보여서는 안된다. 1985년 선교 백주년대회 기념문에서 「우리는 어떤 형태의 독선주의도 배재하며 모든 종교들이 진정한 하나님 나라를 이땅에 실현하기 위해 다같이 협력할 것을 제안한다」라고 밝힌 것처럼 지금이야말로 물질주의 시대에 만연되어 있는 배타적이고 이기적인 풍조에 대하여 감리교회가 선구자적 역할을 감당해 내기위해 진지한 대화와 예언자적 사명에 힘을 모아야 할 것이다.

권 행 운 기자

감신대학보 1992. 6. 10.

19920610_윤병상 목사 인터뷰_감신대학보_5번

16-2-301

가장 정의로운 방법으로 현 교단사태가 해결되길 바라며 무기한 단식농성에 돌입한

우리의 요구

수 신: 기독교 대한감리회 곽전태 감독회장님, 서울연회 나원용 감독님

내 용: 교리수호 대책위의 망언 및 금품 매수 사건에 대한 조사, 서울연회재판의 파행성 사과와 총회재판의 공정성 보장에 관한 요구건

존경하는 곽전태 감독회장님과 나원용 감독님

주님의 이름으로 문안드립니다.

선교 2세기를 맞은 한국감리교회가 지금 변선환 학장님과 홍정수 교수님에 대한 이단시비로 심각한 위기상황에 봉착하였습니다. 분열과 대립을 치유하는 시대의 파숫군으로 화해와 일치의 모범이었던 감리교는 이제 독설적 교리 사수의 기치 아래 폭력마저도 정당화되는 현실 속에서 웨슬리의 순전한 정신과 선교 전통을 잃어가고 있습니다. 이처럼 안타까운 현실을 목도하며 감신대 일천 학우들은 긴시간 이 문제의 합리적 해결을 위해 기도와 실천을 아끼지 않았습니다. 또한 우리와 뜻을 같이하시는 많은 신학자와 교수님, 목회자들이 수차례 우려와 해결 방안을 표하신 바 있습니다.

그러나 아직까지 사태의 원만한 해결은 요원하기만 합니다. 재판위원 구성에서부터 이미 부당함과 파행을 예고했던 서울연회 재판이 불법과 편파적 진행으로 종결되고 두 교수님의 상소로 총회재판이 열릴 예정이지만 이의 공정성은 물론 교리수호대책위의 고의적인 악선전과 부도덕한 불법행위에 대해 우려와 항의가 끊이지 않고 있습니다. 최근 교리수호대책위는 설교시간(6월 7일 주일낮, 창동교회 금성호목사)을 통해 "감신대 변선환학장이 술에 만취한 상태에서 모목사에게 전화를 걸어 자신만이 아니라 감신대 전 교수가 통일교로부터 모두 돈을 먹었다고 고백했다"는 등 인신공격적 망언을 서슴없이 감리교인들에게 사실인 양 선전하고 있습니다(변선환학장님이 전화를 걸어 이러한 사실을 확인하려 하자 금목사님은 '나도 들은 이야기'라며 책임을 회피했다). 이 뿐만이 아닙니다. 교리수호대책위 공동회장인 김홍도 목사님은 5월 20일 코리아나 호텔에서 있은 재판위원 회합에서 "전 교수가 통일교로부터 돈을 먹었다"는 사실 무근의 이야기를 떠벌인 이후 기회있을 때마다 감신대에 대한 비방행위를 일삼고 있습니다. 심지어 서울연회 재판위원 중의 한사람이었던 교리수호대책위원은 자신이 섬기는 교회에서 "감신대는 폐교시켜야 한다"고까지 했습니다. 또한 현 사태를 염려하시며 감리교회의 화해를 촉구하는 성명을 발표한 '감리교를 염려하는 기도모임'의 활동에 대해 '사탄의 역사'라고 호언하며(강남중앙교회, 조 모목사) 오로지 선한 이는 자신들 뿐이라는 자가당착에 교리수호대책위는 빠져 있습니다. 사실이 이러할진대 누가 누구에게 '사탄'이라는 치욕스런 멍에를 씌운단 말입니까? 교리수호대책위에 대한 깊은 우려와 항의를 표하는 지각있는 감리교인들이 늘어나는 것은 그나마 다행한 일이라 생각합니다. 감리교 신학대학 총학생회는 이러한 우려와 항의가 진실로 감리교를 사랑하는 정의로운 외침임을 굳게 믿으며 사태의 올

19920611_우리의 요구(단식농성 돌입과 함께)_감리교신학대학 10대 총학생회_5번_페이지_1

바른 해결을 촉구하며 무기한 단식농성에 돌입한 감신인들의 의지를 모아 다음과 같은 요구안을 마련하였습니다.

하나, 감신대 이사장인 나원용 감독님은 이 문제가 공정하고 정당하게 마무리될 때까지 두 교수님의 교수직을 분명하게 보장, 보호하여야 합니다. 일각에서 이 문제가 마치 종결된 것처럼 왜곡, 선전하는 것을 우리는 결코 이해할 수 없습니다. 따라서 두 교수님의 교수 직위에 대한 거론이나 위협은 상황을 곡해하는 행위로 간주되어야 마땅합니다.

하나, 교리수호대책위의 무분별한 언행을 숙고하고 특별히 서울연회 심사위원 및 재판위원 금품 매수설에 대해 서울연회와 교단은 그 진상을 철저하게 조사한 후, 그것이 사실이라면 엄중 처벌하여야 합니다. 우리는 심사위원들이 사퇴 당시 '금품 유혹'에 대해 밝혔던 사실을 기억합니다. 서울연회와 교단은 교리수호 대책위의 불법적 일간지 광고 등에 대해 응분의 처벌을 가하고 즉각 금품 매수설에 대한 조사작업에 착수하여야 합니다. 피고인의 재심 청구나 상소 여부나 확정되지 않은 상태에서 연회 감독의 확인이 있기도 전에 판결내용을 일간지를 통해 알린 것은 교단의 체계와 조직을 무시한 처사로 규탄받아 마땅하며 더더구나 금품을 통한 재판위원 매수는 용서할 수 없는 죄악이기 때문입니다. 또 교리수호대책위 공동회장인 김홍도 목사는 최근 감신대 전 교수가 통일교로 부터 돈을 먹었다는 등 흑색선전을 계속하고 있는데 이에 대한 교단의 책임있는 조사와 응분의 처벌이 가해져야 할 것입니다.

하나, 총회 재판의 공정성이 보장되지 않는한 우리는 총회재판을 인정할 수 없습니다. 서울연회 재판은 공정재판을 바라는 많은 이들의 기대를 져버린 파행재판의 전형이었습니다. 기소 과정에서 법정 심사기한과 심사 회수를 무시한 것에서 부터 출발하여 심사위원과 재판위원의 상당수가 교리수호대책위원인 점, 변호인 승인거부와 최후진술 서면 제출, 피고인에 대한 단답형 답변 강요, 고소인측 교회에서의 재판 진행과 폭력 묵인 등에 이르기까지 그 파행성은 이루다 헤아릴 수 없을 정도입니다. 또다시 이러한 불법과 파행이 총회재판 과정에서 드러난다면 우리는 감리교단을 바로 세우기 위해 비장한 각오로 의로운 투쟁을 전개할 것입니다. 따라서 총회 재판위원 중 교리수호대책위원 등 비중도적 인물은 즉각 교체되어야 합니다. 뿐만 아니라 이 문제가 적어도 두 교수님의 신학과 관련한 문제라면 교단내 신학위원회나 범교단적 공청회를 통해 심화된 토론의 과정이 반드시 실현되어야 합니다.

존경하는 감독회장님과 감독님.

이번 사건이 목회현장과 신학의 뿌리깊은 괴리를 극복하고 감리교단을 은혜롭게 갱신하는 겨자씨가 되길 바라는 저희들의 충정을 헤아려 주시고 감리교단의 지도자로서 책임있는 태도를 부탁드립니다.

주님의 평강이 두분께 넘치시기를 기원합니다.

주후 1992년 6월 11일

감리교 신학대학 제10대 총학생회

19920611_우리의 요구(단식농성 돌입과 함께)_
감리교신학대학 10대 총학생회_5번_페이지_2

40. 감리교회에서 출교당하지 않으려면

◈출처: 새누리신문 1992. 6. 13

감리교회에서 출교당하지 않으려면

-재판위 판결문을 분석한다

김영호
〈교육학 박사·감신대 강사〉

시 론

기독교대한감리회 서울연회는 감리교신학대학의 두 교수에 대하여 출교를 선고하였다. 이 출교선고의 판결문에는 다음과 같은 선고가 있다. "그러므로 이 이후에 계속 피고와 같은 주장의 동조, 지지, 옹호 및 선전하는 자는 기독교대한감리회 내에서 동일한 범법자로 간주되어야 한다." 이 선고는 한국 감리교인들 모두에게 해당되는것이므로, 이제 감리교인들은 감리교회에서 또다시 출교당하지 않기 위해서 이 판결문에 나와 있는 범법의 내용들을 알아 두어야만 하게 된 것이다.

첫째, 예수를 우주적 그리스도로 믿는다는 주장을 하거나, 그리스도와 마리아의 아들 예수를 동일시하는 주장을 하면, 감리교회에서 출교당하게 될 것이다.

변학장에 대한 출교판결문 제1항에는 "피고는 기독교 신앙의 주제가 되는 예수 그리스도에 대하여 '우주적 그리스도는 마리아의 아들 예수와 동일시할 때 거침돌이 된다.' ('기독교사상, 299호, P.156)고 말함으로써 마리아의 아들 예수를 우주적 그리스도로 믿는 전통적 기독교 신앙을 거부했고"라면서 그 증거를 밝히고 있다. 그런데 이 증거는 어떤 사람이 지어낸 거짓말('신앙세계' 92.3월호, P.38)을 그대로 인용한 것이다.

변학장의 원래 논지는 기독교가 예수를 "우주적 그리스도"로 주장한다면 그것은 힌두교 사람들에게는 전혀 낯설지 않기 때문에 힌두교 사람들도 그리스도를 받아들일 수 있다는 것이며, 기독교의 특별한 주장인 그리스도가 마리아의 아들 예수라고 믿는 것에 대해서는 힌두교에서는 그런 가르침이 없기 때문에 기독교의 이 주장을 존중해 줄 것이라는 파니카의 생각을 소개한 것이다. 그런데 이것을 거두절미 해 버린 것이다.

둘째는 그리스도가 유일한 구속주라거나, 그리스도를 떠나서는 구속이 없다는 주장이다.

출교판결문 제1항 후반부에는 "'그리스도만이 보편적으로 유일한 구속자인 것이 아니라' (상동, P.155)고 함으로써 기독교적인 신앙고백을 떠나서 기독교 신앙의 특징인 유일한 구세주이신 예수 그리스도를 부정하는 비기독교적 주장을 자행하였다"고 하였다. 여기에 제시된 증거는 이 문장의 주어에 해당하는 "타종교가"라는 말을 빼어버리고, 그대신 이 말을 변학장의 주장으로 날조한 것이다.

셋째, 유일한 구속자이신 그리스도에 의하여 구원받는다고 주장하거나, 하나님의 보편적 구원의 뜻을 이루는 자가 그리스도라고 주장하면 안된다.

출교판결문, 짜집기로 논문내용 왜곡
타종교 논리 '소개'가 필자주장 둔갑

출교판결문 제2항에는 "피고는 예수 그리스도의 십자가로 말미암아 구속되는 유일한 구원의 길을 부정하여 구원의 다원주의를 주장하여 저들의 종교(타종교들)도 그들 스스로의 구원의 길을 알고 있다."(상동, 299호, P.155)고 함으로써 기독교 신앙의 본질을 무시 내지는 타 종교의 것과 동일시하는 주장을 하고, 예수 그리스도의 십자가의 사건을 믿음으로 얻는 '구원' 을 간과하는 과오를 범하고 있다"고 판결했다. 여기에 증거로 밝힌 인용문은 앞에서 보았던 글을 두 부분으로 나누어서 문장의 주어인 "타종교가"를 바꾸어 변학장이 주장한 것처럼 날조한 것이다. 또한 이 판결문은 "그리스도의 십자가의 사건을 믿음으로 얻는 구원"이라고 했는데, 이 구원은 성서에 없는 새로운 방식의 구원에 대한 선언이다.

네째, 예수께서 실천하여 보여주셨던 하나님 중심의 신앙을 따르자는 주장을 하거나, 예수를 우상으로 섬기지 말아야 한다는 주장을 해도 감리교회에서 출교당하게 될 것이다.

이 판결문에 따르면 예수를 절대화, 우상화시키며 다른 종교적 인물을 능가하는 인물로 보아야만 예수 그리스도의 인성과 신성을 동시에 믿는 것이 된다는 것을 가르쳐 주고 있다. 다른 말로 해서, 예수를 우상으로 섬겨야 그의 인성과 신성을 동시에 믿는 것이 된다는 말인 것이다.

그러므로 앞으로는 감리교 평신도들이 예수께서 실천하여 보여주셨던 하나님 중심의 신앙을 따르자는 주장을 하면 "삼위 일체의 하나님을 부정하고 모든 종교의 신을 동격시"하는 범법 행위가 되고, 예수를 우상으로 섬기지 말아야 한다는 주장을 하면 "예수 그리스도의 인성을 동시에 믿는 기독교 신앙을 떠나 버리는" 범법 행위가 되어, 감리교회에서 출교당하게 될 것이다.

마지막 다섯째, 감리교신학대학 학장이 되려면, 선교사가 하나님 나라를 비기독교 세계에 가지고 왔다는 주장을 해야 하고, 교회 안에만 구원이 있다는 주장을 해야 한다.

출교판결문 제4항에는 "교회 밖에도 구원이 있다' 고 함으로써, 기독교 복음을 포교하는 교역자를 양성하는 일과 예수를 믿고 구원받는 개종사역을 거부함으로써 피고는 그 본직을 배반하였다"고 하였다. 이 범법행위는 일반 감리교인들 모두에게 해당하는 교리위배의 죄가 아니라, 감리교신학대학 학장으로서의 직무 유기에 대한 죄로 판결한 것이다.

이제는 한국 감리교회의 신학자들뿐만 아니라 평신도들까지도 예수를 우주적 그리스도로 믿거나 그리스도와 마리아의 아들 예수를 동일시하는 주장을 하건, 그리스도가 유일한 구속주이며 그리스도를 떠나서는 구속이 없다는 주장을 하거나, 유일한 구속자이신 그리스도에 의하여 구원을 받으며 하나님의 보편적 구원의 뜻을 이루는 자가 그리스도라고 주장하건, 예수께서 실천하여 보여주셨던 하나님 중심의 신앙을 따르면서 예수를 우상으로 섬기지 말아야 한다는 주장을 하면 한국 감리교회에서 출교를 당하게 되는 범법행위가 됨을 잊지 말아야 하는 것이다.

어떻게 해서 자랑스러웠던 한국 감리교회가 십계명의 제9계명을 "네 이웃에 대하여 거짓 증거할찌니라!"로 바꾸고 말았을까? 어떻게 되어서 이러한 판결문과 같은 괴상한 감리교회의 모습이 되고 말았을까? 혹시 감리교회의 선한 평신도들의 침묵이 그 원인은 아니었을까?

19920613_감리교회에서 출교당하지 않으려면_김영호박사_새누리신문_5번

감신대 일천 예언자들이 130만 감리교 성도들에게 보내는 긴급서신

130만 감리교회 성도 여러분!
감리교신학대학 일천 예언자들이 주님의 이름으로 문안드립니다.

저희 감리교신학대학 일천여 학생들은 그간 '포용성과 일치'의 정신으로 감리교를 창시하신 웨슬리선생의 후예로서, 100여년의 찬란한 신학전통을 자랑하는 선지동산에서 학문의 터밭을 일구어 왔습니다. 한국 감리교회의 품안에서 양육됨을 하나님의 크신 은혜와 사랑으로 여기며 봉사와 면학에 힘써온 저희들은 선교 2세기 '빛과 소금'의 역할을 다하고자 새로운 시대의 하나님 선교상을 정립하며 기도와 실천을 아끼지 않았습니다.

그런데 지난해 10월 제 19차 입법총회를 기점으로 전면화된 교단사태로 우리의 터밭인 감리교회와 감리교 신학대학이 중대한 위기를 맞게 되어 저희들은 긴 시간 고뇌와 아픔을 경험해야만 했습니다. 이것은 단순히 변선환학장님과 홍정수교수님에 대한 제자로서의 도리와 애착때문만은 아닙니다. 오히려 저희들은 불법과 파행으로 얼룩진 현 사태로 '화해와 일치'의 감리교 전통이 흔들리고 분열과 대립이 조장되는 감리교단을 염려하였던 것입니다.

저희들을 더욱 안타깝게 한 것은 현 사태에 대한 왜곡된 선전이 사실처럼 감리교회에 떠돌며 순결한 130만 감리교회 성도들의 눈과 귀를 막고 있다는 것입니다. 이에 저희 감리교 신학대학 학생들은 사건의 명확한 진실을 알리고 파행으로 치닫고 있는 사태의 합리적인 해결을 위해 6월 9일부터 금식 기도와 농성을 시작하였습니다. 금식 8일째를 맞아 많은 학생들이 실신해 쓰러지고 있지만 저희들의 외침이 하늘과 130만 성도 여러분의 가슴에 울릴 때까지 결코 기독자적 몸짓을 멈추지 않으려 합니다.

지난해 10월 총회를 기억하십니까? 두 교수님의 신학을 '예수의 피를 개피라고 했습니다'라는 단 한마디 말로 요약하신 곽전태 감독회장님의 기가막힌 참주선동을 기억하십니까? 그 참주선동으로 1800여명의 총대중 불과 300명만이 참석한 총회에서 두 교수 파면 권고 결의안이 통과되었습니다. 어떻게 두 교수님의 신학이 '예수의 피는 개피다'는 말로 축약, 대변될 수 있는지 이해할 수 없습니다.

이후 사건의 파행적 진행을 생각해 보십시요. 금란교회 김홍도목사님의 고소로 시작된 서울연회의 재판은 그야말로 반기독교적, 비감리교적, 비민주적 재판의 극치였습니다. 재판위원 15인중 13인이 소위 교리수호대책위원회(공동대표 김홍도 목사, 유상열 장로) 위원으로 구성되어 기소과정에서부터 법정 심사기한 및 심사회수를 위반하였습니다. 또한 변호인 승인 거부와 최후진술 서면제출, 피고인에 대한 단답형 답변 강요, 고소인측 교회에서의 재판 강행과 폭력 묵인 등에 이르기까지 그 파행성은 이루 다 헤아릴 수 없을 정도입니다. 5월 7일 금란교회에서 공정재판을 요구하는 저희들에게 무차별 폭행이 행해진 사건은 다시는 떠올리고 싶지 않습니다. 이런 상상도 못할 폭력 속에서 두 교수님에게 '출교 선고'가 내려졌습니다.

두 교수님에게 서울연회의 출교 선고가 있은 뒤, 각종 언론과 설교를 통해 교리수호대책위는 '감신대 전 교수가 통일교로부터 돈을 먹었다', '변선환 학

19920616_감신대 일천 예언자들이 130만 감리교 성도들에게 보내는 긴급서신_
감신대 총학생회_5번_페이지_1

장이 술을 먹고 모목사에게 전화를 걸어 그러한 사실을 고백했다'는 등 감리교신학대학에 대한 공공연한 흑색선전과 망언을 일삼고 있습니다. '돈'으로 신학자를 정죄하고 '교권'을 거머쥐려하는 집단이 도리어 순전한 감신대를 비방, 모함하고 있습니다. (교리수호대책위의 재판위원 금품매수에 관해서는 하단을 참조하십시오.)

감리교회를 사랑하는 130만 성도 여러분!

저희들은 가장 정의로운 방법으로 교단의 분열사태가 해결되기를 소망하며 한치의 흔들림없는 결의로 왜곡된 진실을 바로 잡기 위해 최선을 다할 것입니다. 감리교회를 사랑하는 성도 여러분들의 뜨거운 격려와 지지를 호소합니다.
섬기시는 교회와 성도 여러분에게 주님의 은총과 평강이 넘치시기를 기원합니다.

주후 1992년 6월 16일

선지동산에서 감리교 신학대학 총학생회 올림

* 아래는 김홍도목사님과 교리수호대책위에 보낸 공개해명 요구서 중의 일부입니다.

1. 김홍도목사님과 교리수호대책위는 한강중앙교회 김광덕목사(서울연회 심사위원회 1반 반장)님께 두 교수의 기소를 요구하며 "은퇴 이후의 생활비로 500만원을 주겠다"는 제의를 함으로써 심사위원을 금품으로 매수하려 한바가 있다는 일각의 증언에 대해 명확히 해명해야 합니다.

19920616_감신대 일천 예언자들이 130만 감리교 성도들에게 보내는 긴급서신_감신대 총학생회_5번_페이지_2

K-2-302

공 동 결 의 문

2000년대를 준비하는 감리교회는 지금 무엇을 하고 있는가.

신학적 논쟁으로 시작된 변선환, 홍정수 교수의 문제는 금권과 교권으로 얼룩져 교단의 정치적 싸움과 비도덕성을 분명하게 보여주고 있다. 우리는 지난 서울연회 재판위원회에서 자행된 불공정하고 비민주적인 재판이 분명히 무효임을 선언하였다. 따라서 총회재판위원회로 상고가 된 지금의 상황에서 우리는 총회재판위원회가 서울연회재판이 불공정한 재판이었음을 인정하고 공정한 재판위원 선정, 사실심리, 증인 채택, 신학공청회 등의 민주적 절차에 따른 공정한 재판을 할 것을 강력히 요구하는 바이다. 또한 재판과정에서 이사회는 징계위원회를 구성하여 두 교수에 대한 징계절차를 밟고 있는 사실을 우리는 주목하고 있다. 따라서 방학중 두 교수에 대한 징계를 내릴 경우 우리는 이것을 좌시하지 않을 것이다.

또한, 우리는 두 교수에 대한 문제가 감리교회와 신학의 위기임을 분명히 인식하고 있다. 따라서 감리교회와 신학을 올바르게 세우는 작업이 오늘의 상황에서 우리에게 주는 하나님의 사명임을 우리는 잘 알고 있다. 민족의 고난의 역사 현장에서 복음의 증언을 통한 민중의 사람과 민족의 통일을 위해 주체적으로 교회와 신학은 거듭나야 할 것이다. 이에 우리는 서울연회재판에 대한 불공정성과 총회재판에 대한 공정성을 촉구하며 감리교회와 신학을 올바르게 세우는 운동을 힘차게 벌여 나갈 것을 다짐하며 다음과 같이 결의한다.

하나 서울연회재판은 불공정한 재판이었음으로 무효이다. 따라서 서울연회 나원용감독은 책임자로서 공개 사과하라.

하나 서울연회재판위원에 불공정한 재판의 책임을 묻고 심사위원회에 회부하고 기소하라.

하나 감리교의 전통과 명예를 실추시킨 교리수호대책위를 해체하고 김홍도, 유상렬 장로를 심사위원회에 회부하고 기소하라.

하나 교단의 최고 책임자인 곽전태 감독회장은 교리수호 대책위원회의 명예회장을 사퇴하고 총회공정재판을 보장하라.

총회재판위원회는 서울연회재판과정에 참여하였던 재판위원을 교체하고 사실심리, 증인채택, 신학공청회등의 민주적 재판을 보장하라.

1992. 6. 17

총회공정재판을 촉구하는 범감리교인 결의대회 참가자 일동

19920617_공동결의문_총회공정재판을 촉구하는 범감리교인 결의대회 참가자 일동_5번

K-2-297

곽전태 감독회장님, 이춘직 총회재판위원장님

재판위원 여러분께 드리는 글

샬롬! 주님의 이름으로 문안드립니다.

저희 대학원 학우 일동은 지난 1991년 10월에서 1992년 5월 7일 사이에 일어난 변선환 학장, 홍정수 교수에 대한 종교 재판의 과정을 지켜 보면서 깊은 슬픔을 금할 길이 없습니다. 우리가 사랑하는 감리교 250여 년의 역사상 유래가 없는 종교 재판을 바라보는 저희들은 "다양성 속의 일치"라는 감리교의 전통이 순식간에 무너져 내려가는 것을 보았으며, '교리적 선언'의 서문가운데 "우리의 회원이 되어 우리와 단합하고자 하는 사람에게 아무 교리적 시험을 강요하지 않는다"라고 하는한 선언속에 나타난 개방성과 포용성이 산산히 부서지는 것을 느꼈습니다.

신학을 법으로 규정할 수 없는 것이 감리교의 오랜 전통임에도 불구하고 교리수호대책위는 두 교수님의 신학적 주장을 정죄하기 위해 재판을 강행했습니다. 감리교의 전통에 비추어 볼 때 교리적 시험 그 자체가 성립될 수 없다는 것을 알면서도 이러한 갈등과 견해의 차이가 재판을 통해 합리적으로 해결되기를 기대했습니다. 그러나 그 재판은 갈등의 해소나 신학적 검토는 커녕 상식으로는 도저히 납득할 수 없는 부당한 절차로 진행되었습니다. 그래서 많은 사람들이 그 재판 결과에 승복하지 못하고 있으며, 갈등과 분열이 더욱 심화되어 가고 있습니다. 이러한 갈등과 분열의 상황을 염려하는 대학원 학우 일동은 여러분께 다음과 같은 절차를 반드시 밟아서 재판하여 주실 것을 간곡히 부탁드립니다.

1. 공정 재판을 위하여는 무엇보다도 먼저 공정한 재판위원회가 구성되어야 합니다.

재판위원이 본 사건에 대해 공정한 재판을 할 수가 없다고 인정될 때 재판에 관여함을 부정해야 합니다. 이렇게 될 때 재판이 공정할 수 있고, 모든 사람이 이 재판 결과를 기꺼이 받아들이게 됩니다. 서울연회 재판위원회는 재판위원 15인 중 13인이 고소자인 교리수호대책위 위원으로서 공정한 재판위원회 구성을 하지 못했고, 이로 말미암아 부당한 재판절차가 계속된 것입니다. 따라서

1) 서울연회 재판위원으로 총회재판 위원이신 분은 선입견을 가지고 있으므로 총회재판에 관여할 수 없습니다(제척제도).

2) 재판위원이 불공정한 재판을 할 염려가 있는 경우, 즉 고소자인 교리수호대책위 위원으로 총회재판 위원이신 분은 스스로 사퇴하시거나(회피제도), 피고인이 기피신청을 하면 그 재판에 관여할 수 없습니다(기피제도).

2. 공정한 재판위원회가 구성되면 다음과 같은 심리를 반드시 거쳐야 합니다.

서울연회 재판은 이 절차가 무시되거나 생략되었습니다.

1) 피고인의 진술 : 재판 위원장은 피고인에게 그 이익되는 사실을 진술할 기회를 충분히 주어야 합니다.

19920617_곽전태 감독회장님 이춘직 총회재판위원장님 재판 위원 여러분께 드리는 글
_감리교 신학대학 대학원 비상대책위원회 10대 총학생회_5번_페이지_1

2) 피고인에 대한 재판위원의 심문

3) 증거조사 : 여기에서 기소사실이 확인되어야 합니다.

가) 통일교 관련사실 : 양창식, 이규철을 출석시켜 증인 심문을 해야 하고, 누가 작성했는지 아무도 모르는 『감리교 신학대학원 보고서』의 작성자, 내용의 맞고 틀림이 확인되어야 합니다.

나) 두 교수의 논문, 책에 대한 인용이 올바로 되었는가를 확인해 보아야 합니다.

3. 두 교수의 신학적 주장에 의해 야기되었으므로 신학적인 토론, 공청회를 반드시 2회이상 가져야 합니다.

여기에서 감리교 신학의 정체성을 묻고 두 교수의 신학적 주장이 과연 감리교 신학에 어긋나는지를 살펴야 합니다. 서울연회 재판위원회는 이 과정이 없었습니다.

4. 곽전태 감독회장님은 총회 재판이 공정한 재판이 되도록 감독할 책임이 있음으로 본 사건의 고소자인 교리수호대책위의 명예회장직을 사퇴하시고, 감리교회를 대표하는 공인으로서 어느 쪽에도 치우치지 않는 자세를 견지하시길 부탁드립니다.

저희들이 이렇게 말씀드리는 것은 어느 한 쪽을 일방적으로 지지하거나 다른 한 쪽을 일방적으로 매도하기 위한 것이 아닙니다. 저희들은 재판이 공정하게 진행되어 그 재판 결과에 관계없이 모든 감리교인이 기꺼이 승복함으로써 감리교의 갈등과 분열이 치유되기를 원할 뿐이며, 또한 "감리교가 이땅에서 사라지는 것은 두렵지 않다. 다만 감리교의 정신이 사라진 감리교가 존재하는 것이 두려울 뿐이다"라고 말한 웨슬리 선생의 두려움을 갖고서, 감리교의 정신과 미래를 진지하게 묻고 신학과 교회의 자리매김을 위한 대화의 장이 되길 원할 뿐입니다.

저희들은 총회재판을 계속 주시할 것이며 정당한 재판이 되도록 몸과 힘을 다할 것입니다. 섬기시는 교회에 주님의 평강이 함께 하시기를 기도합니다.

1992년 6월 17일

변·홍교수 사태 해결 및 감리교 신학의 거듭남을 위한

감리교 신학대학 대학원 비상대책 위원회

감리교 신학대학 제10대 총학생회

19920617_곽전태 감독회장님 이춘직 총회재판위원장님 재판 위원 여러분께 드리는 글
_감리교 신학대학 대학원 비상대책위원회 10대 총학생회_5번_페이지_2

주님의 이름으로 문안 드립니다.

이제 선교 100여년이나 된 우리교단이 교권주의자들과 금송아지를 섬기며, 세속 권력과 야합하는 지도자들로 인해서 만신창이가 된 우리교단을 염려하시고, 바로 세우기 위하여 불철주야 기도하시며 노력하시는 줄 믿습니다.

우리 교단을 하나님의 말씀에 따라 올바르게 섬기지 아니하고, 사사건건 분열 반목, 분쟁, 혼란과 부패만을 조장하는 잘못된 지도자들을 이제는 척결하여 우리 교단을 정화하여 하나님께서 보시기에 합당한 교단으로 세워야 될 때라고 봅니다.

현재 우리 교단의 최고지도자인 감독회장 자리에 앉아 있는 곽 전태 목사는 이와같이 우리 교단을 가장 잘못된 길로 이끄는 자로서, 특히 여기에 동봉하여 보내드리는 증거자료와 같이 이중 결혼한 중혼죄마저 저질러 갓인 악랄한 방법으로 본처를 학대하여 내쫓은 자로서 성서와 우리교단의 교리와 장정에 비추어 볼때, 평교역자로서도 도저히 용납할 수 없는 사람이 어떻게 감독회장이라는 교단 최고지도자가 될 수 있는지 의심스럽습니다.

이러한 사람은 본인의 신앙양심상 스스로 그 자리를 물러서야 될줄로 아는데도

19920617_편지_감리교단정화추진위원회_5번

2. 한국교회 신학에 대한 역사적 고찰

◈출처: 크리스찬신문 제1517호 1992. 6. 20.

이종성 박사(전 장신대 학장)

미국에서 처음 온 선교사는 호래이스 G. 언더우드였다. 그는 영국계 미국인이었으나 뉴저지주에 있는 뉴브론즈윅이라는 화란계통의 작은 신학교를 나왔다. 그 학교의 신학적 경향은 칼빈신학교와 같이 폐쇄적인 아니었으나 매우 보수적인 경향을 가진 학교였다. 따라서 언더우드의 신학적 경향도 매우 온건한 편이었다.

언더우드의 뒤를 따라 내한한 선교자들 등 당시의 남장로교회에 속해 있던 이눌서(Reynolds)와 구례인(Crane)은 다 같이 유니온신학교(Richmond)를 졸업했고, 맥코믹신학교 출신으로서는 배위치(Baird)와 마펫(Moffett)이 있었다. 이들은 다 같이 미국전토를 석권하고 있던 선교운동의 열기를 받아 한국에 왔다.

1920년대에 이르러 프리스톤신학교 출신의 선교사 킨슬러(Kingsler)와 옥호열(Voekel) 등이 가담했다. 이들은 대체로 당시 미국교회 안에서 크게 유행하고 있던 근본주의의 신학과 같은 견해를 가졌다. 특히 그들의 성서관은 문자주의에 가까운 견해를 가지고 있었다.

「2천년 향한 장로교 신학의 좌표」 II

1907년 9월 17일에 선교사들이 중심이 되어 독노회가 조직되었다. 그때 '대한국 예수교장로회노회'의 신경(信經)과 정치헌장이 있어야 함을 느낀 선교사들은 서양교회에서 만들어진 신경보다 아시아의 교회가 작성한 신경을 구하던 중 1905년 인도 자유장로회가 채택한 신경을 채택하기로 결정했다. 그 신경은 현재까지 한국장로교회(예장)가 사용하고 있는 신조다. 이 신경의 내용은 강한 칼빈주의적 특성을 가지고 있으며, 그후 한국장로교회의 신앙과 신학의 행로(行路)에 큰 영향을 주었다.

1912년에 장로교회 총회가 조직되면서부터 장로교회의 신학적 흐름은 12신조의 웨스트민스터 소요리문답에 따르는 것이었다. 웨스트민스터 신앙고백서는 번역되지 못하였다. 그러나 소요리문답서는 신학교와 교회 안에서 신자교육에 크게 사용되어 장로교회의 신학과 신앙이 칼빈주의적 특징을 가지게 했다.

현재 국내 안에 있는 장로교회는 4대교파로 정착되어 있다. 즉 예장(통합)측과 (합동)측과 고려파와 기독교장로회다. 이들 교단은 현재 상호이해와 협조를 도모하고 있다. 아직까지 재통합을 논의할 단계에까지는 못 미치고 있으나 상호간의 이해는 크게 증진되었다고 볼 수 있다.

현재 예장(통합)교단 안에는 세가지 조류가 있음을 감지하게 된다. 그것을 속된 표현으.

19920620_한국교회 신학에 대한 역사적 고찰_이종성_크리스찬신문_5번_페이지_1

로는 우파와 좌파와 중간파라고 부르기도 하나 신학적 용어로는 급진주의와 정통주의와 복음주의라고도 부를 수 있다.

먼저 급진주의 신학은 때로는 민중신학과 해방신학을 따르는 신학을 말한다. 이 두 신학은 교회를 복음운동보다 사회를 향하여 교회가 개혁의 프로그램을 작성하여 행동하는 교회가 되어야 한다고 주장한다. 그러한 이유에서 급진주의신학은 교회 밖으로 뛰어나가기도 하고 전통적 신학의 굴레를 벗어버리고 자유롭게 생각하고 믿기를 원한다. 이러한 경향이 소장파 목사들 사이에서 쉽게 발견된다.

"복음자체까지 토착화해선 안돼"

정통주의라는 말은 본래 '바른 의견'이라는 뜻이나 신학적으로는 초대교회와 종교개혁자들의 신학을 중심으로 하여 작성된 신앙고백서를 전적으로 수용하는 태도를 말한다. 통합교단에서는 사도신조를 위시하여 웨스트민스터 신앙고백서와 12신조를 믿는 태도를 의미한다. 또한 17세기에 작성된 개혁교회신학을 그대로 받아드리는 것을 의미한다.

그런데 정통주의는 과거의 신학을 너무나 중요시하며 그 내용을 무비판적으로 수용하려고 하기 때문에 시대의 흐름에 부적합한 단점을 가지고 있다.

복음주의 신학은 성서의 내용을 기쁜 소식으로 받아드리고 그 내용을 우리의 삶에 적용시키려고 하는 태도를 의미한다. 성서가 부분적으로는 비판의 대상이 되는 내용을 포함하고 있으나 전체적으로는 하나님의 구속역사를 밝혀 주고 있기 때문에 성서의 메시지를 기쁜 소식으로 받아드려야 한다.

그런데 통합 교단 안에 있는 이 조류는 한쪽은 합동측 즉 보수정통에 미련을 가지고 있는가 하면 다른 한쪽은 기장 측 즉 신학하는 자유를 더 중시하는 경향이 있다.

이 두 경향이 통합교단의 성격형성에 많은 영향을 주고 있다. 웨스트민스터 신앙고백서를 미국의 장로교회의 신앙과 신학의 표준을 삼은 후 수차에 걸쳐 약간의 수정을 가하여 사용해왔으나 1960년대의 급변하는 사회상황에 미흡한 점이 너무나도 많다고 느낀 미국연합장로교회는 1967년에 화해를 주요골자로 하는 신앙고백서를 작성, 통과했다.

이 사실이 한국장로교회에 알려졌을 때 일부 신학자와 목사들은 그것이 마치 미국장로교회의 신학이 크게 변질된 것으로 느끼는 동시에 그것이 한국장로교회에 큰 영향을 줄 것이라고 느낀 몇몇 사람들이 1967년도 신앙고백서 배척운동을 전개했다. 총회는 이 일을 중시하여 조사연구위원을 뽑아 1년간 연구케 했다. 다음해의 총회 때 연구위원회의 보고서는 다음과 같은 것이었다.

"1967년도 신앙고백서는 대한 예수교장로회 총회와는 무관한 것이다." 총회가 이 보고

19920620_한국교회 신학에 대한 역사적 고찰_이종성_크리스챤신문_5번_페이지_2

서를 채택하므로 그 문제는 일단 결말을 보았으나, 1967년도 신앙고백서를 미국장로교회총회가 채택한 일에 대한 불만은 그 후에도 당분간 계속되었다.

한편 민중신학은 먼저 도시 산업선교운동을 통하여 촉발되었다. 1970년대의 극심한 반정부운동의 기저에는 노동운동과 함께 민중신학운동이 담겨져 있었다.

동시에 남미에서 성행하던 해방신학이 소개되면서 한국교회는 많은 고통을 겪어야 했다. 통합교단에도 민중신학과 해방신학에 대한 찬성 또는 동정하는 세력이 나타나면서 보수파와 진보파사이에 심한 갈등양상을 보이기도 했다.

특히 급진세력이 장로회신학대학 캠퍼스에 들어가면서 정상적 신앙인으로서는 이해하기 어려운 일들이 많이 일어났다.

현재 통합측 교단 안에는 급진 또는 진보신학과 보수신학의 대립, 여성안수제도에 관한 미해결, 민중신학과 해방신학에 대한 격심한 반발, 중량경질 즉 양을 중시하고 질(質)을 경시하는 풍조, 장로교회의 제도에 대한 이해의 부족, 목사와 장로사이에 있는 갈등, KNCC의 활동노선과 신앙노선에 대한 불신과 불만 등의 문제가 제기되었을 때 대체로 진보주의 신학자와 보수주의 신학자들 사이에 상호이해보다 상호불신이 더 강하게 나타나고 있다. WCC와 KNCC로부터 탈퇴하려는 움직임은 예장(통합)측의 신학이 아직도 성숙하지 못함을 나타낸다.

그동안 장로교단안에 흐르고 있었던 세 가지 신학조류가 최근에 이르러 조금씩 대립의 현상을 나타내고 있는 것 같다. 특히 민중신학과 해방신학을 선호하는 일부 지도자들이 참여하여 NCC가 작성한 남북통일정책에 총회가 정면으로 반대하는 일과 해마다 되풀이되는 여성안수문제가 좀처럼 해결되지 않는 것은 통합 교단내의 신학운동을 어지럽게 하고 있다. 결론을 대신해 차제에 지적해 두어야 할 몇 가지 어려운 문제작 있다.

최근에 기독교를 토착화하려는 운동이 운동권 학생들과 젊은 층의 신자들 가운데서 활발하게 전개되고 있다. 매우 바람직한 운동이다. 그러나 현재 일부 학자들이 중심이 되어 전개하고 있는 토착화운동은 잘못된 방법과 내용을 가지고 있다. 그 결과 기독교의 복음을 변질시킬 위험성이 있기 때문에 우리는 토착화는 하되 바른 토착화를 해야 한다고 본다.

3. 現代版 사탄의 속임수

-감리교단 변선환 · 홍정수 사건을 보면서-

손택구 목사(성결교 신학대학원 교수 신학박사)

사탄은 인류역사의 시작부터 거짓말과 속임수를 써서 인류의 시조 아담 이와를 죄 가운데 빠지게 함으로써 하나님의 일을 방해하고 挫折시키려고 온갖 術策을 다하였고, 그러한 手法

19920620_한국교회 신학에 대한 역사적 고찰_이종성_크리스찬신문_5번_페이지_3

J-2-084

변.홍 교수 출교선고 과정을 깊게 우려하며

변.홍 교수 출교 선고를 둘러 싸고 일어나고 있는 감리교회의 대립과 갈등은 날이갈수록 심화되고 있습니다. 변.홍 교수 문제는 이제 고소인 측인 교리수호 대책위원회와 피고소인인 두 교수의 문제를 넘어서서 감리교 전체의 문제로 비약되어 있습니다. 왜냐하면 이 문제로 인해 대외적으로는 감리교회에 대한 자긍심이 심각히 훼손 되고 있고 대내적으로는 교단내의 신학,신앙적 갈등과 대립이 파국을 향하여 치달리고 있기 때문입니다. 따라서 이 문제의 올바른 해결이 없이는 감리교회가 당면한 심각한 위기를 벗어날 수 없게 되었습니다. 더우기 다가오는 10월 총회가 은혜스럽게 열릴수 있을지 심히 염려스럽습니다. 침묵만이 감리교를 사랑하는 길이 아님을 자각한 우리는 감리교를 염려하는 기도모임을 가지며 다음과 같이 의견을 밝히는 바입니다.

1 . 재판은 적법성과 공정성을 바탕으로 진행되어야 합니다.

최근에 진행된 두 교수 재판 과정과 출교 선언이라는 결과는 일방적이고 파행적인 재판이었다는 평가를 면하기 어려운 것이었습니다. 단 한차례의 심리로 출교가 구형되고, 두차례의 공판 뒤에 출교가 선언된 것은 졸속한 것이었습니다. 또한 교리수호 대책위 관계자가 고소하고, 기소하고,구형하고,선고한 재판은 불공정한 재판 결과를 예고한 것이었습니다. 따라서 총회 재판위원회는 교리수호 대책위 관계자들이 제외된 중립적인 위원들로 재구성되어 공정하게 재판을 해야 합니다.

2 . 『 신학 조사 위원회 』를 구성하여 전문적인 자문을 기초로 재판해야 합니다.

이 문제의 성격상 신학적인 문제가 재판의 핵심적 사안임에도 불구하고, 지난 재판 위원들이 신학적인 문제는 잘 모르겠다고 스스로 말하면서 재판을 진행한 것은 편견과 선입견에 의한 결과를 초래하기에 충분했습니다. 따라서 불편부당한 재판이 되기 위하여 반드시 『 신학 조사위원회 』를 구성하여 전문적인 자문을 바탕으로 재판을 진행해야 합니다.

3 . 우리는 감리교회의 화해와 성숙을 위하여 지속적인 노력을 할 것입니다.

『 다양성 속에 일치 』를 추구해온 감리교회의 화해 정신이 이번 일로 훼손되기 보다는 오히려 목회현장과 신학간의 바른 자리매김을 통하여 선교 2세기를 향한 도약의 계기로 삼아지길 기도하며 이를 위해 노력하고자 합니다.

1992년 6월 22일

인천 부천지역 『 감리교를 염려하는 기도모임 』 참석자 일동

19920622_변홍교수 출교 선고 과정을 깊게 우려하며_
인천부천지역감리교를 염려하는 기도모임_윤병상 문서철_5번

'감리교기도모임' 각 연회로 확산

서울남연회도 29일 감리교여선교회관서 모임가져

감리교신학대학의 변선환·홍정수 교수에 대한 출교선고로 인한 파문이 전국 각 지역으로 확산되고 있는 가운데 '감리교를 염려하는 기도모임'이 지난 15일 경기연회를 시작으로 각 연회별로 개최되고 있어 이를 통한 여론형성이 앞으로 변·홍 교수 문제해결에 적지않은 영향을 미칠 것으로 전망되고 있다. 지난 15일 수원매산교회에서 개최된 경기연회 '기도모임'을 시작으로 16일에는 동부연회(충주교회), 삼남연회(순천 중앙교회)가 18일에는 서울연회가 서울 동대문교회에서 '감리교를 바로 세우는 정책협의회'를 개최했고, 22일에는 중부연회(인천 청암교회), 남부연회(대전 제일교회), 동부연회(원주교회) 그리고 오는 29일에 서울남연회가 각각 기도모임을 갖기로 했다. '감리교를 염려하는 기도모임' 윤병상 회장은 "이는 다양성속의 일치라는 감리교의 정신이 사라지고 신학적 견해에 대한 종교재판이 진행되고 있는 현실에 대한 우려의 표현"이라면서 각 연회 기도모임은 변·홍 교수 문제를 원만히 해결하는데 윤활유가 될 것이라고 피력했다. 한편 지난 18일 서울 동대문교회에서 열렸던 '감리교단을 바로 세우는 운동을 위한 정책협의회' 설교에서 장기천 감독(동대문교회)은 "처음 사랑을 회복하지 못한 한국감리교회는 북아프리카의 교회들처럼 역사의 심판을 면치 못할 것이다"면서 "처음 사랑의 회복만이 우리로 하여금 사망에서 옮겨 생명에 이르게 하는 부활의 은총을 누리게 할 것"이라고 역설했다. 또 인천 청암교회에서 열린 기도모임에서 재판과정의 법률적 문제에 대해 강연한 강대성 변호사는 "서울연회의 재판은 적법성을 결여하고 있기 때문에 법원에 의하여 무효화될 것이 거의 확실하다"고 말하고 최근 문제가 되고 있는 소송비용의 예치는 "재판받을 권리를 침해하는 것이기 때문에 부당하다"고 강조했다.

19920627_감리교 기도모임 각 연회로 확산_새누리신문_5번

변선환·홍정수 교수가 출교된 이유와 결과보고

19920628_변선환 홍정수 교수가 출교된 이유와 결과보고(광고)_
김홍도 유상열(기독교교리수호대책위원회)_동아일보_5번_페이지_1

19920628_변선환 홍정수 교수가 출교된 이유와 결과보고(광고)_
김홍도 유상열(기독교교리수호대책위원회)_동아일보_5번_페이지_2

43. 감리교 밀실회의

◈출처: 크리스챤신문, 1992. 7. 4.

18일 하오 3시.

광화문 감리회관 빌딩 20층 기독교대한감리회본부내 한쪽 구석에 위치한 회의실문은 굳게 닫혀 있었다.

취재를 요청하는 기자들은 문밖에 기댄채 서성댈 수밖에 없었으며 이윽고 옆방에 있던 나이지긋한 보총회직원이 나와 누구들이냐고 신분을 확인했다. 00신문, 00신문에서 취재를 위해 왔다고 밝히자 그는 손에 들고있던 전기 면도기로 계속 잔수염을 깎아내리며 회의장 출입은 금지돼 있으니 돌아들 가라고 감변을 늘어놓았다.

"지금껏 한번도 회의를 공개한 적이 없는데 자꾸 취재를 하겠다면 어떡하는거요."

사실 이날 회의는 감리교가 변·홍교수 출교사태건을 포함해 교육국 문제에 대한 감사건, 주간신문 발행건 등 굵직굵직한 사안들에대해 그 실행여부를 가리는 '기실행부위원회 7차모임'을 갖는 것이었다.

곽전태 감독회장을 비롯 7개 연회 감독과 실행위원 감사, 각 국 총무 등 30여명의 감리교 인사들이 참석해 차후 교단 대책을 어떻게 세워 나갈 것인

감리교 밀실회의

지를 결정하는 실제적으로 매우 중요한 회의였다. 그럼에도 불구하고 일말의 사전설명이나 양해없이 감리교 본부측은 전례없는 일이라는 명분을 들어 현장 취재를 완전봉쇄하였다.

"어니, NCC를 비롯한 각 교단에서는 모든 회의를 원칙적으로 공개하고 있습니다. 특별한 일이 있을 경우에는 사전설명과 양해를 구하는 것은 관례이구요. 왜 유독 감리교만 구습을 내세워 회의취재를 못하게 하는 것입니까."

이에대한 상대방의 답변은 너무도 간단 명료했다. "우리들은 그따위 교단이 아니기 때문입니다. 한번도 공개한 적이 없다는데 왜들 이러는지 이유를 모르겠네…"

그러면서 그는 면도기를 계속 웅얼거린채 자기 방으로 사라져 버리고 말았다.

몇일후 이날 열린 실행부위원회에 대한 내용취재는 간접 방식으로 밖에 할 수 없었다. 그것도 까다로운 내용에 대해서 말하기를 꺼려하는 본부 모인사를 상대로 말이다. 그는 왜 감리교가 실행부위원회와 같은 회의를 공개하지 않느냐는 물음엔 답변을 하지않고 그날 논의된 내용중 공인회계사를 통한 교육국 감사실시, 각 국의 미수금과 관련된 실행위원들간의 언쟁에 따른 회의정회 등 쉽지않게 엇갈려진 회의결과에 대해선 잇달은 질문공세후 나중에야 조금 말해줄 뿐이었다.

한편 19일 오전11시부터 3시까지 감독회장실에서 변·홍교수 총회재판위원회 상임위원회건도 똑같은 취재금지의 결과를 도출시켰다.

4시간여의 회의끝에 총회 회의실 밖을 빠져나가는 재판위원장과 서기를 뒤로하고 모인사는 회의내용의 함구령을 빗대 아무말도 할 수 없다고 되뇌었으며 재판위원장도 몇일후 알게 될 것이라는 입장만 계속했다. 변·홍교수 출교사태가 감리교의 급격한 현안이 되고 있는 상황임에도 불구하고 감리교 본부측은 실행부위원회와 재판위원회를 언제까지 밀실회의 방식으로 끌고나가려고 하는지 결과가 주목된다. 〈정영진차장〉

44. 교회밖 구원가능

종교계 소식

감리교 張基天목사 「교회밖구원 가능」

鄭周永씨 이례적 종교기관 순회 눈길

○張基天목사

○鄭周永회장

19920704_감리교 밀실회의_정영진 차장_크리스챤신문_5번

● 뉴스초점 ●

변선환 학장 • 홍정수 교수에 대한

서울연회재판위원회 판결과 상소문제

1. 서울연회 재판위원회 판결내용

서울연회 재판위원회(위원장 고재영 목사)는 지난 5월11일 금란교회에서 "제19회 특별총회 결의 및 김홍도 목사 유상열 장로의 이단사상과 통일교 인물과 관련된 고소사건"의 제3차 공판을 열고 변선환 목사(감신대 학장)와 홍정수 목사(감신대 교수)에 대해 "출교에 처한다"라고 각각 선고하였다. 두 교수에 대한 관결문을 다음과 같이 요약 • 게재한다.

■ 변선환 목사 판결문

① "우주적 그리스도는 마리아의 아들 예수와 동일시할 때 거침돌이 된다"(기독교사상 299호 P.156), "그리스도만이 보편적으로 유일한 구속자이신 것이 아니라"(상동 P.155)고 함으로써 기독교 신앙의 특성인 유일한 구속주이신 예수 그리스도를 부정하는 비기독교적인 주장을 자행함.

② 구원의 다원주의를 주장하여 "저들의 종교(타종교들)도 그들 스스로의 구원의 길을 알고 있다"(상동 P.155)고 함으로써 기독교 신앙의 본질을 무시 내지는 타종교의 것과 동일시 하는 주장을 하고, 예수 그리스도의 십자가의 사건을 믿음으로 말미암아 얻는 구원을 간과하는 과오를 범함.

③ "예수를 절대화, 우상화시키며, 다른 종교적 인물을 능가하는 일종의 제의의 인물로 보려는 기독교 도그마에서 벗어나… 신중심주의로 전환되어야 할 것"(크리스챤신문 1990.12.8.)이라 함으로써 예수 그리스도의 인성과 신성을 동시에 믿고 있는 기독교 신앙을 떠나버림.

④ "교회가 말하지 않아도 이미 선행하여 그리스도를 섬기고 있으며, 기독교 선교사가 하나님나라를 비기독교세계에 가지고 오지 않아도 이미 하나님나라는 거기 역사하고 있다", "교회밖에도 구원이 있다"고 주장함으로 기독교 복음을 포교하는 교역자를 양성하는 일과 예수를 믿고 구원받는 개종사역을 거부함.

⑤ 통일교 양창식의 입학과정에서 입학원서 구비서류중 교회의 추천서에 하자가 있고, 그가 통일교내에 경상남도 교구책임자이며, 통일교의 지도자 훈련을 담당하는 원리연구회 사무처장이라는 것이 폭로되었음에도 불구하고 이를 도외시했고, 척결은 커녕 그의 포섭활동과 수학을 동조 내지는 방관하여 1989년 가을에 졸업시킴으로 교단 신학대학의 학장으로 교단의 체모와 교리를 넘어선 월권 및 직무유기를 자행함.

⑥ 공공 출판물에 논문들의 기고와 강연들, 강의실과 사석에서 기독교 대한 감리회가 교리적선언 서두에 명시한 웨슬리선생의 "복음적 신앙은 우리의 기업이요 영광스러운 소유"로 천명한 복음을 파괴하는 일을 계속하였음.

이상의 내용으로 본 재판위원회는 신구약성경과 사도신경의 고백, 그리고 본 교단의 교리와 장정 제35단 서문 1항, 2항, 제39단 제3조, 제192단 제1조 8항, 제195단 제4조 1항, 제199단 제8조에 의거하고, 장정 제231단 제40조 1항 다를 적용하여 기독교 대한감리회에서 출교를 선고함.

■ 홍정수 목사 판결문

① "만일 신은 계신가 하고 누군가가 묻는다면 신은 없다고 잘라 말할 수 있다"(베짜는 하나님 P.56)고 하는 등 무신론적 의사표현을 단언하여 말함으로서 본 교단의 하나님에 대한 신앙적 입장을 정면으로 거부함.

② "나는 단연코 육체의 부활을 부정한다"(우먼센스 1991.12.), "부활신앙은 이교도들의 어리석은 욕망에 불과하다"(크리스챤신문 1991. 3.30), "빈 무덤이 아니다"(상동 1991. 6. 8)라고 주장하여 기독교 본래의 부활신앙을 부정함.

③ 골고다 산상에서의 예수 십자가 대속의 죽음과 광주 망월동 민중항쟁으로 죽은 민주 인사들의 죽음을 동일시하고, 예수 그리스도의 부활사건을 믿는 자를 위한 "부활의 첫 열매"로 보지 않고 정의를 외치다 한을 품고 죽은 이들의 정신적 공헌과 같이 간주하려는 것은 예수 그리스도의 육체적 부활을 부인하는 반성서적인 주장임.

④ 예수의 십자가는 "신의 아들의 죽음이 아니다"(한몸 7권 P.16) 했고, "예수의 죽음이 우리를 속량한 것이 아니라 그의 삶이 우리를 속량하는 것이다"(상동 P.17), 또 "그의 피가 동물들이 흘리는 피보다는 월등하게 효과가 있다는 이야기가 아니다"(상동 P.18)라고 함으로써 예수 그리스도의 피의 대속을 불신하는 주장을 함.

19920708-뉴스춧점-변선환 학장 홍정수 교수에 대한
서울연회 재판위원회 판결과 상소 문제 - 기독교세계 - 5번_페이지_1

▲4월22일 본부 회의실에서 열린 제2차 재판광경

⑤ 통일교의 요직인사인 양창식이 감신에 재학중일 때 그의 본색이 드러났음에도 불구하고 그를 척결하는 일을 주선하기보다는 오히려 비호한 점을 부정할 수 없음.

⑥ 공공 출관물에 기고한 논문들과 강연강의들의 내용에서 기독교신앙의 본질을 위와 같이 파기시켰고, 웨슬리의 복음적 신앙을 유산으로 받은 기독교 대한감리회의 교리와 장정에 위배되는 주장을 해 온바 감리교회의 발전에 크나큰 저해요인이 되어 개체교회와 범교단적으로 끼친 타격이 통계적 숫자로 입증치 않더라도 너무컸음은 주지의 사실임.

이상의 내용으로 본 재판위원회는 성경과 교리와 장정 제10단 제2조, 제11단 제3조, 제35단 2항, 제192단 제1조, 1,7,8항 제195단 제4조 1항, 제199단 제8조에 의거하고, 장정 제231단 제40조 1항 다를 적용하여 기독교 대한감리회에서 출교를 선고함.

2. 총회재판위원회 상소문제

현재 총회재판위원회에 서울연회 재판위원회에서 상소장을 제출한 바 총회재판위원회는 그 문서를 접수하여 총회재판위원회 개설을 준비중에 있다. 총회재판위원회는 위원장(이춘식 감독)과 서기가 모여 재판비용을 7월 2일까지 공탁하도록 결정하고 피고들에게 연락하였다.

3. 변·홍 두 교수 문제에 대한 교단내 움직임들

① 교리수호대책위원회 주장 ㉠ 본 사건은 지난 해 10월 교단 특별총회에서 결의된 사건이므로 서울연회에서 위임맡은 사건임으로 상고할 수 없다. ㉡ 서울연회 재판위원회에서 상기 두 교수에 대해 판결한 것을 서울연회 감독은 총회에 보고하고, 기독교세계에 판결 결과를 공고하여야 한다. ㉢ 피고에게 5월13일 판결문을 특수소포우편물로 속달 통보하였으며, 두 피고의 상고장 접수는 상고 기일이 위반되었으므로 서울연회재판위원회의 권한으로 기일연장은 불법임. ㉣ 서울연회 판결문에서 소송비용은 피고의 부담으로 한다고 했으니 1심재판의 소송비용은 피고가 부담하고 연회재판이 끝났으므로 장정 제232단 제47조에 의거 동재판을 위해 예치했던 17,128,139원을 환불하기 바람.

② 감리교단을 염려하는 기도모임의 주장 ㉠ 총회재판위원회 위원중 3명이 서울연회 재판위원회 위원을 겸하고 있는데, 이는 복심제도를 규정한 교회법 정신에 위배되므로 적법하고 공정한 재판을 위하여 신중하게 처리하라. ㉡ 총회재판위원회 위원중 교리수호대책위원회 임원이 다수 있어 재판위원 기피사유가 된다. 따라서 적법하고 공정한 재판을 위해 상기 재판위원들의 재판관여가 허용되어서는 안 된다. ㉢ 통일교 관련 문제는 사실인정과 법적용 절차에 중대한 잘못이 있으므로 바로 잡아야 한다. ㉣ 신학 문제에 대한 재판은 바람직하지 않고 신학 토론을 통해 해결해야 한다. 그러나 재판과정이 불가피한 현실이라면 재판진행과정에서 충분한 신학적 검토가 있어야 한다.

③ 감리교신학대학 학생들의 주장 ㉠ 공정한 재판을 요구하며, 이를 위해서는 먼저 공정한 재판위원회가 구성되어야 한다. ㉡ 다음과 같은 심리를 거쳐야 하는데 서울연회재판위원회는 이 절차가 무시되거나 생략되었다. 충분한 피고인의 진술, 피고인에 대한 재판위원의 심문, 증거조사, ㉢ 신학적인 토론, 공청회를 반드시 2회이상 거칠 것.

4. 감리교신학대학 학생들의 감리회관 점거 농성

총학생회 주관으로 학생 40여명이 학교에서 그리고 교단의 감독회장실을 점거하여(5일간) 단식투쟁을 벌였다. 또한 감신대학원생 40여명도 서울연회 사무실을 점거하여 일 주일 정도 단식농성 하였다. 그동안 학생들이 감리회관을 여러차례 점거농성함으로 감리회관 건물에 입주하고 있는 회사들의 노골적인 불만과 이의 시정을 요청하고 있으며, 모 기업체는 입주 1년만에 이전비용을 감수하면서까지 다른 빌딩으로 5월말에 이전완료하였다. 이러한 일련의 사태에 대해 근본적인 대책이 요청된다.

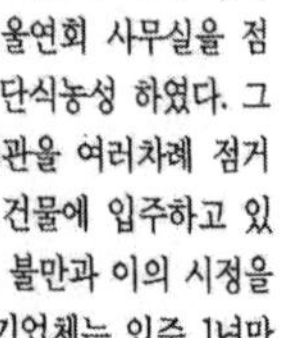

제33권 413

25

19920708-뉴스촛점-변선환 학장 홍정수 교수에 대한
서울연회 재판위원회 판결과 상소 문제 - 기독교세계 - 5번_페이지_2

92-2-0118

감리회의 신앙과 신학의 정화를 위한 성명서

웨슬리 복음주의협의회는 변선환, 홍정수 두 교수가 신학을 빙자하여 이단적 신앙과 신학을 주장함에 따라, 1991년 12월 17일 "감리교 복음주의 신앙과 신학의 정통성을 지키기 위한 우리의 주장"을 발표하였다. 우리는 당시 발표한 성명에서 1) 예수 그리스도의 절대성과 유일성 2) 예수 그리스도의 십자가의 대속의 죽음 3) 예수 그리스도의 부활 4) 기독교 선교 5) 교단 신학대학 교수 6) 교단 총회 결의의 조속한 처리 등의 문제들에 대하여 우리의 신앙적, 신학적인 입장을 천명하였다. 그후 서울연회 심사위원회가 1992년 2월 24일 이 사건을 기소함으로써 두 사람의 목사직이 정직되었다. 그러나 그들은 이에 불복하여 공석상에서나 사석에서 위법적인 역할을 계속하고 있다.

1992년 5월 7일 서울연회 재판위원회는 감리회의 법이 정한 절차를 따라서 그들에게 출교를 선고하였으며 이를 반대하는 비난자들은 파행적 재판이라 하여 재판의 무효화 운동을 전개하고 있다. 그리고 출교가 된 두 교수는 아직도 감리회 신학대학에 잔류하여 변함없이 감리회의 법을 도외시하고 있고, 이들을 옹호 및 구제하려는 목적으로 화해와 일치를 표방하는 사람들이 빈번히 홍보물을 보내고 있다. 이들은 두 교수의 이단적 신학을 감리교회의 신학적 정체성으로까지 말함으로써 우리 감리교회의 신앙 및 신학을 일대 혼란에 빠뜨리고 있다. 이러한 현실에 대하여 본 협의회는 감리회의 신앙과 신학의 정통성을 견지하고 교단의 행정적, 신앙적 정화를 위하여 우리의 입장을 아래와 같이 천명한다.

1. 우리는 변, 홍 두 교수가 개신교의 기본적인 교의에 위배되는 이단적 주장을 함으로써 출교가 선고된 것은 당연한 귀결로 본다. 그러나 선고 공판 후에 계속되는 불법재판을 운운하는 비등한 비판여론에 대하여 서울연회 재판위원회는 충분히 납득할 수 있도록 해명하기를 촉구한다.

2. 감리회는 웨슬리 당시부터 법식주의자로 지칭할 만큼 준법실행에 모범이었다. 그러나 변, 홍 두 교수의 사건으로 야기된 오늘의 감리회 일부 인사들은 탈법적 언동과 유인물 배포 및 혼란을 유도하는 집회를 계속하여 우리 교단을 무법단체로 만들고 있다. 비판자들은 이를 중지하고 진정한 화합의 차원에서 교리와 장정에 따른 교단의 관행에 순응 할 것을 촉구한다.

3. 우리는 비판자들에게 묻지 않을 수 없다. "다양속에서의 일치"를 말하는 것은 이단적 신학들과의 일치를 말하는 것인가? 그리고 재판 무효화 운동은 출교자들이 억울한 판결을 받았으니 무효화 하여 그들을 감리교단에 다시 세우자는 것인가? 우리는 출교를 당한자들이 공개적인 회개 없이는 어느 형태의 재고도 있을 수 없다고 본다.

4. 우리는 비판자들이 교리적 선언을 빙자하여 왜곡된 주장을 하는 것은 온당치 않다고 본다. 우리는 교리적 선언에 대하여 왜곡된 주장을 하는 사람들은 변, 홍 두 교수의 입장과 같은 선상에 서 있는 사람들로 간주한다. 그 이유는 :

가) 1930년 12월 5일 합동총회에서 근본주의적 신앙을 거부했음으로 감리회의 정체성은 근본주의적 신앙을 버렸고, "다양속에서의일치"를 따르는 에큐메니칼 신학이 우리의 것이라는 주장에 대하여 :

위와같은 주장은 비판자들이 변, 홍 두 교수의 노선과 일치한 것임을 분명하게 입증하는 것이 된다.

19920709_감리회의 신앙과 신학의 정화를 위한 성명서
_웨슬리 복음주의협의회_5번_페이지_1

근본주의적 신앙이란 동정녀 탄생, 십자가의 대속, 예수의 부활, 예수의 기적들을 기독교 신앙의 근본적인 것으로 믿고, 성서의 무오성을 믿는 것이다. 1930년 합동총회에서 부결된 것은 이러한 근본적 교의를 부결한 것이 아니다. 당시에 교리적 선언 준비위원들이 제시한 8개조항 외에 1개항을 더 하여 "성신의 잉태와 십자가의 유혈 속죄와 부활 승천과 최후 심판이라"는 조항을 추가 하자는 총회 현장에서의 제안에 대하여, 다만 8개조와의 중복을 피하여 그대로 받자는 의견이 우세하였음으로 인하여 이 첨가 조항이 부결된 것뿐이다.

그러나 이점은 오해의 여지를 보여 주었음으로, 앞으로 모이는 총회는 교리적 선언에서 혼돈되는 부분을 바로잡는 일을 해야 한다는 것이 우리의 입장이다. 그러나 교리와 장정 제 9단에서부터 33단까지 우리의 뿌리로 표명된 종교의 강령은 교리적 선언(제35단)의 모법에 속한 것으로써 교리적 선언과 상충됨이 없다. 그러므로 비판자들이 급진적 에큐메니칼 신학과 종교다원주의가 감리회 신학의 "정체성"이라고 함은 우리의 신앙적 입장을 왜곡하는 것이다. 이것은 교리와 장정 제39단 제3조에 "본 교회의 기초교리는 개신교파가 일반적으로 믿는 복음주의니 이 믿음은 재래 감리교회의 설교와 찬송집과 본 교회가 선언한 교리에 설명되어 있다"고 한 법정신에 정면 도전하는 주장이다.

또한 비판자들은 에큐메니칼 신학이 종교다원주의를 주장함으로 우리 교단의 신학도 변선환 교수의 종교 다원주의를 수용하고 이것을 교단의 정체성으로 견지해 왔다고 주장하는 것은 교리와 장정에 명시한 복음주의적 입장에 명백히 위배된 것이며, 이는 성서가 말하는 예수 그리스도를 통한 구원의 유일성을 부인하는 것으로 용납해선 안된다.

우리는 성경의 축자 영감설로 야기된 근본주의자들의 신학을 추종하는 자들이 아니다. 다만 웨슬리적이고 성서적인 기독교, 진정한 기독교를 표방하는 복음적 교의를 믿고 헌신하는 감리교도들이다. 그러므로 다시 천명하거니와 우리는 변선환 교수의 종교 다원주의와 홍정수 교수의 포스트 모더니즘은 비 복음적이요 이단적임으로 이를 배격한다.

나) 감리회는 제한 없는 신학적 자유를 전통적으로 포용하는 교회라는 주장에 대하여 :

비판자들은 교리와 장정 제35단 교리적 선언 서문중에 "우리 교회의 회원이 되어 우리와 단합하고자 하는 사람들에게 아무 교리적 시험을 강요하지 않는다"는 내용을 오용하여, 이단적 신학을 주장하는 감리교회 목사들을 재판한 것이 이 법에 저촉됨으로 재판이 무효라고 한다. 그리고 교회연합 운동의 술어인 '다양속에서의 일치'를 감리회의 신학적 정체성으로 주장하며 출교가 선고된 그들을 감리교 신학자로서 계속하여 일하게 해야 한다고 주장한다. 이는 장정 제4절 "장정 제정의 목적"중에 표명된 바와같이 "감리교회는 형식 보다 요소(근본적 신앙)에 주의하여 왔으며 또 그리스도의 참된 교파일지라도 의식에나 제도에나 치리에는 서로 다른 점이 많이 있을 수 있는 것을 용납하며 인정하는 것이다"라고 한 것은 "예수 그리스도의 단일한 교회의 분자"들과의 선교를 위한 협력을 말한 것이다. 우리의 법은 엄연하게 "교리와 성례를 비방할 때, 교회의 기능과 질서를 문란케 했을 때, 이단 종파에 찬동, 협조, 참가 등 혐의가 있을때"는 그 정도에 따라서 출교까지 명할 수 있게 되어 있다. 이러한 법에 의하여 변, 홍 두 교수의 신학이 비 기독교적이며, 이단적임이 판명됨에 따라 출교가 선고되었다. 그런데 비판자들은 이들과의 일치를 호소할 뿐아니라. 오히려 재판위원들을 몰아내야 한다고 주장하며, 변, 홍 두 교수의 출교판결을 무효화 하자고 함은 결과적으로는 전통적인 기독교 신앙을 파괴하는 작업이 된다.

19920709_감리회의 신앙과 신학의 정화를 위한 성명서
_웨슬리 복음주의협의회_5번_페이지_2

우리는 미 연합감리회가 신학적으로 매우 자유스런 입장이나 비복음적인 신학은 분명하게 배격한 사실을 명심해야 한다. 1972년 미 연합감리회 총회는 종교 다원주의를 연구케하여 1975년 7월20일 노스캐로라이나주 쥬나루스카에서 이를 반대하는 쥬나루스카 선언을 하였다. 그럼에도 불구하고 종교다원주의적 신학의 영향으로 미국교회들이 죽음에 이르는 병을 앓고 있다는 사실을 유념하여 우리는 이러한 신학들을 배격한다.

5. 우리는 총회 재판 위원회가 본 사건의 상소를 접수하고 있는 현 상황에 대하여 조심스런 우려를 가지며, 이 사건은 19회 총회의 결의에 준하여 당연히 기각되어야 할 것으로 생각한다.

6. 우리는 이상에 열거한 바와 같이 기독교 대한 감리회의 신앙적, 신학적 정화를 위하여 교단의 실무책임자들은 주저함 없이 이들을 단호하게 척결할 것을 촉구한다.

1992년 7월 9일

기독교대한 감리회 웨슬리 복음주의협의회

회원 509명을 대표하는 임원들

회 장	광림교회	김선도 목사	회 계	대림교회	임준택 목사
부회장	중앙교회	정영관 목사	선교부장	대명교회	최홍석 목사
총 무	대신교회	김문희 목사	교육부장	오류동교회	안행래 목사
서 기	흑석동제일교회	고수철 목사	홍보부장	봉천교회	박정수 목사
감 사	홍제교회	서형선 목사	국제부장	이화대학	전재옥 교수
감 사	건국대학	김영권 교수	재정부장	수표교교회	윤주봉 목사

19920709_감리회의 신앙과 신학의 정화를 위한 성명서_
웨슬리 복음주의협의회_5번_페이지_3

92.7.11.

유상열 장로 명예훼손으로 고소

홍정수 교수, '종교재판' 진상 책도 발간

포스트 모던 신학 주장등을 이유로 서울연회로부터 출교 선고를 받은 바 있는 홍정수 교수(감신대)는 지난 6일 출판물등에 의한 명예훼손을 이유로 유상열 장로(감리교 교리수호대책위원회 공동대표)를 기감 서울남연회 서초지방회(감리사 김원용 목사)에 고소했다.

배달증명 형식으로 제출한 고소장에서 홍교수는 고소 이유에 대해 "신학 전문가도 아닌 장로가 교역자와 신학자를 '교리' 상의 이유로 고발한 것(91년 12월 2일자 서울연회에) 자체가 교회의 질서를 훼손한 것과 여러 차례 교계 및 일간지 광고를 통해 본인의 명예와 감리교회의 명예를 훼손시키고 특히 92년 5월 10일자 조선일보 광고에 허위광고 '증거자료 제출' 을 냄으로써 교단의 법질서 손상과 고소인의 명예를 치명적으로 훼손했다"고 밝혔다.

이번 유상열 장로에 대한 고소는 최근 '감리교를 염려하는 기도모임' 등에서 나온 사회 법정 고소 움직임의 일환으로 알려져 관심을 모으고 있다. 현행 감리교 교리에는 장로의 견책은 지방회에서 치리하게 되어 있다.

한편 홍정수 교수는 최근 '포스트 모던 예수' 라는 감리교회 종교재판의 진상에 대한 자신의 입장을 밝히는 98페이지 분량의 소책자를 발행했다.

홍교수는 발행 취지에 대해 "예수 그리스도를 따르고자 하는 자기 고백을 하기 위해 이 글을 쓰게 됐다"며 오늘에 자행되고 있는 '종교재판' 은 신학적으로 반기독교적, 반감리교회적 처사이고 완벽한 조작극이라고 밝혔다. 이 책에는 홍교수 개인의 신앙과 신학, 종교재판의 과정과 진상이 소개되어 있고 상고장 및 문제가 된 기고문 '동작동 기독교와 망월동 기독교' 등 자료가 수록되어 있다. 특히 자신을 기소했던 김홍도 목사, 곽전태 감독의 신학에 대해 조목조목 문제를 제기하는 글도 함께 수록돼 관심을 끌고 있다.

19920711_유상열 장로 명예훼손으로 고소_새누리신문_5번

22. 유상렬 장로 고소

- 홍교수 "명예훼손"이유-

◈출처: 기독교연합신문, 1992. 7. 12.

유상렬장로 고소
홍교수 "명예훼손"이유

지난 5월 서울금란교회에서 열린 기독교대한감리회 서울연회 재판에서 포스트모더니즘 신학을 주장한 이유때문에 출교선고를 받은 감신대 홍정수교수가 지난 6일 감리교 서울남연회 서초지방 김원용 감리사에게 서울남연회 서초지방소속 유상열 장로를 고소했다.

홍교수는 고소장에서 "유장로가 여러차례 출판물에 의해 고의로 고소인의 명예를 훼손하였을 뿐 아니라 장로로서 교회의 질서를 크게 문란케 했으므로 감리교 장정 192단 제1조 6항(교회질서문란), 193단 제2조 2항(명예훼손) 및 5항(고의로 교회의 일을 악선전)에 의거, 고소를 제기한다"고 밝혔다.

신학전문가도 아닌 장로가 함부로 교역자와 신학자를 '교리'상의 이유로 고발한 것 자체가 '교회의 질서'를크게 훼손한 것일뿐 아니라 지난 5월 10일자 '조선일보'에 "홍정수교수는 감리교회에서 출교되었습니다"라는 허위광고를 냄으로써 치명적으로 명예를 훼손시켰다는 것이다.

1심에서 '출교'형을 받는 것과 법적으로 그 형이 확정되어 행정적으로 집행되는 것은 엄연히 다른 일임에도 불구하고 마치 감리교회에서 홍교수가 출교된 것처럼 광고를 낸 것은 명백한 명예훼손이라는 것이 홍교수의 주장이다. 그러나 서초지방 김원용 감리사는 "서울연회에서 재판이 끝난 것이기 때문에 고소장을 받을 수 없으며 법적으로 꼭 고소장을 받아야한다면 불기소처리하겠다"고 밝혔다.

한편 일각에서 홍교수가 이번에 서울남연회에 유장로를 고소한 것은 홍교수에 대한 재판문제를 사회법으로 해결하려는 전초적인 행동이라고 추측하고 있다.

92. 7. 12 기연합신보

서울을
미스바50행전

'서울시민 50%를 그리스도에게로'란 취지로 진행되고 있는 '미스바 서울 50전도행전'의 중심행사인 대성회가 14일부터 17일까지 잠실 올림픽 주경기장에서 개최된다.

예장통합전도부 선교정책협의회가져

예장(통합) 총회 전도부(부장:박종순목사)는 지난 6,7일 양일간 경주 코오롱관광호텔에서 선교정책협의회를 갖고, 교단발전과 북한교회 회복운동 등에 최선을 다하기로 했다.

'7천만을 그리스도에게로'란 주제로 각노회 전도부원과 전도부장, 실행위원들이 참석한 가운데 열린 협의회에서 참석자들은 성장의 둔화현상이 한국교회 전체의 현상들이지만, 특히 동 교단은 성장세가 급격히 둔화되고 있다고 지적하고, 교단발전의 새로운 장을 마련하자고 다짐했다.

한편 이번 협의회는 '국내선교의 현황과 전망'(박종순목사) '21세기를 향한 산업사회의 변천과 선교전략'(강근환학장 · 서울신대)에 대한 강연과 함께 선교현장과의 대화, 분과토의 등으로 진행됐다.

19920712_유상렬 장로고소_기독교연합신문_5번

기독교대한감리회 장로회 전국연합회
'92하계수련회 참석장로 1,200명의

J-2-039

결 의 문

급변해가는 세계정세 속에서 선교 2세기를 향한 기독교대한감리회 120만성도들은 하나님의 지상명령인 **"예루살렘과 유다와 사마리아와 땅끝까지 이르러 내 증인이 되리라"**하신 선교적 사명을 위하여 7,000여교회 200만신도 부흥운동은 물론 저 유럽과 러시아, 중국을 위시해 한겨레 한민족인 북한동포에 이르러 민족복음화의 대성업을 가속화하고 있는 현시점에서 감리교회 현재와 장래를 짊어질 1,200명 장로들이 한자리에 모여 교단의 현재를 진단하고 미래를 구상하면서 최근 기독교신앙과 감리교 교리에 배치되는 신학사상을 주장하여 교회에 물의를 일으키고, 선교와 교세확장에 막대한 장애요인이 되고 있는 사실은 통탄을 금할 수 없다.

이 엄청난 불신앙과 배신을 좌시할 수 없기에 지난 1991년 10월 제19회 교단특별총회 결의대로 서울연회에서 의법조처 처리 시행한 것을 전적으로 찬성하면서 금번 1992년 7월13~15일까지 2박3일간 강원도 동해안 낙산비취호텔에서 **"기독교대한감리회 장로회전국연합회 '92하계수련회의 주제인 적그리스도와 장로의 책임"**이란 과제를 놓고 오늘 우리들의 신앙자세만으로는 감당할 수 없기에 성령의 불타는 용광로 속에서 단련을 받아 성경말씀이 아닌 이단사상을 수긍, 지지, 동조, 협력하는 모든 사탄의 세력을 단호히 배격 대처할 것이며 우리 모두는 어떤 편견, 독선, 아집을 버리고 진정으로 마음을 비우고 감리교회의 오늘과 내일을 위하여 순교적 각오로 다음과 같이 굳게 다짐하며 결의한다.

1. 전도서4장12절의 성경말씀에 의지하여
"한사람이면 패하겠거니와 두사람이면 능히 당하나니, 삼겹줄은 쉽게 끊어지지 아니하느니라"
우리 믿음의 형제 1,200명의 장로들은 눈물의 기도와 그리스도의 사랑으로 협동일치하여 복음선교의 역군으로 **"빛과 소금"**이 되어 감리교 교리수호를 위해 감리교신앙과 교리에 모순되는 학문을 교역자 양성기관에서 가르치는 것을 배격하며 허탄한 신화를 주장하여 기독교신앙과 감리교 교리를 더럽히는 모든 이단적 행위 등을 동조, 지지, 선동하는 사탄의어떤 세력과도 단호히 투쟁할 것을 하나님 앞에 굳게 다짐한다.

2. 감리교신학대학은 감리교회의 목회자들을 양성하는 교단신학교이다.
그러므로 요한웨슬리 전통을 이어받은 감리교의 본질을 지키고 인간을 구원하는 참된 신학을 가르쳐야 한다.

19920715_기독교대한감리회 장로회 전국연합회 92하계수련회 참석장로 1200명의 결의문_기독교대한 감리회 장로회 전국연합회_기독교대한감리회 장로회 전국연합회_5번_페이지_1

그런데 일부 교수들은 학문의 자유를 부르짖으면서 감리교회의 기본교리와 성경을 왜곡하여 감리교인의 신앙을 파괴하는 행위는 절대로 용납될 수 없다.

그러므로 자기가 믿고 신봉하는 철학적 사상을 감리교 교리화 하려는 시도는 교단신학교 안에서는 절대로 허용할 수 없는 일이다.

만일 성서에서 떠난 자기이론을 주장하려면 마땅히 교단신학교를 떠나는 것이 학자적 양심으로서 바르게 처신하는 일인줄 안다.

우리는 감리교신학자들이 폭넓은 학문을 연구함에는 이의가 없다. 그러나 장차 우리 감리교회의 교역자가 될 신학생들이 시대에 따라 변하는 잡다한 유행신학에 감염이 되어서는 복음의 선포자가 아닌 현대사상의 대변자가 되는 것을 결코 좌시하지 않을 것을 확실히 천명한다.

3. 우리 장로들은 교단산하에 직위여하를 막론하고 감리교단에 몸담고 있는 교역자들이 감리교 교리를 부인하고 성경의 근본적인 진리를 부인하면서 용납할 수 없는 이단적인 주장에 비호, 동조, 지지, 협력하는 사람은 감리교단에서 물러갈 것을 강력히 촉구한다.

4. 서울연회 재판위원회가 변선환, 홍정수 두 목사의 출교판결에 대하여 총회재판위원회에 상고한 것은 법적 상고기간이 경과후 접수되었으므로 당연히 무효이오니 총회재판위원회는 즉각 기각 처리하라.

5. 감리교신학대학 재단이사회는 기독교대한감리회 총회가 결의한 변선환,

19920715_기독교대한감리회 장로회 전국연합회 92하계수련회 참석장로 1200명의 결의문_기독교대한 감리회 장로회 전국연합회_기독교대한감리회 장로회 전국연합회_5번_페이지_2

민중의 아버지

우리들에게 응답하소서
혀짤린 하나님
우리 기도 들으소서.
귀먹은 하나님
그래도 내게는 하나뿐인 민중의 아버지
하나님 당신은 죽어버렸나
어두운 골목에서 울고 있을까.
쓰레기 너머에 묻혀버렸나.
가엾은 하나님.

우리 감신대학생들이 이런 노래를 불러 감신대학교 당국이나 우리 교단본부에서는 이에 대한 대책을 세우기 바란다.

9. 1992년 10월에 개최예정인 기독교대한감리회 총회에 제출할 제반 건의사항은 장로회전국연합회 회장단에 일임하며 의안으로 채택한 사항은 가결되도록 일치 협력할 것을 결의한다.

10. 장로회 전국연합회 회원일동은 기독교 교리수호대책위원회의 사업을 적극 지지하고 협력할 것을 결의한다.

1992년 7월 15일

기독교대한감리회 장로회 전국연합회
'92하계수련회참석장로 1,200명 일동

기독교대한감리회 장로회 전국연합회
회 장 유 상 열

19920715_기독교대한감리회 장로회 전국연합회 92하계수련회 참석장로 1200명의 결의문_기독교대한 감리회 장로회 전국연합회_기독교대한감리회 장로회 전국연합회_5번_페이지_3

92. 7. 18.

제 100 호 【제3종우편물(가)급인가】 새 누 리

'감리교 염려…평신도 모임' 발족

공동의장에 김현제 장로, 기도모임 해외지역 확대

서울연회 재판위 해명서 발표

감리교를 염려하는 기도모임(회장 윤병상목사)은 지난 13일 서울시 중구 정동 세실레스토랑에서 갖은 기자회견을 통해 감리교 평신도들로 구성된 '감리교를 염려하는 평신도 기도모임'이 구성되어 공동의장에는 김현제 장로(아현중앙교회)가 추대되었다고 밝혔다. 이번에 결성된 준비모임에서는 평신도 신학세미나 등을 통해 조직을 강화하고 오는 8월 말경 기도모임을 정식 발족키로 했다고 전했다.

한편 '감리교를 염려하는 기도모임'은 변·홍 두 교수 재판과 관련해 △재판과정의 시비가 엇갈리는 점 △피고측과 원고측에 신학적 입장 차이가 존재한다는 점을 들어 오는 9월 24일 오후 3시 서울 중구 정동교회에서 공청회를 개최키로 했다고 밝혔다.

기도모임은 또 조직강화를 위해 △신학위원회(위원장 이계준 교수) △기획위원회(위원장 추연호 목사) △조직위원회(위원장 조영민 목사) 등 소위원회를 두기로 했으며 본 기도모임을 해외로 확장하기 위해 LA지역에 유동식 교수, 뉴욕지역에 윤병상 교수를 각각 파견키로 했다. 또한 기도모임의 박대선, 김지길, 장기천, 유동식, 김규태 공동의장은 오는 22일 교단 현안 문제에 대한 의견을 교환키 위해 곽전태 감독회장과의 면담을 추진할 예정이다.

한편 기감 서울연회 재판위원회(위원장 고재영)는 변·홍교수와 관련해 각 교계 언론 보도기사에 대해 유감을 표하는 해명서를 지난 7일 발표했다.

해명서에서 재판위원회는 "항간의 여론이 재판절차의 위법성과 재판위원들의 무자격을 지적하고 있으며 감리교 전통상 재판사안이 될 수 없다는 주장과 함께 신학자의 문제를 토론 또는 공청회 없이 재판하느냐고 반문하고 있다"면서 이에 대해 '근거없다'고 일축했다.

특히 재판위원들은 이번 문제가 "감리교 전통상 재판할 수 없는 사안"이라는 주장에 대해서 지난 5월 2일 감신대 교수 19명이 교계지 광고 성명을 통해 "감리교의 정체성을 분명히 에큐메니칼 신학노선이며 이에 반해 재판위원이나 일부 계층의 감리회 교인들이 근본주의로 퇴행하고 있는 신학적 흐름에 가담하고 있어…"라고 한 것을 예로 들면서 "피고인들을 위시한 감신대의 교수들은 감리회의 정체성을 어디에 두는가"라고 반문했다.

재판위원들은 또 "급진 에큐메니칼 신학이 감리회의 정통신학이란 말인가"라고 지적하고 "한국감리교회가 교회연합운동을 찬성하여 WCC나 KNCC에 가입해 활동했지만 WCC운동이 창설초기에 비해 엄청난 변질을 가져왔다"면서 감리교의 정통성은 에큐메니칼 신학에 근거할 수 없다고 주장했다.

19920718_감리교 염려 평신도 모임 발족_새누리신문_5번

J-2-014

"종교다원주의 포스트모던 신학교수 출교선고는 교리에 위배된 결정"

종교학 尹炳相교수 감리교 바로세우기 기도모임 갖고 서명운동

"다양성 속에서 일치라는 아름다운 전통을 바탕으로 하나의 교회를 유지해 온 감리교단에서 종교다원주의와 포스트모던신학을 주장했다 하여 출교선고를 내린 것은 교리에 위배되는 결정이므로 무효화돼야 합니다"

지난 5월7일 서울연회 재판위원회(위원장 고재영목사)에서 출교선고를 한 감리교신학대학 邊鮮煥학장과 洪丁洙교수의 '재판결정'에 반대하는 목소리가 높아가고 있다.

이러한 움직임은 감리교단의 원로 중진목사와 신학자들이 대거 참여, 지난 5월28일 출범한 '감리교를 염려하는 기도모임'을 주축으로 하여 이뤄지고 있으며, 기도모임과 서명운동은 날이 갈수록 교인들의 관심을 끌고 있다.

기도모임의 회장 尹炳相교수(연세대 종교학)는 출범당시에는 다소 비관적인 생각을 떨쳐버릴 수 없었으나, 젊은 목사들의 참여가 눈에 띠게 늘어나고 있어 희망을 갖고 일을 추진해 나가고 있다고.

출범 한달을 넘기면서 서명자수는 1천명을 넘어섰으며, 지방기도모임도 수원 충주 순천 대전 원주로 이어지고 있고 곧 4~6개 지방이 더 참여할 계획이다.

"서울연회재판위원회의 재판과정을 지켜보면 교회법정신에 위배될 뿐 아니라 공정성을 잃은 태도가 역력합니다"

그래서 이 기도모임은 오는 10월 열릴 총회재판의 공정성을 요구하는 다음과 같은 내용의 의견서를 지난 6월17일 총회재판위원회 위원장에게 보냈다.

▼ 미리 결정을 내리고 형식을 갖춘 재판결과를 받아들일 수 없다며 이는 당연히 무효화되어야 한다고 주장하는 윤병상교수。

5명으로 구성되는 총회재판위원회 위원중 4명이 1심인 서울연회재판위원회 위원들로 이는 복심(複審)제도를 규정한 교회법 정신에 어긋나며, 이들을 배제하지 않는 재판은 그 결과가 명약관화하다는 것。

"하지만 총회재판위원회는 재판의 일관성을 유지하기 위해 1심 재판위원들의 대거 참여는 당연하다고 주장하고 있습니다"

두교수에 대한 고소와 유죄선고의 한 이유인 통일교관련설은 사실인정과 법적용절차에 잘못이 있다고 지적한다。 즉 감리교 교리장전에 따르면 재판법의 공소시효는 3년으로 만약 邊·洪교수가 이 사건에 연루가 됐다 하더라도 지난 87년 일로 이미 시간이 경과, 재판의 대상이 될 수 없다는 것이다。

尹교수는 교회법에서 이처럼 공소시효를 일반법보다 짧게 규정한 정신은 범과(犯過)를 처리하는데 처벌이 능사가 아니라는 것을 나타내는데도 "이처럼 공소기각되어야 할 사안을 출교선고이유로 삼은 것은 납득할 수가 없다"고 했다。

그리고 두교수의 신학적 주장을 문제삼기 위해서는 신학위원회를 구성, 토론을 통해 이단여부를 결정해야 함에도 신

19920719_종교다원주의 포스트모던 신학교수 출교선고는 교리에 위배된 결정_피플_5번_페이지_1

학적인 검토도 전혀 없었음을 지적하고 있다.

"재판위원들은 신학이 아닌 신앙을 재판했다고 하는데 신앙은 재판할 수 있는 성격의 것이 아닙니다"

이뿐 아니라 기도모임에서는 감리교회법에 따르면 두교수의 면직결의부터 시작, 절차상에 여러가지 문제가 있었다며 이를 규칙위원회에서 해석해 줄 것을 요청했으나 위원회에서는 공탁금 150만원 걸라며 소극적 태도를 보이고 있다고.

해석을 요청한 부분은 총회재판위원 자격과 제19차 특별총회 면직결의의 효력에 관련부분이다.

邊·洪교수의 재판을 담당했던 재판위원 15명중 13명이 두교수에 대한 고소를 제기했던 교리수호대책위원회(위원장 이유로 사표를 낼 것을 종용받기도 했던 것.

"1885년 美감리교(자유주의)와 1895년 南감리교(근본주의)가 조선에 들어와 공존하다 1930년 합쳐져 '조선감리교회'로 태어났습니다. 이후 한국감리교회는 복음주의와 함께 신학적 자유주의를 주장해 온 진보적 교단으로 성장해 왔습니다"

이처럼 국내뿐 아니라 세계적으로 공인된 신학사상을 주장했다고 하여 신학자를 출교처분한 것은 교단의 분열을 자초하는 것이라는 우려의 목소리가 높으며, 이번 사건을 계기로 감리교신학 정체성확립을 위해 전문적인 신학자들로 구성된 신학연구위원회를 교단내에 구성할 것을 제안하는 움직임도 보이고 있다.

◀ 감리교단의 원로 중진목사들이 참여, 기도모임과 서명작업 그리고 강연회를 통해 재판무효를 요구하는 목소리가 높아가고 있다(사진은 지난 6월18일 동대문교회서 열린 '감리교 바로 세우기'강연회).

김홍도목사 유상렬장로) 위원들로 복심에 의하여 신중한 재판을 할 것을 규정한 재판법에 위배되며, 지난해 10월에 열린 총회는 90년 개최된 제19차 총회의 결의에 의해 입법문제를 다루기 위해 소집된 총회로 여기서는 '邊·洪교수의 면직권고'와 같은 행정적인 사항은 권한밖의 사항으로 '邊·洪교수 면직권고 결의'는 원인무효라며 규칙해석을 의뢰했다.

"저희들의 주장에 대해 재판위원회측의 태도를 보면 그들의 의지를 엿볼 수가 있습니다"

기도모임의 활동이 드러나기 시작하자 외부의 압력도 거세지고 있다. 2주전 부천 내동교회 이경호목사는 그 교회 장로 6명으로부터 기도모임에 서명했다는

하지만 지난 1심 선고공판 판결문에서 앞으로 두교수의 입장에 동조 옹호 선전하는 자는 동일범법자로 간주, 처벌할 것이라고 밝히고 있어 결심공판에서 출교번복이 이뤄지지 않을 경우 교단이 분열될 것을 우려한다면 지나친 것일까. 하지만 결과를 미리 정해 놓고 형식을 갖춰가는 이번 재판으로 미뤄보면 기우는 아닌 듯하다. ▣

邊·洪교수는 지난 5월29일과 6월1일 각각 상고, 10월에 열리는 제21차 총회에서 어떤 형태로든지 재판은 결정이 날 것이다.

취재 姜宣任기자
사진 李錫勳기자

19920719_종교다원주의 포스트모던 신학교수 출교선고는 교리에 위배된 결정_피플_5번_페이지_2

감리회의 신앙과 신학의 정화를 위한 성명서

웨슬리 복음주의협의회는 변선환, 홍정수 두 교수가 신학을 빙자하여 이단적 신앙과 신학을 주장함에 따라, 1991년 12월 17일 "감리교 복음주의 신앙과 신학의 정통성을 지키기 위한 우리의 주장"을 발표하였다. 우리는 당시 발표한 성명에서 1)예수 그리스도의 절대성과 유일성 2)예수 그리스도의 십자가의 대속의 죽음 3)예수 그리스도의 부활 4)기독교 선교 5)교단 신학대학 교수 6)교단 총회 결의와 조속한 처리 등의 문제들에 대하여 우리의 신앙적, 신학적인 입장을 천명하였다. 그후 서울연회 심사위원회가 1992년 2월24일 이 사건을 기소함으로써 두 사람의 목사직이 정직되었다. 그러나 그들은 이에 불복하여 공석상에서나 사석에서 위법적인 언행을 계속하고 있다.

1992년 5월 7일 서울연회 재판위원회는 감리회의 법이 정한 절차를 따라서 그들에게 출교를 선고하였으며 이를 반대하는 비난자들은 파행적 재판이라 하여 재판의 무효화 운동을 전개하고 있다. 그리고 출교가 된 두 교수는 아직도 감리회 신학대학에 잔류하여 변함없이 감리회의 법을 도외시하고 있고, 이들을 옹호 및 구제하려는 목적으로 회래와 일치를 표방하는 사람들이 번번히 홍보물을 보내고 있다. 이들은 두 교수의 이단적 신학을 감리교회의 신학적 정체성으로까지 말함으로써 우리 감리교회의 신앙 및 신학을 일대 혼란에 빠뜨리고 있다. 이러한 현실에 대하여 본 협의회는 감리회의 신앙과 신학의 정통성을 견지하고 교단의 행정적, 신앙적 정화를 위하여 우리의 입장을 아래와 같이 천명한다.

1. **우리는 변, 홍 두교수가 개신교의 기본적인 교의에 위배되는 이단적 주장을 함으로써 출교가 선고된 것은 당연한 귀결로 본다. 그러나 선고 공판 후에 계속되는 불법재판을 운운하는 비등한 비판여론에 대하여 서울연회 재판위원회는 충분히 납득할 수 있도록 해명하기를 촉구한다.**
2. **감리회는 웨슬리 당시부터 법식주의자로 지칭할 만큼 준법실행에 모범이었다. 그러나 변, 홍 두 교수의 사건으로 야기된 오늘의 감리회 일부 인사들은 탈법적 언동과 유인물 배포 및 혼란을 유도하는 집회를 계속하여 우리 교단을 무법단체로 만들고 있다. 비판자들은 이를 중지하고 진정한 화합의 차원에서 교리와 장정에 따른 교단의 관행에 순응할 것을 촉구한다.**
3. **우리는 비판자들에게 묻지 않을 수 없다. "다양속에서의 일치"를 말하는 것은 이단적 신학들과의 일치를 말하는 것인가? 그리고 재판무효와 운동은 출교자들이 억울한 판결을 받았으니 무효화 하여 그들을 감리교단에 다시 세우자는 것인가? 우리는 출교를 당한자들이 공개적인 회개없이는 어느 형태의 재고도 있을 수 없다고 본다.**
4. **우리는 비판자들의 교리적 선언을 빙자하여 왜곡된 주장을 하는 것은 온당치 않다고 본다. 우리는 교리적 선언에 대하여 왜곡된 주장을 하는 사람들은 변, 홍 두 교수의 입장과 같은 선상에 서 있는 사람들로 간주한다. 그 이유는**

가) 1930년 12월 5일 합동총회에서 근본주의적 신앙을 거부했음으로 감리회의 정체성은 근본주의적 신앙을 버렸고, "다양속에서의 일치"를 따르는 에큐메니칼 신학이 우리의 것이라는 주장에 대하여 :

위와 같은 주장은 비판자들이 변, 홍 두교수의 노선과 일치한 것임을 분명하게 입증하는 것이뒤다. 근본주의적 신앙이란 동정녀 탄생, 십자가의 대속, 예수의 부활, 예수의 기적들을 기독교신앙의 근본적인 것으로 믿고, 성서의 무오성을 믿는 것이다. 1930년 합동총회에서 부결된 것은 이러한 근본적 교의를 부정한 것이 아니다. 당시에 교리적 선언 준비위원들이 제시한 8개조항 외에 1개항을 더하여 "성신의 잉태와 십자가의 유혈 속죄와 부활 승천과 최후 심판이라"는 조항을 추가 하자는 총회 현장에서의 제안에 대하여, 다만 8개 조의 중복을 피하여 그대로 받자는 의견이 우세하였음으로 인하여 이 첨가 조항이 부결된 것뿐이다.

그러나 이점은 오해의 여지를 보여주었음으로, 앞으로 모이는 총회는 교리적선언에서 혼돈되는 부분을 바로잡는 일을 해야 한다는 것이 우리의 입장이다. 그러나 교리와 장정 제 9단에서부터 33단까지 우리의 뿌리로 표명된 종교의 강령은 교리적 선언(제35단)의 모범에 속한 것으로써 교리적 선언과 상충됨이 없다. 그러므로 비판자들이 급진적 에큐메니칼 신학과 종교다원주의가 감리회 신학의 "정체성"이라고 함은 우리의 신앙적 입장을 왜곡하는 것이다. 이것은 교리와 장정 제36단 제3조에 "본 교회의 기초교리는 개신교파가 일반적으로 믿는 복음주의니 이 편즙은 재래 감리교회의 신교와 관습점과 본 교회가 선언한 교리에 설명되어 있다"고 한 법정신에 정면 도전하는 주장이다.

또한 비판자들은 에큐메니칼 신학이 종교다원주의를 수장함으로 우리 교단의 신학도 변선환 교수의 종교 다원주의를 수용하고 이것은 교단의 정체성으로 인식해 왔다고 주장하는 것은 교리와 장정에 명시한 복음주의적 입장에 명백히 위배된 것이며, 이는 성서가 말하는 예수 그리스도를 통한 구원의 유일성을 부인하는 것으로 용납해서 안된다.

우리는 성경의 축자 영감설로 야기된 근본주의자들의 신학을 추종하는 자들이 아니다. 다만 웨슬리적이고 성서적인 기독교, 진정한 기독교를 표방하는 복음적 교의를 믿고 실천하는 감리교도들이다. 그러므로 다시 천명하거니와 우리는 변선환 교수의 종교 다원주의와 홍정수 교수의 포스트 모더니즘은 비 복음적이요 이단적임으로 이를 배격한다.

나) 감리회는 제한 없는 신학적 자유를 전통적으로 포용하는 교회라는 주장에 대하여 :

비판자들은 교리와 장정 제35단 교리적 선언 서문중에 "우리 교회의 회원이 되어 우리와 단합하고자 하는 사람들에게 아무 교리적 시험을 강요하지 않는다"는 내용을 오용하여, 이단적 신학을 주장하는 감리교회 목사들을 재판한 것이 이 법에 저촉됨으로 재판이 무효라고 한다. 그리고 교회연합 운동의 슬어인 '다양속에서의 일치'를 감리회의 신학적 정체성으로 주장하며 출교가 선고된 그들을 감리교 신학자로서 계속하여 일하게 해야 한다고 주장한다. 이는 장정 제4절 "장정 제정의 목적"중에 표명된 바와같이 "감리교회는 형식보다 요소(근본적 신앙)에 주의하여 왔으며 또 그리스도의 참된 교파일지라도 의식에나 제도에나 치리에는 서로 다른 점이 많이 있을 수 있는 것을 용납하며 인정하는 것이다"라고 한 것은 "예수 그리스도의 단일한 교회의 분자"들과의 선교를 위한 협력을 말한 것이다. 우리의 법은 엄연하게 "교리와 성례를 비방할때, 교회의 기능과 질서를 문란케 할을때, 이단 종파에 찬동, 협조, 참가 등 행위가 있을때"는 그 정도에 따라서 출교까지 명할 수 있게 되어 있다. 이러한 법에 의하여 변, 홍 두 교수의 신학이 비 기독교적이며, 이단적임이 판명됨에 따라 출교가 선고되었다. 그런데 비판자들은 이들과의 일치를 호소할 뿐아니라, 오히려 재판위원들을 몰아내야 한다고 주장하며, 변, 홍 두 교수의 출교판결을 무효화 하자고 함은 결과적으로 전통적인 기독교 신앙을 파괴하는 작업이 된다.

우리는 미 연합감리회가 신학적으로 매우 자유스런 입장이나 비복음적인 신학은 분명하게 배격한 사실을 명심해야 한다. 1972년 미 연합감리회 총회는 종교 다원주의를 연구케하여 1975년 7월20일 노스캐롤라이나주 슈나루스카에서 이를 반대하는 슈나루스카 선언을 하였다. 그럼에도 불구하고 종교다원주의계 신학의 영향으로 미국교회들이 죽음에 이르는 병을 앓고 있다는 사실을 유념하여 우리는 이러한 신학들을 배격한다.

5. **우리는 총회 재판 위원회가 본 사건의 상소를 접수하고 있는 현 상황에 대하여 조심스런 우려를 가지며, 이 사건은 19회 총회의 결의에 준하여 당연히 기각되어야 할 것으로 생각한다.**
6. **우리는 이상에 열거한 바와 같이 기독교 대한 감리회의 신앙적, 신학적 정화를 위하여 교단의 실무책임자들은 주저함 없이 이들을 단호하게 척결할 것을 촉구한다.**

1992년 7월 9일

기독교대한 감리회 웨슬리 복음주의협의회

회원 509명을 대표하는 임원들

회 장	광 림 교 회	**김선도** 목사
부회장	중 앙 교 회	**정영관** 목사
총 무	대 신 교 회	**김문희** 목사
서 기	혹석동제일교회	**고수철** 목사
감 사	홍 제 교 회	**서형선** 목사
	건 국 대 학	**김영권** 교수
회 계	대 림 교 회	**임준택** 목사
선교부장	대 명 교 회	**최홍석** 목사
교육부장	오 류 동 교 회	**안행래** 목사
홍보부장	봉 천 교 회	**박정수** 목사
국제부장	이 화 대 학	**전재옥** 교수
재정부장	수 표 교 교 회	**윤주봉** 목사

19920726_감리회의신앙과신학의정화를위한성명서_기독교신문_5번

45. 다원주의 신학은 실패작이다.

◈출처: 기독교연합신문 1992. 7. 26일

"다원주의 신학은 실패작이다."②

전준식 목사(예장은총교회)

다음 글은 지난달 6일자 크리스챤 신문에 실린 유동식교수의 다원주의 신학논고에 관한 전준식 목사의 반박문이다.

최근 첨예화되고 있는 '다원주의 신학논쟁'에 대한 독자들의 이해와 판단을 기대하며 두 차례에 걸쳐 반론을 제기하는 전목사의 글을 본지 214호(7월 5일자) 1회에 이어 2회를 게재한다. <편집자주>

다원주의 신학은 실패작이다

교파·신학의 존재가치는 참진리 수호

시대·문화변해도 신앙의 형태적 변화 불변

그런데 요즈음 다원주의 종교라는 이단사설이 교계를 소란케 하고 있다. 일고의 가치도 없는 기도교리를 근본적으로 뒤집는 신신학의 종교통일을 기도하는 이론으로 그것이 탄생하고 있는 것이 아닌가 생각되어진다.

② "신학은 시대적 문화적 환경에 따라서 달라져야 하기 때문에 신앙적인 그릇의 크기나 모양이 달라져야 된다."고 하나, 신앙은 시대가 변해도 문화가 변해도 예수 그리스도의 구속을 통한 하늘나라 입성을 위한 진리는 변화될 수 없고, 또한 신앙에 어떤 형태적인 변화가 올 수 없다.

구약적인 신앙은 구원사적 신앙고백(credo)인 구체적 역사적 신앙 내용에 근거하여 정립한 것이었으나, 신약에서는 그 중심적 의미가 구약성경의 내용에 진일보하여 그것은 동시에 참으로 하는 일, 확신과 통찰로 표현된다. 공관복음서나, 예수님의 경우, 진정한 신앙에 대해서 신뢰신앙이 정면에 나와 있는 것과 대조적으로 요한의 경우는 신뢰와 병행하여 '인식'이 신앙의 구성요소로 나오고, 바울은 '인격적 신뢰'를 말하고 있다. 그 신앙은 '그리스도에 대한 신앙'(갈 2:16, 롬 3:22)이고, '하나님에 대한 신뢰'(고후 1:9)이다. 그럼에도 불구하고 바울의 경우 그리스도인들을 어린아이가 아닌 어른으로 비교하고 있다(갈 4:1, 고전 3:1, 13:11). (자세한 것은 졸역 "현대교의학총설 98p~128p, 신앙에 대해서"를 읽어줄 것).

바벨론 문명, 로마문명이 세계를 지배하면서, 기독교는 전파되어졌기 때문에, 이것을 기독교 문화로 착각하고 있으나, 본 말이 전도된 생각이다. 바울이 구라파로 복음을 들고 갔기 때문에 그렇게 되었지만 기독교는 동양문화에 속한 것임을 알아야 한다. 다른 종교들과 동등한 공존을 해야하는 종교 공존시대가 온 것으로 말하나, 복음의 진리는 어떤 다른 종교와도 동화될 수 없는 특이성을 가진 천적인 예수 그리스도의 구원의 종교임을 타협해서 공존하는 말은 비성경적이다. 다른 종교에 기독교를 전하기 위해서는 성경에 계시된 하나님의 말씀을 세상 것과, 인간의 철학이나, 신학들과 교환하자는 것인가, 잘못 생각하고 있는 것이

19920726_다원주의 신학은 실패작이다_전준식_기독교연합신문_5번_페이지_1

아닌가 생각이 든다.

③ 하나님의 은총밖에 있는 사람은 없다. 하나님은 인간을 자기 형상대로 창조하셨기 때문에 모두 사랑하신다. 그러나 반항하는 타락한 인간의 모습으로는 하나님의 사랑과 은총을 수납할 수 없는 것이다. 근대의 공산주의나, 모더니즘들의 모든 것들이 인간을 지배하는 독재권력의 시녀노릇을 하고 있는 그럴싸한 주의 주장들은 신 상실을 강변하면서, 하나님의 자리에 인간들이 들어 앉아 인간을 지배하는 계략에 불과한 것이고 참꼬대에 불과한 것이다(고후 4:1~8참조).

성경의 문맥에서 그리스도의 부활을 부인하는 생물학적 육체의 부활은 믿을 수 없다

교파·신학의 존재가치는 참진리 수호
시대·문화변해도 신앙의 형태적 변화 불변

운운하는데 까지 발전하는 것을 보면, 성경에 나타난 하나님의 초자연적인 기적들은 하나도 믿을 수 없다는 근거를 펴고 있는데, 이것은 기독교의 본질에서 완전히 떠난 인본주의자들의 하나님을 부인하는 처사이다.

부활이라고 하는 심원(深遠)한 사실을 "미지(未知)의 사실에 의해서, 기지(旣知)의 것에 대한 신앙을 파괴시켜서는 아니되는 것이다." 우리들이 이해할 수 없는 일이 얼마든지 있으나 이것이 실제에 있는 것, 알고 있는 것의 진실성과 의미를 파괴할 수 없는 것이다. 그리스도는 불가사의를 넘어서 존재하고 계시는 분이심을 명심해야 할 것이다. 우주의 배후에 계시는 분 하나님의 영원성을 생각하게 되면 인간은 지극히 적은 존재이며 무익한 존재임을 발견하게 된다.

그리스도 자체가 기적이며, 성경과 그의 진리 전체가 앞으로 닥쳐올 모든 인류역사가 그리스도가 지배하는 천국으로 향하여 진행되고 있는데, 그것을 애써서 외면하면서, 세상에 산재하는 종교들과 혼합종교를 만들어가는 현대 다원주의 종교신학이야말로 오늘 교회가 경계해야 할 이단 사설임을 명심하기 바란다.

하나님이 지으신 세계는 다원적인 존재이다. 그러나 다원한 모든 피조물이 하나님을 떠난 대적하는 다원이 아니다. 각각 특이성을 가진 피조물이 창조주와의 교제 속에서 그분의 질서 속에서 창조 본연의 임무를 수행하기 위한 것이지, 예수 그리스도를 중심으로 한 창세로부터 예비 된 하늘나라에서의 영원한 파라다이스에로 이끌기 위한 창조물임을 명심할 때, 반 기독적인 어떤 문화나 사상이나, 주의도 산산조각이 나버릴 것이다.

다니엘이 설명한 금신상이 뜨인 돌에 의해서 산산 조각이 나서 가루가 된 것처럼, 다니엘의 세친구 사드락과 메삭과 아벳느고가 칠배나 뜨거운 풀무불속에 들어갔다. 그러나 하나님의 아들과 동행할 때에, 그들은 죽음이 아니라 에덴동산의 즐거움 속에서 지낸 것을 설명해 주는 천국의 한 모퉁이를 규제하게 된다. 우리는 하나님의 세계 바울이 다녀온 3층천의 세계 에덴동산의 세계는, 인간의 좁은 지식으로는 찾아낼 수 없는 고차원의 것이다.

19920726_다원주의 신학은 실패작이다_전준식_기독교연합신문_5번_페이지_2

그리스도는 새로운 질서를 대표하는 분이시며 그분에 의해서 낡은 질서는 제거된다. 하나님의 법에 의해서 그가 십자가에서 죽으신 때에 모든 인간은 죽은 것이다. 죄 많은 사람으로 대표되는 피조물에게 지금 임하려 하는 신형(新型)이 이미 집행되어 있는 것이다.

기독교의 복음의 구속의 원리에 의해서, 그리고 동일시(同一視), 대표(代表), 대리(代理)라는 하나님의 삼중(三重)의 법칙에 의해서 모든 인간은 새로운 존재가 된 것이며, 그리스도의 죽음에 의해서 인간도 죽은 것이다.

하나님의 독생자의 새로운 기초 위에서 성령으로 거듭난 크리스챤을 취급하고 계시는 것을 깨달아야 한다. 따라서 만사는 예수 그리스도와의 관련에서 결정되는 것이다. 하나님은 "인간적인 표준" "가시적인 표준"으로 알려고 하시지 않는다. 인간적인 모든 것은 상관이 없다. 인간과 그리스도와의 관계가 결정적인 요소인 것이다. 누구든지 그의 안에 있으면 "카이네 크티시스(KAINE Ktisis)"(질적으로 새로운 피조물)(고후 5:17)이 된다. 따라서 부활한 그리스도는 영적 생명의 전달자이시다.

'예수께서 가라사대, "나는 부활이요, 생명이니 나를 믿는 자는 죽어도 살겠고, 무릇 살아서 나를 믿는 자는 영원히 죽지 아니하리니" 이것을 네가 믿느냐'(요11:25~26). "에고 에이미 헤 아나스타시스"(EGO EIMI HEI ANASTASIS). 아나스타시스(Anastasis)란 '부활(시킨다)'이라는 능동적 의미의 단어이고, 결국 예수의 본질 또는 행위를 나타내며 혹은, 그의 은사(선물), 그의 유의의성(有意義性)을 나타낸다.

전지전능의 주 앞에서는 죽음이나 육체의 분해(分解)도 어떤 문제라도 걸림이 되지 않고 자신이 구속(救贖)한 백성에게 부활의 몸을 입혀 주시게 되는 것이다. 복음은 신적(神的)인 기원을 갖고 있다. 인간의 지식이나, 웅변이나, 모든 것은 당연히 복음에 따라야 한다. 그래서 바울은 '말과 지혜의 아름다운 것으로 아니하고 예수 그리스도의 십자가만 알기로 작정했다'고 고백하고 있다. 교파나 신학은 온전한 진리위에서 중요한 요소를 강조해서 지키는데 존재할 가치가 있는 것이다. 교파주의와 신학이 교만하고 편협한 신념이 될 때에 그 같은 교파나 신학은 태어나지 않는 것만 못한 것이 되어버린다. 따라서 오늘의 교회와 성도들은 인간의 지도자들에게서 배우는 일은 해도, 그들에게 의존하는 일은 지양(止揚)해야 하고, 오직 예수 그리스도와 성령의 인도를 받은 신본주의(神本主義)의 신앙으로 돌아가야 한다.

근래 한국교회에 복음적인 교리를 가르치는 일은 후퇴하고 의식을 부활시키는 경향이 눈에 뜨인다. 성경적 교회의 쇠퇴는 '근대주의'라고 불리우는 신학적 자유주의의 결과이다. 儀式에로의 역행은 쇠퇴에서 생겨난 간격을 메꾸기 위한 것에 불과하고, 내면적인 죽음과 외면에서의 꾸밈으로 덮어 감추는 것이다. 교회 내에 금송아지가 나타나고 있는 징조이며, 하나님의 살아계신 말씀인, 성경에 회귀하여 새로운 영적인 각성운동을 일으켜야 살 수 있다.

기독교는 계시의 종교이며, 하나님의 말씀인 성경에 따라서 신앙과 기도로 하나님의 계시를 수용하면서 겸손하게 진리를 분별해야 할 것이다(고후 13:8)

- 344 -

19920726_다원주의 신학은 실패작이다_전준식_기독교연합신문_5번_페이지_3

바울 사도는 '너희가 믿음에 있는 가 너희 자신을 시험하고, 너희 자신을 확증하라(고후 13:5),' 누가 사도는 '이것이 그러한가 하여 날마다 성경을 상고하므로'(행 17:11) 살아가라고 말한다. 요한사도는 '하나님의 영은… 예수 그리스도께서 육체로 오신 것을 시인하는 영마다 하나님께 속한 것이요, 예수를 시인하지 아니하는 영마다 하나님께 속한 것이 아니니 이것이 곧 적그리스도의 영이라'고 말한다.

하나님의 백성에 대해서 하나님은 지금도 다음과 같이 말씀하신다. '그러므로 주께서 말씀하시길 너희는 저희들에게서 나와서 다로 있고, 부정한 것을 만지지 말라. 내가 너희를 영접하여 너희에게 아버지가 되고 너희는 내게 자녀가 되리라', 전능하신 주의 말씀이니라(고후 6:17,18)

부활이라고 하는 심원(深遠)한 사실을 "미지(未知)의 사실에 의해서, 기지(旣知)의 것에 대한 신앙을 파괴시켜서는 아니되는 것이다."우리들이 이해할 수 없는 일이 얼마든지 있으나 이것이 실제에 있는 것, 알고 있는 것의 진실성과 의미를 파괴할 수 없는 것이다. 그리스도는 불가사의를 넘어서 존재하고 계시는 분이심을 명심해야 할 것이다.

19920726_다원주의 신학은 실패작이다_전준식_기독교연합신문_5번_페이지_4

42 변·홍 교수 옹호세력 척결촉구

◈출처: 기독교연합신문 1992. 7. 26.

기독교연합신문 1992. 7. 26.

감리교신앙과 교리수호 위해
특별조치법 제정건의

감리교장로회 전국련 기독교대한감리회 장로회 전국연합회(회장: 유상열)는 지난 13일부터 15일까지 낙산비치호텔에서 「적그리스도와 장로의 책임」이란 주제로 하계수련회를 갖고 "감리교 교리수호를 위해 감리교 신앙과 교리에 모순되는 학문을 교역자 양성기관에서 가르치는 것을 배격한다"는 내용의 결의문을 채택했다.

1천2백 명의 참석 장로들은 결의문을 통해 ▲감리교회의 교역자들이 될 신학생들이 복음의 선포자가 아닌 현대사상의 대변자가 되는 것을 결코 좌시하지 않으며 ▲감신대 재단이사회는 감리교총회가 결의한 변선환, 홍정수 두 교수를 의법처리 할 것 등을 촉구하는 한편 기독교교리수호대책위원회의 사업을 적극 지지하고 협력하기로 다짐했다.

또 ▲앞으로 있을 감신대학장 선출인선문제는 변선환, 홍정수교수의 사상을 지지하는 사람은 절대 피선될 수 없으며 ▲총회재판위원회는 서울연회재판위원회가 변선환, 홍정수 두 목사의 출교판결에 대해 상고한 것을 즉시 기각 처리할 것을 요구했다.

……되지 않도록 감리교 교리 수호를 위하 특별조치법 제정을 건의한 평신도 대표들은 각 연회별로 목사와 평신도 각 1명씩 도합 14명으로 특별조치법 제정위원을 구성, 법안을 제정해 총회 실행위원회의 인준을 받아 즉시 시행토록 건의했다.

기독교대한감리회 웨슬리복음주의협의회(회장: 김선도 목사)는 최근 변·홍교수 출교사건과 관련, 교단 내에서 일어나고 있는 재판무효운동에 대한 성명을 발표하고, 이들의 척결을 촉구했다.

협의회는 지난 9일 '감리회의 신앙과 신학의 정화를 위해'란 제목의 성명을 통해 "재판무효운동은 전개하는 이들은 두 교수의 이단적 신학을 감리교회의 신학적 정체성으로까지 말함으로써 감리교회의 신앙 및 신학을 일대 혼란에 빠뜨리고 있다"고 밝히고 비판자들은 교단의 교리와 장정에 순응하라고 주장하는 한편 일단 실무자들에게 이들의 척결을 촉구했다.

- 340 -

19920726_변홍교수 옹호세력 척결촉구_기독교연합신문_교리사건 재판자료_5번

3◈출처: 들소리신문, 제556호, 1992. 8. 9.

9. 한국에 유입된 포스트모던 신학비판

이동주 교수(협성신학대학원)

한국의 코페르니쿠스주의 신학들

홍교수가 "코페르니쿠스적 전환"을 주장하게 된 동기는 그의 무신론 사상에 있다. 그는 신앙인이 된다는 것을 일종의 정신질환이라는 주장이 있듯이 한국교회가 "정신질환"을 앓고 있다고 한다. L.A. Fererbach(1804~1872)의 주장처럼, "신(관념)도 따지고 보면 '인간의 투영'"이고, 천국이나 극락의 개념도 다분히 그럴 것이라고 한다. 홍교수는 "이단자를 위한 한국 신학 베짜는 하나님"에서 "만일 신은 계신가 하고 누군가가 우리에게 묻는다면, '신은 없다'고 잘라 말할 수도 있다."고 서술하고 있다. "하늘에 계신 아버지"라는 개념도 영적 세계나 저 세상에 계신 신령한 분이 아니고 "땅에 있는 인간에게 자비를 베푸시는 구원자"라는 뜻이라고 한다. 이러한 사상을 기초로 홍정수 교수는 예수 그리스도의 죽음도 역시 속죄와 면죄를 위한 피흘림이 아니라, "구호를 외치며 투신 또는 분신해 쓰러져 간 젊은이들의 죽음과 매우 유사하다"고 한다. 즉 그의 죽음은 억울한 희생이 아니라 "말하기 위한 최후의 수단"으로서 선택된 죽음이라는 말이다. 그는 구원의 능력을 예수의 피흘림에 있다고 하는 것을 '마술'이라 하고, 예수의 죽음이 신의 아들의 죽음이라고 하는 것을 "신화"라고 한다. 예수의 피가 "동물들이 흘리는 피보다는 월등하게 효과가 있다는 얘기가 결코 아니다"고 주장한다.

위와 같이 하나님이 인간에게 베푸신 속죄의 길을 완전히 차단해 버린 홍교수는 예수 그리스도의 부활도 역사적으로 발생한 것이라면서, 그것은 하나님의 행위가 아니라고 함으로써 부활의 사실성을 부인하고 있다. 예수의 무덤은 "빈 무덤이 아니라 '예수의 말씀과 영의 계속적인 현존'을 믿는 것"이라고 하며, 홍교수는 예수 그리스도의 십자가와 부활의 속죄를 위한 사실성을 부인하면서 반기독적인 해석을 부여한 것이다.

마찬가지로 코페르니쿠스적 전환을 의미하는 신중심주의 모델을 주장하는 이정배 교수 역시 "이 시대의 방향따라 신학은 이제 교회중심주의, 그리스도 중심주의를 넘어 신중심주의, 우주 생명중심주의에로 자신의 사유모형을 급격히 전환시켜 나가야만 하는 것"이라고 하면서 P.Knitter의 말을 인용하여 "지평적인 융합"을 주장하고 있다. 이 교수는 기독교의 삼위일체 교리가 이슬람교의 유일신적 하나님의 개념을 필요로 한다고 주장하며, 예수를 마리아의 아들이라고 하면서 신성을 믿는 기독교인들을 다신숭배자요 우상숭배자라고 비방하는 "이슬람교의 유일신관"을 도입하자는 것이다. 이슬람교의 코란은 이와 반대로 "삼위일체 숭배자"와 "우상숭배자들"을 어디서 발견하든 죽이고 그들을 사로잡고 포위하고 복병하고 있으라고 하였다. 그러나 그들이 만일 회개하고 기도하고 구제비를 내면 놓아 주라고 한다. 이정배 교수는 이슬람교의 이러한 "유일신관"을 삼위일체론에 도입하자는 것이다. 그는 또 궁극자와 유한자를 구별하는 기독교는 브라만과 아트만 사이의 비이원론적으로 보는 직관력

19920809_한국에 유입된 포스트모던 신학비판_이동주_들소리신문_5번_페이지_1

을 필요로 한다고 함으로써 인격적인 창조주 하나님과 비인격적인 궁극자 브라만을 억지로 통일시켜 혼합주의를 형성하고자 하는 것이다. 즉 비인격적 힌두교의 직관력을 기독교에 수입하여 창조주와 창조물을 일원론적으로 통일하는 범신론적 신인융합의 사상에 기독교를 통일시킴으로써 인간신격화를 피하자는 종교혼합주의이다. 일직선적인 기독교적 세계관과 창조도 없고 종말도 없는 원형적인 힌두교적 세계관을 어떻게 통일하겠다는 것인가? 이정배 교수는 가톨릭교도 시인 김지하의 글을 인용하여 "하늘은 연합하고 있는데 왜 땅의 종교인들이 하나가 되고 있지 못할까?"라고 탄식하기도 하고, 예수의 삶과 죽음을 비유로서 설명해야 할 것을 주장하여 예수 그리스도를 통한 하나님의 구속사역까지도 근본적으로 부인함으로써 기독론 뿐 아니라 구원론도 거침없이 부정하고 있다.

위에서 진술한 바와 같이 현대의 코페르니쿠스적 신중심주의 신학은 기독교의 세계관, 신론, 구원론, 기독론 등을 송두리째 거부하면서 타종교의 범신론을 끌어들이는 입장을 취하고 있다. 이러한 "신중심적" 종교다원주의는 바로 멸망전 이스라엘의 종교다원주의와 혼합주의와 병행되는 것이다. 그들의 멸망은 여호와의 하나님을 바알과 동일시하는 혼합주의나(왕상 12:28), 하나님 곁에 다른 신들을 두는 종교다원주의 때문이었다.(왕상 16:33, 18:21, 왕하 16:5-18) 구약의 백성이 하나님의 진노의 대상이 된 것이다.

타종교들을 연구하면서 그들의 범신론이나, 샤머니즘이 명백하게 드러나고, 그것들이 자아낸 창조물 숭배와 인간 신격화의 원리가 얼마나 잘못됐다는 것을 알게 되었다. 세상의 문화는 다원적이지만 복음은 유일하고 절대적이다. 고린도 전서 9장 19~22절의 바울 사도의 선교원리가 바로 이러한 상황에서 요청되는 것이다.

들소리신문 92. 8. 9 제556호

한국에 유입된 종교다원주의 신학비판

한국의 코페르니쿠스주의 신학들

특별기고

이동주 교수
(협성신학대학원)

이교수 예수의 십자가와 부활의 속죄위한 사실성부인

- 138 -

19920809_한국에 유입된 포스트모던 신학비판_이동주_들소리신문_5번_페이지_2

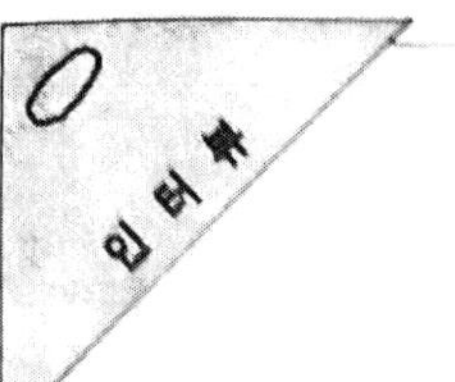

곽전태 감독회장

감독회장직을 마치며

청엽 곽전태 감독회장이 2년간의 임기를 마치고 오는 제20회 총회에서 새로운 감독회장에게 감독회장직을 인계하고 사랑하는 구로중앙교회로 돌아가게 된다. 그 동안 곽 감독회장은 어려운 현실 속에서도 국외 선교연회 조직을 비롯하여, 서부연회의 부활, 역사자료실 개설, 본부 출판물과 회계 단일화, 장학재단 설립, 선교사 초청대회, 본부내규 제정, 망실재산 회수와 재산관리 철저, 감리회관 완공봉헌, 신조 교리사수 등 많은 노력을 기울였으며 상당한 결실을 거두었다. 이제 임기를 마치는 곽 감독회장을 만나 교단 발전을 위한 고견을 들어본다.

▲ 감독회장직을 마치고 교회로 돌아가시는 소감을 말씀해 주시죠.

—2년 동안 교단책임자로 교단을 섬겨오면서 "의욕은 많았으나 성취는 적었다."는 생각이 듭니다. 그것은 본인의 부족함도 있지만 현실적으로 주변의 상황이 뒤따르지 못했고, 또 처리하기에는 시간적으로도 짧았던 점을 간과할 수 없습니다. 사실 중차대한 교단의 발전과 중흥의 책임을 감당하기에는 2년이 너무 짧습니다. 그러나 주님의 도우심과 여러분들의 협력으로 맡겨주신 중임을 대과없이 수행한 것에 깊이 감사드립니다.

▲ 그 동안 교단을 위해 불철주야로 일하시면서 많은 성과도 거우셨는데, 앞으로 우리 감리교회가 이렇게 개선해 나갔으면 좋겠다고 소망하시는 점들이 있으시면 말씀해 주시죠.

—네. 당장은 안 되더라도 차기 또는 차차기에는 꼭 이뤄졌으면 하는 것들을 몇 가지 말씀드리겠습니다.

첫째로 **신학교육의 문제입니다.** 현재 신학교를 졸업하는 졸업생의 약 90% 이상이 목회현장으로 나가는 줄로 아는데, 그들이 신학적으로 빈곤해도 좋다는 말은 아닙니다. 그러나 학문도 중요하지만 그 학문전체가 목회에 활용될 수 있는 것이어야만 합니다. 전공한 학문과 그가 일하는 현실이 맞지않으면 제대로 일하기가 어렵기 때문입니다. 목회현장에 나가서 목회에 도움이 될 수 있는 학문이 실질적으로 목회에 이바지할 수 있으며 이것이 바람직합니다. 교단의 신학대학은 비유컨대 국가의 사관학교와 같습니다. 국방의 간성들을 길러내는 사관학교가 국시에 위배되는 것을 가르칠 수도, 배울 수도 없습니다. 마찬가지로 우리 교단에 소속된 신학교도 교단을 섬겨가는 목회자 양성에 중점을 두면서 학문을 가르쳐야 한다고 생각합니다. 경건훈련, 인품의 도야, 목회행정학, 목회 임상학 등의 면으로 학과가 개편되어야 합니다. 목회와 연결될 수 있는 신학교육, 동시에 교단이 요청하는 신학교육이 필요합니다. 물론 교단도 책임져야 할 부분도 있습니다. 이미 다른 교단에서 시행하는 일이지만 우리도 신학대학 학장은 교단의 인준을 받도록 하며, 목회분야는 적어도 목회에 경험이 있는 교수가 가르쳐야 한다고 봅니다. 이것은 교단이 교권으로 학교를 억압하자는 것이 아닙니다. 오히려 교단과 학교가 이로인해 더욱 밀접하고 친밀한 관계를 형성하게 됩니다. 그래서 학교는 교단이 요구하는 방향으로 교육하도록 노력하며, 교단은 재정면으로 책임을 지고 크게 협력하는 이상적인 관계가 될 것입니다. 더 나아가서 영성훈련을 위해서 교단에서 비용을 대고 일정기간 동안 일정한 장소에서 집중교육을 실시해서 목회현장으로 보내는 것이 바람직하다고 생각합니다.

둘째는 **교단본부의 기구와 정책의 문제입니다.** 이것은 많은 사람들이 생각을 같이하는 부분이지만 워낙 전체적이고 큰 문제입니다. 본부는 명실상부한 교단의 정책기구가 되어야 합니다. 그래서 본부는 기본정책을 기획, 수립하고 그 바탕 위에서 사업은 각 연회에서 시행하도록 개선해야 합니다. 그 이유는 현재 본부중심의 사업들이 대부분 수도권 일원에 편중되어 있어 지방에 있는 연회와 교회들에게는 아무런 영향력이 미치지 못하는 경우가 많기 때문입니다. 지방자치제가 확산되는 오늘의 현실에 비춰볼 때, 그리고 감리교회의 백년대계를 위해서나 연회로의 사업이관은 필요합니다. 또한 재단사무국의 업무도 공유재산이나 본부에서 관리해야만 하는 재산관리만 본부에서 하고 그외 교회재산은 해당 연회별로 관리하도록 해야 합니다. 이렇게 될 때 4년제 전임감독제가 되어도 연회별로 충분히 일할 사업들이 있게 될 것입니다. 그 다음에 본부 기구의 문제인데 평신도국은 사회국으로 전환해야 옳다고 봅니다. 왜냐하면 장정에는 지방회까지 사회부가 엄연히 존재하는데 본부에는 사회부 대신 평신도국이 있는 것은 장정상 모순입니다. 또하

19920901-곽전태감독회장-기독교세계_5번_페이지_1

나 교단의 국은 직능별로 이뤄져야지 계층별로 만들어지는 것은 옳지 않다는 점 때문입니다. 다아는 사실이지만 출발부터 잘못된 것이니만치 조속히 시정해야 합니다. 오늘날 대사회를 위한 사랑의 손길을 뻗쳐야 할 교회의 역할이 그 어느 때보다도 요청되고 있습니다. 이러한 요청에 교회가 부응해야 한다고 믿습니다. 그밖에 각국의 **위원수가 너무 많습니다.** 현재 각국엔 연회별로 목사 2명, 평신도 2명씩의 위원들이 있는데, 이것은 세 연회밖에 안되던 때에 만든 법이기에 7개 연회가 된 오늘에는 맞지않습니다. 각국 위원을 절반으로 줄여야 좋다고 여깁니다. 그리고 이런 개정 사안들은 현재의 이해당사자가 없는 때를 기준으로 적용시기를 적절히하면 문제가 없습니다.

셋째로 **교리적 선언이 새롭게 제정, 선포되어야 합니다.** 현재의 교리적선언은 30년대 미국의 자유주의 신학이 범람하던 때에 그 신학을 배경으로 하여 만들어진 것입니다. 그러므로 뜻과 내용에 있어 부적절한 것이나 부족한 것이 많습니다. 지적하면, 우선 다섯번째 "우리는 구약과 신약에 있는 하나님의 말씀이"라는 귀절에는 구약과 신약중에는 하나님의 말씀인 것도 있고, 아닌 것도 있다는 것을 내포하고 있습니다. 그러므로 이것은 "구약과 신약의 하나님의 말씀을"이라고 고쳐야 합니다. 그다음에 일곱번째 "하나님의 뜻이 실현된 인류사회가 천국임을 믿으며"라는 글속에는 현실천국만 강조되어 있습니다. 그러므로 "…인류사회도"라고 수정하여 내세의 천국도 함께 고백해야 합니다. 우리의 교리적 선언에는 신앙의 핵심부분인 부활과 재림의 표현이 없습니다. 그런고로 교단안의 신학자와 목회자들로 구성한 위원회를 조직, 새롭게 교리적 선언을 제정하고 공청회 등의 과정을 거쳐 선포하여야 합니다.

넷째로 **장로회의 통합입니다.** 임의단체이긴 하지만 장로회가 둘로 나눠진 것에 대하여 교단 책임자로서 참으로 책임을 느낍니다. 이렇게 되기까지 바르게 지도하지 못하고 역부족이었음을 고백합니다. 어서 속히 화합하고 통일하여 교단발전을 위해 함께 일하게 되기를 바랍니다.

▲ 감독님의 목회철학은 무엇입니까?

−저는 아버지로부터 명심보감에 있는 말중에서 "사람은 원수를 맺고살지 말아라."는 말씀을 가르침받고 자라왔습니다. 저는 이러한 정신을 마음에 새기며 될 수 있는 대로 더불어 좋게 그리스도의 평화를 누리며 살아가자는 좌우명을 갖고 있습니다. 그런데 본부에 와서 일하면서

본의 아니게 다른 이들의 마음을 상하게 한 때가 더러 있었습니다. 그러나 이러한 일들은 교단을 지키고, 교단을 위해서 전심전력하면서 본의아니게 나타난 현상이었습니다. 참으로 안타까웠습니다. 이곳에 와보니까 우리 구로중앙교회와는 참으로 차이가 있음을 느낍니다. 물론 잘 하지만 본부 직원들은 보다 성실한 자세로 일하며 연구하여 교회와 성도들을 위해 봉사하기를 바랍니다.

▲ 이제 감독회장직에서 물러나시면 어떤 일을 하실 계획이십니까?

−제가 구로중앙교회를 개척하여 목회한지 30년이 됐습니다. 저는 지금도 강단에 설 때마다 처음 부임할 당시의 기분입니다. 저는 우리 교회를 너무 너무 사랑합니다. 이제 교회로 돌아가서 2,500여 세대의 구로중앙 가족들을 하나하나 **심방하면서 남은 세월동안 열심히 교회를 섬기며 목회할 생각입니다.** 둘째로는 그 동안 부흥운동에 진력해 왔는데 앞으로는 짬을 내서 부흥사경회를 인도하면서 **힘써 복음을 전하겠습니다.** 셋째는 여주에 있는 **구로중앙수련원을 잘 활용**하여 교단뿐 아니라 한국교회를 위해서 목회와 연결되는 산상집회와 영성운동을 적극 전개하려고 합니다. 마지막으로 그간의 목회생활과 부흥회를 인도하면서 강단에서 선포했던 말씀들을 묶어 **설교집을 계속 출간할** 계획입니다.

제 33 권 545

19920901-곽전태감독회장-기독교세계_5번_페이지_2

1992년 9월 10일 (목요일) (1)

취임사

구 덕 관 신임학장

본인은 우리나라의 유명한 대통령 두분의 특징, 즉 박정희 대통령의 「작은 키」와 전두환 대통령의 「대머리」를 가졌습니다. 보는 사람들에게 혐오감을 일으키는 이같은 외모를 가진 소인이 전통있는 감리교 신학대학의 학장으로 취임하게 된것은, 아무리 생각해도 적절하지 못한 일이요, 어느 모로 보나 유감스러운 일이 아닐수 없습니다. 그래서 가까운 친구들 까지도 저를 「좌우간 복있는 사람」이라고 오해하고 있었습니다.

감리교 신학대학 학장직은 그리 복된 자리는 아닌것 같습니다. 냉천동 즉 「차가운 샘골」이란 동리이름 부터가 신앙세계에는 별로 환영받지 못하는 낯말인데다 윤성범 학장님은 취임 3년만에 하느님에게 부름 받으시고 김용옥 학장님은 그보다 더빨리 취임 1년만에 소천하시고 박봉배 학장님은 임기전에 밀려나가시고 송길섭 학장님은 은퇴직후 쓰러지시고, 변선환 학장님은 사람들의 확수고대 속에 은퇴하시는 현상들을 볼때, 선임 학장님들의 결함보다는 장소에 결함이 있지않나라는 의심이 가고, 누가 보아도 불길한 자리로 모종의 안개가 끼여있는 장소로 느끼게 합니다.

한마디로, 초라하고 흉한 모습의 소인이, 귀한 직임을 맡게된데 대하여 죄송스러운 마음 금할수 없습니다. 오직 수많은 선배 지도자들의 희생봉사로 이어 내려온 감리교 교단에 누를 끼침이 없이 존경하는 선배 학장님들의 노력과 헌신의 공탑을 허물지 않고, 전통의 이 선지학교, 미래의 감리교 목회자 양성기관을 잘 이끌어 갈 운전기사가 되어야 하겠다는 일념으로 충성할 생각입니다. 21세기 시작을 눈앞에 두고, 선교 2세기의 문턱에 들어선 중차대한 시점에 서있는 감신대에는, 사실 그 내부에 보이지 않는 갈등이 도사리고 있고 외부에는 우리 감신대에 대한 편만한 무관심, 점증되는 우려와 불신에 포위되고 있어, 이것들을 헤치고 나아 가는 것이 소인이 당면한 과제라 하겠습니다.

비교적 단순한 생활양식에 젖어 살아온 소인에게는 본래 대범한 기질이란 찾아볼 수 없고 아량과 덕망도 찾아볼 수 없습니다. 학장의 대임을 감당하기에는 역부족인 인물임이 확실합니다. 낙제 할 가능성은 충분하고 그것을 내다보며 운전을 해야할 처지에 있습니다. 벌써 첫번째 이사회에서 교통법규를 위반해 경찰들로 부터 딱지를 받아 무식한 학장이란 낙인이 찍혔습니다. 이제부터 겸손히 집중하여 공부하면서 착실한 임무수행을 향해 집무를 시작할 계획입니다. 사람이 보는것과 같이 보시지 않으시는 하느님, 「약한자」를 들어 「강한자」를 다스리게 하시는 하느님, 「어리석은 자」를 들어 「지혜있는 자」를 부끄럽게 하시는 하느님을 믿고, 나아갈 것입니다.

지난 몇 주간 동안에 저는 감리교 신학대학의 문제들을 스스로 진단해 보기 위하여, 새로운 실무진을 대동하고 타교단 신학대학 셋을 찾아가 견학 하였습니다. 그리고 그 현장에서 10년에서 15년 낙후된 우리 감신대의 모습을 발견하고 가슴에 피가 솟구쳤고, 잠을 이루지 못하였습니다. 강습소로 전락해버린 감신대의 병을 어떻게 치유할 것인지 지금까지 숙고를 계속하고 있습니다. 종합진단의 결과는 역시, 병상의 심각성을 부인할 수가 없었습니다. 「영원히 있을 것」과 「잠시 있을 것」, 「버려야 할 것」과 「간직해야 할 것」 사이의 관계가 심각하게 시정되어야 하게 되었습니다. 어디까지가 충실이며, 어디 부터가 고집인지 그 경계를 긋기가 어려운 실정입니다. 우리에게 있는 옛것, 익숙한 것을 좋아하는 경향, 새것은 확실치 않아 불안하고, 아는장소, 익숙한 환경에만 안심하고 호감을 가져온 우리들이었습니다.

옛것을 지키는 보수성이 지나쳐 지난날의 영광에서 잠자며 자위하던 우리들, 개체교회 수도원 만도 못한 우리의 자상을 보게된 것입니다.

어느 지도자건, 어느때의 지도자건, 지도자는 동처들의 신임이 필요하고, 따라주려는 동료들이 있어야 합니다. 지도자는 관심있는 제안과 선동을 반대와 비판으로 수정 조정하여, 전체의 발전을 창출하는 작업을 해야하는 사람입니다. 희망없는 곳에서 희망을 품고, 용서할수 없는자를 용서하고, 사랑할수 없는자를 사랑하는 것이 신앙의 힘임을 알고, 약자를 들어 강자를 통합하시고, 어리석은 자를 들어 슬기로운 자를 부끄럽게 하시는 하느님의 정책을 이해하고, 교수님들과 직원제위 그리고 학생 여러분들의 아량있는 협력을 호소하는 바입니다. 전체 행동에서 최고의 도덕은 「겸손」이고, 공동생활에서 최고의 덕행은 「예의」입니다. 전체생활에 의견충돌이 없는것은 오히려 이상한 현상이며, 만장일치란 은혜스러워 보이나, 단조롭고 입체감없는, 단색의 조화없는 독재사회임을 증명합니다. 의견충돌이란 피할것도, 두려워 할것도 아닙니다. 두려워 할것은 오직 이견조정이 안되는 만성충돌에 있습니다. 전체적인 지혜를 더 신임하고, 전체행동의 예능을 창출하지 못하면, 개인과 전체가 함께 죽습니다. 의회제도의 본질은 지도자를 믿어주는 것이며, 남의 의견도 전체를 위한다는 믿음이 중요합니다. 의회제도에서 비판할 권리는 생명이고, 반면에 공정하지 못한 오기있는 비평은 독약과도 같습니다. 우리들에게 흔히 있는 머리가 뜨거워진 비판, 흥분한 논평, 성급한 판단, 등등에서 선의의 이견, 건설적인 비판을 골라 내야하는 힘든 작업이 제앞에 있습니다.

적대감정을 품지않고 반대의견을 다뿔수 있는 정신력, 미움없이 과오를 지적 받을수 있는 정신력, 절망하지 않고 실패를 받아들일수 있는 정신력, 속이지 않고 성공할수 있는 정신력이 필요한 나임을 자각하게 됩니다. 하느님의 인내심이 고갈되지 않아, 소인에게도 이같은 정신력을 계속 공급해 주시기를 하느님께 기도 하겠습니다.

19920910_취임사(구덕관)_감신대학보_5번

【5】 1992年9月26日(土曜日) 기 독 신 보 第945號

종교다원주의·포스트모던 신학의 실상을 파헤친다 〈1〉

宗教多元主義는 死神神學의 현대적 변형

지금 감리교회는 신학적 교리 논쟁으로 큰 진통을 겪고 있다. 감리교단은 이미 역사상 처음으로 종교다원주의와 포스트모더니즘을 주장해온 변선환 홍정수 두교수에게 배교자나 이단자에게 내리는 출교판결을 최종적으로 내린 바 있다. 이것은 지금까지 감리교 신학에서 어느정도 용인되어져 왔던 「신학은 자유롭게, 목회는 보수적으로」란 논리에 대한 심각한 거부반응일 뿐만 아니라 교단신학 자체에 대한 정면적 도전이라고까지 해석될 수 있다. 여하튼 이 급진적인 신학논쟁은 감리교 뿐만아니라 한국 교계 전체로 급속히 파급될 것으로 전망되고 있다. 이제 우리는 이를 감리교단 자체의 내적 갈등이라는 차원에서만 해결할 것이 아니라 진리수호라는 차원에서 분명한 신학적 입장을 규명해야 할 시점에 와 있다고 본다. 과연 종교다원주의와 포스트모더니즘이란 무엇인가, 만인구원의 복음인가 아니면 해방의 복음인가. 이에 대한 인식과 개념상의 혼돈, 실제 현상 등 현주소를 교단의 두 신학자 고영민목사(성도교회시무·성서신학)와 서철원교수(총신대 신학대학원·조직신학)의 글을 통해 알아본다.

고 영 민

(목사·성도교회 시무
성서신학)

들어가는 말

90년대에 접어들면서 한국 신학계에 본격적으로 소개되기 시작한 종교다원주의는 포스트 모더니즘(Postmodernism) 신학과 더불어 먼저 감리 …

허울을 쓴 사탄의 복음인가? 이제 우리는 기독교의 유일성을 부인하고 피묻은 십자가의 의미를 희석시키는 종교다원주의의 실상과 허상을 철저히 규명함으로써 위기의 늪 속으로 빠져 들어가는 현대신학의 …

없다는 교리는 교회신학적인 토리미의 천동설에 지나지 않 …

유동식은 「한국종교와 신학적 과제」라는 소논제에서 『그리스도 중심주의에서 벗어나 코페르니쿠스적 전환으로써 탈기독교주의』를 주장하였으며, 『선교는 서구인의 제국주의적인것』이라고 비난 하는가 하면 『모든 종교가 제각기 자기 종교와 신앙의 절대성을 믿고 주장함으로 기독교만이 절대하다는 우월감을 가지고 나갈 수 없다』는 논술을 펴고 있다.

이와같은 일련의 주장들은 『기독교인을 포함한 모든 사람을 신 앞에서는 이방인으로 규정하고 타종교인과 함께 이방성을 극복함으로써 세계를 인간화시키는 선교적 책임이 있다』는 주의,주장이다. 말하자면 종교다원주의란 다원화 되어가는 시대 속에서 신 중심적인 기독교를 정착시켜서 기독교의 배타성을 극복하고 …

사적 배경

종교다원주의의 다양한 물줄기를 거슬러 올라가면 근대신학의 아버지라고 불리우는 슐라이엘마허에게서 그 원류를 발견할 수가 있다. 그의 본래의 관심사는 신학이 아닌 종교였으며 그 출발점이 인간의 경험과 직관에 두어졌다. 그는 세계와 하나님, 인간의 신의식과 신의 계시를 동일시하는 범신론적인 사상을 펼침으로써 기독교를 다른 종교들 중의 하나로 보게 하는 상대주의와 종교다원주의를 위한 기반을 마련하였다.

근대에 들어 종교다원주의의 색채를 띠거나 주장하는 자들로는 예수를 종교적 영웅으로 간주하는 고가르텐, 상황적 메시아로 보는 틸리히, 익명(匿名)의 그리스도라는 명제를 제시한 라너, 세계종 …

종교다원주의의 실상은 세계종교들이 각기 지니고 있는 고유적인 특성들 만큼이나 다양하고 복잡하다. 철저한 상대주의, 포용적인 독특성, 탈규범성, 종교 혼합주의, 코페르니쿠스적 신 중심주의, 카톨릭적 보편주의, 종교해방신학등등… 그 어떤 용어로도 종교다원주의의 참된 실상을 명확하게 설명해줄 수가 없다.

마치 현대 죽음의 흑사병이라고 불리워지고 있는 변이적(變移的)인 AIDS의 바이러스 실체를 명확히 밝혀내지 못하듯이, 그러나 그 아뉴스적인 실상과 허상은 성령의 밝은 조명하에서 분명히 확인되고 철저히 비판되어져야만 한다. 필자는 먼저 종교다원주의자들이 공통적으로 주장하는 바들을 간략하게 열거한 후에 그 허구적인 실상들을 …

어져온 성경의 진리들을 부인해버리고 그대신 『기독교만이 역사적, 사회적이란 도그마적 요소에서 탈피해야만 한다』고 주장한다. 그러나 역사와 시대가 바뀐다고 해서 성경 진리와 신앙까지 변질시킬 수 있는가? 모름지기 그들은 『오직 주의 말씀은 세세토록 있도다』(벧전 1:25)라는 말씀이 무엇을 뜻하는지를 다시금 헤아려야만 한다.

2. 요단강 중심문화에서 태평양 한강 중심의 신학으로 바뀌어져야만 한다는 주장. 만일 그들이 요단강을 중심한 기독교를 부인하면서 다원주의나 민족신학을 상징하는 태평양 한강신학을 주장한다면 그것은 이율배반적인 논리가 아닐수 없다. 왜냐하면 둘 사이에는 원류와 지류의 관계가 있을 뿐만 아니라 동일한 역사의 방향으로 흘러가고 있기 때문이다. 기독교는 요단강 어구에만 매어져 있는 조그만 나룻배가 아니라 오대양 어느 곳에나 갈 수 있는 거대한 방주이다.

3. 「기독교 밖에는 구원이 없다」는 교리는 신학적 천동설에 지나지 않는다는 주장. 우리는 성경에 근거하여 『교회 밖에는 구원이 없다』(extra ecclesiamnulla salus)고 믿고 있다. 만일 누구든지 이 성경의 진리를 믿지 않는다면 그는 이미 기독교인임을 포기한 자이다. 차라리 그는 여름에는 시원한 산속 법당에 들 …

기독교의 도그마에서 벗어나야만 된다는 주장. 종교다원주의자들은 『오직 예수만이 절대적인 구원자가 되신다』는 기독교의 전통적인 교리는 『예수를 우상으로 만들려는 어리석은 시도에 지나지 않는다』고 주장하고 있다. 이것은 기독교 교리의 가장 핵심이 되는 삼위일체에 대한 정면적인 도전일 뿐만 아니라 예수께서 하나님의 아들로 이 땅위에 오신 것을 부인하는 적그리스도적인 오류가 아닐 수 없다. 기독교 안에서 학문과 신학의 자유는 얼마든지 있을 수 있지만 교리와 신앙의 자유는 결코 있을 수 없고 또 있어서도 안될 것이다. 만일 구원론에 근본적인 문제가 생기게 된다면 성경에 기초된 기독교 교리는 그 즉시 무너지게 되고 말 것이다.

6. 타종교를 불신하고 자기 종교에 대해 절대화 내지는 우월의식을 가지고 있다는 주장에 대해. 이러한 그들의 주장에는 일리가 있다고 본다. 사실상 우리는 기독교만이 구원에 이르게 하는 유일한 계시종교로 믿고 있으며, 그로 말미암아 자연적으로 타종교에 대한 상대적인 불신감이나 자신의 종교에 대한 우월의식을 야기시킬 수는 있다. 아마도 타종교도 우리 기독교에 대해 그와 비슷한 생각을 할 수 있다. 따라서 종교다원주의자들이 기독교를 겨냥해 비판의 화살을 쏘고 있는 것은

19920926_종교다원주의포스트모던신학의실상을파헤친다01_기독신보_5번

‘타종교와 공존’ 주장…유동식 변선환 김경재 본격 소개
삼위일체·예수 성육신 부정… ‘교회 밖에도 구원’ 선언도

들어가는 말

90년대에 접어들면서 한국 신학계에 본격적으로 소개되기 시작한 종교다원주의는 포스트 모더니즘(Postmodernism) 신학과 더불어 먼저 감리교단 안에서 뜨거운 신학논쟁을 불러 일으켰고 급기야는 교회의 최고 징죄인 출교사태로까지 번지게 되었다.

사실상 감리교 신학은 그동안 성역의 테두리 없는 보편주의 입장에 서서 신앙적인 요소와 학문적인 가치만 인정되면 그 어떤 종류의 신학사상일지라도 그 다양성이나 다원성까지 일괄적으로 수용하는 비교적 폭넓은 신학적 태도를 취해왔었다는 것은 우리 모두 주지하는 사실이다.

그런데 이번에 야기된 일련의 사건들은 그동안 누적되어져 온 교회와 신학 사이의 심각한 괴리적 갈등을 노골적으로 드러내었을 뿐만 아니라 더 나아가서 한국교회에 시급히 해결해야할 기독교 교리의 정체성과 급진적 신학의 도전이라는 이중적인 과제를 동시에 안겨 주었다고 할 수 있다.

이 사건을 계기로 종교다원주의를 비롯한 급진적인 신학사상들에 대한 논쟁이 더욱더 열기가 더해져 가게될 것으로 보여지며 사태의 추이에 따라서는 기독교 신앙의 지각변동을 일으키면서 연쇄적으로 교단분열이라는 마지막 파국의 능선에까지 이르게될 가능성이 없지 않아 많이 있다고 본다.

그렇다면 도대체 종교다원주의란 무엇인가? 만인구원의 복음인가, 아니면 진리의 허울을 쓴 사탄의 복음인가? 이제 우리는 기독교의 유일성을 부인하고 피흘린 십자가의 의미를 희석시키는 종교다원주의의 실상과 허상을 철저히 규명함으로써 위기의 늪 속으로 빠져 들어가는 현대신학의 아노미 현상을 극복하고 오직 성경에로 되돌아가는 제2종교개혁의 자리매김을 새롭게 해야만 할 것이다.

종교다원주의란 무엇인가?

종교다원주의란 『다른 종교도 기독교와 마찬가지로 경쟁적 상황에서 공존하고 있으며, 모든 종교들의 세계는 기독교나 다른 어느 종교가 아니라 하나님이 중심이 되어야 하며 하나님에 이르는 길은 많이 있다』는 입장으로써 80년대 이후 발전되어온 종교신학과 맥을 같이 하고 있다.

이 주의가 본격적으로 소개된 것은 유동식, 변선환, 김경재 등과 같은 진보적 신학자들에 의해서인데, 그 중에서 선구자 전 감신대 학장 변선환은 기독교 정통신앙에 정면으로 맞서는 『기독교 밖에도 구원이 있다』는 폭탄적인 선언을 하고 있다. 더 나아가서 그는 「기독교, 배타적 사고에서 벗어나야」(크리스챤신문, 1990.12.8)라는 제하의 기사에서 기독교 밖에 구원이 없다는 교리는 교회신학적인 토리미의 천동설에 지나지 않는다고 주장하며 종교의 우주는 기독교도 다른 종교도 아니고 신을 중심하여서 돌고 있다는 것을 기독교는 인정해야만 한다고 논술하고 있다.

한편 또 다른 종교다원주의자인 감리교 신학자회 회장

심적인 기독교를 정착시켜서 기독교의 배타성을 극복하고 타종교와 공존해야만 된다는 요지의 주장인 것이다. 이에 대해서는 종교다원주의 역사적 배경을 살피고 난후 비판하도록 하겠다.

종교다원주의의 역

익명(匿名)의 그리스도라는 명제를 제시한 라너, 세계종교의 에큐메니즘을 구상한 힉크, 무수한 그리스도들의 탄생을 예고한 파니카 등을 들 수 있다.

종교다원주의의 실상과 허상

는 바들을 간략하게 열거한 후에 그 허구적인 실상들을 성경적으로 비판하고자 한다.

1. 21세기를 향한 신학적 모색이 요청된다는 주장. 종교다원주의자들은 시대의 역사성과 다원성을 강조하면서 지금까지 전통적으로 견지되

회 밖에는 구원이 없다』(extra ecclesiamnulla salus)고 믿고 있다. 만일 누구든지 이 성경의 진리를 믿지 않는다면 그는 이미 기독교인임을 포기한 자이다. 차라리 그는 여름에는 시원한 산속 법당에 들어가 부처 앞에서 목탁을 두드리며 불공을 드리거나 겨울에는 뜨끈한 안방에 들어앉아 공자왈 맹자왈 하는 편이 훨씬 더 나을 것이다. 기독교 밖에도 구원이 있다는 주장은 예수 그리스도의 구속사역에 의한 하나님의 용서와 구원의 유일성을 짓밟으려는 기독교 혼합주의, 즉 현대판이단이다.

4. 타종교인은 익명(anonymous christian)의 기독교인이라는 주장. 이것은 일찌기 라너가 주장한 바로써 타종교인이라도 하나님의 은총과 구원에 참여하는 것이 가능하다는 뜻이다. 만일 타종교를 통해서도 구원을 얻을 수 있다고 한다면, 기독교는 굳이 존재해야 할 이유가 없어지고 십자가의 대속에 의한 구원관도 폐기되어져야만 할 것이다. 기독교는 결코 배타주의나 폐쇄주의가 아니라 오히려 모든 것을 수용할 수 있는 포용주의이다. 그러나 성경을 부인하는 사탄의 신학은 그 어떠한 이유나 근거에서든지 받아들여질 수 없다.

5. 예수를 절대화시키려는

자신의 종교에 대한 우월의식을 야기시킬 수는 있다. 아마도 타종교도 우리 기독교에 대해 그와 비슷한 생각을 할 수 있다. 따라서 종교다원주의자들이 기독교를 겨냥해 비판의 화살을 쏘고 있는 것은 분명히 악의적인 편견이 아닐 수 없다. 우리는 타종교를 불신하지만 그들을 미워하지는 않는다. 자신의 종교에 대한 절대화 우월화 의식이 있는 것은 사실이나 교만하지 않는다.

결론

물론 신앙의 개체성과 복음의 내세성만을 고집하면서 신학의 학문성과 은혜의 포용성까지 무조건 거부하고 외면해 버리려는 한국교계의 근시안적인 자세는 하루 속히 시정되어져야만 할 것이다. 그러나 복음의 사회성과 종교의 보편성에만 치중한 나머지 새로운 신학사상을 무분별하게 소개하려는 안일한 태도는 더욱 더 경계되어져야만 할 것이다. 이제 우리는 과거의 신학적인 소극성과 현실도피주의, 반지식주의, 고조적 외식주의를 과감히 탈피함으로써 그것들에서 비롯된 종교다원주의를 비롯한 기독교 사신신학의 현대적 변형들에 대해 신학적 실력으로 맞서고 신앙적 사랑으로 올바른 길을 지시해 주어야만 할 것이다. 그때에 비로소 우리는 진리를 외면하고 세속과 타협하는 온갖 이단사설들을 능히 물리칠 수 있을 뿐만 아니라 과거에 피흘려 이어온 정통신학에 봉하고 오늘에 살아 역사하는 보수신학에 합하는 하나님의 계시적인 빛 가운데에도 더욱 더 접근하게 될 것이다.

19920926_종교다원주의포스트모던신학의실상을파헤친다02_기독신보_5번

120 만 감리교인에게 알립니다!

소위 감리교 「교리수호대책위원회」(공동대표 : 김홍도목사, 유상열장로)의 변선환, 홍정수교수에 대한 고발(91년 12월 2일)로 빚어진 『종교재판』은 제1심(92년 5월 7일)에서 『출교』형의 선고를 내린 바 있습니다. 이에 우리는 이 재판의 부당성과 허위성을 지적하면서, 그 시정을 촉구하는 바입니다.

Ⅰ. 변교수, 홍교수는 결단코 이단이 아닙니다.

1. 변선환 교수, 홍정수교수에 대한 고발, 기소 및 재판은 두 교수의 글을 전혀 읽지 않았거나 문맥을 떠나서 읽었으며, 또한 거두절미하는 식으로 인용하여 고의적으로 왜곡한 것입니다.

이런 일이 허용된다면, 성서 자체도 정죄될 수 있습니다.

예를들어, 시편에 나오는 『하나님이 어디 있느냐?』(14 : 1, 53 : 1)는 말을 가지고 시편기자가 하나님의 존재를 부인했다고 할 수는 없는 일 아닙니까? 본문은 그것이 『어리석은 자』의 말임을 분명히 알려주고 있기 때문입니다.

2. 변교수와 홍교수의 글을 곡해하지 않고 바로 읽으면 그 진의는 다음과 같습니다.

※변교수는 『교회 밖에도 구원이 있다』고 말함으로써, **『예수그리스도를 부정하는 비기독교적 주장』을 하거나 선교와 『개종의 사역을 포기』해야 한다고 말한 적이 결코 없습니다.** 오히려 만유의 구원자되시는 그리스도의 『보편적 구속의 역사』 그리고 『하나님의 넓고 너그러운 사랑』(구원하시는 은총)은 그 아무것에 의하여도 제한될 수 없다고 말함으로써, 기독교 선교의 새로운 길, 새로운 과제를 밝히려 했을 뿐입니다. 이것은 바로 『넉넉한 마음』(catholic spirit)을 가르쳤던 웨슬리의 신앙을 오늘에 계승하려는 노력의 일환인 것입니다.

※홍교수는 『예수의 피』나 『예수의 육체 부활』을 믿는 성서의 신앙을 부정한 적이 결코 없습니다. 단지 자연과학에서 말하는 『피』, 『부활』, 『육체』라는 말과 성서가 고백하고 있는 『피』, 『부활』, 『육체』라는 언어는 그 뜻을 달리한다고 말했을 뿐이며, 오히려 그렇게 하여 성서적인 신앙의 진수를 밝히려 했을 뿐입니다.

3. 「교리수호대책위원회」의 공동대표 김홍도목사와 유상열장로가 변 · 홍교수의 신학에 대하여 각종 신문에 게재한 내용들은 이와 같이 전혀 사실이 아니며 허위사실에 의하여 왜곡 · 날조된 것입니다.

Ⅱ. 변교수, 홍교수는 결단코 통일교와 관련이 없습니다.

1. 통일교 관련 혐의로 제기되고 있는 양창식 사건은 변, 홍교수와는 직접적으로 관련이 없습니다. 홍정수 교수는 통일교 관련자가 대학원에 있다는 제보를 받고 이를 즉각 대학원에 알려 조사토록 했으며, 대학원에서 자체조사를 하던 1987년 5, 6월에 변선환교수는 미국 드류대학 초빙교수로 『아세아 신학』을 강의하고 있었습니다. 따라서 이들 두 교수에 대한 통일교 관련 혐의는 근거가 없는 것으로 이를 근거로 재판한 것은 무효입니다.

2. 사실이 이러함에도 공소시효를 3년으로 하고 있는 감리교 재판법(교리와 장정 198단)을 어기면서 까지 5년전의 일을 가지고 재판한 것은 교회법에 대한 중대한 범죄행위임을 밝힙니다.

3. 서울연회 『제1반 심사위원회』(위원장 김광덕목사)는 『두 교수의 통일교 관련설은 충분히 조사』하였으나 아무런 혐의도 찾지 못했다고 보고한 바 있습니다. (『제1반 심사 보고서』 1면 45~48행). 변교수, 홍교수는 결단코 통일교로부터 자금을 받은 적도, 통일교와 내통한 적도, **통일교를 비호한 적**(「크리스찬신문」 인터뷰기사, 김홍도 목사 발언)**도 없음을 밝힙니다.**

Ⅲ. 감리교는 교인들에게 교리적 시험을 강요하지 않습니다.

1. "웨슬리복음주의협의회"의 총무 "김문희목사"는 제12회 신학강좌(92년 8월31일, 광림교회)에서 감리교 「교리와 장정」에는 "성경의 무오성, 동정녀 탄생, 예수의 십자가 사건과 부활, 재림등에 대한 내용이 없을 뿐 아니라 이단에 대한 아무런 규정도 되어 있지 않다"고 말함으로써, 감리교에서는 신학을 "종교재판"의 대상으로 삼을 수 없음을 공개적으로 확인한 바 있습니다.

2. 감리교의 교리적선언 서문은 "우리 교회의 회원이 되어 우리와 단합하고자 하는 사람들에게 아무 교리적 시험을 강요하지 않는다… 누구든지 그의 품격과 행위가 참된 경건과 부합되기만 하면 개인 신자의 충분한 신앙자유를 옳게 인정한다"고 밝히고 있습니다. 따라서 변, 홍교수에 대한 출교판결은 교리적 선언에 나타난 감리교의 정신에 정면으로 위배되는 것입니다.

3. 그런데도 판결문은 "피고(두 교수를 지칭)와 같은 주장을 동조, 지지, 옹호및 선전하는자는 기독교대한감리회 내에서 동일한 범법자로 간주되어야 한다"고 하니 이는 120만 감리교인을 향해 변, 홍교수에게 했던 식의 "종교재판"을 동일하게 하겠다는 발상 외에 그 무엇이겠습니까? 더구나 유상열 장로등이 이번 20회 총회에 건의한 "교리수호를 위한 특별조치법"은 자기들 생각에 맞지 않는 신학과 신앙에 대하여 "종교재판"을 한결 더 쉽게 하고자 하는 것이 아니겠습니까?

4. 따라서 감리교 정신에 정면으로 위배되는 중세식의 "종교재판"은 지양되어야 하며, 감리교인을 향한 "종교재판"의 엄포는 감리교를 사랑하는 120만 성도에 의해 무위로 끝나고야 말것입니다.

Ⅳ. 변선환 교수와 홍정수 교수에 대한 기독교대한감리회의 출교결정은 사실이 아닌 허위와 왜곡과 위증에 근거한 불법적인 것으로 감리교 정신에도 위배되는 것입니다. 부디 120만 감리교성도들은 조금도 흔들리지 마시고 진리 위에 굳게 서서 감리교인된 것을 자부하시면서 신앙생활을 영위하시기 바랍니다.

1992. 10. 12

『감리교단을 염려하는 기도모임』

공동대표 : 박대선, 김지길, 장기천, 김규태, 유동식, 김현제 **회 장** : 윤병상, **총 무** : 조영민

감리교 제20회 총회를 위한 기도모임

"우리로 하나되게 하소서"

때 : 1992년 10월 19일(월) 오후3시 **곳 : 아현교회(김지길** 감독시무)

설교: **김규태** 감독 내용: (1)경과 보고 (2) 감리교신학의 재확인 (3) 20회 총회에 대한 제언

주최 : **감리교단을 염려하는 기도모임**

연락처 : (02)393-6841(「기도모임」 사무실) ※ 자료집이 필요하신 분은 위의 전화를 이용하시기 바랍니다.

19921018_120만감리교인에게알립니다_감리교단을 염려하는 기도모임_기독교신문_5번

통간 1571호 1966년 4월 18일 제3종 우편물(가)급인가 복 음 신 문

특별기고

다원주의신학과 포스트모던신학의 만남시도

성장·변화·변혁의 종교로 기독교 이해

종교의 자기정체성 위기를 극복해내는 신학
타종교와의 만남·대화를 통해 보편성 추구

한 인 철
〈감신대강사〉

기독교는 새로운 세계관과 다른 종교의 도전 앞에 심각한 자기정체성의 위기에 직면해있으며, 포스트모던신학과 다원주의신학은 기독교 전통과의 내적 연관성 속에서 이러한 도전들에 책임있게 응답하여왔다. 그러나 지금 이 두가지 흐름의 새로운 신학은 서로 만날 수 밖에 없는 시점에 와있으며, 이러한 만남은 위기에 처한 기독교에 새로운 희망을 안겨주고 있다. 필자는 이렇게 만난 새로운 신학사조를 포스트모던 다원주의라 부르려한다.

포스트모던신학의 특징

프린스턴신학교의 테일러교수(Mark Kline Taylor)는 포스트모던신학의 특징을 다음 세가지로 적절히 요약하고있다. 첫째, 포스트모던신학은 기독교전통의 특수성을 회복하려는 신학이다. 근대신학은 기독교를 보편화하려는 선교적 열정때문에 실제적으로는 기독교전통의 특수성을 잃어버렸다. 포스트모던신학은 기독교는 다른 종교전통과 쉽게 동일시될 수 없는 유일무이한 독특한 종교라는 인식으로부터 시작한다.

둘째, 포스트모던신학은 종교전통의 다원성을 적극적으로 긍정하는 신학이다. 근대신학의 기독교 보편주의는 근대의 세계관인 이원론과 결합되면서, 기독교는 참된, 혹은 완성된 종교, 다른 종교는 거짓된, 혹은 미완성의 종교라는 이분법적 사고에로 발전되었다. 포스트모던신학은 기독교가 다른 종교와 쉽게 동일시될 수 없는 독특한 종교인 것과 똑같은 의미에서, 다른 종교도 기독교와 쉽게 동일시될 수 없는 독특한 종교라는 점을 공정하게 긍정한다. 기독교와 비기독교는 그 가는 길이 단순히 다를 뿐이지, 어느 것이 더 참되거나 더 완성된 것은 아니다.

세째, 포스트모던신학은 지배와 정복과 착취와 억압에 저항하는 신학이다. 근대신학의 이원론적 기독교 보편주의는 비서구세계는 지배하고, 비기독교인은 정복하고, 자연은 착취하며, 여성과 가난한 사람과 힘없는 사람은 억압하는 일을 직접 주도했거나, 최소한도 묵인방조하여왔다. 포스트모던신학은 동양세계, 비기독교인, 자연, 여성, 가난한 사람, 그리고 힘없는 사람을 각각 그 독특한 가치를 가지고 서로 다른 길을 가는 동반자로 이해한다.

다원주의신학의 특징

다원주의신학은 그 종류의 다양성에도 불구하고 다음 세가지 점에서 일치한다. 첫째, 다원주의신학은 기독교와 다른 종교들 사이에 중성적인 의미의 느슨한 공통기반(혹은 가족유사성)이 있다는 점을 긍정한다. 공통기반은 기독교의 특수한 무엇을 (예를 들면 특수계시)다른 종교에 확대해석한 것이(예를 들면 원계시)아니라는 점에서 근대적인 보편성과 구분된다. 공통기반은 기독교의 절대성 혹은 우월성을 정당화하는 도구가 아니라, 기독교와 다른 종교가 내적으로 상호관련되어 있음을 가리킨다.

둘째, 다원주의신학은 기독교와 다른 종교는 그 어느 하나도 절대적이거나 우월하지 않은 방식으로 단순히 서로 다른 독특한 길들이라는 점을 인정한다. "종교"라는 개념을 인간이 인간답게 사는 길이라 해석할 수 있다면, 기독교와 다른 종교는 인간이 인간답게 사는 서로 다른 길들이라 할 수 있다. 이 길들은 같은 공통기반으로부터 유래된 것일 수도 있지만, 같은 공통기반을 만들어가는 과정 중에 있다.

세째, 다원주의신학은 기독교와 다른 종교는 서로 만나 대화함으로 서로가 배우고, 서로가 변화하여, 서로 변혁될 수 있는 과정 속에 있는 종교들임을 긍정한다. 개종은 자연발생적으로 일어날 수는 있지만, 대화의 목적은 아니다.

다원주의신학과 포스트모던 신학의 공통점

포스트모던신학은 기독교를 변화된 세계관과의 관계 속에서 이해하고, 다원주의신학은 기독교와 다른 종교와의 관계 속에서 다룬다는 점에서 그 중심주제는 다르지만, 기독교를 보는 눈은 몇가지 점에서 공통적이다.

첫째, 포스트모던 다원주의 신학은 기독교를 어느 종교와도 동일시될 수 없는 독특한 종교로 이해한다. 기독교는 다른 종교와 공통기반을 가질 수는 있지만, 모든 종교는 그 종교를 태동한 문화-언어-역사와 내적으로 깊이 연관되어 있으며, 그 때문에 보편적이지도 절대적이지도 않다.

둘째, 포스트모던 다원주의 신학은 기독교를 다른 종교와의 만남 속에서 끊임없이 성장하고 변화하고 변혁되는 과정 속에 있는 종교로 이해한다. 절대적이고 보편적인 종교는 존재하지도 않지만, 존재한다 하더라도 그러한 종교는 성장도 변화도 변혁도 없는 죽은 종교일 뿐이다. 종교가 다르다는 것은 지배하거나 배척해야할 이유가 되는 것이 아니라, 오히려 다르기 때문에 성장과 변화와 변혁의 기회가 된다.

세째, 포스트모던 다원주의 신학은 기독교를 성장과 변화와 변혁의 과정을 통해 점진적으로 보편화되어가는 종교로 이해한다. 그러므로 기독교의 보편성은 과거의 한번의 계시 속에 선재하는 것이 아니라, 다른 종교와의 적극적인 만남을 통해 미래에 다다르게 될 종말론적 사건이다. 기독교는 다른 종교와의 대화와 만남을 통해 끊임없이 보편성에도 나아가고 있다고 하는 점이다.

19921018_성장 변화 변혁의 종교로 기독교 이해_복음신문, 한인철_5번

변선환목사 출교에 대한 시온교회의 입장

우리 시온교회 교우 일동은 감리교단이 변선환 목사를 이단으로 규정하고 재판하여 출교시키려는 사태에 대하여 심히 유감으로 생각하며 출교 중단을 촉구하는 바입니다.

변 목사님은 우리 교회가 6.25당시 부산에서 개척할 때부터 창립회원인 동시에 지금까지 40년간 우리 교회의 소속 목사로서 중고등부와 청년회 지도를 통하여 많은 교회의 지도자들을 양성하였으며, 설교로서 우리의 영적생활을 풍성하게 하는데 크게 기여하였습니다. 따라서 감리교단이 그의 신앙을 이단으로 규탄하지만 우리는 그에게서 이단적 요소를 발견하지 못하였습니다. 변 목사를 이단시하는 것은 신앙과 신학적 논리의 차이에서 발생한 결과라고 사료됩니다. 그는 신학자이며 다원사회속에서 종교 다원주의를 설파하는 것은 당연한 것이고 그 신학은 오늘의 세계에서 논의되는 여러신학 중의 하나일 뿐입니다. 특히 우리 감리교단은 교리와 신학에 있어서 개방성과 자유를 특징으로 하고 이를 자랑으로 삼아 왔습니다. 그런데, 보수주의적인 획일성으로 신학자의 이론을 규탄하고 재판하는 일은 감리교의 본질에서 유리된 것이라고 말하지 않을 수 없습니다. 가령 변 목사의 신학이 이단이라는 증거가 있다고 할지라도 그리스도 복음의 핵심은 하나님 사랑과 이웃 사랑이고 나아가서 원수까지 사랑하는 것이므로 중세기적 종교재판보다 사랑과 용서의 길을 선택하는 것이 감리교회가 취하여야 할 당연한 귀결이라고 믿습니다. 어떻게 하나님에게 기름 부음을 받은 종을 인간의 획일적인 신학으로 그것도 일반 상식을 의심케하는 모호한 재판 과정을 통하여 심판하고 신앙적 사형선고를 내릴 수 있는 것입니까? 이것은 불 신앙적 처사이고 교권 모독이며, 자비하신 하나님의 뜻에 합당치 않은 처사라고 아니할 수 없습니다.

이제 우리 교우 일동은 변선환 목사를 우리의 영원한 신앙의 동반자이고 한국이 낳은 존경하는 신학자 중의 한 분임을 새삼 인식하는 동시에 감리교단이 그리스도의 사랑 안에서 참교회의 위치와 기능을 재정립하여 보다 성숙되고 심오한 신앙으로 문제 해결을 바랍니다. 따라서 한국과 세계의 복음화와 인류 구원에 크게 이바지 하기를 원하는 바입니다.

1992년 10월 4일

기독교 대한감리회 시온교회

교우 일동

19921025_변선환목사출교에대한시온교회의입장_기독교신문_5번

出版화제

종교다원주의와 韓國神學 고찰

—변선환은퇴논문집 「종교다원주의와 …」

다원세계와 한국신학 형성연구

전 감신대학장 변선환 박사의 은퇴기념논문집 《종교다원주의와 한국적 신학》은 변박사의 신학전반은 물론 종교다원주의가 선교 및 한국신학 형성에 미치는 영향 등에 대해 전반적으로 살피고 있다.

「변선환의 신학세계」, 「종교다원주의와 신학의 과제」, 「다원화된 세계와 윤리적 실천」, 「한국사상과 기독교신학」 등 모두 4부로 구성된 이 책은 다원화된 한국내 종교상황을 숙지하고 최초로 종교다원주의를 한국적 신학형성을 위한 필연적 전제로 이해한 변교수야말로 출교되어야할 대상이 아니라 기독교 이후 시대의 선각자 혹은 한국교회의 교사로서 자리매김이 되어야 한다는 점을 강조하고 있다.

특히 서광선, 심일섭 교수를 위시하여 한국신학계를 대표하는 원로 및 중진급신학자 30여명의 글이 수록된 이 책은 변선환신학의 공헌 및 문제점, 그리고 향후과제를 진단하고 있다. 또한 다원화된 세계의 실상을 밝히고 있다.

《한국신학연구소펴냄·신국판·6백82쪽·1만 2천원》

민중사관에 의한 교회역사서술

—基長 역사편찬委 「한국기독교 1백년사」

우리나라 기독교뿌리를 재확인

한국기독교장로회 총회 역사편찬위원회에서 출간한 《한국기독교 1백년사》는 민족·민중사관의 입장에서 한국기독교 1백년사를 서술하고 있다.

제1장 「서론-한국기독교 1백년사를 어떻게 볼 것인가」, 제2부 「한국기독교 1백년사의 시대구분」, 제3부 「한국기독교에 접촉과 수용」, 그리고 제7부 「한국민중전통과 합류하는 기독교변혁운동」 등 모두 7부로 구성된 이 책은 사건과 사실을 나열하는 식의 역사서가 아닌 민족사관에 의거한 해석사이며, 이념사이다. 때문에 이 책은 사건과 사실이 연대적으로 세밀하게 언급되지 않고 있다. 그러나 기장의 시각에서 한국기독교 역사를 서술하고 있는 이 책은 기장의 정체성은 물론 한국기독교의 뿌리를 재확인하고 있다.

68년 총회 결의에 의해 추진된 이 책은 82년 67회 총회에서 역사편찬위원회가 구성된지 10년만에 그 빛을 보게 됐다. 집필은 한신대 주재용 교수를 비롯 서광일 교수, 연규홍 목사 등 3인이 맡았다. 《한국기독교장로회 출판사 펴냄·신46배판·1천8쪽·3만원》

19921025-종교다원주의와한국신학고찰_기독교신문_5번

1992年(檀紀4325年)10月26日 月曜日 【2】

기독교대한감리회 변선환, 홍정수 사건의 종결에 즈음한 성명

1990년 12월 부터 교계에 물의를 빚어온 변선환 교수의 종교다원주의와 홍정수 교수의 포스트모던 신학에 대한 교리사건은 1992년 10월 24일 서울 연회재판위원회에서 종결하여 제20회 총회에 보고하도록 함으로써 이미 선고되었던 대로 「출교」로 종결되었다.

본 사건이 시작된 것은 1991년 10월 감리회 총회에서 그들의 신학이 「감리회 교리에 위배됨」을 총회결의로 밝히고, 이에 따라서 그들의 목사직은 서울연회에서, 교수직은 감신대에서 그 직을 면직하도록 권고결의안을 채택하였고, 이는 감리회 재판법에 따라 1991년 12월 2일에 고소되어 서울연회 심사위원회에서 심사하여 1992년 3월 5일 기소되었으며, 서울연회 재판위원회에서는 이를 재판하여 1992년 5월 7일 두 피고는 「출교」가 선고되었었다.

그러나 두 피고는 불복하고 총회재판위원회에 상고하였으나 1992년 10월 19일 소집된 총회재판위원회에서 위의 항소가 적법한 절차의 미비로 서울연회 재판위원회에 반송함으로 원심대로 확정된 것이다.

위의 사건이 종결됨에 즈음하여 본 기독교 대한 감리회 기독교 교리수호대책위원회와 기독교대한감리회·장로회·전국연합회는 공동으로 아래와 같이 천명하는 바이다.

1. 1천만 한국교계에 고하는 바는 일부 감리회신학자들의 이단적 학설을 발자하여 우리 감리회를 이단시하는 과오를 범하는 일이 추후로 없어야 한다.

2. 1백30만 감리교도들에게 고하는 바는 위의 사건과 관련하여 시시비비 의혹에 동요됨이 없이 성서신앙을 가지고 이단사상을 경계하며 「7천교회 2백만신도 운동」에 전력 총진해야 한다.

3. 감리회 교역자들과 감리회 소속 대학의 교수들과 신학생들은 위의 사건과 관련하여 문제된 신학을 지지및 옹호하는 경우에는 위와 동일한 처벌을 받게 됨을 명심하여 교회나 강단에서 분명하게 웨슬레의 복음적 입장에 서서 사역해야 한다.

4. 각 연회의 교역자 자격심사위원회는 신교역자들이 교회 강단에서 위의 사상에 저촉될때는 주저없이 연회에 보고하여 동일하게 처리하도록 하며, 교단소속 신학대학의 신학생들은 대학 당국에서 퇴학처분을 해야한다.

1992년 10월 26일

기독교대한감리회 기독교 교리수호대책위원회
공동회장 김 홍 도 목사
공동회장 유 상 열 장로

기독교대한감리회 장로회 전국연합회
회 장 유 상 열

19921026_기독교대한감리회변선환 홍정수 사건의 종결에 즈음한 성명_국민일보_5번

5-5-068

화해와 일치의 감리교 총회를 바라는 일천 예언자의 결의와 입장

우리는, 웨슬리의 신앙 유산과 독특한 일치정신을 유지하며 다원화된 사회속에서 선교적 사명을 다하고 있는 감리교회를 자랑으로 여겨왔다. 이러한 우리의 고백이 최근 분열과 대립의 교단 상황하에서 흔들리고 있지만 화해와 일치에 대한 소망은 변함이 없다. 이에 우리는 제 20회 감리교 총회가 분열의 상처를 치유하고 화해와 단합의 감리교 정신을 회복하는 계기가 되길 기대하며 제 20회 총회에 대한 우리의 입장을 밝힌다.

첫째, 제 20회 총회는 지난해 제 19회 총회에서 파행속에 통과된 '감신대 두 교수 파면 권고 결의안'을 철회하여야 한다. 이미 두 교수의 신학에 대한 정죄가 왜곡과 허위조작에 의한 것임이 만천하에 드러났고 재판 또한 상식과 법절차를 무시한 것이기에 당연히 19회 총회의 결의는 시정되어야 한다. 또한 '개피 ,돼지피' 운운하며 두 교수의 신학을 의도적으로 비방한 자칭 교리수호대책위에 회개를 촉구해야 한다. 그들의 일간 신문 허위광고와 비감리교적 발언이 감리교회를 사랑하는 많은 이들로부터 우려와 지탄을 받아왔다는 사실에 총회는 귀기울여야 한다. 감신대를 포함한 전 감리교 신학생들은 19회 총회의 결의를 바로잡고 신학적 문제에 대한 성숙한 접근이 20회 총회를 통해 이루어지길 기대한다.

둘째, 20회 총회에 상정된 '이단 척결 특별조치법'에 우리는 명확히 반대한다. 두 교수 신학에 대한 정죄가 출발부터 잘못을 행하였음에도 불구하고 이의 시정은 커녕 '확대 조치'만을 계획하고 있는 것은 감리교 일치정신에 대한 중대한 도전이기 때문이다. 우리는 '특별법'의 제정이 감리교 전통과 법정신에 위배되는 것임을 재삼 확인하며 이의 처리에 강력히 대응할 것임을 분명히 밝혀둔다.

세째, 제 20회 총회는 공개적이고 민주적인 방식으로 진행되어야 한다. 우리는 이미 소수의 '법안 기습 졸속 처리'와 '방청권 제한' 등의 아픈 경험을 가지고 있다. 따라서 이번 총회만은 방청권 제한 등 상식 이하의 조치가 반드시 시정되어야 한다. 만일 공개적, 공정 진행을 저해하는 일단의 조치가 취해질 경우 성숙해야할 총회에 중대한 위기가 올 것이다.

감리교단을 뜨겁게 사랑하는 감신대 일천 예언자는 21세기 선교의 주역이라는 소명의식을 되뇌이며 제 20회 감리교 총회를 지켜볼 것이다. 이번 총회가 하나님이 뜻하시는 바대로 화해와 일치의 장으로 은혜롭게 진행되고 마감되길 기도한다.

교단분열 획책하는 이단특별법 반대한다!!
진실 은폐 밀실총회, 방청금지 철회하라!!

1992년 10월 27일
감리교 신학대학 학생 일동

19921027_화해와 일치의 감리교 총회를 바라는 인천 예언자의 결의와 입장_감신대 학생 일동_5번

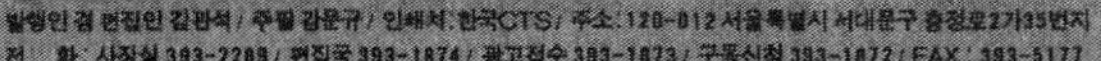

발행인 겸 편집인 김관석 / 주필 김문규 / 인쇄처: 한국CTS / 주소: 120-012 서울특별시 서대문구 충정로2가35번지
전 화: 사장실 393-2289 / 편집국 393-1874 / 광고접수 393-1873 / 구독신청 393-1872 / FAX: 393-5177
THE SAENURI SHINMUN 1992년10월31일

교리수호 특조법 실행위로 넘겨

감리교 20차총회, 감독회장에는 표용은 목사 당선

J-4-002

각연회감독 당선자

서울남	이종수	중 부	고용봉
경 기	최기순	동 부	이석회
남 부	박철규	삼 남	구동태

기독교대한감리회 제20차 총회가 지난 28일부터 서울 금란교회에서 열려 각 연회 감독 및 감독회장 선거, 장정 개정·건의안을 심의하고 폐막됐다. 감독회장에는 총8백28표 가운데 4백33표의 지지를 받은 표용은(59) 목사가 당선됐으며, 이종수(서울남), 고용봉(중부), 최기순(경기), 이석회(동부), 박철규(남부), 구동태(삼남) 목사가 각각 연회감독에 피선됐다.

총회 둘째날 제3차회집에서 실시된 각 연회별 감독선거는 중부·남부·삼남연회에서 3·4차 투표까지 가는 등 치열한 양상을 보였으며 서울·서울남·경기·동부연회 등은 대부분 별무리 없이 투표가 진행됐다.

서울연회는 1차에서 표용은 후보가 1백97, 배동윤 후보(59) 1백18, 정영관 후보(57) 81표 순으로 나타나 총 4백1표의 3분의 2인 2백65표를 확보한 후보가 없어 2차투표에 들어갔다. 2차 투표에서는 정후보가 배후보의 지지를 호소하면서 사퇴함으로 표·배후보의 2파전이 벌어져 표후보 2백30표 배후보 1백56표의 결과를 얻었으나 역시 3분의 2선을 확보한 후보가 없어 3차에 들어가려 했으나 배후보가 사퇴의사를 표함으로써 표용은 후보가 감독에 당선됐다.

이종수 후보(60)와 안행래 후보(58)가 출마한 서울남연회는 1차투표에서 1백98대 1백3으로 이후보가 당선됐다.

가장 접전이 치열했던 중부연회는 1차투표에서는 1백61대 1백57로 최세웅 후보(55)가 고용봉 후보(63)를 앞질렀으나 2차에는 1백57대 1백59로 고후보가 앞서기 시작, 4차 결선 투표시에는 고후보에 낙점이 찍혔다.

또 남부연회도 박철규 후보(58)와 이성순 후보(64)가 앞서거니 뒤서거니 하면서 4차결선투표까지 가, 결국 총다수 획득자인 박후보가 감독으로 당선됐다.

삼남연회도 정영문(68), 구동태 후보(49)가 세차례에 걸친 접전끝에 정후보가 사퇴의사를 표함으로써 구후보는 이번에 출마한 감독후보 가운데 최연소자로서 감독에 당선됐다.

최기순(54), 박만용(54), 권중길(65) 후보가 출마한 경기연회는 2차투표에서 최후보와 권후보가 붙어 최기순 후보가 무난하게 당선됐다. 동부연회도 단독출마한 이석회 후보(63)가 감독으로 당선됐다.

한편 29일 2시부터 시작된 제4차회집은 금란교회 교인 및 일부 인사이외에는 방청권을 허락하지 않은 관계로 총회의 공개를 요구하는 총대가 아닌 일반목회자와 감신·협신·목원대생등 학생, 청년들과 이를 물리력으로 저지하려는 금란교회 교인 사이의 마찰로 회의 장소 밖에 있던 총대원들이 총회 장소로 들어오지 못해 회의 진행이 한때 마비되기도 했었다.

한편 이날 건의안 심사에서 입법에 관한 건의안은 총회 실행위로 넘겨 다음 입법총회때 심의하기로 결의해 '서부연회' 및 지방회 조직과 운영에 관한 임시조치법' 제정에 대한 건의안은 장정개정위원회로 넘기기로 했으며 초미의 관심을 끌었던 '감리교 교리수호를 위한 특별조치법' 제정은 유상열 장로가 "92년 10월 이전의 것은 불문으로 하고 이후부터 변선환·홍정수 교수의 신학과 같은 주장을 하는 자는 특별조치법에 의해 처벌하자"며 애초 법안을 일부 수정, 건의안으로 상정했으나 총회 실행위로 넘기기로 해 이날 커다란 마찰은 없었다.

기독교대한감리회는 28일부터 서울 금란교회에서 제10차 총회를 갖고 2년간 감리교회를 이끌어갈 감독들을 선출하였다. 이번총회는 금란교회 교인들의 과잉경비로 물의를 빚기도 했다.

19921031_교리수호 특조법 실행위로 넘겨_새누리신문_5번

평신도가 목회자에게 보내는 편지 2

〈종교재판〉

목사님, 너무 답답하고 한심하다는 생각이 들어 이렇게 붓을 들었습니다. 다름이 아니옵고 중세 암흑시대라고 일컫는 18세기 유럽에서나 일어날 수 있었던 종교재판이 1992년 서울 한 복판에서 일어나 유수한 신학자 두 분을 교회와 학교에서 쫓아냈다니 아연할 따름입니다. 학자가 자신의 양심적인 학설을 발표한 것이 교단 정통 교리에 어긋난다고 해서 종교재판을 개정하고 그들을 쫓아냈다는 것은 교회가 할 일이 아니라고 봅니다. 중세 종교재판이 시작된 이래 교권수호자들은 마치 자기들이 하나님의 진리를 소급받은 신의 대행자처럼 자기들이 수호해야 할 교리를 절대화하고 자기들 신조에서 벗어나면 이단시하며 진리를 모독하는 죄인으로 취급하여 재판정에 세우곤 합니다.

하나님의 진리는 절대적이지만 그 진리를 믿는 인간의 믿음과 신조는 어디까지나 상대적이며 불완전한 것입니다. 그래서 교회의 신조나 교단의 신앙고백도 시대의 변화와 사회의 변천에 따라 수정되고 보완되는 것이 아니겠습니까?

학자요 교수라면 마땅히 재판정은 학교가 되고 그를 재판하는 판정관들은 교수들이 되어야 하고 증인들은 학생들이 되어야 할 것입니다. 그런데 엉뚱하게도 재판정은 재판을 주도한 목사의 교회당이었고 증인석엔 교회 교인들이 앉아서 그들이 답변할 때마다 조롱섞인 야유를 했다니 그게 차마 교회에서 할 짓입니까?

목사님, 복음서에 이런 기록이 있는걸 기억합니다. 한번은 제자들이 예수께 와서 말하기를 우리와 같지 않은 사람들이 복음을 전파하는데 그들을 그렇게 하지 못하도록 금지시킬까요 했더니 예수께서 대답하기를 가만 두어라 나를 반대하지 않는 자들은 나를 위하는 자들이라고 말씀하지 않았습니까?

복음은 이 방법으로 전할 수도

니다.

복음에서 일탈한 학설이나 논설은 결코 오래가지 못합니다. 그것은 그 자체로 생명력이 없기 때문에 얼마동안 존재하다가 말소되기 마련입니다.

이번에 두 분 학자가 교단의 교리와 다른 논설을 발표했거나 연구결과를 강의했다해서 교단이 그런 식으로 대응했다는 것은 실로 유감이 아닐 수 없습니다. 그들은 대학교의 학장과 우수한 신학자입니다. 설사 그들이 교리와 배치되는 논문과 강의를 발표했다 하더라도 그것이 올바른 학설이 아니면 일말의 포말을 일으켰다가 제풀에 사라져 버립니다. 진리를 인간이 수호할 수 없듯이 진리 아닌 것이 또한 지속될 수 없기 때문입니다. 그 와중에 한 분 교수는 교리수호위원회 책임자들

예수님도 '종교재판' 희생자

복음의 '변질' 아닌 '시대적응위한 변화' 인정돼야

목사님, 따지고 보면 예수님도 종교재판에 의해 수난을 받고 십자가형을 받은 분 아닙니까? 가야바와 안나스가 누구입니까? 그들은 그들 자신을 하나님의 진리를 보존하고 수호해야 할 하나님의 대행자로 철석같이 믿고 있었습니다. 그런데 예수님께서 그들과 다른 말씀을 선포하고 그들이 보존해야 할 율법과 성전에 대해 비판하면서 민중들에게 새롭고도 참신한 복음을 전파하자 예수를 잡아죽일 궁리를 한 것 아닙니까?

요즘 일어난 한국의 종교재판도 예외가 아닙니다. 교권을 수호한다는 의미가 도대체 무엇입니까? 도대체 하나님의 진리가 인간이 그런식으로 지킨다고 지켜질 일입니까? 하나님께서 자신의 진리를 지켜달라고 특정 교단이나 교회에 일임이라도 했단 말입니까? 더욱이 출교당한 분들이

있고 저 방법으로도 전할 수 있다는 뜻이 아닙니까? 더구나 다양화 되어가고 과학문명이 하루 다르게 발전되어 가는 이 세대에 복음이 복음답게 적응되기 위해서는 끊임없는 변화와 연구가 선행되어야하지 않겠습니까? 복음의 변질은 있을 수 없지만 변화는 다양성 속에서 얼마든지 다원화 될 수 있어야 한다고 믿습니다. 제자들의 소아병적인 자기 우월감을 깨닫게 한 예수의 말씀을 교권수호자들은 한번 더 깊이 생각해야 할 것입니다.

진리는 개인이건 교회건 교단이건 어느 집단이라도 전유할 수 없는 살아계신 하느님의 통치권에 속하는 초월적인 생명의 근원이라고 생각합니다. 개인이건 집단이건 진리를 수호할 수 있다고 믿는다면 그것은 이미 진리가 아니라 우상으로 변질된 자기 사상이나 이념이 되어버린다고 생각됩

을 명예훼손으로 고발한 것 같습니다. 파문은 사회 법정으로까지 이관될 것 같습니다. 바울사도가 고린도 교인들에게 질책한 이전투구 양상이 벌어질까 우려됩니다. "너희들이 사회를 재판해야 할 터인데 너희들 스스로가 너희들 문제를 사회법정으로 끌고가다니 말이나 될 일이냐"라고 말입니다.

냉정한 이성을 회복하고 그런 불미한 일이 일어나지 않도록 화해의 손길을 잡아야 할 것입니다. 결자해지라는 고어와 "너희가 법정에 가기 전에 화해하라"는 성서의 말씀에 따라 교리수호위원회 쪽에서 한걸음 물러서는 아량을 베풀어 화합을 이루고 교단의 참된 발전을 위해 노력했으면 하는 바램입니다.

겨울이 성큼 다가오고 있습니다. 안녕히 계십시요.

조기탁 〈소설가〉

19921128_평신도가 목회자에게 보내는 편지 종교재판
(예수님도 종교재판 희생자)_새누리신문_5번

기 독 신 보 第954號

激動의 92년을 점검한다 ①

신학

非聖經的주장 단호히 배격

「基監사태」 변·홍교수 黜敎공고로 일단락

「10·28휴거」 소동 허구로 끝나…성령론 논쟁 확산조짐

올해 한국교회는 선교 2세기를 향해 힘찬 발걸음을 내딛으면서 과거 외국선교사로부터 받아온 복음의 빛을 갚기위해 국내외적으로 온정의 손길을 전하면서 분주하게 달려왔다. 한편으로는 양적으로 크게 성장한 한국교회의 위상에 걸맞지 않은 종교다원주의 포스트모던신학 시한부종말론자들의 한바탕 소동 등 성숙하지 못한 부정적인 면이 일반사회에 노출돼 생채기가 남는 한해이기도 했다. 이에따라 본란에서는 숨가쁘게 달려온 한국교회의 지난 한해를 뒤돌아보는 의미에서 ①신학 ②사회운동 ③문학 ④선교부분에 대해 차례로 점검해 본다. 〈편집자 주〉

기감 서울연회재판위원회는 지난 5월7일 금란교회당에서 열린 선고공판에서 변선환·홍정수교수에게 출교를 선언했다.

19921205_비성경적 신학을 단호히배격한다_기독신보_5번

H-2-144

지난 5월 14일 홍정수 교수의 재파면이 최종 확정 되었습니다. 우리는 이 사건의 성격을 다음과 같이 규정하고 대처해 나아갈것입니다.

"종교계의 부정/비리의 전형"

첫 째, 힘이 비대해진 교단의 수구 세력의 집단(대표:김홍도 목사와 유상열 장로) **이 "돈"**(광고비만도 최소 3억, 학교에 기부금 제공)**과 권력**(심사위원들과 재판위원들을 조직원으로 활용, 감독 선거에 기여, 이사장의 교회에 압력, 나원용감독이 감독직에서 물러난 후 출교장 작성)**을 등에 업고 감신대를 보수화 하려는 획책은 신앙의 행위가 아니라 세속적 권력투쟁입니다. 이는 타락한 교회의 한 견본입니다.**

둘 째, 학장으로 피선되기 이전의 구덕관 교수(91년 10월 30일, 신학에 대한 교단의 단죄를 홀로 막아섬, 홍 교수의 휴직 기간 1년 동안은 일체 징계 거론하지 않겠다고 약속, 토착화신학의 살아있는 유산을 이어갈것임을 천명)**와 "총장"이 되고 나서의 구덕관 교수**(변 교수는 "신학자 사기꾼," "홍교수가 있으면 모금이 안된다", 경주발언에서 "토착화신학이니, 한국적신학이니, 종교신학"을 "탈기독교적 종교평준화 운동"으로 매도함)**의 입신전략의 화려한 변신은 개인의 아픔이 아니라, 부패한 기독교회에 대하여 본의 아니게 아부해야만 살아남을 수 있다고 믿는 무기력한 신학대학의 총장을 참아내야하는 우리 모두의 공동체적 비애라고 생각합니다.**

세 째, 따라서 감신대의 학문전통(토착화 신학전통과 교회에 대한 건설적 비판과 한국적 문화의 존중)**은 회복되어야 하며, 人事비리**(모금을 위한 교수 처단)**는 척결되어야 한다고 주장합니다.**

네 째, "성직자의 장(교회)과 학자의 장(감신대)과 평신도의 장 (사회)"은 엄연히 구별되어야 합니다. 이같은 구별이 전제되고 인정될때, 비로소 3자는 다같이 건강하게 발전할 수 있습니다(기독교 공동체의 3권분립)**. 교회의 힘의 독주는 학문을 죽입니다. 물론 교회에 대한 애정이 없는 신학은 맹목적인 것이지만, "애정은 아부와 구분"되어야 한다고 믿습니다.**

이에 우리는 감신 학문적 전통의 올바른 계승과 부패한 기독교의 희생제물이 되어버린 홍정수 교수의 복직을 위해 단호히 싸워 나아갈 것을 재천명합니다.

1993.5.18.

감신학문성 사수와 홍정수 교수의 복직을 간절히 바라는 모임

19930518_종교계의 부정비리의 전형_감신학문성 사수와 홍정수 교수의 복직을 간절히 바라는 모임_5번

연합타워

이중국적 '물의'

○…총무 인선문제를 두고 불협화음을 계속 일으키던 기장 여신도회가 불을 끄기 위해 제삼자를 뽑는다는 것이 미국 시민권을 가진 사람을 뽑아 새로운 불씨를 양산.

서울연합회측에서 총회전에 이미 '신임총무가 결격사유가 있는데도 계속 강행하는 것은 잘못'이라며 기장 노회에 질의서를 제출해 놓고 있어 귀추가 주목.

여신도의 한 관계자는 "앞서 간다는 기장에서 총무자격요건이 미비된 사람을 굳이 무리수를 두며 강행하는 것은 법에 어긋나며, 공천위원의 힘을 과시하는 비민주적인 행태"라며 일침.

장애자 안받는 기도원

○…기도원에서 '장애자들이 들어오면 다른 신도들이 싫어한다'는 이유를 내세우며 장애자의 입원을 막는 사태가 발생.

지난달 7일 경기도 연천군 전곡면 ○기도원측에서는 장애자들이 기도원에 올 경우 다른 성도들이 꺼려하기 때문에 받을 수 없다 며 찾아온 장애자를 내쫓았다는 것.

피해자인 조성수씨(30세, 언어장애자)는 "병든자를 보살피고 연약한 자를 위한 장소가 기도원 아니냐"면서 "약간의 장애가 있다고 해서 기도원에 발을 붙여 놓지 못하게 하는 것은 신앙인으로서 있을 수 없는 일"이라고 강하게 항변.

교수직 '파면'은 무효

○…지난해 포스트모더니즘 신학 문제로 교단으로부터 출교 처분을 받고, 지난달 7일로 학교로부터 '파면'선고를 받은 바 있는 홍정수교수가 지난달 31일 교육부 교원징계재심위원회 위원장 앞으로 '대학원위원회 보고서'와 관련 보충진술서를 제출해 화제.

진술서에서 홍교수는 "대학원위원회의 보고서의 내용은 전혀 신빙성이 없다"고 설명.

이에 홍교수는 "자신을 파면시키는데 중요한 결정을 내린 대학원위원회의 결정은 무효이며 그 책임자들은 처벌되어야 한다"고 주장.

기장 여신도회

"장애인 출입, 신도

보수권 학생선교조직 다니엘기도운동 참여 '활기'

○…평화통일을 위한 남북나눔운동측은 다니엘기도운동에 예장 고신과 합동의 교회가 참여

기독교연합신문 6/6

19930606_교수직 파면은 무효_기독교연합신문_5번

H-4-001

볼지어다 내가 내 아버지의 약속하신 것을 너희에게 보내리니 너희는 위로부터 능력을 입히울 때까지 이 성에 유하라 하시니라 (누가복음 24장 49절)

불기둥

등록번호 : 다-998(1989. 8. 25.)
발행인겸 편집인 : 김 홍 도
인 쇄 인 : 김 한 구
발 행 처 : 금 란 교 회
서울특별시 중랑구 망우동 340-1
전화 : 208-3411-5

제831호(매주발행)주후 1993년 6월 6일

오순절 성령강림의 참된 의미

요한복음 24장 47~49절
사도행전 1장 8절

금란교회 담임목사
김 홍 도

사도행전 2장에 보면, 열흘 동안 기도하며 기다리던 120명 문도들에게 급하고 강한 바람 같은 소리가 들리며, 불의 혀 같이 갈라지는 것이 보이며, 모두 성령충만함을 받고 다른 방언으로 말하기 시작했습니다. 성령의 권능이 그들에게 임했습니다.

이것은 예수님의 지상의 명령인 복음전파의 수행을 위한 것이었고, 영혼구원을 위한 것이었습니다.

Ⅰ. 오순절의 진정한 의미.

오순절에 성령이 강림한 목적과 의미는 예수님의 지상명령인 복음전파의 능력을 받는데 있었던 것입니다. 마침내 그들이 능력을 받고 나가서 복음을 전할 때, 하루에 3,000 명이나 되는 영혼이 예수를 믿고 구원받았던 것입니다. 세계 복음화가 시작된 것입니다.

그런데 많은 사람들이 부수적인 사건 즉 방언을 말하거나, 병이 낫거나, 이상한 체험하는데 성령강림의 목적이 있는 줄 압니다.

물론, 방언이나 신유 같은 은사를 부인하는 것은 결코 아닙니다. 저나 제 처나 4 남매가 다 방언을 하고, 우리 교회에서 온갖 은사와 병 낫는 역사가 날마다 일어납니다. 그러나 예수께서 성령을 부어 주시는 목적은 그것이 아니라, 예수님의 지상명령 즉 땅끝까지 이르러 복음의 증인이 되는 것이며, 영혼구원에 있는 것입니다.

예수께서 온세상 모든 민족에게 복음을 전파하라고 명령하신 동시에, 이를 수행하기 위하여 성령의 권능을 받을때까지 예루살렘을 떠나지 말고 기다리라고 말씀하셨던 것입니다.

사도행전 11장 15절 이하에 고넬료의 집에서 베드로가 설교할 때 성령이 임한 것은, 오순절 후 8년이 지난 다음이었는데 이때가 온 세계에 복음을 전하기 시작한 때입니다.

세례 요한도 회개시켰으나 목베임을 당했고, 예수님이 오순절 전에 많은 사람에게 설교하셨으나 다 돌아가 버렸고(요한복음 6장 67절), 베드로는 부인했고 제자들은 다 도망가 버렸습니다.

그러나 오순절 후에 수백명, 수천명, 수만명씩 회개하고 돌아와 구원을 받았던 것입니다. 결국 복음으로 로마제국까지 정복했습니다.

오순절의 진정한 의미는 복음증거의 능력을 받는 것이고, 지금도 우리가 그것을 사모하고 받도록 해야 되는데, 그것은 무시하거나, 오순절 성령강림은 일회적인 사건이라고 하거나, 아니면 은사를 받고 어떤 체험하는데만 치중하기 때문에 진정한 의미를 잊어버리고 있습니다.

그 이유는 방언이나 기타 은사를 지나치게 강조하거나, 오순절이 교회의 탄생일이라고 하거나, 성령강림으로 육성이 파괴되고 죄성이 뽑혀 성화되는 것이라고 잘못 가르치기 때문입니다.

Ⅱ. 방언은 부수적 사건이지 오순절의 가장 큰 의미는 아닙니다.

1

19930606_오순절 성령강림의 참된 의미_김홍도_불기둥_5번_페이지_1

오순절에 성령충만 받을 때 일어난 세가지 부수적인 사건이 있는데, ① 위로부터 급하고 강한 바람 같은 소리가 들린 것과, ② 불의 혀 같이 갈라지는 모습이 각 사람 머리 위에 임한 것과, ③ 각 사람이 방언을 말하게 된 사건입니다.

그러나 이것들은 큰 약속에 대한 부수적인 병행사건이지, 주된 사건은 아닙니다. 중요한 사건은 성령의 능력이 임한 것인데, 이것은 예수님의 지상명령 수행을 위한 것, 즉 영혼 구원을 위한 능력입니다.

그럼에도 불구하고 많은 사람들이 본질적(Essential)인 것은 붙잡지 않고 부수적(Incidental)인 것을 붙잡으려 하고, 내적인 능력보다 외적인 형식에 더 관심을 갖는 것이 문제입니다. 마치 하나님께 회개하고 예수 그리스도를 믿어 구원받는데 목적을 두지 않고, 세례나 성찬식이나 고백하는 것을 더 중요시 하기 때문에 교회들이 생명력을 잃고 쇠퇴하는 이유입니다.

오순절 성령강림의 사건에서, 방언 말하는 것에 촛점을 두고 영혼구원의 능력에 무관심한 것이 큰 문제인 것입니다. 오순절 운동은 방언이 목적이 아니고, 크리스챤들에게 꼭 필요한 능력인 것입니다.

중요한 것에 관심을 갖지 않고, 부수적인데만 관심을 갖는 것은 죄악이요 비극인 것입니다.

① 방언은 오순절의 최대의 목적을 위한 하나의 방법일 뿐입니다.

"방언"이란 헬라어의 "글로싸"(Glossa)는 황홀상태에서 하는 말보다도 주로 인간의 말이나, 외국어, 혹은 혀란 뜻으로 쓰여진 것이 대부분입니다. 하나님만 듣게 하기 위해 쓰여진 방언은 극소수이고 거의 다 사람에게 하는 말로 쓰여졌습니다.

사도행전 2장 5절에 나온 방언을 보면 유대인들이 말하는 방언을 듣고, 바대인, 메대인, 엘람인 등 16개국에서 온 사람들이 자기 말로 설교를 알아 듣게 된 것입니다. 사도행전 2장 8절에 "우리가 우리 각 사람의 난 곳 방언으로 듣게 되는 것이 어찜이뇨?" 한 말을 보고 알 수 있습니다.

즉 그 많은 나라에서 온 사람들에게 복음을 증거하여 영혼을 구원하는데 목적이 있었습니다. 자기 마음만 즐겁게 하기 위해 쓴 방언이 아니었습니다.

② 주님은 능력을 받을 때까지 기다려서 지상명령을 수행하라고 하실 때 방언을 한 마디도 언급하시지 않았습니다.

누가복음 24장 48~49절에 "너희는 이 모든 일의 증인이라 볼지어다 내가 내 아버지의 약속하신 것을 너희에게 보내리니 너희는 위로부터 능력을 입히울 때까지 이 성에 유하라" 고 명령하실 때 방언에 대한 말씀은 한 마디도 하시지 않았습니다.

사복음에서(마태복음 3장 11절, 마가복음 1장 8절, 누가복음 3장 16절, 요한복음 1장 26, 33절) 언급한 세례 요한의 성령에 대한 말씀에, 방언은 한 마디도 언급하시지 않았습니다.

방언은 복음증거를 위한 능력에 따라 오는 부수적인 것이지 본질은 아닌 것입니다.

예수님은 "성령의 능력"을 말씀하실 때에 한 번도 방언을 언급하신 일이 없습니다. 제자들도 이것을 한 번도 강조하지 않은 것도, 그것이 본질적인 것이 아니기 때문입니다. 본질적인 것은 성령의 능력을 받아 영혼을 많이 구원하기 위한 것입니다. 방언은 목적 달성의 한 방편일 뿐입니다.

성령을 받는데 방언을 더 앞세우는 것은, 수레를 소보다 앞세우는 것과 같은 것입니다. 결코 방언이 필요없다거나 틀렸다는 것은 결코 아닙니다.

③ 바울도 방언은 부수적인 것이요, 작은 은사임을 말씀했습니다.

고린도전서 12장 28절에 "하나님이 교회 중에 몇을 세우셨으니 첫째는 사도요 둘째는 선지자요 세째는 교사요 …" 하다가 끝에 가서 "… 각종 방언을 말하는 것이라"고 제일 작은 은사로 말씀하시고, 말씀을 전파하여 영혼을 구원하는 사도나 선지자나 교사를 앞에다 두었습니다.

그리고 모든 사람이 다 방언 말하는 것도 아니고, 꼭 해야 하는 것도 아니라고 했습니다. 고린도전서 12장 30절에 "다 병 고치는 은사를 가진 자겠느냐 다 방언을 말하는 자겠느냐…" 한 것을 보면 성령 받았다고 다 방언 말하는 것은 아니라고 했습니다. 충분조건은 되도 필요조건은 아니라는 뜻입니다.

바울은 영감을 받아 말한다고 하면서 고린도전서 14장 19절에 "그러나 교회에서 네가 남을 가르치기 위하여 깨달은 마음으로 다섯 마디 말을 하는 것이 일만 마디 방언으로 말하는 것보다 낫다"고 했습니다.

④ 참된 오순절의 축복을 놓치기 쉽습니다.

성령 충만함을 받는 것은 능력을 받아 지옥갈 영혼을 더 많이 구원하기 위한 것인데, 방언하기 위해 성령 받는 것처럼 되면 큰 잘못입니다.

오순절의 능력이 찰스. 피니(Charles. G. Finny), 무디(D. L. Moody), 토레이(R. A. Torrey), 윌리암(J.

2

19930606_오순절 성령강림의 참된 의미_김홍도_불기둥_5번_페이지_2

William) 챔프만(Champman), 존 웨슬리(John Wesley) 같은 사람에게 임할 때 큰 부흥이 일어나면서 많은 영혼이 구원받았습니다.

그런데 오늘날 성령의 능력을 기대하지 않기 때문에 부흥의 조수가 밀려오지 않고 있으며, 성령운동이 일어나긴 해도 부수적인 방언하는데 목적을 두기 때문에, 많은 사람이 구원받는 부흥이 일어나지 않는 것입니다.
성령의 능력을 바로 가르치지 않기 때문에 영적 기근이 들고, 영적 황폐 영적 사망자가 많이 일어나는 것입니다.

성경의 약속대로 모든 크리스챤들이 성령을 받아야 하지만, 방언하기 위해 받으려고 해선 안됩니다.

Ⅲ. 오순절은 성령강림의 시작이 아닙니다.

오순절에 성령충만함이 많은 사람에게 임했지만 그것이 처음은 아닙니다. 온 세상에 복음이 전파되기 시작한 것이 처음입니다.

① 성도들이 성령충만 받은 것이 오순절이 처음 아닙니다.

누가복음 1장 15~16절에 세례 요한이 성령충만 했습니다. "… 모태로부터 성령의 충만함을 입어 이스라엘 자손을 주 곧 저희 하나님께로 많이 돌아오게 하겠음이니라" 세례 요한도 바울과 같은 성령의 능력을 받았습니다.

누가복음 1장 41절에 "엘리사벳이 성령의 충만함을 입어 … 라고 했고, 사가랴도(누가복음 1장 67절), 오순절 전에 예수님도 "성령이 비둘기 같은 모양으로" 임했다고 했습니다. (누가복음 4장 14절, 이사야 61장 1절, 누가복음 4장 16~21절)

출애굽기 35장 30~31절에는 성막을 짓는 브사렐에게 성령이 임했습니다. 삼손도, 사무엘도 다 성령의 충만함을 받았습니다.

그러나 오순절에 세계복음화와 큰 부흥이 시작되었습니다.

② 그리스도인 안에 성령의 내주하심은(Indwelling) 오순절이 처음 아닙니다.

크리스챤의 몸 안에 성령의 내주하심은 오순절 이전에도 있었습니다. 요한복음 14장 16~17절에 "내가 아버지께 구하겠으니 그가 또 다른 보혜사를 너희에게 주사 영원토록 너희와 함께 있게 하시리니 저는 진리의 영이라 세상은 능히 저를 받지 못하나니 이는 저를 보지도 못하고 알지도 못함이라 그러나 너희는 저를 아나니 저는 너희와 함께 거하심이요 또 너희 속에 계시겠음이라"고 하신 것을 보면, 이미 그들 속에 성령이 내주하시기는 했으나 성령의 충만함은 받지 못했던 것입니다.

오순절 전에 예수님이 부활하셔서 제자들에게 "성령을 받으라"고 숨을 내쉬며 말씀하셨는데, 내주하시는 성령은 받았던 것입니다.

그러나 성령의 충만함을 받고 능력을 받기 위해 기다리라고 하셨던 것입니다.(누가복음 24장 49절)

Ⅳ. 오순절은 교회의 생일이 아닙니다.

흔히 오순절 성령강림이 교회의 시작이며 기원이라고 하지만, 그것은 틀린 말입니다. 큰 부흥의 시작이며 세계 선교의 시작이지 교회의 시작은 아닙니다.

① 성경에 오순절이 교회의 기원이라고 하지 않았습니다.

오순절 전에 이미 성도들이 마음을 같이하여 기도했습니다. 오순절은 영혼구원을 위해 성령의 능력이 임한 날이지 교회가 시작된 날은 아닙니다.

② 한몸으로 세례받는 것이 교회의 기원이라고 하시지 않았습니다.

고린도전서 12장 12~13절에 "몸은 하나인데 많은 지체가 있고 몸의 지체가 많으나 한 몸임과 같이 그리스도도 그러하니라 우리가 유대인이나 헬라인이나 종이나 자유자나 다 한 성령으로 세례를 받아 한몸이 되었고 또 다 한 성령을 마시게 하셨느니라" 한 말씀은 사도행전 1장 5절에 "성령의 세례"받는 것과는 다른 뜻입니다.

성령이 신비한 방법으로 그리스도의 몸의 한 지체가 되게 한다는 뜻이지 성령의 능력을 받는 것이 아닙니다.

③ 교회는 전혀 새로운 것이 아니었습니다.

로마서 9장 24~32절과 10장 19~21절에 보면 구약시대부터 하나님의 백성 즉 교회가 있어으나, 오순절 이후에 이방인들도 교회 즉 그리스도의 몸의 한 지체가 되었다는 말씀입니다.

에베소서 3장 6절에 "이는 이방인들이 복음으로 말미암아 그리스도 예수 안에서 함께 후사가 되고 함께 지체가 되고 함께 약속에 참여하는 자가 됨이라"고 했습니다.

④ 그리스도의 몸인 교회는 구약과 신약의 구원받은 무리들로 구성되었으므로 오순절에 새로 시작된 것이 아닙니다.

오순절 전에 그리스도를 믿는 무리들 120명이 "마음을 합하여" 기도 했으므로 이미 교회는 존재한 것이지, 오순절에 교회가 시작된 것은 아닙니다.

"교회"란 헬라어로 "에클레시아"(Ekklesia)라고 하는데, "불러낸 무리"(Called-out assembly)라는 뜻입니다.

애굽에서 불러낸 이스라엘을 "광야의 교회"(사도행전 7장 38절)라고 했습니다. 구약시대

3

19930606_오순절 성령강림의 참된 의미_김홍도_불기둥_5번_페이지_3

부터 하나님이 불러낸 무리들이 있었으므로 오순절 후에 교회가 생긴 것이 아닙니다. 오순절 전에도 교회가 있었고 앞으로도 계속 신령한 교회가 지어져 가고 있는 것입니다.

에베소서 2장 19~22절에 "그러므로 이제부터 너희가 외인도 아니요 손도 아니요 오직 성도들과 동일한 시민이요 권속이라 너희는 사도들과 선지자들의 터 위에 세우심을 입은 자라 그리스도 예수께서 친히 모퉁이 돌이 되셨느니라 그의 안에서 건물마다 서로 연결하여 주안에서 성전이 되어 가고 너희도 성령 안에서 하나님의 거하실 처소가 되기 위하여 예수 안에서 함께 지어져 가느니라"고 했습니다.

그러므로 구약의 성도들도 하늘의 교회의 한 부분이 되었고, 지금도 계속 그리스도의 몸인 교회가 세워져 가고 있는 것입니다. 결코 오순절이 교회의 기원이 아닌 것입니다. (베드로전서 2장 5절 이하, 고린도전서 15장 51~52절)

V. 오순절의 은혜는 성화도 아니고 그리스도인의 완전도 아닙니다.

흔히 오순절에 성령세례 받은후에 육성이 뽑히고 성화(Sanctification) 되고 죄성이 파괴 된 것이라고 하나, 결코 성화도 아니고 죄성이 없어진 것도 아닙니다. 또한 존 웨슬리(John Wesley)가 말하는 "크리스챤의 완전"(Christian perfection)이 이루어진 것도 아닙니다.

우리는 성령의 능력을 받은 뒤에도 매일 죄와 싸워야 하고 잘못했을 때에는 죄를 고백하며, 더욱 거룩해지기 위하여 노력해야 하는 것입니다. 성령충만 받았다고 죄성과 육성이 근절된다고 한 성경 말씀은 한군데도 없습니다.

예수님이 "예루살렘을 떠나지 말고 성화될 때까지 기다리라"고 말씀하시지 않고 "위로부터 능력을 입히울 때까지 기다리라"고 말씀하셨습니다.

사도행전 1장 4절 이하에도 "아버지의 약속하신 성령을 기다리라…성령의 세례를 받으리라"고 했지, 성화되거나 육성이 근절되기를 기다리라고 하시지 않았습니다. 사도행전 1장 8절에도 땅끝까지 복음의 증인이 되기 위해 능력을 받으라고 했지, 성화된다고 하시지 않았습니다.

성령충만 받은 뒤에도 여전히 죄와 싸우고 육성과 싸우는 영적싸움이 계속 되는 것입니다.

사도행전 15장 8~9절에 "또 마음을 아시는 하나님이 우리에게와 같이 저희에게도 성령을 주어 증거하시고 믿음으로 저희 마음을 깨끗이 하사…" 하신 말씀대로, 성령충만 받은 뒤에도 여전히 예수님의 보혈로 믿음으로 깨끗함을 받아야 하는 것입니다.

사도행전 15장 11절에 "우리가 저희와 동일하게 주 예수의 은혜로 구원받는 줄을 믿노라" 하신 말씀대로, 성령의 능력을 받은 뒤에도 여전히 행위가 아니라 믿음으로 구원받는 것입니다.

Ⅵ. 그리스도인의 성장을 의미하지도 않습니다.

성령충만 받는 것이 새로운 성품이 시작되는 것도 아니고, 성품의 변화도 아닙니다. 성령의 내주가 시작되는 것도 아닙니다. 요한복음 7장 37~39절 말씀의 성취이며 이미 성령의 내주(Indwelling)는 있었습니다.

성령충만을 받지 못하여 능력을 받지 못했던 것입니다.

요한복음 14장 16, 26절, 요한복음 16장 13절, 요한복음 20장 19~23절 등을 보면 이미 성령의 내주는 있었던 것입니다.

그러므로 오순절은 영혼구원을 위한 능력을 받고 예수님의 지상명령을 수행하는데 목적이 있는 것입니다. 다른데다 목적을 두면 잘못되기 쉽습니다.

교회가 잃어버린 영혼에 관심을 두지 않으면 잃어버린 교회가 되는 것입니다.

교회는 유람선이 아니라 구원선입니다. 배가 가라앉고 있는데 생명줄을 던져 구원하지는 않고, 쵸코렛이나 진정제를 던져 주면서 편안한 마음으로 죽으라고 한다면, 그 배는 생명 구조선이 아닌 것입니다.

멸망으로 떨어지는 영혼을 빨리 빨리 구원해야 되는 것입니다.

고기잡는 배가 그물을 던져 고기는 낚지 않고, 집안 목욕통에 그물을 던진다면 미친짓일 것입니다. 교회가 구원받은 크리스챤들만 상대로 목회하고, 지옥갈 영혼을 더 많이 구원하려 들지 않는다면 이미 생명력을 잃은 교회입니다.

질적으로 좋아야지 양이 많으면 뭘하냐고 한다면, 실패의 합리화가 되기 쉽습니다.

한 영혼이 온 천하보다 귀하면, 두 영혼이면 두 천하보다 귀한 것입니다.

성령을 받는 목적도 영혼구원에 있습니다.

— 할 렐 루 야 —

* 주후 1993년 6월 6일 주일낮 대예배 설교 *

19930606_오순절 성령강림의 참된 의미_김홍도_불기둥_5번_페이지_4

「홍교수 부당 징계반대 및 교육부 공정심사 촉구대회」
총학생회, 공개질의서 및 탄원서 제출

「홍교수 부당징계반대 및 교육부 공정심사 촉구대회」가 6월3일(목) 총학생회 주최로 학생 60여 명이 참석한 가운데 아레오바고에서 열렸다.

이날 대회는 고성현(신4) 부총학생회장의 사회로 진행돼 사건개요 및 서명운동 보고, 자유발언, 기조발언, 탄원서 및 공개질의서 낭독·전달 등의 순서를 가졌다.

자유발언 순서에서 변경수(신4)는 「일천감신인의 나태와 무관심이 홍교수를 다시한번 죽인다」며, 「홍교수에 대한 이번 부당한 징계를 묵인하는 것은 지난 수년간의 학문수호노력이 무산되는 것」이라고 말했다.

또한 나원용 전 서울연회 감독 및 92년 서울연회 재판위원회(위원장 고재영)에 대한 「대학원위원회 보고서」의 공개질의 순서에서 총학생회는 △학교측에 대한 홍교수 「통일교 관련자료」요구 여부 △보고서 작성자, 책임자 확인 및 접수일 공개 △보고서의 종교재판에 대한 영향정도 등을 질의하고 6월9일(수)까지 이에 답변할 것을 요청했다.

이후 탄원서 전달을 위한 나원용 이사장(종교교회) 및 교육부 장관 방문 순서에서 총학생회는 문서수신인들을 직접 접견하지 못하고 관계자들을 통해 문서만 전달한 것으로 알려졌다.

관에서 있었다.

연출을 맡았던 임종선(신 86학번)은 「생각하고 고민해서 풀어야 할 부분까지도 너무 쉽게 기적으로 받아들이는 현 기독교를 되돌아 보는 의미에서 이번 공연을 준비했다」라며 연출의도를 밝혔다.

한편 이 공연을 관람한 한 관객은 「길었지만 지루하지 않게 볼 수 있었고 내용과 배역선정이 잘된 것 같다」라며 「한편 제목이 주는 의미가 잘 다가오지 않았고 끝부분도 좀 어설픈 감이 있었지만 대학극회로서는 좋은 공연을 보여 준 것 같다」라고 소감을 말했다.

19930610_홍교수 부당 징계반대 및 교육부 공정심사 촉구대회
총학생회 공개질의서 및 탄원서 제출_ 감신대학보_5번

H-4-002

우리는 이 일에 증인이요 하나님이 자기를 순종하는 사람들에게 주신 성령도 그러하니라 (사도행전 5장 32절)

불기둥

등록번호 : 다-998(1989. 8. 25.)
발행인겸 편집인 김 홍 도
인쇄인 김 천 구
발행처 금 란 교 회
서울특별시 중랑구 망우동 340-1
전화 : 208-3411~5

제832호(매주발행)주후 1993년 6월 13일

순종과 성령충만

사도행전 5장 32절

금란교회 담임목사
김 홍 도

오늘도 계속해서 성령충만에 대하여 말씀드리고자 합니다. 모든 크리스챤들은 예수님의 최후의 분부대로 다 성령충만 받아야 합니다. 그런데 문제는 어떻게 성령충만을 받을 수 있느냐 하는 것입니다.

성령충만을 받으려면 네가지 비결이 있는데 그 첫째가 순종하는 것이고(사도행전 5장 32절), 둘째가 간절히 기도가 있어야 하고(누가복음 11장 13절), 셋째는 갈급히 사모해야 하고(이사야 44장 3절), 넷째는 회개하고 죄사함 받아야 한다고(사도행전 2장 38절) 말씀했습니다.

성령론의 권위자인 토레이(K. A. Torrey)박사는 일곱가지 과정을 말씀하셨는데 ① 먼저 예수님을 구주로 영접해야 하고, ② 회개하고 죄를 버릴 것, ③ 예수님을 영접하고 죄를 버렸다는 것을 공중 앞에서 고백하고 세례를 받을 것, ④ 순종할 것, 즉 하나님의 뜻에 무조건 항복하며 무엇이나 명령에 따를 것, ⑤ 거룩한 욕망으로 갈급히 사모할 것, ⑥ 명확하게 하나님께 간절히 기도할 것, ⑦ 성령에게 한 약속을 믿고, 또 이루어질 것을 확고히 믿으라고 했습니다.

그러나 이상의 일곱가지 과정을 크게 두가지로 나눌 수 있는데, 순종과 기도입니다. 물론 그전에 예수님을 구주로 믿어 거듭나야지, 구원도 못받은 사람이 성령받을 수는 없습니다.

오늘은 그 중요한 두가지 중에 하나인 "순종"에 대해서 말씀을 상고하며 은혜를 받고자 합니다.

그러면 구체적으로 순종이란 무엇이겠습니까? 제가 성령의 불세례를 받고 27년이나 부흥회 다니면서 얻은 결론은, 어느 교회에나 성령의 역사가 안나타나는 곳은 하나도 없고, 또 예수를 믿고 거듭난 사람은 다 받는데, 한가지 예외는 교만하고 고집이 세서 시키는 대로 하지 않고 불순종하는 사람만 못받는 것을 발견했습니다.

유치해 보이지만, "아멘" 하라면 아멘도 하고 "박수" 하라면 열심히 박수도 하고 큰 소리로 "부르짖어" 기도하라면 목이 쉬도록 부르짖는 사람은 거의 다 받는데, 교만하여 순

1

19930613_순종과 성령충만_김홍도_불기둥_5번_페이지_1

종하지 않는 사람들만 못받습니다.

그러나 실제로 순종이란 무엇인가 하는 것을 생각해 보겠습니다.

I. 영혼구원 계획에 참여하는 것.

가장 첫째가는 순종은, 하나님의 영혼구원 계획에 참여하고 노력하는 것입니다.

본문 사도행전 5장 32절에 "우리는 이 일에 증인이요 하나님이 자기를 순종하는 사람들에게 주신 성령도 그러하니라"고 말씀하신 대로, 영혼구원을 위해서 성령의 능력을 주시는데 전도하지 않고 영혼구원에 관심을 가지지 않는 사람이 어떻게 성령충만을 받겠습니까?

또 그런 사람은 호기심으로 받는다 해도 얼마안가 소멸하고 마는 것입니다. 돼지에게 진주를 던지는 것과 같은 격이 되기 때문입니다.

① 영혼구원(전도)은 크리스챤의 확실한 의무이기 때문입니다.

마태복음 28장 19~20절에 "너희는 가서 모든 족속으로 제자를 삼아 아버지와 아들과 성령의 이름으로 세례를 주고 내가 너희에게 분부한 모든 것을 가르쳐 지키게 하라"는 지상명령은 베드로와 야고보와 요한을 비롯한 제자들에게만 하신 말씀이 아니라, 우리 모든 크리스챤들에게 다 주신 명령입니다.

예수께서 "위로부터 능력을 입히울 때까지 이 성에 유하라"고(누가복음 24장 49절) 말씀하실 때, 먼저 47~48절에 "또 그의 이름으로 죄사함을 얻게 하는 회개가 예루살렘으로부터 시작하여 모든 족속에게 전파될 것이라"고 말씀하시고, 또 "너희는 이 모든 일의 증인이라"고 하셨습니다.

사도행전 1장 8절에도 성령의 능력을 받고 땅끝까지 이르러 복음의 증인이 되라고 하셨는데, 이 예수님의 명령을 거역하면서 성령의 충만함을 받겠다는 것은 어리석은 일입니다.

예수님이 세상에 오신 목적은 오직 하나, "영혼구원" 입니다.

하나님의 제일 기뻐하시는 일도 지옥갈 영혼들을 구원하는 일입니다. 하늘나라의 천군천사들이 춤을 추며 기뻐하는 것도, 영혼이 구원받는 때입니다.

목사들이 부름받은 목적도 복음을 전파하여 영혼을 구원하는 일입니다. 그러므로 영혼구원에 무관심하고 기존 크리스챤들에게만 설교하는 목사는 하나님의 부르심에 응답하지 않는 것입니다. 교회를 세우는 목적도 멸망할 영혼구원을 위해 세운 것이지, 정치운동이나 구제사업을 위해 세운 것이 아닙니다. 그것들은 다 부수적인 것들입니다.

고린도전서 12장 28절에 성령의 은사를 말씀했는데, "첫째는 사도요, 둘째는 선지자요, 셋째는 교사 등"이라고 말씀하셨는데 이것도 다 영혼구원과 관계된 은사들입니다.

에베소서 4장 11~16절에서도 그리스도의 몸인 교회에 대해 말씀하셨는데, 16절에 "각 지체의 분량대로 역사하여 그 몸을 자라게 하며"(Increase of body)라고 했는데, 이것도 영혼구원을 의미하는 것입니다.

그러므로 영혼구원을 위해 마음의 부담감도 없고, 눈물도 희생도 없다면 성령의 능력을 받을 수도 없고 받아도 소용이 없습니다.

② 순종하는 크리스챤은 그리스도의 명령, 즉 영혼구원을 세상의 그 무엇보다 앞에 두어야 합니다.

하나님의 자녀들은 다른 죄인들이 구원받는 일을 세상의 어떤 일보다도 우선순위에 두어야 합니다.

영혼구원하는 사람이 되기 원하면서도 이를 위해 희생도 헌신도 하지않고, 그것을 생활의 첫자리에 두지않는 것은 그리스도의 명령에 순종하지 않는 것입니다. 야고보서 1장 8절 말씀과 같이 "두 마음을 품어 정함이 없는 자

2

19930613_순종과 성령충만_김홍도_불기둥_5번_페이지_2

들"입니다.

예수님은 영혼구원을 세상의 그 무엇보다도 중요하게 여기셨습니다. 예수님이 세상에 병원을 세우거나 학교를 세우려 오시지 않았습니다. 보이는 예배당만 잘 짓고 장식하기 위해 오신 것도 아닙니다.

죄인을 구원하려 오셨고, 죄를 위해 죽으셨던 것입니다.

요한복음 6장 38~40절에 하나님이 가장 기뻐하시는 뜻을 말씀하셨습니다. "내가 하늘로서 내려온 것은 내 뜻을 행하려 함이 아니요 나를 보내신 이의 뜻을 행하려 함이니라 나를 보내신 이의 뜻은 내게 주신 자 중에 내가 하나도 잃어버리지 아니하고 마지막 날에 다시 살리는 이것이니라 내 아버지의 뜻은 아들을 보고 믿는 자마다 영생을 얻는 이것이니 마지막 날에 내가 이를 다시 살리리라"고 분명히 말씀하셨습니다.

로마서 9장 1~3절에 바울이 성령이 충만하여 말씀하기를 자기의 백성이 구원받기 위해서 근심과 고통을 느끼며, 골육친척이 구원받기 위해서는 자신이 저주를 받드라도 원하는 바이라고 역설했습니다.

순종하는 자에게 주시는 성령, 영혼구원이 가장 큰 소원이어야 합니다.

Ⅱ. 순종은 의로운 생활이나 경건의 생활보다 중요한 것입니다.

순종은 도덕적으로 선하게 사는 것이나 의로운 생활이나 헌신의 생활 이상입니다.

① 도덕성은 완전한 순종이 아닙니다.

영혼구원에 힘쓰는 사람도 매일의 생활에서 말과 행동에서 하나님을 기쁘시게 해야 합니다. 그러나 서기관과 바리새인들의 의로운 생활은 천국에 들어갈 수 없었고 예수님을 십자가에 못박았습니다.

순종이란 율법의 의문(儀文)이 아닙니다. 술 담배하지 않고 남보기에 착하게 산다고 성령충만한 것은 아닙니다. 영혼구원보다 경건하게 사는 것이나 구제같은 선행을 더 중요시하는 크리스챤들이 많습니다. 교회의 존재 목적을 마치 의로운 생활이나 선행을 가르치는 것인 줄로 아는 사람이 많고, 교회 헌금은 자선사업이나 사회개량을 위해 써야 되는 줄 아는 사람이 너무 많습니다.

어느 등대지기가 등대의 불빛을 밝혀서 지나가는 선박들의 방향을 제시해 주고 선박의 파선을 막아주는 역활을 해야하는데, 어느날 밤, 공부하다가 석유가 떨어졌다고 애원하는 학생에게 석유를 퍼주고, 날씨가 추워서 얼어 죽게 되었다고 사정하는 사람에게 퍼 주고 해서, 석유가 떨어져 등대의 빛을 비추지 못하여 여러 척의 선박이 암초에 부딪쳐 가라앉으면서 많은 사람이 물에 빠져 죽었습니다.

정부에서 그 사람 체포해다가 심문할 때 착한 일을 위해서 석유를 사용했다고, 그 사람은 용서해 줄까요? 결코 용서 못합니다.

우리 교회의 사명도 지옥갈 영혼구원하는데 최선을 다 해야지, 그 힘을 다른데 허비하면 하나님께 책망을 받습니다. 직접이든 간접이든 영혼구원과 관계 된 일에만, 재정도 쓰고 모든 에너지를 사용해야 하나님이 기뻐하십니다.

모든 교회와 크리스챤들은 영혼을 구원하고자 하는 거룩한 욕망과 성령의 능력으로 불타올라야 합니다.

② 성경공부가 성령충만의 조건도 아닙니다.

크리스챤들은 물론 밤낮으로 말씀을 상고하며 묵상해야 합니다. 말씀이 우리의 숨결이 되고 기쁨이 되고 생수가 되어야 합니다. 그러나 그것이 주님의 가장 큰 명령 순종하는 것은 아닙니다. 성경을 많이 연구하여 재림론을 빠삭하게 알고, 재림이 가까왔다고는 하면서 멸망으로 떨어질 영혼을 구원하는 데는 관

3

19930613_순종과 성령충만_김홍도_불기둥_5번_페이지_3

심이 없다면, 슬픈일이 아닐 수 없습니다. 그래 가지고는 위로부터 능력을 받을 수가 없습니다.

복음을 빨리 빨리 전하여 영혼을 구원하려 들지 않는다면, 그리스도께 완전히 순종하는 것이 아닙니다. 하나님의 말씀, 생명의 떡을 죽어가는 영혼들에게 공급하려는 마음은 없이 자기들만 말씀을 깊이 연구한다고 기뻐하고 자만한다면, 그리스도께 순종하는 것이 아닙니다. 도리어 위선적인 크리스챤이 되기 쉽습니다.

말씀을 가르치는 사람들은 영혼구원 하라는 말씀을 잘 가르쳐야 합니다.

③ 생활의 깊은 변화를 가르치면서도 그리스도의 지상명령에 순종하지 않는 것은 불순종입니다.

성경을 잘 안다고 하고, 물량주의니 대형교회니 하며 남을 비판하면서도 영혼구원에는 깊은 관심이 없는 것은 통탄하지 않을 수가 없습니다. 과연 그들이 성경 말씀대로, 천국과 지옥, 심판과 구원을 믿는 사람들일까 의심하지 않을 수가 없습니다. 아무리 성별된 생활을 하고 헌신하며 영적 깊이 있는 생활을 해도, 영혼구원에 무관심하거나 힘쓰지 않으면 하나님앞에 가증한 것입니다.

하나님의 간절한 소원이 무엇인지 알지 못하면 그 경건이나 성경지식은 헛된 것입니다.

Ⅲ. 참된 순종이란?

① 주님께 완전히 맡기는 것입니다.

다시 말하면 내 모든 전체를 영원히 주님께 맡기고 항복하는 것입니다. 그리하여 크던 적던 주님의 뜻을 발견하면 그 뜻을 따르는 것입니다.

그러므로 항상 "하나님의 선하시고 기뻐하시고 온전하신 뜻이 무엇인지 분별하게 해 달라고" 기도해야 하고, 또 알기만 하면 무슨 댓가를 치르더라도 이행하는 것입니다.

주님의 가장 기뻐하시는 뜻은 영혼구원입니다.

② 참신자는 알고있는 죄를 버려야 합니다.

내 생활과 생각 속에 죄가 남아 있으면 완전히 버려야 합니다. 완전히 거룩한 생활은 못해도, 죄를 범치않으려는 간절한 마음과 소원이 있어야 합니다. 만일 죄를 범했다면 애통하며 회개하고 버려야 합니다. 주님을 슬프게 하는 죄를 그대로 가지고 있을 수는 없습니다.

성령충만을 원하는 것도 사람에게 칭찬듣거나 자랑하려는 목적이 아니라, 영혼을 많이 구원하는데 목표를 두어야 합니다.

③ 가장 큰 순종은 영혼구원을 위해 최선을 다하는 것입니다.

우리는 본성적으로 영혼구원에 약한자들인 고로, 초자연적인 능력을 받아야 많은 영혼을 구원할 수가 있습니다. 그러므로 더 많은 영혼구원을 위해서 자나깨나 성령충만을 간절히 사모하고 기도해야 합니다.

예수님의 생애를 봐도 성령이 비둘기 같이 임하신 후에 영혼구원을 많이 하시고,선교활동을 제대로 하신 것을 볼 수 있습니다.

성령을 받으면 전도와 영혼구원에 힘써야 합니다. 영혼구원을 위해 땀과 눈물을 흘려야 합니다. 공부하는 것도, 영혼구원에 목표를 두어야 합니다.

주님께 순종을 보이는 제일좋은 방법은 영혼구원을 위해 최선을 다하는 것입니다.

그러기 위해 성령충만을 사모하고, 성령의 능력을 받기위해 뜨겁게 부르짖으며 기도하지 않을 수가 없습니다.

— 할 렐 루 야 —

* 주후 1993년 6월 13일 주일낮 대예배 설교 *

東亞日報 1993年6月25日 金曜日 종교 【14】

"다른 신앙도 존중하자" 「종교多元주의」 주장

鄭良謨신부 金敬宰목사 토론회서 제기

타종교의 신앙을 존중하는 종교다원주의 주장이 최근 천주교와 개신교의 공개토론회에서 동시에 나와 그동안 금기시돼 온 한국교회의 종교다원주의 논란이 활발해질 전망이다. 특히 이번 토론회는 국내종교간의 내재적 「갈등」해소의 한 실마리가 될 수 있다는 점에서 관심을 모은다.

「종교다원주의」라는 공식적 이름으로 국내에서 논란이 일어난 것은 지난 77년. 당시 감신대 邊鮮煥 洪丁洙목사등이 신학논쟁을 통해 종교다원주의를 주장하다 지난해 5월 소속교단인 감리교에서 출교당하는 사태를 빚었다. 그러나 국내와는 달리 세계교회는 종교다원주의를 포용해오고 있다.

천주교는 지난 65년 제2차 바티칸공의회에서 채택한 「非그리스도교인에 대한 선언」과 「종교자유에 관한 선언」등으로, 개신교는 세계교회협의회(WCC)의 「대화를 위한 지침」(79년)과 「바르선언」(90년)을 통해 종교다원주의를 선언했다. 이에비해 국내 교회에서는 개교회주의 경향과 신자들의 정서를 이유로 세계교회의 이같은 운동을 심도있게 펼쳐오지 못했다.

"기독교만이 절대적이라는 주장은 지양할 때 他종교 믿는사람 「하느님 숨은자녀」 여겨야"

鄭良謨신부

金敬宰목사

이번 종교다원주의에 관한 문제는 鄭良謨신부(서강대 교수)와 金敬宰목사(한신대 교수)에 의해 제기됐다. 鄭신부는 지난 19일 서울 카톨릭회관에서 열린 카톨릭문화연구원 주최의 「종교다원주의에 대한 카톨릭의 입장」 세미나에서 「다종교사회인 우리나라의 그리스도교인들은 기독교가 절대적이라는 주장을 지양하고 타종교와 그 신자들의 신앙을 있는 그대로 존중해야 한다」고 주장했다. 그는 이어 「본인은 신학도의 입장에서 불교 도교등 아시아의 理法종교를 따르는 교인들도 「하느님의 숨은 자녀들」로 생각한다」고 밝혔다.

鄭신부는 또 우리사회의 신학경향을 △배타주의 △포괄주의 △다원주의로 대별하고 「카톨릭과 개신교는 다함께 힘을 모아 전대미문의 위기인 동시에 세계 만민교회로 다시 태어날 절호의 기회이기도 한 종교다원주의를 슬기롭게 받아들여야 한다」고 강조했다.

한편 金목사는 21일 서울 한신대에서 있은 한국기독교장로회 신학연구소 주최의 신학공개토론회에서 「종교다원주의는 시대적 요청이자 한국교회가 거듭나는 기회」라고 말했다.

그는 한국신학의 형성을 위해 △정치 사회 신학과 종교문화신학의 균형있는 발전과 조화 △목회현장까지 종교다원의 신학적 이해확대 △성령론의 지평확대가 필요하다고 역설했다.

金목사는 특히 지역교회에서 종교다원주의를 기독교신앙의 약화와 동일시하는 경향이 있다며 「이는 성경에 대한 해석학적 이해의 결핍과 개교회주의 및 교회확장주의 때문」이라고 지적했다.

(金光源)

19930625_다른신앙도 존중하자 종교다원주의 주장_동아일보_5번

K-5-009

【6】 1993년 7월 10일 (토요일) 감신대학

「대학원위원회 보고서」 진위성 여부 논란

통일교 관련설 제보자 이규철, 홍교수에게 증언 번복해

지난 92년 5월 감리교단 종교재판에서 결의된 우리대학 홍교수에 대한 「출교판결」에 크게 영향을 미쳤을 것으로 사료되는 「대학원위원회 보고서 (이하 보고서)」의 진위성 여부가 크게 논란되고 있어 홍교수 「출교」와 「파면처분」에 대한 재고의 필요성이 새롭게 제기되고 있다.

종교재판 이후 서울연회 교회법정에 보관 중이었던 이 극비문서는 지난해 홍교수로부터 「(허위사실 적시) 출판물에 의한 명예훼손」의 혐의로 형사고소 당한 김홍도 목사(금란교회)가 지난 3월 검찰 소환조사 도중 자신의 주장을 입증하기 위해 자료로 제출했던 것으로서 5월27일(목) 사건담당 검사가 홍교수에게 공개함으로 다시 문제화되기 시작했는데, 「보고서」의 내용중 가장 큰 의혹이 제기되어지고 있는 부분은 홍교수의 「통일교 대학원생 비호」에 대한 내용인 것으로 밝혀졌다.

「통일교 사건」의 외양적인 발단은 91년 12월2일(월) 「교리수호대책위원회」의 공동대표 김홍도 목사가 이규철로부터 『홍교수가 감신대에 입학한 통일교 거물급 인물을 비호하고 졸업시켰다』는 정보를 입수, 같은해 12월7일(토) 서울연회에 홍교수를 「이단 및 통일교 관련」 혐의로 정식 고발함으로써 촉발됐다.

이에 따라 대학당국은 자체적으로 조사위원회를 구성(염필형, 방석종, 이기춘, 김득중 교수) 사건조사를 시작하였으며, 제1차 조사는 91년 12월17일(화) 코리아나 호텔에서 사건 제보자 이규철을 상대로 있었다.

이규철은 조사과정속에서 『홍교수가 대학원 과장임에도 불구하고 양창식을 비호하는 한편 오히려 자신을 「통일교의 대빵」이라고 모함했으며, 양창식이 홍교수 방에 자주 드나드는 것을 보았다』라고 진술한 것으로 알려졌는데 이는 방석종 조사위원의 기록에서 밝혀지고 있다.

또한 대학원 조사위원회는 이러한 이규철의 조사내용을 토대로 91년 12월19일(목) 교수휴게실에서 보고서위원들을 포함한 15명의 교수들이 참석한 가운데 통일교 사건과 관련, 홍교수에 대한 질의시간을 가졌던 것으로 밝혀졌으며 이 회의의 내용이 방석종 조사위원에 의해 기록됨으로써 「보고서」의 1면에 첨부돼 홍교수의 통일교학생 비호혐의에 치명적인 명분을 제공한 것으로 알려졌다.

그러나 증언자 이규철은 93년 7월1일(목) 그의 집에서 홍교수와의 대면을 통해 『본인은 홍교수가 사건발생 당시 대학원 교무과장이었다고 말한적이 없으며, 양창식이 홍교수 방에 드나드는 것을 본 기억도 없을 뿐더러, 본인에 대한 「통일교 대빵」 소문은 당시 총학생회 출마로 인한 상대편 학생들의 모함이었다』라고 말하면서 『91년 12월17일 코리아나 호텔에서의 증언은 감정적인 대치국면에서 더러 와전됐던 것 같다』고 진술내용을 부인해 사건진상에 대한 혼선을 야기시키고 있다.

이번 보고서 내용의 주요골자는 「사건발생 당시 홍교수의 대학원 교무과장으로서의 직무태만」인 것으로 나타났는데 이에 대해 염필형 조사위원은 『보고서의 내용은 사건 당시 대학원 교무과장이 홍교수임을 명시적으로 묻지 않았으며, 만일 이 문서가 종교재판에서 그런 요지로 사용됐다면 그것은 「보고서」의 본래 작성의도를 벗어난 것이다』라고 밝힌 것으로 알려졌다.

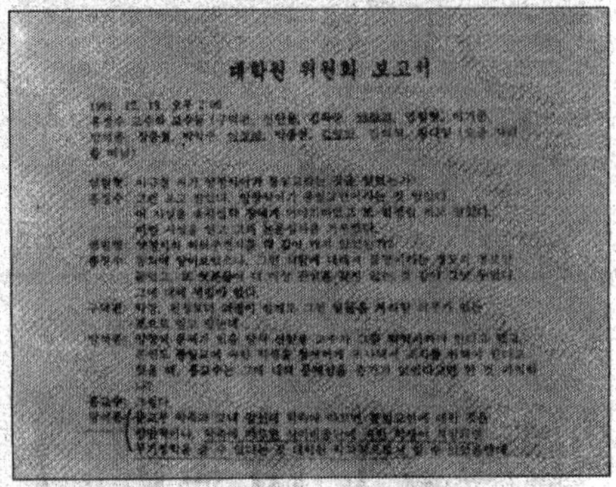

그러나 이에 홍교수는 『보고서 문서상에서는 엄연히 구덕관 총장이 교무과장에 대한 책임문제를 거론하고 있으며, 또한 지난 5월7일(금)과 8일(토) 보고서 문제로 검찰에 소환되었던 구총장과 방석종 교수가 심문과정에서 통일교 사건의 책임이 본인에게 있음을 진술한 것으로 드러났다』고 지적했다.

또한 사건의 책임문제에 있어서 가장 큰 변수로 작용될 수 있는 「사건발생시기」에 대해서도 조사위원들과 홍교수측의 주장이 서로 엇갈리고 있다.

조사위원측은 양창식의 입학 당시 허위추천서를 깊이 조사하지 못한 홍교수에게 사건의 책임이 있다고 주장하고 있으며, 반면 홍교수는 『본인이 대학원 교무과장으로 근무한 기간은 85년 8월부터 86년 봄학기까지였기 때문에 85년 3월에 입학한 양창식에 대한 실제적인 행정책임은 없었으며, 이규철로부터 사건제보를 받은 88년 봄학기에도 본인은 어디까지나 학부학생처장이었다』라고 주장했다.

한편 이번 보고서의 진위성 여부를 확인하기 위해 조사위원측은 93년 6월11일(금)자로 「대학원위원회 보고서에 대한 확인서」를 △제1차 이규철 조사 당시 내용의 진위성 확인 △91년 12월19일 임시 교수회의의 유무확인 등의 내용으로 당시 회의에 참석했던 11명의 교수들의 서명을 받아 작성, 발표했다.

이에 대해 홍교수는 『이 확인서의 내용은 12월19일에 통일교 사건과 관련한 임시교수회의가 있었다는 외양적인 확인일 뿐 본인이 사건당시 대학원 과장으로서 직무를 태만히 했다는 주장이 거론되어 있지 않기 때문에 별다른 효력을 가질 수 없으며, 그나마 서명교수 명단에는 서명을 거부한 박창건, 이정배, 김영민 등의 세교수가 제외되어 있어 문서의 허구성을 입증하고 있다』라고 밝혔다.

한편 이번 보고서와 관련, 홍교수는 93년 6월15일(화) 방석종 보고서 기록자를 △비서기 직분으로서의 직권남용 및 불법문서 작성 △허위적 문서기록으로 인한 명예훼손 △교단출교 사유에 관한 무고행위 등의 사유를 들어 서울지방검찰청 서부지청 검사장에게 고소한 것으로 알려졌다.

현재 본 고소건은 서대문 경찰서에서 수사를 진행시키고 있으며, 6월30일(일) 홍정수 고소인에 대한 소환이후 방석종 피고인에 대한 소환을 거쳐 1차 수사마감일인 7월17일(토) 경에는 고소결과에 대한 어느정도의 윤곽이 드러날 것으로 예상되어지고 있다.

또한 홍교수의 김홍도 목사, 유상렬 장로(남산교회)에 대한 형사소송건 역시 7월말 경에는 수사가 매듭지어질 것으로 전망되어지고 있다.

감리교 역사상 초유의 종교재판이 휩쓸고 지난간지 1년 2개월 가량이 지난 지금 새롭게 제기된 「대학원위원회 보고서」사건에 대한 진상이 밝혀질 경우 교계 전반에 또한번의 큰 파장이 일 것으로 예상되고 있다.

취 재 부

대학원 위원회 보고서

▲「통일교 사건」과 관련 홍교수의 책임을 묻는 내용의 대학원위원회 보고서

19930710_대학원위원회 보고서 진위성 여부 논란_감신대학보_5번

그러므로 내가 너희에게 말하노니 무엇이든지 기도하고 구하는 것은 받은 줄로 믿으라 그리하면 너희에게 그대로 되리라
(마가복음 11장 24절)

불기둥

등록번호 : 다-998(1989. 8. 25.)
발행인겸 편집인 김 홍 도
인 쇄 인 : 김 현 구
발 행 처 : 금 란 교 회
서울특별시 중랑구 망우동 340-1
전화 : 208-3411-5

제837호(매주발행)주후 1993년 7월 25일

믿음을 실현하는 5단계

마가복음 11장 20~24절

금란교회 담임목사
김 홍 도

할렐루야! 여러분이 기도해 주셔서 교리수호에도 승리했을 뿐 아니라, 어제 홍정수 교수가 고소했던 것을 무조건 취하함으로써 모든 문제가 완전히 해결 되었습니다.

먼저 모든 일에 능치 못하심이 없으신 하나님께 감사와 영광을 돌리며, 또 뜨겁게 기도해 주신 여러분께 진심으로 감사를 드리는 바입니다.

우리 성도들에게 믿음보다 더 귀한 것은 없는 줄 압니다. 믿음으로 죄인이 의인되지요, 마귀의 자식이 하나님의 자녀가 되지요, 지옥갈 사람이 천국에 들어 갈 수가 있지요, 그뿐입니까 믿음을 잘 활용하면 불가능한 것이 가능해 지고, 불치의 병이 고침받기도 하고, 심지어 없는 것을 있게도 합니다.

어느날 귀신들린 자를 고쳐 주려고 밤새도록 씨름하듯이 애를 써서도 못고쳤는데, 예수님은 단번에 귀신을 내어 쫓았습니다. 제자들이 "우리는 어찌하여 쫓아내지 못하였나이까?" 하고 질문할 때, 예수께서는 "너희 믿음이 적은 연고니라"고 말씀하시고 이어서 "진실로 너희에게 이르노니 너희가 만일 믿음이 한 겨자씨만큼만 있으면 이 산을 명하여 여기서 저기로 옮기라 하여도 옮길 것이요 또 너희가 못할 것이 없으리라"고(마태복음 17장 20절) 말씀하셨습니다.

참된 믿음이 겨자씨만큼만 있어도 산이라도 옮길 수 있다고 말씀하셨습니다.

하나님이 지으신 자연의 산을 쓸데없이 옮겨 달라고 하나님을 시험할 필요는 없지만, 우리 앞에 태산과 같이 가로놓인 어려운 시험과 문제를 얼마든지 옮겨 던질 수가 있다는 말씀입니다.

이와같이 믿음에는 위대한 힘이 있는데 크리스챤들이 그것을 활용할 줄을 모르는 경우가 많습니다.

오늘, 우리의 믿음을 실현하는 비결 다섯가지를 말씀 드리며 함께 은혜 받고자 합니다.

1

19930725_믿음을실현하는 5단계_김홍도_불기둥_5번_페이지_1

I. 하나님의 뜻인가를 먼저 분별하라.

제일 중요한 것은 내가 가진 꿈과 목표가 하나님의 뜻인지 아닌지를 먼저 분별해야 됩니다. 사탄 마귀가 좋아하는 일을 계획하면서, 그 일이 성공하게 해달라고 졸라대며 기도하는 것은 어리석은 일입니다.

가령, 나라를 망치고 수많은 가정을 파괴하는, 마약밀매나, 양조장, 술장사를 하면서, 사업이 잘되게 해 달라고 기도하거나, 잘되면 십일조 감사헌금을 많이 바치겠다고 하면서, 성공을 기원한다면 잘못된 것입니다.

로마서 12장 2절에 "… 오직 마음을 새롭게 함으로 변화를 받아 하나님의 선하시고 기뻐하시고 온전하신 뜻이 무엇인지 분별하도록 하라"고 말씀하셨습니다.

하나님의 뜻이 아니고 인간의 정욕이나 마귀의 유혹을 하나님의 뜻인줄 알고 고집을 부리며 이루어 달라고 기도하면 참으로 어리석은 짓입니다.

야고보서 4장 1~3절에 "너희 중에 싸움이 어디로, 다툼이 어디로 좇아 나느뇨 너희 지체 중에서 싸우는 정욕으로 좇아난 것이 아니냐 너희가 욕심을 내어도 얻지 못하고 살인하며 시기하여도 능히 취하지 못하나니 너희가 다투고 싸우는도다 너희가 얻지 못함은 구하지 아니함이요 구하여도 받지 못함은 정욕으로 쓰려고 잘못 구함이니라"고 성경은 말씀하고 있습니다.

그러므로 어떤 목표를 설정하기 전에 일을 시작하기 전에, 하나님의 뜻인지 아닌지를 먼저 분별하시기 바랍니다. 대체로 하나님의 뜻인 경우에는 마음이 편안하고, 불안하지 않으며, 어떤 시련이 와도 담대하고 기쁩니다. 하나님의 뜻이 아닌 것은 불안하고, 마음이 무겁고, 두렵습니다.

또 하나님의 뜻인지 아닌지 얼른 살펴보는 것은, 고린도전서 10장 31~33절 말씀과 같이, ① 하나님의 영광을 위한 것인가? ② 다른 사람에게 유익을 주는 일인가? ③ 영혼구원에 도움이 되는 말인가? 이 세가지 공식에 대입해 보아서 알 수도 있습니다.

그러나 더 깊이 기도해 봐야 알 수 있는 일이 있습니다. 하나님의 뜻이 아닌데 이루어 달라고 "믿습니다, 믿습니다"하고 고집을 부리면 곤란합니다. 어쨌든 기도하면 더 좋은 하나님의 뜻을 보여 주실 것입니다.

II. 불타는 소원을 가져야 합니다.

우리의 꿈과 소원은 세가지로 분류할 수 있는데, 마귀가 주는 소원, 내 정욕으로 생긴 소원, 하나님으로부터 오는 소원, 세가지로 분류할 수 있습니다. 그런데 하나님의 뜻으로 부터 오는 비죤과 꿈이라면, 누가 뭐라고 해도 꺼지지 않는 불타는 소원을 가져야 합니다.

시련이 오고 장애물이 생겨도, 좌절하지 않는 불타는 소원을 가져야 합니다.

하나님의 뜻이라고 다 쉽게 이루어 질 것으로 생각하면 안됩니다. 수로보니게 여인이 얼마나 많은 연단 후에야 예수님이 응답해 주셨습니까? 억울한 일을 당한 과부가 "자기의 원한을 풀어 달라"고 얼마나 부르짖고 끈질기게 매어달렸습니까?

어떤 의미에서 하나님의 큰 영광이 나타날 일에는, 연단과 시련이 더 많고 사탄 마귀의 방해가 더 많습니다. 그러나 우주만물을 창조하신 하나님의 능력을 믿고 더욱 강하게 나아가야 합니다.

철옹성벽 같은 여리고 성도 하나님께는 종잇장만도 못하고, 기골이 장대한 아낙 자손들이 하나님 앞에는 메뚜기 새끼만도 못한 것을 생각하고 담대히 나아가야 합니다. 하나님의

2

19930725_믿음을실현하는 5단계_김홍도_불기둥_5번_페이지_2

뜻에 맞는 소원은 시험이 올수록 기도할수록 더욱 뜨겁게 타오르는 법입니다.

하나님은 우리의 소원을 통해서 역사 하십니다. 빌립보서 2장 13절에 "너희 안에서 행하시는 이는 하나님이시니 자기의 기쁘신 뜻을 위하여 너희로 소원을 두고 행하게 하시나니"라고 했습니다.

그러므로 그 소원의 불길이 너무 뜨거워서 모든 것을 태워 버리고, 무슨 희생이라도 감수할 수 있을만큼 강력하면, 목표가 달성되고 하나님의 기적이 나타납니다.

가슴에 꺼지지 않는 불붙는 소원을 가져야 합니다.

Ⅲ. 가슴에 영상을 그려야 합니다.

내가 바라는 목표와 꿈이 이루어지지 않았지만, 다 이루어진 모습, 성취된 모습을 머리속에 영상을 그려야 합니다. "믿음은 바라는 것들의 실상이요 보지 못하는 것들의 증거"라고 했습니다.

참 믿음이란, 내가 바라는 목표가 성취되기 전에 다 이루어진 것 같이 실상을 그리며 생각하는 것입니다.

과학자들도, 영상을 그리는 것(Imagination)은 위대한 힘이 있다고 했습니다. 믿음이란 보이지 않는 것을 보는 것 같이 생각하고 행동하는 것입니다.

아브라함에게 가나안 땅을 주시기 전에 먼저 눈을 들어 동서남북을 바라보라고 했습니다. 보이는 땅을 네게 주리라고 했습니다. 창세기 13장 14~15절에 "롯이 아브람을 떠난 후에 여호와께서 아브람에게 이르시되 너는 눈을 들어 너 있는 곳에서 동서남북을 바라보가 보이는 땅을 내가 너와 네 자손에게 주리니 영원히 이르리라"고 말씀하셨습니다.

우리가 이 예배당을 건축할 때도 건축비의 단 10%도 없지만, 믿음의 눈으로 이런 예배당을 바라보며, 영상을 그리며 기도했더니 주셨습니다. 앞으로 1만 2천평, 1만석의 성전 건축은 여건이 10배도 더 좋습니다.

불타는 소원으로 기도하며 믿음으로 영상을 그릴 때, 머지않아 현실로 나타나는 때가 올줄로 믿습니다.

병이 낫는 것도, 하나님의 능력으로 병이 다 낳았다는 확신을 가지고 건강해진 모습을 바라보며 기도도 하고 기도를 받아야, 하나님께서 그 믿음대로 고쳐 주시는 것입니다. "무엇이든지 기도하고 구한 것은 받은 줄로 믿으라 그리하면 너희에게 그대로 되리라"

마귀는 부정적인 생각을 하게 하고, 부정적인 영상을 우리 속에 집어 넣는 것을 알고, 이를 단호히 물리치고 긍정적인 영상을 항상 그려야 합니다.

Ⅳ. 입으로 시인해야 합니다.

가슴에 불타는 소원을 가지고 머리에 영상을 그리며 믿음의 눈으로 바라 볼 뿐 아니라, 입으로 시인하며 긍정적인 믿음의 말을 해야 합니다.

말은 눈에 보이지도 않고, 말하는데 아무 밑천도 들지 않지만, 말에는 위대한 힘이 있습니다. 말은 씨앗과 같아서 내가 평상시에 말한 그 열매를 언젠가는 거둘 때가 온다는 것을 알아야 합니다.

큰 배가 작은 키에 의해서 방향이 설정되듯이 작은 혀의 움직임에 따라서 내 인생의 방향이 결정되고, 성공, 실패가 결정된다고 볼 수 있습니다.

누에는 그 입에서 나오는 실을 가지고 자기가 들어갈 집을 만들듯이, 우리가 늘 하는 말에 의해서 내 인생의 방향이 결정됩니다.

심지어 우리가 구원받아 영원한 천국에 들

19930725_믿음을실현하는 5단계_김홍도_불기둥_5번_페이지_3

어 가느냐, 영원히 지옥에 들어가느냐 하는 영원한 운명도 입의 권세에 달려 있다고 할 수 있습니다.

로마서 10장 9~10절에 "네가 만일 네 입으로 예수를 주로 시인하며 또 하나님께서 그를 죽은 자 가운데서 살리신 것을 네 마음에 믿으면 구원을 얻으리니 사람이 마음으로 믿어 의에 이르고 입으로 시인하여 구원에 이르느니라"고 말씀하셨습니다.

그러므로 구원도 마음으로 믿기로 결심하고 입으로 시인해야 받게 되는 것입니다.

로마서 4장 17절에 "하나님은 죽은자를 살리시며 없는 것을 있는 것 같이 부르시는 이시니라"고 말씀하신 것 같이, 우리도 아직 현실로 나타나지 않고 잡히는 것이 없지만 다 이루어진 것 같이 입으로 시인할 때 하나님의 기적의 역사가 나타납니다.

절대로 우리 입으로 불신앙의 말, 불평의 말, 패배적인 말을 하지 말아야 합니다.

아브람은 아들을 주시겠다는 약속만 받고도 이름을 "아브라함"(많은 민족의 아버지)라고, 사래는 "사라"(많은 백성의 어머니)라고, 바꾸어 서로 그렇게 불렀습니다. 남들은 아마도 자식을 바라다가 미쳤다고 비웃었을지도 모릅니다.

그러나 마침내 그의 후손이 하늘의 별과 같이, 땅의 모래와 같이 많아졌던 것입니다.

예수믿는 우리 크리스챤들도 입으로 믿음을 고백하며 시인하는 말을 해야 합니다.

입으로 패배의 말을 하면서 성공을 기대해선 안됩니다. 본문에 "그 말하는 것이 이룰줄 믿고 의심치 아니하면 그대로 되리라" 했습니다.

V. 쉬지말고 기도해야 합니다.

믿음을 실현하는 가장 큰 비결은 뜨겁게 기도하는 것입니다. 낙심하지 않고 이루어 질 때까지 기도해야 합니다. 이것이 아마도 가장 큰 비결일 것입니다.

구하라 주실 것이요, 찾으라 만날 것이요, 두드리라 열릴 것이니라고 주께서 말씀하셨습니다.

이 말씀을 하시고 나서, "너희가 자식이 떡을 달라하면 돌을 주며, 생선을 달라하면 뱀을 주겠느냐"고 하셨습니다.

우리가 믿고 기도할 때, 응답이 오는 대신 정반대 현상이 나타날지라도, 의심하지 말고 계속 기도해야 합니다. 그러면 돌이라는 시험이 변하여 빵이라는 축복이 오고, 독사같은 시험이 변하여 생선이라는 축복을 받게 됩니다.

실망하지 않고 계속하는 기도, 낙망치 않고 계속 기도하면 마침내 응답을 받고야 맙니다.

예레미야 33장 2~3절에 "일을 행하는 여호와, 그 이름을 여호와라 하는 자가 이같이 이르노라 너는 내게 부르짖으라 내가 네게 응답하겠고 네가 알지 못하는 크고 비밀한 일을 네게 보이리라"고 했습니다.

우리가 부르짖어 간절히 기도할 때, 일을 성취시켜 주시고, 기도하지 않는 사람이 알 수 없는 중요한 비밀과 비결을 가르쳐 주십니다. 우리 온 교회가 합심하여 어떤 목적을 놓고 기도할 때, 안된 것이 있었습니까?

수없이 많은 체험을 가졌습니다.

그 목표와 꿈의 실현을 위해서 끝까지 기도하시기 바랍니다.

— 할 렐 루 야 —

* 주후 1993년 7월 25일 주일낮 대예배 설교 *

4

19930725_믿음을실현하는 5단계_김홍도_불기둥_5번_페이지_4

저희와 같이 우리도 복음 전함을 받은 자이나 그러나 그 들은 바 말씀이 저희에게 유익되지 못한 것은 듣는 자가 믿음을 화합지 아니함이라.
(히브리서 4장 2절)

불기둥

등록번호 : 다-998(1989. 8. 25.)
발행인겸 편집인 김 홍 도
인 쇄 인 : 김 현 구
발 행 처 : 금 란 교 회
서울특별시 중랑구 망우동 340-1
전화 : 208-3411-5

第838호(매주발행)주후 1993년 8월 8일

말씀의 능력

히브리서 4장 2, 12~13절

금란교회 담임목사
김 홍 도

여러분이 기도해 주셔서 태국 선교사대회를 은혜 중에 잘 마치고 돌아왔습니다. 어떤 분은 이 번에 참으로 구원의 확신을 가졌다고 간증도 했습니다.

크리스챤에게 가장 중요한 것은 성경을 살아계신 하나님의 말씀으로 믿는 신앙입니다. 성경을 하나님의 말씀으로 믿지 않는다면, 그가 장로이든, 목사이든, 신학박사이든, 구원받지 못한 사람이며 그런 교회는 생명이 없기 때문에 결코 부흥 될 수가 없습니다.

성경말씀을 믿지않으면 교회에나 신앙생활에 아무런 능력도 나타나지 않습니다. 히브리서 4장 2절에 "저희와 같이 우리도 복음 전함을 받은 자이나 그러나 그 들은 바 말씀이 저희에게 유익되지 못한 것은 듣는 자가 믿음을 화합지 아니함이라"고 분명히 말씀하셨습니다.

Ⅰ. 신비의 책, 성경.

어떤 분이 성경책의 일곱가지 신비를 말씀하며 믿을 수 있는 근거를 말했습니다.

① 형성의 신비입니다 – 성경 전체가 형성되고 집필 되는데는 4,000년이 걸렸는데 이것은 놀라운 신비가 아닐 수 없다고 했습니다.

② 일치의 신비입니다 – 성경 66권의 책이 저자도 다르고 연대도 다르지만, 그 사상과 목표가 다 일치 한다는 사실입니다.

③ 시대의 신비입니다 – 가장 오래된 고전문헌 중에 고전문헌인데도, 지금까지 변함없이 영향력을 발휘하고 있다는 사실입니다.

④ 판매의 신비입니다 – 어느 시대를 막론하고 성경은 다른 책의 추종을 불허하는 베스트 셀러입니다.

⑤ 흥미의 신비입니다 – 각계 각층의 사람들의 가장 흥미와 관심을 가지고 읽는 책입니다.

⑥ 언어의 신비입니다 – 가장 교육받지 못한 사람들에 의해 기록된 책이면서 문학적으로 최고의 위치를 차지하는 책입니다.

⑦ 보존의 신비입니다 – 가장 많은 핍박과 반대를 받아 왔지만, 성경은 여전히 잘 보존

1

19930808_말씀의능력_김홍도_불기둥_5번_페이지_1

된 책입니다.

성경이 어째서 이런 신비의 책일까요? 그 이유는 한 마디로, 성경은 하나님의 말씀이기 때문입니다. 세상의 그 어느 책이 "이 책은 하나님의 말씀이다"라고 하는 책이 있습니까?

일본의 유명한 신학교 교장님은 처음 창세기 1장 1절에 "태초에 하나님이 천지를 창조하시니라"라는 장엄한 말씀 한 절에 무릎을 꿇고 믿음을 갖게 되었다고 합니다.

Ⅱ. 말씀의 능력.

① 성경은 살아있는 하나님의 말씀이기 때문에 능력이 있습니다.

히브리서 4장 12~13절에 "하나님의 말씀은 살았고 운동력이 있어 좌우에 날선 어떤 검보다도 예리하여 혼과 영과 및 관절과 골수를 찔러 쪼개기까지 하며 또 마음의 생각과 뜻을 감찰하나니"라고 말씀하신대로, 이 말씀 앞에 녹아지고 깨어지고 변화된 사람과 국가가 그 얼마인지 모릅니다.

② 성경은 생명의 말씀입니다.

세상의 모든 책은 다 영혼을 살리는 생명이 없는 죽은 글이지만, 성경은 생명을 주는 말씀입니다.

요한복음 6장 63절에 "살리는 것은 영이니 육은 무익하니라 내가 너희에게 이른 말이 영이요 생명이니"라고 예수님이 말씀하셨고, 또 요한복음 5장 39절에 "너희가 성경에서 영생을 얻는 줄 생각하고 성경을 상고하거니와 이 성경이 곧 내게 대하여 증거하는 것이로다"라고 말씀하셨습니다.

③ 지혜를 주는 말씀입니다.

능력을 받으려면 기도를 해야 하고 지혜를 얻으려면 성경을 읽어야 합니다.

아브라함 링컨 같은 사람은 국민학교도 못나온 사람이지만, 미국의 역대 대통령 중에 가장 존경받는 대통령이 되었는데, 그 이유는 그의 어머니가 돌아가시면서 남겨주신 성경에서 얻은 지혜 때문입니다.

시편 119편 98~100절에서 "원수보다 지혜롭게 하고… 스승보다 명철하게 하고 노인보다 명철하게 한다"고 했습니다.

성경을 많이 읽는 백성은 자연히 지혜로운 백성이 되고 부강한 나라가 됩니다.

④ 축복의 말씀입니다.

성경말씀을 믿고 지키면 반드시 복을 받게 되어 있습니다. 요한계시록 1장 3절에 "이 예언의 말씀을 읽는 자와 듣는 자들과 그 가운데 기록한 것을 지키는 자들이 복이 있나니…"라고 말씀했습니다.

신명기 28장에 보면 "네가 네 하나님 여호와의 말씀을 삼가 듣고 내가 오늘날 네게 명하는 그 모든 명령을 지켜 행하면 네 하나님 여호와께서 너를 세계 모든 민족 위에 뛰어나게 하실 것이라"고 말씀하시고, 계속해서 말씀을 지켜 행하면 나가도 들어와도 복을 받는다고 말씀하셨습니다.

⑤ 말씀에는 병고치는 능력도 있습니다.

저희 교회는 신유의 역사를 전문적으로 행하는 교회가 아니지만, 강단에서 말씀에 의지하여 기도할 때 마다 많은 병자가 고침받고, 암병을 비롯한 불치의 병도 많이 고침받았습니다.

성경은 살아있는 하나님의 말씀이기 때문에 병이 낫고 귀신이 쫓겨나기도 합니다. 시편 107편 20절에 "저가 그 말씀을 보내어 저희를 고치사 위경에서 건지시는도다" 하셨고, 베드로전서 2장 24절에 "저가 채찍에 맞음으로 너희는 나음을 얻었나니" 한 말씀을 믿고 기도하여 병고침 받은 사람이 수백만, 수천만도 넘을 것입니다.

⑥ 마귀를 이기는 능력이 있습니다.

저희 교회에서도 말씀을 듣는 동안, 병마가

19930808_말씀의능력_김홍도_불기둥_5번_페이지_2

물러가고, 육신의 병, 마음의 병, 정신의 병을 일으키는 마귀가 떠나가고 승리한 사람들이 수 없이 많습니다.

예수님도 마귀의 시험을 받을 때마다 말씀으로 꾸짖어 물리쳤습니다. 요한계시록 12장 11절에 "여러 형제가 어린양의 피와 자기의 증거하는 말을 인하여 저를 이기었으니…"라고 말씀했습니다.

⑦ 영원하신 말씀입니다.

하나님이 영원하신 것 같이 하나님의 말씀도 영원합니다. 천지는 변해도, 이 말씀은 일점 일획도 변함이 없습니다.

베드로전서 1장 24~25절에 "모든 육체는 풀과 같고 그 모든 영광이 풀의 꽃과 같으니 풀은 마르고 꽃은 떨어지되 오직 주의 말씀은 세세토록 있도다 하였으니 너희에게 전한 복음이 곧 이 말씀이라"고 했습니다.

Ⅲ. 말씀의 능력이 나타나려면.

성경을 그저 읽기만 한다고 해서 우리에게 생명을 주고 축복이 되는 것이 아닙니다. 다음 몇 가지 조건이 구비되어야 합니다.

① 믿음이 화합되어야 합니다.

밀가루가 아무리 좋아도 그대로는 우리의 양식이 될 수 없고 영향을 줄수 없습니다. 반드시 물과 합해서 반죽이 되어야 합니다.

히브리서 4장 2절에 "그 들은 바 말씀이 저희에게 유익되지 못한 것은 듣는 자가 믿음을 화합지 아니함이라"고, 말씀에 능력이 아무리 많다고 해도 믿음으로 받지 아니하면 아무 유익이 없습니다.

말씀을 주실 때 반항하고 거역하고 대적하면 도리어 진노와 무서운 징벌이 임합니다.

역대하 36장 15~16절에 두려운 말씀이 있습니다. "그 열조의 하나님 여호와께서 그 백성과 그 거하는 곳을 아끼사 부지런히 그 사자들을 그 백성에게 보내어 이르셨으나 (말씀) 그 백성이 하나님의 사자를 비웃고 말씀을 멸시하며 그 선지자를 욕하여 여호와의 진노로 그 백성에게 미쳐서 만회할 수 없게 하였으므로"라고 말씀하시고, 하나님이 갈대아 왕에게 부쳐서 성전에서 칼날로 청년을 죽이며, 남녀 청년과 노인과 백발 노옹을 무자비하게 죽이고, 성전을 불사르고 금은 보화를 다 빼앗아 갔습니다.

왜 이 비극을 당했습니까? 말씀을 거역하고, 멸시하며, 말씀을 전하는 종들을 비웃었기 때문입니다.

말씀을 겸손히 믿음으로 받아야 합니다.

② 말씀을 두려워 해야 합니다.

역사극에 보면 왕의 말씀을 어명이라 해서 두루마리에 써서 고귀한 그릇에 받쳐들고 가서, 두손으로 벌벌 떨며 읽어 주는 모습을 봅니다.

하물며 우주만물의 창조주가 되시고, 만왕의 왕이신 하나님의 말씀을 대할 때, 참된 신자라면 두렵고 떠는 마음이 없어서야 되겠습니까?

이사야 66장 2절에 "무릇 마음이 가난하고 심령에 통회하며 나의 말을 인하여 떠는자 그 사람은 내가 권고하려니와…"라고 했습니다. 하나님의 말씀 앞에 떨 줄 알아야 합니다. 제멋대로 조롱하고, 제멋대로 가감하고 변경해서는 안됩니다.

이단교수를 목숨걸고 척결한 이유도, 말씀을 제멋대로 비웃고, 조롱하고, 변경하기 때문에, 신앙의 의분을 참지 못해서 한일입니다.

요사이 홍 교수가 아무 조건없이 고소취하했는데, 저를 중상모략하기 위해 감독 출마에 지장 될까봐 복권시켜 준다느니 돈준다느니 해서, 제가 사정해서 취하했다는 말을 만들어 퍼뜨리는 모양인데, 홍정수가 그런 사람이며 제가 그럴 사람입니까? 되지도 않는 말을 만들어 사람을 잡으려고 하지만, 살아계신 하나님이 계시므로 웃어버리고 말았습니다.

살아계신 하나님의 말씀을 비웃고 조롱하고 제멋대로 변질시키는 것은 참을 수 없는 일입니다.

요한복음 1장 1절에 "태초에 말씀이 계시니라 이 말씀이 하나님과 함께 계셨으니 이 말씀은 곧 하나님이시니라" 했습니다.

어명은 왕의 권위를 가진 것과 같이 하나님의 말씀은 곧 하나님이십니다.

③ 순종해야 합니다.

하나님의 말씀은 듣고 지키는 자에게 생명이 되고, 복이 되고, 능력이 되는 것입니다. 요한계시록 1장 3절에 "이 예언의 말씀을 읽는 자와 듣는 자들과 그 가운데 기록한 것을 지키는 자들이 복이 있나니"라고 말씀했습니다.

요한계시록 22장 7절에도 "보라, 내가 속히 오리니 이 책의 예언의 말씀을 지키는 자가 복이 있으리라"고 했습니다.

말씀을 백 번, 천 번 읽고 달달 외운다고 해도 그 말씀을 지키고 순종하지 않으면, 나와 아무런 상관도 없습니다.

예수님이 베드로에게 "깊은데로 가서 그물을 던지라"고 하실 때, 순종하기 싫었지만 순종했을 때, 그물이 찢어질 만큼 많은 고기를 낚는 축복을 받았습니다.

말씀에 목숨을 걸어야 합니다. 모험적으로 행동하는 실천이 필요한 것입니다. 그래야 말씀의 능력과 축복이 나타납니다.

④ 말씀을 위한 희생이 있어야 합니다.

말씀에 순종하려면 무거운 댓가를 지불하려는 각오가 필요합니다.

마가복음 4장 16~17절에 "이와 같이 돌밭에 뿌리웠다는 것은 이들이니 곧 말씀을 들을 때에 즉시 기쁨으로 받으나 그 속에 뿌리가 없어 잠간 견디다가 말씀을 인하여 환난이나 핍박이 일어나는 때에는 곧 넘어지는 자"라고 했습니다.

말씀을 받으면 마귀가 시기하고 미워하며, 환난이나 핍박이 일어 나기도 합니다. 그때에 어떤 희생이 있어도 순종해야 합니다. 말씀 때문에 일어나는 환난과 핍박을 견디어 내야 합니다.

도금을 했는지 진짜 금인지 알려면 불에 넣어 보면 아는 것과 같이, 말씀을 참으로 믿고 순종하는 사람인지 아닌지는 불과 같은 시험과 환난을 통과해 보면 압니다.

하나님의 말씀 때문에 댓가를 지불하면, 그 지불한 만큼 생명의 역사와 축복의 역사가 나타납니다.

여러분, 성경은 바로 하나님의 말씀입니다. 말씀을 그대로 믿지 않으면, 그 신자는 신학박사라도 생명줄에서 끊어진 자입니다. 이 말씀을 그대로 믿고, 말씀앞에 떨 줄 알고, 무슨 댓가를 지불해도 순종할 때에, 생명의 역사가 나타나고 능력과 축복이 나타납니다.

성경을 읽을 때에나 들을 때에는 먼저 기도하고 성령께 의지하는 마음으로 읽으시기 바랍니다.

중요한 절, 특별히 은혜되는 구절은 외우도록 힘쓰십시요. 말씀을 많이 암기 해 두는 것은 돈을 많이 쌓아 둔 것 보다, 백 배, 천 배 더 축복이 됩니다.

하나님이 기도의 응답을 주실 때, 위급한 일을 당해서 하나님의 계시를 받을 때, 암기해 둔 말씀을 통하여 하나님이 역사해 주십니다.

— 할 렐 루 야 —

* 주후 1993년 8월 8일 주일낮 대예배 설교 *

19930808_말씀의능력_김홍도_불기둥_5번_페이지_4

【6】 1993년 9월 10일 (금요일) 감 신 대 학

교육부 재심위, 홍교수 「파면취소주문」 결정

홍교수·김홍도 목사간의 금품합의설로 파문 일기도

우리대학 홍정수 교수가 지난 방학기간중 김홍도 목사(금란교회)와 유상렬 장로(남산교회)에 대한 고소를 갑작스레 취하하여 교계전반에 의혹과 뒷소문들이 무성하게 일고 있는 가운데, 지난 5월14일(금) 홍교수에 대한 파면처분의 타당성을 재심해 오던 교육부 교원징계재심위원회(위원장 김정길)가 8월26일(목) 「징계절차상의 중대한 하자」를 사유로 「파면취소 주문」을 최종적으로 결정함으로써 사건이 또다른 국면을 맞이하게 됐다.

먼저 지난 7월24일(토) 서울지검 이충호 검사실에서 있었던 홍교수의 고소취하 합의모임은 고재영 전 재판위원장, 홍교수측 강대성 변호사 등이 입회한 가운데 공식적으로 진행됐으며, 홍교수의 명예회복 및 피해보상 등의 안건을 가지고 합의해 나간 것으로 알려졌다.

이날 김홍도, 유상렬 피고소인들은 친필로 직접 작성한 합의서를 통해 「홍교수와의 대화를 통해 서로를 깊이 이해하고 앞으로 훌륭한 교수, 목회자가 될 수 있기를 기대한다」라고 밝히면서 생활적, 정신적 피해보상액 8천만원을 전달한 것으로 밝혀졌으나, 사실상 이 합의서에는 홍교수의 복직 및 복권 등에 대한 공식적인 언급이 일체없어 그 가치 및 유용성이 떨어지는 것으로 나타났다.

또한 보상액 문제에 있어서는 많은 반응들이 엇갈리고 있는데, 우리대학 한교수는 「이제까지 신학자로서 명예를 걸고 돈에 의한 타협을 일절 거부해 왔던 홍교수가 갑자기 입장을 바꾼 것은 앞으로 감독선거에 출마하게 될 김목사로 하여금 복직에 대한 도움을 얻어 보고자 함이 아니겠느냐」고 밝혔으며, 지난해 5월 종교재판이 진행될 당시 「출교관결」의 부당성을 바로잡기 위해 목회자들로 결성된 「감리교를 위한 기도모임(회장 윤광상)」 또한 이번 보상액 거래문제에 대해 심각하게 반발하면서 한때 홍교수에 대한 성토대회를 준비하기도 했다.

그러나 이러한 합의 및 보상액 문제에 대해 홍교수는 「이번 합의는 본 고소 건의 담당자인 이충호 검사의 중재에 의해 성립된 것으로 종교문제에 뚜렷한 결정을 취하기 곤란한 검사의 입장과 법적으로는 매우 불리한 상태이나 교단내 지위 때문에 입장을 쉽게 번복할 수 없는 김홍도 목사의 상황을 고려해 「명예회복」의 차원으로 밖에 합의할 수 없었다」라고 설명하면서, 「김홍도 목사가 본인의 복직에 도움을 주리라고 생각하는 것은 그의 실제적인 권한과 이전까지 취해온 입장을 볼때 터무니없는 추측일 뿐」이라고 밝혔다.

또한 홍교수는 보상액 거래문제에 관한 여러 악소문들에 대해 「피해보상액 8천만원은 형사소송사건이 당사자들간에 합의가 되어 해결되는 경우 피고소자의 죄과를 공식화할 수 있는 최소한의 실물 증거일 뿐이다」라고 밝히면서 정당성을 주장했다.

한편 이러한 홍교수의 주장과는 상이하게 김홍도 목사는 얼마전 각 교회에 「해명서」를 배포, 이를통해 「홍교수가 아무런 조건없이 저곳이 고소를 취하했으며, 보상액 지급 및 본인의 홍교수에 대한 사과설 등은 감독선거 경쟁자들이 지어낸 가당치도 않은 소문에 불과하다」라고 공언해 합의의 진상에 대한 일반의 혼란을 더욱 가중시키고 있다.

▲ 김홍도 목사가 작성한 합의각서와 재심위의 「파면취소」 통지서

또한 김홍도 목사의 해명서 내용에도 드러나듯이 이번 사건은 교단내 정치적 역학관계와도 깊게 연관되어 있는 것으로 나타났는데, 사실상 홍교수의 고소취하로 인해 김홍도 목사는 감독출마의 커다란 장애물이 해소된 셈이며, 이로인해 표용은 감독회장과 동일계보로서 출마케되는 모후보가 큰 정치적 손실을 입었다는 것이 교계의 일반적인 얘기이다.

이와같은 모호한 정치적 상황속에서 발생한 이번 합의건에 대해 황용식(신4) 총학생회장은 「지난 수년간 오로지 학문성 수호라는 순수하고 비정치적인 동기를 갖고 싸워왔던 우리학생들의 입장으로서는 자칫 교단내 정치적 다툼속에 휘말릴 수도 있는 현 상황속에서 특정한 입장을 유보할 수 밖에 없다」라고 밝혀, 조심스런 대응의 입장을 보였다.

한편 지난 5월 홍교수가 우리대학 교원징계위원회(위원장 박성노)로부터 판결받은 「파면처분」에 불복, 교육부 교원징계재심위원회(위원 김정길, 최승린, 서연호, 하죽봉, 백힘건)에 청구했던 재심요청이 부정적인 결과를 예상했던 일반을 시각을 뒤엎고 8월26일(목) 「파면취소 주문」으로 판결돼 홍교수측에 시기적절한 돌파구로 작용되고 있다.

특히 이번 판결은 재심위 위원장인 김정길씨가 우리대학 구덕관 총장이 등록해 있는 중앙교회(담임 정영관 목사)의 장로라는 점으로 인해 홍교수조차도 거의 기대를 하고있지 않았던 것으로 알려져 더욱 관심이 모아지고 있다. 이번 판결에 대해 전희두 재심위 사무관은 「재심위 규정상 재심의 모든 과정이 일체 극비이기 때문에 미리 밝히지 못했을 뿐 사실상 「파면취소」 결정은 일찌감치 내정되어 있었다」라고 밝혀, 재심위 심사의 공정성을 강조했다.

홍교수에게 전달된 결정통지서에 의하면 「파면취소」 주문의 사유는 △징계사유 입부항목의 진술권 박탈 △제척 또는 기피사유에 해당하는 자의 징계위원이 돼 있는 것으로 알려졌으며 이중 두번째 사항에 대해 통지서에서는 「홍교수에 대한 출교판결의 사유중 하나인 통일교 비호설의 결정적인 근거가 되어준 대학원보고서의 진위성 여부는 홍교수의 파면이 출교에 의한 품위손상 때문임을 감안할때 결코 간과될 수 없는 문제」라고 말하면서 「그런 비중있는 문제에 연루되어 있는 두 교수가 징계위원이 된것은 피고소인으로부터 기피신청이 제기될만한 충분한 이유가 됨에도 불구하고 징계위가 이를 기각해 버린 것은 재량권을 남용한 것」이라고 밝히고 있다.

한편 이번 「파면취소」 조치에 대해 김외식 징계위원은 「재심에서 요구하고 있는 절차상의 하자들을 보완하여 다시 재징계할 경우 별문제될 것이 없다」라고 밝히고 「지금은 다만 징계요구권자인 이사장이 외국에 있기때문에 아직 재징계조치가 실행되고 있지 않을 뿐」이라고 밝혀, 징계위의 재징계 단행을 시사했다.

이상의 상황에서 나타나 있듯이 지난 수년간 외롭고 지난한 싸움을 이어오던 홍교수 사건은 교단내 정치적 상황과 김홍도 목사와의 합의, 그리고 교육부 재심의 승소로 인해 큰 혼선을 빚고 있다.

이시점에서 그동안 홍교수의 신학자적 양심과 입장을 지지하던 목회자, 교수, 학생들은 현 상황을 속단할 것이 아니라, 이후 교원징계 사상 유례없는 제3차 재징계가 과연 이루어질 것인가를 지켜보면서 자칫 홍교수 개인만의 문제인 것으로 오판될 수 있는 현사건의 흐름을 재인식해 은연중에 보수화의 늪으로 잠식당하고 있는 우리대학의 학문성을 바로 세워나가야 할 것이다.

고 세 진 기자

19930910_교육부 재심위 홍교수 파면취소주문 결정_감신대학보_5번

홍교수, 「출교무효 소송」제기
감신인 성토대회 열려

「홍교수사건 설명 및 감신인 성토대회」가 10월14일(목) 교수·학생 등 300여명이 참석한 가운데 총학생회 주최로 열려, 홍교수와 김준우 목사(협성신대 강사)의 「대학원위원회 보고서」 위증성 설명, 사건진상 규명촉구 등의 순서로 진행됐다.

이날 홍교수는 「대학원 보고서의 위증성이 교육부 재판을 통해 명백해 졌음에도 불구하고 학교당국은 계속해서 3차 파면징계를 준비하고 있다」라고 밝히면서, 「학교당국은 징계대상자를 배제한 설명회가 아닌 정식 공청회를 통해 학생들 앞에서 떳떳이 사건을 풀어나가야 할 것」이라고 주장했다.

한편 홍교수 3차 징계와 관련하여 우리대학 표용은 이사장(서대문감리교회)은 10월12일(화) 교원징계위원회에 징계의결 요구서를 제출한 것으로 알려져 징계의 타당성을 둘러싼 또 한차례의 진통이 예상되어지고 있다.

또한 홍교수가 지난 9월18일(토) 표용은 감독회장을 상대로 제기한 「출교무효」 민사소송은 11월3일(수) 첫공판을 갖게 되는 것으로 알려졌으며, 이번 소송의 취지에 대해 홍교수는 「학교측의 징계사유가 본인의 「교단출교」에 기초하고 있으므로 그에 대응하기 위한 조치」라고 밝혔다.

19931014_홍교수 출교무효소송 제기 감신인 성토대회 열려_감신대학보_5번

10/24/93 한겨레

"부흥사등 보수교단이 감리교사태 근본원인"

감신대 공청회서 '전통신학 수호'의견모아

감신대 학생들이 22일 변선환·홍정수 두 교수의 출교를 빚었던 지난 2년간의 감리교사태 원인을 부흥사들 탓으로 성토하고, 이에 맞서 감신대의 다양한 신학풍토를 지킬 것을 선언해 귀추가 주목된다.

김홍도 목사에 대한 홍정수 교수의 명예훼손 소송으로 교단 밖으로 번졌던 이 문제가 다시 부각된 계기는 '대학원위원회 보고서'를 둘러싼 진위 논란이다. 대학원위원회 보고서는 91년 12월19일 감신대 조사위가 홍 교수에게 통일교인이 감신대에서 물의를 빚을 당시 과장으로서의 책임을 다했는지 문답하는 내용으로 짜였다. 이는 이듬해 종교재판 당시 기소장에서 홍 교수의 통일교 인사 비호설을 뒷받침한 준거로 인용됐다. 홍 교수는 지난 5월 이 문서가 허위이며, 따라서 종교재판은 원인무효라고 주장해왔다.

학생들은 이 문서의 진위 여부가 조사위에 참여했던 교수들 나아가 감신대의 신뢰에 먹칠할 수 있다고 규정해 지난주 중간고사를 거부하는 동시에 단식농성을 벌여, 결국 조사위와 홍 교수 그리고 학생 등 삼자가 참여하는 공개설명회를 지난 22일 서울 서대문구 냉천동 감신대 강당에서 1천여명이 빽빽히 들어찬 가운데 갖기에 이르렀다.

홍 교수는 이 자리에서 "보고서 작성자가 임의로 빼고 더해 만들어진 왜곡·허위문서"라고 설명했다. 이에 대해 조사위 관계자들은 "일부 착오가 있고 기록자 재량으로 뺀 부분은 있지만, 보고서는 사실에 입각해 작성했다"면서 "보고서가 종교재판에 원용된 것은 조사위의 책임이 아니다"고 해명했다.

4시간에 가까운 설명회 끝에 보고서가 부실 또는 사실상 허위로 결론지어질 즈음 한 학생이 장시간의 발언권을 얻어 국면이 전환됐다.

그는 "종교재판 전후 감신대 교수들은 줄곧 부당성을 지적해 왔다"면서 감신대사태의 원인을 교단 보수세력으로 돌렸다. 그에 따르면 70년대 교회 팽창에 힘입어 급성장한 부흥사들이 자신들의 입지강화에 장애가 될 신학을 정리하는 과정에서 "대학원 보고서를 악용해 홍 교수를 희생양으로 삼았다"는 것이다. 그는 학교쪽이 홍 교수 징계를 강행하려는 근인을 70억원 가량이 소요될 '감신대 1백주년 기념사업'의 무리한 추진에 두고, "부흥사들의 돈을 끌어들이기 위해 감신대의 1백6년 전통을 팔아치울 수는 없다"면서 △변선환 전 학장 명예교수 추대 △홍정수 교수 복직을 촉구했다.

학생들은 25일 총회를 열어 이날 설명회 결과를 정리할 계획이다. 그러나 학교쪽이 홍 교수의 3차 징계를 공언한데다 교단 총회, 감신대 총학생회장 선거가 잇따를 예정이어서 파란이 예상된다.

19931024_부흥사등 보수교단이 감리교사태 근본원인_한겨레신문_5번

□ 현사태를 진단한다

감신 공동체 최대의 위기 맞아

총학, 지도부 분열방지 및 정책단일화 이유로 전원 사퇴

지난 10월 중순부터 한달여간 진행돼 온 '대학원위원회 보고서 진상규명 및 진보적 학문성 수호」를 위한 학내사태가 학생들의 중간고사 거부와 총학생회 사퇴, 총과업 결행에 대한 학교측의 학생징계 조치로 더욱 악화되고 있는 가운데 학생측이 사태의 초점을 총장퇴진으로 전환해 극한 대립의 구도로 치닫고 있다.

이와같은 학내사태의 악화는 지난해 5월7일 변·홍교수 출교 이후 교원임면권의 이사회 이양, 내신제 실시, 진술서 관련 학생징계조항 개정, 대자보 검열제도 신설 등 우리대학 내부에 점진적으로 파급되어 오던 비민주적 학사행정 및 보수적 기류에 대해 쌓여진 불만들이 일시에 표출되면서 유출된 현상이라 볼 수 있으며, 더불어 이번 사태의 촉발점인 「대학원 위원회 보고서 진상규명」이 그 배경과 요인인 교단보수세력을 간과하고 교수들만을 대상화 함으로써 지나친 소모전의 양상으로 사태가 출발했다는데 원인을 볼 수 있다.

또한 올해 상반기 부터 보고서 사건 규명에 이르기까지 교수·학생간에는 반목과 대립의 기운이 팽배해져, 현 사태에 있어서 「진보적 학문성 수호」라는 명확한 지표가 설정되었음에도 불구하고 대다수의 교수·학생들은 막연한 피해의식속에 합리적인 대안마련에 어려움을 겪고 있으며 많은 학우들의 무관심한 모습 역시 변함이 없다.

한편 이러한 사건정황속에서 「대학원위원회 보고서 진상규명」 투쟁은 두가지의 측면에서 그 의를 가늠해 볼 수 있겠는데, 하나는 올 한해동안 부지불식간에 구조화 된 비민주적 학사행정에 일관된 권위의식이 현 사태의 직접적인 동인이 되었다는 점이며, 또 다른 하나는 사태 초반의 '보고서 진상규명' 사건이 교수 몇명간 '진보적 학문성 수호'라는 대의명분에 분명한 대처에 홍교수 사건과 같은 맥락으로 간주되고 그로인해 학내사태에 대한 전체학생 차원의 문제의식을 돌출해 내는데 결정적인 매개고리와 추진력이 됐다는 점이다.

그러나 이러한 입장의 과정속에서 '보고서 진상규명' 사건은 마치 사태 전반의 본질과 근본적인 타결인 것처럼 오인되기 시작했고 마침내 1차 민주대화 마지막 날인 10월22일(금) 개최된 3차 공동설명회에서는 이미 어느 한쪽을 정죄하고 현 사태에 대한 포괄적인 책임을 지우려는 듯한 청문회식의 진행양태가 나타났다.

이날 열린 설명회는 학생들의 중간고사 거부와 단식농성 등을 통해 이룩된 성과로서 교수전원과 학생 800여명이 참석한 가운데 대학원위원 김외식, 이기춘, 염필형, 방석종 교수(김득중 교수 불참)와 홍교수 5시간여의 첨예한 진상규명 논쟁을 가졌다.

설명회에서 양측은 서로의 오류에 대한 인정보다는 사건책임에 대한 공방을 벌였는데, 홍교수는 보고서에 대해 '이 보고서를 작성한 교수들이 어떤 의도를 가지고 있었는지 ?에 명백한 사실은 대학원위원회 보고서 제1, 2문서가 모두 명시된 기일보다 후일에 편집, 작성된 것이며, 특히 제2문서에서 마치 본인을 당시 통일교 사건의 책임자인 대학원 과장인 것처럼 왜곡 강조하여 기술한 것은 후에 동보고서가 홍교수의 직접적인 증빙자료로 채택된 점 등을 감안할 때 그 의도가 심히 의심스럽다」라고 밝혔다.

반면 위원회측의 염필형 교수는 '보고서에서 홍교수의 직위에 대해 오기한 것은 인정하지만 당시 문서의 기초가 된 12월19일 교수회의는 분명히 존재했으며, 보고서가 작성된 요인은 어디까지나 학교당국의 요구에 의한 것이지 결코 문서의 외부유출 및 악용소지를 예지하고 작성한 것은 아니다」라고 주장했다.

이러한 양측의 대립가 더이상 진전을 이루지 못하고 아귀다툼격의 모습을 보이고 있을 때, 윤상호(신4)는 '이번 보고서 사건의 근본적인 원인은 우리대학을 보수신학교화하려는 교단보수세력에 있지, 결코 위원회측이 자발적으로 문서를 허위조작하지는 않았을 것이다」라고 밝히면서, '현재 진행중인 홍교수 3차 징계논의는 구총장이 무리한 기념관 건립을 추진하는 과정에서 기금조성의 난관을 타개하기 위한 불가피한 방편이므로, 차라리 기념관 규모가 축소되는 한이 있더라도 교수·학생·동문의 자력적인 기금모금을 통해 106년 신학전통에 걸맞는 기념관을 건립하자」라고 제안해 경직된 설명회 분위기를 묘연하게 종결지었다.

▲ 홍정수 교수가 제시한 자료를 이기춘 교수가 확인하는 모습

한편 이러한 예상밖의 결과에 대해 대부분의 학우들은 '시회법으로도 해결되지 못했던 보고서 사건을 「감신공동체성」이라는 공감대 아래 극복하는 감동적인 순간이었다」라고 감정적인

사건의 본질 파악한 대안마련 시급

속단을 짓기도 했으며, 한편에서는 '이와같은 상황의 총칭은 교수들에게 어떠한 실제적인 약속도 받아낸 것이 없는 무성과의 결론을 초래했을 뿐」이라고 평가했다.

결국 설명회 3일 후인 10월25일(월) 사태는 학교측의 냉담한 반응으로 인해 또다시 원점화되고 말았는데, 이날 오전 김외식 학생처장은 본지 기자와의 회견을 통해 '홍교수에 대한 징계논의는 변함없이 진행되고 있으며, 중간고사 거부로 인한 신적의 피해가 예상된다」라고 밝히는 한편 성명회에 대해 '윤상호의 제안은 사실상 「공동설명회의 내용은 대학원보고서건에 제한한다」는 사전 합의를 위배한 셈이기 때문에 그 결과에 대한 책임은 학교측이 관여할 바 아니다」라고 밝혔다.

이와같은 학교측의 입장표명에 따라 학생들은 당일 비상총회를 소집, 총학생회 각과학생회 각과별 학번대표 등으로 구성되는 비상대책위원회(이하 비대위)를 발족시키고 「감신대 교수단에 드리는 학우들의 결의문」이라는 문건을 통해 홍교수가 통일교와 무관함을 천명하는 한편, 학교당국에 △보고서 작성자 공개사과 및 홍교수 3차징계 철회 △무리한 기념관 시업추진 개선 △변선환 전학장의 퇴임강연 및 명예교수 추대 △교단보수세력 유입반대에 대한 공약 △구총장의 학교비하 발언 사과 등을 요구했다.

그러나 이무렵 장기화되는 사태의 활동방향에 대해 27일(수) 총학과 비대위간에 심각한 갈등이 발생하게 됐으며, 의견은 학사일정 정상화 이후의 상층부 투쟁론이라는 총학의 주장과 구총장 면담 결렬시의 전면투쟁론이라는 비대위의 주장으로 양분됐다.

이에따라 총학은 지도부의 분열방지를 위해 총학이 제안한 정책이 관철되지 못할 경우 총학에 대한 신임여부로 연계해석할 것임을 밝히고, 비상총회가 인정한 17명의 비대위원중 회의참석자 11명에게 가부를 물었으나 10명의 반대와 1명의 기권으로 부결되자 즉시 총사퇴했다.

총학 총사퇴와 관련하여 소집된 28일(목) 제3차 학생총회에서는 총사퇴의 타당성 여부에 관한 격렬한 논쟁이 오가기도 했는데, 일부 학생들은 이번 사건이 지도부 내부의 분열 및 계파간의 알력다툼일 가능성에 대한 강한 의혹을 제기하기도 했다.

특히 차정권(신4)은 '학생총회의 요구에 따라 총학생회와 학번별 대표들로 함께 조직된 공동대책위원회가 임의대로 나뉘어져 사퇴운운 하는 것과 또 그것을 학생총회가 다시 받아들인다는 것은 경우에 맞지 않다」라고 주장했으나, 당시 정책회의를 진행했던 황두회(신4)는 '효율적인 정책단일화와 지도부 분열방지를 위해서는 불가피한 실행인 것으로 판단된다」라고 밝혀 결국 제11대 총학생회의 총사퇴가 단행되었다.

이어 학생총회는 참석인원 317명 중 205명의 찬성으로 비대위를 현사태의 최고 집행부로 인준하고 188표의 동의를 얻어 총과업투쟁을 결의했다.

곧이어 비대위는 대학원 학생회(회장 민호성, 신대원 3/4)와 함께 구덕관 총장, 교수와 면담회를 가졌으나 의견차이로 별다른 성과를 보지 못하고 면담 결과에 대한 보고대회를 가진 뒤 새롭게 조직(총무부, 시무부, 기획국, 집행국, 조직국, 홍보국, 자원봉사국)을 정비하고 학내 시태를 견인해 나가기 시작했다.

그러나 새로운 비대위의 활동에 대해 교수단측은 합법성과 정통성에 관하여 이의를 제기, 11월1일(월) 제2차 교수·학생 면담과정에서 왕대일 교수는 '학칙규정에도 없는 학번별 모임은 일단 불법이기 때문에 비대위는 합법적이라고 볼 수 없다」라고 주장했으며 또한 박종천 교수는 '총학사퇴건은 일정정도 계열간 정치싸움의 결과가 아니겠느냐」라고 의혹을 표명하기도 했다.

이러한 학교측의 비대위 불법단체 규정 움직임과 병행해 학생지도위원회(위원장 김외식)는 비대위의 주요인물들에 대한 징계움직임을 보이기 시작했는데, 11월1일(월) 한차례의 경고조치를 거쳐 마침내 11월3일(수) 비대위에 대한 대대적인 징계조치가 단행됐다.

징계대상자들은 비대위의 수뇌부를 중심으로 5명의 무기정학자와 3명의 유기 정학자가 확정됐으며 주요 징계 사유는 수업거부 및 방해인 것으로 나타났다.

이러한 학교측의 전면적인 징계조치는 사태의 수습이 아닌 학생들의 큰 반발을 불러 일으켰으며, 그 결과 비대위는 대학원학생회와 함께 4일(목) 「감리교 신학대학교의 거듭남을 위하여」라는 백서를 발간하고 현 사태의 직접적인 요인을 교단 보수세력과 연계돼 있는 구덕관 총장으로 규정, △대교단 학문성 수호성명 △홍교수 복직 △홍교협하과 폐과방안 시과 △학생활동 보장 △교원인사권 교수회 환원 △원만한 사태수습 등을 내용으로 한 요구성명을 공포한 뒤 총장실을 점거, 무기한 농성을 7일째 진행시키고 있다.

이후 비대위측은 총장실 점거농성을 기점으로 교내문제로만 국한돼 있던 이제까지의 활동영역을 확대해 현 사태의 피행성과 진상규명에 관한 대외

19931110_감신공동체 최대의 위기맞아_감신대학보_5번

김홍도 목사측과 홍교수, 맞고소 한판

7·24 고소취하모임 해석차이 사건의 불씨돼

지난 10월9일(토) 김홍도(금란교회)·고재영(신내제일교회) 목사, 유상렬 장로(남산교회)는 홍정수 교수에 대해 출판물에 의한 명예훼손을 사유로 서울지방검찰청에 고소했으며, 이에 홍교수는 25일(월) 무고와 출판물에 의한 명예훼손을 적용, 맞고소한 (서울지검 서부지청 최운식 검사) 것으로 밝혀졌다.

김목사 외 2인이 홍교수를 상대로 제기한 고소의 사유는 지난 7월24일(토) 서울지검 이충호 검사실에서 홍교수와 가졌던 모임과 관련해 홍교수가 9월5일 (일)자로 배포한 「감리교회를 염려하는 기도모임께 삼가 보고드립니다」라는 제목의 문서내용에 관한 것으로, 고소인들은 이 문서의 내용에 대하여 △지난 1월12일 김목사가 홍교수와의 대화중 「어제 말한 것보다 돈을 더 주겠다」고 말했다는 것이 사실과 다름 △홍교수가 지난 7월 교리수호대책위원회로 부터 구체적 협상안을 받았다는 내용의 사실무근 △7월24일(토) 김목사, 유장로가 작성한 문서는 「합의각서」가 아니라는 점 △상기 문서의 내용에 대해 작성자의 의도와 다르게 해석한 점 △8월10일(화) 건내준 8천만원은 합의금이 아니라는 점 등을 문제시한 것으로 알려졌다.

또한 홍교수의 맞고소 내용을 보면 김목사외 2인의 고소사실에 대해 무고를 적용했으며 김목사에 대해서는 출판물에 의한 명예훼손을 추가한 것으로 나타났다.

홍교수가 출판물에 의한 명예훼손의 근거로 삼은 것은 지난 8월26일(목) 김목사가 전국 교회에 배포한 「감리교를 새롭게」라는 제하의 문서로서 「소위 조직신학 교수라는 사람이 예수의 피나 동물의 피나 같다고 하고-」 등의 내용에 이의를 제기한 것으로 알려졌다.

현재 쌍방간의 고소사건은 11월2일(화) 김목사 외 2인의 고소인 조사 이후 5일(금) 홍교수의 고소인 조사가 예정되어 있었으나 홍교수의 도미로 이루어지지 않아 수사의 진전이 없는 상태인 것으로 나타났다.

한편 홍교수가 지난 9월18일(토) 표용은 감독회장을 상대로 제기한 「출교무효 확인 민사소송」 첫공판이 11월3일(수) 민사지방법원에서 열려 홍교수가 김목사를 형사고소했던 사건에 대한 기록 검증과 홍교수측 변호인의 종교재판 기록 및 파면징계처분 기록에 대한 문서제출 명령이 있었으며 다음 공판일은 12월1일(수)인 것으로 알려졌다.

19931110_김홍도 목사측과 홍교수 맞고소한판_감신대학보_5번

주일신문
종 합
K-4-066
제11호 1993년 11월 14일 (주일)

교회법 '사회법'에 잇단 저울질

합동 면직사건·감신대 홍교수사건 등 법정소송 줄이어

전문가 "교리문제 제외 절차 적법성엔 사회법 차용 불가피"

국가 교회간섭 선례… 문제 자체해결로 자주성 키워야

최근 들어 교회법과 사회법이 마찰을 빚는 사례가 많아 이에 대한 올바른 관계 정립을 필요로 하고 있다.

일반적으로 교회법은 그리스도교회의 개개인 신자와 기관들의 행동과 실행에 관하여 정해 놓은 규칙과 규율을 모아놓은 집성을 말하는 것으로 알려져 있다.

교회법의 결정에 불복한 이해 당사자가 그 문제를 사회법정으로 끌고가는 사건들이 늘어나면서 교회법의 위상이 흔들리고 있다. 물론 교회 재산권 싸움의 경우에는 오래 전부터 사회법이 끼어들어 승자와 패자를 판가름해주는 역할을 해왔다.

한국기독교장로회가 대한예수교장로회에서 갈라져 나왔을 때, 안양의 A교회가 10년 이상의 재판을 거쳐 판결이 난 일은 교회 재산권 싸움의 대표적인 사례로 꼽힌다.

그러나 최근 문제가 되고 있는 일들은 이와는 다른 양태를 띠고 있다. 즉 교회법이 그 나름대로의 법 절차를 지키지 않았다거나, 또는 시한부 종말론을 주장했던 이장림 목사의 경우처럼 '상식' 이하의 주장으로 물의를 일으켜 헌금의 사기성 문제가 재판정에 오르는 '은혜스럽지 못한' 사태가 벌어지고 있다는 지적이 나오고 있다.

최근들어 교회 내부의 문제가 교회법이 아닌 사회법의 잣대로 판단되는 사례가 늘어나면서 교회법의 위상과 자주성 확보에 대한 우려의 목소리가 높아지고 있다.

교회법 위상에 타격

얼마전 예장 합동측 김만규 목사는 총회장 최기채, 총회서기 김선호, 총회정치부장 예종탁, 총신대학 학장 차영배 목사 등 5명을 서울지방검찰청에 명예훼손으로 고소하고, 총회의 김 목사 면직 확인결의의 무효확인 소송을 서울민사지방법원에 제기했다.

김 목사는 지난 78회 총회에서 내린, 김 목사에 대한 24년전의 경북노회의 목사면직 확인결의와 교단지 기독신보를 통한 확인공고가 불법이라며 이와 같은 소송을 냈다.

김 목사는 24년전 경북노회의 재판이 ▲이미 자신이 해당 노회를 탈퇴한 후에 기소되었고 ▲따라서 피고인이나 변호인이 없는 궐석재판이었으며 ▲목사 면직은 교회재판의 최고 중벌인데 공고하지도 않고 본인에게 통고도 안했으며 ▲면직사유의 법 적용이 잘못됐다는 이유로 불법이라고 주장하고 있다.

최근 감신대학교 총학생회의 수업거부를 야기시킨 홍정수 교수 사건도 현재 법원에서 그 시시비비가 가려지고 있다. 홍 교수의 부활에 관한 주장이 발단이 되어 '종교재판'이라는 큰 논란을 불러일으킨 이 사건은, 그러나 그 주장의 옳고 그름을 떠나서 홍 교수의 목사직을 박탈하기까지의 과정이 법적으로 하자가 있다는 지적도 제기되고 있다.

홍 교수측은 "처음에 홍 교수를 심사하던 심사위원과 심사위원회, 기소장 등이 명백히 재판규정을 어겼고, 재판위원회 또한 홍 교수를 고소한 사람들로 구성되는 등 문제가 많았다"면서 "더욱이 출교 확정처분장의 서명을 새로 취임한 표용은 감독이 해야 되는 날짜임에도 전임감독인 나원용 감독의 서명날인으로 되어 있어 출교장 자체가 무효"라고 주장하고 있다. 홍 교수측은 이어 "목사 면직의 결정이 사립학교 교원신분인 감신대 교수 자격 박탈의 이유까지 되고 있기 때문에 이같이 소송을 제기했다"고 밝혔다.

지난 91년 7월 5일, 서울고법 특별10부(재판장 한대현 부장판사)는 대전중부교회(예장)의 운전기사로 근무하다 해고된 송아무개씨가 충남노동위원회의 부당해고 판정을 각하한 중앙노동위원회를 상대로 낸 재심판정 취소청구소송에서 원고 승소판결을 내렸다.

해고된 근로자 승소판결

이 사건으로 당시에 비영리사업을 목적으로 하는 교회라고 할지라도 매월 일정한 보수를 지급하고 5인이상의 고용인을 두고 있다면 근로기준법의 적용을 받아야 한다는 판결이 교계의 관심을 끌었다. 한편 교회법에 따라 직원을 해고시켰던 이 교회는 사회법에서 패소당하는 '수모'를 당했다. 당시 이 교회는 소속교단인 예장 합동총회와 한국기독교총연합회를 통해 당시 민자당 김영삼 대표최고위원과 대법원장에게 호소문까지 보냈었다.

이와 관련, 고려대학교의 김형배 교수(법학과)는 "교회는 일종의 '경향업체'이기 때문에 목사는 여기서 그 경향성과 일치해야 하고, 목사의 설교말씀이라든가 교리적 해석의 문제는 해고 사유의 기준이 될 수도 있지만, 교회에서 근무하는 일반 근로자의 경우는 이와 다르다"면서 "그러나 교회가 나름대로 가지고 있는 교회법의 절차를 지키지 않았을 때는 사회법의 판단을 빌려올 수밖에 없다"고 말했다.

즉 교회의 교리 문제의 옳고 그름은 사회법정에서 판결할 수는 없지만, 그 교리가 적법한 절차에 의해서 지켜지고 있는가는 '세상법'이 끼어들 수 있는 여지가 있는 셈이다. 그러나 이것은 바람직하지 않은 모양이라는 게 중론이다.

교회법과 사회법의 충돌은 정교분리의 논쟁까지 연결된다. 법은 곧 권력과 밀접한 관계가 있다. 신학자들은 현대 사회에서 정교분리가 기본적인 원칙으로 인식되고 있는 만큼 양쪽이 서로의 영역을 존중해주는 것이 바람직한 자세로 보고 있다.

그러나 기독교의 역사속에서 정치와 권력을 이용해 반대파를 제거했던 사건들이 적지 않게 등장한다. 아우구스티누스가 교회를 분열시키던 이단자들을 국가의 힘을 빌어 처단한 일, 칼빈이 당시에 시의회를 장악하고 있던 권력을 이용해 자신의 반대자인 반삼위일체파 세르베투스를 처형한 일, 루터가 봉건제후 세력에게 반기를 든 재세례파를 당시 독일 귀족들을 이용해 처단한 일 등은 이러한 사례에 속한다.

그러나 이와 같이 국가 권력이 교회에 간여하게 되면 그것은 교회의 자주성을 잃는 빌미가 되기도 한다.

"인권문제 등엔 개입"

한신대학교의 오영석 교수(조직신학)는 "현대 사회는 워낙 복잡하고 다원화된 사회이기 때문에 비교적 단순한 교회법만으로는 판단할 수 없는 사건들이 많아 사회법의 도움을 필요로 할 수 있고, 어떤 사람의 인권이나 학문의 자유가 보호되지 않는다면 역시 사회법이 교회일에 관여해야 한다"면서 "그러나 교회가 기본적이고 상식적인 것을 지키지 않아 사회법의 '힘'을 자주 빌린다면 이것은 교회의 바람직한 모습이 아닐 것"이라고 말했다.

지금 소송을 제기하고 있는 홍정수 교수는 "교수직이 문제가 되어 소송을 걸었지만, 기본적으로는 국가가 교회일이나 교회법에 관여하지 않아야 한다"면서 "이것은 국가가 교회의 내부 문제에 간섭하는 선례가 되어 중요한 고비에서 교회를 마음대로 다루는 사태가 올 수도 있다"고 말했다.

그는 시한부 종말론으로 물의를 빚었던 이장림 목사의 경우도 그가 상식 이하의 주장으로 사회에 큰 문제를 일으켜서 그랬지만, 교회 헌금이 사기죄의 시빗거리가 되는 것 자체에 대해서는 교회가 한번쯤 문제 제기를 했어야 했다고 주장했다.

교회법과 사회법의 마찰은 피할 수 없는 숙제일지도 모른다. 교회법의 부족한 부분을 사회법이 해결해 줄 수도 있다. 그러나 그 판결을 실행하는 곳은 교회다. 어느 법 전문가는 이렇게 말했다. "판결은 재판정에서 내릴 수 있겠지만, 그 판결을 화목하게 소화시키는 것은 교회에서 가능합니다."

〈이성원 기자〉

19931114_교회법 사회법에 잇단 저울질_주일신문_5번